Angewandte Gesundheitspsychologie

Angewandte Gesundheitspsychologie

Ralf Brinkmann

Pearson

Bibliografische Information der Deutschen Nationalbibliothek

Die Deutsche Nationalbibliothek verzeichnet diese Publikation in der Deutschen Nationalbibliografie;
detaillierte bibliografische Daten sind im Internet über *http://dnb.dnb.de* abrufbar.

Die Informationen in diesem Buch werden ohne Rücksicht auf einen
eventuellen Patentschutz veröffentlicht.
Warennamen werden ohne Gewährleistung der freien Verwendbarkeit benutzt.
Bei der Zusammenstellung von Texten und Abbildungen wurde mit größter
Sorgfalt vorgegangen. Trotzdem können Fehler nicht ausgeschlossen werden.
Verlag, Herausgeber und Autoren können für fehlerhafte Angaben
und deren Folgen weder eine juristische Verantwortung noch irgendeine Haftung übernehmen.
Für Verbesserungsvorschläge und Hinweise auf Fehler sind Verlag und Autor dankbar.

Alle Rechte vorbehalten, auch die der fotomechanischen Wiedergabe und der
Speicherung in elektronischen Medien. Die gewerbliche Nutzung der in diesem
Produkt gezeigten Modelle und Arbeiten ist nicht zulässig.

Es konnten nicht alle Rechteinhaber von Abbildungen ermittelt werden. Sollte dem Verlag
gegenüber der Nachweis der Rechtsinhaberschaft geführt werden, wird das branchenübliche
Honorar nachträglich gezahlt.

Fast alle Produktbezeichnungen und weitere Stichworte und sonstige Angaben,
die in diesem Buch verwendet werden, sind als eingetragene Marken geschützt.
Da es nicht möglich ist, in allen Fällen zeitnah zu ermitteln, ob ein Markenschutz besteht,
wird das ®-Symbol in diesem Buch nicht verwendet.

10 9 8 7 6 5 4 3

20 19 18

ISBN 978-3-86894-165-4 (Buch)
ISBN 978-3-86326-718-6 (E-Book)

© 2014 by Pearson Deutschland GmbH
Lilienthalstr. 2, D-85399 Hallbergmoos/Germany
Alle Rechte vorbehalten
www.pearson.de
A part of Pearson plc worldwide

Programmleitung: Kathrin Mönch, kmoench@pearson.de
Korrektorat: Anton Schmid, Puchheim
Herstellung: Claudia Bäurle, cbaeurle@pearson.de
Satz: Nadine Krumm, mediaService, Siegen (www.mediaservice.tv)
Coverdesign: Martin Horngacher, München
Coverillustration: Shutterstock.com
Druck und Verarbeitung: CPI books GmbH, Leck

Printed in Germany

Inhaltsverzeichnis

Vorwort   11

Kapitel 1   Einführung in die Gesundheitspsychologie   15

1.1   Was Sie in diesem Kapitel erwartet 16
1.2   Einleitung 17
1.3   Definitionen von Gesundheitspsychologie 18
1.4   Angewandte Gesundheitspsychologie 20
1.5   Abgrenzung zu anderen Fächern 24
1.6   Gesundheits- und Krankheitskonzepte 25
     1.6.1   Das biopsychosoziale Modell 30
     1.6.2   Das Salutogenesemodell von Antonovsky 34
     1.6.3   Risikofaktorenmodelle 37
1.7   Gesundheitsverhalten 40
     1.7.1   Geschlechtsspezifische Unterschiede im Gesundheitsverhalten . 42
     1.7.2   Bedingungsfaktoren des Gesundheitsverhaltens aus sozialpsychologischer Perspektive 45

Kapitel 2   Theorien zum Gesundheitsverhalten   53

2.1   Was Sie in diesem Kapitel erwartet 55
2.2   Das Modell der Gesundheitsüberzeugungen (Health Belief Model)...... 56
     2.2.1   Überprüfung durch die Forschung 59
     2.2.2   Kritikpunkte und Einschätzung 60
     2.2.3   Anwendungsaspekte 62
2.3   Die Schutzmotivationstheorie (Protection Motivation Theory, PMT) 64
     2.3.1   Überprüfung durch die Forschung 68
     2.3.2   Kritikpunkte und Einschätzung 69
     2.3.3   Anwendungsaspekte 70
     2.3.4   Das überarbeitete Modell der Schutzmotivation von Arthur und Quester 70
2.4   Die Theorie des geplanten Verhaltens (Theory of Planned Behavior, TPB)   72
     2.4.1   Überprüfung durch die Forschung 75
     2.4.2   Kritikpunkte und Einschätzung 76
     2.4.3   Anwendungsaspekte 77
2.5   Die sozial-kognitive Theorie von Bandura (Social Cognitive Theory, SCT)   78
     2.5.1   Überprüfung durch die Forschung 84
     2.5.2   Kritikpunkte und Einschätzung 86
     2.5.3   Anwendungsaspekte 87
2.6   Die Intentions-Verhaltens-Lücke 89
2.7   Das transtheoretische Modell (Transtheoretical Model, TTM) 95
     2.7.1   Überprüfung durch die Forschung 101
     2.7.2   Kritikpunkte und Einschätzung 102
     2.7.3   Anwendungsaspekte 103

2.8	Das sozial-kognitive Prozessmodell gesundheitlichen Handelns.		104
	2.8.1	Überprüfung durch die Forschung.	108
	2.8.2	Kritikpunkte und Einschätzung	109
	2.8.3	Anwendungsaspekte	109
2.9	Modelle zum Verständnis von Rückfall und Rückfallprävention		111
	2.9.1	Rückfall und Rückfallprävention	111
	2.9.2	Moralisches Modell und Krankheitsmodell des Rückfallverhaltens bei Abhängigkeiten	112
	2.9.3	Das Modell des Rückfallprozesses nach Marlatt (RP-Modell).	114

Kapitel 3   Persönlichkeitsmerkmale   123

3.1	Was Sie in diesem Kapitel erwartet		124
3.2	Zur Bedeutung von Persönlichkeitsfaktoren		124
3.3	Persönlichkeitsmerkmale und Gesundheit		126
	3.3.1	Persönlichkeit und Koronare Herzkrankheit	131
	3.3.2	Krebserkrankung und Persönlichkeit	136
3.4	Resilienz als Persönlichkeitseigenschaft		137

Kapitel 4   Soziale Unterstützung   145

4.1	Was Sie in diesem Kapitel erwartet		146
4.2	Die Bedeutung sozialer Integration und sozialer Unterstützung		146
	4.2.1	Studien zur sozialen Einbindung	152
	4.2.2	Daten zur sozialen Unterstützung in Deutschland	154
4.3	Soziale Unterstützung und ihre Quellen		156
	4.3.1	Partnerschaft und Ehe	156
	4.3.2	Familie und Verwandtschaft	160
	4.3.3	Freunde und Bekannte	160
	4.3.4	Nachbarschaftliche Beziehungen	161
4.4	Die Wirkweise von sozialer Unterstützung		162
	4.4.1	Das Modell der direkten Effekte	162
	4.4.2	Das Puffereffekt-Modell	163
	4.4.3	Weitere Erklärungsmodelle	165
4.5	Psychobiologische Wirkweisen sozialer Unterstützung bei der Stressbewältigung		169
	4.5.1	Herz-Kreislauf-System und soziale Unterstützung	170
	4.5.2	Endokrines System und soziale Unterstützung	171
	4.5.3	Sozialer Rückhalt und Immunsystem	173
4.6	Anwendungsbeispiele		174
	4.6.1	Soziale Unterstützung im Beruf – Intervention und kollegiale Beratung	174
	4.6.2	Soziale Unterstützung im Internet	175

Kapitel 5   Stress   183

5.1	Was Sie in diesem Kapitel erwartet		184
5.2	Stress und seine Bedeutung für Gesundheit und Krankheit		184

5.3		Was ist Stress?	185
	5.3.1	Definition des Stressbegriffes	185
	5.3.2	Stress und sein Erscheinungsbild	188
	5.3.3	Stressformen	190
5.4		Stresstheorien	191
	5.4.1	Reiz- oder situationsorientierte Stresskonzepte	191
	5.4.2	Reaktionsorientierte Stresstheorien	197
	5.4.3	Relationale Stresskonzeptionen	206
5.5		Stress und das menschliche Immunsystem	212
5.6		Stressbewältigung	215
5.7		Anwendungsbeispiele	225
	5.7.1	Programme zur Stressbewältigung	225
	5.7.2	Programmbeispiele für den Einsatz in der Praxis	228

Kapitel 6 Gesundheitspsychologische Prävention 241

6.1		Was Sie in diesem Kapitel erwartet	242
6.2		Konzepte der Prävention und Gesundheitsförderung	242
	6.2.1	Prävention	246
	6.2.2	Gesundheitsförderung	263
6.3		Evaluation von Präventions- und Gesundheitsfördermaßnahmen	270
	6.3.1	Gütekriterien für die Evaluation	271
	6.3.2	Evaluationsformen	271
	6.3.3	Programmevaluation	272
	6.3.4	Ökonomische Evaluation	273
6.4		Anwendungsbeispiele	275
	6.4.1	„Deutschland bewegt sich!"	275
	6.4.2	Betriebliche Gesundheitsförderung	276
	6.4.3	Prävention und Gesundheitsförderung im Setting Schule	288

Kapitel 7 Tabak-, Alkohol-, Medikamenten- und Drogenkonsum 299

7.1		Was Sie in diesem Kapitel erwartet	300
7.2		Psychische Störungen durch psychoaktive Substanzen	300
7.3		Rauchen und Gesundheit	303
	7.3.1	Das Rauchen und seine Verbreitung	304
	7.3.2	Die Wirkung der Rauchinhaltsstoffe	305
	7.3.3	Herz-Kreislauf-Erkrankungen und Rauchen	307
	7.3.4	Krebserkrankungen und Rauchen	307
	7.3.5	Schwangerschaft und Rauchen	308
	7.3.6	Weitere gesundheitsschädliche Einflüsse	308
	7.3.7	Tabakabhängigkeit	311
	7.3.8	Die Entwicklung des Rauchverhaltens	313
7.4		Alkohol und Gesundheit	314
	7.4.1	Konsumverteilung in der Bevölkerung	314
	7.4.2	Problematischer Alkoholkonsum	316
	7.4.3	Früherkennung riskanten Alkoholkonsums	318
	7.4.4	Die gesundheitlichen Auswirkungen von Alkohol	320
	7.4.5	Die Entwicklung der Alkoholabhängigkeit	321

7.5	Medikamentenabhängigkeit und -missbrauch	324
7.6	Missbrauch illegaler Drogen	327
7.7	Anwendungsbeispiele	329
	7.7.1 Primäre Prävention des Konsums von Substanzmitteln	329
	7.7.2 Sekundäre Prävention des Konsums von Substanzmitteln	333

Kapitel 8 Ernährung 345

8.1	Was Sie in diesem Kapitel erwartet	346
8.2	Übergewicht und Essstörungen	346
	8.2.1 Erkrankungsrisiko	347
	8.2.2 Verbreitung	349
	8.2.3 Genetische Faktoren	353
	8.2.4 Die Set-Point-Theorie	353
	8.2.5 Ernährungsempfehlungen	354
	8.2.6 Mangelnde Bewegung	358
	8.2.7 Behandlung von Übergewicht und Adipositas in der Praxis	359
8.3	Essstörungen	360
	8.3.1 Magersucht (Anorexia nervosa)	360
	8.3.2 Bulimie (Bulimia nervosa)	362
	8.3.3 Binge Eating (Binge-Eating-Disorder, BED)	364
8.4	Anwendungsbeispiele: Programme zur Gewichtsreduktion	365
	8.4.1 Erwachsenenprogramme	366
	8.4.2 Programme für Kinder und Jugendliche	370

Kapitel 9 Körperliche Aktivität 379

9.1	Was Sie in diesem Kapitel erwartet	380
9.2	Begriffsdefinition und Datenlage	380
9.3	Gesundheit und Bewegung	382
	9.3.1 Physische Gesundheit und Bewegung	384
	9.3.2 Psychische Gesundheit und körperliche Aktivität	386
9.4	Bestimmungsfaktoren für körperliche Aktivitäten – Motivation und Volition	386
9.5	Anwendungsbeispiele	389
	9.5.1 Das MoVo-Konzept (Motivations-Volitions-Konzept)	389
	9.5.2 Strategien für die Praxis	393

Kapitel 10 Sexualverhalten und Gesundheit 401

10.1	Was Sie in diesem Kapitel erwartet	402
10.2	Sexuell übertragbare Krankheiten	402
	10.2.1 Krankheiten, die beim Geschlechtsverkehr übertragen werden	402
	10.2.2 HIV und AIDS	406
10.3	Riskantes Sexualverhalten	408
	10.3.1 Datenerhebungen zu riskantem Sexualverhalten	410
	10.3.2 Gesundheitspsychologische Theorien zur Erklärung riskanten Sexualverhaltens	410

10.4	Safer Sex	413
10.5	Anwendungsbeispiel: Die Prävention von HIV und STD/STI	415

Kapitel 11 Alter und Gesundheit — 423

11.1	Was Sie in diesem Kapitel erwartet	424
11.2	Demografischer Wandel als Herausforderung	424
11.3	Das Alter als dritter und vierter Lebensabschnitt	425
11.4	Alter und Gesundheit	428
	11.4.1 Gesundheitsbezogene Lebensqualität	429
	11.4.2 Physische Einflussfaktoren	433
	11.4.3 Psychische und soziale Faktoren	433
	11.4.4 Funktionale Gesundheit	434
11.5	Selbstregulationsprozesse im Alter	435
	11.5.1 Anpassung als psychosozialer Prozess	435
	11.5.2 Anpassung als Bewältigungsprozess	437
11.6	Prävention und Gesundheitsförderung im Alter	444
	11.6.1 Körperliche Erkrankungen	445
	11.6.2 Psychische Erkrankungen	451
	11.6.3 Veränderungen des Gesundheitsverhaltens	456
	11.6.4 Verhältnisorientierte Maßnahmen	458
11.7	Anwendungsbeispiele	459
	11.7.1 Das Projekt „Aktiv bis 100" des Deutschen Turner-Bundes	459
	11.7.2 „Aktive Gesundheitsförderung im Alter"	461

Glossar — 473

Literaturverzeichnis — 505

Abbildungsverzeichnis — 538

Register — 539

Vorwort

Wir wissen inzwischen, dass die Gene unsere Gesundheit weit weniger stark beeinflussen, als lange Zeit vermutet wurde. Ausschlaggebend, ob wir gesund sind und bleiben, sind in vielen Fällen andere Faktoren, etwa individuelle Verhaltensmuster, Emotionen oder auch soziale Umstände. Die Gesundheitspsychologie als Teildisziplin der Psychologie fragt danach, wer krank wird und warum, wer aus welchem Grund wieder gesundet, sowie danach, welche Lebensweise Krankheiten vorbeugt. Die daraus resultierenden Erkenntnisse wiederum wendet sie in der Praxis an, um individuelle Verhaltensmuster positiv zu beeinflussen, damit Gesundheit möglichst dauerhaft erhalten bleibt oder die Lebensqualität z.B. chronisch erkrankter Menschen nachhaltig steigt. In der Praxis tätige Gesundheitspsychologen arbeiten in der Prävention, der betrieblichen Gesundheitsförderung, der Rehabilitation, dem Gesundheitscoaching und -training oder geben Hilfestellung bei der Krankheitsbewältigung, indem sie Planungs- und Durchführungsunterstützung bieten. Kurz: Gesundheitspsychologen werden in der Praxis überall dort gebraucht, wo Menschen im Kontext von Gesundheit und Krankheit Unterstützung benötigen.

Gesundheitspsychologen gehen von einem ganzheitlichen Verständnis von Gesundheit und Krankheit aus und sie orientieren sich am biopsychosozialen Modell, d.h. der Annahme eines Wechselspiels zwischen biologischen, psychologischen und sozialen Einflüssen. Am Beispiel der betrieblichen Gesundheitsförderung (BGF) kann die ganzheitliche Perspektive der Gesundheitspsychologie verdeutlicht werden. Die BGF umfasst einerseits Maßnahmen und Aktivitäten, die auf das individuelle Verhalten abzielen, indem Gesundheitsressourcen und -potenziale der Belegschaftsmitglieder gestärkt werden, andererseits hat die betriebliche Gesundheitsförderung auch die Arbeitsbedingungen im Blick. So werden Menschen zum einen dazu befähigt, ihre Gesundheit positiv zu beeinflussen, indem sie lernen, sich körperlich richtig zu beanspruchen (z.B. Rückenschulung) oder mit psychischen Belastungen besser umzugehen (z.B. Stressbewältigungsseminare). Gleichzeitig werden die Verhältnisse, unter denen gearbeitet wird, nicht aus den Augen verloren, da auch sie auf das körperliche, seelische und soziale Wohlbefinden einwirken. Hierzu zählen ergonomische Bedingungen (z.B. Arbeitsplatzgestaltung), psychosoziale Faktoren (z.B. Führungsverhalten von Vorgesetzten) sowie psychomentale Einflussvariablen wie sie aus der Tätigkeit selbst entstammen (z.B. Kontrolltätigkeiten am Monitor). Diese ganzheitliche Sichtweise, die sowohl Verhalten als auch Verhältnisse berücksichtigt, beeinflusst natürlich die Wahl der Strategien, Methoden und Instrumente, die in der betrieblichen Gesundheitsförderung zum Einsatz kommen. An diesem Beispiel wird die enge Verknüpfung von Theorie und Praxis bzw. Anwendung in der angewandten Gesundheitspsychologie deutlich, denn diese umfasst sowohl die Theorie als auch die Anwendung psychologischer Ansätze bei der Analyse von Gesundheit und Krankheit. Somit ist die angewandte Gesundheitspsychologie eine Anwendungsdisziplin, deren zentrales Anliegen die Entwicklung und Bewertung von gesundheitsfördernden und präventiven Maßnahmen ist.

Das Fach Gesundheitspsychologie konnte bis vor einigen Jahren nur als Schwerpunkt an den Universitäten im Rahmen des Psychologiestudiums belegt werden. Seit einiger Zeit bieten zudem Hochschulen für angewandte Wissenschaften, die früheren Fachhochschulen, angewandte Gesundheitspsychologie in Bachelor- und Masterstudiengängen an. In der Regel wird in diesen Studiengängen, die sowohl grundlagen- als auch anwendungsorientiert sind, kompetenzorientiert ausgebildet. Inzwischen gründen auch die Universitäten vermehrt innovative gesundheitspsychologische Studiengänge, die das Profil der Gesundheitspsychologie vor allem in der Praxis weiter schärfen und für die Etablierung eines eigenständiges Berufs- und Arbeitsfeldes sorgen. Die Gesundheitspsychologie emanzipiert sich damit nicht nur in Form einer anwendungsbezogenen Gesundheitspsychologie, sondern übernimmt auch hochschulweit die Bezeichnung "angewandt". Dieser Ausdruck dient im allgemeinen Sprachgebrauch in einer wissenschaftlichen Disziplin zur Unterscheidung von Grundlagenforschung einerseits und der Überprüfung der daraus resultierenden Erkenntnisse sowie der Praxis des Faches andererseits. Aus heutiger Sicht ist dieser Begriff jedoch missverständlich, da die angewandte Gesundheitspsychologie nicht nur auf die Erkenntnisse der theoretischen und grundlagenforschenden Gesundheitspsychologie zurückgreift und sie in der Praxis überprüft, sondern selbst anwendungs- und grundlagenorientiert forscht und vor allem versucht, den Anforderungen aus der Praxis gerecht zu werden.

Das vorliegende Buch mit dem Titel „Angewandte Gesundheitspsychologie" möchte dieser Entwicklung Rechnung tragen. Es entstand auf Anregung von Studenten des Studiengangs "Angewandte Gesundheitspsychologie" der SRH-Hochschule Heidelberg sowie den dort tätigen Kolleginnen und Kollegen. Für anwendungsnahe und berufsqualifizierende Studiengänge wie das Bachelorstudium „Angewandte Gesundheitspsychologie" sind Lehrbücher notwendig, die dem Praxisbezug eine gewisse Priorität einräumen – im Sinne der Anwendung gesundheitspsychologischer Erkenntnisse in der Praxis –, ohne dabei die Wissenschaftlichkeit aus dem Auge zu verlieren. Letztere stellt die Basis allen praktischen Tuns dar, da sie als Grundlage jeglicher Intervention, Maßnahme oder Entwicklung eines Instruments eine bzw. meist mehrere gute Theorien benötigt. Theoriefreie Interventionen oder Maßnahmen, um beispielsweise gesundheitsgefährdendes Verhalten zu beeinflussen, werden eher geringen Erfolg zeitigen.

Betrachtet man die deutschen Monografien zur Gesundheitspsychologie der letzten Jahre, zeigt sich ein Trend zu mehr Anwendungsorientierung, indem deutlich mehr Inhalte auftauchen, die man unter die Überschrift *„Von der Theorie zur Praxis"* setzen kann. Ziel des vorliegenden Lehrbuchs ist vor diesem Hintergrund, dem Leser die theoretischen Grundlagen der angewandten Gesundheitspsychologie breit zu vermitteln, unterschiedliche gesundheitspsychologische Anwendungsfelder darzustellen und praxisbewährte Interventions-Programme zu beschreiben bzw. dort, wo es sich anbietet, auch konkrete, praxisgerechte Handlungsempfehlungen zu geben. Damit wird ein Bogen zwischen Wissenschaft, Lehre und Anwendung gespannt und eine ganzheitliche Einführung in die verschiedensten Bereichen der angewandten Gesundheitspsychologie gegeben.

Das erste Kapitel des Buches besteht aus einer Einführung in die Inhalte und Arbeitsgebiete der Gesundheitspsychologie und angewandten Gesundheitspsychologie sowie deren Praxisfelder. Zentral sind dabei die Darstellungen grundlegender Gesundheits- und Krankheitskonzepte sowie theoretischer Sichtweisen zum menschlichen Gesundheitsverhalten. Das zweite Kapitel beschäftigt sich mit den Theorien zum Gesundheitsverhalten und schafft die Basis für ein Verständnis der weiteren Inhalte des Buches und zeigt die Entwicklung des Faches auf. Kapitel drei behandelt das Thema Persönlichkeit und seine Bedeutung für Gesundheit und Krankheit. Kapitel vier fokussiert den Einfluss der sozialen Unterstützung auf ein gesundes Leben und thematisiert verschiedene Lebensbereiche, in denen hilfreiche Beziehungen besondere Auswirkungen haben, etwa in einer Partnerschaft. Ein vermittelnder Faktor bei der Entwicklung von Krankheiten ist Stress. Er beeinflusst das menschliche Erleben und Verhalten. Im Kapitel fünf finden sich daher grundlegende Stresstheorien und Erklärungen für die Wirkung von Stress auf den menschlichen Organismus und seine Psyche. Zudem werden ausführlich die Möglichkeiten der Stressbewältigung auf der Problem- und Emotionseben diskutiert.

Die Kapitel sechs bis elf sind den Anwendungsfeldern vorbehalten: Hierzu zählen die gesundheitspsychologische Prävention mit ihren Zielen, Formen, Methoden; der Tabak-, Alkohol-, Medikamenten- und Drogenkonsum mit den Chancen, die eine gesundheitspsychologische Primär- und Sekundärprävention, aber auch Interventionen bieten. Das Anwendungsfeld "Ernährung" mit den Unterpunkten Essstörungen und Übergewicht findet seinen Platz mit dem Fokus auf Interventionsprogrammen aus der Praxis. Ebenso ist die körperliche Aktivität ein zentrales Thema im Anwendungsbereich: zum einen wegen ihrer Effekte auf Körper und Geist; zum anderen mit Blick auf konkrete motivationale und volitionale Interventionen in entsprechenden Programmen zur Steigerung der körperlichen Aktivität. Alle Kapitel schließen mit einer Zusammenfassung und Fragen zur Wiederholung des Inhalts.

Die Lektüre des Buches eignet sich selbstverständlich nicht nur für Studierende der „Angewandten Gesundheitspsychologie", sondern auch für Studierende anderer Gesundheitswissenschaften und für alle, die sich für das Thema Gesundheitspsychologie interessieren.

Korb   Ralf Brinkmann

Einführung in die Gesundheitspsychologie

1.1	Was Sie in diesem Kapitel erwartet	16
1.2	Einleitung	17
1.3	Definitionen von Gesundheitspsychologie	18
1.4	Angewandte Gesundheitspsychologie	20
1.5	Abgrenzung zu anderen Fächern	24
1.6	Gesundheits- und Krankheitskonzepte	25
1.7	Gesundheitsverhalten	40

1.1 Was Sie in diesem Kapitel erwartet

Gesundheit ist nicht alles, aber ohne Gesundheit ist alles nichts.

Arthur Schopenhauer (1788 – 1860)

Bedingungen für Gesundheit

Wie wichtig Gesundheit ist, wird meist erst bei einer Erkrankung oder bei nachlassenden körperlichen Funktionen in zunehmendem Alter deutlich. Aber auch gesundheitliche Beeinträchtigungen von Menschen im eigenen Lebensumfeld können für das „kostbare Gut" Gesundheit sensibilisieren. Gesundheit stellt nicht nur einen persönlichen, sondern auch einen gesellschaftlichen Wert dar und ist ein öffentliches Thema. Gleichwohl ist die Diskrepanz zwischen dem Wissen, was gesund ist, und dem tatsächlichen Verhalten von Menschen meist sehr groß, denn viele Dinge des täglichen Lebens sind ihnen im Moment der Entscheidung wichtiger als die Gesundheit. Mit der Zunahme von chronischen und degenerativen Erkrankungen, z. B. Herz-Kreislauferkrankungen, Krebs- und Suchterkrankungen, Diabetes, chronischer Bronchitis oder psychischen Beeinträchtigungen, stößt die kurative Medizin immer häufiger an ihre Grenzen. Da Lebensstil, Lebensumstände und individuelles Verhalten ursächlich für einen Großteil von Krankheiten sind, werden vorbeugende Maßnahmen zum Erhalt der Gesundheit an Bedeutung gewinnen (vgl. Knoll, Scholz und Rieckmann, 2005). Dass körperliche Erkrankungen untrennbar mit seelischen und sozialen Vorgängen verbunden sind, wurde in der Wissenschaft nach und nach erkannt und akzeptiert und führte zur Entwicklung eines neuen Bereichs der Psychologie: der Gesundheitspsychologie. In diesem Kapitel werden Sie die Entstehungsgeschichte der Gesundheitspsychologie, ihr Selbstverständnis und ihre Sicht von Gesundheit und Krankheit kennenlernen. Es werden verschiedene Definitionen der Gesundheitspsychologie vorgestellt und das relativ junge Fach wird theoretisch gegen andere Disziplinen abgegrenzt und seine Hauptfragestellungen werden vorgestellt. Unterschiede, Gemeinsamkeiten und das Aufeinander-bezogen-sein von theoretischer, angewandter und praktischer Gesundheitspsychologie werden diskutiert und die Praxisfelder der Gesundheitspsychologie beschrieben. Ein Schwerpunkt dieses Kapitels sind die Gesundheits- und Krankheitskonzepte, die dem besseren Verständnis des Ansatzes von Gesundheitspsychologie dienen. Dabei werden das biomedizinische Modell, das biopsychosoziale Modell und das Salutogenesemodell erklärt, voneinander abgegrenzt und in ihrer Bedeutung für die Gesundheitspsychologie bewertet. Risikofaktorenmodelle, die Erkrankungsrisiken in biologischen, psychosozialen und verhaltensbedingten Faktoren verorten, werden erklärt und ihr Stellenwert für die Entstehung von Krankheiten und ihr Nutzen für die Prävention dargestellt. Einen breiten Raum in diesem Kapitel nimmt das Gesundheitsverhalten ein, das das Tun und Unterlassen von bestimmten Verhaltensweisen und die daraus resultierenden gesundheitsgefährdenden oder gesundheitsförderlichen Konsequenzen darstellt. Frauen und Männer unterscheiden sich bezüglich des gesundheitsgefährdenden oder gesundheitsförderlichen Verhaltens, was im Abschnitt „geschlechterspezifische Unterschiede" näher thematisiert wird.

1.2 Einleitung

Innerhalb der Psychologie erbringt die Gesundheitspsychologie einen wissenschaftlichen und praktischen Beitrag zum Erhalt von Gesundheit, zur Vorbeugung, Behandlung und Rehabilitation von Erkrankten. Sie erforscht und entwickelt gesundheitsfördernde Maßnahmen und analysiert Ursachen von Gesundheitsproblemen sowie individuelle Risikoverhaltensweisen. Sie befasst sich mit den personenbezogenen, sozialen und strukturellen Ursachen von physischen und psychischen Gesundheitsproblemen und wirkt auf eine Verbesserung des Gesundheitssystems hin. Zum letztgenannten Bereich zählen Themen wie die Beziehung zwischen Arzt und Patient, das Mitwirken und das Einverständnis bei medizinischen Behandlungen (Compliance), aber auch Ängste von Patienten vor Behandlungen oder Untersuchungen (Stroebe und Stroebe, 1998). Gesundheitspsychologie ist ein noch junges Fachgebiet der Psychologie, das sich zuerst in den USA als „Health Psychology" 1978 etablierte. In den 1980er- und 1990er-Jahren wurden in den Psychologenvereinigungen der USA und Deutschlands Sektionen für Gesundheitspsychologie gegründet.

Health Psychology

In Deutschland folgte zeitverschoben 1993 analog zur Entwicklung in den USA die „Zeitschrift für Gesundheitspsychologie" (Faltermaier, 2005). Mittlerweile kann das Fach in Deutschland als Schwerpunkt an Universitäten oder in berufsqualifizierenden Bachelor- und Masterstudiengängen „Angewandte Gesundheitspsychologie" an Hochschulen für angewandte Wissenschaften studiert werden.

Studiengänge „Angewandte Gesundheitspsychologie"

Der Begründungszusammenhang des Faches und die Definition von Gesundheitspsychologie sind im Wesentlichen vom Verständnis des Gesundheitsbegriffs abhängig. Die Gesundheitspsychologie orientiert ihr positives Gesundheitsverständnis an der Definition der *Weltgesundheitsorganisation (WHO)* und versteht Gesundheit als *positive Qualität des Erlebens, Denkens und Verhaltens*. Ihre Theorien und Methoden, die zum Einsatz kommen, haben sich zumeist aus der Sozialpsychologie entwickelt. Die Gesundheitspsychologie gliedert nicht nur Erkenntnisse und Fragestellungen aus anderen Feldern der Psychologie in ihre Konzepte ein, sondern auch solche aus anderen Disziplinen. Zum Erkenntnisgewinn verwendet sie die gängigen Methoden der Psychologie, nutzt aber auch das methodische Instrumentarium der *Sozial- und Geisteswissenschaften* sowie der *Naturwissenschaften*. Aus ihrer interdisziplinären Perspektive verknüpft sie Wissen der *Sozialpsychologie*, der *Emotions- und Pädagogischen Psychologie*, der *Klinischen Psychologie* und der *Verhaltensmedizin*, der *Gesundheitssoziologie* sowie anderer Gesundheitswissenschaften und entwickelt daraus Konzepte, Modelle und konkrete Vorgehensweisen zur Prävention, Gesundheitsförderung und -erhaltung. Durch dieses Vorgehen nimmt sie auch eine vermittelnde Position zwischen verschiedenen Disziplinen ein.

Weltgesundheitsorganisation

Großer Einfluss der Sozialpsychologie

Interdisziplinäre Perspektive

Befördert hat die Entwicklung der Gesundheitspsychologie als eigenständige Disziplin das so genannte biopsychosoziale Modell der Entstehung von Krankheit. Es hat im Laufe der Zeit das biomedizinische Modell abge-

Gesundheitspsychologie als eigenständige Disziplin

löst, das als Defizit- oder Defektmodell Gesundheit vor allem als Abwesenheit von Krankheit definiert. Der Gesundheitspsychologie sind insbesondere biografische Bedingungen für das Verständnis von Krankheit und Gesundheit wichtig. Ihr grundsätzliches Interesse gilt daher auch den Entwicklungsverläufen von Krankheiten und dem Erhalt von Gesundheit.

1.3 Definitionen von Gesundheitspsychologie

Keine einheitliche Definition

Als einer der ersten Wissenschaftler unternahm Matarazzo (1980) den Versuch, Gesundheitspsychologie zu definieren.

Begriffe

Nach Matarazzo (1980) umfasst die *Gesundheitspsychologie* die wissenschaftlichen Beiträge der Psychologie zur
- Förderung und Aufrechterhaltung von Gesundheit,
- Vorbeugung und Behandlung von Krankheit sowie
- zur Identifikation von Krankheitsursachen und diagnostischen Korrelaten von Gesundheit, Krankheit und der damit verbundenen Dysfunktionen.

Zehn Jahre später gab Weinmann (1990) eine knappe Definition, die inhaltlich jedoch umfangreicher ist.

Begriffe

Gesundheitspsychologie ist der Bereich, der mit menschlichem Verhalten im Kontext von Gesundheit und Krankheit zu tun hat.

Die wesentlichen Themen sind für ihn:
- Risikoverhaltensweisen, z. B. das Ernährungs- und Bewegungsverhalten.
- Die Gesundheit förderndes oder stabilisierendes Verhalten, z. B. körperliche Bewegung.
- Kognitionen über Gesundheit und Krankheit, z. B. Wissen über mögliche Bedrohungen durch bestimmte Erkrankungen.
- Notwendige kommunikative Prozesse, um die gesundheitlich richtigen Maßnahmen zu treffen, zu verfolgen und zu befolgen, z. B. in der Patient-Arzt-Beziehung (Compliance).

In seine Themenliste übernimmt Weinmann (1990) zudem die
- Behandlungsbedingungen und
- die Bewältigung von Erkrankungen.

1.3 Definitionen von Gesundheitspsychologie

Beide Definitionen von Gesundheitspsychologie beinhalten sowohl *Gesundheit* als auch *Krankheit* und die *Vorbeugung* sowie *Behandlung* von Erkrankungen. Schließlich umfassen sie die Forschungsergebnisse der Psychologie sowie den konkreten Anwendungsaspekt.

Schwarzer (2005) erweitert in seiner Definition die Gesundheitspsychologie um die Bereiche der *Rehabilitation* und des *Gesundheitssystems*, welches durch die Gesundheitspsychologie teilweise zu verbessern ist.

> **Begriffe**
>
> Die *Gesundheitspsychologie* befasst sich vor allem mit der *„Analyse und Beeinflussung gesundheitsbezogener Verhaltensweisen des Menschen auf individueller und kollektiver Ebene sowie mit den psychosozialen Grundlagen von Krankheit und Krankheitsbewältigung"* (Schwarzer, 2005, S. 1).

Erweiterte Definition

Da die Forscher und Theoretiker der Gesundheitspsychologie aus den verschiedensten Bereichen der Psychologie stammen, existiert noch *keine einheitliche Definition*. Eine für die Anwendung sinnvolle Definition stammt von Renneberg und Hammelstein (2006). Sie ziehen die Kurzdefinition von Psychologie als *Wissenschaft vom Erleben und Verhalten des Menschen* heran und erweitern sie um Inhalte der Gesundheitspsychologie:

> **Begriffe**
>
> *„Gesundheitspsychologie ist die Wissenschaft vom Erleben und Verhalten des Menschen im Zusammenhang mit Gesundheit und Krankheit. Dabei stehen vor allem riskante und präventive Verhaltensweisen, psychische und soziale Einflussgrößen sowie deren Wechselwirkungen auf körperliche Erkrankungen und Behinderungen im Mittelpunkt."* (Renneberg & Hammelstein, 2006, S. 1).

Kompakte Definition

Folgende allgemeine Fragen interessieren die Gesundheitspsychologie:

- Wie sehen Wechselwirkungen von Stress und Erkrankung aus (wobei insbesondere die subjektiven Bewertungs- und Bewältigungsprozesse in bestimmten Situationen interessieren)?
- Welchen Einfluss haben Persönlichkeitsfaktoren bei der Entstehung von Krankheiten? Hierbei stehen vor allem der Herzinfarkt und Krebserkrankungen im Fokus.
- Welche Anteile des Menschen und seiner sozialen Umwelt stellen gesundheitserhaltende bzw. -fördernde Ressourcen dar? In erster Linie werden in diesem Zusammenhang die persönlichen Ressourcen, etwa in Form der *Selbstwirksamkeitserwartung* oder der *sozialen Unterstützung*, thematisiert.

Fragen der Gesundheitspsychologie

1 Einführung in die Gesundheitspsychologie

Ressourcen

> **Begriffe**
>
> Unter *Ressourcen* werden allgemein „generalisierte Widerstandsquellen" verstanden, die es dem Menschen erleichtern, sich an Situationen anzupassen (Antonovsky, 1979).

- Welches Verhalten fördert und erhält die Gesundheit von Menschen? Betrachtet wird vor allem die individuelle Regulationsfähigkeit, um körperliches und geistiges Wohlbefinden zu fördern, Schaden vom Körper fern zu halten oder präventiv zu handeln.
- Wie kann man Krankheiten wirkungsvoll vorbeugen? Speziell Bewertungsfragen sind dabei von besonderer Bedeutung. Etwa, ob Interventionsprogramme effektiv und effizient sind, oder in welcher Motivationsphase veränderungswillige Personen für eine Ansprache durch Gesundheitsfördermaßnahmen besonders sensibel sind.
- Schlussendlich: was erhält die Lebensqualität bei chronischen Erkrankungen?

1.4 Angewandte Gesundheitspsychologie

Angewandte Gesundheitspsychologie

> **Kernaussage**
>
> Die *Angewandte Gesundheitspsychologie* ist Teil der Gesundheitspsychologie und hat einen bedeutenden Schwerpunkt im Praxisbezug. Sie beinhaltet alle gesundheitspsychologischen Anstrengungen, die der nicht-angewandten, also theoretischen und grundlagenforschenden Gesundheitspsychologie zugehörig sind.

Dennoch ist Angewandte Gesundheitspsychologie nicht gleichbedeutend mit *praktischer Gesundheitspsychologie*, obwohl es fließende Übergänge zwischen angewandter und praktischer Gesundheitspsychologie gibt. Die meisten wissenschaftlichen Fragestellungen der Gesundheitspsychologie stammen aus der Praxis. Sie werden als Hypothesen experimentell oder im Feld überprüft. Werden die Hypothesen bestätigt, so resultieren aus ihnen Konzepte, Theorien und Modelle, die wiederum für die Praxis der Gesundheitspsychologie bedeutsam werden können. Die Angewandte Gesundheitspsychologie stellt die Nützlichkeit der Forschung und Theoriebildung unter Beweis und empfiehlt daraus dem Praktiker *Veränderungs- und Optimierungswissen*, der anschließend damit z. B. hilft, das individuelle und spezifische gesundheitsriskante Verhalten des Klienten zu verändern, sowie die damit einhergehenden notwendigen Prozesse optimal zu gestalten. Letzteres ist die *Praxis der Gesundheitspsychologie*: der Einsatz oder die Nutzung von gesundheitspsychologischen Erkenntnissen für das einzelne Individuum, Gruppen oder die Gesellschaft.

1.4 Angewandte Gesundheitspsychologie

Nichts ist praktischer, als eine gute Theorie.

Kurt Lewin (1890 – 1947)

Allerdings wird ein reines Übertragen von psychologischem Wissen, Erklärungen und Methoden auf die Praxis von Autoren wie Graf Hoyos (2000) nicht als „Anwendung" verstanden. Mit Blick auf die *Angewandte Psychologie* kann mit ihm argumentiert werden, dass „Anwendung" das gegenseitige *Befruchten, Ergänzen und aufeinander Beziehen* von Theorie und Praxis sein muss. So fungiert beispielsweise die Angewandte Psychologie als Oberbegriff für die *praktische Psychologie* und die *Psychotechnik* (Anwendung psychologischer Verfahren) und stellt ein Verbindungsglied zu jeder Berufsarbeit dar (Dorsch, 2004). Für die *Angewandte Gesundheitspsychologie* macht es Sinn, von der gleichen Funktion auszugehen und sie als Oberbegriff für die praktische Gesundheitspsychologie und den Einsatz psychologischer Verfahren in der Praxis zu verstehen. Angewandte Gesundheitspsychologie ist in diesem Verständnis anwendungsorientiert.

> **Kernaussage**
>
> *Angewandte Gesundheitspsychologie* beinhaltet daher *beide* Aspekte: sowohl den Schwerpunkt der empirischen Überprüfung von gesundheitspsychologischen Theorien, Konzepten und Modellen, als auch deren praktische Umsetzung, um Individuen, Gruppen oder Organisationen, etwa im Rahmen der betrieblichen Gesundheitsförderung, konkret dabei zu helfen, Gesundheitsziele zu erreichen.

Definition Angewandte Gesundheitspsychologie

Kanning et al. (2007) argumentieren zum Verhältnis von Grundlagenforschung und angewandter Forschung, dass die Grundlagenforschung „gewissermaßen ‚senderorientiert'" arbeitet, während „*die angewandte Forschung hingegen stärker ‚emp-fängerorientiert'*" tätig wird (S. 239). Grundlagenforscher interessiert eine Frage unabhängig davon, ob ihre Beantwortung für die Praxis relevant ist und ob Forschungsergebnisse umsetzbar oder nützlich sind. Hingegen ist Forschung im angewandten Bereich etwas, das helfen soll „*ein reales Problem zu lösen*" (2007). Bezogen auf die gesundheitspsychologische Praxis muss die Angewandte Gesundheitspsychologie im Vergleich zur theoretischen Gesundheitspsychologie oft komplexe Problemlösungen bieten, ohne alle Einflussfaktoren zu kennen. Übertragen auf die theoretische, die angewandte und die praktische Gesundheitspsychologie ergeben sich somit unterschiedliche Erwartungen hinsichtlich ihrer Aufgaben. Damit werden aus der jeweiligen Perspektive und dem jeweiligen Interesse die Aufgaben und Funktionen der Angewandten Gesundheitspsychologie unterschiedlich interpretiert und gewichtet.

Unterschiedliche Perspektiven

1 Einführung in die Gesundheitspsychologie

	Theoretische Gesundheitspsychologie	Angewandte Gesundheitspsychologie
Inhalt	Grundlagenforschung zu Krankheit und Gesundheit, d.h. Aufstellung, Überprüfung und Diskussion der Prinzipien der Gesundheitspsychologie	Überprüfung der Forschungserkenntnisse, angewandte Forschung und praktische Tätigkeit von Gesundheitspsychologen
Zweck	Erkenntnisgewinn, unabhängig davon, ob er für die Praxis relevant ist oder nicht	Nützlichkeitsbewertung von Forschung und Theorie sowie Nutzung bewährter Modelle und Konzepte
Fragestellungen	Aus Theorie, Anwendungsfeld und Praxis der Gesundheitspsychologie, z.B. individuelles Risikoverhalten	Aus der Theorie, Anwendungsfeld oder der Praxis der Gesundheitspsychologie
Aufgabe	Forschung und Theoriebildung, (z.B. Konzepte, Theorien, Modelle)	Anwendung und Prüfung von Forschungserkenntnissen in der Praxis sowie praktisches Tun (z.B. Diagnose, Beratung, Intervention)

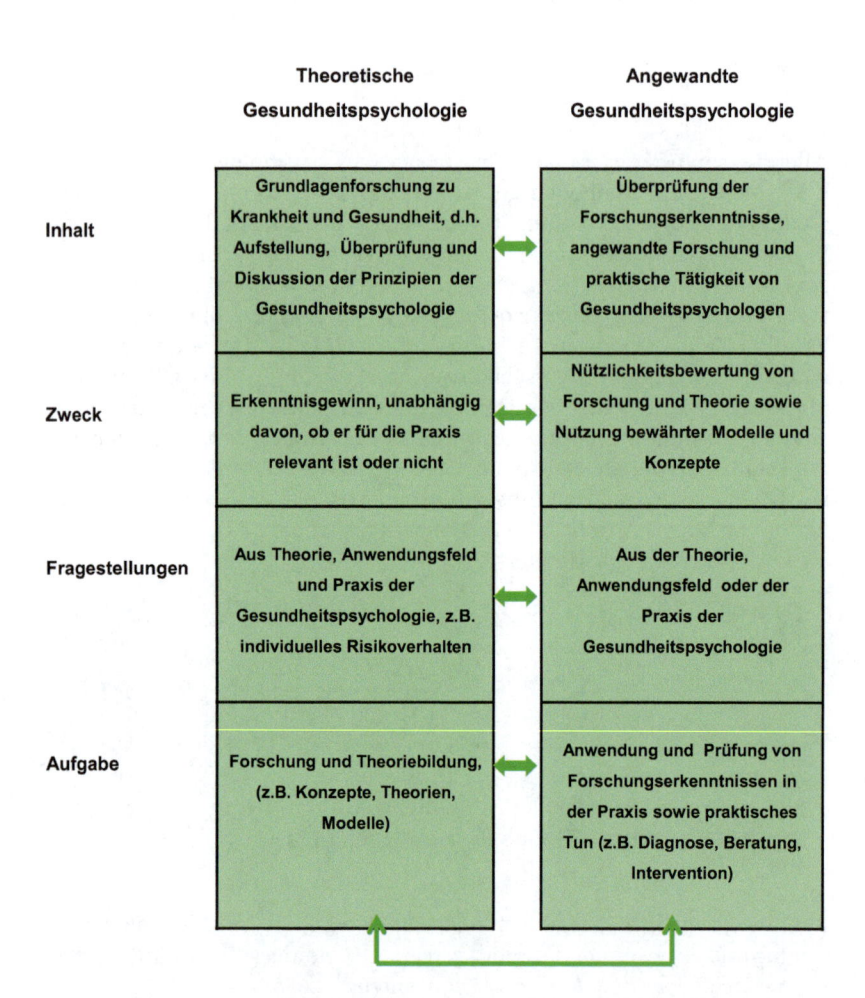

Das Aufeinander-Bezogen-Sein von Theorie und Praxis

Abbildung 1.1: Bereiche der Gesundheitspsychologie

Wie ▶Abbildung 1.1 verdeutlicht, konzentriert sich die *theoretische Gesundheitspsychologie* auf die psychologischen Fragen der Entstehung von Krankheit (Pathogenese) und Gesundheit (Salutogenese). Und sie erstellt, überprüft und diskutiert die Prinzipien der Gesundheitspsychologie, unabhängig davon, ob sie für die Anwendung relevant sind oder nicht.

In der Angewandten Gesundheitspsychologie lassen sich Gesundheitspsychologen, die in verschiedenen Anwendungsfeldern arbeiten, in ihrem Tun durch Konzepte, Modelle und Theorien der theoretischen Gesundheitspsychologie leiten, forschen allerdings auch selbst (angewandte Forschung). Die Angewandte Gesundheitspsychologie prüft die Erkenntnisse der grundlagenforschenden Gesundheitspsychologie auf ihre Tauglichkeit und ihren Erklärungsgehalt, z. B. in Bezug auf riskantes und gesundheitsförderliches Verhalten oder mit Blick auf Krankheits- und Stressbewältigung und verändert bzw. entwickelt sie weiter. In welchem Umfang sie dies tut und ob sie eigene anwendungsbezogene Forschung betreibt, hängt von den Agierenden ab. Mit beiden Vorgehensweisen hilft sie gleichzeitig im praktischen Sinne, Lebenswelten und gesellschaftliche Bedingungen gesundheitsförderlicher zu gestalten. Dabei greift sie auch auf ein großes Spektrum an praktischen Ansätzen zurück und regt dazu an, das Erleben und Verhalten im Kontext von Gesundheit zu reflektieren, wobei sie versucht, *Hilfe zur Selbsthilfe* zu geben. Im praktischen Tun fokussieren angewandt arbeitende Gesundheitspsychologen gesundheitsförderliche Erlebensweisen, Denk- und Handlungsmuster, aber auch riskante und der Gesundheit abträgliche Verhaltensweisen. Dadurch betreibt die Angewandte Gesundheitspsychologie konkrete „psychologische Gesundheitsförderung", indem sie mittels unterschiedlicher Strategien und Methoden Gesundheitsverhalten beeinflusst und *Präventions- und Interventionsmaßnahmen* entwickelt.

Praktisches Beispiel aus der Gesundheitspsychologie

Am Beispiel der *Rückfallproblematik nach Abstinenz bei Alkoholabhängigkeit,* kann das Zusammenspiel von theoretischer und angewandt-praktischer Gesundheitspsychologie verdeutlicht werden. Nehmen wir als Beispiel eine alkoholabhängige Person, die während des Versuchs, abstinent zu leben, einen „Rückfall" erleidet. Aus enger medizinisch-theoretischer Perspektive steht dieser Mensch wieder am Anfang und hat versagt („*Man trinkt oder man trinkt nicht!*"). Aus dem Blickwinkel der theoretischen und angewandten Gesundheitspsychologie wird dieser „Rückfall" viel differenzierter gesehen. Eine von vielen sehr unterschiedlichen Theorien zum Rückfall ist das *Rückfallmodell von Marlatt* (Marlatt, 1985; Marlatt und Gordon, 1985; siehe auch *Abschnitt 2.9.2*). Es unterscheidet zwischen einem *(schweren) Rückfall* und einem *Ausrutscher*. Aufgrund der hohen Rückfallzahlen von Alkoholabhängigen, die in der praktischen Arbeit nach Entzugsbehandlungen auftraten, entwickelte Marlatt in den 1970er-Jahren seine Theorie, die auf der *sozial-kognitiven Theorie* von Bandura (1986) aufbaut. Es wurde also eine nicht zufriedenstellende Erkenntnis aus der Praxis der Arbeit mit Alkoholabhängigen zum Ausgangspunkt für empirische Arbeiten, die zur Formulierung einer sehr differenzierten Theorie führten. In der Folge regten die theoretischen Annahmen zu einer Vielzahl von Studien an, in denen versucht wurde, das Modell bzw. einzelne Faktoren im Sinne der *Angewandten Gesundheitspsychologie* in der praktischen Umsetzung zu überprüfen. Schließlich wurden in der *Praxis* Rückfallpräventionsprogramme entwickelt, von denen die meisten sich an den vier Bereichen orientieren, die nach Marlatt (1996) einen Einfluss auf die Entstehung und Verarbeitung von Rückfällen haben. Zu diesen vier Bereichen zählen der *Lebensstil*, die *Hochrisikosituationen*, die *Bewältigungskompetenzen* und die *rückfallbezogenen Kognitionen*. Die theoretischen Überlegungen Marlatts haben somit über den Weg der Überprüfung ihrer Nützlichkeit durch die Angewandte Psychologie zu deren konkreter Nutzung in der Praxis geführt. Dabei ist festzustellen, dass die theoretischen und konzeptionellen Gedanken Marlatts zu ausgefeilten Rückfallpräventionsprogrammen geführt haben, die Praktiker konkret anleiten und ihnen Materialien an die Hand geben, wie z. B. das „Strukturierte Trainingsprogramm zur Alkohol-Rückfallprävention" (S.T.A.R.) von Körkel und Schindler (2003).

Praxisfelder der Angewandten Gesundheitspsychologie

Praxisfelder — Gesundheitspsychologinnen und -psychologen sind derzeit vor allem im Management und bei der Koordination von Maßnahmen der Gesundheitsförderung sowie Gesundheitsaufgaben bei Krankenkassen oder in Landkreisen und Gemeinden tätig. Sie arbeiten beim Bund oder den Ländern, betreuen dort Modellprojekte und sind in Krankenhäusern sowie Gesundheitszentren angestellt. Sie beraten in Sachen Gesundheit oder sind im Gesundheitscoaching und -training tätig. Gesundheitspsychologen helfen bei der Krankheitsbewältigung, indem sie Planungs- und Durchführungsunterstützung geben. In der Rehabilitation führen sie Gesundheitstrainings und Patientenschulungen durch oder entwickeln in Unternehmen und Verwaltungen gesundheitsförderliche Organisationen. Sie bilden Mitarbeiter und Ehrenamtliche fort, die in den unterschiedlichsten Sektoren tätig sind, etwa in Hospizen, der Sozialarbeit oder Pädagogik. Aber sie begleiten auch Forschungsprojekte und arbeiten für Medien (Brinkmann, 2010).

1.5 Abgrenzung zu anderen Fächern

Kernaussage

Die Gesundheitspsychologie in Gänze (Theorie, Anwendung, Praxis) steht, wie andere, auf die Gesundheit bezogene Wissenschaften, etwa die Medizinsoziologie, die Sozialmedizin, die Sportwissenschaften, Public Health oder die Gesundheitsökonomie, *nicht in einem Wettbewerb zur Medizin*.

Gesundheitswissenschaften — Die Gesundheitspsychologie ist ein eigenständiges Fach und ist eine Gesundheitswissenschaft. Entstanden sind die Gesundheitswissenschaften als Antwort auf die „Wohlstandserkrankungen" in den westlichen Industrieländern und aufgrund eines verbesserten Verstehens der Zusammenhänge zwischen biologischen, psychologischen und sozialen Faktoren bei der Entstehung von Krankheit bzw. dem Erhalt von Gesundheit (siehe: *1.6.1 Das biopsychosoziale Modell*). Begonnen hat die Entwicklung zu den Gesundheitswissenschaften mit der Entstehung von „Public Health" in den 1920er-Jahren im angloamerikanischen Raum. Während bis in die 1980er-Jahre im Zentrum von *Public Health* die Prävention und Versorgung von Problemgruppen stand, umfasst sie heute die gesamte Gesundheitspolitik. Insofern gibt es Schnittmengen zur Gesundheitspsychologie, etwa bei der Früherkennung von Krankheiten und der Primär- und Sekundärprävention (siehe *Kapitel 6*). Beispielhaft sind Kampagnen gegen das Rauchen oder gemeindebezogene Maßnahmen. Die Forschungserkenntnisse der Gesundheitspsychologie werden von Public Health in den verschiedensten Bereichen genutzt.

Public Health

Innerhalb der Psychologie grenzt sich die Gesundheitspsychologie von der *Klinischen Psychologie* dadurch ab, dass sie sich nicht so stark mit Störungen des menschlichen Erlebens und Verhaltens beschäftigt und auch keine Behandlung psychischer Störungen beinhaltet. Wie die Klinische Psychologie beschäftigt sich die *Psychiatrie* mit psychischen Störungen, jedoch nicht nur durch psycho- und sozialtherapeutische Interventionen, sondern auch durch den Einsatz von Medikamenten. Die *Medizinische Psychologie*, die ein eigenständiges Gebiet innerhalb der Medizin darstellt, hat vor allem mit psychologischen Fragestellungen und Interventionen innerhalb der Medizin zu tun. Mit Blick auf die *Verhaltensmedizin* unterscheidet sich die Gesundheitspsychologie vor allem dadurch, dass sie über das individuelle Verhalten und biomedizinische Störungen hinausgeht. Die Behandlung von psychosomatischen Erkrankungen steht im Mittelpunkt der *Psychosomatik*, während die Gesundheitspsychologie in erster Linie die Krankheitsvorbeugung und die Gesundheitsförderung beinhaltet.

Klinische Psychologie

Psychiatrie

Medizinische Psychologie

Verhaltensmedizin

Psychosomatik

Die Disziplinen, die sich wie die Gesundheitspsychologie mit der Wechselwirkung von psychologischen Prozessen sowie mit Gesundheit und Krankheit befassen, haben Kaptein und Weinman (2004) entlang der Achse „psychische versus somatische Störungen" und der Achse „Psychologie versus Medizin" dargestellt und voneinander abgegrenzt (vgl. Knoll, Scholz und Rieckmann, 2005, S. 25):

Abgrenzung zu anderen Disziplinen

	Psychische Störungen	
Klinische Psychologie	Psychiatrie	
		Abgrenzung zu anderen Disziplinen
Psychologie		**Medizin**
Gesundheitspsychologie	Konsultationspsychiatrie	
Verhaltensmedizin	Psychosomatik	
Medizinische Psychologie		
	Somatische Störungen	

Abbildung 1.2: Die Abgrenzung der Gesundheitspsychologie von verwandten Disziplinen nach Kaptein und Weinman (2004)

1.6 Gesundheits- und Krankheitskonzepte

Die bekannteste und am meisten zitierte Begriffsdefinition von Gesundheit stammt von der Weltgesundheitsorganisation (WHO) aus dem Jahr 1948. Sie basiert auf einem ganzheitlichen Verständnis des Menschen und entspricht der Perspektive des biopsychosozialen Modells:

Einführung in die Gesundheitspsychologie

> **Begriffe**
>
> *„Gesundheit ist der Zustand des vollkommenen körperlichen, geistigen und sozialen Wohlbefindens und nicht nur das Freisein von Krankheit und Gebrechen."*

Diese Definition von Gesundheit ist jedoch kritisch zu kommentieren, denn ein „vollkommenes Wohlbefinden" zu erreichen, scheint eher unrealistisch. Auch wird Gesundheit nicht als dynamischer Prozess beschrieben, der immer wieder erlangt, wiederhergestellt bzw. erhalten werden muss.

WHO-Definitionen Aus der Erkenntnis der folgenden Jahre, dass Gesundheit kein starrer, sondern ein dynamischer Vorgang ist, wurde diese Definition 1986 von der WHO verändert:

> **Begriffe**
>
> *„Gesundheit ist ein positiver funktioneller Gesamtzustand im Sinne eines dynamischen biopsychologischen Gleichgewichtszustandes, der erhalten bzw. immer wieder hergestellt werden muss."* (Aktualisierung, WHO 2003)

Schwerpunktdefinitionen Gesundheit wird vielfältig mit inhaltlich unterschiedlichen Schwerpunktsetzungen definiert. Gemeinsamkeiten zwischen den unterschiedlichen Definitionen liegen darin, dass sich Gesundheit sowohl positiv als auch negativ bestimmen lässt und zwar differenziert auf mehreren Ebenen. Des Weiteren wird bei der Begriffsbestimmung von Gesundheit zwischen objektiven und subjektiven Gesundheitsbestimmungen differenziert. Die objektive Begriffsbestimmung ergibt sich durch den Konsens bzw. die Konsensbegriffsbestimmung von Experten, wohingegen die subjektive Definition die eigene Gesundheit im Mittelpunkt hat. Wie bereits erwähnt, wird im naturwissenschaftlich ausgerichteten biomedizinischen Modell der negative Begriff von „Gesundheit als Abwesenheit von Krankheit" benutzt.

> **Kernaussage**
>
> Jeder Krankheit liegt nach dieser Vorstellung eine pathologische Veränderung des Organismus zugrunde. Sowohl auf die Krankheitsentstehung, als auch auf deren Verlauf und die Wiederherstellung der Gesundheit hat die erkrankte Person keinen Einfluss.

Verhaltensaspekte werden in diesem Modell bei der Krankheitsbestimmung von vorne herein weggelassen und rein biologische sowie objektiv erkennbare Ursachen angenommen. Die Bedeutungen der Wechselwirkungen zwischen biologisch-organischen, psychischen und sozialen Bedingungen bei der Entstehung von Krankheit bzw. der Erhaltung von Gesundheit, bleiben bei dieser Perspektive unberücksichtigt. Zudem werden Organismus und Psyche als unabhängig voneinander verstanden, was Mediziner davon „befreit", sich um die individuellen psycho-sozialen Aspekte der Patienten zu kümmern. Auch weil diese auf den Menschen Einfluss nehmenden Faktoren nicht in ihrer Zuständigkeit und Verantwortung liegen.

Franke (1993) listet einige der meistgenannten Kriterien für Gesundheit auf. Sie nennt folgende Punkte:

Gesundheitskriterien

- Störungsfreiheit
- Leistungsfähigkeit
- Rollenerfüllung
- Homöostase/Gleichgewichtszustand
- Flexibilität
- Anpassung
- Wohlbefinden

Störungsfreiheit

Dieses Kriterium umfasst das Gesundsein beim Individuum, bei gleichzeitiger Abwesenheit von Krankheit. Gesundheit als Störungsfreiheit ist einer der ältesten Bestimmungsfaktoren für das Gesundsein. Dieses Verständnis hat auch lange Zeit die westliche Medizin beeinflusst und tut dies weitgehend immer noch. Als so genannte Negativdefinition wird Gesundheit als das Nicht-Kranksein verstanden. Ob ein Mensch krank ist, entscheiden Experten (z. B. Ärzte), indem sie objektive Befunde mit bestimmten Grenzwerten vergleichen. Damit, so die Kritiker, wird das subjektive Befinden der Betroffenen zu wenig berücksichtigt. Mittlerweile nimmt die Anhängerschaft der Negativdefinition von Gesundheit wieder zu, da sie mit einer positiven Begriffsbestimmung von Gesundheit auch die Gefahr verbinden, dass Menschen häufiger als krank bezeichnet und neue Krankheiten erfunden werden (Dörner, 2003; Blech, 2003).

Leistungsfähigkeit

Die Leistungsfähigkeit wird in der Regel mit der Fähigkeit gleichgesetzt, Aufgaben in der Gesellschaft zu erfüllen, beispielsweise in Schule, Beruf oder Familie. Gesund ist demnach jemand, der in der Lage ist, seine Fähigkeiten und Fertigkeiten in diesen Bereichen einzusetzen. Die Leistungsfähigkeit und ihre Wiederherstellung ist auch der Leitgedanke im Bereich der Sozialversicherung (Renten-, Kranken- oder Unfallversicherung).

Rollenerfüllung

Eine soziale Rolle zu erfüllen, bedeutet, den an diese Rolle (z. B. Vorgesetzter, Vater, Lehrer usw.) gestellten Erwartungen seitens anderer, hinsichtlich Verhalten, Auftreten und Person, gerecht zu werden. Gesund im Sinne dieser Rollenerfüllungs-Erwartung ist ein Mensch, der seine soziale Rolle und die damit verbundenen Aufgaben und Pflichten erfüllen kann.

Homöostase/Gleichgewichtszustand

Homöostase, in diesem Kontext verstanden als Gleichgewichtszustand zwischen individuellen und seelischen Faktoren sowie zwischen Individuum und Gesellschaft, bildet im Sinne dieses Kriteriums die Basis von Gesundheit. Demnach versucht eine Person, Ungleichgewichte körperlicher oder seelischer (psychischer) Art wieder in eine Balance zu bringen. Der Mensch, verstanden als ein biologisches System, ist in andere Systeme, z. B. das direkte Umfeld, die Familie, den Betrieb oder die Gesamtgesellschaft, eingebettet und wird durch diese anderen Systeme beeinflusst. Der von einer Person angestrebte harmonische, stabile, und ausgeglichene Status ist unter Umständen durch diese Einflüsse ständig bedroht, ins Ungleichgewicht zu geraten. Systeme streben nach Reproduktion und speziell biologische Systeme – wie der Mensch – müssen sich nach körperlich oder psychisch anstrengender Arbeit durch Erholungspausen energetisch regenerieren. Gelingt diese Regeneration nicht, sodass nicht erneut im nötigen Umfang und schnell genug Energie für körperliche oder psychische Aktivität bereitgestellt werden kann, kommt es zu einem Ungleichgewicht. Dies geschieht dann, wenn der Organismus erkrankt ist, oder aus Altersgründen. Das Individuum muss in der Folge seine Kräfte sinnvoll einteilen, um in gewissem Grade weiterhin leistungsfähig zu sein und ein neues Gleichgewicht zu finden.

Flexibilität

Das Gegenstück zur Homöostase ist die Heterostase, eine Art Störung des Gleichgewichts. Mit Flexibilität wird in diesem Zusammenhang die Fähigkeit des Menschen verstanden, solchen Störungen entgegenzutreten und sie zu bewältigen. Gesundheit ist damit ein Zustand der flexiblen Anpassung an sich verändernde Gegebenheiten und ein verändertes Gleichgewicht. Da der Mensch sich niemals sicher sein kann, nicht krank zu werden oder Gefahren ausgesetzt zu sein, sind Zustände des Ungleichgewichts (wie Leid und Tod) fester Bestandteil des Menschseins. Durch flexible Anpassung und neue lebensbejahende Blickwinkel kann sich der Mensch bewusst auf Veränderungen vorbereiten und so gesund bleiben. Aber auch die Einnahme einer kritischen Haltung in Sachen Gesundheit wirkt sich positiv aus und gehört zur regulierenden Flexibilität als aktives und dynamisches Geschehen.

Wohlbefinden

Mit „Wohlbefinden" wird der subjektive Teil von Gesundheit bezeichnet. Dieses Kriterium ist 1946 erstmals offiziell in der weiter oben zitierten Gesundheitsdefinition der WHO aufgetaucht. Es wurde seitdem leidenschaftlich und kontrovers diskutiert, da nicht ausreichend deutlich wird, was mit „Wohlbefinden" letztendlich gemeint ist. Dessen ungeachtet ist es eine Definition, auf die sich weltweit Experten einigen konnten. Aus sozialmedizinischer Sicht wurde das „Wohlbefinden" ebenso kritisiert wie aus medizinischer. Die sozialmedizinische Kritik beinhaltet die Sorge, dass der Begriff „Wohlbefinden" mit Genuss assoziiert wird und dem Konsum von Alkohol, Zigaretten usw. Vorschub geleistet wird (Schaefer, 1980).

Mediziner befürchten dagegen eine Infragestellung ihrer „Expertenmacht", wenn ein weiterer „Befund" in Form der subjektiven Sicht des Patienten erhoben wird (Franke, 2010). All diejenigen, die eine stärkere Demokratisierung des Gesundheitswesens befürworten, stehen dem Begriff des „Wohlbefindens" eher positiv gegenüber, weil er die Basis für mehr individuelle Verantwortung und Selbstbestimmung des Menschen schafft (Franke, 2010).

Nach Faltermaier (2005) haben Laien ein ausgeprägtes Verständnis von Gesundheit. Demnach lässt sich dieser Begriff mit positiven körperlichen, psychischen und sozialen Merkmalen beschreiben. Nachfolgend sind die inhaltlichen Bestimmungen dieses laienhaften Gesundheitsverständnisses dargestellt.

Inhaltliche Bestimmung von Gesundheit

	körperlich	psychisch	sozial
Befinden	Wohlbefinden Stärke	Wohlbefinden Stärke	Wohlbefinden
Aktionspotenzial	Handlungsfähigkeit Leistungsfähigkeit	Handlungsfähigkeit Leistungsfähigkeit	Handlungsfähigkeit Arbeitsfähigkeit Leistungsfähigkeit
Fehlen bzw. ein geringes Maß an Störungen	Beschwerden Schmerzen Probleme Krankheit	Probleme Krankheit	Einschränkung in der Rollenerfüllung Soziale Abweichung

Tabelle 1.1: Inhaltliche Bestimmung von Gesundheit (Quelle: Faltermaier, 2005, S. 150)

Eine Studie aus Großbritannien (Blaxter, 1990), die sich dafür interessierte, wie oft die verschiedenen Aspekte von Gesundheit von Laien genannt werden, zeigt die Dominanz von positiven Gesundheitsdefinitionen. So nannten 42% der Befragten psychisches Wohlbefinden und 30% funktionale Leistungsfähigkeit als inhaltliche Kriterien für Gesundheit. Körperliche Fitness und Energie wurden von 28% genannt und nur 13% zogen die negative Definition des biomedizinischen Modells für Gesundheit als Abwesenheit von Krankheit vor.

Gesundheit aus Laiensicht

Faltermaier und Kühnlein (2000) verdeutlichen mit einer qualitativen Interviewstudie mit Arbeitnehmern, dass die Vorstellung von Gesundheit, im Sinne eines dynamischen Prozesses, von den Befragten eher favorisiert wird. Allerdings sind diese Ansichten über Gesundheit je nach sozioökonomischer und allgemeiner Lebenssituation unterschiedlich. Beeinflusst werden Konzepte von Gesundheit auch durch biografische Erfahrungen, z. B. mit Entwicklungs- oder Alternsprozessen, sowie durch Erkrankungen, allgemeine Lebenserfahrungen oder den eigenen Lebensentwurf.

Becker (1989) spricht in seinem Gesundheitsmodell von „körperlichseelischem Wohlbefinden", das sich durch „Selbst- und fremdbezogene Wertschätzung" bildet und aus verschiedenen Faktoren besteht, wie beispielsweise Sinnerfülltheit, Selbstvergessenheit und Beschwerdefreiheit. Für Becker gibt es die seelische Gesundheit als „aktuellen Zustand" sowie als

Persönlichkeitseigenschaft, die das habituelle, d. h. das gewohnheitsmäßige Gesundheitsverhalten erklärt. Diese Unterscheidung in aktuelle und habituelle Gesundheit trägt dem Umstand Rechnung, dass es einerseits kurzfristige Veränderungen der Gesundheit gibt, etwa innerhalb eines Tages, andererseits aber auch den langfristigen Wandel. Diese Unterscheidung sollte sinnvollerweise auch durch unterschiedliche theoretische Konzepte erklärt werden. Ein zentrales Ziel müsste nach Faltermeier (2005) daher ein Modell der Salutogenese sein, das auch diese langfristigen Prozesse der habituellen Gesundheit erklärt.

Definitionen der WHO, die das körperliche Wohlbefinden ins Zentrum stellen, können nach dem bisher Ausgeführten noch um die Punkte *psychisches Wohlbefinden* (z. B. Lebens- und Arbeitszufriedenheit), *individuelle Leistungsfähigkeit*, *Lebenssinn* (z. B. Wertvorstellungen) und *Selbstverwirklichung* (z. B. Umsetzung eigener Ziele und Wünsche) ergänzt werden.

1.6.1 Das biopsychosoziale Modell

Gesundheit wird durch Erlebens- und Verhaltensprozesse bestimmt

Wenn es darum geht, Gesundheit zu definieren, finden sich oft mehrere der bisher genannten Punkte in den Begriffsbestimmungen. Dies weist auf einen gewissen Konsens hin, dass Gesundheit durch Erlebens- und Verhaltensprozesse vermittelt wird und nicht nur als Abwesenheit von Krankheit zu verstehen ist. Speziell die Erkenntnis der Wechselwirkungen zwischen biologischen, psychischen und sozialen Variablen, insbesondere von Lebensstil, Risikoverhalten und Umweltbedingungen, führte den Sozialmediziner Engel (1977) dazu, das biopsychosoziale Modell einzuführen. Vorarbeiten stammen aus der Allgemeinen Systemtheorie, der Biologie und der Verhaltensmedizin. Das biopsychosoziale

Umdenken in den 1970er-Jahren

Modell löste in den 1970er-Jahren das biomedizinische Modell, das sich zu sehr auf krankmachende Faktoren konzentriert hatte, nach und nach ab. Dieser Denkansatz zum Verständnis des Entstehens von Krankheiten wurde der Realität nicht mehr gerecht, da beispielsweise die Unterteilung in gesunde und kranke Menschen der Wirklichkeit in der Medizin nicht entspricht. Auch erklären *Risikofaktoren* oft nicht hinreichend, wie Krankheiten entstehen.

> **Begriffe**
>
> Unter einem *Risikofaktor* wird eine Variable verstanden, die die Wahrscheinlichkeit (das Risiko) für eine bestimmte Erkrankung erhöht (vgl. Franke, 2010).

Klassische Risikofaktoren sind z. B. das Rauchen, wenig Bewegung, falsche Ernährung. Darüber hinaus sind viele Krankheiten multifaktoriell bedingt, d. h. es existiert ein Bündel von Ursachen). Zuwenig berücksichtigt wird im biomedizinischen Modell auch die Einbeziehung der subjektiven Wirklichkeit der Patienten.

> **Kernaussage**
>
> Zentral ist im *biopsychosozialen Modell* die Annahme eines Wechselspiels zwischen biologischen, psychologischen und sozialen Einflüssen bei der Entstehung von Krankheiten. Es geht davon aus, dass der Mensch eine biopsychosoziale Einheit ist.

Zentrale Annahmen

Das biopsychosoziale Modell zählt zu den salutogenetischen Konzepten, da es Widerstandsressourcen und Schutzfaktoren ins Zentrum seiner Betrachtungen stellt. Das Modell geht von den drei Dimensionen *biologisch/körperlich*, *psychisch* und *sozial* aus. (siehe ▶Abbildung 1.3). Dem Modell entsprechend werden das Schmerzerleben, die Wahrnehmung von Krankheitssymptomen, die Bereitschaft den Arzt aufzusuchen und nach der Diagnose seinen Rat zu befolgen sowie vieles andere mehr von *psychischen und sozialen Faktoren* beeinflusst. Zu den *psychischen Variablen* zählen *Emotionen* (z. B. Ärger, chronische Angst, Depressionen, Schmerzwahrnehmung) und *Kognitionen* (z. B. Vorstellungen vom Krankheitsverlauf oder Verhaltensweisen, die zur Genesung führen). Die drei Bereiche des Modells sind miteinander verbunden und beeinflussen sich wechselseitig. Änderungen in einem Einzelbereich haben Wirkung auf alle anderen. Im biopsychosozialen Modell sind Krankheit oder Gesundheit keine Zustände, sondern ein dynamischer Prozess, der zu jeder Sekunde im Leben „erschaffen" werden muss. Insofern kann ein Ereignis, das zunächst in einer Dimension auftritt, die anderen Dimensionen gleichzeitig oder zeitverzögert beeinflussen.

Am Beispiel der Stressreaktion kann dies erläutert werden. Weil eine Mitarbeiterin von ihrem Chef kurz vor Feierabend noch eine zusätzliche und zeitintensive Arbeit zugewiesen bekommt, gerät sie unter Stress. Ausgelöst wird die Stressreaktion beispielsweise durch entsprechende Gedanken, die zu Ärger führen („*Immer ich! Jetzt komme ich wieder so spät nach Hause.*"). Der ausgelöste Stress ist dem psychischen Bereich zuzuordnen, da er einerseits durch die entsprechenden Kognitionen ausgelöst und von Emotionen, hier das Verärgertsein, begleitet wird. Dem sozialen Bereich können evtl. auftretende Verhaltensweisen aufgrund der Stresssituation zugerechnet werden, etwa eine heftige Reaktion gegenüber einem Kollegen („*Lass mich bloß in Ruhe!*"). Dieses durch den Stress provozierte Verhalten kann wiederum zu Spannungen führen und die Stressreaktion noch verstärken. Eine latent vorhandene Magenschleimhautentzündung (Gastritis), hervorgerufen durch das Bakterium *Helicobacter pylori*, die unter vermehrtem Stress zu Magenbeschwerden führt, kann in unserem Beispiel für die biologische Ebene stehen. Möglicherweise treten diese Magenschmerzen erst zeitverzögert auf.

Wechselseitige Beeinflussung der Modellkomponenten

1 Einführung in die Gesundheitspsychologie

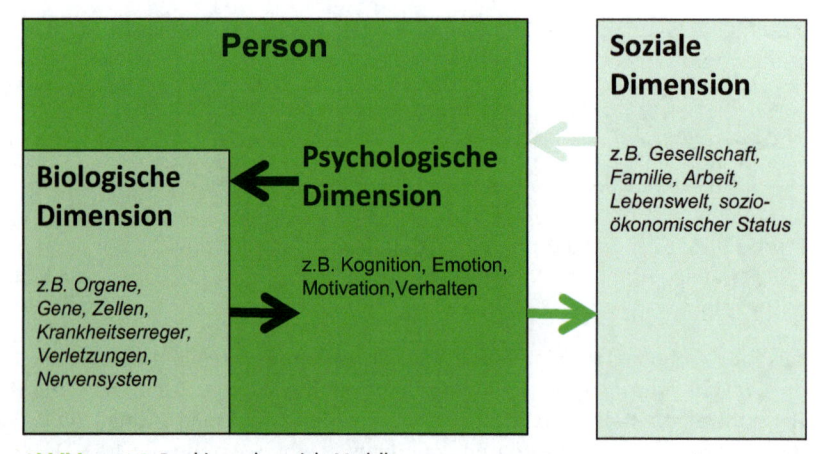

Abbildung 1.3: Das biopsychosoziale Modell

Dem biopsychosozialen Modell liegt ein ganzheitliches Verständnis von Gesundheit und Krankheit zugrunde, die beide auf den Endpunkten eines Kontinuums verortet werden können (siehe ▶Abbildung 1.4). Dadurch wird das dichotome Denken durchbrochen und aus dem „Entweder-oder" ein „Sowohl-als-auch".

Damit weist das Modell dem Individuum eine sehr aktive Rolle beim Erhalt und der Förderung von Gesundheit zu.

Kontinuum

krank--gesund

Abbildung 1.4: Multidimensionales Kontinuum

Kernaussage

Menschen können in diesem ganzheitlichen Verständnis chronisch krank sein, etwa einen Diabetes mellitus (Typ-I-Diabetes) haben, sich aber ansonsten körperlich fit, wohl und psychisch unbeeinträchtigt fühlen. Somit kann sich jemand gesund fühlen und gleichzeitig vollkommen mit seinem Leben und seiner Arbeitssituation zufrieden sein, obwohl er an einer Krankheit leidet. Damit hängt eine Differenzierung in Krank- oder Gesundsein von der subjektiven Befindlichkeit eines Individuums sowie seinen Werten und Normen ab.

Das biopsychosoziale Modell bietet beispielsweise die Möglichkeit, chronische Erkrankungen durch die Dynamik der wechselseitigen Beeinflussung der drei Komponenten besser zu verstehen und zu behandeln bzw. deren

1.6 Gesundheits- und Krankheitskonzepte

Verlauf positiv zu beeinflussen. Hermann-Lingen (2000) hat das Modell auf die Koronare Herzkrankheit angewandt und das Zusammenspiel der somatischen (biologischen), psychischen und sozialen Einflusskomponenten für die Entstehung der Erkrankung in einer Grafik dargestellt:

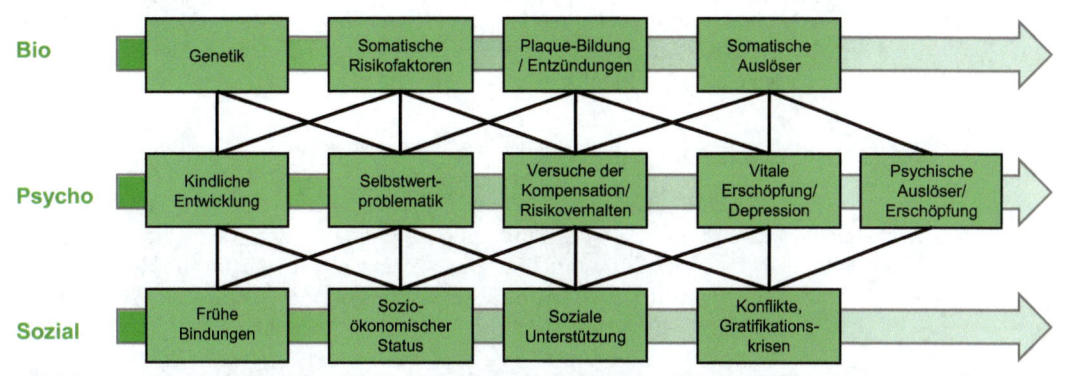

Abbildung 1.5: Das biopsychosoziale Modell am Beispiel der Koronaren Herzkrankheit (Quelle: Hermann-Lingen, 2000)

Greift man einige Faktoren aus diesem sehr komplexen Beispiel heraus, so kann man immer noch deren wechselseitige Beeinflussung im Sinne des biopsychosozialen Modells verdeutlichen. Nimmt man beispielsweise auf der *biologischen Ebene* die somatischen Risikofaktoren (z. B. Rauch- und Essverhalten), so könnten diese mit dem sozioökonomischen Status (Menschen aus bildungsferneren Schichten rauchen mehr) auf der *sozialen Ebene* und den *psychischen Faktoren* (z. B. bei niedrigem Selbstwert vermehrtes Rauchen oder Essen) interagieren. Aber auch psychosozialer Stress, welcher den *psychischen Faktoren* zuzurechnen ist (z. B. Konflikte als psychologische Modellfaktoren), kann auf der *biologischen Ebene* Bluthochdruck durch Angst und dauernde Anspannung erzeugen. Bei gesunden Personen kann dieser seelische Zustand nach Känel et al. (2001) auf der *biologischen Ebene* zur Aktivierung von Blutgerinnung und Fibrinolyse (Vorgang der körpereigenen Auflösung eines Blutgerinnsels) führen. Die Gesundheit schädigen kann dieser Vorgang bei chronischem psychosozialem Stress (z. B. Mobbing), da hier als Effekt ebenfalls die Gerinnungsaktivität zunimmt, jedoch der Prozess der Fibrinolyse abnimmt. In diesem Gesamtprozess spielen natürlich weitere negative Prozesse, wie beispielsweise Entzündungen in den Koronargefäßen und vieles mehr, eine wichtige Rolle, gleichwohl veranschaulichen die beispielhaft dargestellten dynamischen Wechselwirkungen das Grundprinzip des biopsychosozialen Modells.

Mittlerweile existieren verschiedene Varianten dieses Modells, in denen Gesundheit bzw. Krankheit mit der Wirkung dieser drei Variablen erklärt, gleichzeitig aber oft nicht deutlich wird, wie diese Faktoren zu gewichten sind und wie sie zusammenwirken (z. B. Risikofaktoren für Herz-Kreislauf-Erkrankungen).

1.6.2 Das Salutogenesemodell von Antonovsky

Salutogenese versus Pathogenese

Der amerikanische Medizinsoziologe Aaron Antonovsky entwickelte in den 1970er-Jahren sein salutogenetisches Modell (Antonovsky, 1979), das zu den biopsychosozialen Modellen gehört. Er schuf den Neologismus der „*Salutogenese*" (*Salus*, lat.: Unverletztheit, Heil, Glück; *Genese*, griech.: Entstehung) als Gegenstück zur „*Pathogenese*" des biomedizinischen Modells und des Risikofaktorenmodells.

Bestentwickeltes Modell

> **Kernaussage**
>
> Das *Salutogenese-Modell* kann als der bestentwickelte Theorieansatz zur Erklärung von Gesundheit bezeichnet werden (Bengel, J., R. Strittmatter, H. Willmann und Bundeszentrale für gesundheitliche Aufklärung, 1998). Mit „Salutogenese" bezeichnet Antonovsky eine Konzeption, die das Entstehen und Aufrechterhalten des Gesundseins beschreibt. Gleichwohl meint er damit nicht den absoluten Zustand von Gesundheit, sondern einen wechselhaften Zustand von mehr oder weniger gesund und mehr oder weniger krank.

In seinem Konzept stellt er sehr passend seine Idee eines aktiven, dynamischen und stetigen Prozesses dar, durch den das Individuum Gesundheit erzeugt, wahrt oder wiederherstellt. Zentrale Fragen sind für ihn: *Was erhält Menschen gesund?*, *Was unterstützt den Prozess der Genesung?*, *Weshalb erkranken manche Menschen, wenn sie Bedingungen ausgesetzt sind, die ihre Gesundheit gefährden, andere in gleicher Situation aber nicht?*, *Wie schafft es ein Individuum gesünder zu sein und damit weniger oft krank?*

Orientierung an salutogenen Kräften

> **Kernaussage**
>
> Das Salutogenese-Modell orientiert sich nicht an Gesundheitsrisiken oder gesundheitsschädlichen (pathogenen) Einflüssen, sondern an gesundheitsförderlichen (salutogenen) Kräften.

Zentrale Vorstellung ist: wer nichts tut, kann nicht gesund werden und seine Gesundheit erhalten, weil der Mensch beständig einem Fluss von psychischen, sozialen, physischen und biochemischen Stressoren ausgesetzt ist. Zu typischen Stressoren zählen z. B. Wettbewerbs- und Leistungsdruck im Berufsleben, Lärm, Existenzängste und anderes mehr. Viele Umstände oder Situationen, denen ein Individuum ausgesetzt ist, werden vom ihm als normal akzeptiert und meist nicht mehr bewusst wahrgenommen. Die Belastungen durch Stressreize haben jedoch negative Konsequenzen für den Organismus. Ob sie zu entsprechend gravierenden psychischen Beanspruchungen führen, hängt davon ab, ob die negativen Wirkungen durch Ausgleichsaktivitäten gemindert werden oder ob eine negative Wirkung aufgrund des individuellen Widerstandspotenzials eines Organismus keine Folgen zeigt.

1.6 Gesundheits- und Krankheitskonzepte

In seiner *Flussmetapher* veranschaulicht Antonovsky seine Vorstellungen mit dem Bild eines Flusses mit Strömungen, gefährlichen Stromschnellen und Windungen, in dem sich der Mensch aufhält und sich damit fortwährend in einem bedrohten gesundheitlichen Gleichgewicht befindet. Ein Arzt würde gemäß dieser Metapher in seiner pathogenetisch geprägten Vorstellung versuchen, einen möglicherweise Ertrinkenden aus dem Fluss zu retten.

Flussmetapher

Menschen sollen nach der Idee der Salutogenese in diesem Strom gut mitschwimmen und nach Möglichkeit immer besser. Für Antonovsky sind Menschen grundsätzlich „Schwimmer" und verfügen über die notwendigen geistig-seelischen Fähigkeiten und Sinnorientierungen, um mit Problemen, Herausforderungen und Bedrohungen des Lebens umgehen zu können. Deshalb können sie gesund bleiben und sich nach Verausgabungen bzw. Krankheit auch wieder erholen. Für die Gesundheit vorzusorgen und sie zu fördern, setzt Antonovsky einem „Schwimmtraining" gleich, das die Chance bietet, im „Fluss des Lebens" Fähigkeiten zu üben, zu verbessern oder sich eigener Fähigkeiten wieder zu besinnen.

Wie im biopsychosozialen Modell geht auch Antonovsky (1979) von einem „Gesundheits-Krankheits-Kontinuum" aus. Auf dem "HEDE-Kontinuum" (Health Ease/DisEase) lässt sich das gesundheitliche Niveau eines Menschen darstellen (▶Abbildung 1.6). Für Antonovsky gibt es keine uneingeschränkte und beständige Gesundheit, vielmehr bewegt sich der Mensch immer auf ein Ungleichgewicht, auf Krankheit und Leiden hin. Deshalb sind für den Autor gesundheitliche Einbußen ein ganz normaler Vorgang, der von permanenten Unsicherheiten begleitet wird.

HEDE-Kontinuum

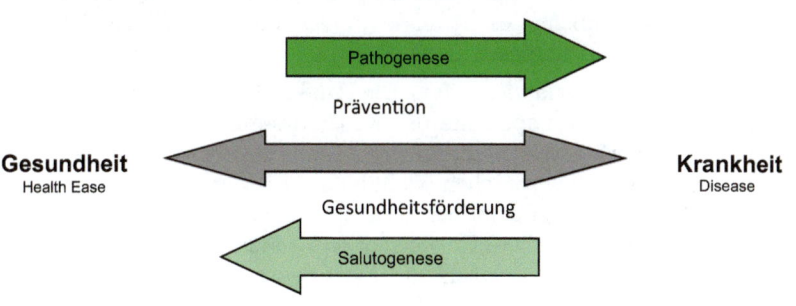

Abbildung 1.6: Health Ease/DisEase-Kontinuum (HEDE-Kontinuum (1979, 1987, 1997)

Antonovsky (1979) geht davon aus, dass Stressoren nicht grundsätzlich krankmachend sind, und lehnt sich dabei an das transaktionale Stresskonzept von Lazarus (1966) an. Vielmehr sind Stressoren Reize, die Spannungszustände auslösen, ohne gleich zu einer Stressreaktion zu führen. Daher interessiert den Autor das individuelle Bewältigungsmuster, d. h. die Art und Weise des Umgangs mit diesen Spannungszuständen. Je nachdem, wie ein Individuum die Stressreize bewältigt und die erlebten Spannungszustände verringert, neigt es auf dem Kontinuum stärker einem der beiden Pole, d. h. Krankheit oder Gesundheit, zu. Je nach Bewältigungsstatus bewegt sich der Mensch auf diesem Kontinuum in die eine oder andere Richtung. Die Möglichkeiten der Verminderung solcher Spannungszustände

Externe und personale Schutzfaktoren

sind individuell verschieden und hängen von den genetischen Voraussetzungen, den konstitutionellen und psychosozialen Bedingungen sowie allgemeinen Ressourcen ab, die es ermöglichen, den Stressreizen zu widerstehen. Damit interessieren im Salutogenese-Modell vor allem externe und personale Faktoren, die potenziell die Gesundheit erhalten und sie fördern und Stress und Krankheit Widerstand leisten. Die Erfahrung der erfolgreichen Bewältigung von Stressoren und die Verringerung von Spannungszuständen, führen zu einer positiven Lebenserfahrung, welche als *Schutzfaktor der Gesundheit* verstanden werden kann.

Kohärenzsinn

Kernaussage

Antonovsky nennt diese Schutzfaktoren *Kohärenzsinn* (Sense of Coherence) oder *Kohärenzgefühl*. Antonovsky versteht den Kohärenzsinn als Persönlichkeitsmerkmal, dem er in seinem Modell eine besondere Bedeutung beimisst. Positive Wechselbeziehungen zwischen Kohärenzsinn und psychophysischer Gesundheit sind in zahlreichen Studien belegt (Höge, 2005).

Der Kohärenzsinn, definiert vom Autor als umfassendes und überdauerndes Gefühl des Vertrauens, speist sich aus drei Quellen:

- *Verstehbarkeit* (*comprehensibility*): Die Verstehbarkeit stellt die kognitive Komponente des Kohärenzsinns dar und bezieht sich auf das Erleben der Welt, die als relativ geordnet, konsistent und strukturiert empfunden wird. Innere und äußere Reize aus der Umwelt, wie Krankheit, Tod oder krisenhafte Geschehnisse im Lebenslauf, werden im Rahmen der Verstehbarkeit eingeordnet, erklärt, strukturiert und vorhergesagt.

- *Handhabbarkeit* (*manageability*): Die Handhabbarkeit umfasst die emotional-kognitive Komponente des Kohärenzsinns und beinhaltet jene Fähigkeit, verfügbare Ressourcen realistisch einzustufen. Diese Fähigkeit ist allgemein gesprochen wichtig, um Schwierigkeiten des Lebens zu meistern. Konkret heißt das, dass die Schwierigkeiten als Erfahrungen und Herausforderungen akzeptiert werden, sodass mit diesen Erfahrungen situationsgerecht umgegangen wird und auch die daraus entstehenden Folgen von der betroffenen Person „ertragen" werden. Wenn dieser Prozess stattfindet, dann besteht die grundlegende Überzeugung beim Individuum, dass Schwierigkeiten im Leben grundsätzlich lösbar sind.

- *Sinnhaftigkeit* oder *Bedeutsamkeit* (*sense of meaningfulness*): Diese Quelle steht für die emotionalen und motivationalen Anteile des Kohärenzsinns. Der Kohärenzsinn ist eine Art Grundüberzeugung, Schwierigkeiten seien Herausforderungen, die Sinn machen, für die es sich zu engagieren und anzustrengen lohnt. Durch diese empfundene Sinnhaftigkeit können Bewältigungsmechanismen leichter aktiviert werden.

1.6 Gesundheits- und Krankheitskonzepte

Fähigkeit, verfügbare Ressourcen realistisch einzustufen, um Schwierigkeiten des Lebens zu meistern — **Handhabbarkeit** (manageability)

Sinnhaftigkeit/Bedeutsamkeit (meaningfulness) — **Das Leben wird als sinnvoll erlebt und Schwierigkeiten als Herausforderungen**

Verstehbarkeit (comprehensibility) — Erleben der Welt als eine relativ geordnete, konsistente und strukturierte

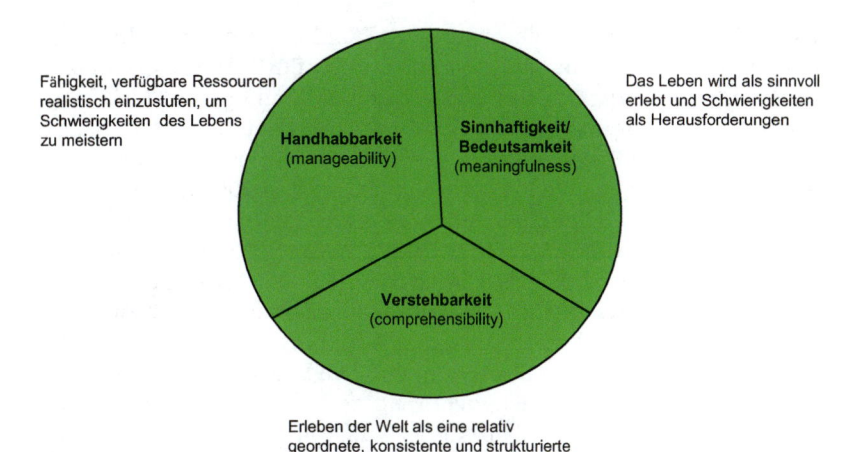

Abbildung 1.7: Die Teilkomponenten des Kohärenzsinns

Menschen, die einen *ausgeprägten Kohärenzsinn* haben, gehen mit Anforderungen, die an sie gestellt werden, so um, dass sie

- ein grundsätzliches Vertrauen in die Verstehbarkeit eines Ereignisses haben (*Verstehbarkeit*),
- sich sicher sind, diese bewältigen zu können (*Handhabbarkeit*) und
- deren Bewältigung als sinnvoll erleben (*Sinnhaftigkeit/Bedeutsamkeit*).

Personen mit einem *niedrigen Kohärenzsinn* werden geprägt durch

- häufige Erfahrungen mit Unvorhersehbarkeit, Unkontrollierbarkeit und Unsicherheit,
- ihre Entwicklung in Kindheit und Jugend und
- Erfahrungen und Erleben gesellschaftlicher Rahmenbedingungen.

1.6.3 Risikofaktorenmodelle

> **Kernaussage**
>
> *Risikofaktorenmodelle* stellen eine Erweiterung des biomedizinischen Modells dar und gehen von der Annahme aus, dass Krankheiten nicht zwangsläufig nur eine Ursache haben, sondern durch verschiedene Risiken beeinflusst bzw. hervorgerufen werden.

Entstanden sind Risikofaktorenmodelle in den 1960er-Jahren als Antwort auf die zunehmenden Zivilisationskrankheiten und steigenden chronischen sowie degenerativen Erkrankungen (Franke, 2010, S. 132). Die Vorstellung von Risikofaktoren, die die Entwicklung von Krankheiten begünstigen, wurde in Studien zunächst auf Herz-Kreislauferkrankungen und Koronare Herzkrankheiten (KHK) angewandt. Befördert wurde die wissenschaftliche Auseinandersetzung mit Risikofaktoren durch Forscher bereits in den 1950er-Jahren durch die „Framingham-Studie". In dieser 1948 begonnenen Studie, die sich mit den Einflussfaktoren der Entstehung eines Herzinfarktes befasste, wurden in Framingham, Massachusetts, 5209 Frauen und Männer im Alter von 30 bis 60 Jahren, längsschnittmäßig alle zwei Jahre medizinisch untersucht. Die dreißigste Untersuchung der Originalstichprobe begann in Mai 2008 und endete im Februar 2010. Zusätzlich fragte man die Teilnehmer nach ihren Lebensgewohnheiten, ihrer Erziehung und ihrem Umgang mit Beschwerden (Haynes, Feinleib und Kannel, 1980). Nach zehn Jahren lieferten die erfassten Daten die ersten Erkenntnisse. Es zeigten sich Zusammenhänge zwischen Risikofaktoren wie z. B. Rauchen, hoher Blutdruck, erhöhtes Cholesterin, Übergewicht, psychischen Stressoren und dem Entstehen von Koronaren Herzkrankheiten, insbesondere dem Herzinfarkt (Myokartinfarkt). Wichtiges Resultat: Je mehr Risikofaktoren vorlagen, insbesondere bei den untersuchten Männern, desto größer war die Wahrscheinlichkeit für das Auftreten eines Herzinfarkts.

Infobox

Wichtige Zwischenergebnisse der Framingham-Studie

1948 Beginn der Studie

1960 Erste Belege, dass Rauchen Herz und Kreislauf schädigt

1961 Der Begriff „Risikofaktor" wird erstmals in der Studie benutzt.

1967 Die protektive Wirkung körperlicher Aktivität wird durch Ergebnisse der Framingham-Studie belegt.

1976 Ein erhöhtes Risiko für Frauen nach der Menopause spiegelt sich in den Daten.

1988 Die Datenauswertung ergibt einen schützenden Effekt des HDL-Cholesterins.

1997 Ergebnisse zeigen ein verstärktes Risiko für das Herz, wenn Rauchen, hoher Blutdruck und hohe Cholesterinwerte zusammenkommen.

2005 Identifikation von DNA-Abschnitten, die gefährliche Entzündungen der Gefäße steuern

Drei Generationen in der Studie

Die Kinder der ersten Probanden wurden 1971 mit einbezogen (5124 Männer und Frauen). Die neunte Überprüfung dieser Kohorte startete 2011. Damit finden sich in der Studie mittlerweile zwei Generationen. In der Zwischenzeit sind die Kinder der zweiten Generation bereits um die 20 Jahre alt und werden für den nächsten Zyklus der Studie angeworben, sodass drei Generationen an der Studie beteiligt wären (http://www.framinghamheartstudy.org/participants/original.html).

Der Zusammenhang zwischen Risikofaktoren und Krankheit wird über statistische Verfahren hergestellt. Erarbeitet wurden Risikofaktorenmodelle von Epidemiologen, die über Studien zur Verteilung von Morbidität und Mortalität in der Bevölkerung angestoßen wurden. Es geht somit immer um das statistische Risiko und nicht um Kausalzusammenhänge, da unter Umständen im Einzelfall total andere Risikokombinationen vorliegen (Faltermaier, 2005, S. 55). Risikofaktoren hängen eng mit der Lebensführung zusammen oder sind gesundheitlich bedenkliche Verhaltensmerkmale einer Person. Sie haben ihre Ursachen in verhaltensbezogenen Faktoren (z. B. Bewegungsmangel, Ernährung) oder psychosozialen (z. B. chronischer Stress) bzw. biologischen Gegebenheiten (z. B. hohe Blutfettwerte). Allerdings können sie auch ganz konkret aus der Umwelt entstammen, beispielsweise durch schlechte Arbeitsbedingungen, bei denen Stäube und Gase über einen längeren Zeitraum eingeatmet werden. Das Paradebeispiel für einen Zusammenhang von Risikofaktor und Erkrankung ist das Zigarettenrauchen.

Individuelle Risikokonstellation

Risikofaktoren können sich addieren, z. B. hohe Blutfettwerte und ein hoher Blutdruck. Aber auch ihre Wechselwirkung kann Störungen bzw. Schädigungen erzeugen, indem beispielsweise ein durch Arteriosklerose vorgeschädigtes, weil verengtes Herzkranzgefäß, sich erst durch zusätzlichen psychosozialen Stress verschließt. Faltermaier (2005) gibt für Herz- und Kreislauferkrankungen eine Beispielübersicht der Risikofaktoren:

Additive Wirkung und Interaktionseffekte von Risikofaktoren

biologisch (somatisch)	psychosozial	verhaltensbedingt
hohe Blutfettwerte	Disstress	Zigarettenrauchen
Bluthochdruck	Feindseligkeit	Mangel an Bewegung
Diabetes mellitus	soziale Isolation	Adipositas (Übergewicht)
		Alkoholmissbrauch

Tabelle 1.2: Risikofaktoren von Herz- und Kreislauferkrankungen (verändertes Schema nach Faltermaier, 2005, S. 56)

Nach Identifikation der ersten Risikofaktoren wurden diese Erkenntnisse mit mäßigem Erfolg für die Prävention genutzt. Es zeigte sich, dass zu einer erfolgreichen Prävention auch die Erforschung des Zustandekommens von gesundheitsgefährdenden Verhaltensweisen, wie beispielsweise Bewegungsmangel oder Disstress, hinzukommen musste, um der Krankheitsentstehung entgegenzuwirken (Franke, 2010). Hierzu gehörte die Klärung der Frage, wieso es einen so geringen Zusammenhang zwischen Wissen und Verhalten beim Menschen in Sachen Gesundheit gibt? Denn die meisten Leute wissen im Grunde, was gesund ist, jedoch verhalten sie sich letztendlich oft ganz anders.

Präventive Effekte des Risikofaktorenkonzepts nur mäßig

1.7 Gesundheitsverhalten

> **Begriffe**
>
> Der Terminus *Gesundheitsverhalten* ist, wie auch der Begriff der Gesundheit, in der Literatur unterschiedlich besetzt. Der US-amerikanische Medizinsoziologe Koos (1954) verwendete als Erster die Definition „Gesundheitsverhalten" (health behavior) in der wissenschaftlichen Diskussion. Für ihn beinhaltet Gesundheitsverhalten alle Reaktions- und Verhaltensweisen die mit Gesundheit und Krankheit zu tun haben. Für Schwarzer (2004) ist Gesundheitsverhalten jedoch nur jenes Verhalten, das der Erhaltung oder Förderung der Gesundheit dient.

Zentrale Fragen

Das menschliche Gesundheitsverhalten ist ein wesentliches Forschungsgebiet der Gesundheitspsychologie (Schwarzer, 2004). Wie bereits weiter oben ausgeführt, versuchen *Theorien des Gesundheitsverhaltens* (siehe Teil II Theorien und Konzepte der Gesundheitspsychologie) dieses Verhalten zu erklären und vorherzusagen, um psychologische Maßnahmen für Verhaltensänderungen zu entwickeln. *Zentrale Fragestellungen* dieser Theorien sind:

- „Wodurch werden Menschen motiviert, sich gesundheitsförderlich oder für ihre Gesundheit riskant zu verhalten?" und

- „Wie gelingt es Individuen, ihre Veränderungsabsichten auch wirksam und erfolgreich umzusetzen?".

Insbesondere interessiert sich die Gesundheitspsychologie für Verhaltensweisen und die damit zusammenhängenden Kognitionen und Repräsentationen wie beispielsweise Kontrollüberzeugungen zu Gesundheit und Krankheit sowie die individuellen Selbstwirksamkeitserwartungen. Zu gesundheitsförderlichen Verhaltensweisen gehören zum Beispiel: gesunde, d. h. ausgewogene Ernährung, regelmäßige körperliche Aktivität, ausreichende Zahnpflege, Gesundheitskontrollen (Teilnahme an Vorsorgeuntersuchung oder Selbstprüfung).

Inhalte von Gesundheitsverhalten

Gesundheitsverhalten im Sinne des Tuns oder Unterlassens ist nicht immer gezielt oder bewusst. So ist z. B. die Konsultation eines Arztes durchaus als bewusstes förderliches Gesundheitsverhalten anzusehen, die konkrete Behandlung durch den Mediziner zählt jedoch nicht dazu. Ähnlich verhält es sich mit den einem Genesungsprozess von einer Krankheit zugrundeliegenden physischen Veränderungen, auch sie dürfen nicht zum Gesundheitsverhalten gerechnet werden. Jedoch können alle individuellen Maßnahmen, die den Heilungsprozess unterstützen, etwa die Befolgung der ärztlichen Anweisungen, der Kategorie „gesundheitsförderliches Verhalten" zugeordnet werden (Gochman, 1997). Regelmäßige sportliche Betätigung kann natürlich gesundheitsförderlich sein, der Antrieb für diese Betätigung jedoch muss nicht unbedingt im gesundheitsbewussten Denken zu suchen sein, sondern kann ganz andere Gründe haben (soziale Kontaktpflege, gutes Aussehen oder die Freude an der Bewegung bzw. Sportart).

Wie bereits ausgeführt (*1.6 Gesundheits- und Krankheitskonzepte*), wird beim Gesundheitsverhalten zwischen aktuellem und habituellem Gesundheitsverhalten unterschieden. Speziell zur Gewohnheit gewordenes habituelles Verhalten wie Rauchen, falsche Ernährung, Missbrauch von Alkohol oder ungenügende körperliche Aktivität, stellen Risiken für die Gesundheit dar. Sie provozieren vielfältige „Zivilisationskrankheiten", degenerative und chronische Erkrankungen sowie häufig auch Behinderung.

> **Begriffe**
>
> *Gewohnheitsmäßiges Verhalten* wird meist über einen längeren Zeitraum ausgeführt, während aktuelles gesundheitsförderliches Gesundheitsverhalten z. B. darin bestehen kann, kurzfristig einen Vorsorgetermin beim Arzt zu terminieren. Natürlich kann auch gesundheitsgefährdendes Verhalten als aktuelles Verhalten bezeichnet werden, etwa dann, wenn jemand beim Geschlechtsverkehr mit einer ihr unbekannten Person auf die Benutzung eines Kondoms verzichtet.

Nicht ganz unproblematisch ist auch die Sichtweise, Gesundheitsverhalten in *gesundheitsförderliches* und *riskantes Verhalten* einzuteilen. Verhalten, das sich auf die Gesundheit bezieht, kann sowohl *positive* als auch *negative Folgen* haben. So wird höchstwahrscheinlich körperliche Aktivität wie das Joggen gesundheitsprotektive Wirkung haben, weil es gut für Herz und Kreislauf ist sowie die Muskeln, Sehnen und Bänder stärkt und wohltuend auf die Psyche wirkt. Andererseits kann sich ab einer bestimmten Dauer und Intensität (oder wenn falsch gejoggt wird), diese gesundheitsförderliche Wirkung ins Gegenteil verkehren und sodann besteht Gefahr für Gelenke, Muskeln und das Herz-Kreislauf-System (AOK-Studie, 2011).

> **Begriffe**
>
> Jegliches Verhalten, das in einer positiven oder negativen Beziehung zur Gesundheit steht, ist für Carmody (1997) ein *gesundheitsbezogenes Verhalten* (health related behavior). Er unterteilt Gesundheitsverhalten mit Blick auf seine Effekte in solche mit kurz- oder langfristiger, positiver oder negativer und direkter oder indirekter Wirkung.

Kurzfristig kann sich z. B. die Verwendung von Sonnenschutzcreme *positiv* auswirken und einen Sonnenbrand verhindern, *langfristig* beugt diese Verhaltensweise Hautkrebs vor und entfaltet damit eine positive Wirkung. Das Rauchen von Zigaretten führt durch die im Rauch vorhandenen Schadstoffe zu einer *direkten* Schädigung des Organismus, hat also einen *negativen* Effekt. Andererseits haben bestimmte Einstellungen einer Person, etwa die Verausgabungsbereitschaft im Beruf, *langfristig* einen *negativen* Einfluss und unterstützen *indirekt* die Entstehung eines Burn-out-Syndroms.

Schließlich lässt sich Gesundheitsverhalten noch in „*verdecktes*", also nicht beobachtbares *Verhalten*, wie z. B. kognitive Prozesse zur Planung einer Handlung, und „*offenes*", beobachtbares *Verhalten*, beispielweise das Durchführen einer bestimmten Handlung, unterteilen. Letzteres ist auch gängiges Vorgehen in der Sozialpsychologie, wenn aufgrund von beobachtbarem Verhalten auf zugrundeliegende Einstellungen geschlossen wird. Auf die Gesundheitspsychologie bezogen könnte über die Beobachtung einer Person (z. B. Sporttreiben, Rauchen usw.) auf deren gesundheitsförderliche bzw. risikofreudige Einstellung geschlossen werden.

Interessanterweise kommt es bei gesundheitsbezogenem Verhalten zu Wechselwirkungen bei ein und derselben Person. So konnten Lampert, Mensink und Ziese (2005) zeigen, dass inaktive oder wenig aktive Menschen häufiger rauchen und übergewichtig sind als Personen, die sich mehr bewegen. Aber auch das Gegenteil kann der Fall sein, nämlich dann wenn gesundheitsbewusste Menschen sich beispielsweise viel bewegen und medizinische Kontrolluntersuchungen nutzen, sich aus Kostengründen aber schlecht ernähren.

Eine für die angewandte Gesundheitspsychologie sehr hilfreiche und weniger abstrakte Definition für Gesundheitsverhalten hat Schwarzer (2005) formuliert. In ihr geht er sehr konkret auf gesundheitsbezogenes Verhalten ein:

Anwendungsorientierte Definition

Begriffe

„*Unter Gesundheitsverhalten versteht man eine präventive Lebensweise, die Schäden fernhält, die Fitness fördert und somit auch die Lebenserwartung verlängern kann. Körperliche Aktivität, präventive Ernährung, Kondombenutzung bei neuen Sexualpartnern, Anlegen von Sicherheitsgurten und Zahnpflege sind Beispiele dafür. Risikoverhaltensweisen wie Rauchen, Alkohol- und Drogenkonsum oder rücksichtsloses Autofahren sind das Gegenteil davon, werden aber auch unter dem Oberbegriff Gesundheitsverhalten zusammengefasst.*" (Schwarzer, 2005, S. 5)

1.7.1 Geschlechtsspezifische Unterschiede im Gesundheitsverhalten

Gender-Perspektive

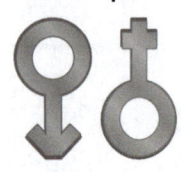

Das Geschlecht ist, wie sozioökonomischer Status und Alter, ein prognostischer Faktor gesundheitsrelevanten Verhaltens und dient zur Vorhersage von Gesundheit und Krankheit. Neben biologisch determinierten geschlechtsspezifischen Unterschieden zwischen Männern und Frauen, die auf die Genetik, hormonale Regulation und Morphologie zurückzuführen sind (*biologische Perspektive*), sind es vor allem Differenzen beim Gesundheitsverhalten, die durch prägende Prozesse in der Sozialisation, die soziale Rolle sowie die geschlechtsspezifische Übernahme von Erlebens- und Verhaltensmustern bedingt sind (*sozialkonstruktivistische Perspektive*). Das Resultat aus der gesellschaftlichen und kulturellen Formung des Geschlechts wird mit dem englischen Ausdruck „Gender"

versehen. In der deutschen Übersetzung bedeutet dies so viel wie „Geschlechterrolle". Deaux und LaFrance (1998) grenzen daher den englischen Begriff „sex" (biologisches Geschlecht) von „gender" ab. Letzterer bezieht sich auf die Gesamtheit aller Erwartungen und Vorstellungen vom gesellschaftlich erwarteten Verhalten und Erleben von Männern und Frauen. Diese Differenzierung ist mit dem deutschen Wort „Geschlecht" alleine nicht treffend zu bewerkstelligen.

Im Auftrag des Bundesministeriums für Familie, Senioren, Frauen und Jugend (BMFSFJ) wurde im Jahr 2005 der *Gender-Datenreport* herausgegeben, der auf statistischer Datenbasis die Lebenssituation von Frauen und Männern in Deutschland vergleicht. Beim Thema *Gesundheitsstatus und Gesundheitsrisiken* von Frauen und Männern werden die wichtigsten Unterschiede wie folgt zusammengefasst:

- Frauen werden älter als Männer. Die Lebenserwartung von neugeborenen Mädchen beträgt in Deutschland heute 81 Jahre, die von neugeborenen Jungen 75 Jahre.
- Frauen geben im Durchschnitt etwas häufiger als Männer an, in den vergangenen vier Wochen krank gewesen zu sein. Männer erleiden durchschnittlich häufiger als Frauen folgenschwere Unfälle. Für Männer ist die Jugend, für Frauen das Alter eine besonders unfallträchtige Lebensphase.
- Männer bewerten ihren Gesundheitszustand im Durchschnitt besser und sind mit ihrer Gesundheit zufriedener als Frauen. Am zufriedensten mit ihrer Gesundheit sind junge Männer mit (Fach-)Hochschulabschluss, die voll erwerbstätig sind, über ein hohes Einkommen verfügen und in den westlichen Bundesländern leben.
- Frauen stellen circa 55 Prozent der Krankenhauspatienten, Männer verbringen aber durchschnittlich mehr Tage im Krankenhaus.
- 58 Prozent der deutschen Männer und 41 Prozent der deutschen Frauen ab dem Alter von 18 Jahren sind übergewichtig oder stark übergewichtig. Im Alter von 18 bis 19 Jahren sind 13 Prozent der jungen Frauen und 6 Prozent der jungen Männer untergewichtig (Gender-Datenreport, 2005, S. 471).
- Männer rauchen im Vergleich zu Frauen mehr und sie konsumieren mehr Alkohol und illegale Drogen. Frauen sind dagegen häufiger von Medikamenten abhängig.
- Männer erleiden mehr schwere und tödliche Arbeitsunfälle als Frauen. Sie begehen auch im Vergleich zu Frauen deutlich häufiger Selbstmord.
- Ausländische Männer mittleren Alters rauchen häufiger als deutsche. Alkoholabstinenz ist unter ausländischen jungen Frauen und Männern deutlich verbreiteter als unter deutschen.

Obwohl sich die Lebensbedingungen von Männern und Frauen angleichen, gibt es auch viele Verschiedenheiten, etwa bei den ausgeübten Berufen, der Dauer der Berufstätigkeit, den Einkommensverhältnissen, den Belastungen durch Paarbeziehungen, Familie und Kinder oder Doppelbelastungen durch Familie und Beruf.

Männer verhalten sich weniger gesundheitsbewusst

Kernaussage

Männer verhalten sich im Vergleich zu Frauen im Allgemeinen weniger gesundheitsbewusst (Brähler & Merbach, 2002).

Sozio-kulturelle Faktoren beeinflussen Risikoverhalten von Männern

Zurückgeführt wird dies auf die *höhere Risikobereitschaft* von Männern, die z. B. stärker zu Alkoholgenuss neigen, riskanter Autofahren, an gefährlichen Arbeitsplätzen beschäftigt sind sowie risikobehaftete Sportarten betreiben und zu deren Rollenbild das Kranksein nicht gehört. Unterschiede im Gesundheitsverhalten von Männern und Frauen entwickeln sich meist in der frühen Kindheit. Mädchen essen z. B. mehr Obst und Gemüse, während Jungen mehr Zucker, Salz und Fett zu sich nehmen. Diese Ernährungsgewohnheiten bleiben meist im Erwachsenenalter bestehen. Sie zeigen sich beispielsweise in dem stärkeren Verzehr von tierischem Fett und Fleisch bei Männern (Schwarzer, 1996). Im Gegensatz dazu verzehren Frauen in stärkerem Maße Milchprodukte, Obst und Gemüse sowie Vollwertnahrung (Gerhards & Rössel, 2003). Sieverding (2005) weist auf die *Übersterblichkeit*[1] von Männern im mittleren Lebensalter hin, die auf so genannte „vermeidbare Todesfälle" zurückzuführen ist. Diese frühe Sterblichkeit basiert auf Erkrankungen des Herzens, der Leber, der Atmungsorgane und bösartigen Neubildungen. Die Autorin führt dies auf die für die Gesundheit riskanteren Verhaltensweisen der Männer zurück. Diese werden in erster Linie aus den soziokulturellen Faktoren genährt wie der Erfüllung der Erwartungen aus den Geschlechterrollen, also männlich zu sein, nach Macht zu streben, sich am Status zu orientieren, unabhängig zu sein und vieles andere mehr (Sieverding, 2005, S. 57). Als konkretes Beispiel führt sie die aus den Geschlechterstereotypen stammenden geschlechtsspezifischen „Gebote" und „Verbote" auf. Bei Männern entstehen solche „Gebote" beispielsweise durch Gruppendruck, der direkt zu starkem Trinken (in Gruppen) führen kann. Bei Frauen wäre ein Verbot beispielsweise das Rauchen, das bis in die 1950er-Jahre geächtet wurde. Indirekt wirken sich das verinnerlichte Risikoverhalten der Männer bzw. das gesundheitsförderliche Verhalten von Frauen, als Attribute der jeweiligen Geschlechterrolle aus. Diese „Passung" des Verhaltens zur jeweiligen Geschlechterrolle hat größeren Einfluss auf gesundheitsbezogenes Verhalten als biologische Faktoren (z. B. höhere Alkoholtoleranz bei Männern) oder Motive wie die Furcht, krank zu werden (Sieverding, 2005).

Vermeidbare Todesfälle bei Männern

Kernaussage

Tendenziell betrachten sich Männer häufiger als gesund, obwohl sie nach medizinischen Kriterien krank sind (Koppelin & Müller, 2004). Frauen hingegen orientieren sich stärker an gesundheitsförderlichem Verhalten und trinken beispielsweise weniger Alkohol als Männer (Waldron, 1997).

---

1 Übersterblichkeit bezeichnet eine über dem Durchschnitt liegende Sterberate einer bestimmten Bevölkerungsgruppe

Junge Männer sind außerordentlich schwer für das Thema Gesundheit zu begeistern, denn sie gehören nach Courtenay (2000) aufgrund ihrer verinnerlichten Rolle als Mann und ihren eher gesundheitsgefährdenden Verhaltensweisen zu einer Gruppe mit besonderen Gesundheitsrisiken.

Für die angewandte Gesundheitspsychologie ergeben sich insbesondere hinsichtlich des risikobehafteten Verhaltens von Männern jüngeren und mittleren Alters Fragen nach einer wirksamen positiven Beeinflussungsmöglichkeit dieses Verhaltens im Sinne von Vorbeugung und Gesundheitsförderung. Dies stellt eine besondere Herausforderung dar, weil die im Sozialisationsprozess entstandenen Einstellungen, die durch das gesellschaftliche Umfeld und die Medien stetig gefestigt werden, in der Regel schwer zu verändern sind.

Beeinflussung von Risikoverhalten

1.7.2 Bedingungsfaktoren des Gesundheitsverhaltens aus sozialpsychologischer Perspektive

Die Theorien und Konzepte der Gesundheitspsychologie, die in Teil II des Buches noch eingehend vorgestellt werden, versuchen aufzuzeigen, wie gesundheitsrelevantes Verhalten erklärt und vorhergesagt werden kann. In all diesen Konzepten haben Meinungen und Einstellungen als Faktoren, die Verhalten beeinflussen, eine besondere Bedeutung (Stroebe & Stroebe, 1998). Im folgenden Abschnitt werden daher das sozialpsychologische Einstellungskonzept, die wichtigsten Definitionen und die Beziehung von Einstellung und Verhalten zum besseren Verständnis der später noch zu beschreibenden Modelle dargestellt:

1.7.2.1 Das Einstellungskonzept

> **Begriffe**
>
> Eagly und Chaiken (1993) definieren *Einstellung* als eine Tendenz oder Neigung ein bestimmtes „Einstellungsobjekt" mehr oder weniger positiv oder negativ zu bewerten (vgl. Stroebe, 1998). Diese Objekte können soziale oder nicht-soziale Stimuli wie z. B. andere Menschen oder Produkte sein. Natürlich kann es sich dabei auch, wie beim Gesundheitsverhalten, um Sport, Alkoholtrinken oder Rauchen handeln.

In dieser Definition sind mehrere Aspekte von Bedeutung (vgl. Gollwitzer & Schmitt, 2006; Stroebe & Stroebe, 1998):

Reaktionsdisposition

Gemeint ist damit die Bereitschaft, in einer bestimmten Weise auf das Einstellungsobjekt zu reagieren, je nachdem, ob das Einstellungsobjekt negativ oder positiv bewertet wird. Zur Vorhersage oder zur Begründung von Gesundheitsverhalten bieten sich Einstellungen daher als Prädiktoren an.

Reaktionsdisposition

Grundsätzlich sind Reaktionen auf der *kognitiven*, *emotionalen* und der *Verhaltensebene* möglich. Diese Reaktionen basieren auf Erfahrungen im

Umgang mit dem Einstellungsobjekt und stellen die Einzelkomponenten der Einstellung dar. Folgende drei Reaktionen auf ein Einstellungsobjekt sind möglich:

- *Eine kognitive Reaktion*: Hier geht es darum, was ein Individuum über ein spezielles Einstellungsobjekt denkt, z. B. über gesunde Ernährung. Dabei handelt es sich um Überzeugungen bzw. Meinungen, die mit bestimmten Zuschreibungen verknüpft sind, also beispielsweise, dass fettarme Ernährung gut ist, da sie schlank macht, wenig Cholesterin enthält und fit hält.
Für Fishbein und Ajzen (1975) ist das Verhältnis zwischen Überzeugung bzw. Meinung und Einstellung zentral. Dieses Verhältnis lässt sich in Zahlen als *Erwartungs-mal-Wert-Produkt* darstellen (siehe auch Abschnitt 2.2). So hängt die individuelle Einstellung gegenüber einem Verhalten (z. B. Joggen) vom *subjektiven Nutzen* bzw. *Wert* ab, der dem *Resultat* oder den *Folgen* des Verhaltens beigemessen wird (z. B. die Erwartung, dass Joggen positive Effekte hat). Subjektiver Nutzen und Ergebnis des Verhaltens (z. B. die Beurteilung des Wertes des Nutzens) werden nach der subjektiven Wahrscheinlichkeit, dass sie zum Ergebnis führen, gewichtet. Als Gleichung ergibt sich folgendes:

$$A_O = \sum b_i \, e_i$$

A bezeichnet die Einstellung (engl. = Attitude) einem Objekt O gegenüber. Das Summenzeichen Σ steht für die Summe der Produkte aus b_i (belief) mal e_i (evaluations). Dabei stellt b_i die subjektive Wahrscheinlichkeit oder Stärke der Meinung bzw. Überzeugung (belief strength) dar, mit der ein Mensch einem Objekt O ein bestimmtes Merkmal i oder eine Folge daraus, z. B. ein spezifisches Verhalten, zuschreibt. Mit e_i wird die subjektive Bewertung dieser Attribute oder der daraus resultierenden Konsequenzen bezeichnet. Die Addition der Erwartungs-mal-Wert-Produkte ergibt die Einstellung.

- Die *emotionale* oder *affektive Reaktion* beinhaltet die positiven oder negativen Gefühle, die ein Einstellungsobjekt bei einer Person auslöst. Es können beispielsweise bei einer Person Ekelgefühle entstehen bei Speisen die äußert negativ bewertet werden (z. B. Innereien). Gerade emotionale Reaktionen spielen bei der Entstehung von Einstellungen eine große Rolle. Denn treten positive Affekte in Zusammenhang mit einem Objekt auf, ist die Wahrscheinlichkeit groß, dass sich eine positive Einstellung etabliert. Dies gilt natürlich auch umgekehrt, weil positive wie negative Gefühle im Prozess der klassischen Konditionierung mit einem Objekt oder Reiz gekoppelt werden. So kann z. B. ein Fernsehspot, der für die gesundheitsförderlichen Wirkungen des Joggens wirbt, mit Musik unterlegt werden, die positive Gefühle beim Betrachter auslöst. Durch wiederholtes gemeinsames Darbieten beider Reize wird das Thema Joggen alleine zum Auslöser positiver Emotionen.

- Die *positive* oder *negative Einschätzung* von Einstellungsobjekten führt zu bestimmten Verhaltensreaktionen (z. B. Meiden bestimmter Speisen oder der Gang ins Fitness-Center). Hierzu zählen auch die Absichten

(Intentionen), sich in einer bestimmten Weise dem Objekt der Einstellung gegenüber zu verhalten. Dies führt dazu, dass eine Sensibilisierung für ein bestimmtes Gesundheitsrisiko, beispielsweise bei der Lektüre eines Artikels in einer Tageszeitung der Anlass für eine Person ist, sich ab kommender Woche einer Laufgruppe anzuschließen.

Spezielle Klassen von Objekten

Einstellungen können gegenüber konkreten Objekten bestehen (z. B. Spinat), mit lebenden oder unbelebten Objekten zusammenhängen (z. B. Schlangen oder Autos) oder sich auf Abstraktes beziehen (z. B. das Leben).

1.7.2.2 Die Beziehung zwischen Einstellung und Verhalten

Wenn jemand eine positive Einstellung zum Sporttreiben oder zum Nichtrauchen hat, sollte nach dem bisher Dargestellten angenommen werden können, dass diese Person auch ihr Verhalten danach ausrichtet. Tatsächlich ist die Korrelation zwischen Einstellungen und Verhalten eher gering. Dies zeigen erste Metaanalysen in den 1960er-Jahren, die in der Folge die Forschungen zum Zusammenhang zwischen Einstellung und Verhalten befeuerten. Sie befassten sich vor allem mit der Frage, wann und wie auf der Basis von explizit geäußerten Einstellungen ein Verhalten präzise vorhergesagt werden kann (Stürmer, 2009). Es zeigte sich, dass Vorhersagen dann zuverlässiger werden, wenn die Einstellungs- und Verhaltenskomponente einer Person zu einem bestimmten Objekt so beschrieben werden, dass sie beobachtbar oder konkret zu erfragen sind (Ajzen & Fishbein, 1977; Epstein, 1979). D. h., dass sie hinsichtlich Ziel, Handlungs-, Kontext- und Zeitelementen vergleichbare Kriterien für die Beschreibung aufweisen (Korrespondenzprinzip bzw. TACT):

- **T**arget = Zielaspekt: Auf welches Objekt bzw. Ziel ist das Verhalten gerichtet?
- **A**ction = Handlungsaspekt: Welches Verhalten soll untersucht werden?
- **C**ontext = Kontextaspekt: In welchem Kontext wird das Verhalten ausgeführt?
- **T**ime = Zeitaspekt: Zu welchem Zeitpunkt soll das Verhalten ausgeführt werden?

Ajzen und Timko (1986) konnten durch die Spezifizierung von Gesundheitsverhaltensweisen (z.B. Vorsorgeuntersuchung beim Zahnarzt) und der Einstellung gegenüber diesem Verhalten Vorherhersagen zum tatsächlichen Verhalten machen (Korrelation von 0,46). Stroebe und Stroebe (1998) gehen davon aus, dass die Spezifizierung von Verhalten und Einstellung großen Einfluss auf das Vorgehen zur Änderung individuellen Verhaltens hat. So sollten Kampagnen nicht allgemein gesundheitserhaltendes oder -förderliches Handeln thematisieren, sondern ganz gezielt ausgewähltes Gesundheits- bzw. Risikoverhalten ansprechen.

Alle Verhaltensmodelle, die sich mit der Vorhersage von Gesundheitsverhalten befassen und im nachfolgenden Kapitel 2 dieses Buches dargestellt werden, verstehen die Einstellungen und Überzeugungen bzw. Meinungen als bestimmende Faktoren des menschlichen Verhaltens.

Besondere Klassen

Zusammenfassung

- In diesem Kapitel wurden zunächst die Bedingungen für Gesundheit dargestellt und anschließend wurde die Notwendigkeit einer Erweiterung der rein medizinischen Betrachtungsweise von Gesundheit und Krankheit, insbesondere durch die Perspektive der Gesundheitspsychologie, erörtert.

- Die Entwicklung des Faches Gesundheitspsychologie als eigenständige Disziplin und die unterschiedlichen Definitionen von Gesund- und Kranksein wurden beschrieben und ausführlich diskutiert. Dabei wurde nochmals der große Einfluss der Sozialpsychologie auf die Gesundheitspsychologie deutlich gemacht und ihr interdisziplinärer Blickwinkel mit berücksichtigt.

- Zentrale Fragestellungen der Gesundheitspsychologie wurden thematisiert und die Aufgaben von theoretischer, angewandter und praktischer Psychologie herausgearbeitet sowie das Verhältnis der Bereiche der Gesundheitspsychologie zueinander erklärt.

- Die Angewandte Psychologie wurde als der Teil der Gesundheitspsychologie definiert, der sowohl die klassischen Aufgaben einer „Angewandten Wissenschaft" beinhaltet, als auch deren praktische Umsetzung. Begründet wurde dies unter anderem mit den unterschiedlichen Perspektiven der theoretischen, angewandten und praktischen Gesundheitspsychologie und am Beispiel der Rückfallprävention verdeutlicht. Schließlich wurden die Praxisfelder der Angewandten Gesundheitspsychologie dargestellt und das Fach von anderen auf die Gesundheit bezogenen Wissenschaften abgegrenzt.

- Die Darstellung der Gesundheits- und Krankheitskonzepte wurde zum Verständnis der theoretischen Grundlagen der Gesundheitspsychologie ausführlich besprochen, Gesundheitskriterien diskutiert und der Begriff der Gesundheit inhaltlich bestimmt. Hervorgehoben wurden die beiden für die Gesundheitspsychologie besonders relevanten Modelle: das biopsychosoziale Modell und das Salutogenesemodell.

- Die Auseinandersetzung mit den Risikofaktorenmodellen, die eine Erweiterung des klassischen biomedizinischen Modells darstellen, verdeutlichte, welche biologischen, psychischen und sozialen Bedingungen den Ausbruch bestimmter Krankheiten begünstigen können. Dabei wurde deutlich, dass die individuellen Risikokonstellationen wichtig sind. Beispielhaft für die Forschungen in diesem Bereich wurde die Framingham-Studie kompakt dargestellt. Schlussendlich wurde bezüglich der mäßigen präventiven Wirksamkeit der Risikofaktorenmodelle jedoch ein verhaltenes Fazit gezogen.

- Die Beschäftigung mit einem wesentlichen Forschungsgebiet der Gesundheitspsychologie, dem individuellen Gesundheitsverhalten, und den damit verbundenen zentralen Fragen, erbrachte die Erkenntnis, dass Gesundheitsverhalten unterschiedlich interpretiert wird und eine klare Einteilung in gesundheitsförderliches und für die Gesundheit riskantes Verhalten nicht unproblematisch ist. Aber auch die geschlechtsspezifischen Unterschiede im Gesundheitsverhalten zeigten deutliche Differenzen und die Bedeutung des Einflusses auf das Gesundheitsverhalten von sozio-kulturellen Faktoren, vor allem bei Männern, wurde ebenso hervorgehoben.
- Schließlich wurden zum Ende des Kapitels die sozialpsychologischen Erklärungsansätze besprochen, die die Basis vieler im zweiten Kapitel des Buches dargestellten Theorien zum Gesundheitsverhalten bilden. In erster Linie sind dies das Einstellungskonzept und die auch für das Gesundheitsverhalten so wichtige Beziehung zwischen Einstellung und Verhalten.

Name	Biopsychosoziales Modell	Salutogenesemodell	Risikofaktorenmodell
Kennzeichnung	Eng miteinander verbundene Systemebenen (physiologisch, psychisch, sozial), die Gesundheit beeinflussen und als gleichrangig angesehen werden	Gehört zu den biopsychosozialen Modellen	Erweiterung des biomedizinischen Modells
Annahmen	Mensch ist biopsychosoziale Einheit	Mensch erzeugt Gesundheit, bewahrt sie oder stellt sie wieder her in einem dynamischen und stetigen Prozess	Krankheiten haben mehrere (multiple) Ursachen und werden durch unterschiedlichste Risikofaktoren beeinflusst
Zentrale Begriffe	Biologische, psychische und soziale Systemebene	– gesundheitsförderliche (salutogene) Kräfte – „HEDE-Kontinuum" – Kohärenzgefühl	Risikofaktoren wie beispielsweise Rauchen, Bewegungsmangel, falsche Ernährung usw.
Bewertung	Die Gleichstellung der drei Systemebenen hat Folgen für die Diagnose und Behandlung, da u.U. verschiedene Berufsgruppen (z.B. Arzt, Psychologe, Sozialarbeiter) einbezogen werden müssen.	Bestentwickelter Theorieansatz zur Erklärung von Gesundheit	– Berücksichtigt multifaktorielle Entstehung von Erkrankungen – Bezieht bei der Genese von Krankheiten auch soziale Einflussfaktoren auf Krankheitsentstehung und -entwicklung mit ein – Besonders geeignet für Maßnahmen der Verhaltensprävention und für die epidemiologische Forschung

Fragen zur Wiederholung des Kapitelinhalts

1. Wie unterscheidet sich das Verständnis von „Gesundheit" im biomedizinischen Modell verglichen mit dem biopsychosozialen Modell?
2. Warum konnte sich die Gesundheitspsychologie als wissenschaftliche Disziplin etablieren?
3. Womit beschäftigt sich die Gesundheitspsychologie?
4. Welche Nachbarfächer der Gesundheitspsychologie kennen Sie, und wo liegen jeweils deren inhaltliche Schwerpunkte?
5. Welche Konsequenzen hat die Sichtweise der Gesundheit im Sinne von Leistungsfähigkeit und Rollenerfüllung für alte Menschen?
6. Beschreiben Sie das Salutogenesemodell von Antonovsky.
7. Wie würden Sie den Begriff „Gesundheitsverhalten" definieren?
8. Welche Unterschiede finden sich im Gesundheitsverhalten von Frauen und Männern?
9. Was ist eine Einstellung?
10. Definieren Sie den Begriff „Angewandte Gesundheitspsychologie".

Empfohlene Literatur

Antonovsky, A. (1979). *Health, stress, and coping – New perspectives on mental and physical well-being.* San Francisco: Jossey-Bass.

Antonovsky, A. (1997). *Salutogenese – Zur Entmystifizierung der Gesundheit.* Dt. erweiterte Herausgabe von Alexa Franke. Tübingen: Dgvt.

Bandura, A. (1986). *Social Foundations of Thought and Action – A Social Cognitive Theory.* Englewood Cliffs: Prentice-Hall.

Bengel, J.; Strittmatter, R.; Willmann, H. und Bundeszentrale für gesundheitliche Aufklärung (BZgA) (1998). Was erhält Menschen gesund? – Antonovskys Modell der Salutogenese – Diskussionsstand und Stellenwert. *Forschung und Praxis der Gesundheitsförderung,* Köln: BZgA.

Blaxter, M. (1990). *Health and lifestyles.* London: Routledge.

Blech, J. (2003). *Die Krankheitserfinder,* S. Fischer, Frankfurt.

Brähler, E. und Merbach, M. (2002). Geschlechterunterschiede im Gesundheitsverhalten. In R. Schwarzer, M. Jerusalem und H. Weber (Hrsg.), *Gesundheitspsychologie von A-Z,* 135–139. Göttingen: Hogrefe.

Dörner K. (2003). *Die Gesundheitsfalle.* München: Econ.

Eagly, A. H. und Chaiken, S. (1993). *The psychology of attitudes.* Fort Worth, TX: Hartcourt Brace Jovanovich.

Engel, G. L. (1977). The need for a new medical model: A challenge for biomedicine. *Science,* 196, 129–136.

Faltermaier, T. (2005). *Gesundheitspsychologie.* Stuttgart: Kohlhammer.

Framingham Heart Study. Zugriff am 18.08.2012. Verfügbar unter: *http://www.framinghamheartstudy.org/participants/original.html.*

Franke, A. (2010). *Modelle von Gesundheit und Krankheit.* Bern: Verlag Hans Huber.

Gerhards, J. und Rössel, J. (2003). *Das Ernährungsverhalten Jugendlicher im Kontext ihrer Lebensstile.* Forschung und Praxis der Gesundheitsförderung. Köln: Bundeszentrale für gesundheitliche Aufklärung.

Gollwitzer, P. M. und Schmitt, M. (2006). *Sozialpsychologie – Workbook.* Weinheim: Beltz Verlag.

Kanning, U. P.; Rosenstiel von, L.; Schuler, H.; Petermann, F.; Nerdinger, F.; Batinic, B.; Hornke, L.; Kersting, M.; Jäger, R.; Trimpop, R. M.; Spiel, C.; Korunka, C.; Kirchler, E.; Sarges, W.; Bornewasser, W. (2007). Angewandte Psychologie im Spannungsfeld zwischen Grundlagenforschung und Praxis – Plädoyer für mehr Pluralismus. *Psychologische Rundschau,* 58 (4), 238–24, Göttingen: Hogrefe Verlag.

Kaptein, A. A. und Weinmann, J. (2004). *Health psychology: an introduction.* Malden, MA: Blackwell.

Knoll, N.; Scholz, U.; Rieckmann, N. (2005). *Einführung in die Gesundheitspsychologie.* Stuttgart: UTB.

Körkel, J. und Schindler, C. (2003). *Rückfallprävention mit Alkoholabhängigen.* Heidelberg: Springer.

Koppelin, F. und Müller, R. (2004). Macht Arbeit Männer krank? Arbeitsbelastungen und arbeitsbedingte Erkrankungen bei Männern und Frauen, In Altgeld, T. (Hrsg.): *Männergesundheit.* Weinheim, München: Juventa, S. 121–134.

Lampert, T.; Mensink, G. B. M.; Ziese, T. (2005). Sport und Gesundheit bei Erwachsenen in Deutschland. *Bundesgesundheitsblatt,* 48, 1357–1364.

Lazarus, R. S. (1966). *Psychological Stress and the coping process.* New York: McGraw.

Marlatt, G. A. (1996). Taxonomy of high-risk situations for alcohol relapse: Evolution and development of a cognitive-behavioral model of relapse. *Addiction* 91 (Suppl), 37–550.

Marlatt, G. A.; Gordon, J. R. (Eds.) (1985). *Relapse Prevention.* New York: The Guilford Press.

Renneberg, B. und Hammelstein, P. (Hrsg.) (2006). *Gesundheitspsychologie.* Heidelberg: Springer Medizin Verlag.

Schwarzer, R. (2005). Überblick über die Gesundheitspsychologie. In *Gesundheitspsychologie.* Band 1 der Enzyklopädie der Psychologie. Göttingen: Hogrefe.

Schwarzer, R. (1996). *Psychologie des Gesundheitsverhaltens* (2. Auflage). Göttingen: Hogrefe.

Sieverding, M. (2005). Geschlecht und Gesundheit. In *Gesundheitspsychologie.* Band 1 der Enzyklopädie der Psychologie. Göttingen: Hogrefe.

Stroebe, W. und Stroebe, M. (1998). *Lehrbuch Gesundheitspsychologie.* Eschborn: Verlag Dietmar Klotz.

Weltgesundheitsorganisation (WHO) (2003). *WHO definition of health.* Zugriff 08.04.2012. Verfügbar unter: *http://www.who.int/trade/glossary/story046/en/index.html*

Theorien zum Gesundheitsverhalten

2.1 Was Sie in diesem Kapitel erwartet 55
2.2 Das Modell der Gesundheitsüberzeugungen (Health Belief Model) 56
2.3 Die Schutzmotivationstheorie (Protection Motivation Theory, PMT) 64
2.4 Die Theorie des geplanten Verhaltens (Theory of Planned Behavior, TPB) 72
2.5 Die sozial-kognitive Theorie von Bandura (Social Cognitive Theory, SCT) 78
2.6 Die Intentions-Verhaltens-Lücke 89
2.7 Das transtheoretische Modell (Transtheoretical Model, TTM) 95
2.8 Das sozial-kognitive Prozessmodell gesundheitlichen Handelns 104
2.9 Modelle zum Verständnis von Rückfall und Rückfallprävention 111

Sicher haben Sie sich schon gefragt, weshalb manche Menschen sehr häufig den Arzt aufsuchen, ohne wirklich ernsthaft krank zu sein, und andere höchst selten einen Mediziner konsultieren. Oder weshalb Menschen rauchen, obwohl doch bekannt ist, dass das Rauchen Krebs hervorrufen kann. Vielleicht auch, weshalb sich Personen dem Risiko einer Ansteckung mit gefährlichen Krankheitserregern aussetzen, etwa durch ungeschützten Geschlechtsverkehr.

All dies sind Beispiele dafür, dass Menschen eine Bedrohung durch eine Krankheit ganz unterschiedlich einschätzen, bewerten und sich gegenüber einem Erkrankungsrisiko auch unterschiedlich verhalten. Verhalten, das in Zusammenhang mit einer Wiederherstellung oder Verbesserung von Gesundheit steht und auf einem Verhaltensmuster, einer Gewohnheit oder Handlung basiert, wird als *Gesundheitsverhalten* verstanden (Ziegelmann, 2002). Die Gesundheitspsychologie interessiert sich speziell für das Zusammenpiel der verhaltensbestimmenden Faktoren, möchte diese erklären und Erkenntnisse darüber möglichst zur Förderung von Gesundheit einsetzen. Das Ziel von *Theorien und Konzepten von Gesundheitsverhalten* muss es daher sein, die wichtigsten Komponenten, die den Vorgang einer Verhaltensänderung beeinflussen und erklären, ausfindig zu machen.

> *Wer die Praxis übt, ohne sich vorher mit der Theorie beschäftigt zu haben, gleicht einem Steuermann, der sein Schiff ohne Kompass und Steuer besteigt und nicht weiß, wohin er fährt.*
>
> Leonardo da Vinci (1452 – 1519)

Angewandte Gesundheitspsychologie

Damit effektive gesundheitsförderliche Maßnahmen gestaltet werden können, müssen solche theoretischen Ansätze einfach sein, gleichzeitig aber der Komplexität der Wirklichkeit und der Praxis *angewandter Gesundheitspsychologie* gerecht werden. Weiter sollten theoretische Erkenntnisse möglichst empirisch überprüft und die angenommenen Zusammenhänge in Studien oder Experimenten nachvollziehbar sein. Zum Gesundheitsverhalten wurden etliche Modelle und Konzepte entwickelt, die zu erklären versuchen, welche Einflüsse gesundheitsförderliche bzw. -schädigende Verhaltensweisen bewirken, wie Verhalten verändert werden kann und was Menschen dazu motiviert, dies zu tun.

Bei der theoretischen Auseinandersetzung mit all diesen Fragen stehen in der Forschung vor allem kognitive Faktoren, also Gedanken, rationale Überlegungen und Einstellungen, im Mittelpunkt. Ihre Analyse hilft, individuelles Gesundheitsverhalten zu erklären, zu prognostizieren und für Veränderungen von Risiko- bzw. Gesundheitsverhaltensweisen nutzbar zu machen, denn sie sind im Vergleich zu Faktoren wie dem sozioökonomischen Status oder äußeren Einflüssen besser zugänglich.

Sozial-kognitive Modelle

Modelle, die sowohl *kognitive Elemente* als auch *soziale Einflüsse* zur Erklärung und Vorhersage von Gesundheits- bzw. Risikoverhaltensweisen heranziehen, werden als *sozial-kognitive Modelle* bezeichnet und nachfolgend dargestellt.

2.1 Was Sie in diesem Kapitel erwartet

Es gibt diverse Möglichkeiten, Theorien des Gesundheitsverhaltens zu systematisieren und zu erklären. Eine gängige und für die Praxis angewandter Gesundheitspsychologie hilfreiche Unterteilung ist die in *kontinuierliche Prädiktionsmodelle* und *Stufen- bzw. Stadienmodelle* (Schwarzer, 2004, S. 39).

> **Kernaussage**
>
> Kontinuierliche Modelle, die auch als lineare Modelle bezeichnet werden, gehen davon aus, dass sich Verhalten fortgesetzt, d. h. kontinuierlich, verändert. Eine Veränderung zu gesundheitsbewussterem Verhalten bzw. zur Bildung einer Absicht dazu ist umso wahrscheinlicher, je stärker die Modellkomponenten ausgebildet sind. Derartige Komponenten sind *kognitive* und *affektive Faktoren* wie Einstellungen, Bedrohungseinschätzungen, Erwartungen an die Selbstwirksamkeit usw.

Kontinuierliche Modelle

Kontinuierliche Modelle, die in diesem Kapitel dargestellt werden, sind:

- das *Modell gesundheitlicher Überzeugungen* (Health Belief Model, HBM; Becker, 1974; Rosenstock, 1966),
- die *Theorie der Schutzmotivation* (Protection Motivation Theory, PMT; Rogers 1975; 1983),
- die *Theorie des geplanten Verhaltens* (Theory of Planned Behavior, TPB; Ajzen 1985, 1991, 2002) und
- die *sozial-kognitive Theorie* von Bandura (1986).

> **Kernaussage**
>
> *Stufen- bzw. Stadienmodelle*, auch dynamische Stadienmodelle genannt, unterscheiden sich in ihrem Aufbau von den kontinuierlichen Modellen deutlich. Sie wollen nicht erklären, warum spezifisches Verhalten entsteht, sich verändert und welche Ursachen dafür verantwortlich sind, sondern haben den Prozess der Verhaltensänderung über die Zeit im Blick. Sie differenzieren in verschiedene Stufen oder Stadien, die ein Individuum auf dem Weg zur Änderung des bisherigen Verhaltens durchläuft.

Stufen- bzw. Stadienmodelle

Der Prozess einer Verhaltensänderung kann unter Umständen sehr lange dauern und auch Stillstand sowie Rückschritt beinhalten. Eine Person bewegt sich, den Modellannahmen zufolge, auf Vorstufen des Endverhaltens und kommt schrittweise über qualitativ unterschiedlich ausgeprägte Phasen zur Verhaltensänderung (vgl. Weinman, Johnston & Molloy, 2006). Damit wird jede der Stufen bzw. Stadien zu einem individuellen Vorhersagemodell, da sich Personen psychologisch auf den verschiede-

Diskontinuitätsannahme

nen Stufen voneinander unterscheiden (Beispiele: Ein Individuum hat sich bereits mit einer Verhaltensänderung beschäftigt; Person hat bereits eine Intention gebildet oder sogar eine versuchte Verhaltensänderung hinter sich). Je nachdem wo die Person steht, unterscheiden sich die Übergänge deutlich voneinander. Dies wird als *Diskontinuitätsannahme* bezeichnet, da ein Individuum eben keinen linearen Weg zu einem veränderten Gesundheitsverhalten durchläuft (vgl. Schwarzer, 2004).

Schwarzer (1992) hat die beiden oben genannten Theorien, die oft als gegensätzlich empfunden werden, in einem sogenannten *integrierten Modell* vereinigt. In seinem Hybridmodell (Health Action Process Approach, HAPA) verbindet er die aus den kontinuierlichen Modellen stammenden motivationalen und volitionalen Komponenten mit den stufen- bzw. stadientheoretischen Sichtweisen. Aus dieser Kategorie der Modelle des Gesundheitsverhaltens werden zwei Ansätze dargestellt:

- das *transtheoretische Modell* von Prochaska/Di Clemente (Transtheoretical Model, TTM, 1983) und
- das *sozial-kognitive Prozessmodell gesundheitlichen Handelns* von Schwarzer (Health Action Process Approach, HAPA, 1992)

2.2 Das Modell der Gesundheitsüberzeugungen (Health Belief Model)

Health Belief Model

Das einflussreiche Modell der Gesundheitsüberzeugungen (*Health Belief Model*) ist eines der ältesten sozial-kognitiven Ansätze. Er ist für die Forschung in der Gesundheitspsychologie unverzichtbar geworden. Das Modell wurde bereits in den 1950er-Jahren durch Sozialpsychologen der US-amerikanischen Gesundheitsbehörden entwickelt, um zu klären, weshalb Vorsorgeuntersuchungen durch die Bevölkerung so wenig genutzt werden (Rosenstock, 1966). Becker entwickelte es weiter und übertrug es auf die Mitwirkung der Patienten bei ärztlichen Behandlungen (Becker, 1974; Janz und Becker, 1984).

Rational denkender und handelnder Mensch

> **Kernaussage**
>
> Das Modell der Gesundheitsüberzeugungen versucht vorauszusagen, ob ein Mensch ein bestimmtes Gesundheitsverhalten zeigen wird. Es geht davon aus, dass Menschen sich rational verhalten, wenn sie sich durch eine Krankheit persönlich bedroht oder für sie anfällig fühlen und daher negative Folgen für sich zu erwarten haben. Hat die Bedrohung durch die Krankheit einen gewissen Grad erreicht und ist die betroffene Person aufgrund ihrer Gesundheitsmeinungen bzw. -überzeugungen zuversichtlich, durch präventives Verhalten negative Konsequenzen zu vermeiden, wird sie entsprechend gesundheitsförderlich handeln. Allerdings darf der Aufwand zur Minimierung der negativen Folgen einer Krankheit nicht zu groß sein.

2.2 Das Modell der Gesundheitsüberzeugungen (Health Belief Model)

> **Beispiel**
> Claudia I., eine Frau mittleren Alters, mit hohem Körpergewicht, liest in einer Frauenzeitschrift einen Artikel zum Thema Übergewicht und Ernährung. Dieser handelt von den negativen Folgen von Übergewicht und Fehlernährung. Der Bericht führt die negativen Folgen, wie beispielsweise Bluthochdruck, hoher Cholesterinspiegel, Arteriosklerose und Diabetes auf. Frau I., der diese drastischen Konsequenzen so nicht bewusst waren, ist nun besorgt. Sie beginnt darüber nachzudenken, ihr Gewicht zu reduzieren, sich mehr zu bewegen und ihre Ernährung umzustellen. Sie reflektiert auch über den Nutzen, den sie aus einer Verhaltens- und Einstellungsänderung ziehen könnte und der ihr größer erscheint als der Aufwand, den sie dafür betreiben muss. Damit ist nach Maßgabe des Modells die Wahrscheinlichkeit groß, das Claudia I. ihr Verhalten ändern wird.

Das Modell der Gesundheitsüberzeugungen ist den *Erwartungs-mal-Wert-Theorien* der Psychologie zuzuordnen. Sie gehen von zwei kognitiven Komponenten aus, die individuelles Verhalten beeinflussen: *(Erwartungs-mal-Wert-Theorie)*

1. der *Erwartung*, dass spezielle Handlungen mit einer bestimmten Wahrscheinlichkeit ein gewisses Ergebnis zeitigen und

2. dem *Wert*, der dem Resultat durch die handelnde Person zugemessen wird.

Die Erwartung, auf das Gesundheitsverhalten transferiert, stellt die Überzeugung eines Menschen dar, mit seinem Verhalten Krankheiten verhindern bzw. deren Verlauf mildern zu können. Der Wert beinhaltet die Nachdrücklichkeit, mit der ein Individuum bestrebt ist, seine Ziele zur Krankheitsvermeidung oder Gesundung zu verfolgen.

Den Grundgedanken des Health Belief Model bildet die *Kosten-Nutzen-Überlegung*, dass der zu erwartende *subjektive Nutzen* einer Verhaltensänderung, Maßnahme oder Handlung, die Unbequemlichkeiten und Anstrengungen übersteigt (z. B. Nebenwirkungen von Medikamenten, Schmerzen). Ausschlaggebend für diesen Prozess sind die beiden Faktoren: *(Kosten-Nutzen-Überlegungen)*

1. die wahrgenommene *Bedrohung der Gesundheit* und

2. die erwartete *Effektivität der Maßnahmen*.

Diese Faktoren wiederum sind abhängig von den additiv verknüpften Überzeugungen (health beliefs) der betroffenen Person, hinsichtlich ihrer

1. subjektiven *Anfälligkeit* (*Vulnerabilität*) für eine spezifische Krankheit (z. B. Vorkommen in der Familie) und

2. dem *Schweregrad* (*Ernsthaftigkeit*) einer Erkrankung (z. B. deren Folgen),

die die wahrgenommene Bedrohung durch eine Krankheit ergeben (siehe ▶Abbildung 2.1). Weinstein (1982) weist darauf hin, dass die meisten Menschen ihre Vulnerabilität für Krankheiten unterschätzen. Vielfach zeigen sie daher kein vorbeugendes Gesundheitsverhalten. Auch Schwarzer (2004) kommt zu diesem Schluss, da die Ernsthaftigkeit von Krankheiten meist verkannt wird und Krankheitssymptome häufig nicht ernst genommen werden. Dadurch entsteht kein subjektives Gefühl der Bedrohung und auch keine Motivation für gesundes Verhalten.

Hat die Bedrohung ein bestimmtes Niveau erreicht, so die Aussagen des Modells, dann hängt eine Maßnahme oder Verhaltensänderung von weiteren Kosten-Nutzen-Überlegungen ab. Das Resultat aus dieser Bilanz von Kosten (z. B. Anstrengung, Schmerzen durch Behandlung) und Nutzen (z. B. mehr Lebensqualität, weniger Beschwerden) ist die erwartete Effektivität. Die Beschreibung dieses Abwägens seitens des Individuums macht deutlich, dass das Modell der Gesundheitsüberzeugungen von einem rationalen menschlichen Denken und Handeln ausgeht.

Infobox

Erwartung-mal-Wert-Theorien sind psychologische Modelle, die die Motivation (M) eines Individuums als ein Ergebnis aus der Multiplikation einer subjektiven Erwartung (E), dass mit einer bestimmten Handlung oder Verhalten ein bestimmtes Ziel erreicht wird und dem subjektiven oder objektiven Wert (W), das diesem Ziel oder Resultat zugemessen wird, darstellen. Formalisiert sieht dies wie folgt aus:

$$M = E \times W$$

Umso bedeutsamer einer Person ihre Gesundheit ist (Wert) und je stärker sie glaubt, dies über ihr Verhalten beeinflussen zu können (Erwartung), desto ausgeprägter wird auch die Motivation sein. In der Kombination von Erwartung und Wert kann somit ein geringer Wert, der einer Sache beigemessen wird, durch gute Erfolgsaussichten ausgeglichen werden, genauso wie ein hoher Wert, der mit einem Ergebnis verbunden wird, mäßige Aussichten auf Erfolg kompensieren kann.

Distale Einflussvariablen

Becker (1974) berücksichtigt im Modell der Gesundheitsüberzeugungen auch so genannte *distale Einflussvariablen* (siehe ▶Abbildung 2.1), die menschliche Kognitionen beeinflussen. Hierunter werden soziodemografische Faktoren (z. B. Geschlecht, Alter, soziale Schicht), soziopsychologische Variablen (z. B. Gruppenverhalten, Persönlichkeitsmerkmale) und das individuelle Wissen (z. B. Zusammenhänge zwischen einem bestimmten Verhalten und Gesundheit) verstanden. So ist beispielsweise die Tendenz, sich stärker um das Thema Gesundheit zu kümmern, in *bildungsnahen Schichten* ausgeprägter als in *bildungsfernen*. Offen gelassen wird allerdings, in welcher Form im Modell die Kosten-Nutzen-Bilanzierung durch diese Einflüsse vermittelt wird.

2.2 Das Modell der Gesundheitsüberzeugungen (Health Belief Model)

Rosenstock (1974) fügte dem Modell der Gesundheitsüberzeugungen noch den Aspekt der Verhaltensauslöser oder Handlungsanreize hinzu (siehe Abbildung 2.1). Diese *Handlungssignale* (cue to action) können notwendig sein, um Gesundheitsverhalten anzustoßen (Stroebe & Stroebe, 1998). Liest beispielsweise ein junger Mann, der viel und gerne in der Sonne liegt, wie gefährlich die UV-Strahlung ist und dass diese bereits nach kurzen intensiven Sonnenbädern Hautkrebs auslösen kann, ist dies u. U. ein Anreiz für ihn, sein Verhalten zu verändern. Handlungsanreize wirken nach den Modellvorstellungen auch direkt auf die wahrgenommene Bedrohung und beeinflussen sie. Der Hinweis, dass bereits kurze intensive Sonnenbäder krebsauslösend sein können, wird evtl. zu einer Neubewertung der Bedrohung führen, da der junge Mann in unserem Beispiel vielleicht bisher davon ausgegangen war, nur viele und lange Sonnenbäder, addiert über etliche Jahre, können Hautkrebs auslösen. Aber auch Empfehlungen des Arztes, Erkrankungen im Freundeskreis oder Aufklärungsmaßnahmen im Rahmen des betrieblichen Gesundheitsmanagements gehören zu diesen Verhaltensauslösern, die evtl. eine bereits ausgeführte, latent vorhandene Kosten-Nutzen-Bilanzierung nun in eine konkrete Handlung münden lassen.

Handlungssignale

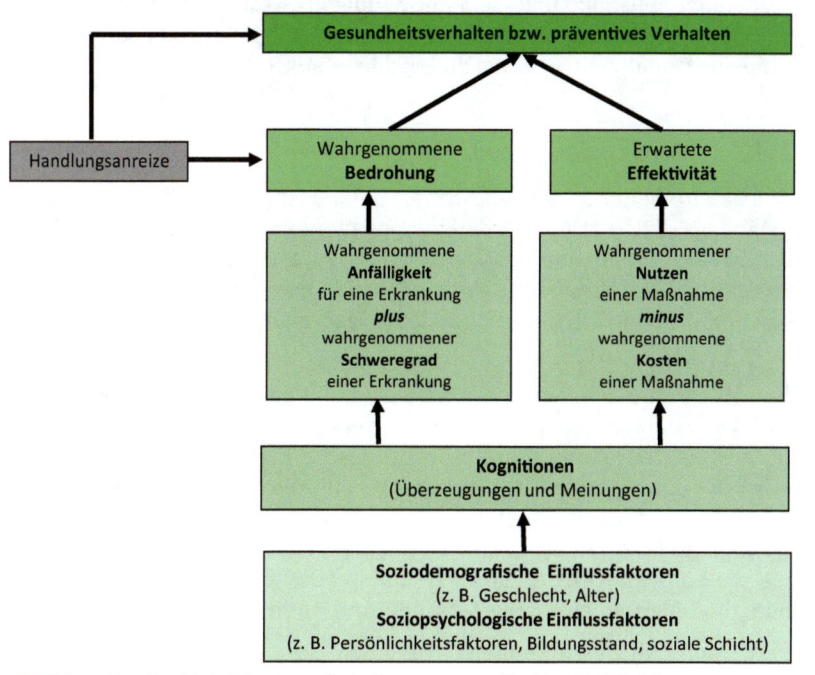

Abbildung 2.1: Das Modell der Gesundheitsüberzeugungen (Health Belief Model)

2.2.1 Überprüfung durch die Forschung

Mittels Metaanalysen überprüften Janz und Becker (1984) sowie Harrison, Mullen und Green (1992) Studien auf der Basis des Health Belief Models, um festzustellen, ob deren Resultate die Annahmen des Modells stützen. Unter einer *Metaanalyse* wird die Zusammenfassung von Einzelstudien verstanden, die ihrerseits zu Metadaten zusammengefasst und mit Hilfe eines gemeinsamen Maßstabes (z. B. der Effektgröße) analysiert werden. Dadurch können Vergleiche verschiedener Einzelstudien unternommen bzw. das Gesamtresultat aller Einzelforschungen nachgeprüft werden. Während Janz und Becker (ebenda) 46 Studien in ihre Metaanalysen aufnahmen, waren es bei Harrison et al. (1992) nur 16, die zusätzlich nach strengeren Kriterien ausgewählt wurden. In beiden methodisch unterschiedlich angelegten Analysen konnten identische Ergebnisse für die wichtigsten vier theoretischen Modellkomponenten gefunden werden, die diese empirisch untermauern. D. h. konkret, dass in beiden Metaanalysen positive, signifikante Zusammenhänge zwischen den Modelldeterminanten und dem Gesundheitsverhalten gefunden wurden. Wenngleich die Höhe der Effektgrößen, die zur Verdeutlichung der praktischen Relevanz von signifikanten Ergebnissen herangezogen wird, bei allen Modellkomponenten relativ niedrig ist. Der stärkste Zusammenhang in der Metaanalyse von Harrison et al. (1992) ergibt sich zwischen den wahrgenommenen Kosten und dem Gesundheitsverhalten. Schwarzer (2004) geht davon aus, dass die schwachen Beziehungen zwischen den einzelnen Modellkomponenten und dem individuellen Gesundheitsverhalten mit der mangelnden theoretischen Stringenz und den Problemen bei der Messung der Modellkomponenten zu erklären sind (S. 41).

2.2.2 Kritikpunkte und Einschätzung

Wie bereits weiter oben beschrieben, sind die Annahmen über die Zusammenhänge der einzelnen Modellkomponenten kritisch zu bewerten. Darüber hinaus fehlen Forschungsergebnisse zum Einfluss der *Handlungsanreize* und der *Gesundheitsmotivation* auf das individuelle Gesundheits- bzw. präventive Verhalten (vgl. Faselt & Hofmann, 2010).

Zweifel werden zu der im Modell angenommenen direkten Wirkung von Handlungsanreizen auf die Einschätzung der Bedrohung formuliert. Diese Wirkung scheint eher die Stärke der Handlungsabsicht zu moderieren als die Bedrohung selbst zu beeinflussen (vgl. Schwarzer, 2004). So kann das Angebot, an einer Ernährungsberatung im Rahmen der betrieblichen Gesundheitsförderung teilzunehmen, den Entschluss stärken, sich künftig gesünder zu ernähren. Dahingegen scheinen Handlungsanreize, die die Stärke der Bedrohung durch eine falsche Ernährungsweise betonen, die Intention zur Verhaltensänderung weniger zu beeinflussen.

Motivationale und volitionale Prozesse

Weil menschliches Gesundheitsverhalten absichtsvoll sein muss, um wirksam zu werden, sind motivationale Prozesse bedeutsam. Volitionale Prozesse verstärken zielführende individuelle Reaktionen, die von Bedeutung sind, wenn ein Entschluss gefasst wird, ein bestimmtes Handlungsziel anzustreben, etwa das Gewicht zu reduzieren (vgl. Gollwitzer, 1996). Sie sind bedeutsam bei der Überwindung von Hindernissen, die z. B. einer Verhaltensänderung zu gesünderem Leben entgegenstehen. Sie speichern den Entschluss im „Absichtsgedächtnis" und halten so gewünschtes Verhalten aufrecht und schirmen das „neue" Verhalten gegenüber konkurrierenden Handlungsimpulsen ab. Gleichwohl gehen sie mit Unlustgefühlen einher und werden als anstrengend erlebt. Volitionale Prozesse sind somit unterstützende Prozesse, die zu Motivationsvorgängen hinzutreten und sicherstellen, dass die Verhaltensabsicht auch umgesetzt wird. Kuhl (1983) bezeichnet diese Prozesse als Handlungskontrolle und verbindet sie mit Persönlichkeitsmerkmalen, der so genannten *Lage-* und *Handlungsorientierung*. Speziell Persönlichkeitsdispositionen, die zu den distalen Faktoren gehören, aber auch motivationale Prozesse sind im HBM unzureichend angesprochen. Und die mangelnde Differenzierung im Health Belief Model zwischen motivationalen und volitionalen Prozessen veranlasst Kritiker des Ansatzes dazu, das Modell als eher statisch zu betrachten (vgl. Schwarzer, 2004). So eingestuft wird es aber dem prozesshaften Geschehen beim Gesundheitsverhalten nicht gerecht. Im Vergleich zu den noch in diesem Kapitel darzustellenden Ansätzen, die weitere, wesentliche Faktoren in dieses prozesshafte Geschehen einführen, hat das Health Belief Model damit weniger Vorhersagekraft.

Infobox

Die *Handlungskontrolltheorie* von Julius Kuhl (1995) unterscheidet *handlungs- und lageorientierte Menschen*. Die Theorie, die der modernen Volitionspsychologie entstammt, sieht handlungsorientierte Personen als fähig, z. B. nach einem Misserfolg gemachte Fehler zu analysieren, um sich danach erneut zu versuchen. Dahingegen ist ein lageorientiertes Individuum so auf seine Lage fixiert, dass es daran gehindert wird, sich mit alternativen Handlungen zu befassen. Es löst sich auch nicht von seinen Gedanken und Gefühlen, sondern ist im Grübeln verhaftet. Somit ist eine lageorientierte Person stärker in der Gefahr als eine handlungsorientierte, sich mit der „Schuldfrage" auseinanderzusetzen und sich selbst verstärkt zu kritisieren. Aus dieser Situation kommen lageorientierte Personen auch nur schlecht heraus. Dies erklärt, weshalb manche Menschen unter plötzlichen Beeinträchtigungen ihrer Handlungsfähigkeit leiden. Handlungsorientierte Personen können dagegen ihre Handlungskompetenz in allen Situationen besser ausschöpfen. Beide, als Persönlichkeitseigenschaften verstandene Ausprägungen haben nach Kuhl ihre Existenzberechtigung. Schwierig wird es für Personen, wenn sie aus ihrer Lageorientierung nicht in die Handlungsorientierung wechseln können, wenn dies z. B. unter Belastung notwendig wäre.

Schließlich ist im ursprünglichen Modell der Gesundheitsüberzeugungen die individuelle *Kompetenzerwartung* bzw. *Selbstwirksamkeit* (Bandura, 1977) nicht thematisiert, die jedoch für ein effektives Handeln von Bedeutung ist, da Individuen davon überzeugt sein müssen, erfolgreich handeln zu können. Sie müssen sich dazu in der Lage sehen, ein bestimmtes gesundheitsförderliches Verhalten auch umsetzen zu können. Erst dann wird sich der Entschluss bilden, einen bestimmten Schritt zur gesünderen Lebensweise zu tun.

Verdienst des HBM

> **Kernaussage**
>
> Trotz etlicher Kritikpunkte hat das Modell der Gesundheitsüberzeugungen die theoretische Beschäftigung mit dem individuellen Gesundheitsverhalten wesentlich beeinflusst. Zum einen, indem es zentrale Elemente wie die wahrgenommene Anfälligkeit und den wahrgenommenen Schweregrad, hervorgebracht hat. Und zum anderen dadurch, dass Maßnahmen zur Beeinflussung von Gesundheitsverhalten durch das Health Belief Model geprägt wurden und Eingang in andere Modelle gefunden haben.

Außerdem hat das Konzept andere Theoretiker der Gesundheitspsychologie dazu angeregt, es um zusätzliche Komponenten zu erweitern, beispielsweise um das Konstrukt der *Selbstwirksamkeit* von Bandura (1977). Becker und Rosenstock (1987) selbst haben in einer Neuformulierung des Modells die Selbstwirksamkeit aufgenommen. Sie sehen Banduras *sozialkognitive Theorie*, die in diesem Kapitel noch ausführlich dargestellt wird, und ihren Ansatz der Gesundheitsüberzeugungen bei unterschiedlichen Bezeichnungen der Einzelkomponenten als weitgehend deckungsgleich. Schwarzer (2004) steht auch der Neuinterpretation des Health Belief Models sehr kritisch gegenüber, da für ihn grundlegende Kritikpunkte nicht ausgeräumt sind. Nach Schwarzer (ebenda) basiert das Auftreten individuellen Gesundheitsverhaltens im reformulierten Ansatz auf dem zeitgleichen Zusammenpiel folgender drei Komponenten:

- einer *hinreichenden Motivation* sich gesundheitsförderlich zu verhalten, d. h. sich mit Gesundheitsthemen auseinandersetzen zu wollen,
- der Überzeugung, für Erkrankungen anfällig zu sein, sowie
- der Annahme, dass ein spezifisches *Präventivverhalten* wirksam sein wird (S. 42).

Ungeklärt sind im neuen Modell jedoch nach wie vor die bereits dargestellten Kritikpunkte.

2.2.3 Anwendungsaspekte

HBM als Basis für Informationsstrategien

In der angewandten Gesundheitspsychologie bildet das Modell der Gesundheitsüberzeugungen insbesondere bei Praktikern eine *Basis für Informationsstrategien* in der *Prävention* und in der *Gesundheitsförderung*. Beide unterscheiden sich in folgenden Punkten: Während die Prävention versucht, Risiken für bestimmte Erkrankungen zu reduzieren bzw. ganz zu vermeiden, möchte die Gesundheitsförderung individuelle gesundheitsrelevante Ressourcen sowie die Verantwortung für die eigene Gesundheit stärken (vgl. Klotz, Haisch & Hurrelmann, 2006). Kommunikationsstrategien, bei denen es um die primäre Prävention geht, also die Verhinderung von Erkrankungen, arbeiten mit dem im Modell der Gesundheitsüberzeugungen zentralen Faktor der gesundheitlichen Bedrohung.

2.2 Das Modell der Gesundheitsüberzeugungen (Health Belief Model)

Da das Health Belief Model zu den *Furchtappel-Theorien* gehört, die alle davon ausgehen, dass Menschen mit ihren gesundheitlichen Risiken konfrontiert werden müssen (Lippke & Renneberg, 2006), um zu individuellen Änderungen im Gesundheitsverhalten zu kommen, gibt es etliche Beispiele für die Nützlichkeit dieses Vorgehens. Faselt und Hoffmann (2010) referieren Maßnahmen auf Grundlage des Modells der Gesundheitsüberzeugungen zur Krebsvorsorge, Raucherentwöhnung, zur Impfbereitschaft, zum geschützten Sexualverhalten sowie zur gesunden Ernährung. Über einen Furchtappel sollen insbesondere die Wahrnehmung für die Ernsthaftigkeit und die Bedrohung durch eine Krankheit geschärft und der Nutzen präventiven Verhaltens signalisiert werden. Insofern sind für die praktische Kommunikation Furchtappelle hilfreich, aber nicht ausreichend. Teilweise sind sie sogar kontraproduktiv, da sie negative Emotionen evozieren, die Menschen gerne vermeiden. So sind die Warnhinweise auf Zigarettenverpackungen typische Furchtappelle, die die Ernsthaftigkeit des Erkrankungsrisikos und das Bedrohungspotenzial durch das Rauchen verdeutlichen sollen. Dennoch benutzen viele Raucher bunte Metall- oder Papphüllen, in denen die Schachtel mit den Warnhinweisen verschwindet, um so ein „unangenehmes Gefühl" zu vermeiden.

Furchtappell-Theorie

Bezogen auf unser Eingangsbeispiel ergibt sich für Claudia I. durch die Erkenntnis, übergewichtig zu sein und damit anfällig für die möglichen negativen Folgen wie Bluthochdruck, Diabetes usw., ein bestimmter Bedrohungsgrad. Diese Bedrohung wird von ihr subjektiv auch als schwerwiegend wahrgenommen. Den Nutzen, durch Gewichtsabnahme und eine gesündere Ernährung den bedrohlichen Konsequenzen zu entgehen, sieht sie zunächst als größer an als die Kosten ihres neuen, bisher nur in der Vorstellung existierenden Ernährungsverhaltens. Mögliche Barrieren in der Umsetzung wird sie vermutlich erst einmal weniger antizipieren. Es ist sogar leicht möglich, dass die Nutzenseite durch die Perspektive eines besseren Aussehens oder einer größeren körperlichen Fitness überwiegt. Diese beiden Punkte könnten sogar zu den entscheidenden Handlungsimpulsen werden, die streng genommen nichts mit den negativen Folgen des Übergewichts zu tun haben, jedoch die wesentlichen kognitiven Prozesse auslösen (siehe *Abschnitt 1.7*). Speziell bei der Umstellung des Ernährungsverhaltens, im Sinne einer gesünderen Ernährung, wie auch bei einer beabsichtigten Gewichtsabnahme (Reduzierung der Energieaufnahme) gilt es, eine längerfristige Verhaltensumstellung zu initiieren. Mit der langfristigen Perspektive dieser Umstellung umzugehen, fällt den meisten Menschen eher schwer (Schwarzer, 2004). Bei Claudia I. müssten deshalb nun, um ihr Vorhaben langfristig umsetzen zu können, motivationale und volitionale Prozesse bzw. für den Erfolg wichtige Persönlichkeitsfaktoren ins Spiel kommen, die, wie bereits bei den Kritikpunkten erwähnt, im Modell der Gesundheitsüberzeugungen fehlen.

Damit ist das Modell für Praktiker nur deshalb interessant, da es beschreibt, wie eine erste Mobilisierung für eine dauerhafte Verhaltensänderung stattfinden kann. Maßnahmen die auf dem Health Belief Model basieren und Menschen sensibilisieren, müssen deshalb durch individuelle Appelle und Methoden der Verhaltensmodifikation ergänzt werden.

HBM dient der ersten Mobilisierung

Hierauf gehen die nachfolgend zu beschreibenden Modelle in der unterschiedlichsten Weise ein.

> **Fragen zur Wiederholung des Kapitelinhalts**
>
> 1. Durch welches praktische Bestreben wurde das Modell der Gesundheitsüberzeugungen im letzten Jahrhundert entwickelt?
> 2. Wer entwickelte das Modell weiter und warum?
> 3. Welcher Art von psychologischer Theorie wird das Health Belief Model zugeordnet?
> 4. Welche beiden kognitiven Prozesse sind im Modell der Gesundheitsüberzeugungen zentral?
> 5. Weshalb wird die Aussage getroffen, dass der Mensch im Health Belief Model ein „rational Handelnder" sei?
> 6. Was versteht das Modell der Gesundheitsüberzeugungen unter „distalen Einflussfaktoren"?
> 7. Welche Rolle spielen die Handlungsanreize im Health Belief Model?
> 8. Welche Gründe werden für die schwachen Zusammenhänge der einzelnen Modellkomponenten im Rahmen von Forschungen zum Modell der Gesundheitsüberzeugungen angeführt?
> 9. Welche Bedeutung schreiben Kritiker des Modells motivationalen und volitionalen Prozessen im Rahmen von individuellem Gesundheitsverhalten zu?
> 10. Um welche Komponente wurde das Modell der Gesundheitsüberzeugungen bei seiner Neuformulierung erweitert?

2.3 Die Schutzmotivationstheorie (Protection Motivation Theory, PMT)

Ausgangspunkt der ursprünglichen Theorie der Schutzmotivation (PMT) von Rogers (1975; Rogers & Mewborn, 1976) war der Gedanke, das Verhältnis der einzelnen Faktoren des Health Belief Model (HBM) zueinander mathematisch festzulegen. Rogers (1975) erklärte die multiplikative Verbindung der Variablen damit, dass er keine Verhaltensänderung erwarte, wenn eine der Komponenten den Wert Null aufweist. Von diesem Ziel, den Nachweis zu führen, dass die Einzelkomponenten multiplikativ miteinander verbunden seien, verabschiedete sich Rogers (1983; Maddux & Rogers, 1983; Rippetoe & Rogers, 1987) jedoch in seiner Neuauflage der Schutzmotivationstheorie (vgl. Stroebe & Stroebe, 1998).

2.3 Die Schutzmotivationstheorie (Protection Motivation Theory, PMT)

> **Begriffe**
>
> Der zentrale Begriff der Ursprungstheorie ist die *Schutzmotivation*, die die Intention einer Person beinhaltet, die eigene Gesundheit zu erhalten bzw. wiederherzustellen.

In der revidierten Form der Theorie wurden die Komponenten, die die Schutzmotivaton beeinflussen, um die auf Bandura (1986) zurückgehende Variable der *Selbstwirksamkeit* (self-efficacy) erweitert.

> **Beispiel**
>
> Ob Claudia I., die Frau aus unserem ersten Beispiel (Abschnitt *2.2 Das Modell der Gesundheitsüberzeugungen (Health Belief Model)*) tatsächlich die Intention entwickelt, abzunehmen, nachdem sie den Artikel zum Thema Übergewicht und Ernährung gelesen hat, hängt nach der Theorie der Schutzmotivaton von den Antworten ab, die sie sich zu folgenden Punkten gibt:
>
> **1** Wie unangenehm bzw. dramatisch ist es für mich, mit einer oder mehreren der negativen gesundheitlichen Folgen von Übergewicht leben zu müssen?
>
> **2** Wie hoch ist die Wahrscheinlichkeit für mich, Bluthochdruck, hohe Cholesterinwerte, Arteriosklerose und einen Diabetes zu entwickeln?
>
> **3** Wie stark reduziert sich die Wahrscheinlichkeit, diese Krankheiten zu bekommen, wenn ich abnehme?
>
> Ob Claudia I. tatsächlich eine Schutzmotivation entwickelt und ihr Gewicht reduziert, bestimmt der Bewertungsprozess, den Sie für sich vornimmt.

Die Theorie der Schutzmotivation (PMT) basiert auf zwei Bewertungsprozessen die in einer Person in Gang gesetzt werden, wenn diese gesundheitsrelevante Informationen aufnimmt und verarbeitet (vgl. ▶Abbildung 2.2). Es sind die kognitiven Prozesse der *Bedrohungseinschätzung* und der Prüfung der *Bewältigungsmöglichkeiten*. Dabei können die Informationen aus der Umwelt (*externe Quellen*) oder der Person selbst stammen (*intrapersonal*). Furchtappelle (Zeitungsartikel), stellvertretendes Lernen (Beobachtungen) oder die Information, dass ein Bekannter oder Freund an einer bestimmten Krankheit leidet, sind dem externen Bereich zuzuordnen. Eigene Erfahrungen, z. B. dass zu viel Körpergewicht beim Treppensteigen kurzatmig oder weniger beweglich macht, zählen zu den internen Informationsquellen. Die angestoßenen Verarbeitungsprozesse, die nebeneinander ablaufen, werden als *Kosten-Nutzen-Abwägungen* verstanden. Sie basieren auf der subjektiven Wahrnehmung des *Schweregrads einer Gesundheitsbedrohung* (Kosten) und dem gegenüberstehenden *Nutzen* (Beloh-

Bedrohungseinschätzung und Bewältigungsmöglichkeit

nungen, z. B. durch ein bestimmtes Risikoverhalten). Eine Person, die beispielsweise eine von außen kommende Information aufnimmt, z. B. Übergewicht löse Folgekrankheiten aus (Anfälligkeit), wird sie gegen den subjektiv wahrgenommenen Genuss des Essens (intrinsische Belohnung) genauso abwägen wie gegen die Freude, gemeinsam mit Freunden zu tafeln (extrinsische Belohnungen). Je stärker die Wahrnehmung der Verwundbarkeit durch die Folgen des Übergewichts und je niedriger die positiven Konsequenzen eines wenig bewussten Essverhaltens (Belohnungen), umso stärker wird ein betroffenes Individuum die Bedrohung des praktizierten gesundheitsschädlichen Verhaltens einschätzen (siehe Abbildung 2.2). Parallel dazu laufen Überlegungen, wie die Bedrohung zu bewältigen ist. Hierbei spielen die *Selbstwirksamkeits- und Handlungswirksamkeitserwartungen* einer Person sowie die Einschätzung der *Handlungskosten* eine zentrale Rolle. Je stärker beide Wirksamkeitserwartungen ausgeprägt sind und je niedriger die Kosten für ein geändertes Verhalten eingestuft werden, desto ausgeprägter wird die Einschätzung der Bewältigungsmöglichkeiten sein.

Selbstwirksamkeit und Handlungswirksamkeit

> **Kernaussage**
>
> Die Theorie der Schutzmotivation bringt dies auf die Formel: Selbst- und Handlungswirksamkeit abzüglich Handlungskosten ergibt die Stärke der Bewältigungseinschätzung.

Unter *Selbstwirksamkeit* (Bandura, 1986) wird die Bewertung der eigenen Fähigkeit zur Umsetzung des notwendigen Verhaltens verstanden. D. h., ob die Person aus obigem Beispiel sich sicher ist, künftig tatsächlich anders, weniger und gesünder zu essen. *Handlungswirksamkeit* beinhaltet dagegen die Antwort auf die Frage, wie ein verändertes Verhalten eine Bedrohung reduziert und die negativen Konsequenzen aus dem Übergewicht minimiert oder abschwächt. Ob ein Mensch bei seinen Bewertungsprozessen letztendlich zum Schluss kommt, eine erfolgreiche Verhaltensänderung durchführen zu können, hängt von den subjektiv wahrgenommenen Handlungskosten ab. So kann eine Person an der Bewältigung zweifeln, weil ihr eine Änderung ihres Verhaltens zu viel Anstrengung kostet (z. B. Vermutung eines ständigen Hungergefühls bzw. von Stimmungsschwankungen) oder den Wegfall von Belohnungen bedeutet (z. B. Essgenuss). Letzteres macht auch deutlich, in welchem Verhältnis die beiden Bewertungsprozesse zueinander stehen. Denn je mehr ein Mensch Positives aus einem gesundheitsriskanten Verhalten zieht (intrinsische und extrinsische Belohnungen), desto stärker wird ein neues, gesundheitsförderliches Verhalten in der subjektiven Bilanzierung der Kosten negativ zu Buche schlagen, da positive Aspekte am bisherigen riskanten Verhalten verloren gehen. Ist andersherum die intrinsische Belohnung für das neue Verhalten ausgeprägt („*Ich werde besser aussehen!*") und für die extrinsische ebenfalls („*Meine Partnerin wird stolz auf mich sein, wenn ich abgenommen habe.*") wird der „Posten Belohnungen" höher ausfallen.

2.3 Die Schutzmotivationstheorie (Protection Motivation Theory, PMT)

Die beiden Bewertungsprozesse, der Bedrohungs- und Bewältigungseinschätzung, bestimmen schließlich die Ausprägung der Schutzmotivation. Wie beide Komponenten miteinander kombiniert werden müssen, damit die Schutzmotivation vorhergesagt werden kann, wird von Rogers (1975, 1983) nicht deutlich gemacht (Weinstein, 1993). Floyd, Prentice-Dunn und Rogers (2000) sehen zur Bestimmung der Stärke der Schutzmotivation eher die *Bewältigungseinschätzung* als sinnvoll an und hier vor allem den Faktor *Selbstwirksamkeit*. Rogers (1983) beschreibt den zentralen Begriff der Schutzmotivation in seiner Theorie als Intention, d. h. die spezifische Art und Weise auf Informationen zu gesundheitsschädigendem respektive risikoreichem Verhalten zu antworten.

Bewertungsprozesse bestimmen Stärke der Schutzmotivation

Kernaussage
Vergleicht man das Konstrukt der *Schutzmotivation* mit anderen Modellen zum Gesundheitsverhalten, so kann sie mit dem dort verwendeten Begriff der Intention bzw. Verhaltensintention gleichgesetzt werden.

Schutzmotivation = Intention

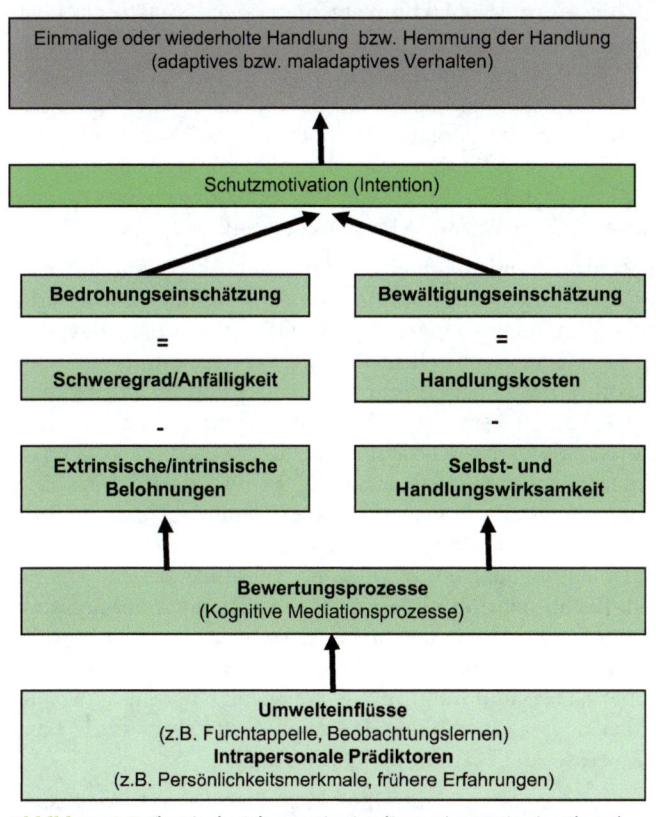

Abbildung 2.2: Theorie der Schutzmotivation (Protection Motivation Theory)

Diese Intention führt in Form der Bewältigungsreaktion letztlich zu einem *adaptiven bzw. maladaptiven Bewältigungsverhalten*. Dabei bedeutet adaptives Verhalten, ein gesundheitsriskantes Verhalten aufzugeben (Hemmung) oder gesundheitsförderliches Handeln zu zeigen (einmalig oder wiederholt). Wird keine Verhaltensänderung umgesetzt, so wird dies als maladaptives Verhalten bezeichnet, denn Risikoverhaltensweisen werden beibehalten oder die Person reagiert unangemessen, etwa indem sie die gesundheitlichen Gefahren leugnet, verharmlost oder verdrängt.

2.3.1 Überprüfung durch die Forschung

Das ursprüngliche Modell der Theorie der Schutzmotivation, in dem die drei Variablen *subjektiv wahrgenommene Anfälligkeit*, *wahrgenommener Schweregrad* und *wahrgenommene Wirksamkeit* der Vorbeugung multiplikativ verknüpft sein sollten, ergab in einer Überprüfung durch Rogers und Mewborn (1976) kein Zusammenspiel (vgl. Stroebe & Stroebe, 1998). In drei Experimenten, in denen sie mit Furchtappellen zu unterschiedlichen Gesundheitsthemen arbeiteten, fanden sich keine eindeutigen Belege für die Theorie. Dies scheint damit zusammenzuhängen, dass die Theoriekomponenten des ursprünglichen Entwurfs, subjektiv wahrgenommene Anfälligkeit und subjektiv wahrgenommene Effektivität einer Verhaltensänderung, nicht unabhängig voneinander sind. Tanner, Hunt und Eppright (1991) beschreiben dies wie folgt: Die beiden Bewertungsprozesse laufen ihrer Meinung nach nicht parallel ab, sondern nacheinander. D. h., erst wenn der Vorgang der Bedrohungseinschätzung zum Schweregrad und der Schädigungswahrscheinlichkeit abgeschlossen ist und beide als hoch eingeschätzt werden, wird Furcht ausgelöst, die erst dann den Prozess der Bewältigungseinschätzung initiiert.

Spezifische Variablen des Modells überprüft

Im revidierten Ansatz, in dem die *Selbstwirksamkeit* nach Bandura (1977), die *Handlungskosten* aus dem Health Belief Model und die *Belohnungen* hinzukommen, schlug Rogers eine additive Verknüpfung der relevanten Komponenten des Modells vor (vgl. Abbildung 2.2). Aufgrund der Komplexität der Theorie wurden bei Forschungsarbeiten zu ihrer Überprüfung nur spezifische Variablen herausgegriffen und bewertet, sodass es nicht möglich ist, die Theorie in ihrer Gesamtheit als Instrument zur Vorhersage gesundheitsförderlichen Verhaltens endgültig zu beurteilen. Dies zeigt sich auch in *Metaanalysen*, die versuchen, den Stand der Forschung zur PMT zusammenzufassen, da darin einerseits korrelative als auch experimentelle Studien zusammengeführt wurden. Allerdings gehen Autoren wie Floyd et al. (2000) oder Milne, Sheeran und Orbell (2000) aufgrund der Resultate ihrer Metaanalysen davon aus, dass der Prozess der Bewältigungseinschätzung und die in ihm stattfindende Abwägung von subjektiv wahrgenommener Selbst- und Handlungswirksamkeit einerseits sowie der Handlungskosten andererseits stärkere Vorhersagekraft haben als die Komponenten des Prozesses der Bedrohungseinschätzung.

Starker Einfluss der Selbstwirksamkeit

Diesen Zusammenhang zeigen die Untersuchungen von Yzer, Fisher, Bakker, Siero und Misovich (1998) zur *Aidsprävention*, in denen der Einfluss speziell hoher Selbstwirksamkeitserwartungen auf die Stärke der Schutzmotivation erkennbar wird. Die Arbeiten von Yzer et al. (1998)

verdeutlichen, dass gesundheitsförderliches Handeln auch wirkungsvoll umgesetzt wird, wenn die Erwartungen an die Selbstwirksamkeit hoch ausgeprägt sind. Damit werden sie in der Interaktion mit der wahrgenommenen Verwundbarkeit bedeutsamer. Personen, die sich einer starken Bedrohung durch Aids ausgesetzt sahen, entwickelten nur dann eine ausgeprägte Schutzmotivation, wenn sie Vertrauen in sich hatten, das neue Verhalten auch umsetzen zu können, sich also als selbstwirksam einschätzten. Waren die Selbstwirksamkeitserwartungen nicht sehr ausgeprägt, hatte eine hohe Gefährdung (Vulnerabilität bzw. Anfälligkeit) keinen Einfluss auf die Stärke der Intentionsbildung (Schutzmotivation). Es besteht also eine Wechselwirkung zwischen den beiden Komponenten. Damit macht es Sinn, diese Einzelkomponenten der PMT innerhalb der beiden Bewertungsprozesse stärker zu gewichten.

Individuelles Gesundheitsverhalten scheint aufgrund der Resultate der Metaanalyse von Milne et al. (2000) vor allem durch die Stärke der Schutzmotivation beeinflusst zu sein. Vorhersagen über künftiges gesundheitsförderliches Verhalten sind damit weniger möglich.

2.3.2   Kritikpunkte und Einschätzung

Durch die Einbeziehung von Selbstwirksamkeitserwartungen in die revidierte Fassung der Theorie der Schutzmotivation, wurde eine für die Veränderung von Gesundheitsverhalten wichtige Variable eingeführt. Dennoch ist die PMT, was die Erklärung von Gesundheitsverhalten bzw. dessen Prognose für die Zukunft angeht, anderen Theorien des Gesundheitsverhaltens nicht überlegen. Insbesondere die Annahmen einer additiven Verknüpfung von Belohnungen und der individuellen Wahrnehmung von Gesundheitsrisiken im Prozess der Bedrohungseinschätzung auf der einen Seite sowie der Erwartungen an die individuelle Wirksamkeit und der Kosten für das Handeln auf der anderen sind kritisch zu sehen, da es nur wenige empirische Belege dafür gibt (Eagly & Chaiken, 1993). Schwarzer (2004, S. 60) kritisiert Studien zur Überprüfung der Theorie der Schutzmotivation, weil diese meist auf Querschnittuntersuchungen, d. h. einmalig durchgeführten Studien („Momentaufnahmen" des aktuellen Verhaltens) basieren, die wenig Informationen zu erfolgreichen Veränderungen über einen längeren Zeitraum liefern. Gleichfalls sieht er die korrelativen Forschungsdesigns dieser Studien kritisch, die in der Regel keine Kausalzusammenhänge erkennen lassen. Die Schutzmotivation wird diesen Forschungen zufolge zwar ein guter Verhaltensprädiktor sein, jedoch meist wenig über die langfristigen Konsequenzen für das individuelle Gesundheitsverhalten aussagen, was in der unerklärten Verhaltensvarianz deutlich werde, d. h. die Daten lassen keine eindeutige Zuordnung der Schwankungen in den Ergebnissen auf die einzelnen Komponenten des Modells zu.

> PMT ist anderen Theorien nicht überlegen

> Querschnittuntersuchungen

Faselt und Hoffmann (2010, S. 52) empfehlen für zukünftige Studien zur PMT, verstärkt die *Rolle von Emotionen* sowie den nacheinander erfolgenden *Bewertungsprozessen* mehr Aufmerksamkeit zu schenken, um passgenauere Empfehlungen für gesundheitspsychologische Maßnahmen und Kampagnen entwickeln zu können. Damit ist die Bedeutung und der Stellenwert der Furcht angesprochen (siehe *2.3.4 Das überarbeitete Modell der Schutzmotivation von Arthur und Quester*) sowie die Frage der Beeinflussung der Wechselwirkungsprozesse zwischen Bedrohungs- und Bewältigungseinschätzungen.

2.3.3 Anwendungsaspekte

Furchtappelle plus Empfehlungen

Für die Planung von Gesundheitsmaßnahmen haben insbesondere die Erkenntnisse zur Bedrohungseinschätzung und zu den Selbstwirksamkeitserwartungen in der Theorie der Schutzmotivation eine besondere Bedeutung. Der Einsatz von Furchtappellen bei Gesundheitskampagnen zur Beeinflussung der Bedrohungseinschätzung gründet meist auf der PMT. Furchtappelle haben zum Ziel, die Einstellung der Adressaten zu verändern (Aronson, 2002). Diese Appelle müssen in der Anwendung jedoch mit wirksamen Empfehlungen gekoppelt werden, da sie sonst die gewünschte Wirkung verfehlen (Abraham, Sheeran, Abrams, & Spears, 1994). Praktikern ist daher zu empfehlen, nach Möglichkeit eine bereits geprüfte und in der Umsetzung wirksame Handlungsempfehlung zu geben (Floyd et al., 2000; Witte & Allen, 2000). Aus dieser Empfehlung sollte für die Rezipienten klar hervorgehen, warum, wie und wann eine Bedrohung abgewendet werden kann und vor allem, dass die Angesprochenen selbst in der Lage sind, diese umzusetzen. Speziell Menschen, die eine ausgeprägte Erwartung in ihre Selbstwirksamkeit haben, sollten insbesondere mit Informationen zu einer möglichen Anfälligkeit und den Konsequenzen eines Risikoverhaltens bzw. einer Krankheit versorgt werden. Geschieht dies, so wird diese Personengruppe bei hoher Einschätzung der Bedrohung eine ausgeprägte Schutzmotivation entwickeln. Ein Beispiel hierzu sind die Handlungsempfehlungen zum geschützten Geschlechtsverkehr.

2.3.4 Das überarbeitete Modell der Schutzmotivation von Arthur und Quester

Furcht als vermittelnder Faktor

Arthur und Quester (2004) schlugen eine Überarbeitung des *Modells der Schutzmotivation* vor. In ihrer revidierten Form der Theorie gehen die Autoren von einem *rationalen Entscheidungsprozess* aus, den Menschen durchlaufen, und nehmen die Erwartungen hinsichtlich *Selbstwirksamkeit* und *Handlungsergebnis* auf. Insofern gehen sie mit der Neuformulierung der Schutzmotivationstheorie von Maddux und Rogers (1983) konform. Die größte Unterscheidung findet sich in der Einfügung der *Furcht* als Mediator zwischen die *Wahrscheinlichkeit einer Schädigung oder Vulnerabilität* und dem *Schweregrad einer Erkrankung bzw. Schädigung* (vgl. ▶Abbildung 2.3). Für die Selbst- und Handlungswirksamkeit nehmen sie an, dass beide Modellkomponenten die Ausprägung der Furcht beeinflussen, die wiederum auf das Verhalten einwirkt. Die *Bedrohungseinschätzung* wie sie im Modell von Rogers (1993) noch vorhanden ist, hat damit nur noch indirekt einen Einfluss und zwar über die Furcht.

2.3 Die Schutzmotivationstheorie (Protection Motivation Theory, PMT)

Diese wird notwendig, damit sich eine Bewältigungsreaktion, adaptiver oder maladaptiver Art, überhaupt ausbilden kann. Nur über diesen Weg können Furchtappelle individuelle Verhaltensänderungen provozieren.

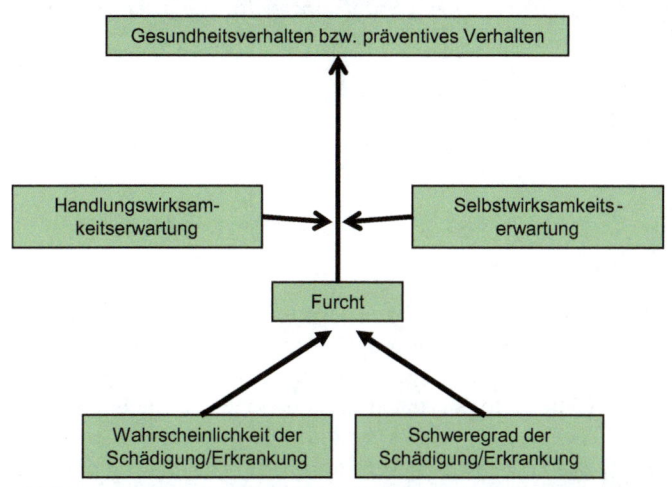

Abbildung 2.3: Überarbeitete Theorie der Schutzmotivation von Arthur und Quester (2004)

Dass Furcht tatsächlich ein Vermittler zwischen der Bedrohungseinschätzung und der Bereitschaft zur Verhaltensänderung (Intention) ist, konnten Arthur und Quester (2004) allerdings nur für die Komponente *Wahrscheinlichkeit der Schädigung* bestätigen. Zu schwach ausgeprägt waren auch die Resultate zur Rolle der Selbst- und Handlungswirksamkeitserwartungen als Mediator zwischen Furcht und Verhaltensintention. Zum gleichen Ergebnis bezüglich der Vermittlungsfunktion der zuletzt genannten Modellfaktoren kamen Petersen und Lieder (2006).

Fragen zur Wiederholung des Kapitelinhalts

1. Welches ist der zentrale Begriff in der Urversion der Theorie der Schutzmotivation?
2. Auf welchen zwei Bewertungsprozessen basiert die PMT?
3. Aus welchen Quellen können Informationen stammen, die zu diesen Bewertungsprozessen führen?
4. Was wird unter „Kosten-Nutzen-Abwägungen" in der Theorie der Schutzmotivation verstanden?
5. Was versteht Bandura unter „Selbstwirksamkeitserwartung"?
6. Was beinhaltet der Begriff der „Handlungswirksamkeit"?
7. Was sagen Metaanalysen zur PMT aus und welche Konsequenzen ergeben sich für eine Modifizierung des Modells?

> **8** Was wird unter adaptiven, was unter maladaptiven Verhaltensweisen verstanden?
>
> **9** Welche Erkenntnisse haben Forschungen zur Aidsprävention bezgl. der Komponente Selbstwirksamkeit erbracht?
>
> **10** Welche Folgerungen ergeben die Forschungserkenntnisse zur PMT für die praktische Anwendung?

2.4 Die Theorie des geplanten Verhaltens (Theory of Planned Behavior, TPB)

Theorie des geplanten Verhaltens

Die zur Vorhersage und Erklärung von Gesundheitsverhalten aus der Sozialpsychologie in die Gesundheitspsychologie übernommene *Theorie des geplanten Verhaltens*, stellt eine Erweiterung der *Theorie des überlegten Handelns* dar (Theory of Reasoned Action, TRA; Ajzen & Fishbein 1980; Fishbein & Ajzen 1975). Ajzen formulierte 1991 die *Theorie des geplanten Verhaltens (TPB)*, um die Verbindungen zwischen Einstellung und Verhalten zu erklären, da sich die Einstellung alleine als ungeeignet erwies, Verhalten vorherzusagen (Einstellungs-Verhaltens-Hypothese).

> ### Begriffe
>
> Zentral ist in der *Theorie des geplanten Verhaltens* die *Verhaltensintention*, d. h. die bewusste individuelle Entscheidung, ein bestimmtes Verhalten auszuführen. Die Theorie geht davon aus, dass Verhalten eine Funktion der Intention ist, die einerseits von der *individuellen Einstellung* sowie der *subjektiven Norm* beeinflusst ist.

Drei Faktoren

Damit bestimmen in dieser Theorie drei Faktoren darüber, ob eine Person bereit ist, eine Verhaltensintention zu entwickeln, um ein spezifisches Verhalten umzusetzen:

1 Die *Einstellung* des Individuums zum Verhalten,

2 die vermuteten oder wahrgenommenen Erwartungen anderer (*subjektive Norm*) und

3 die subjektiv wahrgenommene Schwierigkeit (*wahrgenommene Verhaltenskontrolle*).

Ob sich ein Mensch tatsächlich entsprechend verhält, hängt letztendlich von der Stärke der Intention ab, die von den drei additiv miteinander verbundenen Faktoren beeinflusst wird.

2.4 Die Theorie des geplanten Verhaltens (Theory of Planned Behavior, TPB)

Beispiel

Peter F., Mitte vierzig, ist sich der positiven Wirkung von Sport seit langem bewusst. Er möchte körperlich aktiver werden, um seine Kondition zu verbessern und die gesundheitsförderlichen Effekte körperlicher Aktivität für sich zu nutzen. Seine Frau und seine Freunde raten ihm schon seit geraumer Zeit, etwas für seine Gesundheit zu tun, da er als Manager im Einzelhandel wenig Bewegung hat. Weil er als junger Mensch gerne Volleyball spielte, würde er gerne wieder diese Mannschaftssportart betreiben. Joggen oder Schwimmen sprechen ihn nicht an, da er gerne gemeinsam mit anderen aktiv ist. Leider kommt Peter F. wegen der langen abendlichen Öffnungszeiten meist nicht vor 20:00 Uhr nach Hause. Das Training der Volleyballabteilung seines örtlichen Vereins beginnt jedoch bereits um 19:30 Uhr.

Wie groß ist die Wahrscheinlichkeit, dass Peter F. eine ausreichend starke Absicht (Intention) entwickelt, um sein Vorhaben umzusetzen?

Die *Einstellung* ist ein Erwartung-mal-Wert-Produkt, das aus den Erwartungen einer Person zu den Auswirkungen eines bestimmten Verhaltens, (beispielsweise gesünder zu sein, wenn sie Sport treibt) sowie den Bewertungen dieser Erwartungen (das Verhalten ist wünschenswert) entsteht. Dabei wird die Einstellung als eine affektive Verhaltensbewertung verstanden (z. B. aufwändig oder einfach; gut oder schlecht), die auf individuellen Überzeugungen gründet (z. B. *„Mit dem Rauchen aufzuhören macht mich leistungsfähiger!"*).

Einstellung

Die *subjektive Norm* entsteht aus dem Grad der Überzeugung, dass andere, etwa Bezugspersonen, Erwartungen an das Verhalten der Person haben. Je stärker diese Gedanken ausgeprägt sind, desto ausgeprägter wird der Einfluss der subjektiven Norm sein. Gleichwohl kommt noch die Motivation hinzu, diesen Erwartungen auch entsprechen zu wollen. Auch hier ergibt sich die Stärke aus der multiplikativen Verbindung der beiden Variablen (Erwartungen anderer und Motivation diese zu erfüllen). Das Produkt ergibt die Stärke des Einflusses der subjektiven Norm auf die Intentionsbildung. Nach Shepperd, Hartwick und Warshaw (1988) zeigt die subjektive Norm im Vergleich zur Intention jedoch den schwächsten Einfluss. Eine Person, die das Rauchen aufgeben will, wird, wenn den Kollegen das Nicht-Rauchen am Arbeitsplatz wichtig ist, eine entsprechend ausgeprägte subjektive Norm entwickeln. Die subjektive Norm beinhaltet die Meinungen einer Person über die Erwartungen anderer, ihr wichtiger Menschen an ihr Verhalten. Beispielsweise die Erwartung des Lebenspartners, keine Sportarten auszuüben, bei denen die Verletzungsgefahr groß ist. Ob diese subjektive Norm vom Individuum erfüllt wird, hängt auch von dessen Motivation ab, sie zu erfüllen.

Subjektive Norm

Die *wahrgenommene Kontrolle über das Verhalten*, die in der Vorgängertheorie noch nicht enthalten war, beinhaltet die Überzeugung eines Individuums, dass sie die Kontrolle über das beabsichtigte Verhalten hat. Da

Wahrgenommene Kontrolle

sich die *Theorie des überlegten Handelns* auf die beiden Prädiktoren Einstellung und subjektive Norm beschränkt, erklärt sie nur Verhalten, das unter kompletter *volitionaler Kontrolle* einer Person steht. Kann ein Individuum Probleme nicht kontrollieren, die bei der Intentionsbildung auftreten, etwa die unpassenden Trainingszeiten bei Peter F. aus unserem Beispiel, so wird das Verhalten durch die TRA nicht mehr gut vorhergesagt (Fishbein, 1993). Durch die Einbeziehung eines zusätzlichen Faktors, der *wahrgenommenen Verhaltenskontrolle*, löst die Theorie des geplanten Verhaltens diese Schwierigkeit (Ajzen (1991, 1985).

Barrieren Sieht eine Person viele *Barrieren*, wie z. B. zeitliche Einschränkungen, fehlende finanzielle Ressourcen oder nicht ausreichend vorhandene Fähigkeiten, so wird die Intention geringer ausgeprägt sein. Wie in ▶Abbildung 2.4 deutlich wird, wirkt sich die Wahrnehmung der Verhaltenskontrolle als einzige der drei Faktoren nach Annahme der Theorie auch direkt auf das Verhalten aus.

Alle drei Faktoren werden auch mittelbar durch demographische Variablen (z. B. Geschlecht, Schichtzugehörigkeit, Alter usw.), Umwelteinflüsse (z. B. Zugang zu Sportstätten, Vereinen usw.) und Persönlichkeitsmerkmale der Handelnden (z. B. Lage- versus Handlungsorientierung, Kontrollüberzeugungen zu Gesundheit und Krankheit usw.) beeinflusst.

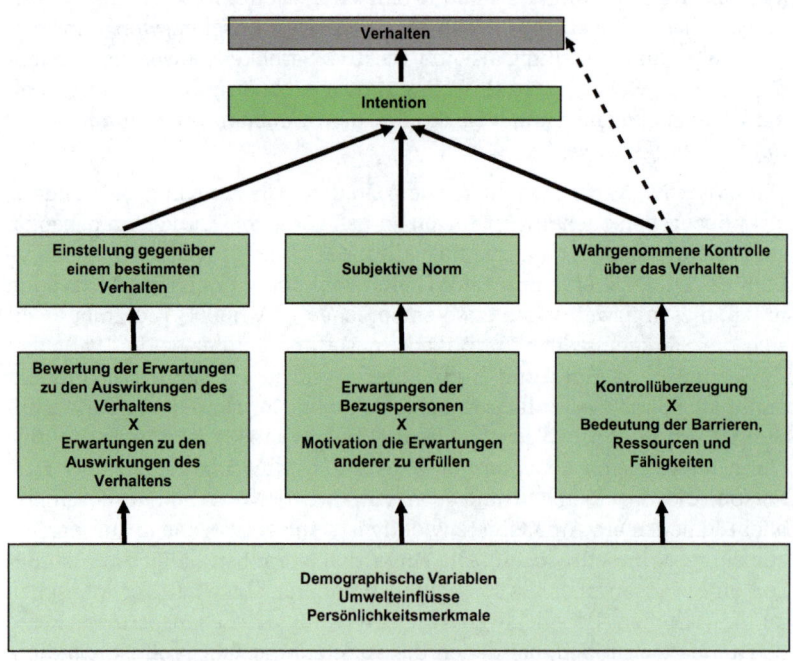

Abbildung 2.4: Theorie des geplanten Verhaltens (Theory of Planned Behavior, TPB)

2.4.1 Überprüfung durch die Forschung

Mit dem Thema Gewichtsabnahme bei College-Studentinnen befasste sich die erste Studie zur Überprüfung der TPB (Schifter & Ajzen, 1985). Die Teilnehmerinnen wurden gebeten, ihre Einstellungen, subjektiven Normen, die subjektiv wahrgenommene Kontrolle und ihre Absicht, Gewicht zu reduzieren, einzustufen. Zudem wurden allgemeine Einstellungen und Persönlichkeitsmerkmale erhoben. Das Ergebnis zeigte, dass sich die wahrgenommene Kontrolle und die Absichten für sich alleine genommen als schwache Prädiktoren für eine Gewichtsreduktion herausstellten. Hingegen konnte mittels der drei Faktoren *Einstellung*, *subjektive Norm* und *subjektiv wahrgenommene Verhaltenskontrolle* die Verhaltensintention recht genau vorhergesagt werden (vgl. Stroebe & Stroebe, 1998). Dies hat Bedeutung für die Planung von Interventionen (z. B. Beratung oder Training), denn nur wenn versucht wird, diese drei Komponenten gezielt zu beeinflussen, wird sich eine Verhaltensänderung ergeben (z. B. Wissen und Handlungshilfen bei sexuell übertragbaren Erkrankungen).

> **Infobox**
>
> Unter aufgeklärter Varianz bzw. Varianzaufklärung versteht man den Anteil an Varianz, der durch eine Studie erklärt werden kann.
>
> Typischerweise wird diese in Prozent angegeben. Beispiel: „Eine Untersuchung zwischen der Schulnote und der Intelligenz des Schülers ergab eine Varianzaufklärung von 35 %". Da die gesamte Varianz stets 100 % beträgt, werden in dieser Untersuchung 65 % der Varianz nicht aufgeklärt. Typischerweise erklären psychologische und sozialwissenschaftliche Studien nie 100 % der Varianz. Das liegt zum einen an Messfehlern, zum anderen auch daran, dass nie alle relevanten Einflüsse untersucht werden können. So können im obigen Beispiel neben der Intelligenz eines Schülers auch sein Geschlecht, sein Verhältnis zum Lehrer, ein Migrationshintergrund, etwaige gesundheitliche Einschränkungen etc. einen Einfluss auf die erreichte Schulnote haben. Die Berechnungen zur Varianzaufklärung sind abhängig von dem verwendeten statistischen Verfahren. Desweiteren existieren für einige statistische Verfahren mehrere Möglichkeiten, die aufgeklärte Varianz zu bestimmen, die dann auch zu unterschiedlichen Ergebnissen führen. Ein Vergleich der aufgeklärten Varianz zwischen verschiedenen Studien kann dadurch erschwert werden.
>
> (Bortz und Döring, 2006)

Metaanalysen zu Studien, die der Vorhersage und Erklärung von Gesundheitsverhalten auf Basis der *Theorie des geplanten Verhaltens* dienten, machen die drei Faktoren, die die Verhaltensintention beeinflussen, für 40 bis 50 Prozent der aufgeklärten Varianz der Intention verantwortlich (vgl. Connor & Sparks, 2005). Das Verhalten wird dagegen nur zufriedenstellend vorhergesagt, da hier nur die beiden Variablen *Intention* und *wahr-*

Intentions-Verhaltens-Lücke

genommene Verhaltenskontrolle (direkter Einfluss auf Verhalten, siehe Modell in Abbildung 2.4) Einfluss nehmen (vgl. Sheeran, 2002). Obwohl Verhaltensintentionen das Verhalten signifikant beeinflussen, lässt sich ein Großteil der Varianz im konkreten Verhalten nicht erklären (Webb & Sheeran, 2006). In der Literatur wird dieses Phänomen als Intentions-Verhaltens-Lücke bezeichnet (vgl. Abschnitt *2.6 Die Intentions-Verhaltens-Lücke*).

Guter Ansatz für verschiedene Gesundheitsbereiche

Insgesamt lässt sich zur *Theorie des geplanten Verhaltens* sagen, dass sie über viele Gesundheitsbereiche hinweg (z. B. Rauchen, Konsum von Alkohol, körperliche Aktivität, Ernährung) einen guten Ansatz zur Erklärung und Vorhersage von Gesundheitsverhalten bietet.

2.4.2 Kritikpunkte und Einschätzung

Da in der Theorie des geplanten Verhaltens nur bestimmte Einstellungen zu einer spezifischen Intention führen, wird die ganz praktische Frage nicht beantwortet, *wie* ein Mensch zu einem positiven Gesundheitsverhalten motiviert werden kann. D. h., *wie* jemand zu positiven Einstellungen, entsprechend ausgeprägter subjektiver Norm und einer wirkungsvollen Kontrollerwartung kommen kann.

Modifikationsvorschläge

Aus dieser Kritik der Theorie heraus, stößt man in der Literatur daher auf etliche Vorschläge für deren Veränderung bzw. Erweiterung. Schwarzer (1996) konstatiert beispielsweise mit Bezug auf die dritte Komponente, das Konstrukt der *subjektiven Kontrolle*, dass darin nicht klar zwischen der *wahrgenommenen und der tatsächlichen Kontrolle* unterschieden wird. Er schlägt vor, diese dritte Modellvariable durch die *Selbstwirksamkeit* zu ersetzen. Bereits Ajzen (1991) ging von einer Substituierung der wahrgenommenen Verhaltenskontrolle durch Banduras Konzept der Selbstwirksamkeit aus. Studien von Rhodes und Courneya (2003) zu beiden Konzepten ergeben jedoch keine Austauschbarkeit der wahrgenommenen Verhaltenskontrolle durch die Selbstwirksamkeit.

Einfluss durch Modelllernen

Rivis und Sheeran (2003) konnten in einer Forschungsarbeit zur körperlichen Aktivität von Studierenden zeigen, dass Menschen aus deren sozialen Umfeld, für die Studenten *Modelle* waren, einen starken Einfluss auf die konkrete Umsetzung des ins Auge gefassten Verhaltens ausübten. Von Dras und Madey (2004) fanden eine positive Korrelation zwischen *sozialer Unterstützung* durch nahe stehende Personen und der individuellen Intention, gesünder zu leben. Eine verhaltensbezogene soziale Unterstützung, z. B. in Partnerschaften, lässt damit insbesondere eine Wirkung auf motivationale und volitionale Vorgänge bei der Verhaltensänderung vermuten, etwa durch eine Hilfestellung beim Planen des neuen Verhaltens oder durch Ratschläge für eine Umsetzung (Bodenmann, 2000).

Soziale Unterstützung ist der subjektiven Norm überlegen

Courneya, Plotnikoff, Hotz, und Birkett (2000) überprüften die Nützlichkeit von *sozialer Unterstützung* und *subjektiver Norm* zur Vorhersage körperlicher Aktivität, Intention und Umsetzung des Verhaltens innerhalb der TPB. Sie befragten 1557 Erwachsene zwischen 18 und 65 Jahren mittels Telefoninterviews und bewerteten dabei die soziale Unterstützung, die subjektive Norm, die Einstellung, die wahrgenommene Kontrolle, Intention und Verhaltensumsetzung. Die Ergebnisse zeigten, dass die *soziale Unterstützung* dabei der *subjektiven Norm* überlegen war. Sie schlossen daraus, dass die subjektive Norm durch die soziale Unterstützung in der Theorie des geplanten Verhaltens ersetzt werden sollte.

Conner, Lawton, Parker, Chorlton, Manstead und Stradling, (2007) erweiterten in zwei Studien zur TPB, in denen die Verhaltensabsicht im Straßenverkehr vorhergesagt wurde, die klassischen Faktoren der Theorie um zusätzliche drei: zum einen die moralische Norm, d. h. das Wissen um das richtige bzw. falsche Verhalten im Sinne einer Verpflichtung, sich auch daran zu halten. Zum anderen das erwartete Bedauern, das ein negatives Gefühl darstellt, welches sich einstellt, wenn ein Mensch meint, ein anderes Handeln wäre besser für ihn gewesen. Und als Drittes das Verhalten im Straßenverkehr in der Vergangenheit. Alle Daten wurden mit Ausnahme des aktuellen Verhaltens durch Selbstauskünfte mittels Fragebögen für unterschiedliche Fahrszenarien erhoben. Das konkrete Verhalten der Teilnehmer wurde über die Leistung in einem Fahrsimulator (Studie 1) registriert oder ohne Wissen der Fahrer unauffällig auf der Straße durch Geschwindigkeitskontrollen (Studie 2) ermittelt. In Studie 1 (N = 83) wurden 82% der gestreuten Werte bezüglich des Vorsatzes (Intention), zu beschleunigen, durch die folgenden Faktoren erklärt: die Einstellung, die subjektiven Normen, die wahrgenommene Verhaltenskontrolle, die moralische Normen, das erwartete Bedauern und das Verhalten in der Vergangenheit. Beim Beschleunigungsverhalten im Fahrsimulator erklärten die Intention, die wahrgenommene Verhaltenskontrolle, moralische Normen und frühere Unfälle insgesamt 35% der Varianz. In Studie 2 (N = 303) wurden 76% der Varianz des Beschleunigungsverhaltens mit der Einstellung, den moralischen Normen, dem erwarteten Bedauern und dem Verhalten in der Vergangenheit erklärt. Durch die Intention und die moralischen Normen werden insgesamt 17% der Varianz im Beschleunigungsverhalten erklärt. Mit Blick auf das Gesundheitsverhalten scheint die Einbeziehung der relevanten Faktoren aus den Studien von Conner et al. (2007) in die TPB daher durchaus sinnvoll zu sein.

2.4.3 Anwendungsaspekte

Für den Praktiker bietet die Theorie des geplanten Verhaltens wenig konkrete Ansatzpunkte, da das Modell kaum Hinweise dazu gibt. Wenig hilfreich ist auch der bereits 1975 von Fishbein und Ajzen gemachte Vorschlag, den Menschen, die ihr Gesundheitsverhalten ändern möchten, positive Einstellungen gegenüber diesem Verhalten zu vermitteln. Studien geben zwar zu erkennen, dass eine positive Veränderung von Überzeugungen beim Individuum auch zu entsprechenden Intentionen und letztendlich auch geändertem Verhalten führt (Faselt & Hoffmann, 2010), jedoch bleibt offen, in welcher Form dies effektiv geschieht. Zudem müssen individuelle Kontrollerwartungen und Normen verändert werden. Schließlich sind Einstellungen, denen Überzeugungen zugrunde liegen, noch durch externale Faktoren wie Alter, Geschlecht, Beruf, aber auch die Persönlichkeit oder das Umfeld der Person beeinflusst.

Wenig Ansatzpunkte für die Praxis

Fragen zur Wiederholung des Kapitelinhalts

1. Auf welcher Grundlage entwickelte Ajzen die Theorie des geplanten Verhaltens?
2. Welches sind die zentralen Faktoren in der TPB?
3. Wie wird die „subjektive Norm" in der Theorie verstanden?
4. Was beinhaltet der Faktor der „subjektiv wahrgenommenen Kontrolle" in der Theorie des geplanten Verhaltens?
5. Welche Ergebnisse erbrachte die Forschung zur Theorie des geplanten Verhaltens?
6. Wie hängen die „wahrgenommene Verhaltenskontrolle" und der Begriff der „Barrieren" zusammen?
7. Definieren Sie im Zusammenhang mit den Forschungsergebnissen den Begriff der „Varianzaufklärung".
8. Wie lautet die Kritik an der TPB?
9. Weshalb wird die Theorie des geplanten Verhaltens für den Praktiker als wenig konkret eingestuft?
10. Welche Modellaussagen halten Sie trotz aller Kritik für praktisch umsetzbar?

2.5 Die sozial-kognitive Theorie von Bandura (Social Cognitive Theory, SCT)

Ob sich eine Person als kompetent einschätzt oder nicht, ein bestimmtes Verhalten zu zeigen, eine Handlung auszuführen oder mit Problemen und Widrigkeiten im Alltag fertig zu werden, hängt stark von ihrer Erwartung ab, wie wirksam sie agieren kann.

Begriffe

Diese Überzeugung, bei Anforderungen effektiv und erfolgreich handeln zu können, wird als *Selbstwirksamkeitserwartung (SWE)* bezeichnet und stellt eine allgemein bedeutsame personale Ressource dar. Die Selbstwirksamkeitserwartung beeinflusst die Wahl des Schwierigkeitsgrads einer Handlung sowie Anstrengung und Ausdauer, mit der eine Zielerreichung angestrebt wird.

2.5 Die sozial-kognitive Theorie von Bandura (Social Cognitive Theory, SCT)

Beispiel

Klaus P., ein erfolgreicher und beliebter Lehrer, hat in seinem Berufsleben bereits viele Schulklassen betreut. Er selbst beurteilt seine beruflichen Leistungen sehr positiv und wird in dieser Wertung sowohl durch Kollegen als auch von Schülern bestärkt. Er hat dadurch in vielen Jahren ein ausgeprägtes Selbstvertrauen im Umgang mit Schülern und deren Problemen entwickelt. Weil ihm seine Arbeit Freude bereitet, sucht er bewusst den Kontakt zu Kollegen, Schülern und Eltern. Er scheut keine neuen Aufgaben und ist selbstinitiativ, wann immer es sein muss. Die Rektorin der Schule bittet ihn zu Beginn des neuen Schuljahres, eine disziplinlose und schwierige Klasse zu übernehmen, macht sich aber Sorgen, ob P. dem Stress, der damit verbunden ist, gesundheitlich gewachsen sei. Was wird P. der Rektorin wohl antworten, wenn man das Konzept der Selbstwirksamkeit berücksichtigt?

Im Jahre 1977 veröffentlichte Albert Bandura seine *Soziale Lerntheorie*, in der er darlegte, wie Menschen aufgrund des bloßen Beobachtens anderer Personen lernen. Er versuchte mit seiner Theorie zu erklären, wie das menschliche Individuum lernt und warum es sich in bestimmter Art und Weise verhält (Bandura, 1977). Bandura war als Forscher Teil der sogenannten „kognitiven Wende", die in Ansätzen bereits in den 1960er-Jahren ihren Anfang nahm, mit Beginn der 1970er-Jahre jedoch größeren Einfluss in der Psychologie bekam. Mit ihr wurden Kognitionen und Denkvorgänge verstärkt in die Bildung von Theorien und die Forschung einbezogen. Diese Entwicklung stellt eine Abwendung vom Bild des passiv reagierenden Menschen hin zu einem selbstständig handelnden und wahrnehmenden Individuum dar. Affekte, Vorstellungen und auch das Modelllernen Banduras wurden damals in das psychologische Denken einbezogen. Später veränderte Bandura (vgl. Bandura, 2001, 2000, 1997) seine Theorie und erweiterte sie zur *Sozial-kognitiven Theorie* (Social Cognitive Theory, SCT). Zentral in beiden Versionen ist zwar das Konstrukt der Selbstwirksamkeitserwartung (SWE), kurz *Selbstwirksamkeit* genannt, gleichwohl kann seine sozial-kognitive Theorie nicht darauf beschränkt werden, da sie wesentlich komplexer ist.

Kernaussage

Nach Banduras *sozial-kognitiver Theorie* (Social Cognitive Theory, SCT) hängt es vor allem von der Ausprägung der *Selbstwirksamkeitserwartungen* (*perceived self-efficacy*) und *Handlungsergebniserwartungen* (*outcome expectancies*) einer Person ab, ob sie Änderungen in ihrem Gesundheitsverhalten zeigen wird oder nicht (▶ Abbildung 2.6).

Selbstwirksamkeits- und Handlungsergebniserwartungen

Beide Erwartungsformen sind für die Motivation und Regulation von Verhalten wesentlich. Selbstwirksamkeitserwartungen (synonym *Kompetenzerwartung* bzw. *optimistische Selbstüberzeugung*), beinhalten die Einschätzung, wie stark sich ein Mensch in der Lage sieht, ein ins Auge gefasstes Verhalten auch unter schwierigen Bedingungen zu organisieren und umzusetzen. Möchte jemand das Rauchen aufgeben, so setzt dies zunächst das Bewusstsein der Schädlichkeit des Rauchens voraus. Es wird somit Wissen darüber benötigt, welche gesundheitlichen Risiken infolge des momentanen Handelns eingegangen werden. Selbst wenn die betreffende Person ihr gesundheitsschädigendes Verhalten realisiert, kann sie sich außer Stande sehen, das Rauchen aufzugeben, weil sie nicht über eine ausreichende Selbstwirksamkeitserwartung verfügt („*Ich glaube, das schaffe ich nicht!*"). Von dieser Erwartung, selbstwirksam sein zu können, hängt es nach Bandura (ebenda) jedoch ab, ob eine Person ein Verhalten umsetzt, wie viel Energie sie dafür bereitstellt und wie ausdauernd sie ihre Ziele, trotz Barrieren und Misserfolgen, verfolgt.

> **Kernaussage**
>
> Selbstwirksame Menschen setzen sich anspruchsvollere Ziele, kommen schneller ins Handeln und geben bei Niederlagen nicht so rasch auf. Sie kommen besser über Fehlschläge hinweg und verfügen insgesamt über eine vorteilhaftere Selbstregulation.

Umwelt beeinflusst SWE

Gleichwohl wird ein Mensch nur dann eine positive Einschätzung seiner Selbstwirksamkeit hinsichtlich eines bestimmten Verhaltens haben, wenn er Einflüsse aus seiner Umwelt bzw. aktuellen Situation auch als kontrollierbar wahrnimmt. Nimmt sich beispielsweise jemand vor, seine psychische Beanspruchung am Arbeitsplatz zu reduzieren, so kann er Vertrauen in sich haben, positiv emotionsregulierend auf sich einwirken zu können, indem er aktiv Entspannungsübungen praktiziert. Was er als nicht kontrollierbar einschätzt ist evtl. das Verhalten des Vorgesetzten, seiner Kollegen, Kunden oder die Arbeitsplatzsituation. Damit ist fraglich, ob diese Person ihre Selbstwirksamkeit als ausreichend stark einschätzt, um auch vor externalen, unkontrollierbaren Beanspruchungen gewappnet zu sein und damit selbstwirksam zu bleiben.

Vier Faktoren beeinflussen die SWE

Selbstwirksamkeit basiert im Unterschied zum Gefühl der Zuversicht im Sinne von *Optimismus* auf *konkreten Erfahrungen*, auf *Lernprozessen* und *Üben*. Damit geht es bei Selbstwirksamkeitserwartungen um eine grundsätzlich positive Bewertung der eigenen Kompetenz und nicht um die Hoffnung, dass die Erreichung eines angestrebten Ziels „schon irgendwie klappen wird." Bandura (1997) differenziert zwischen vier Faktoren, die über Erfahrungen, Lernprozesse und Üben, die Selbstwirksamkeitserwartung aufbauen und deren Bedeutung in der nachfolgenden Darstellung absteigend zunehmen (siehe ▶Abbildung 2.5).

2.5 Die sozial-kognitive Theorie von Bandura (Social Cognitive Theory, SCT)

1 Die *emotionale Erregung* vor einer schwierigen Verhaltensausführung oder herausfordernden Handlung, die bei der Kompetenzeinschätzung in bestimmten Situationen an erster Stelle stehen kann, etwa starkes Herzklopfen, ist ein Anhaltspunkt dafür, ob ein Individuum seine Handlungsressourcen als gering einstuft. Es wird somit vom emotionalen Erregungszustand auf die Selbstwirksamkeit geschlossen. Dieser Faktor hat jedoch den geringsten Einfluss auf die Bewertung der Selbstwirksamkeit.

2 *Mündliche Informationen* oder *Überredung*, bezeichnet als symbolische Erfahrung, stellen einen weiteren Baustein bei der Entwicklung von Erwartungen an die Selbstwirksamkeit dar. Die Ehefrau oder Partnerin des Lehrers aus dem oben genannten Beispiel könnte z. B. so großes Vertrauen in seine Erfahrungen und Leistungsfähigkeit haben, dass ihre Überzeugung seine Selbstwirksamkeit positiv beeinflusst („*Du schaffst das problemlos!*").

3 Durch *stellvertretende Erfahrung*, indem ein Mensch andere Personen, mit denen er sich vergleichen kann, beim Handeln in einem schwierigen Umfeld beobachten kann, hat er Modelle für ein möglicherweise eigenes Verhalten. Nimmt der Lehrer aus unserem Beispiel am Unterricht eines Kollegen teil, der ihm in Alter, Fachwissen und Erfahrungen ähnelt und kann er dessen positiven Umgang mit problematischen Schülern beobachten, so wird dies Ansporn für ihn sein, sich künftig ähnlich zu verhalten.

4 Die *erfolgreiche Umsetzung* eines Verhaltens bzw. einer Handlung, die wiederholt auftritt und einer Person sowie deren persönlichen Anstrengungen zugeschrieben wird (internale Kausalattribuierung), stellt den bedeutendsten Faktor für die Entwicklung von Selbstwirksamkeit dar. Stellt z. B. ein untrainierter Mann fest, dass er im Schwimmbad 25 Bahnen am Stück problemlos ziehen kann und schreibt er dies seiner guten körperlichen Kondition zu, dann wird sich dies auf seine Selbsteinschätzung, das nächste Mal 27 Bahnen zu schaffen, positiv auswirken.

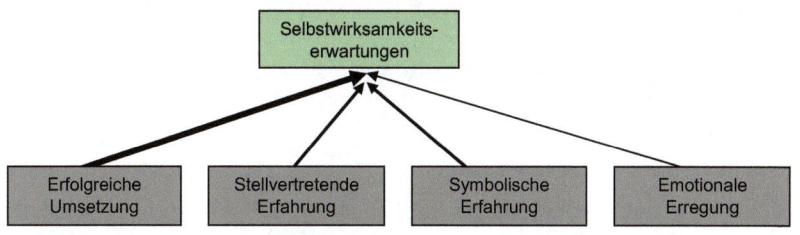

Abbildung 2.5: Faktoren, die den Aufbau von Selbstwirksamkeitserwartungen unterschiedlich stark beeinflussen (siehe unterschiedliche Pfeilstärke)

Um bei Menschen Selbstwirksamkeit gezielt aufzubauen, empfiehlt Bandura (1997) den sich am stärksten auswirkenden Faktor, die Erfahrung von Erfolg (erfolgreiche Umsetzung), durch erreichbare Teilziele auf dem

Erfahrung von Erfolg

Weg zum angestrebten Endverhalten zu beeinflussen. Große Ziele sollen in viele kleine, leicht erreichbare Nahziele aufgeteilt werden, um sie der Reihe nach zu bewältigen. Personen müssen ihre Teilerfolge dann auch ihren eigenen Anstrengungen, Fähigkeiten und Fertigkeiten zuordnen können. Solche herausfordernden Nahziele können zunächst durch eine andere Person empfohlen werden (z. B. Ernährungsberater, Psychologe, Arzt). Bei einer angestrebten Veränderung des Ernährungsverhaltens könnte z. B. die Empfehlung sein, die nächsten beiden Wochen auf alle Süßigkeiten zu verzichten. Durch Rückmeldungen über die erfolgreiche Umsetzung und eine Bestärkung, das Verhalten weiterhin so gut auszuführen, verbessert sich die individuelle Fähigkeit zur Selbstregulation, sodass schließlich selbstständig eigene, bewältigbare und anspruchsvolle Ziele gesetzt werden können. Modelllernen (stellvertretende Erfahrung) bietet sich nach Bandura (ebenda) dann an, wenn keine Möglichkeit besteht, eigene Kompetenzerfahrungen zu sammeln. Besonders wirksam sind erfolgreiche Modelle dann, wenn diese sich in einer ähnlichen Situation befinden wie der Beobachter und ihr Vorgehen sowie den Umgang mit dabei entstandenen Schwierigkeiten und deren Überwindung schildern können.

Verschiedene Formen von SWE

Neben einer generalisierten Selbstwirksamkeitserwartung, die sich auf ein allgemeines Vertrauen in die eigenen Ressourcen stützt, mit ungewohnten, neuen oder problematischen Herausforderungen und Situationen umzugehen, postuliert Bandura (ebenda) *spezifische Selbstwirksamkeitserwartungen*, die sich auf bestimmte Themen bzw. Bereiche beziehen. So kann sich eine Person auf intellektuellem Gebiet als sehr kompetent einschätzen und keine Herausforderungen in diesem Feld scheuen, da sie sich auf ihre intellektuellen Fähigkeiten, Erfahrungen und Erfolge verlässt. Jedoch empfindet sich die gleiche Person auf sportlichem Terrain als ziemlich inkompetent, was bei ihr zu einer niedrigen Selbstwirksamkeitserwartung in diesem Bereich führt.

Unwirksamkeitserfahrungen

> **Kernaussage**
>
> *Unwirksamkeitserfahrungen* entwickeln sich häufig dann, wenn aufgrund einer geringen Kompetenzeinschätzung auch keine herausfordernden Ziele gewählt oder wenig Anstrengungen investiert werden. Dies führt zu geringeren Leistungen und damit auch zu Versagenserlebnissen, die die Überzeugung bestätigen, wenig selbstwirksam zu sein.

Selbstwirksamkeitserwartungen wirken direkt auf alle anderen Modellkomponenten und haben damit den größten Einfluss in der sozial-kognitiven Theorie. In besonders starkem Ausmaß beeinflusst die Selbstwirksamkeit die Ergebniserwartung, was zur Folge hat, dass Menschen, die sich in der Lage sehen, ein bestimmtes Verhalten organisieren und erfolgreich ausführen zu können, auch entsprechende Erwartungen an das Ergebnis ihrer Handlungen haben.

2.5 Die sozial-kognitive Theorie von Bandura (Social Cognitive Theory, SCT)

Selbstwirksamkeits- oder Kompetenzerwartung bezieht sich somit auf gewisse Handlungen bzw. Verhaltensweisen, mit denen bestimmte Ergebnisse verknüpft werden. Bezüglich dieser Konsequenzen haben Menschen ebenfalls Erwartungen, die sogenannten *Handlungsergebniserwartungen* oder kurz *Ergebniserwartungen*. Handlungsergebniserwartungen lassen sich als „Wenn-Dann-Struktur" beschreiben und sind auch sprachlich von der Selbstwirksamkeit leicht zu unterscheiden. Die Erwartung an die Folgen eines Verhaltens im Sinne der „Wenn-Dann-Beziehung" könnte lauten: *„Wenn ich mich vor einem Sonnenbad mit Creme einreibe, die einen hohen Schutzfaktor besitzt, reduziere ich mein Risiko für einen Hautkrebs beträchtlich."* Die Formulierung für die Kompetenzerwartung würde hingegeben wie folgt ausfallen: *„Ich bin mir sicher, dass ich so diszipliniert bin und daran denke, mich immer vor dem Sonnenbad einzucremen."*

Differenzierung von Ergebniserwartungen

Ergebniserwartungen können danach unterschieden werden, ob sie positive oder negative, langfristige oder kurzfristige Wirkungen haben. Zudem differenziert sie Bandura (1997) in:

- *Physische Konsequenzen*, die körperliche Veränderungen beinhalten (*„Wenn ich Sonnencreme benutze, schütze ich meine Haut, sie altert nicht so schnell und ich habe einen hellen Teint."*).
- *Soziale Folgen*, wie Anerkennung oder Ablehnung aus dem persönlichen Umfeld (*„Wenn ich so bleich bin, halten mich andere für weniger attraktiv."*) und
- *selbstbewertende Konsequenzen* wie Zufriedenheit und Stolz, wenn das Verhalten ausgeführt wurde (*„Wenn ich konsequent auf meine Haut achte, kann ich stolz auf mein Aussehen sein."*).

Ergebniserwartungen wirken sich auf die *Ziele* und direkt auf das Verhalten aus (siehe ▶Abbildung 2.6). Bandura (1997) versteht unter Zielen, ebenso wie Autoren anderer kognitiver Theorien des Gesundheitsverhaltens, die Intention oder Absicht, ein bestimmtes Verhalten ausführen zu wollen. Dabei wird die Zieldefinition durch die Handlungsergebniserwartung beeinflusst, d. h. ein Ziel wird nur definiert, fokussiert und Energie freigesetzt, wenn das Erreichen des Ziels auch positive Folgen hat.

> **Kernaussage**
>
> Eine Intention wird umso eher in konkretes Verhalten umgesetzt, je detaillierter das Ziel definiert wird.

Detaillierte Ziele sind wichtig

Ist ein Ziel nur grob formuliert (*„Ich möchte mehr Sport treiben."*), wird es weniger wahrscheinlich umgesetzt werden als ein sehr präzise formuliertes Ziel (*„Ich möchte montags und donnerstags, von 18:00 Uhr bis 19:30 Uhr, meinen Waldlauf absolvieren."*). Je stärker die Selbstwirksamkeitserwartung bei einer Person ausgeprägt ist, desto nachhaltiger verfolgt sie ein Ziel.

Soziokulturelle Einflussfaktoren

Ein weiteres Element der SCT sind die *soziokulturellen Faktoren*, die das Umfeld, in dem ein Individuum lebt und agiert, einbezieht. Wichtig ist vor allem der Einfluss von förderlichen oder hemmenden Kräften aus dem Umfeld auf die Intentionsbildung bzw. Zielformulierung. Zu den positiven Einflüssen gehört die *soziale Unterstützung* bei der Umsetzung von gesundheitsförderlichem Verhalten durch Kollegen, Freunde, Verwandte, Lebenspartner oder die Familie. Hinderlich wirken sich mangelnde *finanzielle, zeitliche* oder *räumliche Ressourcen* aus. Wer z. B. mitten in einer Großstadt wohnt, hat es vermutlich leichter, ein Fitness-Center zu besuchen als jemand, der auf dem Land lebt. Andererseits wird der Landbewohner sein Jogging-Programm problemloser und in besserer Luft absolvieren können als der Großstädter. Bandura (1997) bringt aber auch hier die Selbstwirksamkeitserwartungen ins Spiel, denn je stärker die Kompetenzerwartungen sind, desto eher werden bei den soziokulturellen Einflüssen die förderlichen Faktoren wahrgenommen und Hindernisse negiert. Ist die Erwartung in die Selbstwirksamkeit besonders stark ausgeprägt, so kann dies in manchen Fällen allerdings auch negativ sein. Menschen, die sich als extrem selbstwirksam einschätzen, nehmen eher die Chancen einer Herausforderung wahr, unterschätzen jedoch oft die damit verbundenen Anstrengungen, mögliche Hindernisse und hemmende Einflüsse. Dadurch können sie unter Stress geraten, weil sie sich zu viel zutrauen.

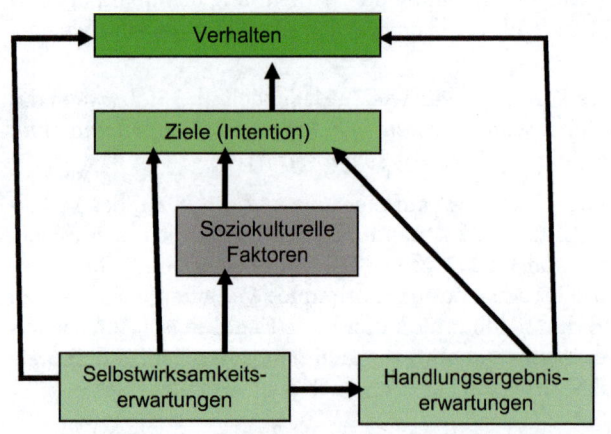

Abbildung 2.6: Die sozial-kognitive Theorie (Social Cognitive Theory, SCT)

2.5.1 Überprüfung durch die Forschung

Trotz vieler Studien zu Einzelkomponenten der sozial-kognitiven Theorie wurde bisher noch keine quantitative Metaanalyse durchgeführt. Empirische Forschungsergebnisse zum Zusammenhang zwischen Selbstwirksamkeitserwartung und Gesundheitsverhaltensweisen liegen speziell für die folgenden Bereiche vor:

- Ernährungsverhalten
- Körperliche Aktivität und Sport
- Rauchen

- Alkoholkonsum
- Vorsorgeverhalten
- Sexualverhalten

Für eine gesunde *Ernährung* sowie zur Gewichtskontrolle erweist sich die Selbstwirksamkeitserwartung als bedeutender Prädiktor. Van Duyn et al. (2001) konnten dies in einer repräsentativen Studie für die USA zeigen. Ergebnisse einer strukturanalytischen Forschungsarbeit von Rovniak, Anderson, Winett und Stephens (2002) zur sozial-kognitiven Theorie und *körperlicher Aktivität und Sport* zeigen, dass 33% der Varianz im Verhalten auf die Differenz von Selbstwirksamkeitserwartungen und Zielen der Studienteilnehmer (283 Studierende) zurückzuführen ist. Schwarzer und Luszczynska (2007) betonen mit Blick auf körperliche Aktivitäten, die Bedeutung der Selbstwirksamkeitserwartung für alle Lebensphasen. Bezüglich des Rauchens weisen die beiden Autoren darauf hin, dass Versuche, das Rauchen aufzugeben, mittels vieler Komponenten vorhergesagt werden können. Beispielsweise durch physiologische, kognitive und soziale aber auch soziodemographische Variablen.

Selbstwirksamkeit als bedeutender Prädiktor

Eine herausragende Rolle spielt für die Abstinenz gegenüber dem *Rauchen* jedoch die Selbstwirksamkeitserwartung. Gleichwohl ist sie eine Variable von vielen und nicht alleine für eine Verhaltensänderung ausschlaggebend. In zwei Programmen zur Rauchentwöhnung fanden Condiotte und Lichtenstein (1981) eine ausgeprägte Beziehung zwischen einer niedrigen Selbstwirksamkeitserwartung von entwöhnten Rauchern und deren Tendenz, wieder rückfällig zu werden.

Ergebnisse zum Zusammenhang von *Alkoholkonsum* und Selbstwirksamkeitserwartungen liegen z. B. in Form einer Metaanalyse von Forcehimes und Tonigan (2008) vor. Sie untersuchten den Zusammenhang zwischen erhöhter Selbstwirksamkeitserwartung und Alkoholreduktion bzw. -abstinenz. Die Analyse kombiniert elf Studien und die Befunde legen nahe, dass der Zusammenhang zwischen Selbstwirksamkeitserwartungen und Alkoholkonsum zwischen den Forschungsarbeiten voneinander abweicht. Klar ist dabei aber nicht, ob es sich um Artefakte handelt, die durch unterschiedliche Messmethoden, die Art der Stichproben oder die zeitlichen Abstände zwischen den Nachuntersuchungen entstehen. Aus Sicht der Autoren sind hierzu zusätzliche Forschungen notwendig.

Um vorherzusagen, ob Menschen regelmäßig *Vorsorgeverhalten* praktizieren, haben sich in vielen Studien die beiden Faktoren der sozial-kognitiven Theorie, die Handlungsergebnis- und Selbstwirksamkeitserwartungen als beste Prädiktoren erwiesen (Seydel, Taal & Wiegman, 1990). Zum Vorsorgeverhalten zählen beispielsweise krebsvorbeugende Selbstuntersuchungen der Brust oder der Hoden. Beispielhaft für ein aktives Gesundheitsverhalten, so Schwarzer (2004), ist die Brustselbstuntersuchung (BSU).

Selbstwirksamkeitserwartungen und Handlungsergebniserwartungen hängen auch positiv mit der Benutzung von Kondomen zusammen. DiIorio, Dudley, Kelly, Soet, Mbwara und Sharpe Potter (2001) fanden diesen Zusammengang bei Jugendlichen im Alter von 13 bis 15 Jahren. Eine Studie von Trobst, Herbst, Masters und Costa (2002) untersuchte die Bedeutung von Persönlichkeitseigenschaften mit Blick auf ein HIV/AIDS-Risikoverhalten (Verwendung von Kondomen, Sexualkontakte zu Drogenabhängigen, gemeinsame Benutzung von Injektionsbesteck) an 201 benachteiligten, afroamerikanischen Teilnehmern eines HIV-Risikoreduktions-Programms. Die Teilnehmer wurden in drei Risikogruppen (niedrig, mittel, hoch) eingeteilt. Die Resultate zeigen Unterschiede zwischen der Hochrisiko-Gruppe und den Gruppen mit einem mittleren oder niedrigen Risiko in mehreren Persönlichkeitseigenschaften. Mit Bezug auf die Selbstwirksamkeit ergaben sich für die Hochrisiko-Gruppe auch die niedrigsten Werte in der Selbstwirksamkeitserwartung.

2.5.2 Kritikpunkte und Einschätzung

Soziokulturelle Faktoren nicht ausreichend berücksichtigt

Kritiker der SCT bemängeln die zu starke Fokussierung der beiden Faktoren *Selbstwirksamkeit* und *Handlungsergebniserwartung*, während andere Elemente der Theorie wie Ziele und soziokulturelle Faktoren nicht ausreichend erklärt und keine Indikatoren bzw. Regeln für ihre Messung beschrieben werden (Faselt & Hoffmann, 2010).

Generalisierte SWE versus bereichsspezifische SWE

Bei der Frage, ob es eher eine generalisierte Selbstwirksamkeit gibt oder doch bereichsspezifische Selbstwirksamkeitserwartungen, sind sich die Forscher nicht einig. Die Anhänger einer generalisierten oder allgemeinen Selbstwirksamkeit gehen davon aus, dass sich die individuellen bereichsspezifischen Wirksamkeitserwartungen in dieser ausdrücken und als allgemeines Persönlichkeitsmerkmal verstanden werden kann (vgl. Schwarzer, 1992; Schwarzer & Jerusalem, 1999). Diese unterschiedlichen Sichtweisen haben auch dazu geführt, dass spezielle Skalen zur Messung der allgemeinen sowie von spezifischen Selbstwirksamkeitserwartungen existieren (z. B. *Allgemeine Selbstwirksamkeit Kurzskala*; Beierlein, Kovaleva, Kemper & Rammstedt, 2012).

Keine Antwort auf Intentions-Verhaltens-Lücke

Ähnlich wie bei anderen Theorien zum Gesundheitsverhalten gibt auch die sozial-kognitive Theorie keine Antwort darauf, wie die Intentions-Verhaltens-Lücke zu schließen ist (siehe Abschnitt *2.6 Die Intentions-Verhaltens-Lücke*). Bandura beschreibt in seiner Konzeption keine vermittelnden Variablen, die als Brücke zwischen den angestrebten Zielen und der konkreten Umsetzung des Verhaltens dienen könnten. Schwarzer (2004) begründet dies mit dem Bestreben Banduras, ein besonders schlankes Modell des Gesundheitsverhaltens zu entwerfen, weshalb er bewusst auf die Formulierung vermittelnder Faktoren zwischen Intention und Verhalten verzichtet hat.

Das Konzept der Selbstwirksamkeitserwartung hat Eingang in verschiedene Theorien zum Gesundheitsverhalten gefunden und zeigt auch viele Ähnlichkeiten mit Begrifflichkeiten, die von anderen Theoretikern in ihren Konzepten benutzt werden, wie beispielsweise die *Verhaltenskontrolle* in der *Theorie des geplanten Verhaltens*.

> **Infobox**
>
> Mit *Attribution* oder *Kausalattribution* bzw. *-attribuierung* ist der Prozess der Ursachenzuschreibung gemeint, wenn es um das eigene oder das beobachtete Verhalten anderer geht. Mit der Kausalattribuierung versucht der Mensch Ereignisse besser zu verstehen, vorherzusagen und zu beeinflussen. Damit schaffen Attributionen Ordnung, vermitteln das Gefühl der subjektiv erlebbaren Kontrolle und dienen der Vergewisserung des Selbst in sozialen Kontexten. Zwei grundsätzliche Formen der *Kausalattribution* sind unterscheidbar: Bei der *internalen Kausalattribution* schreibt eine Person die Gründe für ein Ereignis sich selbst zu. *Externale Kausalattribution* bedeutet, dass ein Individuum die Ursache für ein Ereignis durch andere Menschen, Einflüsse des Umfeldes oder andere Umstände begründet sieht. Ein weiteres Kennzeichen des Zuschreibungsprozesses ist die Kennzeichnung der Ursachen in *stabil* oder *variabel*. Dabei bedeutet stabil, dass eine Person Gründe für ein Ereignis auch in der Zukunft als wirksam anerkennt, z. B. weil der Anlass für einen Erfolg oder Misserfolg in der Person liegt und sich von heute auf morgen auch nicht ändern wird (z. B. individuelle Fähigkeiten). Oder es werden die Ursachen für ein Ereignis auf den Zufall oder Glück zurückgeführt. Wird zu den beiden Dimensionen „intern/extern" und „stabil/variabel" auch noch die Dimension „kontrollierbar/nicht kontrollierbar" hinzugefügt, ergeben sich acht Kombinationen die zur Erklärung subjektiv wahrgenommener Ereignisse herangezogen werden können.

Der Verdienst von Albert Bandura besteht mit Sicherheit in der Beschreibung der *Entstehung* und *Beeinflussung von Selbstwirksamkeit*, was insbesondere für die Praxis der Gesundheitspsychologie eine besondere Bedeutung hat, wenngleich eine ausgeprägte Selbstwirksamkeitserwartung, wie deutlich wurde, alleine nicht genügt, um eine nachhaltige Verhaltensänderung herbeizuführen.

Verdienst von Albert Bandura

2.5.3 Anwendungsaspekte

Ohne Zweifel bieten die Konstrukte der Selbstwirksamkeits- und Handlungsergebniserwartung sowie die Erkenntnisse des sozialen Lernens, insbesondere das Modelllernen, beste Ansätze für Gesundheitskampagnen und praktische Interventionsstrategien. In einem überwiegenden Teil von Präventionsprogrammen werden daher auch zumindest einzelne Elemente der sozial-kognitive Theorie verwandt. Wie weiter oben bereits thematisiert, sind beispielsweise zum Aufbau der Selbstwirksamkeit die von Bandura (1997) empfohlenen Vorgehensweisen sinnvoll. In erster Linie gilt es, Personen an der eigenen Erfolgserfahrung lernen zu lassen, indem sie erkennen, dass die Zielerreichung auf ihre eigene Anstrengung, Fähigkeit oder Fertigkeit zurückzuführen ist. Diese Erfahrung stellt die stärkste Quelle für den Aufbau von Selbstwirksamkeitserwartungen dar. Am bes-

Gute Ansätze der SCT für Interventionskampagnen

ten geschieht dies durch das erfolgreiche Bewältigen von Einzelzielen auf dem Weg zum Endverhalten. Die Ursachenzuschreibung ist in diesem Prozess zentral, denn nur wenn nicht auf Glück, Zufall oder die Umstände, sondern auf die eigene Person attribuiert wird, kann sich ein Erfolg auf die eigene Kompetenzerwartung auswirken. In der Praxis der Gesundheitspsychologie zeigt sich, dass unter Umständen zunächst solche Teilziele als Empfehlungen vorgegeben sein können, bis sich eine gewisse Selbstregulationsfähigkeit in der Person etabliert hat. Aber auch stellvertretende Erfahrungen durch die Beobachtung von Verhaltensmodellen helfen beim Aufbau von eigenen Kompetenzerwartungen. Dies ist insbesondere dann der Fall, wenn es Vorbilder im Prozess der Verhaltensänderung selbst nicht einfach haben, mit Schwierigkeiten kämpfen müssen und dies auch kommunizieren. Für Interventionsprogramme wenig oder gar nicht geeignet sind Überredungsversuche (siehe oben „symbolische Erfahrung"), die oft das Gegenteil bewirken (Reaktanz). Ungeeignet sind auch physiologische bzw. emotionale Erregung, um Selbstwirksamkeitserwartungen aufzubauen.

Fragen zur Wiederholung des Kapitelinhalts

1. Was wird in der sozial-kognitiven Theorie unter Selbstwirksamkeitserwartung verstanden?
2. Welche Theorie erweiterte Bandura zur sozial-kognitiven Theorie?
3. Von welchen Komponenten und deren Ausprägungen hängt es nach der sozial-kognitiven Theorie vor allem ab, ob ein Mensch ein Verhalten ändert?
4. Über welche Prozesse baut sich nach Bandura die Selbstwirksamkeitserwartung auf?
5. Was ist der Unterschied zwischen einer generalisierten und einer spezifischen Selbstwirksamkeitserwartung?
6. Was wird in der sozial-kognitiven Theorie unter Handlungsergebniserwartung verstanden?
7. Was ist mit sozialen Faktoren in der Theorie gemeint?
8. Welche wesentlichen Ergebnisse aus der Forschung gibt es zur sozial-kognitiven Theorie?
9. Wie lauten die wichtigsten Kritikpunkte an der sozial-kognitiven Theorie?
10. Welche Anwendungsaspekte der sozial-kognitiven Theorie sind bedeutsam?

2.6 Die Intentions-Verhaltens-Lücke

Die beschriebenen gesundheitspsychologischen Modelle versuchen zu erklären, wie Menschen eine Absicht für eine Verhaltensänderung entwickeln. Dabei hängt die Wahrscheinlichkeit, ein neues gesundheitsförderliches Verhalten zu entwickeln und zu praktizieren, von den Ausprägungen der einzelnen Modellkomponenten ab. Die meisten kontinuierlichen Konzepte sehen die Intention als besten Prädiktor für das tatsächliche Verhalten an. In der *Theorie des geplanten Verhaltens* (Ajzen, 1991) werden darüber hinaus noch externe Kontrollfaktoren für die Vorhersage von Verhalten einbezogen. Um Verhalten dauerhaft zu verändern, sind Intentionen alleine jedoch nicht ausreichend. Metaanalysen, beispielsweise von Webb und Sheeran (2006) ergaben, dass große Varianzanteile des Verhaltens nicht aufgeklärt werden, wenn sie ausschließlich aufgrund der Intention vorausgesagt werden. Somit werden Intentionen im realen Leben häufig nicht in tatsächliches Handeln umgesetzt, was in der Gesundheitspsychologie als *Intentions-Verhaltens-Lücke* (Sheeran, 2002) bezeichnet wird.

> **Begriffe**
>
> Mit *Intentions-Verhaltens-Lücke* wird das Auseinanderklaffen von Intention und Verhaltensausführung verstanden.

Ursachen

Ursächlich hierfür sind zum einen methodische Gründe (methodische Artefakte), d. h. es entstehen bei empirischen Untersuchungen nur aufgrund der Erhebungsmethode bestimmte Phänomene (Hunter & Schmidt, 1990). Auch hat die Form der Untersuchung einen Einfluss auf die Ergebnisse zu den Zusammenhängen von Intention und Verhalten. So finden sich niedrigere Zusammenhangsstärken, wenn die Studie im Feld, d. h. unter natürlichen Bedingungen, außerhalb eines Labors, durchgeführt wird. Unter Laborbedingungen findet sich die gegenteilige Wirkung der Intention auf das tatsächliche Verhalten, denn sie fällt in diesem Rahmen stärker aus. Dies hängt zum einen mit den beiden unterschiedlichen Vorgehensweisen zusammen, da im Labor Störvariablen besser kontrolliert werden und andererseits die zeitliche Distanz zwischen Intentionsbildung und Verhaltensausführung im Labor in der Regel geringer ausgeprägt ist. Im Feld, d. h. wenn mehr Zeit zwischen der Intention und der Verhaltensausführung verstreichen kann, beeinflussen zusätzliche Informationen oder neu entstandene Handlungsbarrieren eine Person stärker (vgl. Sheeran, Orbell & Trafimow, 1999).

Gründe dafür, weshalb es Menschen im Alltag schwer fällt, trotz eines gefassten Entschlusses ein bestimmtes Verhalten auszuführen, werden auch in Unterschieden innerhalb einer Person und zwischen Personen gesehen. Orbell und Sheeran (1998) schlagen folgende Vierfeldertafel vor (▶ Abbildung 2.7):

2 Theorien zum Gesundheitsverhalten

		Intention	
		positiv	negativ
Verhaltensänderung	ja	Intention und Verhaltensänderung	Keine Intention, aber Verhaltensänderung
	nein	Intention, aber keine Verhaltensänderung	Keine Intention und keine Verhaltensänderung

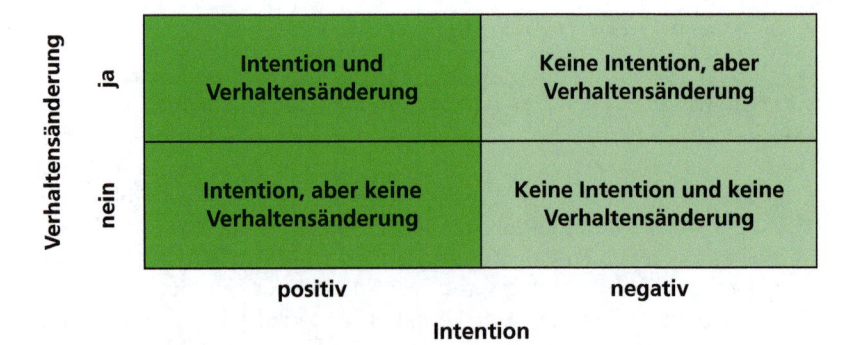

Abbildung 2.7: Einteilung der Personengruppen hinsichtlich der Ausprägungen von Intention und Verhaltensänderung nach Orbell und Sheeran (1998)

Die Einteilung von Orbell und Sheeran (ebenda) ergibt vier Personengruppen:

- 1. Gruppe:
Menschen, die weder eine Intention bilden noch eine Verhaltensänderung zeigen (rechts unten).
- 2. Gruppe:
Individuen, die eine Intention bilden und auch ihr Verhalten verändern (links oben).
- 3. Gruppe:
Personen, die eine Intention gebildet haben, jedoch keine Verhaltensänderung zeigen (links unten).
- 4. Gruppe:
Individuen, die, obwohl sie keine Intention gebildet haben, ihr Verhalten verändern (rechts oben).

Die ersten beiden Gruppen können die Intentions-Verhaltens-Lücke nicht erklären, da diese Personen sich entsprechend ihrer Intentionen verhalten. Obwohl Orbell und Sheeran (1998) darlegen, dass die Intentions-Verhaltens-Lücke insbesondere auf die dritte Gruppe, die der motivierten Personen zurückzuführen ist, die ihre Intention nicht umsetzen können, gilt es auch, die kleinere, vierte Gruppe zu beachten. D. h., die Personen, die handeln, obwohl sie keine Intention gebildet haben.

Kernaussage

Ob eine Intention in Verhalten umgesetzt wird, hängt in erster Linie von den *Umständen* ab, unter denen ein intendiertes Verhalten ausgelöst und gezeigt werden soll und nicht allein von *motivationalen Faktoren* (Sutton, 1998).

Einfluss von Umständen

Die Umstände beinhalten sowohl situative Bedingungen, aktuelle Emotionen sowie volitionale und selbstregulative Prozesse. *Selbstregulative Prozesse* sind bei vergleichbarer Intentionsbildung zwischen Personen unterschiedlich ausgeprägt, sie bestehen in verschiedenen Formen von Selbstbeobachtung oder in einer Planung der Handlungsumsetzung. Überanstrengung, Müdigkeit, Erschöpfung oder einem Mangel an Ressourcen, führt allerdings auch zu einer verringerten Verhaltenskontrolle bzw. einem falschen Einsatz von Kontrollstrategien. *Emotionale Zustände* können förderliche als auch hemmende Wirkung zeigen, die ein Mensch bei der Umsetzung eines Ziels erlebt (Bagozzi, Baumeister & Pieters, 1998).

Nach Gollwitzer (1993) werden zur *Gewohnheit* gewordene Verhaltensweisen häufig durch bestimmte Merkmale einer Situation ausgelöst und stehen den Intentionen für die Umsetzung eines angestrebten Verhaltens entgegen. Soll im gleichen Zusammenhang die Intention für ein neues Verhalten umgesetzt werden, so kann die gleichzeitig ausgelöste Gewohnheit dieser entgegenstehen oder sie behindern. **Gewohnheiten**

In seiner *Theorie der Handlungskontrolle* macht Kuhl (2001) Aussagen darüber, wie effizient ein Individuum Willensprozesse (volitional) steuert. Kuhls Theorie, die der Selbstregulationstheorie untergeordnet ist, fokussiert vor allem zwei Zustände der Handlungskontrolle, die als *Lage- und Handlungsorientierung* unterschieden werden. Menschen die handlungsorientiert sind, kommen über Misserfolge rascher hinweg und versuchen eine Diskrepanz zwischen dem anvisiertem Ziel und dem Ist-Zustand tatkräftig zu beseitigen. Hingegen sind lageorientierte Personen verstärkt in der Analyse und der augenblicklichen Situation verankert, weshalb sie nicht zum Handeln kommen. **Handlungs- versus Lageorientierung**

Je schwächer die persönliche Disposition zur Handlungsorientierung ausgeprägt und je unkontrollierbarer die Situation ist, desto schwächer wird der Wille zur Umsetzung der individuellen Zielsetzung sein. Vor allem lageorientierte Personen, die eine mangelnde Situationskontrolle wahrnehmen und in einen Zustand der *funktionalen Hilflosigkeit* geraten, reagieren mit passiven Verhaltenstendenzen. Selbstregulation im Sinne Banduras durch Selbstbeobachtung, Selbstbewertung und Selbstreaktion ist dadurch, wenn überhaupt, nur noch eingeschränkt möglich. In ähnlichen Situationen würden hingegen handlungsorientierte Menschen mit einer Erhöhung von Kontrollanstrengungen reagieren. Sie versuchen zuerst selbstregulierend eine Veränderung herbeizuführen, da sie von ihrer Selbstwirksamkeit überzeugt sind (Karoly, 1993). **Funktionale Hilflosigkeit**

Die Prozesse die bis zur Intentionsbildung ablaufen, bezeichnet Heckhausen (1989) als *motivational*, die Intentionsbildung als *volitional*.

Um Schwierigkeiten, die beim Übergang von der Intention zur Handlung ablaufen, besser zu verstehen, wird nachfolgend das *Handlungsphasenmodell von Heckhausen* (1987) dargestellt. **Handlungsphasen**

Motivation	Volition		Motivation
prädezisional	präaktional	aktional	postaktional
wählen	Zielsetzung	handeln	bewerten

Tabelle 2.1: Modifiziertes Handlungsphasenmodell von Heckhausen

Das Modell umfasst vier zeitlich aufeinander folgende Phasen. Sie beschreiben den motivationalen Prozess von seinem Aufkommen bis zu seinem Abschluss, den ein handelndes Individuum durchläuft. Die Phasen stellen in sich geschlossene psychologische Prozesse dar, die unterschiedlichen „Bewusstseinslagen" entsprechen. In jeder dieser Phasen steht der Handelnde vor unterschiedlichen Anforderungen. In der ersten, der *motivationalen Phase*, muss er zwischen unterschiedlichen Alternativen für sein Handeln wählen. Die prädezisionale Phase beinhaltet das Zustandekommen einer Entscheidung. Konkurrierende Ziele werden gegeneinander abgewogen. Etwa, ob jemand am Sonntagmorgen lieber im warmen Bett liegen bleibt oder im herbstlichen Wald joggen geht. Erst wenn die Person, wie es Heckhausen (ebenda) beschreibt, den *Rubikon*[1] überschritten hat und sich in der Volitionsphase befindet, kann die Intention in eine Handlung umgesetzt werden. Geht es in der ersten Phase um Wünsch- und Erreichbarkeit von Handlungszielen, in der Informationen offen, unselektiert und wirklichkeitsnah verarbeitet werden, ist die Bewusstseinslage in Bezug auf die Informationsverarbeitung in der *volitionalen Phase* selektiv und umsetzungsorientiert. Dies geschieht, um die in der motivationalen Phase ins Auge gefassten Handlungsziele nicht wieder in Frage zu stellen und Gedanken zu verhindern, die sich mit konkurrierenden Handlungsalternativen befassen.

Rubikonmodell

Da nach Entscheidungen i.d.R. der Weg zurück vermieden wird, also der Rubikon überschritten ist, sind nach diesem Modell für die Realisierung vor allem Willensanstrengungen notwendig. In der volitionalen Phase muss das Verhalten in einem *präaktionalen Schritt* verwirklicht werden, d. h., das Handeln muss auf bestimmte Ziele ausgerichtet werden. Hat sich z. B. eine Person an Silvester vorgenommen „mehr Sport zu treiben", dann muss diese Entscheidung in einer konkreten Planung spezifiziert werden. Welche Sportart soll wann, wo und evtl. mit wem ausgeübt werden? D. h. von einem eher weit in eine Richtung weisenden Ziel (mehr Sport treiben), über ein etwas gröber definiertes Ziel (Waldlauf), muss die Person auf die Handlungsebene gelangen, um dann schließlich das Verhalten auf der aktionalen Ebene konkret umzusetzen. Letzteres könnte eine konkrete Planung eines morgendlichen Waldlaufes über 12 Kilometer sein, der zwischen 7:00 Uhr und 8:00 Uhr absolviert wird.

In der letzten Phase, der *postaktionalen Phase*, bewertet eine Person ihr ausgeführtes Verhalten. So kann sie zufrieden sein mit ihrem Waldlauf, da die Gesamtstrecke problemlos und evtl. auch in einer guten Zeit absolviert wurde. Diese Zufriedenheit ergibt sich aufgrund der Selbstbewertung mit Blick auf die gebildete Intention und das Verhalten hinsichtlich seiner Eignung zur Zielerreichung. Die Bewertung spielt bei der Hand-

---

1 Im Jahre 49 vor Christus, im Januar, entschied sich Julius Cäsar, der spätere Kaiser, mit den Worten „Alea iacta est" („Der Würfel ist geworfen (worden)"), den Fluss Rubikon, der damals die Grenze zwischen Gallia Cisalpina und Italien bildete, mit seinen Legionen zu überschreiten. Diese Entscheidung bedeutete die Kriegserklärung an den römischen Senat. Für Cäsar gab es nach dieser Entscheidung kein Zurück mehr.

lungsregulation die Rolle eines Motivators, d. h. *Selbstverstärkung oder -bestrafung* beeinflussen künftiges Handeln in ähnlichen Situationen, weshalb die postaktionale Phase eher als motivationaler denn als volitionaler Prozess verstanden wird (Brinkmann, 2005). Damit ist es nicht ausreichend, nur die Intentionsbildung aufzubauen, wie es die theoretischen Annahmen der *kontinuierlichen Prädiktionsmodelle* des Gesundheitsverhaltens annehmen. Vielmehr müssen auch volitionale Variablen, wie beispielsweise die konkrete Planungsausführung des Verhaltens, beachtet werden, wie dies in den dynamische *Stufen- oder Stadienmodellen* auch geschieht.

Handlungspläne (action plans) sind nach Gollwitzer (1993) konkrete Vorstellungen oder mentale Repräsentationen davon, wann, wo und wie das Verhalten ausgeführt werden soll. Diese konkreten Vorstellungen und mentale Repräsentationen helfen das beabsichtigte Verhalten konkret umzusetzen. Damit entstehen Verknüpfungen zwischen situationalen Hinweisreizen und dem Verhalten selbst, die für sich wiederum zu Auslösern des Verhaltens werden können. Gollwitzer und Brandstätter (1997) konnten zeigen, dass Menschen, die eine Umsetzung ihrer Intention in Verhalten planen, stärker ins Handeln kommen als Personen, die lediglich ihre Intention entwickelt haben.

Handlungspläne

Allgemein kann gesagt werden, dass Menschen bei der Änderung ihres Verhaltens durch eine Förderung der volitionalen Faktoren geholfen werden muss. Insbesondere gilt es, sie beim Planen ihres Vorgehens zur Zielerreichung zu unterstützen. Gollwitzer und Sheeran (2006) konnten in einer Studie zum Gesundheitsverhalten zeigen, dass Menschen, die zum Planen des Verhaltens angehalten wurden, ihre Ziele eher erreichten, als Personen, bei denen dies nicht geschah. Aber auch außerhalb des Gesundheitskontextes konnte dieser Zusammenhang nachgewiesen werden. Koestner, Lekes, Powers und Chicoine (2002) fanden metaanalytisch mittlere bis hohe Effektstärken für die Beziehung zwischen Handlungsplänen und einem erfolgreichen Umsetzen von beabsichtigtem Verhalten. Zudem sind Personen, die planen, mit sich zufriedener, was sich wiederum auf die Selbstbewertung und auf Folgeverhalten motivational auswirkt.

Zur Planung der Verhaltensausführung gehört es allerdings auch, Personen bei der Bewältigung von auftretenden Schwierigkeiten bei der Umsetzung zu unterstützen. So genannte *Bewältigungspläne* (coping plans) helfen dabei, auftretende individuelle Probleme frühzeitig zu antizipieren und bereits vor deren Eintritt Lösungen dafür zu erarbeiten. So kann dennoch in Barrieresituationen (aufkommende Hindernisse) im Sinne der Intention gehandelt werden. Sniehotta, Scholz und Schwarzer (2006) überprüften an 211 Herzpatienten in der Rehabilitation über zwei Monate die Wirkung von Handlungsplänen einerseits und andererseits die Kombination aus Handlungs- und Bewältigungsplanung auf deren sportliche Aktivität. Dabei kam heraus, dass die Gruppe, die sich zusätzlich mit potenziell hemmenden Faktoren und evtl. auftretenden Schwierigkeiten, die sie vom Sport abhalten können, auseinandergesetzt hat, signifikant mehr Sport trieb.

Bewältigungspläne

Beispiel Herzpatienten

Am Beispiel von Herzpatienten in der *Rehabilitation* kann deutlich gemacht werden, dass Verhaltensänderungen längerfristig nur aufrechterhalten werden, wenn den Betroffenen Planungshilfen an die Hand gegeben werden, um selbstregulative Fähigkeiten für die Verhaltensumsetzung zu nutzen. Bei der Handlungsplanung werden beispielsweise gemeinsam mit dem Betreuer bzw. mit der Betreuerin die Fragen wer, was, bis wann, wo, mit wem usw. besprochen sowie die Selbstwirksamkeit des Patienten bewertet. Dieser muss einschätzen, ob er das neue Verhalten zeigen und auch durchhalten kann. Die Strategien zur Umsetzung werden anschließend gemeinsam formuliert, etwa wie eine Umsetzung des neuen Verhaltens am Wohnort, also außerhalb der Rehabilitationssituation, gewährleistet werden kann. Um die intendierte Änderung des Verhaltens noch wirksamer zu unterstützen, werden zusätzlich Bewältigungspläne erarbeitet, um mögliche Barrieren für die Umsetzung gedanklich vorwegzunehmen. Hierzu können die drei Bereiche des *biopsychosozialen Modells* herangezogen und für jede Ebene Widerstände aufgedeckt werden, die in der Person (fehlendes Interesse, mangelnder Antrieb) oder im sozialen Umfeld im Sinne äußerer Barrieren liegen können (belastende berufliche Situationen; fehlende Unterstützung durch die Familie). Gemeinsam werden anschließend Bewältigungsmöglichkeiten gesucht, damit der Rehabilitand auf dem Weg zu seinem gewünschten Verhalten nicht halt macht oder sogar den gesamten Prozess abbricht. Hilfreich kann hier eine Methode sein, die *Kraftfeldanalyse* genannt wird. Kraftfeldanalysen werden dazu benutzt, förderliche und hinderliche Kräfte im Handlungsfeld von Personen zu erkennen. Das Erstellen von Kraftfeldanalysen dient insbesondere der Vorbereitung auf konkretes Handeln. Kraftfeldanalysen können formalisiert durchgeführt werden, indem „unterstützende und hinderliche Kräfte" gegenübergestellt werden oder als Grafik, im Sinne einer „Landkarte des Einflussfeldes", auf ein Blatt Papier oder auf Flip-Chart aufgemalt werden. Wird ein Bild erstellt, steht in der Mitte das Ziel, das erreicht werden soll, beispielsweise mit dem Rauchen aufzuhören. Rundherum werden dann die Kräfte eingezeichnet, die Einfluss nehmen können, z. B. Personen, Gruppen, Strukturen etc. Eine Kraftfeldanalyse bietet sich für Bewältigungspläne an, indem herausgearbeitete unterstützende Einflüsse verstärkt und hinderliche abgeschwächt oder sogar neutralisiert werden.

Biopsychosoziales Modell

Kraftquellen	unterstützende Kräfte	hindernde Kräfte
in mir		
in anderen Personen		
in Gruppen (Familie, Beruf, Verein usw.)		
in Beziehungen		
Sonstiges		

Tabelle 2.2: Formalisierte Kraftfeldanalyse

Festzuhalten ist aber auch, dass Handlungspläne bei *Fremdzielen*, wie sie etwa ein Arzt seinem Patienten setzt, wie beispielsweise sich anders zu ernähren oder sich körperlich aktiver zu verhalten, nicht hilfreich sind. Wer Ziele erreichen soll, die nicht seine eigenen sind, weil er keine Intention gebildet hat, ein bestimmtes Verhalten auszuführen, erarbeitet am besten mit starker Unterstützung anderer diese Pläne selbst. Selbst erarbeitete Handlungspläne sind etwa „eigenes", das eher akzeptiert wird und das man auch eher verfolgt, sodass ein Übergang in die volitionale Phase wahrscheinlicher wird.

> **Fragen zur Wiederholung des Kapitelinhalts**
>
> **1** Was wird in der Gesundheitspsychologie als Intentions-Verhaltens-Lücke bezeichnet?
>
> **2** Welche Gründe werden für die Intentions-Verhaltens-Lücke angeführt?
>
> **3** Von was hängt es ab, dass eine Intention in Verhalten umgesetzt wird?
>
> **4** Was besagt die Theorie der Handlungskontrolle nach Kuhl?
>
> **5** Nennen Sie die Handlungsphasen des Modells von Heckhausen.
>
> **6** Was ist das „Rubikon-Modell"?
>
> **7** Weshalb sind Handlungspläne für eine Umsetzung der Intention so wichtig?
>
> **8** Was sind so genannte Bewältigungspläne?
>
> **9** Wie funktioniert eine Kraftfeldanalyse?
>
> **10** Weshalb sind „Fremdziele", etwa durch einen Arzt vorgegeben, eher negativ zu bewerten?

2.7 Das transtheoretische Modell (Transtheoretical Model, TTM)

> **Kernaussage**
>
> Das transtheoretische Modell von Prochaska und Di Clemente (1983) geht davon aus, dass Menschen auf dem Weg zu einem speziellen Zielverhalten qualitativ unterschiedliche Stadien oder Stufen durchlaufen, also keine kontinuierliche Verhaltensänderung zeigen.

Das transtheoretische Modell wurde ursprünglich für die Raucherentwöhnung entwickelt. Das darin enthaltende zentrale Konstrukt der Stu- **Ursprung** fen der Veränderung (stages of change) wurde über die Analyse des Prozesses der Rauchentwöhnung bei Personen gewonnen, die sich das Rauchen ohne therapeutische Hilfe abgewöhnen wollten (smoking self changers). Erst die Kombination der Erkenntnisse daraus, dass Menschen ihr Verhalten periodenhaft verändern, verbunden mit den Ergebnissen aus den Untersuchungen zu den Wirkmechanismen bei Veränderungsprozessen von Psychotherapiepatienten, ergab das Grundgerüst des TTM (Di Clemente & Prochaska, 1982). Mit diesem ersten Modell ergab sich die Möglichkeit, bei der Unterstützung von Personen in ihrem Veränderungsstreben die Aufmerksamkeit auf die stufentypischen Anforderungen, notwendigen Strategien und anvisierten Ziele zu richten. Nach mehreren Veränderungen des ersten Modellentwurfs beinhaltet das TTM heute fünf bzw. sechs Stufen. Diese Einteilung in sich abgeschlossener und aufeinander aufbauender Stufen oder Stadien wird damit besonders dem zeitlichen und prozessualen Charakter von Veränderungen gerecht.

Integration verschiedener Konstrukte

Wie bei den kontinuierlichen Modellen geht auch das transtheoretische Modell von einer intentionalen Änderung des Verhaltens aus. Es schenkt dabei besonders den kognitiven Abläufen bei den Übergängen von der einen in die andere Stufe besondere Beachtung, integriert aber auch diverse Konstrukte aus anderen Theorien, weshalb es als „*transtheoretisch*" bezeichnet wird. Diese Konstrukte sind neben den *kognitiven Strategien* im Prozess der Verhaltensänderung, die *Selbstwirksamkeitserwartung*, das *Konstrukt der Entscheidungsbalance* und *weitere psychologische Einflussfaktoren*.

Kernaussage

Eine erfolgreiche Verhaltensänderung hängt vom Durchlaufen aller Stadien und dem Umsetzen stufenspezifischer Prozesse (processes of change) ab. Geschieht dieses Durchlaufen nicht, ist die Wahrscheinlichkeit für Rückfälle in weniger vorteilhafte Verhaltensgewohnheiten groß (Prochaska, DiClemente, Velicer & Rossi, 1992).

Beispiel

Peter F. wird bei einer Vorsorgeuntersuchung von seinem Arzt über seine sehr hohen Cholesterinwerte aufgeklärt. Sein Arzt legt ihm die Zusammenhänge zwischen Ernährung und Blutfettwerten dar und fragt ihn danach, ob er sich schon einmal über diesen Zusammenhang Gedanken gemacht habe. F. verneint dies und sagt, dass er bisher unbesorgt alles gegessen habe, was ihm schmecke. Da er nun beunruhigt sei, möchte er gerne mehr über das Thema wissen und bittet seinen Arzt um weitere Aufklärung, damit er sein Essverhalten ändern könne. Wie könnte man die beiden Zustände, in denen sich F. vor und nach den Informationen des Arztes befand, benennen?

2.7 Das transtheoretische Modell (Transtheoretical Model, TTM)

Das Kernkonstrukt des transtheoretischen Modells sind die *Stufen der Veränderung* (stages of change). Die Stufen oder Stadien gelten als *stabil* und überdauern oft Jahre, weshalb auch davon ausgegangen wird, dass sie ähnliche Qualitäten wie Persönlichkeitsmerkmale (traits) aufweisen. Andererseits sind sie *veränderlich*, also dynamisch, wenngleich nicht so rasch wie es Zustände (states) zulassen, denn Menschen können über Jahre auf einer spezifischen Veränderungsstufe stehen bleiben. Insofern sind die Stadien des TTM einerseits stabil, andererseits aber auch dynamisch. Dies wird insbesondere am Beispiel chronischer Erkrankungen deutlich, bei denen es ein Wechselspiel dieser beiden Faktoren gibt. Jedes Stadium kann bezüglich eines bestimmten Themenbereichs spezifiziert werden. D. h., um festzustellen, auf welcher Stufe sich eine Person befindet, gilt es das Risiko- oder Problemverhalten sowie das intendierte Verhaltensziel zu definieren. Je konkreter und verhaltensbezogener dies geschieht, z. B. Abstinenz vom Rauchen, Alkohol- oder Drogenkonsum, desto treffender wird eine Phasenzuordnung sein. Wichtig dabei ist der Gedanke, dass sich Menschen aufgrund ihrer unterschiedlichen Veränderungsbereitschaft nur einem Stadium zuordnen lassen. Eine Person kann der Theorie zufolge erst in eine andere Stufe gelangen, wenn sie die vorherige erfolgreich abgeschlossen hat.

Stufen der Veränderung

Die sechs Stufen oder Stadien des Modells lassen sich übersichtsartig wie folgt darstellen (▶Abbildung 2.8):

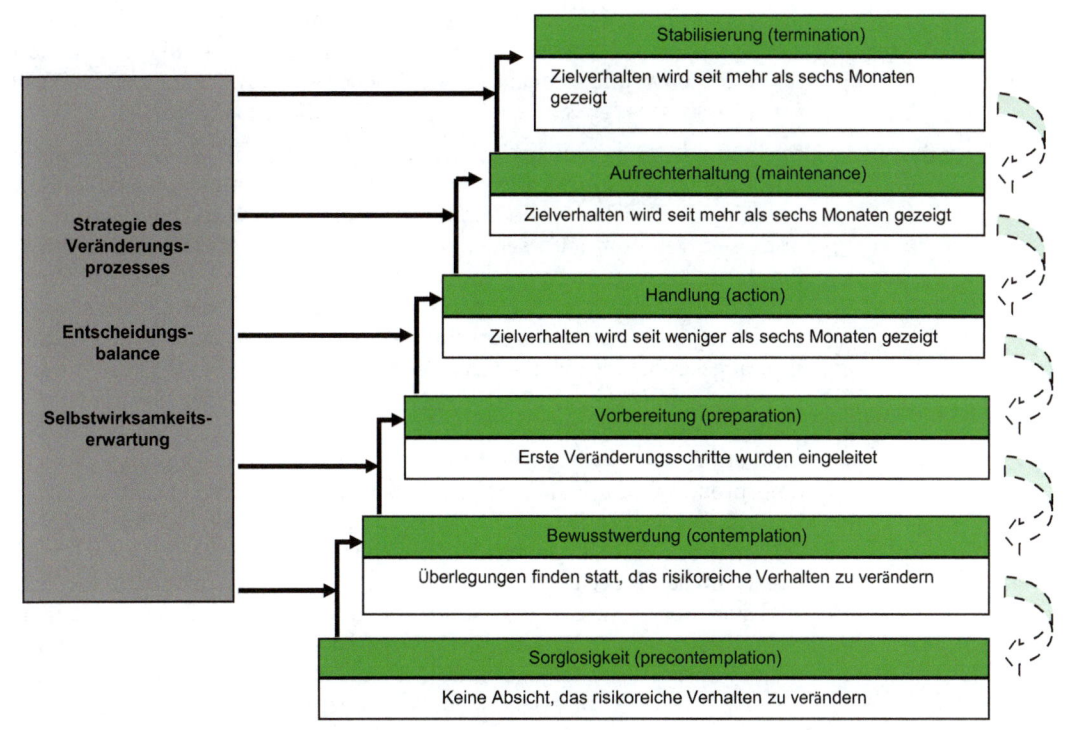

Abbildung 2.8: Das transtheoretische Modell (Transtheoretical Model, TTM)

Menschen, die sich in der Stufe der *Sorglosigkeit* (precontemplation) befinden, sind hinsichtlich eines gesundheitsgefährdenden Verhaltens, z. B. Rauchen, sorglos und haben nicht die Absicht, ihr Verhalten bzw. ihre Überzeugungen in naher Zukunft zu ändern. Sie sind sich ihres Risikoverhaltens meist nicht bewusst, leugnen dieses oder wollen sich nicht damit befassen. Häufig fehlen ihnen Informationen über die langfristigen Folgen ihres Handelns oder sie sind unzureichend. Auch können diese Personen sich hinsichtlich einer Verhaltensänderung als eher unwirksam einschätzen. Prochaska, Velicer, Guadagnoli, Rossi und DiClemente (1991) fanden in einer über zwei Jahre dauernden Untersuchung von 200 Rauchern in der Phase der Sorg- oder Absichtslosigkeit nur ein Drittel, die in die nächsthöhere Stufe aufsteigen. Dieses Stadium wird daher als das stabilste angesehen, weil der Übergang auf die nächste Stufe meist nur durch einen äußeren Anstoß vonstatten geht, etwa ausgelöst durch Informationen des Umfeldes oder eines Arztes (Grimley, Prochaska, Velicer, Blais & DiClemente, 1994). Dies geschieht auch in unserem Beispiel von Peter F. Er geht in das nächste Stadium über, das der *Bewusstwerdung* (contemplation) gleicht, da ihm seine Gesundheitsproblematik bewusst wird und er sich ernsthaft mit dem Thema auseinandersetzt und über Veränderungen nachdenkt. Gleichwohl gehen Betroffene in diesem Stadium noch keine Verpflichtung sich selbst oder anderen gegenüber ein. Sie sind gegenüber Veränderungen ambivalent und überlegen sich noch keine konkreten Handlungen. Allerdings kann es sein, dass bereits in diesem Stadium die Absicht geäußert wird, demnächst, d. h. in den nächsten sechs Monaten, aufzuhören. Aber auch das Gegenteil ist möglich: Personen bleiben auf dieser Stufe stehen und es bleibt bei der Absichtserklärung ohne in einen Veränderungsprozess einzutreten (Prochaska & DiClemente, 1982).

Vorbereitung Die dritte Stufe ist die der *Vorbereitung* (preparation). Sie ist durch eine deutliche Entscheidung für eine Änderung des Verhaltens und durch intentionale Aspekte sowie Verhaltensaspekte gekennzeichnet. Personen in diesem Stadium sind sehr motiviert, das intendierte Verhalten möglichst bald umzusetzen, d. h. beispielsweise innerhalb des nächsten Monats. Personen in dieser Stufe zeichnen sich auch dadurch aus, dass sie schon erste Umsetzungsschritte getan haben, die jedoch noch nicht zum angestrebten Endverhalten geführt haben. Diese Phase ist normalerweise kurz und nicht so stabil wie die beiden ersten Stufen und geht geradewegs in das Stadium der *Handlung* (action) über. In ihr bringen sich die Betroffenen aktiv ein, indem sie ihr Erleben (z. B. kognitive Bewertungsprozesse) und Verhalten konkret zu beeinflussen versuchen oder ihr Umfeld neu strukturieren (z. B. Risikoverhalten auslösende Reize kontrollieren, wie z. B. Alkohol trinkende Freunde). Damit ist dies auch die Phase, in der Individuen, die ihre Handlungsweisen modifizieren, am stärksten Reaktionen durch Außenstehende erfahren, da ihr Verhalten beobachtbar wird (z. B. Beendigung des Rauchens). Für das korrekte Einordnen einer Person in eine Stufe gilt als Bedingung, dass das Kriterium für eine Zielerreichung bzw. Verhaltensänderung bereits länger als einen Tag erfüllt ist, jedoch noch nicht über sechs Monate hinaus umgesetzt wird. In diesem „aktivsten" Stadium wird viel Zeit und Energie vom Veränderungswilligen eingesetzt und es besteht auch große Gefahr für einen Rückfall in alte Verhaltensmuster.

Wird das neue Verhalten über sechs Monate beibehalten, so ist die fünfte Stufe der *Aufrechterhaltung* (maintenance) erreicht und zur Routine geworden. Diese Phase kann den Rest des Lebens überdauern, etwa, wenn gesunde Ernährung, körperliche Bewegung oder Alkoholabstinenz zur Gewohnheit geworden sind. Das Stadium der Aufrechterhaltung ist ebenfalls eine sehr aktive Phase, die durch Festigung der neuen Verhaltensweisen und aktive Vorbeugung von Rückfällen gekennzeichnet ist.

Aufrechterhaltung

Es hat sich bewährt, für bestimmte neue Verhaltensweisen, etwa das Rauchen, eine weitere, sechste Stufe einzuführen, nämlich die der *Stabilisierung* (termination). Im Unterschied zum Stadium der Aufrechterhaltung führt eine Person das gesundheitsförderliche Verhalten hier automatisiert aus und ist extrem zuversichtlich, es beizubehalten und keinen Rückfall in alte, risikoreiche Verhaltensweisen zu erleiden. Prochaska, Johnson und Lee (1998) sprechen davon, dass auf dieser Stufe so gut wie kein selbstregulativer Kraftaufwand mehr notwendig ist. Speziell für den Konsum von Zigaretten, Alkohol oder Drogen macht diese weitere Stufe Sinn, da Untersuchungen zeigen, dass z. B. entwöhnte Raucher oft nach einer 12 monatigen Abstinenz wieder rückfällig werden (37%). Erst nach einem Zeitraum von sieben Jahren geht dieser Prozentsatz auf 7% zurück (U.S. Department of Health and Human Services USDHHS, 1990). Somit scheint das Stadium der Aufrechterhaltung langfristig negativen Verhaltensänderungen zu unterliegen, weshalb die Einführung der Stufe der Stabilisierung Sinn macht. Grimley, Prochaska, Velicer, Blais und DiClemente (1994) betonen, dass gesundheitsförderliches Verhalten zu praktizieren (z. B. körperliche Aktivität, gesunde Ernährung, Vorsorgeverhalten), bedeutet, sich ein Leben lang mit Situationen erfolgreich auseinander zu setzen, die eine Versuchung darstellen.

Stabilisierung

Menschen können die Stufen rasch durchschreiten oder auch für lange Zeit auf einzelnen Stufen verharren. *Rückfälle* sind in allen Phasen möglich, aber besonders häufig beim Überspringen einzelner Stufen sowie in den Stadien der Handlung und Aufrechterhaltung. Prochaska, DiClemente, Velicer und Rossi (1992a) berichten, dass aus einer Stichprobe von entwöhnungswilligen Rauchern nur 5% innerhalb von zwei Jahren aus der Stufe der Bewusstwerdung direkt in das Aufrechterhaltungsstadium gelangten, ohne rückfällig zu werden. Die meisten Menschen müssen mit Rückfällen rechnen. Wichtig ist bei einem Misserfolg, der einen Rückschritt auf eine zurückliegende Stufe bedeutet, dass die Person die Ursachen hierfür richtig analysiert, um anschließend wirksamere Strategien zu wählen. Die Gefahr des Rückfalls ist in Abbildung 2.8 durch die gestrichelten Pfeile visualisiert.

Rückfälle sind in allen Phasen möglich

Das Konstrukt der Stufen der Veränderung (stages of change), das im transtheoretischen Modell beschreibt, *wann* eine Person, die ein bestimmtes Verhaltensziel anstrebt, erfolgreich von einer Stufe in die nächste gelangt, wird durch das *Konzept der Veränderungsstrategien* ergänzt, das erklärt, *wie* dieser Übergang abläuft (Prochaska, DiClemente & Norcross, J., 1992b). Wer-

Konzept der Veränderungsstrategien

den beide Konzepte zusammengeführt, erlaubt dies, daraus spezielle stufen- und verhaltensspezifische Maßnahmen abzuleiten, die gezielt eingesetzt werden können, um Individuen in ihrem Veränderungsprozess zu unterstützen. Dadurch können ineffektive oder sogar kontraproduktive Strategien vermieden werden. So ist eine Maßnahme zur Steigerung des Problembewusstseins im Stadium der Sorglosigkeit sinnvoll, um beispielsweise Risikoverhalten bewusst zu machen, jedoch im Stadium der Bewusstwerdung nicht zielführend oder sogar behindernd. Dagegen kann sich eine Unterstützung von Personen (z. B. konkrete Planungshilfe) im zweiten Stadium, der Bewusstwerdung, positiv für einen Übergang in die Phase der Vorbereitung auswirken, um erste Veränderungsschritte einzuleiten. Diese Hilfe würde jedoch für Menschen in der ersten Stufe, der Sorglosigkeit, keinerlei Unterstützung bieten, um den nächsten Schritt in das Stadium der Bewusstwerdung zu erreichen. Sind Maßnahmen unterstützend oder passend, wird von „matched" gesprochen; sind sie eher ungeeignet, von „mismatched" (vgl. Renneberg & Hammelstein, 2006).

Arten der Veränderungsstrategien

Die Strategien der Veränderung können in *kognitiv-affektive* und *verhaltensorientierte* Vorgehensweisen unterteilt werden (vgl. ▶Tabelle 2.3). Die kognitiv-affektiven Strategien sind in den ersten drei Stadien von besonderer Relevanz, während die verhaltensorientierten in den späteren Phasen angewandt werden.

Kognitiv-affektive Strategien	Verhaltensorientierte Strategien
Steigern des Problembewusstseins	Selbstverpflichtung
Emotionskontrolle	Kontrolle der Umwelt
Wahrnehmen der persönlichen Umwelt	Gegenkonditionierung
Selbstbewertung	Nutzen hilfreicher Beziehungen
Wahrnehmen förderlicher Umweltbedingungen	Selbstverstärkung

Tabelle 2.3: Veränderungsstrategien in Anlehnung an Schwarzer (2004)

Entscheidungsbalance

Aber nicht nur die Wahl der richtigen Strategie, sondern auch die *Selbstwirksamkeit* und die so genannte *Entscheidungsbalance* bestimmen darüber, ob eine Person in die nächste Stufe wechselt. Dabei handelt es sich um die Wahrnehmung der Vor- und Nachteile einer Verhaltensänderung durch ein Individuum. Je mehr Vorteile im Vergleich zu den Nachteilen einer Verhaltensänderung jemand wahrnimmt, desto eher wird er die Stadien bis zur kompletten Änderung eines Risikoverhaltens durchlaufen. Zur Erklärung des Durchschreitens der Stufen der Veränderung stellt die Entscheidungsbalance ein wichtiges Konstrukt dar. Auch ist es ein bedeutsames Hilfsmittel zur Beschreibung der momentanen Motivation innerhalb eines Veränderungsprozesses. Gewichtete Vor- und Nachteile lassen natürlich Assoziationen an das *Health Belief Model* aufkommen und dessen Kosten-Nutzen-Abwägungen (vgl. Rossi & Rossi, 1996).

Gleichwohl liegt der wesentliche Unterschied zwischen TTM und HBM in der Gewichtung der Modellkomponenten.

> **Kernaussage**
> Die Selbstwirksamkeitserwartung ist im transtheoretischen Modell ein vermittelnder Faktor zwischen Wissen und Verhalten.

Selbstwirksamkeit

Die Selbstwirksamkeitserwartung wurde von Prochaska et al. (2002) als Komponente in deren Modell aufgenommen, weil die Forschung zeigte, dass die Kompetenzerwartung (siehe sozial-kognitive Theorie) als Prädiktor für eine Verhaltensänderung eine fundierte empirische Grundlage besitzt. Die Autoren verstehen unter Selbstwirksamkeit das Ausmaß an *Zuversicht*, ein intendiertes, gesünderes Verhalten auch trotz Misserfolgen und Widerständen umzusetzen.

Zuversicht

Sie stellt den konzeptuellen Gegenpol zur *situativen Versuchung* dar, die das potenzielle Risiko beinhaltet, in verschiedenen Situationen ein nicht gesundheitsförderliches Verhalten zu zeigen bzw. rückfällig zu werden. Nehmen wir an, jemand möchte seinen Alkoholkonsum drastisch reduzieren. Er kann dann in den folgenden drei Situationstypen in Versuchung geraten:

Situative Versuchung

- *Situationen, in denen gewohntes Verhalten* ausgelöst wird. So kann z. B. eine Person immer nach einer Mahlzeit einen Schnaps trinken.
- *Soziale Situationen*, etwa Geselligkeit mit Freunden, die beispielsweise zum Trinken animieren.
- *Stresssituationen*, in denen eine Person emotional belastet wird und so in Versuchung gerät, sich durch Alkohol entspannen zu wollen.

2.7.1 Überprüfung durch die Forschung

Im Vergleich zum Anspruch des transtheoretischen Modells, als Grundlage für wirksame und kostengünstige Interventionen zu dienen, fokussieren sich die empirischen Überprüfungen des Modells vor allem auf die Bereiche *Rauchen* und *körperliche Aktivität*. Obwohl das Modell sehr eingängig ist und man denken könnte, dass es deshalb auf eine breite Resonanz in der Anwendung stößt, liegen vor allem Daten für Interventionen bei der Rauchentwöhnung vor, die das Modell bestätigen. Zwar existieren auch etliche Studien zum Ernährungsverhalten, dem Alkoholkonsum, dem Vorsorgeverhalten bei Krebs oder dem Sexualverhalten. Dennoch sind die zentralen Annahmen des TTM aus der Entwöhnung von Rauchern abgeleitet. Dies wirft die Frage auf, ob eine Übertragung auf andere Verhaltensweisen bzw. Gesundheitsbereiche problemlos möglich ist, was auch die widersprüchlichen Resultate aus empirischen Forschungen nahelegen, aus denen keine eindeutigen Schlüsse gezogen werden können. Faselt und Hoffmann (2010) stellen bei der Auswertung der Literatur zum TTM fest, dass sowohl empirische Daten vorliegen, die das Modell bestätigen, als auch solche, die es zurückweisen. Überraschenderweise bekräftigen experimentelle Überprüfungen die Annahmen des TTM nicht. Da sich das Modell nur unzureichend bestätigen lässt, sind somit auch die stufenspezifischen Unterstützungsmaßnahmen im Veränderungsprozess begrenzt einsetzbar.

2.7.2 Kritikpunkte und Einschätzung

Matched-mismatched-Studien

Kritiker des TTM weisen vor allem auf Schwächen innerhalb des Modells hin (z. B. Weinstein, Rothman & Sutton, 1998; Sutton, 2001). Beispielsweise die Willkürlichkeit der Stufeneinteilung, eine nicht vorhandene statistische Unabhängigkeit der Stadien (Drieschner, Lammers & van der Staak, 2004) sowie die unzureichende Operationalisierung der Stadien (Schwarzer, 2004; Sutton, 2005). Obwohl das Modell in sich abgeschlossener Stufen insbesondere von Praktikern aufgegriffen wurde, um individuelle Unterstützungs- und kollektive Präventionsmaßnahmen zu konzipieren, existieren z. T. widersprüchliche empirische Befunde zum Zusammenhang zwischen den Stadien und Veränderungsstrategien. Mit sogenannten *Matched-mismatched-Studien* wurde die Wirksamkeit angepasster und nicht-angepasster Maßnahmen für verschiedene Stufen überprüft. Diese Studien geben allerdings nur eingeschränkt empirisch gesicherte Erkenntnisse darüber, was die passende (matched) Intervention beinhaltet (vgl. ▶Abbildung 2.9).

	Maßnahme 1	Maßnahme 2
Veränderungswilliger soll von Stufe 1 in die nächste wechseln	passend/wirksam	nicht-passend/ nicht-wirksam
Veränderungswilliger soll von Stufe 2 in die Stufe 3 wechseln	angepasst/ nicht-wirksam	passend/wirksam

Abbildung 2.9: Untersuchungsaufbau für Matched-mismatched-Studien nach Weinstein, Rothman und Sutton (1998)

Pseudostadienmodell

Wenngleich der Zusammenhang zwischen den Stufen und den Strategien der Veränderung für die Entwöhnung vom Rauchen häufig belegt werden konnte, sind diese Ergebnisse bei anderen Gesundheitsthemen weniger eindeutig wiederholt worden (Rosen, 2000). Der überwiegende Teil der Forschungen zum TTM wurde mittels *Querschnittdesign* unternommen. D. h. Personen auf verschiedenen Stufen wurden zu einem bestimmten Zeitpunkt hinsichtlich ihrer Ausprägungen auf wichtige Variablen des Modells, z. B. der Selbstwirksamkeitserwartungen, hin untersucht. Schwarzer (2004) macht die Problematik dieses Forschungsvorgehens deutlich, indem er am linear-kontinuierlichen Anstieg der Selbstwirksamkeit über die Stufen hinweg verdeutlicht, dass sich Individuen in den verschiedenen Stadien auf unterschiedlich lokalisierbaren Punkten einer kontinuierlichen Variablen befinden und nicht auf abgrenzbaren Stufen (Schwarzer, ebenda, S. 89). Ist diese Interpretation zutreffend, würde es sich beim transtheoretischen Modell eher um ein *Pseudostadienmodell* handeln (Weinstein, Rothman & Sutton, 1998), das abgegrenzte Stadien postuliert, obwohl es sich beim Veränderungsprozess um ein nicht unterbrochenes Fortschreiten handelt. Zur Klärung dieser Frage ist es daher sinnvoll, das TTM längsschnittmäßig auf den zeitlichen Verlauf der verschiedenen Stufen hin zu untersuchen.

Hilfreich für die Entwicklung von einheitlichen *Interventionen* aber auch *individuellen Unterstützungsmaßnahmen*, um Übergänge in den einzelnen Stadien möglichst frei von Hindernissen zu halten und sie zielführender zu konzipieren, wäre eine weitere Differenzierung des Stadienkonzeptes sowie eine Verknüpfung mit anderen Ansätzen. Dass hier ein entsprechender Bedarf besteht, zeigen Studien hinsichtlich gesundheitspsychologischer Präventionsmaßnahmen, Beratung oder Training (vgl. Prochaska, Velicer, Fava, Rossi & Tsoh, 2001) die verdeutlichen, dass langfristig gering veränderungswillige Personen, z. B. in der Stufe der Sorglosigkeit, trotz gesundheitspsychologischer Beeinflussung, die motivationale Bedürfnisse anspricht, für Verhaltensänderungen nicht offen sind. Dagegen sind Interventionen wie beispielsweise *Planungshilfen* bei veränderungsbereiten Individuen, etwa in der *Vorbereitungsphase*, unterstützend und wirksam. Dies bedeutet, dass vor allem Interventionshilfen und Maßnahmen für Menschen entwickelt werden müssten, die sich im Stadium der Sorglosigkeit befinden.

2.7.3 Anwendungsaspekte

Obwohl die Übergänge zwischen den Stadien, wie oben dargestellt, aus Forschungssicht kritisch zu sehen sind, orientieren sich Praktiker seit vielen Jahren am transtheoretischen Modell und „holen Klienten dort ab, wo sie stehen". Dass im TTM Änderungen des Verhaltens als Prozess verstanden werden und die Annahme der Übergänge in die jeweils nächste Stufe plausibel ist, unterstützt die Klienten sowie die Therapeuten bzw. Berater, die mit ihnen arbeiten. Damit bietet der Stufenansatz des TTM Hilfe bei der Feststellung der individuellen Lage eines Klienten. Bei der Unterstützung von Rauchern, abstinent von Zigaretten zu leben, hat sich das TTM in der Praxis als Standardmodell für die *Interventionsplanung* etabliert. Zwischenzeitlich hat sich das transtheoretische Modell zur Basis für Interventionen in unterschiedlichsten Zusammenhängen entwickelt. Starken Einfluss hat das TTM auf die Entwicklung des *Motivational Interviewing* (MI) sowie auf computergestützte *Expertensysteme* ausgeübt, die vor allem bei der *Frühintervention* in der Suchtberatung und -therapie eingesetzt werden. Beim Motivational Interviewing (MI) handelt sich um eine personenbezogene Methode, um Veränderungsmotivation hinsichtlich eines spezifischen Verhaltens zu steigern und eine vorhandene Unentschlossenheit mit Blick auf eine Verhaltensänderung aufzuarbeiten. Das computergestützte Expertensystem ist eine Soft-

Einfluss des TTM

ware, die individualisierte Beratungsbriefe auf der Basis von Daten aus Befragungen formuliert, um die Übergänge von Klienten in das nächste Stadium zu befördern.

Dabei erstellt das System mit Hilfe von Textbausteinen, die auf den Antworten der Klienten basieren, die Rückmeldung, die auch mündlich oder über den Bildschirm gegeben werden kann. Beim *normativen Vergleich* werden die Antworten mit denen anderer Klienten mit derselben Problematik verglichen, beim *ipsativen Vergleich* mit den eigenen, früher gegebenen Antworten. Bei diesem Vorgehen steht das ökonomische Feedback für eine große Anzahl von Personen im Vordergrund (vgl. Freyer-Adam & John, 2009; Keller, 2002).

Fragen zur Wiederholung des Kapitelinhalts

1. Welche Konstrukte integriert das transtheoretische Modell?
2. Wie heißen die Stufen bzw. Stadien, die eine Person laut Modellvorstellungen durchläuft?
3. Aus welchem Grund wurde das TTM ursprünglich entwickelt?
4. Welchen Stellenwert haben die kognitiven Faktoren im Modell?
5. Was wird im TTM unter „Stufen der Veränderung" verstanden?
6. Wann ist nach Vorstellungen des Modells mit Rückfällen zu rechnen?
7. Weshalb wird das TTM als „transtheoretisch" bezeichnet?
8. Was ist im transtheoretischen Modell unter dem Konzept der Veränderungsstrategien zu verstehen?
9. Was beinhaltet die Modell-Komponente „Entscheidungsbalance"?
10. Welche Ergebnisse erbringt die Forschung zum TTM und welche Kritikpunkte werden genannt?

2.8 Das sozial-kognitive Prozessmodell gesundheitlichen Handelns

Kernaussage

Das sozial-kognitive Prozessmodell gesundheitlichen Handelns (Health Action Process Approach, HAPA) wurde von Schwarzer in den 1980er-Jahren konzipiert, um die unbefriedigende theoretische Fundierung der meisten Theorien zum Gesundheitsverhalten zu verbessern (Schwarzer, 1994).

2.8 Das sozial-kognitive Prozessmodell gesundheitlichen Handelns

Ziel des Modells ist die Vorhersage und Erklärung von Verhalten und zwar sowohl schädigender als auch förderlicher Art. Es beschreibt den dynamischen Prozess der Änderung von Verhalten und speziell die Umsetzungs- und Bewältigungsplanung, die als volitionale Strategien zur Überbrückung der Intentions-Verhaltenslücke dienen.

Es ist gekennzeichnet durch die Aufteilung in eine *motivationale* und eine *volitionale Phase* und der Hervorhebung der beteiligten *sozial-kognitiven Faktoren*, insbesondere Selbstregulationsprozessen. Konzeptionell lehnt es sich an das Handlungsphasen-Modell von Heckhausen (1989) an.

Motivations- und Volitionsphase

> **Kernaussage**
>
> Personen durchlaufen nach dem Handlungsphasen-Modell Motivations- und Volitionsprozesse, die aufeinander folgen, um schließlich in die *Handlungsphase* zu wechseln. Menschen gehen Schritt für Schritt dem angestrebten Endverhalten entgegen, kommen jedoch nur weiter, wenn eine gewisse Ausprägung der Selbstwirksamkeitserwartung in den jeweiligen Phasen vorhanden ist.

Handlungsphase

In der ersten, der *Motivationsphase*, bildet eine Person die Absicht (Intention) aus, ihr Verhalten zu ändern. In der zweiten, der *Volitionsphase*, plant sie die Umsetzung und realisiert das angestrebte Verhalten. Im Ansatz von Schwarzer wird Volition als Oberbegriff für handlungsbezogene Kognitionen verwandt, die unmittelbar vor, während und nach einer Handlung auftreten. Der Begriff der Volition wird hier also nicht nur als reine „Willenskraft" verstanden. Schwarzer kombiniert in seinem Modell die Sicht der linearen Ansätze zur Verhaltensänderung mit den Betrachtungen der Stadien- oder Stufentheoretiker.

> **Beispiel**
>
> Dorothee S., eine junge Studentin, möchte mehr Sport treiben, da sie viel sitzt und lernt. Sie hat sich vorgenommen, ihr Judotraining, das sie als 14-Jährige aufgegeben hat, wieder aufzunehmen. Sie ist sich sicher, dass sie das Training regelmäßig besuchen kann und dessen Anforderungen gerecht wird. Eine andere Sportart kommt für sie nicht infrage, da sie bereits mit ihrem blauen Gürtel viel in diese Kampfsportart investiert hat. Sie brennt darauf, mit dem Training zu beginnen, stellt nun aber fest, dass sie im Umkreis von 30 km keinen passenden Verein finden kann, der ihr ein Training ermöglicht. Wird die hoch motivierte Dorothee bis zur Umsetzung ihrer Handlungsabsicht kommen?

Das sozial-kognitive Prozessmodell gesundheitlichen Handelns (HAPA) von Schwarzer (2001, 2004) stellt Verhaltensänderungsprozesse über zwei Phasen dar. In der *Motivationsphase* wird vor allem festgelegt, welches Verhalten verändert werden soll, während es in der *Volitionsphase* in erster Linie

Verhaltensänderung über zwei Phasen

um Anstrengung und Ausdauer geht. Diese beinhaltet wenigstens drei Stadien, die unter Umständen mit Schleifen aufeinanderfolgend durchlaufen werden: das *präaktionale*, das *aktionale* und das *postaktionale Stadium*. Um eine Verhaltensänderung durchführen zu können, muss ein Individuum dazu auch bereit sein. Hierzu muss es eine Verhaltensintention entwickeln, beispielsweise regelmäßig joggen zu wollen. Der Prozess, der zur Entstehung einer Intention führt, wird als Motivationsphase bezeichnet. Er besteht aus dem Zusammenwirken dreier sozial-kognitiver Faktoren, nämlich der *Risikowahrnehmung*, der *Handlungsergebniserwartungen* und der Erwartungen an die *Selbstwirksamkeit* (siehe ▶Abbildung 2.10).

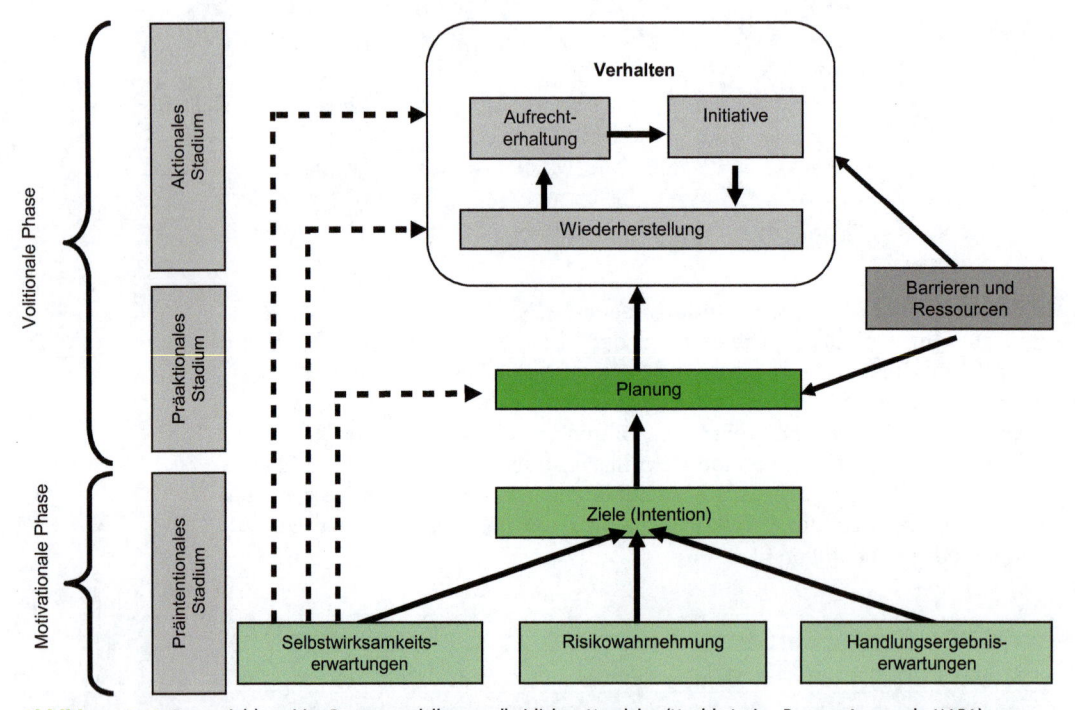

Abbildung 2.10: Das sozial-kognitive Prozessmodell gesundheitlichen Handelns (Health Action Process Approach, HAPA)

Drei Stufen in der Motivationsphase

Das Modell geht von drei Stufen in der Motivationsphase aus, bei denen diese drei Komponenten miteinander in Beziehung gesetzt werden. Außerdem beschreibt es das zeitliche Aufeinanderfolgen von Kognitionen und Handlungen. Zu Beginn schätzt eine Person ihre Anfälligkeit, d. h. die Eintrittswahrscheinlichkeit sowie den Schweregrad einer ernsthaften Erkrankung bzw. eines Ereignisses ein („*Wie wahrscheinlich ist es, dass ich einen überhöhten Blutdruck habe?*"). Dieser Prozess des Wahrnehmens von Schweregrad und subjektiver Anfälligkeit (Vulnerabilität), der die *Bedrohungseinschätzung* bestimmt, ist bereits aus anderen, zuvor beschriebenen Ansätzen bekannt.

Um eine Intention zur Verhaltensänderung auszubilden, müssen vorwiegend positive *Konsequenzerwartungen* gebildet oder aktiviert werden („*Joggen ist gut für meine Gesundheit*"). Die Bewertung der zu erwartenden Handlungsfolgen wird durch die Bedrohungswahrnehmung aktiviert („*Das Joggen wird sich positiv auf meinen Blutdruck auswirken.*"). Und letztendlich muss der oder die Betroffene davon überzeugt sein, das beabsichtigte Verhalten auch erfolgreich ausführen zu können.

Die Einschätzung der eigenen Handlungskompetenz (Selbstwirksamkeits- oder Kompetenzerwartung), der große Motivationskraft zugeschrieben wird, bildet die dritte Stufe. Wurde dieses Stadium erfolgreich durchlaufen, entsteht die Intention, das Verhalten zu verändern. Die Intentionsstärke und die flexible Handhabung von Plänen in der Handlungsphase sowie der erfolgreiche Umgang mit Hindernissen oder Erschwernissen aufgrund von nicht förderlichen Kontextbedingungen (Situation), sind sehr stark von einer positiven *Selbstwirksamkeitserwartung* abhängig (Luszczynska & Schwarzer, 2003; Renner & Schwarzer, 2005).

> **Kernaussage**
>
> Schwarzer (2004, S. 96) unterscheidet drei funktionale Selbstwirksamkeitserwartungen, die er der Planung und Initiierung (handlungsorientiert), der Beibehaltung (aufrechterhaltend) und der Wiederherstellung von Verhalten (wiederherstellungsbezogen) zuordnet.

Drei funktionale Selbstwirksamkeitserwartungen

Mit der Bildung von Intentionen ist die motivationale Phase abgeschlossen und die Person kann in der sich anschließenden Volitionsphase an die Umsetzung ihrer Änderungspläne gehen. In dieser *präaktionalen Phase*, dem *Handlungsstadium*, plant sie z. B. detailliert, wann, wo und wie sie das Verhalten ausführen möchte (Lippke, Ziegelmann & Schwarzer, 2005). Dabei realisiert sie, welcher Energieeinsatz und wie viel Ausdauer dazu notwendig, aber auch welche potenziellen Hindernisse vorhanden sind (siehe ▶Abbildung 2.10). Hier kommt nochmals die Kompetenzerwartung ins Spiel. In der Motivationsphase diente sie dazu, die Intention zu bilden, im Handlungsstadium ist sie in der Detailplanung wichtig, da die Person bewerten muss, ob sie Teilhandlungen erfolgreich umsetzen kann. Schließlich wird das Verhalten in der *aktionalen Phase* ausgeführt, z. B. die Teilnahme an einer Gymnastikgruppe oder das Joggen mit Freunden (bzw. Risikoverhalten, wie Rauchen, wird unterlassen). An der Studentin aus dem Beispiel zu Beginn dieses Abschnitts, die gerne wieder ihren Judosport betreiben möchte, wird deutlich, wie wichtig in diesem Stadium unterstützende Rahmenbedingungen sind, die es zu wählen bzw. zu gestalten gilt, um das neue Verhalten zu fördern. Sie findet im Umkreis von 30 km keinen passenden Verein, weshalb sie vermutlich ihren Vorsatz wieder aufgeben wird. Damit es nicht wieder zu alten Verhaltensweisen und Handlungen kommt oder Störfaktoren die Handlungsausführung bzw. -unterlassung behindern, findet eine permanente *Handlungsausführungskontrolle* statt. So muss die betroffene Person situativen Versuchungen widerstehen und Umsetzungshindernisse aus dem Weg räumen. Begünstigende und unterstützende Faktoren, etwa soziale Unterstützung durch Partner, Familie, Freunde oder eigene Ressourcen (Disziplin) stützen dagegen den individuellen Veränderungsprozess. Ob ein intendiertes Verhalten schlussendlich wirklich umgesetzt wird, hängt allerdings auch von *Gegebenheiten der Situation* ab. So können die psychologischen Prozesse bis zur Handlungsumsetzung positiv gelaufen sein, der betroffenen Person fehlt es aber am Ende an spezifischen Fertigkeiten (z. B. Schwimmen oder Tanzsport), weil sie dies nie gelernt hat. Auch die Realisierung eines neuen Verhaltens, etwa regelmäßig Badminton zu spielen, könnte scheitern, beispielsweise aufgrund des Fehlens eines geeigneten Platzes. Aber auch zeitliche und finanzielle Ressourcen gehören zu den situationalen Gegebenheiten.

Interventionen zur Stützung von individuellen Veränderungsprozessen sind somit nur dann wirkungsvoll, wenn sie auf das jeweilige Stadium maßgeschneidert sind, in dem sich eine Person befindet. Zudem müssen die aktuell bedeutsamen sozial-kognitiven Faktoren aktiviert werden.

Eine Bewertung der Handlungsausführung findet in der *postaktionalen Phase* statt. Erfolg und Misserfolg werden bilanziert und interpretiert. Dabei stärken die Erfolge die Ausprägung der Volition, während Erfahrungen des Scheiterns sie verringern. Dabei spielen Prozesse der Ursachenzuschreibung eine wesentliche Rolle.

Umsetzungserfolge

Kernaussage

Werden *Umsetzungserfolge* der eigenen Person zugeschrieben (Kausalattribution), so wird die Selbstwirksamkeit gestärkt und damit auch die Volition. Hingegen ergibt sich kein volitionaler Nutzen, wenn Ursachenzuschreibungen auf situative Faktoren, also beispielsweise günstige Umstände, zurückgeführt werden.

Nach Heckhausen (1989) ist die postaktionale Phase bereits einer neuen Motivationsphase zugehörig. In Abbildung 2.10 ist die Handlung bzw. das Verhalten als eine Einheit dargestellt, die jedoch in der Wirklichkeit viele ineinander verzahnte Handlungen und Verhaltensweisen beinhaltet und deren Teilresultate fortwährend beobachtet und bewertet werden.

2.8.1 Überprüfung durch die Forschung

HAPA-Modell als Forschungsheuristik nutzen

Schwarzer (2004, S. 97) versteht das *sozial-kognitive Prozessmodell gesundheitlichen Handelns (HAPA)* als eine Art Forschungsheuristik, mit deren Hilfe die Wirkmechanismen besser verstanden werden können, wenn Menschen

- motiviert werden, ihr Verhalten zu verändern,
- neues Verhalten zeigen und es beibehalten und
- Hindernissen und Versuchungen trotzen und nicht rückfällig werden.

Forschungen zum HAPA, von denen es mittlerweile viele gibt, beinhalten daher auch meist nur einige Komponenten des Modells. An ausgewählten Studien zeigt Schwarzer (2008) auf, dass sich das Modell zur Erklärung gesundheitsbezogener Handlungsweisen sehr gut eignet. Sie reichen von der *Raucherentwöhnung*, dem *Alkoholkonsum*, der *körperlichen Aktivität*, bis hin zum *Ernährungs- und Vorsorgeverhalten*. Letzteres untersuchten Luszczynska und Schwarzer (2003) in einer *Längsschnittstudie* an 418 jungen Frauen. Im Fokus standen die Brustselbstuntersuchung und die Frage, ob die unterschiedlichen Modell-Komponenten, gemessen an zwei Zeitpunkten, eine Vorhersage des Verhaltens erlaubten. Es zeigte sich, dass weniger die Wahrnehmung des Risikos, an Brustkrebs zu erkranken, die Selbstuntersuchung aktivierten, als vielmehr die Planung und die *Selbstwirksamkeitserwartungen*. Erhoben wurden die phasenspezifischen Erwartungen an die Selbstwirksamkeit im präaktionalen Stadium (handlungsorientiert) und die Kompetenzerwartungen hinsichtlich Aufrechterhaltung des Verhaltens bei Schwierigkeiten und Wiederherstellung von Verhalten nach längerem Aussetzen bzw. bei einem Rückfall. Das Ergebnis der Studie zeigt, dass Planung und Kompetenzerwartungen die geeignetsten Prädiktoren für die Vorhersage der Brustselbstuntersuchungen sind (Schwarzer, 2004, S. 97).

2.8.2 Kritikpunkte und Einschätzung

Wie weiter oben gezeigt, versteht Schwarzer (2004) das Modell eher als Forschungsheuristik, da es sich um keine eindeutig prüfbare „Theorie" handelt, die in sich geschlossen ist. Zudem, so der Autor, sind Bestandteile des HAPA anderen, bereits gut überprüften Modellen entnommen, die damit das sozial-kognitive Prozessmodell empirisch sehr gut stützen. Kritiker des sozial-kognitiven Prozessmodells gesundheitlichen Handelns bemängeln jedoch, dass *nicht alle Modellbestandteile* zusammen empirisch überprüft wurden. Vielmehr haben Forscher lediglich Einzelkomponenten wie z. B. die Handlungsergebnis- oder die Kompetenzerwartungen, aber auch die Intention oder Planung, untersucht.

Unzureichend erforscht sind auch die im Modell postulierten *Hindernisse* bei der Verhaltensumsetzung, die situativer und personaler Natur sind. Ebenfalls ungenügend untersucht ist das Zusammenspiel zwischen *individuellen Stärken* (z. B. Selbstwirksamkeit), sozialen (z. B. soziale Unterstützung) und strukturellen (z. B. Finanzen) *Ressourcen*.

2.8.3 Anwendungsaspekte

Für den Praktiker sind insbesondere die Erkenntnisse des HAPA-Modells zu den stufenspezifischen Interventionen interessant. Ziegelmann (2006) konnte bei experimentellen Studien zur Förderung der körperlichen Aktivität zeigen, dass gerade die Unterstützung bei der Planung eines neuen Verhaltens in spezifischen Stadien, insbesondere in der präaktionalen Phase, zielführender ist. Den Nachweis für die wirksame Beeinflussung des *Ernährungsverhaltens* in spezifischen Stufen erbringen Luszczynska, Tryburcy und Schwarzer (2007) und für die *Zahnpflege* Schüz,

Stufenspezifische Interventionen für Praktiker interessant

Sniehotta, Mallach, Wiedemann und Schwarzer (2009). Darüber hinaus liegen auch für weitere Gesundheitsverhaltensweisen entsprechende Forschungsergebnisse vor.

Um Menschen in der jeweiligen Stufe bei einer Verhaltensänderung die richtige Unterstützung geben zu können, ist die Wahl der richtigen Intervention für die Betroffenen bedeutsam. Durch eine intensive Risikokommunikation und Steigerung der Selbstwirksamkeit kann z. B. im präintentionalen Stadium die Intention von Unentschiedenen (*nicht-intentionale Personen*) gestärkt werden (Schwarzer, 2008). Hilfen bei der Ausführungsplanung (wie oft, wie lange, wo, wann, mit wem), Bewältigungsplanung und Handlungskontrolle sind dagegen erst dann sinnvoll, wenn bereits eine Bereitschaft zu einer Verhaltensänderung vorhanden ist (*intentionale Personen*), um nicht an der Umsetzung dieser Intention im Verhalten zu scheitern (Lippke, Ziegelmann & Schwarzer, 2004). Das aufzubauende Vertrauen in die Selbstwirksamkeit beeinflusst sowohl die Prozesse der Planung von Verhalten als auch dessen Umsetzung und Aufrechterhaltung (z. B. *„Ich bin mir sicher, dass ich mich dauerhaft regelmäßig körperlich betätigen kann."*). Es bestimmt aber auch den Umgang mit Rückfällen in alte Handlungsmuster in der aktionalen Stufe. Daher sind Maßnahmen sinnvoll, die das Vertrauen in die Selbstwirksamkeit verbessern, um neues Verhalten in diesem Stadium aufrecht zu erhalten, Rückfälle besser zu bewältigen und insgesamt zum Durchhalten zu befähigen.

Um die Stadien zu erfassen, in denen sich Personen befinden, bieten sich Fragebogen mit Items an, die dem Praktiker helfen, Personen als *Unentschiedene*, *Vorbereitete* oder *Aktive* zuzuordnen. Nachfolgend findet sich ein Beispiel, das aus der Befragung zur körperlichen Aktivität stammt (Lippke, Ziegelmann, Schwarzer, Velicer & Wayne, 2009):

Erfassung der Stadien

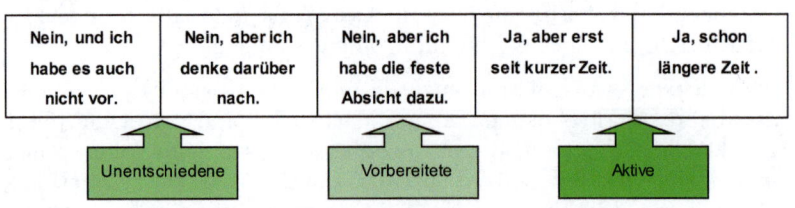

Nein, und ich habe es auch nicht vor.	Nein, aber ich denke darüber nach.	Nein, aber ich habe die feste Absicht dazu.	Ja, aber erst seit kurzer Zeit.	Ja, schon längere Zeit.
Unentschiedene		Vorbereitete		Aktive

Abbildung 2.11: Die Erfassung der Stadien (Quelle: Lippke et al., 2009)

> **Fragen zur Wiederholung des Kapitelinhalts**
>
> 1. Wie lautet die englische Bezeichnung des sozial-kognitiven Prozessmodells gesundheitlichen Handelns?
> 2. Was war der Auslöser für Ralf Schwarzer, sein Modell zu schaffen?
> 3. Welche Zielsetzung verfolgt das sozial-kognitive Prozessmodell gesundheitlichen Handelns?
> 4. Wie hängen die Phasen des Modells, die ein Mensch durchlaufen muss, mit der Selbstwirksamkeit zusammen?
> 5. Für was verwendet Schwarzer „Volition" als Oberbegriff?
> 6. Beschreiben Sie in eigenen Worten das modellhafte Durchlaufen der Phasen.
> 7. Was wird im Modell unter „situationalen Gegebenheiten" verstanden?
> 8. Welche Rolle spielen Attributionsprozesse im Modell?
> 9. Weshalb versteht man das HAPA-Modell als eine Art Heuristik?
> 10. Welche Ansatzpunkte bietet das Modell der praktischen Gesundheitspsychologie?

2.9 Modelle zum Verständnis von Rückfall und Rückfallprävention

2.9.1 Rückfall und Rückfallprävention

> **Begriffe**
>
> Von *Rückfall* wird im Zusammenhang mit einer Veränderung des Gesundheitsverhaltens gesprochen, wenn es nicht gelingt, das neue Verhalten (z. B. Alkoholabstinenz) beizubehalten und gewohnte, ungesunde oder riskante Verhaltensweisen wieder aufgenommen werden (vgl. Keller, 2002, S. 479).

Bei der *Rückfallprävention* soll Personen geholfen werden, die ihr Verhalten ändern möchten, mit Entgleisungen, Versuchungen und „Ausrutschern" (engl.: lapses), adäquat umzugehen. Dabei kann es sich um Risikoverhaltensweisen wie Rauchen, Alkoholtrinken oder Bewegungsmangel handeln, aber auch um die Beibehaltung eines allgemein gesunden Lebensstils.

Rückfallprävention

Modelle, die sich mit der Erklärung von Rückfällen oder deren Vorbeugung beschäftigen, stammen überwiegend aus der *Forschung zu Abhängigkeiten*. Ziel bei der Behandlung von Abhängigkeiten ist immer die Beseitigung von meist zwanghaften Angewohnheiten. Speziell beim Suchtverhalten, bei dem es sich meist um eine Verbindung von körperlichen Abhängigkeiten und Gewohnheiten handelt, sind Rückfälle bei Verhaltensänderungen außergewöhnlich hoch. Diese Rückfälle geschehen sowohl bei professioneller Unterstützung von Entwöhnungswilligen als auch bei eigeninitiativ begonnenen Änderungsversuchen (z. B. Raucherentwöhnung). Speziell beim Aufbau von Alkoholabstinenz sind die Rückfallquoten besonders hoch (siehe hierzu auch *Kapitel 7*). Hier kommt es innerhalb von einem Vierteljahr bei über 66% der entwöhnungsbereiten Personen zu Rückfällen (Keller, ebenda).

> **Beispiel**
>
> Carola S., Bankangestellte, hat seit vier Wochen das Rauchen aufgegeben. Sie hat damit in ihrem dreiwöchigen Urlaub begonnen, was ihr nicht sehr schwer fiel, da sie sich als „Stressraucherin" einstuft. Nun ist sie seit einer Woche wieder in der Arbeit und hat auch diese Bewährungsprobe gut gemeistert, und dadurch hat sich ihre Haltung, es zum Nichtraucher zu schaffen, sehr bestärkt. Allerdings ist ihr auch klar, dass es in der ersten Arbeitswoche nach ihrem Urlaub auch keine „typisch stressigen" Situationen gegeben hat. Nun, zu Beginn der fünften Woche, stehen einige Termine mit ihrem Bereichsleiter an, der dafür bekannt ist, dass man ihm nichts recht machen kann. Je näher der Termin rückt, desto mehr baut sich Spannung in Carola S. auf. Welche Reaktionsmöglichkeiten hat sie um trotzdem nicht wieder mit dem Rauchen zu beginnen?

Drei theoretische Ansätze

Schwarzer (2004) unterscheidet drei theoretische Ansätze:

- das *moralische Modell*,
- das *Krankheitsmodell* und
- das *Selbstkontrollmodell*.

Das moralische Modell und das Krankheitsmodell werden nachfolgend dargestellt. Das Selbstkontrollmodell ist Teil der Theorie des Rückfallprozesses von Marlatt (1985). Dieses Modell sieht Suchtverhalten und Rückfall aus einem sozial-kognitiven Blickwinkel viel kritischer und detailreicher.

2.9.2 Moralisches Modell und Krankheitsmodell des Rückfallverhaltens bei Abhängigkeiten

Je nach theoretischer Sicht wird „Rückfall" bei Verhaltensabhängigkeiten unterschiedlich definiert.

2.9 Modelle zum Verständnis von Rückfall und Rückfallprävention

> **Kernaussage**
>
> Dem *moralischen Modell* nach mangelt es Menschen, die übermäßig Alkohol konsumieren, rauchen oder zu viel essen, am Willen, ihrer Abhängigkeit zu widerstehen. Sie werden als charakterschwach und moralisch nicht gefestigt angesehen, mit der Tendenz, Versuchungen zu schnell nachzugeben.

Das moralische Modell

Seinen Ursprung hat das moralische Modell in der christlichen Ethik[2], und es galt im Wesentlichen bis in die in die Mitte des 20 Jahrhunderts, wurde dann aber allmählich von Krankheitsmodell abgelöst.

> **Kernaussage**
>
> Süchtiges Verhalten wird im *Krankheitsmodell* als körperliche Abhängigkeit verstanden, die von den Betroffenen selbst kontrolliert werden kann und durch genetische Faktoren gesteuert wird.

Das Krankheitsmodell

Vor allem der US-amerikanische Physiologe und Alkoholforscher *Elvin Morton Jellinek* propagierte in den 1940er-Jahren das Krankheitsmodell (vgl. Jellinek, 1960). Von ihm stammen die fünf Kategorien (*Alpha-Trinker* bis *Epsilon-Trinker*), die heute noch benutzt werden, um Personen mit Alkoholproblemen zu klassifizieren. Mit der Verbreitung des Krankheitsmodells und nach der allgemeinen Anerkennung der Alkoholabhängigkeit als Krankheit, konnten sich nun Betroffene als krank einstufen und waren somit befreit von moralischer Schuld. Auch hinsichtlich ihrer Unfähigkeit, ihren Alkoholkonsum zu kontrollieren, wiesen sie in der Folge jede Verantwortung von sich. Damit wurde die Entstehung des Alkoholismus als nicht beeinflussbar definiert, jedoch als medizinisch behandelbar, da es sich jetzt um eine Erkrankung handelte. Allerdings existiert in diesem Modell keine Erklärung dafür, weshalb ein Mensch das Trinken anfängt, einzelne abhängig werden und andere wiederum nicht. Die Therapie aus Sicht dieses Modells kann nur im gänzlichen Verzicht auf Alkohol bestehen. Ein Rückfall bedeutet in diesem theoretischen Kontext ein Wiederaufleben der „Krankheit".

Trinkertypen nach Jellinek

Diesem Verständnis nach hilft nur strikte Abstinenz, was beispielsweise auch dem Grundsatz der *Anonymen Alkoholiker* entspricht, die Alkoholabhängigkeit als eine *chronische Krankheit* verstehen, die unbehandelt tödlich sein kann. Diese rigide Sicht führt auch zu einem zweigeteilten Verständnis von Sucht oder Abhängigkeit. D. h. eine Person ist entweder von ihrer Krankheit geheilt oder mit einem Rückfall erneut „erkrankt".

Anonyme Alkoholiker

---

2 Wie jede andere „Ethik" setzt sich die „christliche Ethik" mit Fragen der Lebensführung und -gestaltung, der Gesellschaft und Politik auseinander. Sie ist eine Art „Theorie" menschlicher Lebensführung, die auf einer spezifisch christlichen Perspektive des Menschen und seiner Lebenswirklichkeit basiert. Sie fragt nach einer Lebensform, die dem christlichen Glauben gemäß ist, und bietet Prinzipien für ein „gutes und gelingendes" Leben.

> **Infobox**
>
> *„Die Anonymen Alkoholiker sind Frauen und Männer, die entdeckt und eingestanden haben, dass der Alkohol ein Problem für sie geworden ist. Sie bilden eine weltweite Gemeinschaft, in der sie einander helfen, nüchtern zu bleiben. Jeder, der den Wunsch hat, mit dem Trinken aufzuhören, ist den AA willkommen.*
>
> *Da alle Mitglieder selbst Alkoholiker sind, haben sie ein besonderes Verständnis füreinander. Sie haben diese Krankheit den Alkoholismus am eigenen Leibe verspürt und in der Gemeinschaft gelernt, sie zum Stillstand zu bringen, indem sie Tag für Tag ganz ohne Alkohol leben."*
>
> (http://www.anonyme-alkoholiker.de)

2.9.3 Das Modell des Rückfallprozesses nach Marlatt (RP-Modell)

Hoher Differenzierungsgrad des RP-Modells

Eine Ergänzung der bisher dargestellten Modelle des Gesundheitsverhaltens ist das Modell des Rückfallprozesses nach Marlatt und Mitarbeitern (Marlatt & Gordon, 1985; Marlatt, 1985). Seine Bedeutung gewinnt es vor allem im Kontext mit Modellen, die die Volition im Veränderungsprozess betonen. Das RP-Modell von Marlatt ist das einflussreichste und differenzierteste Modell zum Rückfallverhalten. Es handelt sich um ein kognitiv-behaviorales Rückfallpräventionsmodell, das auf der *sozial-kognitiven Theorie* von Bandura (1986) fußt und in dem die wahrgenommene Kontrolle sowie die Selbstwirksamkeitserwartungen eine besondere Rolle spielen. Es betont mehrere kognitive und verhaltenstheoretische Faktoren und insbesondere aus der Sozialpsychologie stammende Konzepte wie das *soziale Lernen*, die *Dissonanztheorie* und *Attributionsansätze*. Alkoholabhängigkeit wird im Rückfallmodell als eine erlernte Verhaltensweise bzw. Gewohnheit verstanden, die vor allem durch stressreiche Situationen ausgelöst werden können.

Abstinenz-Verletzungs-Effekt (AVE)

Kommt eine abstinente Person beispielsweise einmal in Versuchung, vielleicht um eine emotional belastende Situation durch Alkohol zu entspannen, und trinkt entgegen ihrem Vorhaben Alkohol, so wird sie danach Reaktionen wie Schuldgefühle und Selbsttadel zeigen. Diese Emotionen können wiederum einen schweren Rückfall auslösen und die Person in alte Gewohnheiten verfallen lassen. Diesen Effekt bezeichnet Marlatt (1985) als *Abstinenz-Verletzungs-Effekt (AVE)*.

> **Kernaussage**
>
> Da abhängiges Verhalten in einem Prozess der operanten Konditionierung, d. h. der positiven Verstärkung – im Falle von Alkohol durch die entspannende Wirkung – erlernt wurde, kann es demnach auch wieder in neuen Lernprozessen „verlernt" werden.

2.9 Modelle zum Verständnis von Rückfall und Rückfallprävention

Um den Prozess des neuen Lernens sinnvoll zu gestalten, geht es darum, die potenziellen Auslöser, z. B. spezifische Situationen und positive Verstärker des Suchtverhaltens, zu analysieren, um diese zu umgehen bzw. zu beeinflussen. In diesem Prozess wird idealerweise ein neues, gesundheitsförderliches Verhalten etabliert und möglichst stabilisiert.

Verhaltensauslöser isolieren

> **Infobox**
>
> Als *positiver Verstärker* wirkt *Alkohol* in zunächst neutralen Situationen dadurch, dass er positive Folgen zeitigt, etwa indem er bei eher gehemmten Menschen eine Kontaktaufnahme in sozialen Interaktionen erleichtert. Bei diesem Prozess des operanten Konditionierens steigt die Wahrscheinlichkeit, in solchen Situationen künftig wieder Alkohol zu konsumieren, um den gleichen Effekt zu erzielen. In einer aversiven oder unangenehmen Situation, z. B. unter Stress, fungiert Alkohol als *negativer Verstärker*, indem er durch seine entspannende, ärger- und angstmindernde Wirkung die Spannung reduziert. Insbesondere bei lang andauernden psychisch belastenden Situationen, die als negativ erlebt werden, steigt die Konsumwahrscheinlichkeit. Damit erhalten diese Prozesse das Trinken von Alkohol aufrecht.

Da der Entschluss zur Verhaltensänderung von der abhängigen Person selbst getroffen werden muss und sie ihr Verhalten nach einer entsprechenden Identifikation von auslösenden Stimuli und Verstärkern in eigener Regie zu kontrollieren hat, wird das Konzept von Marlatt auch als *Selbstkontrollmodell* bezeichnet. Schaffen es Menschen abstinent zu bleiben (z. B. bei übermäßigem Alkoholkonsum) oder gewisse Regeln bezüglich eines angestrebten Endverhaltens einzuhalten (z. B. weniger zu essen), erleben sie in diesem Prozess das Gefühl der Kontrolle. Dieses Gefühl verstärkt sich mit der Dauer der Abstinenz bzw. der Regeltreue, wird jedoch massiv in so genannten *Hochrisikosituationen* von einem Rückfall in alte Gewohnheiten bedroht (siehe ▶Abbildung 2.12). In diesen Hochrisikosituationen ist es entscheidend, wie sich die Person verhält und ob sie ihr Vertrauen in eine Kontrolle ihres Verhaltens und ihre Fähigkeiten aufrechterhalten kann. Marlatt (1996) beschreibt vier Klassen von Hochrisikosituationen, in denen die Gefahr für einen Rückfall besonders groß ist:

Selbstkontrollmodell

1 *Emotional negative Zustände*, in denen sich eine Person durch Angst, Frustration, Ärger, Depression oder Langeweile beeinträchtigt fühlt.

2 *Soziale Konflikte,* wie z. B. Auseinandersetzungen in der Familie oder mit Kollegen im Betrieb.

3 *Sozialer Druck*, etwa wenn die Mehrheit im Freundeskreis raucht oder Alkohol trinkt (Gruppendruck).

4 *Emotional positive Zustände*, wie beispielsweise der Versuch, die eigene Willensstärke zu testen.

Verschiedene Hochrisikosituationen

2 Theorien zum Gesundheitsverhalten

Intra- und interpersonale Zustände

Die ersten drei Klassen der besonderen Rückfallgefährdung lösen ca. 75% aller Rückfälle aus. Marlatt (1996) kategorisiert die emotionalen Zustände (1 und 4) als *intrapersonale* Hochrisikosituationen und die psycho-sozialen Situationen (2 und 3) als *interpersonale*.

Abstinenz-Verletzungs-Effekt erzeugt Dissonanz

Besitzt die Person, die in eine solche Situation kommt, adäquate Bewältigungsstrategien, kann sie auf diese zurückgreifen und damit das Risiko, in das alte Verhalten zurückzufallen, reduzieren. Dies führt zur Bestätigung der Selbstwirksamkeitserwartungen, sodass Rückfälle oder Ausrutscher weniger wahrscheinlich werden. Häufig werden solche Hochrisikosituationen von den Betroffenen jedoch unterschätzt, Strategien zu ihrer Bewältigung stehen nicht zur Verfügung, da sie nicht erworben wurden oder durch starke Emotionen blockiert sind. Aber auch ein unbewusstes Hineinmanövrieren in bestimmte Situationen, die zu Hochrisikosituationen werden, führt zu einer Rückfallgefährdung (z. B. Partybesuch, Raucherlokal aufsuchen). Dadurch sinkt das Vertrauen in die Selbstwirksamkeit bei gleichzeitiger Verstärkung der Ergebniserwartungen, dass beispielsweise ein Substanzkonsum eine kurzfristig positive Konsequenz zeitigt (*„Eine Zigarette wird mich entspannen."*) und es kommt zum Ausrutscher. Die Folge ist der Abstinenz-Verletzungs-Effekt (AVE), der dissonanztheoretisch dazu führt, dass die Überzeugung der Person und ihr Handeln als gegensätzlich erlebt werden. Die betroffene Person kann entweder ihr Verhalten wieder ändern und abstinent bleiben oder sie verändert ihr Selbstbild, indem sie sich als unfähig zur Abstinenz einschätzt. Beide Prozesse schaffen in der Person konsonante Gedanken und Überzeugungen, die mit dem Handeln wieder in Einklang stehen.

Ursachenzuschreibung ist für Ausrutscher wichtig

Schreibt ein Mensch einen Rückfall seiner Unfähigkeit zu, also attribuiert er *internal, stabil und global* (*„Ich bin generell zu schwach!"*) und nicht *external, stabil und spezifisch* im Sinne einer einmaligen, besonders schwierigen Situation (*„Die Kollegen haben bei der Geburtstagsfeier so einen Druck gemacht, damit ich etwas trinke!"*) so löst dies nach Marlatt (1996) Schuldgefühle und Kontrollverlust aus. Dennoch muss es nach einem Ausrutscher in altes Verhalten nicht unbedingt zu einem totalen Rückfall kommen, insbesondere wenn ein Mensch nicht internal, stabil und global attribuiert.

Kognitive Vorbereitung auf eine Hochrisikosituation

Unter Umständen lernt eine rückfällige Person aus ihrem Ausrutscher und wappnet sich besser für eine künftige Konfrontation mit einer Hochrisikosituation. Ein einmaliger Konsum des zu meidenden Suchtmittels stellt zwar im *transtheoretischen Modell* einen Rückschritt in ein vorhergehendes Stadium dar, jedoch nicht zwingend in das *Stadium der Absichtslosigkeit* (siehe *2.7 Das transtheoretische Modell (Transtheoretical Model, TTM)*. Damit ergibt sich auch ein bedeutender Gegensatz zum Krankheitsmodell, in dem ein Ausrutscher bereits als Rückfall definiert ist. Für unser Beispiel mit Carola S. und ihrem Vorhaben, das Nichtrauchen beizubehalten, bedeutet dies, dass sie sich sinnvollerweise auf die Begegnung mit ihrem Bereichsleiter vorbereitet. Dies kann durch eine Entspannungsübung vor dem Gespräch geschehen oder durch eine kognitive Vorbereitung auf mögliche Reaktionen des Gegenübers, um so keine negativen

2.9 Modelle zum Verständnis von Rückfall und Rückfallprävention

Emotionen in sich aufkommen zu lassen. Aber auch Phantasieübungen mit denen unsere Protagonistin mental vorwegnehmen kann, wie das Gespräch laufen könnte, helfen im Vorfeld. Nicht zuletzt wäre auch eine Einstimmung auf einen Ausrutscher zweckmäßig, indem Carola S. für sich festlegt, wie sie kognitiv ihr Verhalten bewerten möchte, falls sie eine Zigarette zur Beruhigung raucht. Beispielsweise könnte Sie den Ausrutscher als einmalige Angelegenheit, deren Ursache im Verhalten des Bereichsleiters liegt, bewerten.

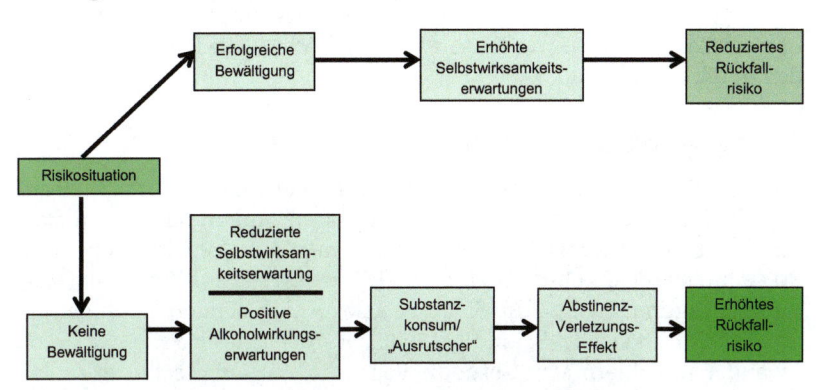

Abbildung 2.12: Modell des Rückfallprozesses (in Anlehnung an Marlatt & Gordon, 1985)

2.9.3.1 Kritikpunkte und Einschätzung

Forschungen zum RP-Modell machen deutlich, dass modellentsprechende Interventionen meist erfolgreich sind (Irvin, Bowers, Dunn & Wang, 1999). Besonders wirksam ist die Rückfallprävention bei Alkoholabhängigkeit und dem Missbrauch mehrerer unterschiedlicher Substanzen. Bei Rauchern finden sich deutlich geringere oder sogar paradoxe Effekte, wie beispielsweise in der Untersuchung von Supnick und Colletti (1984). Sie berichten von Teilnehmern, die für die Handhabung eines Rückfalls Copingstrategien gelernt hatten. Überraschenderweise wurden diese Personen häufiger rückfällig als Personen, denen aufgetragen war, keine einzige Zigarette zu rauchen. Interessant ist auch, dass sich alleine die Teilnahme an einem Rückfall-Präventionsprogramm, das nach dem Modell von Marlatt konzipiert wurde, positiv auf das Wohlbefinden von Personen auswirkt. Dieses Ergebnis findet sich, wenn man diese Teilnehmer mit anderen Personen, die an keinem oder andersartigen Programmen teilnahmen, vergleicht (Knoll, Scholz & Rieckmann, 2005). Insgesamt zeigt sich in der empirischen Forschung, dass eine umfassende, gezielte und auf den Einzelfall zugeschnittene Rückfallprophylaxe die Wahrscheinlichkeit erhöht, nicht von einem schweren Rückfall betroffen zu werden. Eine Rückfallprophylaxe erleichtert es den Betroffenen zudem, aus der Rückfallspirale schneller auszusteigen (Körkel & Schindler, 2003).

RP-Modell wirksam bei Alkoholabhängigkeit

Witkiewitz und Marlatt (2004) haben als Reaktion auf vielfache Kritik am RP-Konzept sowie dessen mangelnder empirischer Evidenz, ein neues Modell vorgestellt, bei dem die Faktoren des alten erhalten geblieben sind: das *Dynamische Modell des Rückfalls*. Seine Kernaussage ist, dass situa-

Neues, revidiertes RP-Modell

tionale Dynamiken vorherrschen. Dieser neue Gedanke steht im Gegensatz zum Ursprungsmodell, welches hierarchischer Natur ist und in dem ein Schritt auf den anderen folgte. D. h. konkret, wichtige Faktoren im Rückfallgeschehen wie *Bewältigungsstrategien*, *kognitive Prozesse*, *emotionaler Zustand* usw. beeinflussen sich wechselseitig und gemeinsam mit einer *Hochrisikosituation* schließlich auch einen Rückfall. Empirische Daten zum revidierten Modell liegen allerdings noch nicht vor (Witkiewitz und Marlatt, 2007). Dass alles mit allem zusammenhängt, wie es das neue Modell postuliert, wird kritisiert, da solche Konzeptionen empirisch nicht überprüfbar und damit wertlos seien, wenngleich sie die Realität gut abbilden (Lindenmeyer, 2008).

2.9.3.2 Anwendungsaspekte

RP-Modell-Vorstellungen in der Praxis verbreitet

Die Arbeiten von Marlatt (1985) ermöglichen eine differenzierte Sicht auf Rückfallprozesse und beinhalten auch konkrete Anleitungen zur praktischen Arbeit mit Rückfällen. Daher basieren etliche Interventionen und Präventionsprogramme auf dem Modell von Marlatt und Kollegen (Marlatt und Gordon, 1985). Zumeist finden sie sich im Bereich der Suchttherapie (vgl. Körkel und Schindler, 2003), werden mittlerweile aber auch in anderen Feldern der Gesundheitspsychologie eingesetzt, etwa bei Übergewicht und Adipositas (vgl. *Kapitel 8*). Die meisten dazu entwickelten Programme orientieren sich an den vier Bereichen, die nach Marlatt (1996) für die Entstehung und Verarbeitung von Rückfällen ausschlaggebend sind. Dies sind der *Lebensstil*, die *Hochrisikosituationen*, die *Bewältigungskompetenzen* und die *rückfallbezogenen Kognitionen*. Schwerpunktmäßig werden in Programmen zur Rückfallprävention, neben anderen Inhalten, soziale Fertigkeiten und Problemlösefähigkeiten sowie die kognitive Neubewertung und Regelung des Verhaltens nach einem Ausrutscher gelernt. Dadurch sollen die Betroffenen ihren Ausrutscher als normalen Vorfall bewerten, der bei einer Verhaltensänderung auftreten kann und keine Katastrophe darstellt. Vielmehr sollen sie darin die Chance erkennen, für künftige Situationen zu lernen, um Versuchungen besser zu widerstehen. Aber auch ein entsprechender Lebensstil und die Motivation zur Abstinenz sind bei Abhängigkeiten weiter zu entwickeln. Der Aufbau von Handlungskompetenz zum Umgang mit einem Ausrutscher oder Rückfall ist für Betroffene jedoch oft nicht nachvollziehbar, da sie im Denken des medizinischen Krankheitsmodells verhaftet sind und für sie nur eine abstinente Lebensweise in Frage kommt, bei der Ausrutscher oder Rückfälle nicht vorstellbar sind. Hieran wird deutlich, dass es besonders wichtig, die Einstellung der Betroffenen zum „Ausrutscher" im Sinne Marlatts zu verändern.

Zusammenfassung

- Zu Beginn des Kapitels stand die Feststellung, dass es für eine sinnvolle Beeinflussung von Gesundheitsverhalten im Rahmen der Praxis angewandter Gesundheitspsychologie theoretischer Ansätze, Konzepte und Modelle bedarf.

- Im weiteren Verlauf wurden die wichtigsten theoretischen Modelle dargestellt, wobei die *sozial-kognitiven Ansätze* dominierten. In der Darstellung dieser Konzepte wurde zwischen *kontinuierlichen Prädiktionsmodellen* und *Stufen- bzw. Stadienmodellen* unterschieden. Beschrieben und bewertet wurden bei den *kontinuierlichen oder linearen Modellen* folgende vier: das Modell der gesundheitlichen Überzeugungen (Health Belief Model), die Theorie der Schutzmotivation (Protection Motivation Theory), die Theorie des geplanten Verhaltens (Theory of Planned Behavior) und die sozial-kognitive Theorie (Social Cognitive Theory). Kernannahme dieser Modelle ist, dass Verhaltensveränderungen umso wahrscheinlicher sind, je ausgeprägter die jeweiligen modelleigenen Variablen auf einem spezifischen Punkt eines Kontinuums sind. Deutlich wurde bei der Darstellung die Tendenz von Autoren kontinuierlicher bzw. linearer Modelle, verstärkt volitionale Konstrukte in ihre Konzepte aufzunehmen. Da damit aber zwangsläufig eine motivationale und eine volitionale Phase in das jeweilige Modell eingeführt wird, widerspricht dies dem Grundgedanken der Kontinuität.

- Bei der Beschreibung der *Stufen- bzw. Stadienmodelle* wurde der unterschiedliche Aufbau zu den *kontinuierlichen Modellen* deutlich. Ziel dieser Modelle ist es nicht, spezifisches Verhalten zu erklären und wie es zustande kommt, sondern ihnen ist der Prozess der Verhaltensänderung über die Zeit wichtig. Vorgestellt wurden das *transtheoretische Modell* (Transtheoretical Model) und das *sozial-kognitive Prozessmodell gesundheitlichen Handelns* (Health Action Process Approach), das als Hybridmodell bezeichnet wird, da es ausdrücklich Annahmen über lineare bzw. kontinuierliche und Stadienverläufe macht. Betont wurde für die Stufen- oder Stadienmodelle, dass sie maßgeschneiderte Interventionen ermöglichen, wenn geklärt ist, in welcher Stufe sich eine Person befindet. Gleichwohl wurde diese Annahme aufgrund der nicht eindeutigen Forschungslage zur klaren qualitativen Differenzierung einzelner Stadien relativiert (*Pseudostadienmodelle*).

- Schließlich ist am Ende des Kapitels der Rückfall oder „Ausrutscher" thematisiert und sein Verständnis aus der Perspektive drei der bekanntesten Rückfallmodelle dargelegt worden, nämlich des *moralischen Modells*, des *Krankheitsmodells* und des *Selbstkontrollmodells* im Sinne von Marlatt (1985). Letzteres Modell erfreut sich in der Praxis großen Zuspruchs und hat die Konzeption von Rückfall-Präventionsprogrammen stark beeinflusst, wird jedoch wegen seiner mangelnden empirischen Evidenz kritisiert.

Name	Engl. Bezeichnung	Gesundheitsverhalten	Autor	Zentrale Begriffe
Kontinuierliche Prädiktionsmodelle				
Modell gesundheitlicher Überzeugungen	Health Belief Model, HBM	Rational begründet	Becker 1974; Rosenstock, 1966	■ Gesundheitsüberzeugungen ■ Wahrgenommene Anfälligkeit ■ Wahrgenommener Nutzen ■ Wahrgenommene Bedrohung ■ Erwartete Effektivität
Theorie der Schutzmotivation	Protection Motivation Theory, PMT	Rational begründet	Rogers 1975, 1983	■ Bedrohungseinschätzung ■ Bewältigungsmöglichkeiten ■ Schutzmotivation **Überarbeitete Theorie von Arthur und Quester (2004):** ■ Furcht als Mediator zwischen Wahrscheinlichkeit einer Schädigung und dem Schweregrad einer Erkrankung ■ Handlungs- und Selbstwirksamkeit
Theorie des geplanten Verhaltens	Theory of Planned Behavior, TPB	Funktion der Intention	Ajzen 1985, 1991, 2002	■ Verhaltensintention ■ Einstellung ■ subjektive Norm ■ wahrgenommene Verhaltenskontrolle
Sozial-kognitive Theorie	Social Cognitive Theory, SCT	Bestimmt durch Selbstwirksamkeits- und Handlungsergebniserwartung	Bandura, 1986	■ Selbstwirksamkeitserwartung ■ Handlungsergebniserwartung
Hybridmodell				
Sozial-kognitives Prozessmodell gesundheitlichen Handelns	Health Action Process Approach, HAPA	Verhaltensänderung über Motivations- und Volitionsphase in drei Stufen	Schwarzer (2001, 2004)	■ Risikowahrnehmung ■ Selbstwirksamkeitserwartung ■ Handlungsergebniserwartung ■ Motivationale und volitonale Phase
Stufen- bzw. Stadienmodell				
Transtheoretisches Modell	Transtheoretical Model, TTM	Endergebnis des Durchlaufens unterschiedlicher Stadien	Prochaska & DiClemente (1983)	■ Stufen der Veränderung ■ Selbstwirksamkeitserwartung ■ Entscheidungsbalance ■ Strategien des Veränderungsprozesses

Aufgaben

1. In welchen Zusammenhängen wird vom „Rückfall" gesprochen?
2. Was wird unter „Rückfallprävention" verstanden?
3. Welche drei theoretischen Ansätze des Rückfallverhaltens unterscheidet Schwarzer?
4. Beschreiben sie jeweils die Kernaussagen der Ansätze.
5. Was besagt das Modell des Rückfallprozesses nach Marlatt?
6. Was ist konkret mit „rückfallbezogenen Kognitionen" gemeint?
7. Weshalb sagt man, Alkohol wirkt als ein „positiver Verstärker"?
8. Beschreiben Sie bitte, was eine Hochrisikosituation im Modell des Rückfallprozesses ist.
9. Was wird im Modell unter dem „Abstinenz-Verletzungs-Effekt" verstanden?
10. An welchen Punkten der Rückfallprophylaxe setzen Präventionsprogramme an, wenn sie sich am RP-Modell orientieren?

Empfohlene Literatur

Anonyme Alkoholiker. Zugriff am 01.09.2012. Verfügbar unter: *http://www.anonyme-alkoholiker.de/content/03info/03index.php#01*

Arthur, D. und Quester, P. (2004). Who's afraid of that ad? Applying segmentation to the protection motivation model. *Psychology and Marketing*, 21 (9), 671–696.

Bandura, A. (1997). *Self-efficacy: The exercise of control.* New York, Freeman.

Eagly, A.; Chaiken, S. (1993). *The Psychology of Attitudes*, Orlando, Harcourt Brace Jovanovich College Publishers.

Hoffmann, S. und Müller, S., Hrsg. (2010). *Gesundheitsmarketing: Gesundheitspsychologie und Prävention.* Verlag Hans Huber, Hogrefe AG, Bern.

Persönlichkeitsmerkmale

3.1 Was Sie in diesem Kapitel erwartet 124
3.2 Zur Bedeutung von Persönlichkeitsfaktoren 124
3.3 Persönlichkeitsmerkmale und Gesundheit 126
3.4 Resilienz als Persönlichkeitseigenschaft 137

3.1 Was Sie in diesem Kapitel erwartet

Dass sich die Persönlichkeit eines Menschen auf die Entstehung von körperlichen und seelischen Krankheiten auswirkt bzw. bestimmte *Persönlichkeitseigenschaften* ihn gesund erhalten, ist in der Gesundheitspsychologie unbestritten (vgl. Smith & Gallo, 2001; Friedmann, 2000). Dies ist naheliegend, da Persönlichkeitsmerkmale das menschliche Erleben und Verhalten beeinflussen und daher auch eine Wirkung auf die Gesundheit anzunehmen ist.

Welche Rolle die Persönlichkeit für die Gesundheit bzw. die Entstehung von Krankheiten besitzt, soll in diesem Kapitel dargestellt werden. Dazu wird zunächst der Begriff der Persönlichkeit geklärt und gesundheitsrelevante Persönlichkeitsmerkmale werden diskutiert. Daran schließen sich die unterschiedlichen Mechanismen des Zusammenwirkens von Persönlichkeitsfaktoren und Krankheit bzw. Gesundheit an. Am Ende des Kapitels werden die Zusammenhänge zwischen spezifischen Persönlichkeitsfaktoren und Erkrankungen am Beispiel der *Koronaren Herzkrankheit* (KHK) sowie der *Krebsentstehung* erläutert.

3.2 Zur Bedeutung von Persönlichkeitsfaktoren

> **Begriffe**
>
> *Definition Persönlichkeit*
>
> Die *Persönlichkeit eines Menschen* besteht einerseits aus den Charakteristiken der Person, in denen sie sich von anderen Personen unterscheidet, z. B. in ihrem Wertesystem, ihren Einstellungen, Motiven, Eigenschaften und Fähigkeiten. Andererseits beinhaltet der Begriff der Persönlichkeit die zeitlich überdauernden und ziemlich stabilen Merkmale eines Menschen, die nicht direkt beobachtbar sind, sondern über das Verhalten indirekt erschlossen werden müssen.

Trait

Diese überdauernden und mehr oder weniger stabilen Persönlichkeitsmerkmale werden in der Psychologie als *trait* bezeichnet. So gibt es beispielsweise Personen, die in unterschiedlichsten Situationen immer als „ängstlich" wahrgenommen werden, weil sie sich entsprechend verhalten. Hier liegt der Schluss nahe, dass es sich um ein spezielles Merkmal, d. h. um einen konkreten Wesenszug dieser Menschen handelt, der zeitlich stabil und transsituativ konsistent ist, also über unterschiedliche Situationen hinweg immer wieder auftritt. Insofern ist ein trait jeder abstrahierbare und relativ konstante Wesenszug. Angst kann allerdings auch bei Individuen situationsbedingt entstehen, die sonst eher als furchtlos wahrgenommen werden. Dieser kurzfristige Zustand der Angst wird in

State

der Persönlichkeitspsychologie als *state* bezeichnet und unterscheidet sich somit von der dauerhaften Persönlichkeitseigenschaft der „Ängstlichkeit" als trait. Persönlichkeit wird in der neueren Persönlichkeitspsychologie vor allem unter dem Aspekt der Wechselwirkung zwischen Person und Situation betrachtet. Auf Grundlage der Antworten in Persönlichkeitsfragebögen, in denen diese Wechselwirkungen als hypothetische Situationen vorgegeben werden, wird das mögliche Verhalten der Befragten erfasst, sodass anschließend auf zugrundeliegende Persönlichkeitsmerkmale geschlossen werden kann (vgl. Faltermaier, 2005).

> **Beispiel**
>
> Peter F. ist Bankkaufmann und in seiner Bank seit sechs Jahren für die Personalentwicklung zuständig. Seine Abteilung ist dem Bereich Personal angegliedert. F. arbeitet bis zu 60 Stunden die Woche. Ihm macht die Arbeit Freude, wie er sagt, und er setzt sich mit aller Kraft für seine Aufgabe ein. Jeder in der Abteilung weiß, dass F. immer ein offenes Ohr für Probleme der Mitarbeiter hat. Seine ihm in der Abteilung direkt zugeordneten Kolleginnen und Kollegen schätzen an ihm, dass es kein „Nein" von ihm gibt. Dort wo sie nicht weiterkommen, es Probleme gibt oder sie den Wunsch nach Unterstützung haben, steht er ihnen immer ohne wenn und aber zur Seite. Dies zeichnet ihn auch aus Sicht seines Vorgesetzten aus, der vieles an ihn delegiert, weil er dann sicher gehen kann, dass es „in guten Händen" ist. In den letzten Monaten hat F. jedoch verstärkt das Gefühl der inneren Leere und seine Freude an der Arbeit ist nicht mehr vorhanden. Er leidet unter Schlafstörungen und hat Rückenschmerzen. Als seine gesundheitlichen Probleme zunehmen, fasst er den Entschluss zum Arzt zu gehen. Dessen Diagnose lautet „Erschöpfungsdepression".

Der Beispielfall zeigt, wie eine übersteigerte Verausgabungsneigung, basierend auf einem Persönlichkeitszug, der eine *exzessive Leistungsbereitschaft* verstärkt, kombiniert mit der Tendenz des *„Nicht-nein-sagen-können"*, dazu führen kann, dass eine Person auf die Dauer krank wird (Siegrist, 1996). D. h. eine ausgeprägte individuelle Bereitschaft zur Leistungserbringung tritt mit der Arbeitssituation in eine Wechselwirkung, die es dem Individuum erlaubt, diesen Persönlichkeitszug zu leben und die positiven Folgen zu genießen (z. B. Herausforderungen, Anerkennung usw.). Die Neigung des „Nicht-nein-sagen-können" kann dieses persönlichkeitsbedingte Verhalten noch verstärken, da es auf weiteren Persönlichkeitsfaktoren beruhen kann, etwa einer *mangelnden Durchsetzungsfähigkeit* oder *Ängstlichkeit*. Es ist aber auch möglich, dass diese Tendenz durch positive Rückmeldungen des Umfeldes (z.B. Vorgesetzter, Kollegen) zustande gekommen ist, indem dieses Verhalten verstärkt wurde und damit zu einer Art „Persönlichkeitszug" geworden ist.

Durch Erfahrung entstandene „Persönlichkeitszüge"

3.3 Persönlichkeitsmerkmale und Gesundheit

Psychosomatik Die *Psychosomatik*, die vom Ansatz ausgeht, dass psychische Einflüsse bei der Entstehung von einzelnen organischen Erkrankungen eine große Rolle spielen, hat sich bereits früh mit Persönlichkeitsfaktoren befasst (vgl. Uexküll, 1996). In der Folge wurde daher in der Forschung vor allem nach Persönlichkeitsmerkmalen gesucht, die als Risikofaktoren für Krankheitsentstehung und -verlauf angesehen werden können. Im Zuge der Entwicklung der Gesundheitspsychologie als eigenständige Disziplin, standen seit den 1980er-Jahren speziell in der Stressforschung sogenannte *personale Ressourcen* im Vordergrund, d. h. in der Person liegende Schutzfaktoren. Dies sind vor allem gesundheitsförderliche Persönlichkeitseigenschaften wie z. B. der *Kohärenzsinn* (vgl. *Abschnitt 1.6.2*) oder die *Selbstwirksamkeit* (vgl. *Abschnitt 2.5*).

> *Der Charakter ist weiter nichts als eine langwierige Gewohnheit.*
>
> Plutarch (ca. 45 – 125)

> **Begriffe**
>
> **Personale Ressourcen**
>
> *Personale Ressourcen* beschreibt Udris (2006) als „ […] (mehr oder weniger) habitualisierte, d. h. situationskonstante, aber zugleich flexible gesundheitserhaltende und wiederherstellende Handlungsmuster sowie Überzeugungssysteme der Person, die differentialpsychologisch als Persönlichkeitskonstrukte beschrieben werden."

Kohlmann (2003) schlägt vor, Persönlichkeitskonstrukte bzw. -merkmale im Kontext von Gesundheit und Krankheit in zwei Bereiche zu differenzieren. Er unterscheidet zwischen

Emotions- und kontrollorientierte Persönlichkeitsmerkmale

- *emotionsbezogenen Persönlichkeitsmerkmalen* (z. B. Angstbewältigung), die in Zusammenhang mit dem Erleben von Emotionen sowie deren Regulation stehen und
- *kontrollorientierten Persönlichkeitsmerkmalen* (z. B. Optimismus), welche mit habituellen Erwartungen, Überzeugungen und Bewertungen in Verbindung stehen und mit Kognitionen zu tun haben.

Modell der Bewältigungsmodi (MBM) Spezifische Strategien der Angstbewältigung können als *emotionsbezogene Persönlichkeitsmerkmale* aufgefasst werden, insbesondere habituelle Vorgehensweisen, die gewohnheitsmäßig und automatisiert ablaufen (z. B. bestimmte Situationen reflexartig meiden, da sie Angst machen). Das *Modell der Bewältigungsmodi (MBM)* geht von zwei unabhängig voneinander variierenden Konstrukten aus, nämlich *Vigilanz* und *kognitive Vermeidung* (Krohne, 2003). Vigilanz meint in diesem Zusammenhang die verstärkte Aufmerksamkeit hinsichtlich bedrohlicher Informationen und deren Verarbeitung. Vigilante Personen möchten damit ihre Verunsicherung oder sogar Angst aufgrund dieser beunruhigenden Information reduzieren bzw. nicht weiter ansteigen lassen. Menschen, die in Angstsituationen kognitiv vermeiden, verfolgen mit dieser Strategie das Gegenteil. Sie möchten bedrohliche

Hinweisreize möglichst nicht verarbeiten, um Erregung oder Angst zu vermeiden oder nicht weiter ansteigen zu lassen.

Wer seine Aufmerksamkeit verstärkt auf die Information legt und wenig kognitiv vermeidet, wird als *Sensitizer* bezeichnet. Wer hingegen niedrige Vigilanzwerte aufweist und hohe Werte bei der kognitiven Vermeidung, wird *Represser* genannt (vgl. *Abschnitt 5.4*). Kommen beide Tendenzen in einer Person zusammen, so haben wir es mit hochängstlichen Menschen zu tun (Krohne, 2003). Individuen, die kognitiv vermeiden, werden beispielsweise Signale des Körpers, etwa Schmerzen, verdrängen oder bagatellisieren, um den dadurch ausgelösten Erregungszustand zu verringern. Damit wird ein eventuell notwendiger Arztbesuch unterlassen, was für die Gesundheit fatale Folgen haben kann.

Sensitizer und Represser

Weitere emotionsbezogene Persönlichkeitsmerkmale sind *Neurotizismus*, *Feindseligkeit*, *negative Affektivität*, eine erhöhte *Ärgerneigung* sowie eine *mangelhafte Ärgerregulation*. Eine mangelhafte Emotionsregulation, d. h. die Neigung, negative Emotionen zu unterdrücken, gehört ebenfalls zu dieser Gruppe von Persönlichkeitsmerkmalen (siehe weiter unten *3.3.1 Persönlichkeit und Koronare Herzkrankheit*).

Optimismus, in der Bedeutung des *dispositionalen Optimismus* (Scheier & Carver, 1985), ist also ein zeitlich stabiler und transsituativ beständiger Persönlichkeitsfaktor und kann den *kontrollorientierten Persönlichkeitsmerkmalen* zugeordnet werden. Gekennzeichnet ist diese Form des Optimismus durch positive Ergebniserwartungen, die generalisiert sind und die zur Einstellung führen, dass schwierige Aufgaben oder Situationen problemlos gemeistert werden oder sich positiv entwickeln. Für diese Einschätzung spielen die Ursachen keine Rolle (z. B. Zufall, eigene Anstrengung oder Glück; vgl. Vollmann & Weber, 2011).

Dispositionaler Optimismus

> **Infobox**
>
> **Negative Affektivität**
>
> Unter negativer Affektivität, auch oft als negative Emotionalität bezeichnet, wird die Tendenz von Personen verstanden, verstärkt negative Emotionen wie Anspannung, Gereiztheit, Besorgtheit oder Nervosität zu erleben. Menschen mit negativer Affektivität konzentrieren sich eher auf negative Faktoren der eigenen Person (negatives Selbstbild), der Umwelt und der Zukunft sowie anderer Personen. Sie besitzen eine eher pessimistische Lebenseinstellung, klagen häufiger und empfinden Situationen stärker als belastend als dies Menschen mit niedriger negativer Affektivität tun (Watson & Tellegen, 1985).

Das Persönlichkeitsmerkmal Optimismus hat sowohl auf die physische als auch psychische Gesundheit positiven Einfluss. Dispositionaler Optimismus hängt eng mit positiven Emotionen, hoher Lebenszufriedenheit und einem positiven Selbstwert zusammen. Er wirkt sich auf das subjektive Wohlbefinden und die körperliche Gesundheit aus (Rasmussen, Scheier &

Greenhouse, 2009). Aber auch bei chronischen Erkrankungen scheint dispositionaler Optimismus die körperliche Fitness zu beeinflussen und Gesundungsprozesse zu befördern. Negativ korreliert er mit Angst und Depression (Day & Maltby, 2003). Gut belegt ist der positive Einfluss des dispositionalen Optimismus auf den Krankheitsverlauf bei HIV-Infizierten. So haben nach Ironson et al. (2005) Infizierte mit sehr hohen Werten für den Optimismus eine große Zahl an $CD4^+$-Zellen, deren Anzahl ein Indikator für ein gutes Immunsystem ist und die in einem negativen Zusammenhang mit dem Ausbruch von AIDS stehen. D. h., je optimistischer ein HIV-Infizierter ist, desto höher ist die Wahrscheinlichkeit, dass der AIDS-Virus nicht ausbricht oder später ausbricht im Vergleich zu weniger optimistischen HIV-Patienten (vgl. auch *Abschnitt 10.2.2*)

Unrealistischer Optimismus

Vom dispositionalen Optimismus ist der *unrealistische Optimismus* abzugrenzen. Letzterer führt in Bezug auf gesundheitliche Risiken häufig zu Fehlschlüssen. Diese kommen dadurch zustande, dass Personen ihre eigene Gefährdung, beispielsweise für eine Erkrankung, kleiner einschätzen als das durchschnittliche Risiko für ihre Vergleichsgruppe (z. B. Geschlecht, Alter usw.). Je ausgeprägter dieser unrealistische Optimismus auftritt und damit zu einer Unterbewertung der eigenen Verletzlichkeit führt, desto schwieriger sind die betroffenen Personen für risikoarmes und gesundheitsförderliches Verhalten zu motivieren (Renneberg & Hammelstein, 2006).

Zu den kontrollorientierten Persönlichkeitsfaktoren gehören z. B. auch der *Kohärenzsinn* (vgl. *Abschnitt 1.6.2*) und die *Selbstwirksamkeit* (vgl. *Abschnitt 2.5*).

Verbindungswege zwischen Persönlichkeit und Gesundheit

Persönlichkeit und Krankheit bzw. Gesundheit können auf unterschiedlichste Weise miteinander verbunden sein. Vollmann und Weber (2011) stellen *fünf Mechanismen* vor, wie sich Persönlichkeitsmerkmale auf die Gesundheit auswirken können.

Emotionale und kognitive Prozesse

1 Emotionale und kognitive Prozesse beeinflussen die Gesundheit

Über körperliche Reaktionen, die in Beziehung zu emotionalen und kognitiven Vorgängen stehen, kann die Persönlichkeit auf die Gesundheit Einfluss nehmen. Dies trifft insbesondere auf habituelles, d. h. eingeübtes, gewohnheitsmäßiges und damit automatisiertes Verhalten zu, wie es in Form der Emotions- oder Ärgerunterdrückung, aber auch bei chronischen Erkrankungen vorkommt. Beispielsweise wirkt sich die emotionale Verfassung bei einer Depression oder Angst auf das Herz-Kreislauf-System und die Immunabwehr aus. Suls und Bunde (2005) gehen davon aus, dass speziell die negative Affektivität, also die Häufigkeit und Dauer negativer Emotionen (Erleben und Umgang mit z. B. Ärger, Nervosität, Abscheu), bedeutsam für das Verständnis der Entwicklung der Koronaren Herzkrankheit sind. Kognitive Prozesse können sich ebenfalls unmittelbar auf körperliche Reaktionen auswirken. So weist der dispositionale Optimismus mit seinen positiven Kognitionen eine negative Korrelation zur Emotionsunterdrückung auf, da optimistische Menschen Emotionen eher ausdrücken und so ihre Emotionen besser regulieren können (John & Gross, 2007).

2 Gegenseitige Beeinflussung von Persönlichkeit und Verhalten

Der zweite angenommene Wirkmechanismus zwischen Persönlichkeitsmerkmalen und Gesundheit ist das Hand-in-Hand-gehen von Eigenschaften der Persönlichkeit und Verhaltensweisen, die direkte Konsequenzen für die Gesundheit einer Person haben. Dazu gehören beispielsweise gesundheitsgefährdende Verhaltensweisen wie Zigarettenrauchen, der Alkoholmissbrauch oder Fehlernährung. Ein schönes Beispiel im Kontext mit dem Persönlichkeitsmodell der Big Five ist der Zusammenhang zwischen einem gesunden Lebenswandel, wenig Leichtsinnigkeit sowie einem verringerten Unfallrisiko und dem Faktor Gewissenhaftigkeit, der sich in die Unterbereiche Ordentlichkeit, Beharrlichkeit und Zuverlässigkeit gliedert (Roberts, Walton & Bogg, 2005). Gewissenhaftigkeit korreliert auch positiv mit körperlicher Aktivität (vgl. Roberts & Bogg, 2004). Dagegen steht ein weiterer Big-Five-Faktor, der Neurotizismus, in einem negativen Zusammenhang zur Einstellung gegenüber gesundheitsförderlichem Verhalten (vgl. Courneya et al., 1999). Neurotische Menschen scheinen häufiger zu rauchen, viel Alkohol zu trinken und weniger Obst zu essen (vgl. Lesmos-Giraldez & Fidalgo-Aliste, 1997).

Persönlichkeitsmerkmale und Verhalten gehen Hand-in-Hand

3 Indirekte Beeinflussung der Gesundheit durch Persönlichkeitsfaktoren

Eine indirekte Beeinflussung der Gesundheit durch Persönlichkeitsfaktoren nimmt das dritte Wirkmodell an. Hier geht es um ein bestimmtes Verhalten, das sozial unverträglich ist (z. B. Aggressivität) oder missbilligt wird (z. B. Ausdruck negativer Emotionen). Dieses Verhalten kann die Bereitschaft des sozialen Umfeldes zu *sozialer Unterstützung* reduzieren und einer Person einen bedeutsamen, die Gesundheit stützenden Faktor entziehen. Denn soziale Unterstützung (Social Support) wirkt sich direkt auf das Wohlbefinden eines Menschen aus (z. B. auf die Stimmung, Zuversicht oder Anerkennung) und fungiert als Puffer zwischen Stress und Belastungsreaktion. Personen, die sozial gut eingebunden sind, zeigen beispielsweise weniger Belastungsreaktionen unter Stress als solche mit Isolationstendenzen (Baumann & Pfingstmann, 1986).

Indirekter Einfluss der Persönlichkeit

4 Die Persönlichkeit schafft gesundheitsförderliche oder gesundheitsgefährdende Bedingungen

Das vierte Wirkmodell geht davon aus, dass Menschen aufgrund ihrer Persönlichkeitsmerkmale bestimmte Umwelten aufsuchen oder Bedingungen schaffen, die je nach Motiven, Fähigkeiten oder Zielen mit Gesundheitsrisiken verbunden sein können. Es handelt sich um unterschiedlichste Aktivitäten wie Bergsteigen, nicht angeschnallt Autofahren oder aber das Betreiben einer Risikosportart. Am Konzept des *Sensation Seeking* (Zuckerman, 1994), dem Bedürfnis nach Stimulation, das als trait aufgefasst wird, kann dieser Mechanismus verdeutlicht werden. Menschen mit diesem Persönlichkeitszug gehen bewusst Risiken ein, um neuartige Erfahrungen zu machen oder intensive Eindrücke zu sammeln. Daher suchen sie unterschiedlichste Settings auf und provozieren damit natürlich auch Gesund-

Die negative Seite der Selbstwirksamkeit

heitsrisiken. Zuckerman (ebenda) unterscheidet in seinem Ansatz vier Bereiche:
- *Sportliche und andere Aktivitäten*, die mit Gefahr oder Geschwindigkeit zusammenhängen,
- Sammeln neuer Erfahrungen durch einen *nonkonformistischen Lebensstil*,
- Praktizieren *sozial und sexuell* enthemmter Verhaltensweisen,
- Ablehnen von *Routine und Wiederholungen*.

Aber auch eine besonders stark ausgeprägte *Selbstwirksamkeitserwartung* kann dazu führen, dass sich Personen unkritisch hohen Leistungsanforderungen stellen, was aufgrund der Unterschätzung der Aufgaben unweigerlich zu Stress und langfristig zu gesundheitlichen Störungen wie z. B. Burnout führen kann (vgl. *Abschnitt 2.5*). Schuhmacher und Roth (2004) konnten in einer Studie zu Risikosportarten zeigen, dass das Sensation Seeking positiv mit der Selbstwirksamkeitserwartung zusammenhängt und negativ mit der Risikowahrnehmung.

Somatopsychischer Effekt

5 Die Persönlichkeit nimmt Einfluss auf die Gesundheit über das Krankheitsverhalten

Die Modellvorstellungen des fünften Ansatzes gehen davon aus, dass Persönlichkeitseigenschaften über das Verhalten im Krankheitsfall auf die Gesundheit einwirken (z. B. die Bereitschaft, einen Arzt aufzusuchen oder auch ohne ärztliche Anweisung Medikamente einzunehmen). Eine besondere Empfänglichkeit für Schmerzen und Signale des Körpers ist für Menschen mit ausgeprägten Persönlichkeitsmerkmalen wie *Neurotizismus* und *negativer Affektivität* durch Studien belegt (Myrtek, 1998). Myrtek (ebenda) stellt fest, dass somatische Befunde sich oft nicht im subjektiven Befinden widerspiegeln. Denn Persönlichkeitsfaktoren können beispielsweise krankheitsbekräftigendes bzw. krankheitsverleugnendes Verhalten auslösen. Krankheitsverhalten kann deshalb im besonderen Fall *ohne* körperlichen Befund, jedoch mit ausgeprägten subjektiven Beeinträchtigungen, wie Störungen einer Organfunktion, auftreten. Arztbesuche beruhigen die Betroffenen oft nur kurzfristig, da deren persönlichkeitsbedingte Neigung zur Selbstbeobachtung ausgeprägt ist und ihre Fähigkeit, sich selbst zu beruhigen, verlorengegangen ist. Um Erklärungen für die Symptome zu erhalten, suchen die betroffenen Personen Informationen (*Sensitizer*) immer öfter auch im Internet (*Cyberchondrie*).

Aber auch Fernsehsendungen oder Artikel in Zeitschriften können Unsicherheit und Sorgen auslösen und zu weiterer Selbstbeobachtung anregen. Dadurch entsteht ein Teufelskreis, der dazu führt, dass zu häufig Ärzte aufgesucht werden und Beruhigung gesucht wird. Das Denken und Handeln kreist um die vermeintliche Erkrankung und wird schlimmstenfalls zum Lebensinhalt. Das soziale Umfeld reagiert auf dieses Verhalten mehr und mehr mit Ablehnung. Andererseits besteht die Möglichkeit, dass Personen von einer tatsächlich vorhandenen somatischen Erkrankung nichts bemerken (z. B. stummer Herzinfarkt) oder die Symptome nicht wahrhaben wollen und sie verleugnen.

Vollmann und Weber (2011) betonen die kausale Beziehung der Wirkung von Persönlichkeit auf die individuelle Gesundheit in den oben beschriebenen Modellen. Da der Körper hier den Geist bzw. die Persönlichkeit beeinflusst, wird diese Wirkung als somatopsychischer Effekt bezeichnet (Friedman & Schustack, 2004). Auch die Diagnose einer Krankheit und die Erfahrungen mit ihr, können die Persönlichkeit eines Menschen wandeln oder neue Wesenszüge entstehen lassen. Schließlich wird noch in Betracht gezogen, dass Persönlichkeit und Gesundheit in keiner kausalen Relation zueinander stehen, sondern eine genetische Prädisposition beide bedingt. Als Beispiel führen die Autorinnen die körperliche Stressreaktivität an: Sie beeinflusst einerseits das Erleben und Verhalten eines Menschen, andererseits bedingt sie ganz unabhängig von diesem Einfluss über psychobiologische Wirkmechanismen die Entstehung von Erkrankungen.

> **Begriffe**
>
> *Cyberchondrie* ist eine Unterform der *Hypochondrie* und setzt sich aus den beiden Begriffen Cyber (Internet) und Hypochondrie zusammen.

Cyberchondrie

Im Zusammenhang mit Persönlichkeitsmerkmalen stellt sich zwangsläufig die Frage, ob ein Einfluss auf die Entstehung von spezifischen Erkrankungen, deren psychologischen Verarbeitung und Verlauf überhaupt existiert. An der *Koronaren Herzkrankheit* (KHK) und der *Krebserkrankung* soll diese Frage ein Stück weit beantwortet werden.

Persönlichkeit und spezifische Erkrankungen

3.3.1 Persönlichkeit und Koronare Herzkrankheit

> **Begriffe**
>
> Von einer *Koronaren Herzkrankheit* wird dann gesprochen, wenn es zu einer Minderversorgung des Herzens mit Sauerstoff kommt, die durch eine Durchblutungsstörung des Organs bedingt ist. Eine Verengung (Stenose) einzelner oder mehrerer Herzkranzarterien (Koronararterien) durch kalkhaltige Ablagerungen (Arteriosklerose) ist hierfür ursächlich.

Koronare Herzkrankheit

Unter *Arteriosklerose* wird die krankhafte Veränderung von Arterien verstanden, die zu Ablagerungen in den Gefäßen und zu einer Einbuße an Flexibilität der Gefäßwand führt. Die Mangeldurchblutung des Herzens kann symptomlos sein, zu einer vorübergehenden Verengung einzelner, aber auch mehrerer Blutgefäße führen, die die typischen, anfallsartigen Schmerzen der *Angina pectoris* (Synonyme: Stenokardie, Brustenge oder Herzschmerz) nach sich ziehen. Kommt es zu einer Blockade einer oder mehrerer Herzkranzgefäße, so sterben Teile des Herzmuskels ab und es kommt zum *Herz-* oder *Myokardinfarkt* (▶Abbildung 3.1).

Arteriosklerose

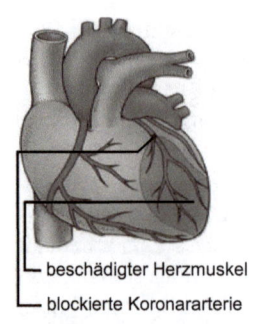

Abbildung 3.1: Geschädigter Herzmuskel durch blockierte Koronararterie

Risikofaktoren für die KHK

Ursachen für die Koronare Herzkrankheit sind im klassischen Risikofaktorenmodell das Rauchen, hohe Blutfettwerte, Bluthochdruck, Diabetes, Übergewicht, körperliche Inaktivität, männliches Geschlecht, das Alter und eine familiäre Disposition. Epidemiologische Studien und Forschungen der letzten Jahre verdeutlichen, dass nicht nur die klassischen Risikofaktoren, sondern auch soziale Faktoren wie z. B. soziale Isolation, chronische Belastungen in Familie oder Beruf und psychische Faktoren, etwa Depressivität, Feindseligkeit (siehe oben), Ärger und Ärgerbewältigung oder chronischer Stress für die Entstehung sowie den Verlauf der KHK bedeutsam sind.

Psychosomatische Persönlichkeitstheorie

Wie bereits bei der Darstellung der Risikofaktorenmodelle beschrieben (*Abschnitt 1.6.3*), werden in diesen Modellen Persönlichkeitsmerkmale als Faktoren behandelt, von denen das gleiche Risiko ausgehen kann wie von den klassischen Risikofaktoren. Als in der Persönlichkeit verhafteter Risikofaktor für die Koronare Herzkrankheit bzw. für Kreislauferkrankungen setzte sich das *Typ-A-Verhaltensmuster* der US-amerikanischen Kardiologen Friedman und Rosenman (1974) durch. Es ist gekennzeichnet durch ein ausgeprägtes Konkurrenzverhalten und Ehrgeiz, dauernde Leistungsüberforderung, permanenten Zeitdruck, mangelnde Geduld sowie die Benutzung aggressiver und feindseliger Verhaltens- und Sprachformen. Bereits Ende der 1950er-Jahre begannen sie mit ihren Forschungen, da sie für die Erklärung der Entstehung dieser Krankheiten alleine die klassischen Risikofaktoren wie z. B. hohen Blutdruck, Rauchen und hohe Blutfettwerte für nicht ausreichend ansahen. Ausgangspunkt für ihre Forschungen waren ihre Beobachtungen an Herzpatienten. Zudem wurden die beiden Forscher durch die *psychosomatische Persönlichkeitstheorie* des Psychonanalytikers und Arztes *Franz Gabriel Alexander* inspiriert. Alexander ging davon aus, dass nicht abgebaute emotionale Spannungen aufgrund innerpsychischer Konflikte chronische Veränderungen am vegetativen Nervensystem hervorrufen. Seiner Theorie zufolge werden entweder der *Sympathikus* oder der *Parasympathikus*, je nachdem, wie der innere psychische Konflikt konkret gelagert ist, verstärkt aktiv und befördern damit auf Dauer, wenn der Konflikt anhält, unterschiedliche Erkrankungen. Während der Sympathikus die nach außen gerichtete Handlungsbereitschaft erhöht (ergotrope Wirkung), sorgt der Parasympathikus für Erholung, Ruhe, Regeneration und den Aufbau körpereigener Reserven, und er beeinflusst den Stoffwechsel (trophotrope Wirkung).

Infobox

Im menschlichen Körper finden sich zwei Nervensysteme: das *somatische Nervensystem* und das *vegetative Nervensystem*. Das *vegetative Nervensystem (VNS)* wird gemeinsam mit dem somatischen Nervensystem als *peripheres Nervensystem* bezeichnet. Über das VNS werden die biologisch vorgegebenen und automatisch ablaufenden Anpassungs- und Regulationsvorgänge im menschlichen Organismus vermittelt. Das VNS steuert und reguliert lebenswichtige Körperfunktionen wie Herzfrequenz, Blutdruck, Muskelspannung und viele andere Funktionen ohne bewusste Wahrnehmung durch den Menschen. Da diese Vorgänge nicht direkt über den menschlichen Willen gesteuert werden können, wird es auch als *„autonomes" Nervensystem (ANS)* bezeichnet.

Es besteht aus dem sympathischen und dem parasympathischen Nervensystem (Sympathikus, links in der Abbildung, und Parasympathikus, rechts) sowie dem enterischen Nervensystem (Darmnervensystem). Sympathische Nervenbahnen laufen vom mittleren Rückenmarkssegment und die parasympathischen vom Gehirn sowie dem unteren Rückenmarkssegment zu den Zielorganen und dem Darmnervensystem.

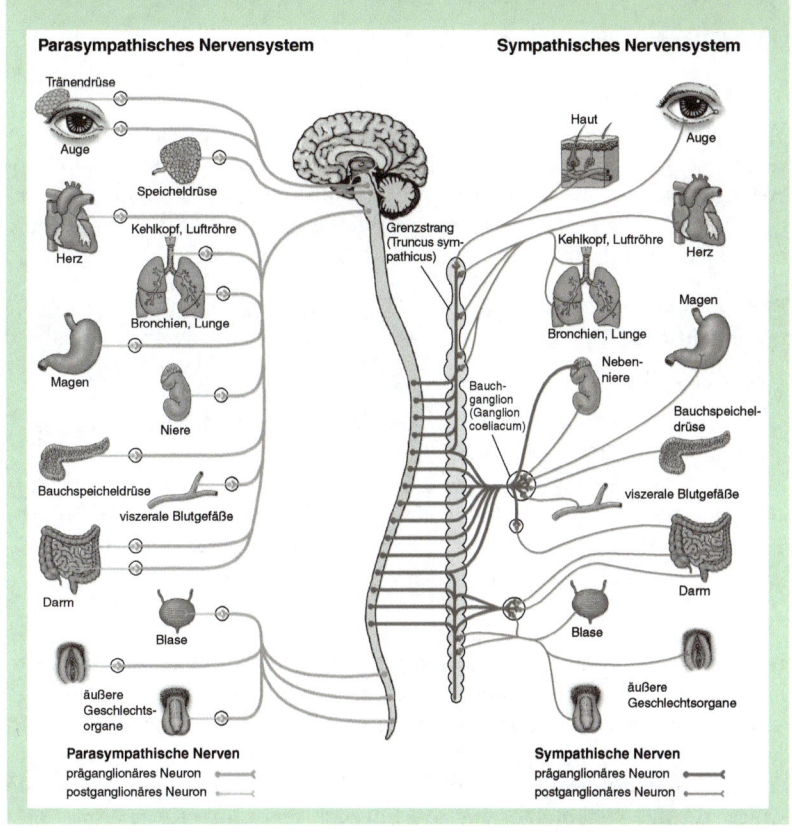

> Grundsätzlich erhöht der Sympathikus die Körperaktivität, während der Parasympathikus der Regeneration und dem Aufbau körpereigener Reserven dient, weshalb der Parasympathikus auch als „Ruhenerv" bezeichnet wird. In ihrer Wirkung balancieren sich die beiden Systeme in der Regel aus.

Chronische Aktivierung von Teilen des VNS

Werden durch solch einen inneren Konflikt beispielsweise auf Dauer starke negative Emotionen wie Feindseligkeit, Aggression oder Neid- bzw. Konkurrenzgefühle entwickelt, so wird der sympathische Teil des *vegetativen Nervensystems* permanent aktiviert. Mit dieser chronischen Aktivierung werden Herzerkrankungen, Schlaganfall, Bluthochdruck oder Migräne wahrscheinlicher. Da der Parasympathikus auch für die Steuerung des Magen-Darm-Traktes und der Bronchien zuständig ist, entstehen nach Alexanders Theorie bei unterdrückten Emotionen *Magengeschwüre*, *Asthma* und andere *Magen-Darm-Erkrankungen*. Nach Alexander sieht die theoretische Abfolge einer persönlichkeitsbedingten psychosomatischen Erkrankung folgendermaßen aus:

1 Entstehung eines *inneren Konflikts*,

2 Aufkommen *spezifischer Emotionen* und

3 Entwicklung *bestimmter Krankheiten*.

Wenngleich für diese theoretische Abfolge wenig empirische Daten vorliegen, so stimmt sie doch überein mit Forschungsergebnissen zum Typ-A-Verhaltensmuster von Friedman und Rosenmann (1974), da das Typ-A-Konzept gleichfalls durch spezifische Emotionen und Entwicklung einer speziellen Erkrankung gekennzeichnet ist.

Typ-A-Verhalten

> ### Kernaussage
> Myrtek zitiert die Autoren wie folgt:
>
> Menschen, die kein *Typ-A-Verhaltensmuster* aufweisen, werden fast nie vor dem 70. Lebensjahr koronarkrank, ganz gleich, wie fett sie essen, wie viele Zigaretten sie rauchen und wie wenig Bewegung sie haben. Wenn sie jedoch dieses Verhaltensmuster aufweisen, bricht die Koronare Herzkrankheit oft schon in den Dreißigern oder Vierzigern aus (Friedman & Rosenman, 1975; zitiert nach Myrtek, 2000, S. 8).

Feindseligkeit

Das Typ-A-Verhalten galt über Jahrzehnte als Risikofaktor für die Koronare Herzkrankheit. Personen mit diesem Verhaltensmuster zeichneten sich durch *Ungeduld*, *ausgeprägten Ehrgeiz*, *leichte Erregbarkeit*, *Wettbewerbsorientierung*, *Aggressivität* und *Feindseligkeit* aus. Aus diesem Ansatz ist lediglich die Feindseligkeit (Hostility) übrig geblieben, die weiterhin als Risikofaktor für die Entwicklung einer Koronaren Herzkrankheit gilt und nachfolgend als Beispiel für ein *emotionsregulieren-*

des Persönlichkeitsmerkmal dienen soll. Allerdings ist zwischenzeitlich auch der Zusammenhang zwischen Feindseligkeit und Krankheitsentstehung relativiert worden, da die Befunde aus unterschiedlichen Studien nicht eindeutig sind. Weil die Feindseligkeit einerseits *argwöhnische Einstellungen* (Kognitionen) gegenüber anderen beinhaltet, andererseits auch die *Ärgerregulation* (Emotionen) beeinflusst, wird sie je nach Ansatz entweder den *emotionsbezogenen* oder den *kontrollorientierten Persönlichkeitsmerkmalen* zugeordnet (vgl. Vollmann & Weber, 2011). Speziell das Gefühl des Ärgers geht mit einer verstärkten psychophysiologischen Aktivität auf hormonaler Ebene (Katecholaminfreisetzung) und einer verstärkten Aktivierung des Sympathikus einher. Dies kann zu *erhöhtem Blutdruck, steigenden Cholesterinwerten* und zu einer negativen Beeinflussung von *Blutzucker* und *Blutzuckergerinnung* führen. Auf lange Sicht etabliert sich damit der folgenschwere Prozess der Verhärtung des Gewebes (Sklerotisierung) der Herzkranzgefäße (vgl. Dembroski, Schmidt & Blümchen, 1983). Gleichwohl wurde bisher kein idealtypisch ablaufendes Reaktionsmuster, wie es die Theorie annimmt, nachgewiesen (Stemmler, 1992). Spielberger, Jacobs, Russel und Crane (1983) unterscheiden Ärger als Persönlichkeitsmerkmal (*trait anger*), als akuten Zustand (*state anger*) und nach der Form des Ärgerausdrucks bzw. der Ärgerregulation (*anger out, anger in, anger control*).

Ärgerregulation

Hank und Mittag (2003) gehen aufgrund ihrer Metaanalyse davon aus, dass sich sowohl das *Typ-A-Verhaltensmuster*, das *Konzept der Feindseligkeit*, als auch die *Ärgerkonzepte* als einzelne Risikofaktoren zur Erklärung der Entstehung einer KHK nicht bewährt haben. Praktische Bedeutung scheinen allerdings negative Emotionen wie Ärger bei Rehabilitationsprozessen und in Bezug auf eine Verlängerung der Lebenszeit bei Herzpatienten zu haben (vgl. Myrtek, 2000). Gleichwohl gilt es hier, die weitere Forschung abzuwarten, um fundierte Schlussfolgerungen ziehen zu können.

Einzelne Risikokonzepte zur Erklärung nicht ausreichend

Mit dem *Typ D* (D für „distressed") etablierte Denollet (2000) ein weiteres Typenkonzept.

Typ-D-Verhaltensmuster

> **Begriffe**
>
> Kennzeichnend für Menschen mit *Typ-D-Verhalten* ist, dass diese bei sozialen Interaktionen versuchen, Ablehnung zu vermeiden, weshalb sie tendenziell stärkere negative Affektivität (angespannt oder verärgert) bei gleichzeitig bewusster Emotionsunterdrückung zeigen.

Für Personen mit einer Koronaren Herzkrankheit stellt dieses Typenverhalten ein Risiko dar (Denollet, 2000). Gleichwohl scheint sich nach den bisher vorliegenden Forschungsergebnissen dieser Risikofaktor ausschließlich auf Koronare Herzkrankheiten zu beschränken.

3.3.2 Krebserkrankung und Persönlichkeit

Nachfolgend wird im Zusammenhang mit der Entstehung von Krebs ein weiteres Typenkonzept vorgestellt, das so genannte *Typ-C-Konzept* (C für „cancer").

> **Begriffe**
>
> **Typ-C-Verhaltensmuster**
>
> Das von Temoshok (1987) entwickelte *Typ-C-Modell* vereint vordergründig unzusammenhängende, z. T. auch widersprüchliche, Beobachtungen zwischen psychischen Faktoren und Krebserkrankungen. Krankheitsentstehung und -verlauf sind nach diesem Konzept von einem Zusammentreffen spezieller psychosozialer Einflussfaktoren bestimmt.

Typische Persönlichkeitseigenschaften der Typ-C-Person sind Freundlichkeit, Hilfsbereitschaft, Geselligkeit, Perfektionismus, Duldsamkeit, Anspruchslosigkeit, wenig Durchsetzungskraft, rigide Abwehrmechanismen und Nachgiebigkeit gegenüber Autoritäten. Aber auch das Problem der Betroffenen, Gefühle auszudrücken, gehört in dieses Verhaltensmuster. Insgesamt sind Typ-C-Personen bemüht, ihren Ärger zu unterdrücken, um so eine harmonische Atmosphäre in ihrer Umgebung herzustellen. Zustände von Hilfs- und Hoffnungslosigkeit entstehen bei ihnen durch das Zurücknehmen der eigenen Bedürfnisse (vgl. Schwenkmezger, 1994). Schwierig ist die Lage der Forschungsdaten zum Typ C, da der Typus vermutlich eine Reaktion auf eine schon im Fortschreiten begriffene Krebserkrankung ist und *nicht* den auslösenden Faktor darstellt (z. B. Hilfs- und Hoffnungslosigkeit, Ärger unterdrücken als Reaktion auf die Krankheit).

Typologien von Grossarth-Maticek und Eysenck

Ein anderes Konzept vertreten der deutsch-englische Psychologe Eysenck und der Heidelberger Forscher Grossarth-Maticek (Grossarth-Maticek, Eysenck & Vetter, 1988). Ihre umstrittene Theorie, die auf Längsschnittstudien zunächst in Jugoslawien und dann in Heidelberg basiert (1973 bis 1995, Heidelberger Prospektive Studie), löste etliche Kontroversen aus (vgl. Amelang & Schmidt-Rathjens, 2003). Erfasst wurden eine Vielzahl von Variablen wie das Rauchen, die körperliche Aktivität, Vorschädigungen von Organen und mögliche genetische Dispositionen sowie das Ernährungsverhalten. Zusätzlich erhoben die Forscher auch psychische Faktoren (Disstress, Selbstregulation) mittels eines Persönlichkeitsfragebogens. Aufgrund ihrer unterschiedlichen individuellen Fähigkeit zur Selbstregulation wurden die Teilnehmer zunächst in *vier*, später in *sechs Typen* eingeteilt.

Das Ergebnis: Je niedriger die Fähigkeit der Selbstregulation ausfällt, desto stressanfälliger seien die betroffenen Personen, so die Forscher. Insbesondere ist im vorliegenden Kontext der *Typ I* von Interesse, der sich durch eine *Ausdruckshemmung ich-bezogener Bedürfnisse*, die *Betonung von Verlusterlebnissen*, *Unterdrückung von Gefühlen*, *Abhängigkeit von Anderen* sowie durch *Depression aufgrund erlernter Hilflosigkeit* auszeichnet (vgl. Faltermaier, 2005; Schwarzer, 2004). Menschen dieses Typs tendierten signifikant stärker zur Entwicklung einer Krebserkrankung, so die Folgerungen aus den Forschungsergebnissen. Über ein „Autonomietraining", das Grossarth-Maticek entwickelt hat, soll das Verhaltensmuster des Typs I verändert und die Teilnehmer zu einer gesunden Selbstregulation geführt werden.

Schwarzer (2004) sieht in der Typologie der beiden Forscher als Grobklassifikation einen gewissen heuristischen Nutzen. Dennoch prophezeit er ihr das gleiche Schicksal wie dem Typ-A-Verhaltensmuster, d. h. eine Ausdifferenzierung in seine Einzelfaktoren, da mit ihnen Zusammenhänge besser erforscht werden können (S. 135).

3.4 Resilienz als Persönlichkeitseigenschaft

Der Begriff der *Resilienz* (Synonym: psychische Widerstandsfähigkeit) wurde in den 1970er-Jahren geprägt. Abgeleitet ist der Begriff vom lateinischen Wort „resilire" und meint „abprallen" oder „nach oben springen". In der Biologie und Ökologie ist Resilienz die Fähigkeit eines lebenden Systems, z. B. eines Organismus oder eines Ökosystems, auch unter widrigen und schädigenden äußeren Einflüssen zu funktionieren und zu überleben. Ausgangspunkt der Beschäftigung mit dem Phänomen der psychischen Widerstandsfähigkeit waren die Erfahrungen mit Kindern und Jugendlichen, die in Heimen aufwuchsen oder auf der Straße lebten, d. h. unter teilweise trostlosen Bedingungen (Bengel, Strittmacher und Willmann, 2001). Obwohl viele von ihnen Verhaltensauffälligkeiten zeigten, entwickelten sich einige dieser Kinder entgegen aller Erwartungen als Erwachsene positiv (vgl. Garmezy, 1991).

Psychische Widerstandsfähigkeit

> **Begriffe**
>
> Menschen, die das Persönlichkeitsmerkmal einer hohen *Resilienz* besitzen, sind in der Lage, widrigen Lebensumständen und Elend zu trotzen und sich rasch von kritischen oder einschneidenden Erlebnissen bzw. Ereignissen zu erholen (Jacelon, 1997). Sie sind fähig, stressreiche und frustrierende Erlebnisse zu bewältigen, so dass keine negativen psychologischen Konsequenzen entstehen (Bonanno, 2004).

Persönlicher Schutzfaktor

Die Grundannahme: Resiliente Menschen verfügen über Schutzfaktoren, die ihre körperliche und seelische Gesundheit in unterschiedlicher Form und unterschiedlichem Ausmaß erhalten und schützen. Diesen Schutzfaktoren ist die Resilienzforschung auf der Spur und hat zwei Resilienztypen identifiziert, die den folgenden Funktionen dienen:

- der „Erhalt der Funktionsfähigkeit trotz vorliegender beeinträchtigender Umstände" und
- die „Wiederherstellung normaler Funktionsfähigkeit nach erlittenem Trauma" (Staudinger & Greve 2001, S. 101).

Damit sind die Fähigkeiten bzw. personalen Ressourcen eines Menschen beschrieben, der es schafft, sich normal zu entwickeln und seine Funktionsfähigkeit trotz Widrigkeiten, Gesundheitsrisiken und Traumata aufrecht zu erhalten. Resilientes Verhalten ist damit ein protektiver Faktor hinsichtlich Krankheit oder dient der Krankheitsbewältigung. Aber auch für den Umgang mit gesundheitlichen Problemen, die altersbedingt auftreten, spielt Resilienz eine Rolle. Resiliente Personen besitzen auch bessere Chancen bei der Gesundung, was sich besonders bei Heilungsprozessen von chronischen Krankheiten zeigt (Lloyed, 2006).

Mit Blick auf andere Konzepte ergeben sich bei der Resilienz Überschneidungen mit den Themen *Kohärenzsinn* von Antonovsky (1997), der *Selbstwirksamkeitserwartung* nach Bandura (1997) und zum *Hardiness-Konzept* von Kobasa (1982) (siehe auch *Kapitel 5*).

Zwei Vorstellungen von Resilienz

Nach Staudinger und Greve (2001) finden sich in der Literatur auch zwei grundlegende Vorstellungen zur Resilienz, nämlich:

- Resilienz als *Merkmal der Person* und
- Resilienz als *Person-Umwelt-Interaktion*.

1.) Resilienz als Merkmal der Person

Resilienz kann als positives Gegenstück zur Vulnerabilität (Verletzbarkeit, Anfälligkeit) verstanden werden, weshalb sie auch synonym als *Invulnerabilität* bezeichnet wird. Dieses „Invulnerabilitätskonzept" unterscheidet sich recht deutlich vom Resilienzkonzept der 1970er-Jahre, welches vor allem als relationale Resilienz verstanden wurde und die Person-Umwelt-Beziehung in den Vordergrund stellte (z. B. soziale Netzwerke, Bezugspersonen, Förderung durch die Schule oder Einzelpersonen). Da es sich bei der Resilienz um *aktive Anpassungsprozesse* handelt, spielt sie im Alter eine besondere Rolle. Als personale Ressource hilft sie alten Menschen, besser mit einer eingeschränkten Mobilität, mit Gebrechlichkeit sowie mit einer geringeren geistigen und körperlichen Flexibilität und Aktivität umzugehen. Hochbetagte resiliente Personen erhalten sich auch ihr Selbstwertgefühl und ein positives Wohlbefinden (Leppert, Gunzelmann, Schumacher, Strauß & Brähler, 2005).

„Invulnerabilitätskonzept"

Resilienz im Alter wichtig

Resiliente Personen verfügen über spezielle Merkmale

Grundsätzlich sind resiliente Personen durch einige spezielle Merkmale ihrer Person gekennzeichnet, wie z. B. eine *ausgeprägte Unabhängigkeit*, ein *hohes Selbstbewusstsein*, die *Überzeugung, dass das Leben sinnvoll ist*. Oft sind auch *religiöse Bindungen* und *hohe intellektuelle Fähigkeiten* vorhanden (Jacelon, 1997). Darüber hinaus zeichnen sie sich durch eine *hohe Wertschätzung der eigenen Person* und eine ausgeprägte *Selbstwirksamkeitserwartung* aus. Dass so unterschiedliche Resilienz-Komponenten genannt werden, hängt auch mit der Vielzahl von unterschiedlichen Versuchen der Erstellung eines umfassenden Resilienz-Modells zusammen, die eine große Zahl von Persönlichkeitsmerkmalen beinhalten (vgl. Tugade & Fredrickson, 2004). Interessanterweise korreliert Resilienz mit vier der fünf Persönlichkeitsmerkmale der „Big Five". Positive Zusammenhänge finden sich bei *Offenheit*, *Extraversion* und *Gewissenhaftigkeit*. Negativ Korrelationen gibt es beim *Neurotizimus* (Nakaya, Oshio & Kaneko, 2006).

2.) Resilienz als Person-Umwelt-Interaktion

Neben Persönlichkeitsvariablen spielen bei dieser Vorstellung von Resilienz vor allem Faktoren der Umwelt, wie z. B. *nahestehende Personen, soziale Beziehungen, Erziehungsstile* oder eine *Förderung in der Schule*, eine wesentliche Rolle (Knoll, Scholz & Rieckmann, 2005).

Resilienz als erworbener Persönlichkeitszug

Danach handelt es sich bei der Resilienz um keine Persönlichkeitseigenschaft die angeboren ist, sondern um einen Persönlichkeitszug, der im Laufe der Entwicklung im Rahmen der Person-Umwelt-Interaktion erworben wird. In diesem Ansatz werden originäre Persönlichkeitsvariablen (z. B. Intelligenz) und Umweltfaktoren (z. B. elterlicher Erziehungsstil) als gleichwertige Faktoren behandelt, die vor einer abweichenden Entwicklung schützen. Andere Forscher gehen davon aus, dass psychische, biologische und ökonomische Ressourcen, die Anpassungsprozesse des Individuums in Risikosituationen erleichtern, im Laufe des Lebens in unterschiedlichem Ausmaß verfügbar sind (Rutter, Champion, Quinton, Maughan und Pickles, 1995). Anders als bei einem stabilen situationsübergreifenden Persönlichkeitsmerkmal, welches eher schwer zu verändern ist, wird hier von veränderbaren Einflussfaktoren ausgegangen, die über die Lebensspanne in unterschiedlicher Zahl und Qualität vorhanden sind (z. B. soziale Unterstützung in einer Partnerschaft). Dies wiederum bedeutet, dass resilientes Verhalten erlern- bzw. beeinflussbar ist. Geschehen kann diese Beeinflussung durch eine *ressourcenorientierte Strategie*, indem vorhandene Ressourcen ausgebaut oder neu erschlossen werden (z. B. soziale Netzwerke, ökonomische Bedingungen). Möglich ist auch eine *prozessorientierte Strategie*, speziell im Kindesalter durch eine Förderung von Motivation und Selbstregulation sowie den Aufbau starker emotionaler Bindungen.

Resilienz entwicklungsfähig und beeinflussbar

Die Forschung zur Resilienz schreibt auch sogenannten protektiven Systemen bei der positiven individuellen Entwicklung eine große Bedeutung zu, beispielsweise dem Familiensystem, religiösen Gemeinschaften und Systemen, die Einzelne dazu motivieren, Gesundheitsrisiken zu bewältigen (Masten, 2001). Die Wirkung von protektiven Systemen zeigt sich auch bei kollektivistisch geprägten Gruppen mit einer starken Werteorientierung, deren Mitglieder diese Werte teilen (shared values) und die ein starkes Gemeinschaftsgefühl besitzen. Personen, die solchen Gemeinschaften angehören, gelten als besonders resilient.

Protektive Systeme

Speziell über die Person-Situation-Relation, das heißt über den Kontext, lässt sich Resilienz mittels unterschiedlicher Indikatoren (soziale und intellektuelle Kompetenz, emotionale Bindungen oder Erziehungspraktiken) im Hinblick auf ihre gesundheitsförderliche oder -beeinträchtigende Wirkung bewerten (Staudinger & Greve, 2007; Masten et al., 1999). Direkte Messungen erlaubt die im anglo-amerikanischen Raum sehr verbreitete Resilienzskala von Wagnild und Young (1993), von der auch eine deutsche Version vorliegt (Leppert, 2003; Schumacher, Leppert, Grunzelmann, Strauß und Brähler, 2005).

Messung von Resilienz

Zusammenfassung

- Die Persönlichkeit, verstanden als die Gesamtheit mehr oder weniger stabiler Merkmale einer Person, hat einen *direkten* und *indirekten Einfluss* auf die Gesundheit eines Individuums. Dabei können „Persönlichkeitszüge" auch durch Lernprozesse aufgrund von Erfahrungen entstehen.

- Der Einfluss der Persönlichkeit auf die Gesundheit wurde bereits früh durch die *Psychosomatik* thematisiert. Dabei gibt es positive Einflüsse der Persönlichkeit, etwa durch den dispositionalen Optimismus, den Kohärenzsinn oder die Selbstwirksamkeit. Negativ wirken sich hingegen Persönlichkeitsmerkmale wie Neurotizismus, Feindseligkeit oder eine mangelhafte Ärgerregulation aus.

- Unterschieden wird bei dem Konstrukt der Persönlichkeit in zwei Bereiche, nämlich die *emotionsbezogenen* (z. B. Bewältigung von Angst) und die *kontrollorientierten Persönlichkeitsmerkmale* (z. B. dispositionaler Optimismus).

- Beschrieben wurde das *Modell der Bewältigungsmodi (MBM)* mit seinen zwei Konstrukten der *Vigilanz* und der *kognitiven Vermeidung* (Sensitizer und Represser). Kommen beide Tendenzen in einer Person zusammen, so zeigt sich das Merkmal der Hochängstlichkeit.

- Ausführlich dargestellt wurde die theoretische Sicht der Verbindung zwischen Persönlichkeit und Gesundheit in Form der fünf möglichen Mechanismen. Diese beschreiben und verdeutlichen, dass Persönlichkeit und Gesundheit bzw. Krankheit auf unterschiedlichste Weise miteinander verbunden sind.

- Zusammenhänge zwischen Persönlichkeitsmerkmalen und *Koronarer Herzkrankheit* wurden kritisch diskutiert. Insbesondere die klassischen Risikofaktoren sowie das *Typ-A-Verhaltensmuster* haben aus heutiger Sicht nicht mehr den Stellenwert, der ihnen früher für die Koronare Herzkrankheit zugesprochen wurde. Ergänzt wurden die Theorien zur Entwicklung der Erkrankung um die Sichtweise der *psychosomatischen Persönlichkeitstheorie* von Alexander, in der davon ausgegangen wird, dass eine chronische Aktivierung von Teilen des VNS für den Krankheitsprozess ausschlaggebend ist. Mit dem *Typ-D-Verhaltensmuster*, das durch Anpassung in sozialen Situationen, negative Affektivität und Emotionsunterdrückung gekennzeichnet ist, wurde vermutlich ausschließlich ein Risikoverhalten für bereits Herzkranke beschrieben.

- Die Entstehung der Krebserkrankung wurde mit dem *C-Konzept* von Temoshok in Verbindung gebracht, das von einem Zusammenkommen spezifischer psychosozialer Einflussfaktoren ausgeht. Ergänzt wurde diese Perspektive um den TYP I von Grossarth-Maticek und Eysenck, wobei diesem Typ ein eher heuristischer Wert für weitere Forschungen eingeräumt wird.

- Am Beispiel der *Resilienz*, der „psychischen Widerstandsfähigkeit", konnte gezeigt werden, dass Persönlichkeiteigenschaften existieren, die es Menschen erlauben, ihre Funktionstüchtigkeit selbst bei beeinträchtigenden Umständen zu erhalten bzw. nach einem erlittenen Traum wiederherzustellen.

Fragen zur Wiederholung des Kapitelinhalts

1. Was wird unter „Persönlichkeit" eines Menschen verstanden?
2. Definieren Sie den Begriff der „personalen Ressource".
3. Was sind emotionsbezogene, was kontrollorientierte Persönlichkeitsmerkmale?
4. Beschreiben Sie den „dispositionalen Optimismus".
5. Wie lauten die fünf Mechanismen die die Wirkung der Persönlichkeit auf die Gesundheit erklären? Skizzieren Sie diese auch inhaltlich.
6. Was ist Cyberchondrie?
7. Wie kommt eine Koronare Herzkrankheit zustande?
8. Was versteht man unter dem Typ-A-Verhaltensmuster?
9. Was ist das Typ-D-Verhaltensmuster?
10. Welche Zusammenhänge werden zwischen Krebserkrankungen und der Persönlichkeit angenommen?
11. Definieren Sie den Begriff der Resilienz.

Empfohlene Literatur

Allport, G. W. und Odbert, H. S. (1936). Trait-names: A psycho-lexical study. *Psychological Monographs*, 47, (Nr. 211).

Antonovsky, A. (1997). Salutogenese: *Zur Entmystifizierung der Gesundheit*. Dt. erweiterte Herausgabe von Alexa Franke. Tübingen: Dgvt.

Amelang, M. und Schmidt-Rathjens, C. (2003). Persönlichkeit, Krebs und koronare Herzerkrankungen. Fiktionen und Fakten in der Ätiologieforschung. *Psychologische Rundschau*, 54, 12–23.

Bandura, A. (1997). *Self-efficacy: The exercise of control*. New York: Freeman.

Bengel, J., Strittmacher, R., Willmann, H. (2001). Was erhält Menschen gesund? Antonovskys Modell der Salutogenese- Diskussionsstand und Stellenwert. Erweiterte Neuauflage. *Forschung und Praxis der Gesundheitsförderung Band 6*. Köln: Bundeszentrale für gesundheitliche Aufklärung (BZgA).

Bonanno, G. A. (2004). Loss, Trauma, and Human Resilience, Have We Underestimated the Human Capacity to Thrive After Extremely Aversive Events?, *American Psychologist*, 59 (1), 20–28.

Cattell, R. B. (1946). *The description and measurement of personality*. New York: World Book.

Denollet, J. (2000). Type D personality. A potential risk factor refined. *Journal of Psychosomatic Research*, 49, 255–266.

Eysenck, H. J. (1947). *Dimensions of personality*. New York: Praeger.

Faltermaier, T. (2005). *Gesundheitspsychologie*. Kohlhammer Stuttgart.

Friedmann, H. S. und Schustack, M. W. (2004). *Persönlichkeitspsychologie und Differentielle Psychologie*. 2., aktualisierte Auflage, Pearson Studium.

Hank, P. und Mittag, O. (2003). Zur Bedeutung von Ärger und Ärgerausdruck für die Entstehung und Prognose der koronaren Herzkrankheit. In J. Jordan, B. Barde, A. M. Zeiher, (Hrsg.). *Statuskonferenz Psychokardiologie* 12, 7–14 u. 47–51. Frankfurt (Main). VAS.

Knoll, N., Scholz, U., Rieckmann, N. (2005). *Einführung in die Gesundheitspsychologie*. UTB Stuttgart.

Kohlmann, C.W. (2003). Gesundheitsrelevante Persönlichkeitsmerkmale. In M. Jerusalem und H. Weber (Hrsg.). *Psychologische Gesundheitsförderung. Diagnostik und Prävention* (S. 39–55). Göttingen. Hogrefe.

Leppert, K., Gunzelmann, T., Schumacher, J., Strauß, B., Brähler, E. (2005). Resilienz als protektives Persönlichkeitsmerkmal im Alter. Psychotherapie, Psychosomatik, *Medizinische Psychologie*, 55, 365–369.

McCrae, R. R. und John, O. P. (1992). An introduction to the five-factor model and its applications. *Journal of Personality*, 60, 175–215.

Myrtek, M. (1998). *Gesunde Kranke – kranke Gesunde*. Bern. Huber.

Myrtek M (2000). Das Typ-A-Verhaltensmuster und Hostility als eigenständige Risikofaktoren der koronaren Herzkrankheit. In J. Jordan, B. Barde, A. M. Zeiher, (Hrsg.), *Statuskonferenz Psychokardiologie 2*, 72–74. Frankfurt (Main). VAS.

Renneberg, B. und Hammelstein, P. (Hrsg.) (2006). *Gesundheitspsychologie*. Springer Medizin Verlag Heidelberg.

Roberts, B. W., Walton, K. E. und Bogg, T. (2005). Conscientiousness and health across the life course. *Review of General Psychology,* 9, 156–168.

Schumacher J., Leppert K., Grunzelmann T., Strauß B., Brähler E. (2005). Die Resilienzskala – Ein Fragebogen zur Erfassung der psychischen Widerstandsfähigkeit als Personmerkmal. *Zeitschrift für Klinische Psychologie, Psychiatrie und Psychotherapie*, 53, S. 16–39.

Schwenkmezger, P. (1994). Gesundheitspsychologie. Die persönlichkeitspsychologische Perspektive. In P. Schwenkmezger und L. Schmidt (Hrsg.), *Lehrbuch der Gesundheitspsychologie*, S. 47–64. Stuttgart, Enke.

Siegrist, Johannes (1996). *Soziale Krisen und Gesundheit. Eine Theorie der Gesundheitsförderung am Beispiel von Herz-Kreislauf-Risiken im Erwerbsleben.* Göttingen, Bern, Toronto, Seattle.

Smith, T. und Gallo, L. C. (2001). Personality Traits as risk Factors for Physical Illness. In T. R. Baum und J. Singer (Eds.). *Handbook of Health Psychology*, Hillsdale. Lawrence Erlbaum, 139- 172.

Staudinger, U. M. und Greve, W. (2001). Resilienz im Alter. In Deutsches Zentrum für Altersfragen (Hrsg.). *Personale, gesundheitliche und Umweltressourcen im Alter. Expertisen zum Dritten Altenbericht der Bundesregierung.* Opladen, Leske und Buddrich, S. 94 – 144.

Uexküll, T. von (1996). *Psychosomatische Medizin* (5. neubearb. u. erw. Auflage). München. Urban und Schwarzenberg.

Vollmann, M. und Weber, H. (2011) Gesundheitspsychologie. In A. Schütz, H. Selg, S. Lauterbacher (Hrsg.), *Psychologie. Eine Einführung in ihre Grundlagen und Anwendungsfelder* (4., vollst. überarb. und erw. Aufl.). Stuttgart. Kohlhammer, 2011, S. 394–410.

Soziale Unterstützung

4.1 Was Sie in diesem Kapitel erwartet 146
4.2 Die Bedeutung sozialer Integration und
 sozialer Unterstützung 146
4.3 Soziale Unterstützung und ihre Quellen 156
4.4 Die Wirkweise von sozialer Unterstützung 162
4.5 Psychobiologische Wirkweisen sozialer
 Unterstützung bei der Stressbewältigung 169
4.6 Anwendungsbeispiele 174

4 Soziale Unterstützung

4.1 Was Sie in diesem Kapitel erwartet

Für unsere Gesundheit sind gute *zwischenmenschliche Beziehungen* und *soziale Unterstützung* (Social Support) wesentlich. Durch soziale Unterstützung erhält der Mensch den notwendigen emotionalen und praktischen Rückhalt. Personen, die in ein soziales Netzwerk eingebunden sind, fühlen sich umsorgt, wertgeschätzt, geachtet und geliebt. Für die Gesundheit ist dies eine Art Schutzfaktor. Sozialer Rückhalt kann aber auch helfen, eine gesündere Lebensweise zu praktizieren und Auswirkungen ungünstiger Lebensumstände zu entschärfen. Anderseits wird eine direkt schützende Wirkung durch soziale Unterstützung auf die Stressreaktivität des Körpers (die autonome, d. h. physiologische Reaktion des Organismus) vermutet, die unterschiedliche *salutogenetische Effekte* zur Folge hat. Seit 1970 bis hin zur Gegenwart belegen zahlreiche Forschungsarbeiten einen positiven Einfluss von unterstützenden Beziehungen auf das körperliche und psychische Wohlbefinden. Im folgenden Kapitel wird soziale Unterstützung definiert, anschließend gibt es einen Überblick über mögliche Zusammenhänge zwischen sozialen Beziehungen und der individuellen Gesundheit. Dazu werden die Konstrukte *„Soziale Unterstützung"* und *„Soziales Netzwerk"* voneinander unterschieden, außerdem werden ihre *Funktionen* und Ihre *Bedeutung* anhand theoretischer Grundlagenarbeiten vorgestellt. Thematisiert werden auch die *Geschlechterunterschiede* bei der sozialen Unterstützung und die Rolle der sozialen Unterstützung in Partnerschaften. Aber auch die Rolle der sozialen Unterstützung bei Stress und die damit zusammenhängenden *psychischen und körperlichen Wirkungen* werden beschrieben. Abschließend werden Anwendungsbeispiele im *betrieblichen Kontext* sowie neuere Ansätze, wie z. B. *soziale Unterstützung im Internet*, behandelt.

4.2 Die Bedeutung sozialer Integration und sozialer Unterstützung

> **Beispiel**
>
> Hanna und Peter sind seit drei Jahren ein Paar, sie leben jedoch in getrennten Wohnungen. Hanna hatte in den letzten Monaten wiederholt den Wunsch geäußert, mit Peter zusammenziehen zu wollen. Peter wich dieser Thematik jedoch immer wieder aus. Gestern wollte Hanna „endgültig" wissen, ob er angesichts seiner ausweichenden Manöver überhaupt noch mit ihr zusammen sein wolle. Nach einer heftigen Auseinandersetzung verließ Peter Türen knallend die Wohnung von Hanna mit den Worten „Jetzt ist Schluss!". Hanna ist nach diesem Vorfall tief enttäuscht, fühlt sich verletzt und deprimiert. Am nächsten Tag erzählt sie ihrer Freundin Amelie davon.

4.2 Die Bedeutung sozialer Integration und sozialer Unterstützung

> Diese hört sich zunächst einmal alles an, nimmt sie in die Arme und spricht tröstend auf sie ein. In einem langen Gespräch hört sie ihr zu, streicht ihr immer wieder mitfühlend über die Hand und versucht, ihr Rat zu geben, wenn Hanna sie darum bittet. Gemeinsam entwickeln sie Ideen, wie sich Hanna verhalten soll, falls sich Peter wieder melden sollte. Zum Ende des Gesprächs vereinbaren sie, am kommenden Wochenende gemeinsam mit anderen Freundinnen auszugehen, um Hanna auf andere Gedanken zu bringen.

Helfende und unterstützende Beziehungen sind Bestandteil *psychosozialer Ressourcen* des Menschen, die Einfluss auf seine Gesundheit haben und als Teilbereiche *sozialer Netzwerke* gelten. Der Begriff der Unterstützung wird dabei *quantitativ* und *qualitativ* definiert.

Psychosoziale Ressourcen

Die *quantitativ-strukturelle Begriffsbestimmung* umfasst die sozialen Netzwerke wie z. B. Familien-, Freundes- und Bekanntenkreise (informelle Strukturen) sowie die sozialen Beziehungen in Sportvereinen oder kirchlichen Gruppen mit formellen Strukturen (Rütten et al., 2000).

Begriffe

Der Grad der Einbettung eines Menschen in ein solches soziales Netzwerk wird als *soziale Integration* bezeichnet, der man die *soziale Isolation*, d. h. eine Desintegration, gegenüberstellt.

Als Indikatoren für die soziale Integration und zur Analyse der Struktur von Netzwerken werden folgende Faktoren berücksichtigt:

- der Familienstand bzw. Partnerschaften,
- die Anzahl der Verwandten,
- die Größe des Freundes- und Bekanntenkreises,
- die Häufigkeit der stattfindenden Kontakte,
- die Dichte, d. h. die Anzahl der Kontakte im Netzwerk,
- das Sich-verpflichtet-fühlen dem Netzwerk gegenüber (z. B. Familie, Kollegenkreis),
- Homogenität bzw. Heterogenität (z. B. Geschlechter- oder Alterszusammensetzung des Netzwerks) oder
- die Wechselseitigkeit des Gebens und Nehmens im Netzwerk.

Mittels der beschriebenen Indikatoren ist es jedoch nicht möglich, die soziale Unterstützung zu quantifizieren oder sie hinsichtlich ihrer Qualität zu bewerten. Allerdings wirken sich die Größe des Netzes, die Anzahl der engen Vertrauten und die Häufigkeit der persönlichen Kontakte stark auf die Verfügbarkeit wie auch auf die Art der hilfreichen sozialen Unterstützung aus (Seeman & Berkman, 1988).

Soziale Netzwerke

Soziale Netzwerke üben aufgrund in ihnen geltender Normen und Werte auch soziale Kontrolle aus. Dadurch soll ein Netzwerk stabilisiert und normabweichendes Verhalten verhindert oder eingeschränkt werden (Röhrle, 1994). Insofern bieten soziale Netzwerke nicht nur positive Vorteile und Chancen, wenn es um die eigene Gesundheit geht; bei normabweichendem Verhalten kann es auch zu Konflikten kommen. Konkret bezeichnet man solche Konflikte als *negative Unterstützung*, die sich erkennbar in Kritik und Abwertung, Diskriminierung, Feinseligkeit oder Einmischung ausdrückt.

> **Kernaussage**
>
> *Soziale Kontrolle* in einem intakten sozialen Umfeld sorgt aber auch dafür, dass riskantes und die Gesundheit gefährdendes Verhalten, wie beispielsweise Rauchen, Alkoholmissbrauch oder Drogenkonsum, vermieden wird.

In der Gesundheitspsychologie werden soziale Netzwerke in erster Linie im Kontext der *qualitativ-funktionalen Dimension* von sozialen Beziehungen untersucht, d. h. es wird der Frage nach der jeweiligen Funktion des helfenden Verhaltens nachgegangen. Erforscht werden die Auswirkungen dieser sozialen Netzwerke auf die Gesundheit und das Wohlbefinden des Menschen und außerdem der Zusammenhang zwischen sozialen Beziehungen und Krankheitsentstehung bzw. -vermeidung (Petermann, 2005).

> **Begriffe**
>
> *Soziale Unterstützung* ist die Interaktion zweier oder mehrerer Personen, um das Leid einer Person, das durch einen Problemzustand hervorgerufen wird, zu beenden, zu mildern oder erträglicher zu gestalten (Knoll & Schwarzer, 2005).

Formen sozialer Unterstützung

Berkman und Glass (2000) gehen von vier verschiedenen Formen der sozialen Unterstützung aus (siehe ▶Abbildung 4.1):

1. *Emotionale Unterstützung* (z. B. Liebe, Obhut, Sympathie, Verständnis oder Zuspruch, die eine Person erhält).
   Beispielitem aus den Berliner Social Support Scales BSSS (Schulz & Schwarzer, 2003): „Wenn ich Trost und Zuspruch brauche, ist jemand für mich da."

2. *Instrumentelle Unterstützung* (z. B. konkrete Hilfen für die Alltagsbewältigung wie finanzielle Unterstützung oder die Übernahme von Tätigkeiten für jemanden).
   Beispielitem BSSS: „Es gibt Menschen, die mir ihre Hilfe anbieten, wenn ich sie brauche."

3 *Informative Unterstützung* (z. B. Informationen, Ratschläge die helfen, ein Problem zu lösen).
Beispielitem BSSS: *„Diese Bezugsperson hat mir das Gefühl gegeben, dass ich mich auf sie verlassen kann."*

4 *Bewertende Unterstützung* (z. B. Einschätzungshilfe bei Entscheidungen und Bewertungen, aber auch Wertschätzung, Anerkennung).

Die *emotionale Unterstützung* stellt in den unterschiedlichen Definitionen sozialer Unterstützung die häufigste Variable dar (Haß, 2002).

Ergänzt werden können diese allgemeinen Formen des sozialen Rückhalts durch spezielle Unterstützungsleistungen, die sich auf eine bestimmte Krankheit, deren spezifische Symptome oder auf die Therapie beziehen. Diese Formen werden als *krankheitsspezifische Unterstützung* bezeichnet (Eller, 2006). So kann soziale Unterstützung z. B. die Entstehung, Aufrechterhaltung sowie die Bewältigung einer psychischen Erkrankung stark beeinflussen (Röhrle & Laireiter, 2009).

Soziale Beziehungen sind meist nicht auf eine einzige Unterstützungsform begrenzt, sondern sind multifunktional und dies umso ausgeprägter, je enger eine Beziehung ist. Soziale Beziehungen sind meist nicht auf eine einzige Unterstützungsform begrenzt (z. B. eine Person, die *nur* emotionale Unterstützung bietet, aber keine weitere Unterstützungsform wie z. B. instrumentelle Unterstützung). Die meisten sozialen Beziehungen sind multifunktional (d. h. es kommt zu vielen Unterstützungsformen im Bedarfsfall) und dies umso ausgeprägter, je enger eine Beziehung ist (Diewald, 1990). Eine Hilfe im Haushalt einer älteren Dame, die behindert und chronisch krank ist, wird zwar in erster Linie eine Unterstützung instrumenteller Art sein, kann aber auch als emotional stützend empfunden werden und als solche wirken.

Multifunktionalität sozialer Unterstützung

Während *enge Verwandte* stärker in Notsituationen helfen und meist emotionale und finanzielle Unterstützung geben, bezieht sich z. B. soziale Unterstützung im Rahmen der Nachbarschaft mehr auf instrumentelle Unterstützung (Jungbauer-Gans, 2002).

Eine weitere Differenzierung im Kontext sozialer Unterstützung wird durch die Begriffe *wahrgenommene* (oder erwartete) *Unterstützung* (*perceived available social support*) und tatsächlich *erhaltene Unterstützung* (*actually received social support*) vollzogen. Diese subjektiven Kategorien spiegeln nicht die objektiven Verhältnisse wider, vielmehr geht es bei dieser Unterscheidung um die Deutung durch die betroffenen Personen, d. h. die Bewertung bzw. Einschätzung des Unterstützungsempfängers (siehe ▶Abbildung 4.1). Die wahrgenommene Unterstützung ist eine vergleichsweise stabile Erwartungshaltung, beispielsweise hinsichtlich einer Hilfestellung in einer fiktiven Stresssituation (Beispielitem BSSS; Schulz & Schwarzer, 2003: *„Es gibt Menschen, die mir ihre Hilfe anbieten, wenn ich sie brauche."*).

4 Soziale Unterstützung

Wahrgenommene Unterstützung

> **Begriffe**
>
> Die *wahrgenommene Unterstützung* ist definiert als die subjektive Überzeugung eines Menschen, soziale Unterstützung im Not- oder Bedarfsfall zu bekommen (Fydrich & Sommer, 2003), während die erhaltene Unterstützung die tatsächliche und beobachtbare Handlung und interpersonale Interaktion fokussiert (Laireiter, 1993).

Sarason, Pierce und Sarason (1990b) konnten mit ihren Forschungen verdeutlichen, dass die Gesundheit nicht durch eine erhaltende Unterstützung beeinflusst wird, aber sehr wohl durch die wahrgenommene soziale Unterstützung.

Von *erhaltener Unterstützung* wird gesprochen, wenn in einer sozialen Interaktion der Handlungsaspekt im Mittelpunkt steht. D. h., erhaltener sozialer Rückhalt lässt sich über die Empfänger- und Geberwahrnehmung sowie durch Beobachtung Außenstehender beurteilen.

Erhaltene Unterstützung

> **Begriffe**
>
> In einer sozialen Interaktion tatsächlich ausgetauschte und beobachtbare Hilfestellungen bezeichnet man als *erhaltene Unterstützung* (Laireiter, 1993).

Der tatsächliche Erhalt von Unterstützung wird meist rückblickend für einen bestimmten Zeitraum über die Wahrnehmung des Unterstützungsempfängers erfragt. Beispielitem BSSS: *„Diese Bezugsperson kümmerte sich um meine Angelegenheiten, die ich nicht alleine erledigen konnte."*

In einer Studie zu den beiden Konstrukten „wahrgenommene Unterstützung" und „erhaltene Unterstützung" konnten Davis, Morris und Kraus (1998) die allgemein wahrgenommene soziale Unterstützung und die konkret geleistete bereichsspezifische Hilfestellung als voneinander unabhängig identifizieren. Für die wahrgenommene Hilfestellung nehmen sie eine Beeinflussung durch frühkindliche Bindungserfahrungen an, wohingegen Unterstützungsempfänger die bereichsspezifische Unterstützung sehr genau mittels einzelner Situationen und Hilfequellen beurteilen (Ditzen & Heinrichs, 2007).

Sichtbare versus unsichtbare Unterstützung

Beide Konstrukte sollten nach Leppin und Schwarzer (1997) auch getrennt behandelt werden, da eine wahrgenommene Unterstützung nicht unbedingt genutzt und eine tatsächliche Hilfestellung nicht immer als Unterstützung wahrgenommen wird. Auch werden oft nicht als unterstützend gedachte bzw. unbewusst ausgeführte Verhaltensweisen von Unterstützern aus Sicht des Empfängers als unterstützend wahrgenommen. Bolger, Zuckerman und Kessler (2000) unterscheiden daher zwischen *sichtbarer* und *unsichtbarer sozialer Unterstützung*. Unsichtbarer sozialer Beistand

4.2 Die Bedeutung sozialer Integration und sozialer Unterstützung

ist besonders in engen Beziehungen wie Partnerschaften von Bedeutung (Gmelch & Bodenmann, 2007) und insbesondere bei der dyadischen Stressbewältigung wesentlich (Shrout, Herman & Bolger, 2006). Schließlich unterscheiden sich die Empfänger sozialen Beistands auch hinsichtlich des Ausmaßes der wahrgenommenen Unterstützung (Sarason et al., 1990a). Sinnvollerweise sollte eine konkrete Aktion zur sozialen Unterstützung auch zu den Unterstützungsbedürfnissen passen, die eine Person benötigt (Laireiter, 1993).

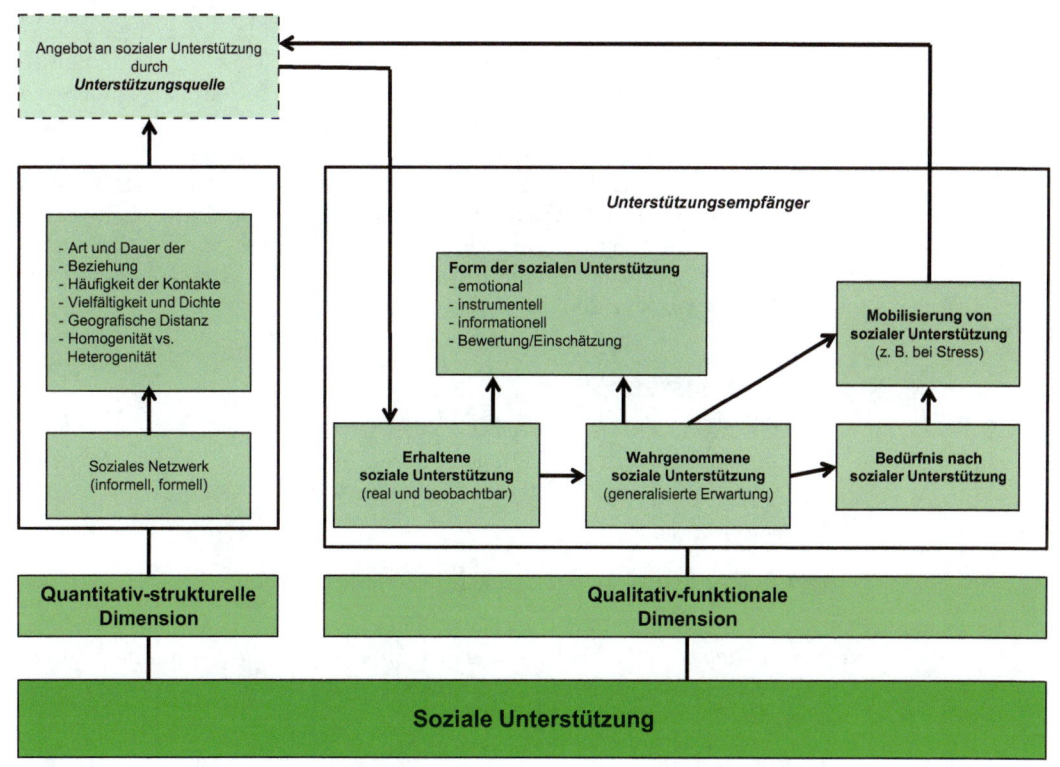

Abbildung 4.1: Integratives Modell zu den Dimensionen und Funktionen sozialer Unterstützung

Wenn es um gesundheitsförderliche soziale Beziehungen geht, stellt sich auch die Frage, welche der dargestellten Unterstützungsformen sich dafür am besten eignet. In einer Metaanalyse haben Schwarzer und Leppin (1989) für Depressionsverläufe einen Vorteil der *emotionalen* gegenüber der *instrumentellen Unterstützung* nachgewiesen. Ebenso wichtig ist die *Zufriedenheit des Unterstützungsempfängers* mit der Hilfeleistung. Im Vergleich zum Umfang unterstützender Handlungen ist die Zufriedenheit mit der empfangenen Unterstützung bedeutsamer (Krause, 1987).

Zufriedenheit der Unterstützungsempfänger

Eine weitere Differenzierung von sozialer Unterstützung kann hinsichtlich des

- *Bedürfnisses nach Beistand* (need for support) erfolgen.
  Beispielitem BSSS: „Wenn ich niedergeschlagen bin, dann brauche ich jemanden, der mich wieder aufbaut."

oder bezüglich

- der *Suche nach sozialer Unterstützung* (mobilization of support).
  Beispielitem BSSS: „Wenn es kritisch wird, hole ich mir gerne Rat von anderen."

Dritte Säule des Bewältigungsverhaltens

Das Bedürfnis nach sozialer Unterstützung im Alltag, und in der Folge die Mobilisierung von Hilfe, kann beispielsweise für eine Person in einer psychisch belastenden Situationen entstehen, wenn sie für sich keine Bewältigungsmöglichkeiten oder Lösungen sieht. Die Bereitschaft, andere zu unterstützen, steht in sozialen Netzwerken als potenzielle Ressource bereit, die es im Bedarfsfall durch den Hilfsbedürftigen ggf. zu aktivieren gilt (Klauer & Winkler, 2005). Die Mobilisierung von Unterstützung, etwa bei kritischen Lebensereignissen, Erkrankungen oder Stress, kann damit konzeptionell neben *emotions- und problemlösungsorientierten Copingstrategien* als dritte Säule im Bewältigungsverhalten verstanden werden (Klauer & Winkler, 2005).

> **Kernaussage**
>
> In diesem Sinn ist die Mobilisierung sozialer Unterstützung der Versuch einer (partiellen) Delegation von Bewältigungsaufgaben an die soziale Nahumwelt (Klauer & Winkeler, 2005, S. 163).

4.2.1 Studien zur sozialen Einbindung

Gemeindestudien

Zwischen den 1960er- und 1980er-Jahren wurden in den USA ein Reihe von Gemeindestudien zur sozialen Einbindung und Gesundheit durchgeführt. Dazu wurden die weiter oben beschriebenen Indikatoren für die soziale Integration und Analyse von sozialen Netzwerken herangezogen.

4.2.1.1 Die Roseto-Studie

Ab dem Jahr 1962 beobachteten Forscher 50 Jahre lang die durch italienische Einwanderer dominierte Bevölkerung der Kleinstadt Roseto in Pennsylvania, USA, um den Einfluss der sozialen Integration in eine Gemeinschaft auf die Gesundheit zu untersuchen. Diese Studie wies die Forscher auf eine Verbindung zwischen Koronarer Herzkrankheit und sozialer Einbindung des Einzelnen hin. Die Datenerhebung zeigte ein von sozialen Traditionen geprägtes Gemeinwesen und gab Auskunft über den Gesundheitsstatus und das Gesundheitsverhalten der Bewohner. Im Unterschied zu den beiden benachbarten Orten der gleichen Region, mit denen die Ergebnisse verglichen wurden, zeigte sich, dass in Roseto die Todesrate für den Herzinfarkt nur bei 50% der Mortalität in den Vergleichsgemeinden lag. D. h. relativ starben pro Kopf in Roseto weniger Menschen an Herzinfarkt als in den benachbarten Gemeinden. Erklärt wurden diese Resultate mit dem engen sozialen Zusammenhalt der Familien, in denen bis zu drei Generationen unter einem Dach wohnten. D. h. mit der hohen Qualität der Beziehungen, einer Unterstützungskultur im Sinne eng geknüpfter sozialer Netzwerke (sozialer Zusammenhalt) in der Gemeinde und einer gering ausgeprägten materiellen Statusorientierung („Gleichheit" der Bewohner; Ruberman, 1993). Ab den 1970er-Jahren lösten sich die sozialen Bindungen immer stärker auf und Selbstverwirklichungstendenzen nahmen zu. Darunter litt allgemein der Gemeinschaftssinn und die Rate der Herzinfarktmortalität stieg deutlich an. Der Verdienst der Studie liegt vor allem darin, in einer Zeit (1960er-Jahre), in der das medizinische Risikofaktorenkonzept das Denken dominierte, den Blick auf die soziale Unterstützung und Integration gelegt zu haben.

4.2.1.2 Alameda-County-Studie

Im Jahr 1965 wurde die „Alameda County Health and Ways of Living Study" ins Leben gerufen. An ihr nahmen in einem repräsentativen Bezirk im Staat Kalifornien 6.928 Personen teil (Berkman & Breslo, 1983). Ziel war die Untersuchung des Zusammenhangs von sozialer Einbindung, Gesundheitsverhalten, physischer und psychischer Gesundheit sowie Mortalität. Die Daten hierzu wurden in drei Wellen erhoben: 1965, danach in einer zweiten Befragung 1974 sowie ein drittes Mal 1983 (Berkman & Syme, 1979). Fragen zur sozialen Integration waren auch in dieser Studie die bereits bekannten Indikatoren wie Ehe, Verwandtschaft, Freunde, Gruppenzugehörigkeiten usw. Der Gesundheitsstatus wurde über Selbsteinschätzungen erfasst (z. B. *„Wenn Sie sich mit Personen Ihres Alters vergleichen, wie bewerten Sie Ihre Gesundheit?"*).

Das Resultat der Untersuchung lässt sich wie folgt zusammenfassen: Menschen, die sozial nicht ausreichend eingebunden waren, unterlagen einer doppelt so starken Gefährdung, im Zeitraum der Beobachtung zu sterben, als Personen, die in sozialen Netzwerken über viele und qualitativ gute Beziehungen verfügten. Diese für eine Verbindung von Gesundheit und sozialer Unterstützung als klassisch zu bezeichnende Forschungsarbeit, hat viele weitere Studien in der Gesundheitspsychologie angestoßen. In einer Metaanalyse haben House, Landis und Umberson (1988) diese Arbeiten ausgewertet und ziehen daraus den Schluss, dass mangelnder sozialer Rückhalt ein Gesundheitsrisiko darstellt, das dem Zigarettenrauchen gleichkommt. In der Folge der Alameda-Studie und der sich daran anschließenden Forschungsarbeiten zur sozialen Unterstützung kam es schließlich zur oben dargestellten Differenzierung des Konzeptes unter quantitativen und qualitativen Blickwinkeln.

> **Infobox**
>
> **Suizid und Gesellschaft**
>
> David Émile Durkheim (1858 – 1917) französischer Soziologe und Ethnologe
>
> In seinem Werk „Suizid und Gesellschaft" (Le suicide, 1897) befasste sich Durkheim bereits mit der Frage der sozialen Integration. Ihn interessierten die sozialen Gründe für die voneinander abweichenden Selbstmordraten in verschiedenen französischen Regionen (Arrondissements) und in Europa.
>
> Seiner Ansicht nach treten Menschen mit der Gesellschaft über ihre soziale Einbindung und durch Regeln und Normen in Kontakt. Für katholische Regionen stellte er niedrigere Selbstmordzahlen fest und führte dies auf eine stärkere Einbindung in soziale Gruppen und auf die Regeln und Normen des katholischen Glaubens zurück wie z.B. das Selbsttötungsverbot. Dieses existiert z.B. im Protestantismus nicht.
>
> Soziale Gruppen, in denen Werte und Normen keinen großen Stellenwert haben, so Durkheim, förderten egoistisches Handeln, psychische Krisen und Verzweiflung.
>
> Sein 1887 gezogenes Fazit:
>
> Suizid variiert invers mit dem Grad der Integration von sozialen Gruppen, von denen das Individuum einen Teil darstellt." (Bergmann & Kawachi, 2000, S. 174)

4.2.2 Daten zur sozialen Unterstützung in Deutschland

Differenziertes Bild sozialer Unterstützung

Der Gesundheitsbericht des Bundes für das Jahr 2009 (Robert-Koch-Institut, 2011) zeichnet für die Bundesrepublik Deutschland beim Thema „soziale Unterstützung" folgendes Bild:

- Zirka 17% der Befragten geben an, nur geringe soziale Unterstützung zu erhalten (Frauen: 17,3%, Männer 15,8%).
- Menschen, die älter als 65 Jahre sind, geben, relativ zum Gesamtdurchschnitt, vermehrt an, dass sie nur geringe soziale Unterstützung erhalten (ca. 20% der Männer und ca. 25% der Frauen).
- Am stärksten unterstützt fühlen sich Menschen im Alter zwischen 18 und 29 Jahren (Frauen: 42,7%, Männer: 39,7%).
- Von geringerer sozialer Unterstützung berichten Frauen und Männer mit niedrigem Bildungsstatus im Vergleich zu Personen mit mittlerem oder höherem Bildungsniveau.
- Frauen im Alter von 18 bis 29 Jahren und Frauen aus oberen Bildungsgruppen erfahren besonders starke soziale Unterstützung.

4.2 Die Bedeutung sozialer Integration und sozialer Unterstützung

Bei der Erhebung der Daten („Oslo-3-Items-Social-Support Scale"; Meltzer, 2003) wird nach der Anzahl der Personen gefragt, auf die man sich bei ernsten persönlichen Schwierigkeiten verlassen kann. Darüber hinaus wird die Anteilnahme und das Interesse anderer Menschen erfragt, das diese an dem, was man tut, zeigen. Und es wird erhoben, wie einfach es ist, konkrete praktische Hilfe aus der Nachbarschaft zu erhalten.

Frauen	Geringe Unterstützung		Mittlere Unterstützung		Starke Unterstützung	
	%	95%-KI	%	95%-KI	%	95%-KI
Gesamt (Frauen und Männer	16,6	(15,8 – 17,3)	50,9	(50,0 – 51,8)	32,6	(31,8 – 33,4)
Frauen Gesamt	17,3	(16,3 – 18,3)	50,2	(49,0 – 51,4)	32,6	(31,5 – 33,7)
18 – 29 Jahre	8,8	(7,4 – 10,5)	48,5	(45,9 – 51,1)	42,7	(40,2 – 45,3)
Untere Bildungsgruppe	11,7	(8,5 – 15,8)	43,3	(38,2 – 48,5)	45,1	(39,9 – 50,3)
Mittlere Bildungsgruppe	7,9	(6,4 – 9,7)	51,0	(47,8 – 54,2)	41,1	(38,0 – 44,3)
Obere Bildungsgruppe	4,8	(2,8 – 8,1)	50,7	(44,4 – 57,0)	44,5	(38,3 – 50,9)
30 – 44 Jahre	16,1	(14,5 – 17,8)	51,0	(48,9 – 53,0)	32,9	(31,1 – 34,9)
Untere Bildungsgruppe	33,7	(26,4 – 41,8)	41,9	(34,0 – 50,3)	24,4	(17,9 – 32,3)
Mittlere Bildungsgruppe	14,2	(12,6 – 16,1)	52,8	(50,3 – 55,2)	33,0	(30,7 – 35,4)
Obere Bildungsgruppe	10,2	(8,6 – 12,0)	52,1	(49,2 – 55,0)	37,7	(34,9 – 40,5)
45 – 64 Jahre	16,6	(15,2 – 18,2)	49,4	(47,4 – 51,3)	34,0	(32,2 – 35,9)
Untere Bildungsgruppe	24,0	(19,1 – 29,6)	44,3	(38,1 – 50,6)	31,8	(26,2 – 37,9)
Mittlere Bildungsgruppe	15,8	(14,2 – 17,6)	50,8	(48,5 – 53,1)	33,3	(31,2 – 35,6)
Obere Bildungsgruppe	11,3	(9,7 – 13,0)	50,5	(47,9 – 53,1)	38,2	(35,8 – 40,8)
Ab 65 Jahre	24,7	(22,2 – 27,3)	51,4	(48,5 – 54,3)	23,9	(21,6 – 26,4)
Untere Bildungsgruppe	28,6	(24,1 – 33,6)	49,5	(44,3 – 54,7)	21,8	(17,9 – 26,4)
Mittlere Bildungsgruppe	21,7	(19,2 – 24,4)	53,0	(49,7 – 56,1)	25,3	(22,6 – 28,3)
Obere Bildungsgruppe	17,1	(13,9 – 20,7)	54,1	(49,7 – 58,4)	28,9	(25,1 – 32,9)

Tabelle 4.1: Häufigkeitsverteilung von sozialer Unterstützung von Frauen in der Bundesrepublik Deutschland (Robert-Koch-Institut, 2011)

4 Soziale Unterstützung

Männer	Geringe Unterstützung		Mittlere Unterstützung		Starke Unterstützung	
	%	95%-KI	%	95%-KI	%	95%-KI
Gesamt (Frauen und Männer)	16,6	(15,8 – 17,3)	50,9	(50,0 – 51,8)	32,6	(31,8 – 33,4)
Männer Gesamt	15,8	(164,8 – 16,9)	51,6	(50,3 – 53,0)	32,6	(31,4 – 33,8)
18 – 29 Jahre	8,4	(6,9 – 10,2)	51,9	(49,0 – 54,7)	39,7	(37,0 – 42,6)
Untere Bildungsgruppe	10,7	(7,4 –15,0)	48,0	(42,4 – 53,6)	41,3	(35,9 – 47,0)
Mittlere Bildungsgruppe	7,5	(6,0 –9,5)	53,4	(49,9 – 57,0)	39,0	(35,6 – 42,5)
Obere Bildungsgruppe	5,6	(3,1 –10,0)	56,0	(48,6 – 63,2)	38,4	(31,5 – 45,8)
30 – 44 Jahre	14,7	(12,8 –16,7)	50,1	(47,5 – 52,6)	35,3	(32,9 – 37,7)
Untere Bildungsgruppe	29,2	(19,6 –41,1)	43,0	(31,7 – 55,0)	27,8	(18,4 – 39,7)
Mittlere Bildungsgruppe	14,5	(12,3 –17,0)	49,9	(46,5 – 53,2)	35,6	(32,5 – 38,9)
Obere Bildungsgruppe	9,9	(8,1 –11,9)	52,9	(49,7 – 56,1)	37,2	(34,2 – 40,4)
45 – 64 Jahre	17,4	(15,6 –19,3)	51,7	(49,4 – 54,0)	30,9	(28,9 – 33,0)
Untere Bildungsgruppe	28,3	(19,5 –39,2)	52,0	(41,0 – 62,9)	19,6	(12,4 – 29,7)
Mittlere Bildungsgruppe	17,5	(15,2 –20,0)	51,7	(48,6 – 54,8)	30,8	(28,1 – 33,8)
Obere Bildungsgruppe	13,5	(11,8 –15,4)	51,6	(48,9 – 54,2)	34,9	(32,4 – 37,5)
Ab 65 Jahre	21,6	(18,8 –24,6)	53,4	(50,1 – 56,7)	25,0	(22,3 – 27,9)
Untere Bildungsgruppe	33,0	(22,2 –46,0)	50,1	(37,5 – 62,7)	16,9	(9,3 – 28,7)
Mittlere Bildungsgruppe	21,9	(18,5 –25,7)	52,8	(48,4 – 57,2)	25,3	(21,6 – 29,3)
Obere Bildungsgruppe	14,9	(12,6 –17,5)	56,2	(52,7 – 59,7)	28,9	(25,8 – 32,2)

Tabelle 4.2: Häufigkeitsverteilung von sozialer Unterstützung von Männern in der Bundesrepublik Deutschland (Robert-Koch-Institut, 2011)

Wie die GEDA-Studie 2009 (GEDA = Gesundheit in Deutschland aktuell) zeigt, fühlt sich der größte Teil der Bevölkerung Deutschlands ausreichend sozial unterstützt. Erkennbar ist aber, dass mit steigendem Alter der Prozentsatz an Frauen und Männern ohne hinreichende soziale Unterstützung nach und nach zunimmt. Zudem ergeben die Resultate der Studie, dass die soziale Unterstützung mit abnehmendem Bildungstand sinkt. Problematisch ist dies vor allem, weil gerade dieser Personenkreis in Deutschland stärker als andere von gesundheitlichen Schwierigkeiten betroffen ist und soziale Unterstützung besonders benötigt (Robert-Koch-Institut, 2011).

4.3 Soziale Unterstützung und ihre Quellen

4.3.1 Partnerschaft und Ehe

In partnerschaftlichen und familiären Beziehungen gibt es bezüglich der gegenseitigen Unterstützung, insbesondere bei der sozialen Unterstützung in Notfällen, hohe Erwartungen.

4.3 Soziale Unterstützung und ihre Quellen

> **Kernaussage**
>
> Partnerschaften, ob ehelich, nichtehelich oder gleichgeschlechtlich sind im Unterschied zu anderen sozialen Kontakten in der Regel sehr verlässlich und dauerhaft.

Allerdings spielen auch Aspekte wie die *Qualität der Beziehung* eine Rolle. Allein die Tatsache verheiratet zu sein, wirkt sich bei Männern positiv auf ihr Wohlbefinden aus, während für Frauen eine auf Vertrauen und starke Emotionen fußende Beziehung wesentlich für das Wohlbefinden ist (Diewald, 1991). Natürlich beinhaltet eine Ehe oder eingetragene Partnerschaft auch gegenseitige Rechte und Pflichten. Forschungen haben ergeben, dass verheiratete Menschen im Durchschnitt meist zufriedener, glücklicher und auch gesünder sind als nicht verheiratete, verwitwete oder geschiedene Menschen (Burman & Margolin, 1992). Als protektiver Faktor im Sinne einer *emotionalen Stützfunktion*, führt die Ehe zu weniger depressiven und anderen psychischen Störungen bei den Partnern. Dies zeigen z. B. die erhobenen Daten von Badura (1987) bei einer Untersuchung an Männern, die ein Jahr zuvor einen Herzinfarkt erlitten hatten. Männer, die ihre Ehe als nicht gut beschrieben, wiesen im Vergleich zu denen, die ihre Partnerschaft als glücklich bewerteten, in Tests höhere *Depressions- und Angstwerte* auf.

Unterschiede zwischen den Geschlechtern

> **Kernaussage**
>
> Schwarzer, Taubert und Schulz (2002) gehen davon aus, dass die Ehe auch dann noch einen gewissen Schutzfaktor für die Gesundheit darstellt, wenn diese konfliktreich oder nicht zufriedenstellend ist.

Außerhalb von Ehe und Partnerschaft gibt es zwischen den Geschlechtern bei sozialen Beziehungen Unterschiede. Frauen haben zusätzliche, auf Vertrauen gegründete soziale Beziehungen, die durch starke emotionale Unterstützung gekennzeichnet sind und ihnen bei der Bewältigung emotionaler Probleme helfen. Frauen haben auch ein enger gewobenes Netzwerk, das ihnen z. B. bei Stress oder beim Verlust des Partners stärkeren Beistand bietet. Dagegen haben Männer vor allem in der Partnerin eine Unterstützerin in emotionalen Angelegenheiten (Keupp, 1985). In Paarbeziehungen ergibt sich eine psychosozial riskante Situation, wenn z. B. ein Partner verstirbt. In diesem Fall steigt die Wahrscheinlichkeit für den überlebenden Partner stark an, im Folgejahr ebenfalls zu versterben (Ferraro, 1989; Stroebe, Stroebe & Hansson, 2000). Die Sterblichkeit von Witwern ist um das 1,5-fache höher als die Sterblichkeit von verheirateten Männern, die von einem solchen kritischen Lebensereignis noch nicht betroffen waren. Dies gilt vor allem für Männer im mittleren Alter, weniger für hochbetagte Männer. Der Blick auf zurückbleibende Witwen gibt bisher keine eindeutigen Befunde (Schwarzer, Taubert & Schulz, 2002).

Soziale Netzwerke

Geben und Nehmen in Paarbeziehungen

Psychologisch interessant ist in diesem Zusammenhang auch die Frage: *„Wer lebt länger, derjenige, der von anderen viel Unterstützung bekommt oder derjenige, der sie gibt?"* Eine Studie von Brown, Nesse, Vinokur und Smith (2003) an verheirateten älteren Paaren zur Vorhersage der Sterblichkeit ergibt in Bezug auf das Geben bzw. Nehmen in Beziehungen, dass diejenigen länger leben, die sehr viel emotionale Unterstützung an andere weitergeben (z. B. Freunde, Verwandte, Nachbarn) und ihre jeweiligen Ehepartner unterstützen. Zu klären ist allerdings noch, weshalb gerade das Geben von Unterstützung einen solch positiven Effekt hat. Wieso führt nun möglicherweise das Leben im Witwen- bzw. Witwerstand zu einem früheren Tod? Erklärungen hierzu setzen zum einen bei *gesundheitsschädlichen Verhaltensweisen* an, z. B. verstärktes Rauchen, Trinken von Alkohol, Medikamenteneinnahme und Vernachlässigung des Körpers durch Inaktivität und mangelnde Gesundheitsvorsorge, die der Bewältigung von Stress dienen, der durch den Tod des Partner oder der Partnerin ausgelöst wurde. Zum anderen werden Krankheit und Tod durch die *biopsychosozialen Veränderungen* erklärt, hervorgerufen beispielsweise in Form einer Schwächung des Immunsystems durch Trauer und Depression. Eine geschwächte Abwehrkraft führt zu organischen Störungen oder körperlichen Schädigungen, z. B. durch Krankheitserreger oder bösartige Zellneubildungen. Dies geschieht vor allem dann, wenn ein Organismus bereits vorgeschädigt ist.

Dyadische Stressbewältigung

Wenn Paare gemeinsame Probleme zu bewältigen haben oder wenn einer der beiden Partner in einer schwierigen Lage ist, so wird dies in der Regel immer beide belasten. Belastungen in Beziehungen werden daher auch als *dyadische Probleme* (griech.: Dyade = Zweiheit) verstanden. Demnach sind auch beide gefordert, diese Belastungen zu bewältigen, weshalb auch von dyadischer Stressbewältigung (dyadic coping) gesprochen wird (Bodenmann, 2000).

> **Begriffe**
>
> Unter *dyadischem Coping* werden alle Anstrengungen eines oder beider Partner verstanden, die individuellen Belastungen eines der beiden Partner zu verringern.

Die Unterstützung bei der Bewältigung setzt ein, weil der Partner, der nicht direkt von den psychischen Belastungen betroffen ist, indirekt Stress empfindet (dyadischer Stress). Mit Blick auf Erkrankungen eines der beiden Partner wird dieser vom anderen z. B. getröstet, ermutigt und emotional gestützt. Dabei spielen natürlich auch die Motivation und Kompetenz des Partners eine entsprechende Rolle. Nur wenn er oder sie in der Lage und willens ist, Unterstützung in unterschiedlichster Form zu geben, kann von dyadischem Coping gesprochen werden. Bodenmann (2000) unterscheidet drei Formen der gemeinsamen Bewältigung von Stress:

- Die konkrete *gemeinsame Bewältigung*: Bewältigungsverhalten wird von beiden Partnern gezeigt.
- Das *supportive Coping*: Es beinhaltet jedes sach- und emotionsbezogene Unterstützungsverhalten des einen zugunsten des anderen Partners, ohne jedoch die konkrete Bewältigung abzunehmen.
- Das *delegierte Coping*: Es umfasst das Übernehmen von zu bewältigenden Aufgaben durch den anderen, zunächst nicht betroffenen Partner.

Drei Formen des dyadischen Coping

Kulik und Mahler (1993) konnten in einer Untersuchung bei Männern, denen ein Bypass am Herzen gelegt wurde, zeigen, dass sie durch die häufigen Besuche der Partnerinnen, die ihnen dabei vor allem emotionale Unterstützung gewährten, die Intensivstation früher verlassen konnten.

Soziale Unterstützung und Herzerkrankungen

Schwarzer, Taubert und Schulz (2002) erforschten im Längsschnitt die dyadische Stressbewältigung an ca. 300 Tumorpatienten im Durchschnittsalter von 61 Jahren. Dazu wurde die empfundene emotionale Unterstützung sowie die aktuelle Bewältigung der Lebenssituation zu vier Zeitpunkten erfasst, d. h. jeweils vor und nach einem operativen Eingriff. Parallel dazu wurden die Unterstützungsgeber danach befragt, was sie denken, wie viel soziale Unterstützung sie gegeben hatten und wie sie sich dabei fühlten. Es stellte sich heraus, dass bei der emotionalen Unterstützung

Krebserkrankungen und soziale Unterstützung

- Mut gemacht wurde („*Sie machte mir Mut, mich nicht aufzugeben*") und
- Belastungen vom Patienten fern gehalten wurden „*Ich habe alles vermieden, was ihn hätte aufregen können*".

Die Frage war, ob dieses Partnerverhalten sich in der Krankheitsbewältigung durch die Betroffenen in einer bestimmten Form ausdrückt. Und wird durch diese Unterstützung die Krankheit besser bewältigt? Insgesamt wurden fünf Bewältigungsstrategien untersucht: *Planung* „*Ich habe mir genau überlegt, wie es weitergehen soll*", *Sinngebung* („*Es ist mir klar geworden, was im Leben wirklich von Bedeutung ist*"), *Kampfgeist* „*Ich versuchte, die Krankheit zu bekämpfen*", *Abwärtsvergleiche* („*Ich dachte daran, dass es anderen Menschen noch schlechter geht als mir*") und *Humor* („*Ich versuchte, meinen Humor zu behalten*"). Beide Unterstützungsformen (emotional stützen und abpuffern) zeigten einen Monat nach dem operativen Eingriff einen positiven Effekt beim Planungsverhalten, dem Kampfgeist und den Abwärtsvergleichen. Bei der Sinngebung ist die Wirkung bereits eine Woche nach der Operation zu erkennen. Humor war eine zusätzliche Hilfe, allerdings erst ein halbes Jahr nach dem Eingriff und wenn die emotionale Unterstützung bereits vor der Operation gegeben wurde. Die Zusammenfassung der Ergebnisse der Studie zeigt einen zeitverzögerten und nur geringen Effekt dieser Strategien durch das Partnerverhalten auf die Einschätzung der Bewältigung der Krankheit durch die Patienten (Schwarzer, Taubert & Schulz, 2002, S. 13).

Eine andere Arbeit beschäftigt sich übersichtsartig mit den Zusammenhängen von acht verschiedenen *psychischen Einflussfaktoren* (z. B. Depression, Feindseligkeit, Familienstand) und der *Lebensdauer nach Krebserkrankungen* (DeBoer, Ryckman & Pruyn, 1999). Die Resultate zeigen durchgängig in 46% der bewerteten Studien, dass die *soziale Integration*

(Familienstand als Indikator) oder die soziale Unterstützung bzw. *beide Indikatoren gemeinsam* als bedeutende Einflussfaktoren bezüglich der Vorhersage der Überlebenszeit gesehen werden können.

Einfluss auf den Gesundheitsstatus

Aber nicht nur die Bewältigung von Krankheiten oder deren Verlauf wird durch die Unterstützung von Partnern beeinflusst, sondern auch der *Gesundheitsstatus* selbst. So hat eine ausgeprägte Unterstützung durch einen Partner, unabhängig von Stress, einen starken Effekt auf das Wohlbefinden (*Modell der direkten Effekte*). Ob eine dyadische Stressbewältigung wirkungsvoll ist, hängt von der Qualität der Beziehung ab. Wird die Beziehung als positiv bewertet, so wird es auch zu einer positiven Wirkung im Sinne eines Puffereffekts (*Puffer-Modell*) kommen. D. h., wer in keiner Partnerschaft lebt bzw. nicht verheiratet ist, kann dadurch zusätzlichen Stress erleben. Und bei bestimmten gesundheitlichen Störungen, z. B. chronischen Erkrankungen, ist es gesundheitsförderlich, die Partner bei der Behandlung mit einzubeziehen.

4.3.2 Familie und Verwandtschaft

Gesetzlich verankerte Solidarität

Eine wichtige und konstante soziale Unterstützung kommt in einem *persönlichen sozialen Netzwerk* durch die Familie und Verwandtschaft zustande. Die ausgeprägte Bedeutung der Familie und Verwandtschaft ergibt sich alleine schon aus der gesetzlich verankerten Solidarität, als normativer Verpflichtung (z. B. §§ 1601 ff im Bürgerlichen Gesetzbuch, das Unterhaltsrecht bzw. die Unterhaltspflicht zwischen Verwandten). Unterstützung wird dadurch verlässlich und kann vom Individuum erwartet werden.

> **Kernaussage**
>
> Im Vergleich zu Freundschaften sind familiäre Bindungen längerfristig angelegt und halten einem Hilfebedarf über einen längeren Zeitraum auch eher stand.

Dies gilt insbesondere für Beziehungen zwischen Eltern und Kindern sowie zwischen Geschwistern. Ein Beispiel hierfür ist die Pflege chronisch kranker Angehöriger oder der emotionale Zuspruch durch Familienangehörige. Insofern stellt die Familie eine vor Krankheit schützende Instanz dar. Im Umkehrschluss bedeutet das Fehlen familialer Hilfen weniger Schutz vor Störungen des Wohlbefindens und Krankheiten.

4.3.3 Freunde und Bekannte

Bei freundschaftlichen Beziehungen ist zwischen der Freundschaft und der Bekanntschaft zu unterscheiden. Freundschaften sind als soziale Austauschprozesse durch wechselseitig hohen Aufwand und gegenseitigen Nutzen gekennzeichnet.

> **Begriffe**
>
> *Freundschaftliche Beziehungen* basieren auf Sympathie, Einstellungsähnlichkeiten, Vertrauen, gemeinsamen Interessen und Verständnis füreinander.

Dagegen beinhalten Bekanntschaften für beide weniger gegenseitige Abhängigkeit und damit auch niedrigere Kosten und weniger Nutzen (Diewald, 1991). Mit Blick auf Gesundheit und Krankheit erfüllen Freunde und Bekannte zum Einen die Funktion von wichtigen Informationsquellen (z. B. welcher Arzt kann helfen?). Andererseits übernehmen sie auch bedeutsame Unterstützungsleistungen bei seelischen oder motivationalen Krisen, bei Konflikten oder kurzzeitiger Erkrankung (Nestmann, 1988). Damit schützen Freundschaften aber auch Bekanntschaften vor sozialer Isolation, sie stärken das Selbstwertgefühl und geben ein positives Lebensgefühl.

Funktion von Freunden und Bekannten

Im Vergleich zu Partner- oder Familienbeziehungen stoßen soziale Unterstützungsleistungen von Freunden und Bekannten rascher an ihre Grenzen, beispielsweise bei länger dauernden Krisen oder Erkrankungen des Unterstützungsempfängers. Dies hängt mit den gegenseitigen Erwartungen des reziproken Austausches zusammen, der in diesen Situationen nicht mehr greift und auf der unterstützenden Seite das Empfinden des einseitigen Gebens aufkommen lässt. Ursächlich ist aber auch eine schlichte Überforderung des Unterstützungsgebers. Laireiter, Fuchs und Pichler (2007) gehen davon aus, dass der überforderte Unterstützer daher beim Empfänger sogar Schuldgefühle auslösen kann.

Grenzen der Unterstützung durch Freunde und Bekannte

4.3.4 Nachbarschaftliche Beziehungen

Soziale Kontakte im Rahmen der Nachbarschaft sind ausschließlich durch das *gemeinschaftliche Wohnumfeld* begründet. Diese Kontakte werden in der Regel als eher distanziert eingestuft und gelten daher auch als ausgesprochen unverbindlich. Ursächlich hierfür ist eine gewisse Verhaltensunsicherheit der Parteien, da keine klaren Verhaltensnormen in Bezug auf nachbarschaftliche Beziehungen existieren und deshalb versucht wird, einen neutralen und konfliktfreien Rahmen zu schaffen, in dem das Private geschützt werden kann. Allerdings finden sich in diesem Kontext neben einem unverbindlichen Grüßen und belanglosen Gesprächen durchaus auch kleinere Unterstützungsleistungen. Unterschiede sind zwischen ländlichen und städtischen Regionen festzustellen. So sind nachbarschaftliche Strukturen auf dem Lande meist gewachsen, homogener und durch mehr soziale Kontrolle gekennzeichnet als in der Stadt. Daher entstehen *nachbarschaftliche Netzwerke* auf dem Lande leichter.

Distanz und Unverbindlichkeit

Im städtischen Umfeld kommt es auch häufiger zu Nachbarschaftswechseln. Gemeinsamkeiten, die nachbarschaftliche Netzwerke im Sinne der Nachbarschaftshilfe entstehen lassen, sind gemeinschaftliche Interessen oder Probleme.

Nachbarschaftliche Netzwerke

> **Kernaussage**
>
> Den Anlass zu Unterstützung von Nachbarn geben oft „Gelegenheiten" wie zufällige Anlässe, Anstöße anderer oder die bereits erwähnten Gemeinsamkeiten und Interessen (Richter & Wächter, 2009).

Ganz bewusst organisieren so genannte *Nachbarschaftsinitiativen* soziale Unterstützung. Sie haben sich häufig zum Ziel gesetzt, beispielsweise alte Menschen, chronisch Kranke oder Behinderte im Alltag zu unterstützen. Adressaten dieser Hilfen sind Personen, die in ihrer Bewegungsfreiheit eingeschränkt sind und deren Lebensmittelpunkt die nähere Umgebung ihrer Wohnung darstellt. Motiv der Helfer ist meist der Wunsch, später im Alter selbst einmal von jüngeren soziale Unterstützung zu erfahren.

4.4 Die Wirkweise von sozialer Unterstützung

Bei der Erforschung der sozialen Unterstützung haben sich vor allem zwei Erklärungsansätze etabliert:

- das *Modell der direkten Effekte* und
- das *Puffer-Modell* oder *Stresspuffer-Modell*.

Im *Modell der direkten Effekte* wirkt soziale Unterstützung direkt auf das individuelle Wohlbefinden, indem sie einen dämpfenden Einfluss auf die Folgen von Beanspruchung durch Stress hat.

Das *Puffereffekt-Modell* oder *Stresspuffer-Modell* geht von einer puffernden Wirkung der sozialen Unterstützung bei psychischen Belastungen aus, sodass die Effekte, also psychische Beanspruchungen, abgemildert oder sogar verhindert werden.

Nachfolgend werden beide theoretischen Konzepte beschrieben.

4.4.1 Das Modell der direkten Effekte

Direkte Wirkung sozialer Unterstützung

Gut in soziale Netzwerke eingebundene Menschen verspüren eine positive Wirkung auf ihr Wohlbefinden und ihre Stimmung. Sie sind zuversichtlicher, weil sie sich eingebunden fühlen und Anerkennung und Rückmeldung durch ihr Netzwerk erhalten. Soziale Unterstützung in dieser Form wirkt sich nach den Vorstellungen des *Modells der direkten Effekte* grundsätzlich positiv auf die individuelle Befindlichkeit und Gesundheit eines Unterstützungsnehmers aus.

> **Kernaussage**
>
> Soziale Unterstützung hat unabhängig davon, ob eine aktuelle Belastungs- oder Stresssituation vorliegt, eine gesundheitsfördernde und belastungsreduzierende Wirkung (Park, Wilson & Lee, 2004).

4.4 Die Wirkweise von sozialer Unterstützung

Insbesondere geschieht dies dadurch, dass:

- Verhalten, das gesundheitsförderlich ist, gestärkt wird,
- das Selbstwertgefühl und Kontrollempfinden verbessert werden und
- die seelischen und körperlichen Funktionen positiv gestützt werden, indem beispielsweise weniger „Stresshormone" ausgeschüttet werden (z. B. Kortisol, Adrenalin, Noradrenalin). Dadurch kommt es zu einer Reduzierung der kardiovaskulären Reaktivität auf Stress (Uchino, Cacioppo & Kiecolt-Glaser, 1996).

Sozial integrierte Menschen profitieren damit vor allem von ihren sozialen Beziehungen im Alltag, also nicht vorrangig von beabsichtigter und gezielter Hilfestellung im krankheitsbedingten Bedarfsfall, sondern in alltäglichen Bezügen, die sie hilfreich nutzen können, um Wohlbefinden und Gesundheit zu erhalten.

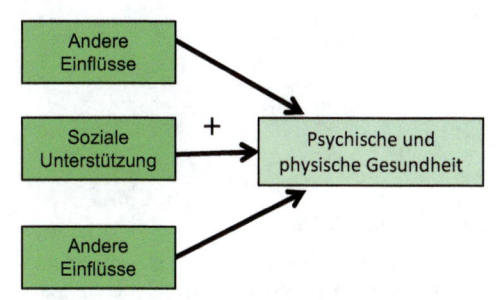

Abbildung 4.2: Das Modell der direkten Effekte

In Forschungsarbeiten zur wahrgenommenen sozialen Unterstützung erwies sich diese als bedeutender direkter Schutzfaktor vor Stress bei Menschen, die davon überzeugt sind, in Notsituationen von anderen Personen Hilfe zu bekommen (vgl. Sarason, Pierce und Sarason, 1990b).

4.4.2 Das Puffereffekt-Modell

Soziale Unterstützung wirkt in diesem Modell den negativen Folgen von Stress auf die Gesundheit und das Wohlbefinden entgegen. Sie mildert die Folgen ab oder verhindert sie gar, d. h. sie „puffert" die Wirkung von Stress. Im Vergleich zu den direkten Effekten, die allgemein wirken, ist der „Puffereffekt" oder „Moderatoreffekt" auf spezifische Situationen mit belastenden Umständen oder Ereignissen eingegrenzt, bei denen die Menschen bereits gestresst sind. Neben der positiven Wirkung auf körperliche Reaktionen unter Stress, mildert soziale Unterstützung diesem Modell entsprechend insbesondere negative Emotionen wie Ärger, Angst oder Trauer ab. Oder sie lässt diese Emotionen erst gar nicht entstehen, die sich aufbauen würden, weil keine oder mangelnde individuelle Ressourcen zur Stressbewältigung vorhanden sind.

Moderierende Wirkweise

Die Untersuchung von Cohen und Hobermann (1983) zeigte, dass Menschen, die ihr Leben als stressreich schilderten und wenig soziale Unterstützung erhielten, verstärkt an physischen Symptomen wie Schlaflosigkeit,

Stressreiches Leben und sozialer Rückhalt

Kopfschmerz und Gewichtsverlust litten. Dagegen klagten Personen mit einer vergleichbaren Stressbelastung, jedoch mit gutem sozialem Rückhalt, über wesentlich weniger körperliche Beschwerden (siehe ▶Abbildung 4.3)

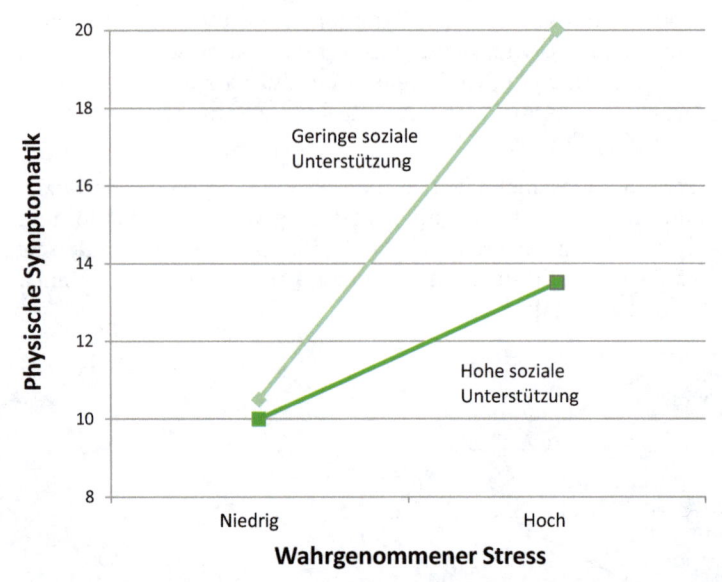

Abbildung 4.3: Zusammenhang zwischen wahrgenommenem Stress und körperlicher Symptomatik bei Personen mit geringer und hoher sozialer Unterstützung (nach Cohen & Hobermann, 1983; Quelle: Jonas, Stroebe & Hewstone, 2007)

Einerseits beeinflusst soziale Unterstützung in der Stressreaktion die Wahrnehmung und Interpretation der Situation oder des Ereignisses durch Betroffene. Andererseits wirkt sie auch auf die Wahrnehmung der Quantität und Qualität der Bewältigungsressourcen ein und fördert den „Bewältigungsoptimismus" (Nestmann, 2000). Registriert ein Mensch, wie er selbst oder durch soziale Unterstützung in der Lage ist, einen Stressor zu bewältigen, wird er entsprechend positiv auf eine psychisch belastende Situation bzw. ein Ereignis reagieren. Im umgekehrten Fall, d. h. wenn das Empfinden dominiert, keine (sozialen) Ressourcen zur Verfügung zu haben, so wird sich diese wahrgenommene Empfindung negativ auf die Befindlichkeit auswirken.

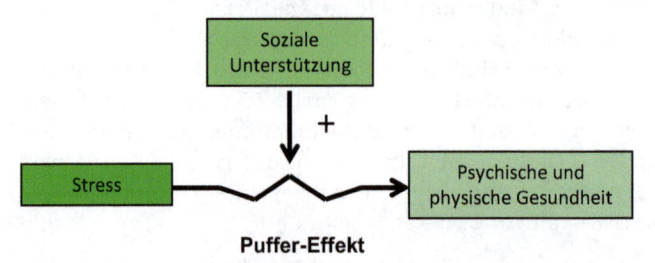

Abbildung 4.4: Das Puffereffekt-Modell

Kernaussage

Das Puffereffekt-Modell erklärt somit die Wirkung von sozialer Hilfestellung bei *Vorhandensein eines Stressors*. Ist dieser Stressor nicht existent, so hat soziale Unterstützung keinen direkten Effekt auf das körperliche und seelische Wohlbefinden.

4.4.3 Weitere Erklärungsmodelle

Die Forschung zeigt, dass das Modell der direkten Effekte und auch das Puffereffekt-Modell ihre Existenzberechtigungen haben. Die Metaanalyse von Cohen und Wills (1985) stützt beide Modelle und ihre positiven Wirkungen empirisch. Allerdings benötigen beide Modelle entsprechende Kontexte, um ihre Effekte zu entfalten, d. h. wie im Puffereffekt-Modell die notwendige Existenz eines Stressors, damit sich die Wirkung der sozialen Unterstützung entfalten kann (Schwarzer & Leppin, 1997). Zudem gibt es Überschneidungen (Waltz, 1981), weil z. B. in einer Stresssituation sich die bereits existierende soziale Unterstützung auf das Wohlbefinden und die körperliche Verfassung auswirkt, sodass der Stresspegel nicht stark ansteigt. Zugleich hat konkrete soziale Unterstützung eine positive Wirkung auf die Psyche und das Wohlbefinden. Beide Vorstellungen sind im nachfolgenden Diagramm (▶Abbildung 4.5) zusammengeführt.

Integration beider Modelle

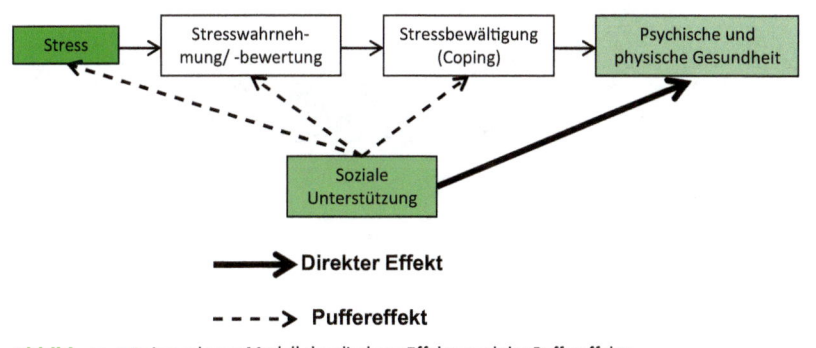

Abbildung 4.5: Integriertes Modell der direkten Effekte und der Puffereffekte

Auch ist die Wirklichkeit und Wirkweise sozialer Unterstützung weit komplexer, so Schwarzer und Leppin (1997), weshalb sie in Ergänzung dieser beiden Modelle weitere Kausalmodelle beschreiben, die mögliche Effektzusammenhänge zwischen Hilfestellung, Stressor und Disstress erklären. Stressbewältigung und Wohlbefinden sind nach den beiden Autoren auch von der *sozialen Einbindung*, der *wahrgenommenen sozialen Unterstützung*, der *Bewertung des Stressors* und *individuellen Persönlichkeitseigenschaften* abhängig. Die weiteren Modelle, die nicht als abschließend betrachtet werden dürfen, sind nach Schwarzer und Leppin (1989) folgende:

- das *Additive- oder Kompensationsmodell*,
- die *Präventionsmodelle*,
- die *Mobilisierungsmodelle* und
- das *Supportverringerungsmodell*.

Das *Modell der direkten Effekte*, die *Präventions-Modelle* und das *Supportverringerungsmodell* gehen von einem negativen Zusammenhang zwischen Stressor und sozialer Unterstützung aus, d. h., je mehr soziale Hilfestellung vorhanden ist, desto geringer wird die Stressreaktion ausfallen. Dagegen beinhalten das *Puffereffekt-Modell* und die *Mobilisierungsmodelle* eine positive Korrelation zwischen Stressor und sozialer Unterstützung. Ist kein Stressor vorhanden, besitzt die allgemeine soziale Unterstützung keine direkte Wirkung auf das körperliche und seelische Wohlbefinden. Erst wenn der Stressor existiert, wird soziale Unterstützung wirksam.

4.4.3.1 Additive Modelle oder Kompensationsmodelle

Das *Additive Modell* oder *Kompensationsmodell* geht davon aus, dass die Wirkung auf die physische bzw. psychische Gesundheit von der *Ausprägung* der beiden voneinander unabhängigen (additiven), aber direkt wirkenden Größen *Stress* und *soziale Unterstützung* beeinflusst wird (▶Abbildung 4.6).

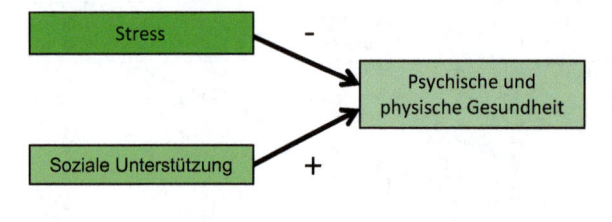

```
   Stress  ──  −
                ↘
                  Psychische und
                  physische Gesundheit
                ↗
   Soziale Unterstützung  ──  +
```

+ = fördernde Wirkung
- = hemmende Wirkung

Abbildung 4.6: Das Additive Modell oder Kompensationsmodell

Wie Abbildung 4.6 verdeutlicht, kann es dazu kommen, dass beide Einflussfaktoren in gleicher Stärke auftreten, was zu einer Art Aufhebung des gegenseitigen Einflusses führt. Negativ wird die Befindlichkeit dann beeinflusst, wenn der Stressor stärker ist als der soziale Rückhalt. Ein Beispiel dafür wären insbesondere Ereignisse, die durch eine soziale Unterstützung durch das Umfeld nur schwer aufzufangen sind, wie beispielsweise der Tod einer Partnerin oder eines Partners.

4.4.3.2 Präventionsmodelle

Einfaches Präventions-Modell

Soziale Hilfestellungen wirken bei den *Präventionsmodellen* weitgehend ohne Vorhandensein einer Stresssituation und deren Ausmaß. Hier hat soziale Unterstützung einen *präventiven Effekt*, beispielsweise indem die Häufigkeit des Auftretens von Stressoren durch soziale Unterstützung von "vornherein" verringert werden kann. Damit wird die Belastungsreaktion indirekt beeinflusst und somit reduziert (▶Abbildung 4.7). Neben diesem positiven Effekt kann es auch negative Wirkungen geben, nämlich dann, wenn die Unterstützung übertrieben oder nicht stimmig ist bzw. als unangenehme Einmischung wahrgenommen wird. Dadurch kann die Wirkung eines Stressors verstärkt werden. In diesem Fall hätte die unangemessene soziale Unterstützung eher negative Auswirkungen auf die physische und psychische Gesundheit des Unterstützungsempfängers.

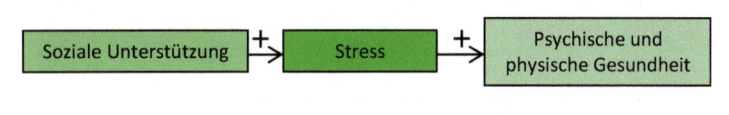

+ = fördernde Wirkung

Abbildung 4.7: Das einfache Präventions-Modell

4.4.3.3 Mobilisierungsmodelle

Schwarzer und Leppin (1989) haben, basierend auf der Annahme, dass erst die Existenz eines Stressors ein vorhandenes Potenzial an sozialer Unterstützung aktiviert, vier *Mobilisierungsmodelle* kreiert, die erklären sollen, wie Hilfeleistung mobilisiert und aktiviert wird. In diesen Modellen wird Stress als Ausgangspunkt für eine *Ursache-Wirkungs-Kette* verstanden.

Stress aktiviert Potenzial an sozialer Unterstützung

Das *erste Modell zur Mobilisierung* (▶Abbildung 4.8) beinhaltet keine Belastungsreaktion, weil durch eine vorhandene soziale Ressource ein negativer Effekt durch den Stressor absorbiert und physische sowie psychische Störungen bzw. Erkrankungen vermieden werden.

Erstes Mobilisierungsmodell

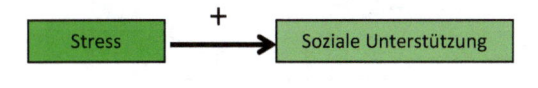

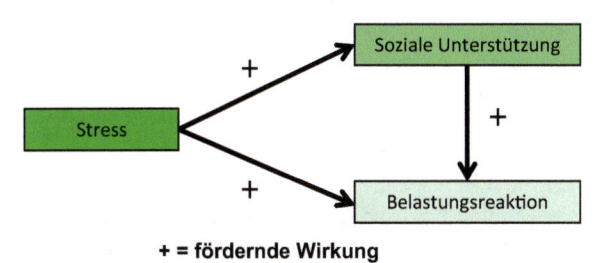

+ = fördernde Wirkung

Abbildung 4.8: Erstes Mobilisierungsmodell

Im *zweiten Modell zur Mobilisierung* wird ein direkter Stresseffekt angenommen, der eine Belastungsreaktion hervorruft sowie einen indirekten, Unterstützung mobilisierenden Einfluss. Letzterer vermindert die Stärke der Stressreaktion (▶Abbildung 4.9).

Zweites Mobilisierungsmodell

+ = fördernde Wirkung

Abbildung 4.9: Zweites Mobilisierungsmodell

4 Soziale Unterstützung

Drittes Mobilisierungsmodell

▶Abbildung 4.10 zeigt das *dritte Mobilisierungsmodell*, in dem eine zeitlich verzögerte Unterstützungssuche dargestellt ist. Nach diesem Modell ist der auslösende Stressor für das betroffene Individuum zunächst nicht zwingend „stark", d. h. problematisch genug, um nach sozialer Unterstützung Ausschau zu halten Die unter Disstress stehende Person wird erst durch diese Erfahrung nach sozialer Unterstützung Ausschau halten. Das soziale Umfeld wird ebenfalls erst aktiv werden und Unterstützungspotenzial aktivieren, wenn es erkennt, dass eine Person mit den Anforderungen nicht mehr selbst zurechtkommt.

+ = fördernde Wirkung

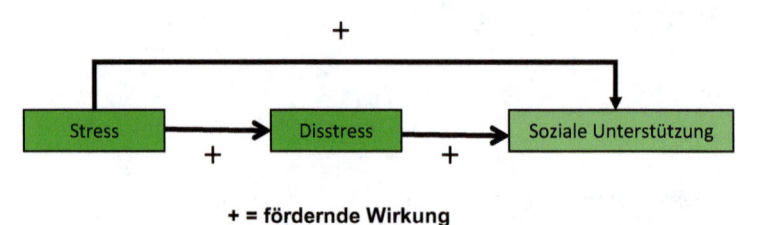

Abbildung 4.10: Drittes Mobilisierungsmodell

Viertes Mobilisierungsmodell

Mobilisierungsmodell vier (▶Abbildung 4.11) unterscheidet sich vom dritten Modell durch die zeitliche Komponente bezüglich der Belastungsreaktion (gesundheitliche Störung oder Krankheit). Erste Erfahrungen von Disstress (Disstress 1) werden durch die Aktivierung der sozialen Unterstützung zu einer abgemilderten Disstressform (Disstress 2).

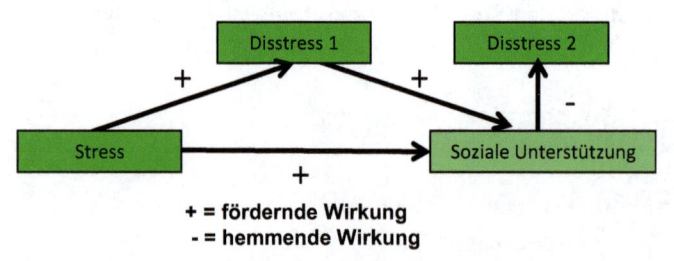

+ = fördernde Wirkung
- = hemmende Wirkung

Abbildung 4.11: Viertes Mobilisierungsmodell

4.4.3.4 Supportverringerungsmodell

Das sogenannte *Supportverringerungsmodell* nimmt eine Wechselwirkung zwischen Stress und sozialer Unterstützung an, die bedeutsam für die Entstehung einer negativen Belastungsreaktion ist. So ist beispielsweise der Verlust des Partners oder der Partnerin durch Tod oder Scheidung ein Stress erzeugendes Ereignis. Mit diesem Verlust ist auch eine Quelle sozialer Unterstützung verloren gegangen, sodass neben dem kritischen Lebensereignis die Möglichkeit einer *dyadischen Stressbewältigung* fehlt. Wie ▶Abbildung 4.12 verdeutlicht, wird durch den erzeugten Stress auch der soziale Rückhalt reduziert, der den Disstress mildern könnte, d. h., das supportive Element wird insgesamt geschwächt. Hinsichtlich der beobachtbaren Reaktion auf Disstress ist es unerheblich, ob die Ursache in fehlender oder mangelhafter sozialer Unterstützung liegt oder durch den Stress hervorgerufen wird, da beide Faktoren gleichzeitig auftreten und sich gegenseitig beeinflussen.

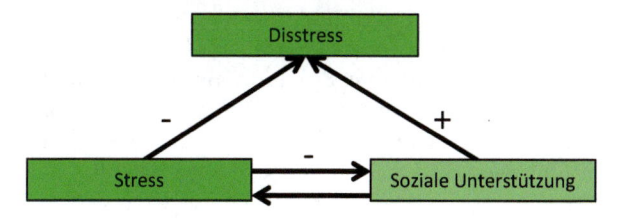

+ = fördernde Wirkung
- = hemmende Wirkung

Abbildung 4.12: Supportverringerungsmodell

Schwarzer und Leppin (1989) ziehen zur Analyse der diversen kausalen Beziehungen der betrachteten Variablen die vorgestellten pfadanalytischen Modelle dem Modell der direkten Effekte und dem Puffermodell vor, da sie deutlicher die Mediatorwirkungen bestimmter Faktoren zeigen.

4.5 Psychobiologische Wirkweisen sozialer Unterstützung bei der Stressbewältigung

Wie bereits deutlich wurde, sind sozial integrierte Menschen, die mit Unterstützung aus ihren sozialen Netzwerken rechnen können, lebenszufriedener, gesünder und sie haben eine höhere Lebenserwartung als sozial vereinzelt lebende Personen. Soziale Einbindung und Unterstützung wirken sich auf verschiedene gesundheitliche Kenngrößen über alle Altersgruppen hinweg positiv aus (Uchino, Cacioppo & Kiecolt-Glaser, 1996). Einerseits entfalten sich die protektiven Wirkungen durch Änderungen des Verhaltens von Unterstützungsempfängern, die oft von Menschen im engeren Lebenskreis wie Partner, Freunde, Verwandte und Nachbarn angestoßen werden. Andererseits wird eine direkte Schutzwirkung bezüglich der Reaktivität auf Stress durch sozialen Rückhalt vermutet.

Kernaussage

Eine nicht wertende soziale Unterstützung, speziell unter Stress, beeinflusst die Reaktion des *Herz-Kreislauf-Systems*, des *endokrinen Stresssystems* und des *Immunsystems* positiv (vgl. Ditzen & Heinrichs, 2007).

Nachfolgend sollen die positiven Wirkungen auf diese drei Bereiche des menschlichen Körpers dargestellt werden.

4.5.1 Herz-Kreislauf-System und soziale Unterstützung

Stressreaktion Stress wirkt sich nicht nur auf die Emotionen und das Denken aus, sondern hat direkte Effekte auf das *vegetative Nervensystem*. Meist wird die Stressreaktion durch einen Nervenimpuls im zentralen Nervensystem ausgelöst (ZNS). Informationen gelangen über das Großhirn ins limbische System, in dem die Bewertung einer Situation als *Stresssituation* erfolgt. Signale werden anschließend an den *Hypothalamus*, die zentralnervös-hormonale Schaltzentrale weitergeleitet, sodass dann dadurch eine Hormonausschüttung bewirkt wird.[1] Unter anderem wird bei der Stressreaktion das Herz-Kreislauf-System aktiviert. Beispielsweise erhöhen sich während der Stressreaktion des Körpers die *Herzfrequenz* und der *Blutdruck*. Der Blutdruckanstieg kommt zum einen durch eine Steigerung der Schlagfrequenz zustande, andererseits durch eine Engerstellung der herznahen Blutgefäße. Laufen diese physiologischen Prozesse bei der körperlichen Stressreaktion ab, so wurden sie durch verschiedene Hormone ausgelöst, die unterschiedliche Zielorgane steuern und regulieren, darunter auch die Tätigkeit des Herzens. Daran beteiligt sind vor allem die sogenannten Katecholamine *Adrenalin* und *Noradrenalin* (Neurotransmitter), die eine anregende Wirkung auf die Alpha- und Beta-Rezeptoren des Herz-Kreislauf-Systems haben.

Herz-Kreislauf-Parameter Studien zur Wirkung von sozialer Unterstützung bei Stress und ihrer Wirkung auf das Herz-Kreislauf-System ziehen als Maße die *Herzfrequenz*, den *systolischen und diastolischen Blutdruck* sowie die *Herzratenvariabilität* (Änderung der Frequenz des Herzrhythmus) heran. Die Wirkungen sozialer Unterstützung auf das Herz-Kreislauf-System wurden **Labor- und Feldexperimente** sowohl in *Labor-* wie auch in *Feldexperimenten* untersucht. Wie bereits oben erwähnt, hat soziale Unterstützung eine allgemein positive Wirkung auf die Reaktion des Herz-Kreislauf-Systems, indem durch soziale Unterstützung die (negative) Reaktivität auf Stress verringert wird (Uchino, Cacioppo & Kiecolt-Glaser, 1996).

Bei Stress, der in Laborexperimenten erzeugt wurde, zeigte sich, dass für die Reaktivität des Herz-Kreislauf-Systems neben der *Qualität der Beziehung* zum Unterstützungsgeber oder der Unterstützungsgeberin auch die *Qualität des konkreten Umgangs* der Handelnden miteinander eine wesentliche Rolle spielt (Ditzen & Heinrichs, 2007). So kann z. B. bei Frauen, die experimentell unter Stress gesetzt werden, die Anwesenheit einer Freundin und die nicht-sprachliche Unterstützung in Form des Berührens der Hand, stressbedingte Reaktionen des Herz-Kreislauf-Systems verringern (Edens, Larkin & Abel, 1992). Wichtig ist die Person, d. h. die Vertrautheit mit der Person, und weniger die unterstützende Geste, denn die Wirkung ist bei einem fremden Menschen nicht so ausgeprägt (Uno, Uchino & Smith, 2002). Interessanterweise scheint diese reduzierte kardiovaskuläre Reaktivität vor allem durch die Gegenwart einer weiblichen Person hervorgerufen zu werden (vgl. Ditzen & Heinrichs, 2007).

---

1 Mit der Verknüpfung des Hormonsystems mit dem Nervensystem befasst sich die Neuroendokrinologie.

4.5 Psychobiologische Wirkweisen sozialer Unterstützung bei der Stressbewältigung

Im Alltag überprüfte Einflüsse von sozialer Unterstützung auf die Reaktion des Herz-Kreislauf-Systems bei Stress zeigen, dass die Auswirkungen von Belastungen auf dieses System umso geringer sind, je stärker der soziale Rückhalt ist (vgl. Riese, Van Doornen, Houtman & De Geus, 2004). Dabei scheint diese Korrelation und damit der Effekt bei Frauen stärker als bei Männern ausgeprägt zu sein und dieser Effekt tritt stärker in der Beziehung zu Mitgliedern der Familie auf als in der zu Bekannten oder Fremden (vgl. Ditzen & Heinrichs, 2007). Damit nützt Männern eine Unterstützung durch ihre Partnerin mit Blick auf die kardiovaskuläre Reaktivität (Herzrate, Blutdruck) weniger als Frauen, die wiederum durch Hilfestellungen ihrer Partner im Sinne der kardiovaskulären Reaktivität profitieren (vgl. Kirschbaum, Klauer, Filipp & Hellhammer, 1995).

Einen ähnlichen Befund wie Vinokur und Smith (2003) zu den positiven Effekten des *Gebens* von *sozialer Unterstützung* (siehe Abschnitt *4.3.1 Partnerschaft und Ehe*) berichten Piferi und Lawler (2006), allerdings mit Blick auf die Wirkungen auf Herz-Kreislauf-Parameter und die Gesundheit. Während soziale Unterstützung direkt auf die Stressreaktivität der Empfänger wirkt, wird der *systolische Blutdruck*[2] bei Unterstützungsgebern reduziert, da sich deren kardiale Stressreaktivität bei Unterstützungsleistungen verringert.

4.5.2 Endokrines System und soziale Unterstützung

Neben der reduzierenden Wirkung der Reaktivität des Herz-Kreislauf-Systems durch sozialen Rückhalt bei Stress, wurde speziell der Einfluss des sozialen Rückhalts auf die Hormonausschüttung über die *Hypothalamus-Hypophysen-Nebennierenrinden-Achse (HHNA)* erforscht. Im Normalfall einer Stressreaktion, ohne einen puffernden Effekt durch die soziale Unterstützung, aktiviert, wie bereits beschrieben, der Hypothalamus den Sympathikus (*sympatho-adrenomedulläres System, SAM*), was innerhalb weniger Sekunden messbare Wirkungen zeigt, z. B. in einer Steigerung der Aufmerksamkeit. Gleichzeitig wird eine Reihe von Hormonen freigesetzt, die als releasing hormons (Libertine) bezeichnet werden und die die Stressreaktion verstärken und erweitern. Diese Hormone wiederum bewirken die Ausschüttung von weiteren Hormonen in der nachgeschalteten *Hypophyse* (*Tropine*). Die Tropine wirken ihrerseits auf weitere Hormondrüsen ein, die wiederum Hormone freisetzen, die auf ihre Zielorgane einwirken aber gleichzeitig die Hypophyse und den Hypothalamus hemmen (vgl. Schandry, 2006). Dadurch wird sichergestellt, dass die Stressreaktion auch wieder zurückgefahren wird, wenn ihr Auslöser nicht mehr existent ist (Feedbackmechanismus). Über die Nebennierenrinde wird auch das Hormon Cortisol ausgeschüttet, das den Organismus auf den Umgang mit dem Stressor vorbereitet, indem Energie aus Fettzellen bereitgestellt und zur Stressbewältigung nicht benötigte Funktionen heruntergefahren wer-

Zwei Stressachsen

---

2 Der systolische Blutdruck ist der maximale Druck im Gefäß, der während der Kammersystole, d. h. der Anspannungszeit, und kurz danach in der Austreibungszeit des Herzens entsteht.

den (z. B. Sexualität, Verdauung oder das Hungergefühl). Bei anhaltender Stressreaktion und entsprechend erhöhtem Cortisolspiegel wirkt sich dieser Zustand hemmend auf das Immunsystem aus. Aber auch andere physiologische, emotionale und kognitive Funktionen können bei Dauerstress durch Cortisol beeinträchtigt werden (Sapolsky, Romero & Munck, 2000). Im Vergleich zum sympatho-adrenomedullären System reagiert die Hypothalamus-Hypophysen-Nebennierenrinden-Achse durch den Ablauf einer sehr komplexen neuroendokrinen Kaskade wesentlich langsamer (Gunnar & Quevedo, 2007).

Soziale Unterstützung hat, so berichten Thorsteinsson, James und Gregg (1998), einen Effekt auf Blutdruck, Herzrate und Cortisolausschüttung. Der Effekt betrifft also beide physiologischen Stresssysteme, nämlich das sympathische Nervensystem und die Hypothalamus-Hypophysen-Nebennierenrinden-Achse (HHNA). Ditzen et al. (2007) konnten diese Ergebnisse zu den beiden Stresssystemen in einer eigenen Studie nachvollziehen. Dagegen sind Forschungsresultate zur Beeinflussung der Cortisolfreisetzung durch soziale Unterstützung eher uneinheitlich (vgl. Ditzen & Heinrichs, 2007).

Oxytocin

Ein Zusammenhang zwischen Stress bzw. der Stressbewältigung und dem Hormon *Oxytocin* existiert bei Frauen. Dieses Neuropeptid ist für den Geburtsvorgang bedeutsam und beeinflusst die Beziehung zwischen Mutter und Kind, zum Geschlechtspartner sowie ganz generell die wechselseitigen sozialen Beziehungen (Überblicksarbeiten: Bartz & Hollander, 2006; Heinrichs & Domes, 2008). Wenngleich es sich bei den meisten Studien um Tierexperimente handelt und eine direkte Übertragung der Resultate auf den Menschen nicht unproblematisch ist, ergeben sich Hinweise auf diesen generellen Zusammenhang. Oxytocin wird in *Kerngebieten des Hypothalamus*, des Nucleus paraventricularis und im Nucleus supraopticus produziert und gelangt von dort in die Neurohypophyse (Hinterlappen), wo es gespeichert und bei Bedarf freigesetzt wird (Schandry, 2006). So wird es auch bei zärtlichen Berührungen und positiven sozialen Kontakten in die Blutbahn ausgeschüttet. Gleichzeitig reduziert es auch den Level des Stresshormons Cortisol, weshalb es einen beruhigenden und angstlösenden Effekt hat. Erhöhte Oxytocinwerte im Blut und eine herzliche, partnerschaftliche Beziehung sowie gegenseitige Unterstützung korrelieren daher stark miteinander. Diese Korrelation besteht sowohl zu Zeiten vor und nach einem partnerschaftlichen Kontakt (Grewen, Girdler, Amico & Light, 2005). Andere Forschungsergebnisse lassen erkennen, dass bei verheirateten oder in einer Partnerschaft lebenden Frauen ein positiver Zusammenhang zwischen der Anzahl der Umarmungen und der Höhe des Oxytocinspiegels besteht. Eine negative Korrelation existiert dagegen beim Blutdruck und der Häufigkeit der Umarmungen, d. h. je häufiger Umarmungen stattfinden, desto stärker ist bei Frauen die Reduktion des Blutdrucks (Light, Grewen & Amico, 2005).

Trier Social Stress Test

Oxytocin wird in Experimenten in der Regel über die Nase verabreicht (intranasal). Neuropeptide wie Oxytocin reichern sich dadurch im ZNS an und zeigen nur einen geringen Anstieg in der peripheren Blutbahn (Born et al., 2002). Nach Verabreichung auf diesem Weg, ist mit einer Wirkung von Oxytocin nach ca. 45 Minuten zu rechnen (Rimmele, Hediger, Heinrichs & Klaver, 2009). In einem Experiment von Heinrichs, Baumgartner, Kirschbaum und Ehlert (2003) wiesen diese Autoren ein direktes Einwirken von sozialer Unterstützung auf die körperliche Reaktion bei Stress durch Oxytocin nach. Der Stress wurde mit dem *"Trier Social Stress Test" (TSST)* induziert (Kirschbaum, Pirke & Hellhammer, 1993), d. h. über eine kurze freie Rede vor Zuhörern (5 Minuten) und lautes Kopfrechnen (5 Minuten). Teilnehmer, bei denen experimentell die Stressreaktion provoziert wurde und die gleichzeitig Oxytocin sowie soziale Unterstützung (bester Freund/Freundin) erhielten, zeigten den geringsten Cortisolanstieg. Versuchsteilnehmer, die nur ein Placebo anstelle des Oxytocins erhielten und keine soziale Unterstützung (keine Begleitperson), zeigten, wie vermutet, den stärksten Cortisolanstieg. Die Autoren schließen daraus, dass soziale Unterstützung bei einer funktionierenden Oxytocinfreisetzung eine positiv puffernde Wirkung bei Stress besitzt.

Im sogenannten *„Tend-and-befriend-Konzept"* von Taylor et al. (2000, 2002) spielt Oxytocin eine zentrale Rolle. Die Autoren gehen davon aus, dass Frauen nicht nur im *„Kampf-Flucht-Modus"* (fight-or-flight) auf Stress reagieren, sondern Alternativen schaffen können, beispielsweise indem Sie *beschützendes Verhalten* (tend = sich kümmern) zeigen oder einer Person *Freundschaft anbieten* und damit *soziale Netzwerke schaffen* (befriend = sich anfreunden). Um Empathie zu empfinden und damit auch einen Beweggrund für soziale Unterstützung zu haben, ist es für Individuen z. B. wichtig, emotionale Gesichtsausdrücke korrekt deuten zu können („Mind-Reading"). Domes, Heinrichs, Michel, Berger und Herpertz (2007) berichten von einer Verbesserung dieser Fähigkeit durch die Gabe von Oxytocin.

Tend-and-befriend-Konzept

Da Verbindungen im Gehirn zwischen dem Oxytocinsystem und den Belohnungssystemen (Opiat- und Dopaminsystem) existieren, vermuten Ditzen und Heinrichs (2007), *„dass wir die Unterstützung durch andere Menschen als Sicherheitssignal empfinden, es umgekehrt aber auch als angenehm empfinden, andere zu unterstützen."*

4.5.3 Sozialer Rückhalt und Immunsystem

Eine Stressreaktion, ausgelöst durch psychische, soziale oder physische Stressoren, wird, wie bereits beschrieben, über das *sympatho-adrenomedulläre System* (*SAM*) der *Hypothalamus-Hypophysen-Nebennierenrinden-Achse* (*HHNA*) aktiviert. Dabei mobilisieren die beiden Systeme vor allem Energie und fahren zudem nicht unbedingt benötigte Funktionen herunter. Die HHNA beeinflusst in erster Linie das Immunsystem und emotionale Zustände.

HHNA beeinflusst Immunsystem

Miyazaki, Ishikawa und Natata (2005) weisen nach, dass soziale Unterstützung durch Freunde und nahe Verwandte die Zahl der natürlichen Killerzellen im Immunsystem (NK-Zellen) beeinflusst und für eine gute Balance verschiedener Zellen sorgt, die an der Immunabwehr beteiligt sind. Ditzen und Heinrichs (2007) gehen davon aus, dass die meisten Forschungsergebnisse zum Einfluss von sozialer Unterstützung auf das Immunsystem nicht im Labor, sondern durch Feldforschung zustande gekommen sind. Allerdings sind die Resultate zum sozialen Rückhalt aus dem Alltagskontext nicht eindeutig. So findet sich beispielsweise bei der Studie von Ah, Kang und Carpenter (2007) bei Brustkrebspatienten kein Zusammenhang zwischen Zufriedenheit mit sozialer Unterstützung und Parametern des Immunsystems, jedoch gibt es diese Beziehung bei Patientinnen mit einem Krebs der Eierstöcke (Lutgendorf et al., 2005).

In der Grafik in ▶Abbildung 4.13 werden die psychobiologischen Mechanismen sozialer Unterstützung nach Ditzen und Heinrichs (2007) nochmals zusammengefasst.

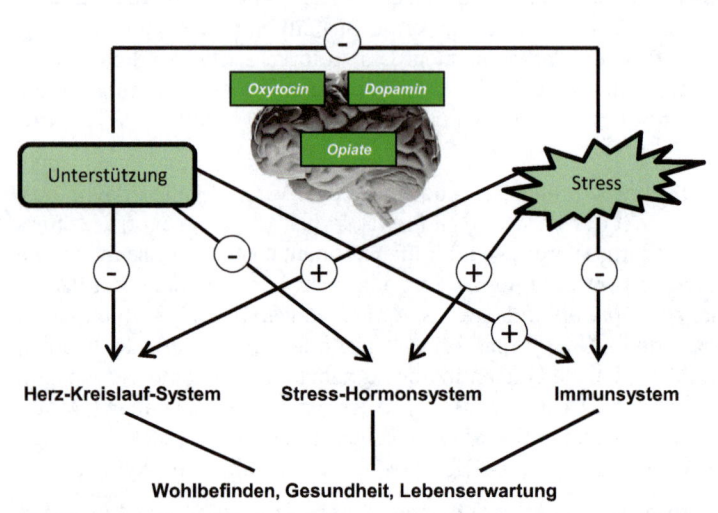

Abbildung 4.13: Die Wechselwirkungen von Stress, sozialer Unterstützung und biologischen Faktoren auf der Ebene des zentralen Nervensystems und der Stresssysteme (in Anlehnung an Ditzen & Heinrichs, 2007)

4.6 Anwendungsbeispiele

4.6.1 Soziale Unterstützung im Beruf – Intervision und kollegiale Beratung

Intervision Der Begriff der *Intervision* wurde zuerst von dem Niederländer Jeroen Hendriksen (2000) geprägt. Intervision beschreibt die Methode der systematischen Problemlösung im beruflichen Kontext. Sie weist inhaltlich eine große Nähe zu der im deutschsprachigen Raum praktizierten *kollegialen Beratung* auf. Intervision nutzt die Berufserfahrung und das Wissen von Kolleginnen und Kollegen bei der berufsbezogenen Problemlösung von Individuen oder Gruppen. Kollegiale Beratung in Gruppen hat in Deutschland den Charakter einer Selbstberatungsgruppe, da sie ohne Leiter oder Moderator auskommt (Brinkmann, 2002, 2012). Sowohl bei der Intervision wie auch der kollegialen Beratung erhalten und geben die beteiligten Kollegen *Anteilnahme und psychische Erleichterung*, d. h. konkrete soziale Unterstützung.

Kollegiale Beratung

Intervision wird mittlerweile auch in der betrieblichen Gesundheitsförderung als Alternativmethode zur Supervision[3] eingesetzt. Ergebnisse aus dem Bereich der Pflege zeigen, dass sich speziell der in der Intervision zum Tragen kommende Effekt der *gegenseitigen sozialen Unterstützung* positiv auswirkt (Zimber & Ullrich, 2011).

Tietze (2010) konnte in einer Evaluationsstudie zur kollegialen Beratung Verbesserungen bei der *berufsbezogenen Selbsteinschätzung* und bei *beruflichen Handlungskompetenzen* (Fähigkeit, sich in beruflichen Situationen sachgerecht und durchdacht zu verhalten) sowie eine *Verminderung der beruflichen Beanspruchung* durch kollegiale Beratung belegen. Dieser Effekt tritt bereits dann ein, wenn die Teilnehmer an wenigen Terminen der Gruppe teilnehmen. Dieser positive Effekt kann durch Reflexionsprozesse erklärt werden, die durch die soziale Unterstützung seitens der Kolleginnen und Kollegen zustande kommen. Durch diese Prozesse kann beispielsweise eine fehlende (emotionale) Distanz zur Arbeit, die eine psychische Beanspruchung im negativen Sinne fördern kann, als weniger stark empfunden werden. Auch fühlen sich Mitglieder von Gruppen zur kollegialen Beratung insgesamt weniger erschöpft, weil emotional belastende berufliche Probleme gelöst wurden oder aber nach der kollegialen Beratung als nicht mehr so stark beanspruchend empfunden werden.

Positive Wirkungen kollegialer Beratung

4.6.2 Soziale Unterstützung im Internet

In Deutschland gibt es zwischen achtzig und hunderttausend Selbsthilfegruppen mit einer großen Bandbreite an gesundheitlichen, psychosozialen und sozialen Themen.

> **Begriffe**
>
> *Selbsthilfegruppen* sind freiwillige und meist lockere Zusammenschlüsse von Menschen, die ein Interesse an sozialer Unterstützung und Information durch andere bei der Bewältigung von Krankheiten oder psychosozialen bzw. sozialen Problemen haben, von denen sie selbst oder Angehörige betroffen sind.

Zusätzlich ist die Gruppe ein Instrument, um der tatsächlichen oder innerlich verspürten Isolation entgegenzuwirken. Selbsthilfegruppen sind nicht nur von wechselseitiger sozialer Unterstützung, sondern auch von Lern- und Identifikationsprozessen geprägt, die eine Schutzwirkung gegenüber Erkrankungen haben bzw. eine Ressource bei der Bewältigung von Krankheit darstellen.

---

3 Supervision (lat. = Überblick) ist eine in psychosozialen Berufen verbreitete Beratungsform, bei der berufliches oder ehrenamtliches Handeln geprüft, hinterfragt und verbessert wird.

Virtuelle Selbsthilfegruppen

Soziale Unterstützung im Kontext von Gesundheit und Krankheit erfahren viele Menschen mittlerweile auch im Internet. Das Internet wird als Kommunikations- und Austauschforum immer stärker zum Ersatz für reale Selbsthilfegruppen. Dort findet in Chats und Diskussionsforen und anderen sozialen Netzwerken ein reger Austausch zu vielen Themen statt. Menschen können sich in diesen virtuellen Netzwerken austauschen, Informationen teilen und andere betroffene Personen finden, die Erfahrungen mit ihnen teilen. Manche Webseiten von virtuellen Selbsthilfegruppen bieten neben Chats und Diskussionsforen auch einen direkten E-Mail-Kontakt, weiterführende nützliche Links, Behandlungsmöglichkeiten oder konkrete Dienste zu speziellen Themen an. Diese virtuellen Selbsthilfegruppen sind rund um die Uhr verfügbar und über einen Internetanschluss damit jederzeit kontaktierbar, wenngleich Antworten auf Fragen nicht immer zeitnah erfolgen.

Gefahren der Online-Support-Gruppen

Gleichwohl bringen virtuelle Selbsthilfegruppen im Netz auch Gefahren mit sich, da das Internet aufgrund der Anonymität Menschen ermutigt, zu viel über ihre Erkrankungen, Probleme oder Störungen preiszugeben. Weil es einfacher ist, im Netz mit Gleichgesinnten bzw. Betroffenen in einen Austausch zu gehen und evtl. auch entsprechende soziale Unterstützung zu erhalten, geht auch ein Stück des *Leidensdrucks* verloren, der oft notwendig ist, um den Weg der professionellen Hilfe zu gehen und sich einzugestehen, krank zu sein (z. B. bei Alkoholismus). Alles kann von zuhause, aus einer gewohnten, sicheren Umgebung, geschehen. So birgt neben allen Vorteilen eine virtuelle Selbsthilfegruppe auch das Problem, dass Menschen zwar Zuspruch über das Internet erhalten, gleichzeitig sich jedoch isolieren, wenn man einmal von Personen absieht, die durch eine Behinderung in ihrer Mobilität eingeschränkt sind. Manche Webseiten schließen daher an einem Tag in der Woche, häufig samstags, um im Sinne einer Sensibilisierung der Teilnehmer dieser Isolation vorzubeugen, indem auf reale Kontakte im Alltag verwiesen wird.

Van Uden-Kraan, Drossaert, Taal, Shaw, Seydel und van de Laar (2008) untersuchten, inwiefern Personen, die sich gesundheitsbezogenen virtuellen Selbsthilfegruppen anschließen, von diesen auch profitieren. Sie interviewten 32 Teilnehmer von Online-Support-Gruppen für Patienten mit *Brustkrebs*, *Arthritis* (entzündliche Gelenkserkrankung) oder *Fibromyalgie* (chronischer Faser-Muskel-Schmerz). Die Analyse zeigte, dass sich die Befragten durch die Teilnahme in sich stärker fühlten und der Meinung waren, ihnen werde durch den Informationsaustausch geholfen, sie seien auf emotionale Unterstützung gestoßen, fänden Anerkennung in der Gruppe, könnten Erfahrungen austauschen und anderen helfen. Zudem hätten sie durch die Teilnahme an der virtuellen Gruppe mehr Vertrauen zu ihrem Arzt und dessen Behandlung sowie zu ihrem sozialen Umfeld entwickelt, weil sie sich besser informiert fühlten. Aber auch eine höhere Akzeptanz mit der Erkrankung, mehr Optimismus und Kontrolle der Krankheit, eine verbesserte Selbsteinschätzung sowie soziales Wohlbefinden wurden angegeben. Befördert wurden auch gemeinsame Aktivitäten in der Gruppe. Obwohl auch negative Effekte in der Studie erwähnt werden, wie die Unsicherheit bezüglich der *Qualität der Informationen*, die *negativen Konse-*

quenzen der jeweiligen Krankheit, z. B. durch die *Nörgler in der Gruppe*, sind diese Anmerkungen eher vernachlässigbar, veranschaulicht man sich die positiven Wirkungen einer solchen virtuellen Gruppe.

Gesundheitspsychologen, Ärzte und andere Berufsgruppen, die Patienten behandeln, sollten daher diese Menschen mit der Existenz solcher Online-Support-Gruppen und mit den Vorteilen, die ein Beitritt bietet, vertraut machen. Allerdings sollte vorher durch den Fachexperten die Qualität der Webseite(n) geprüft und der Patient über die Nachteile einer virtuellen Gruppe gegenüber einer „Face-to-face"-Gruppe informiert werden. Bekannte virtuelle Selbsthilfegruppen existieren beispielsweise für Rheumakranke (*http://www.rheuma-online.de/chat*) oder für essgestörte Menschen (*http://www.bzga-essstoerungen.de/index*).

Selbsthilfegruppen im Internet kritisch prüfen

Zusammenfassung

- In diesem Kapitel wurde deutlich gemacht, welche Bedeutung soziale Unterstützung für das *Wohlbefinden* und die *Gesundheit* von Menschen hat. Insbesondere ist die Einbindung in ein funktionierendes soziales Netzwerk von Bedeutung und beugt sozialer Isolation vor.

- Man unterscheidet zwischen vier verschieden Formen der sozialen Unterstützung: die *emotionale*, die *instrumentelle*, die *informative* und die *bewertende Unterstützung*.

- Zu unterscheiden ist die *wahrgenommene* von der *erhaltenen Unterstützung*. Unter ersterer wird die subjektive Überzeugung verstanden, Hilfe und Unterstützung bei Bedarf zu erhalten. Die zweite Unterstützungsform bezeichnet die in einer sozialen Interaktion ausgetauschte und beobachtbare Unterstützung. Weitere Abgrenzungen wurden hinsichtlich *sichtbarer* und *unsichtbarer Unterstützung* vorgenommen. Schließlich wurde die *Bedeutung der Zufriedenheit* des Unterstützungsempfängers mit der erhaltenen Hilfestellung sowie das Bedürfnis nach Beistand und die Suche nach sozialer Unterstützung (Mobilisierung von Unterstützung) thematisiert.

- Mit der Beschreibung der Gemeindestudien konnten die Zusammenhänge zwischen Gesundheit bzw. Krankheit und *intakten sozialen Beziehungen* und *sozialer Unterstützung* dargestellt werden.

- *Aktuelle Daten zur sozialen Unterstützung* in Deutschland stellen ein differenziertes Bild dar. Sichtbar wurden u. a. ein Nachlassen an sozialer Unterstützung mit zunehmendem Lebensalter sowie ein Mangel an Unterstützung mit abnehmendem Bildungsstand.

- Bedeutsame Quellen sozialer Unterstützung liegen vor allem in Partnerschaften und der Ehe. In beiden spielt die *dyadische Stressbewältigung* eine große Rolle. Die zweitwichtigste Unterstützungsquelle ist die Familie bzw. Verwandtschaft, gefolgt von Freunden und Bekannten. Nachbarschaftliche Beziehungen spielen zwar auch eine Rolle, sind jedoch stärker durch Distanz und Unverbindlichkeit gekennzeichnet.

Fragen zur Wiederholung des Kapitelinhalts

1. Was wird unter sozialer Integration im Zusammenhang mit sozialer Unterstützung verstanden?
2. Definieren Sie den Begriff „Soziale Unterstützung".
3. Welche Formen sozialer Unterstützung werden unterschieden?
4. Was wird unter „wahrgenommene Unterstützung" verstanden?
5. Was ist „erhaltene Unterstützung"?
6. Weshalb wird bei der Mobilisierung von sozialer Unterstützung davon gesprochen, dass Bewältigungsaufgaben an die soziale Nahumwelt „delegiert" werden?
7. Welche Erkenntnisse lieferten so genannte „Gemeindestudien" für die Forschung zur sozialen Unterstützung?
8. Beschreiben Sie, was unter „dyadischer Stressbewältigung" verstanden wird.
9. Worauf gründen sich freundschaftliche Beziehungen hauptsächlich?
10. Welche Bedeutung hat die Nachbarschaft für die soziale Unterstützung?
11. Was sagen das „Modell der direkten Effekte" und das „Puffereffekt-Modell" im Kern aus?
12. Welche weiteren Modelle zur Erklärung der Wirkung sozialer Unterstützung kennen Sie noch?
13. Welche wissenschaftlichen Erkenntnisse zu den psychobiologischen Wirkweisen sozialer Unterstützung bei Stress können Sie darlegen?
14. Welche Formen bewusster sozialer Unterstützung im beruflichen Kontext kennen Sie?
15. Nehmen Sie Stellung zu virtuellen Selbsthilfegruppen mit Blick auf die dort zu erhaltende soziale Unterstützung.

Empfohlene Literatur

Bodenmann, G. (2000). *Stress und Coping bei Paaren*. Göttingen: Hogrefe.

Brinkmann, R. (2012). *Intervision. Ein Trainingsbuch der kollegialen Beratung für die betriebliche Praxis*, 2. Aufl., Windmühle Verlag Hamburg.

Diewald, M. (1991). Soziale Beziehungen: Verlust oder Liberalisierung? *Soziale Unterstützung in informellen Netzwerken*. Berlin: Rainer Bohn Verlag.

Ditzen, B. & Heinrichs, M. (2007). Psychobiologische Mechanismen sozialer Unterstützung. *Zeitschrift für Gesundheitspsychologie*, 15 (4), 143–157.

Ditzen, B., Neumann, I. D., Bodenmann, G., Dawans, B. von, Turner, R., Ehlert, U. & Heinrichs, M. (2007). Effects of different kinds of marital interaction on cortisol and heart rate responses to stress in women. *Psychoneuroendocrinology*, 32, 565–574.

Ferraro, K. F. (1989). Widowhood and health. In K. S. Markides und C. L. Cooper (Eds.), *Aging, stress and health* (pp. 69–90). New York: Wiley.

Gmelch, S. & Bodenmann, G. (2007). Dynamisches Coping in Selbst- und Fremdwahrnehmung als Prädiktor für Partnerschaftsqualität und Befinden. *Zeitschrift für Gesundheitspsychologie,* 15, 177–186.

Grewen, K. M., Girdler, S. S., Amico, J. & Light, K. C. (2005). Effects of partner support on resting oxytocin, cortisol, norepinephrine, and blood pressure before and after warm partner contact. *Psychosomatic Medicine*, 67, 531–538.

Gunnar, M., & Quevedo, K. (2007). The neurobiology of stress and development. *Annual Review of Psychology*, 58, 145–173.

Heinrichs, M. & Domes, G. (2008). Neuropeptides and social behaviour: effects of oxytocin and vasopressin in humans. In I. D. Neumann und R. Landgraf (Eds.), *Progress in Brain Research* (Chapter 28), Vol. 170. Elsevier B. V.

Hendriksen, J. (2000). *Intervision*. Beltz Weinheim.

Hollstein, B. (2006). *Qualitative Netzwerkanalyse. Konzepte, Methoden, Anwendungen*. Verlag für Sozialwissenschaften, Wiesbaden.

Jonas, K., Stroebe, W. & Hewstone, M. R. C. (2007). *Sozialpsychologie: Eine Einführung*. Springer Verlag Heidelberg.

Jungbauer-Gans, M. (2002). *Ungleichheit, soziale Beziehungen und Gesundheit*. Westdeutscher Verlag, Wiesbaden.

Knoll, N., & Schwarzer, R. (2005). Soziale Unterstützung. In N. Birbaumer, D. Frey, J. Kuhl, W. Schneider und R. Schwarzer (Eds.) und R. Schwarzer (Vol. Ed.), *Enzyklopädie der Psychologie*, Series X, Vol. 1: Gesundheitspsychologie (pp. 333–349). Göttingen: Hogrefe.

Laireiter, A., Fuchs, M. & Pichler, M. E. (2007). Negative Soziale Unterstützung bei der Bewältigung von Lebensbelastungen. *Zeitschrift für Gesundheitspsychologie*, 15, 43–56.

Leppin, A. & Schwarzer, R. (1997). Sozialer Rückhalt, Krankheit und Gesundheitsverhalten. In R. Schwarzer (Ed.), *Gesundheitspsychologie. Ein Lehrbuch.* 2. Aufl., S. 349–373. Göttingen: Hogrefe.

Light, K. C., Grewen, K. M. & Amico, J. A. (2005). More frequent partner hugs and higher oxytocin levels are linked to lower blood pressure and heart rate in premenopausal women. *Biological Psychology*, 69 (1), 5–21.

Miyazaki, T., Ishikawa, S. Natata, A. (2005). Association between perceived social support and Th1 dominance. *Biological Psychology*, 70, S. 30–37.

Nestmann, F. (2000). Gesundheitsförderung durch informelle Hilfe und Unterstützung in sozialen Netzwerken. Die Bedeutung informeller Hilfe und Unterstützung im Alltag von Gesundheitssicherung und Gesundheitsförderung. In Sting, S. und Zurhorst, G. (Hrsg.). *Gesundheit und Soziale Arbeit*. Weinheim, München, Juventa, S. 128–146.

Park, K., Wilson, M. G. & Lee, M. S. (2004). Effects of social support at work on depression and organizational productivity. *American Journal of Health Behavior*, 28, 444–455.

Petermann, S. (2005). Persönliche Netzwerke: Spezialisierte Unterstützungsbeziehungen oder hilft jeder jedem? In Otto, U., Bauer, P. (Hrsg.). *Mit Netzwerken professionell zusammenarbeiten*. Band I: Soziale Netzwerke in Lebenslauf- und Lebenslagenperspektive. Deutsche Gesellschaft für Verhaltenstherapie, Tübingen.

Piferi, R. L. & Lawler, K. A. (2006). Social support and ambulatory blood pressure: An examination of both receiving and giving. *International Journal of Psychophysiology*, 62, 328–336.

Picardi, A., Battisti, F., Tarsitani, L., Baldassari, M., Copertaro, A., Mocchegiani, E. & Biondi, M. (2007). Attachment security and immunity in healthy women. *Psychosomatic Medicine*, 69, 40–46.

Richter, A. & Wächter, M. (2009). Der Zusammenhang von Nachbarschaft und Gesundheit. Bundeszentrale für gesundheitliche Aufklärung. *Forschung und Praxis der Gesundheitsförderung*, Band 36. Köln.

Robert Koch-Institut (2011). *Beiträge zur Gesundheitsberichterstattung des Bundes – Daten und Fakten: Ergebnisse der Studie „Gesundheit in Deutschland aktuell 2009"*.

Röhrle, B. & Laireiter, A.-R. (2009). Soziale Unterstützung und Psychotherapie: Zwei eng vernetzte Forschungsfelder. In B. Röhrle und A.-R. Laireiter (Hrsg.). *Soziale Unterstützung und Psychotherapie*, 11–46. Tübingen: Dgvt-Verlag.

Schandry, R. (2006). *Biologische Psychologie* (2nd Ed.) Weinheim: Beltz.

Schulz, U. & Schwarzer, R. (2003). *Berliner Social Support Scalen.* http://userpage.fu-berlin.de/~gesund/skalen/Berliner_Social_Support_ Skalen/berliner_social_support_skalen.htm (Stand. 08/2012)

Shrout, P. E., Herman, C. M. & Bolger, N. (2006). The costs and benefits of practical and emotional support on adjustment: A daily diary study of couples experiencing acute stress. *Personal Relationships*, 13, 115–134

Taylor, S. E., Dickerson, S. S., & Klein, L. C. (2002). Toward a biology of social support. In C. R. Snyder and S. J. Lopez (Eds.), *Handbook of Positive Psychology.* London: Oxford University Press.

Van Uden-Kraan, Drossaert, Taal, Shaw, Seydel & van de Laar (2008). Empowering processes and outcomes of participation in online support groups for patients with breast cancer, arthritis, or fibromyalgia. *Qualitative Health Research* 2008 Mar;18 (3):405–17.

Zimber, A. und Ullrich, A. (2011). Wie wirkt sich die Teilnahme an kollegialer Beratung auf die Gesundheit aus? *Zeitschrift für Gesundheitspsychologie*, 19 (4). Hogrefe Verlag Göttingen.

Stress

5.1 Was Sie in diesem Kapitel erwartet 184
5.2 Stress und seine Bedeutung für Gesundheit und Krankheit 184
5.3 Was ist Stress? 185
5.4 Stresstheorien 191
5.5 Stress und das menschliche Immunsystem 212
5.6 Stressbewältigung 215
5.7 Anwendungsbeispiele 225

5 Stress

5.1 Was Sie in diesem Kapitel erwartet

Jeder redet über Stress. Beziehungsstress oder Stress am Arbeitsplatz, Stress ist zum ständigen Begleiter des modernen Menschen geworden. Aber was ist Stress überhaupt? Wie entsteht er? Was steht hinter dem Begriff und welchen Einfluss hat er auf die Gesundheit des Menschen? In diesem Kapitel geht es darum, Stress besser zu verstehen, sein Erscheinungsbild und seine verschiedenen Formen sowie die wichtigsten Stresstheorien kennenzulernen. Die physiologischen und biologischen Reaktionen werden erklärt und die heutige Sicht von Stress und seine Bedeutung für die Gesundheitspsychologie beschrieben. Die Bewältigung von Stress und verschiedene praxisbewährte Programme zur Stressbewältigung werden gegen Ende des Kapitels dargestellt.

5.2 Stress und seine Bedeutung für Gesundheit und Krankheit

Stress als Ursache für Arbeitsunfähigkeit

Stress und seine Folgen gelten mittlerweile als ein Hauptgrund für psychische und körperliche Erkrankungen. Stress wird in der Bundesrepublik Deutschland für ungefähr 60% der Arbeitsunfähigkeitstage im beruflichen Kontext verantwortlich gemacht.

> **Kernaussage**
>
> Alleine die Kosten für den beruflichen Stress wurden für das Jahr 2006 auf 20 Milliarden Euro geschätzt (Techniker Krankenkasse, F.A.Z.-Institut, 2009).

Stress gehört inzwischen zum „modernen Leben" und ist eine Folge der veränderten Lebens- und Arbeitsformen, der technischen Entwicklungen und der Verstädterung des Lebensraums. Menschen leben heutzutage weniger unter starken Bedrohungen wie Naturkatastrophen, Hungersnöten und kriegerischen Auseinandersetzungen, dafür leiden Geist und Seele und damit ihre Gesundheit unter nicht optimalen Lebensumständen.

Chronischer Stress

Der Stressbegriff dient der Psychologie, der Medizin aber auch den Menschen im alltäglichen Miteinander dazu, die Wirkungen dieser Lebensbedingungen auf seelische und körperliche Befindlichkeiten zu beschreiben bzw. zu erklären. Vor allem der stetige und rasche Wandel in modernen Gesellschaften stellt immer größere Anforderungen an den Menschen, sich neuen Entwicklungen möglichst schnell anzupassen, was mit unterschiedlichen psychischen Belastungen einhergeht. Beispiele dafür sind der *Verlust von sozialen Beziehungen*, etwa durch *Scheidung*, schwer vereinbare *Rollenanforderungen* in Beruf und Privatleben oder das in Frage stellen von langfristigen *Lebensentwürfen*. Damit solche psychosozialen Herausforderungen für den Einzelnen besser zu bewältigen sind, müssen auf gesellschaftlicher sowie individueller Ebene künftig Gesundheitsrisiken minimiert werden (vgl. Schnabel & Hurrelmann, 1999). Schmidt-Semisch und Paul (2010) sprechen daher auch davon, dass Gesundheit zu einem „*zentralen Wert*" für die heutige Gesellschaft geworden ist. Gerade der aus diesen psychosozialen Anforderungen entstehende Stress und seine Bewältigung (siehe *Abschnitt 4.4*) wird in der Gesundheitspsychologie neben dem Gesundheitsverhalten (siehe *Abschnitt 1.7*) als ein weiterer, sehr wesentlicher Einflussfaktor für Gesundheit und Krankheit begriffen. Wie bereits in *Kapitel 4* deutlich wurde, stellen akuter und chronischer Stress nicht zu unterschätzende Risikofaktoren für die individuelle Gesundheit dar. Insbesondere für das *Herz-Kreislauf-System* (z. B. Bluthochdruck, Arteriosklerose, Myokardinfarkt), die *Immunabwehr* (z. B. reduzierte Immunantwort, gesteigerte Infektionsanfälligkeit bei chronischem Stress), das *zentrale Nervensystem* (z. B. Schlafstörungen, beeinträchtigte Lern- und Gedächtnisprozesse) und die *Psyche des Menschen* (z. B. Depression, Angst, Sucht) ist langanhaltender Stress eine Gefahr.

Eine enge Verbindung zwischen Stress und einer Vielzahl an physischen und psychischen Erkrankungen ist mittlerweile nachgewiesen (Chrousos, 2009). Faltermaier (2005) bezeichnet das Stresskonzept als „*eines der wichtigsten Konstrukte der angewandten Psychologie*", das die psychologische Forschung bereits lange vor der Entstehung der Gesundheitspsychologie beeinflusst hat (S. 72).

Für die Gesundheitspsychologie ist die Beschäftigung mit Stress wegen seines begünstigenden Einflusses auf die Entstehung von Krankheiten sowie seiner Rolle bei der Entwicklung und Aufrechterhaltung psychischer Störungen von besonderem Interesse (Knoll, Scholz & Rieckmann 2005; Filipp & Aymanns, 2009).

5.3 Was ist Stress?

5.3.1 Definition des Stressbegriffes

„Stress" ist zum Modewort geworden, weshalb der Terminus im Alltag häufig auch falsch verwendet wird. Dadurch entsteht der Eindruck, dass alles Unangenehme im Leben „Stress" sei und auch automatisch krank mache (Faltermaier, 2005, S. 73). Der Begriff *Stress* wurde im 17. Jahrhundert von dem Physiker Robert Hooke geprägt und bezeichnete ursprünglich „*die Kraft innerhalb eines Festkörpers, die von einer externen Kraft (load) hervorgerufen wird*" (Laux 1983, zit. n. Faltermaier 2005, S. 74). Nach Bartlett (1998) besitzt der Mensch eine gewisse Toleranz gegenüber Stress. Er erkrankt jedoch, wenn der Stress übermächtig wird. Bereits die alten Griechen gingen davon aus, dass die Psyche Einfluss auf körperliche Prozesse und somit auch auf die Entstehung von Krankheiten hat (Hippokrates, Epikur), indem die Seele die Balance des Körpers stört. Damit Lebewesen in sich verändernden Umwelten existieren können, ging Claude Bernard von einem internen dynamischen physiologischen Gleichgewicht aus, wofür er den Begriff des *milieu intérieur* prägte (vgl. Schulz, 2009, S. 530).

Stress als Modebegriff

Unterschiedliche Perspektiven von Stress

Stress kann aus drei verschiedenen Perspektiven betrachtet werden, wobei alle drei weder „richtig noch falsch" sind (Schwarzer, 2004, S. 153). Es sind dies die *reaktionsorientierte Sichtweise* von Stress, die *reiz- oder situationsorientierte Perspektive* und die *relationale Sicht*. Diese Sichtweisen haben sich durch die verschiedenen Erklärungsansätze und Beschreibungen von Stress und den dabei entstehenden Emotionen entwickelt.

Eine erste wissenschaftliche Stressdefinition, die der reaktionsorientierten Perspektive von Stress zuzuordnen ist, stammt von *Walter B. Cannon* (Cannon, 1914). Er beschrieb die *Kampf-Flucht-Reaktion* (Fight or Flight), d. h. die schnelle physische und psychische Anpassung von Lebewesen in Gefahrensituationen als Stressreaktion.

> **Begriffe**
>
> *Stress* ist für Cannon die *unmittelbare körperliche und seelische Anpassungsreaktion* von Lebewesen bei Gefahr.

Generelles Adaptations-Syndrom

Der ungarisch-kanadische Mediziner *Hans Selye* machte den Begriff Stress populär. Er verwendete ihn 1936 erstmals für die Belastung des Organismus durch physikalische und psychische „Stressoren" (z. B. Hitze, Kälte bzw. Überforderung, Zeitdruck). Diese Stressoren verursachen, so Selye, eine unspezifische Reaktion des Körpers, die in erster Linie durch die Freisetzung von Glukocorticoiden (Steroidhormone der Nebennierenrinde) aufgrund der Aktivität der *Hypothalamus-Hypophysen-Nebennierenrinden-Achse* (*HHNA*) gekennzeichnet sei. Die Hypothalamus-Hypophysen-Nebennierenrinden-Achse (HHNA) wird auch als „HPA-Achse" (hypothalamic-pituitary-adrenocortical axis) bezeichnet (vgl. Schandry, 2006). Diese Reaktion, die immer stereotyp und unspezifisch abläuft, nannte er *Generelles Adaptations-Syndrom* (Selye, 1953).

> **Begriffe**
>
> Für Selye ist *Stress* die *Stressreaktion*. Sie läuft in drei Phasen ab: der *Alarmreaktion* (1), dem *Widerstand* (2) und der *Erschöpfung* (3).

Stress wird somit sowohl bei Cannon als auch bei Selye *reaktionsbezogen* definiert.

Reiz- oder situationsbezogene Sicht

Eine weitere Entwicklung in der Beschäftigung mit dem Phänomen Stress führte zu sogenannten *reiz- oder situationsbezogenen Definitionen* von Stress. Hierzu gehören Theorien, die die äußeren Bedingungen, d. h. Reize, Anforderungen oder Situationen die auf eine Person einwirken, in den Fokus stellen.

> **Begriffe**
>
> *Stress* entsteht in diesen Ansätzen durch alle äußeren, von einem Individuum wahrgenommenen *Anforderungen in Form von objektiven Herausforderungen oder Stimuli*, die *Gefahr, Schaden* bzw. eine *Bedrohung* signalisieren.

Heute werden alle *inneren* und *äußeren* aversiven, also unangenehm auf den Organismus wirkenden Faktoren, die die Homöostase[1] bedrohen, als *Stressoren* bezeichnet (Chrousos, 2009), wobei man zwischen *physischen* und *psychogenen* (nichtphysischen) Stressoren unterscheidet (Ulrich-Lai & Herman, 2009).

Physische und psychogene Stressoren

Zu den *physischen Stressoren* gehören beispielsweise Hitze, Kälte, Verletzungen oder körperliche Anstrengung, während unter psychogenen Stressauslösern nur vorgestellte (z. B. *„Ich falle durch die Klausur!"*) oder tatsächlich erlebte, anstrengende oder die Psyche belastende Situationen verstanden werden (z. B. Streit mit dem Kollegen im Büro).

Gegenüber beiden Konzepten bestehen konzeptionelle und empirische Bedenken. So wird ein und dieselbe Situation von verschiedenen Individuen als unterschiedlich stressreich empfunden. Und eine belastende Situation, die zu einer Stressreaktion führt, wird nicht bei jedem Menschen die gleiche Anpassungsreaktion auslösen, wie z. B. Selye dies meint.

Von einer *relationalen Stressdefinition* gehen heutige Stresskonzepte aus. Danach steht der Mensch in einer aktiven und wechselseitigen Auseinandersetzung mit seiner Umwelt. Diese wechselseitige Beeinflussung von Person und Umwelt stellt einen *transaktionalen Prozess* dar. Stress entsteht in den relationalen Konzepten durch ein *Missverhältnis* zwischen den Anforderungen an eine Person und deren Reaktionsmöglichkeiten. Die bekannteste Theorie zur transaktionalen Sicht von Stress findet sich im *kognitiv-transaktionalen Stressmodell* des amerikanischen Psychologen Richard Lazarus und seinen Mitarbeitern (Lazarus & Folkman, 1984). Lazarus und Folkman (1984) gehen davon aus, dass es nicht möglich ist, Stress objektiv zu bestimmen. Weshalb sie Stress wie folgt definieren:

Relationale Stressdefinition

> **Begriffe**
>
> *Stress* ist die *subjektiv kognitive Einstufung* eines Ereignisses oder einer Situation, die darüber entscheidet, ob ein Mensch sie als Stress empfindet oder nicht.

Dem Modell folgend bewertet ein Individuum zunächst ein Ereignis hinsichtlich der ihm zur Verfügung stehenden Bewältigungsmöglichkeiten.

Kognitiv-transaktionales Stressmodell

---

[1] Unter Homöostase wird allgemein die Tendenz des inneren Milieus verstanden, gleich zu bleiben.

Wird das Ereignis als bedeutend eingestuft, z. B. als Bedrohung, Schaden, Verlust oder als eine Herausforderung, wird *problem- bzw. emotionszentriertes Bewältigungsverhalten* (*Copingverhalten*) gestartet. Greift das Coping, wird der Stress kontrolliert und bewältigt.

Komplexität des Stress-Konzeptes

Wie bereits deutlich wurde, zeigen die unterschiedlichen Perspektiven, dass das Stresskonzept ein sehr komplexes ist, das das Auftreten eines Stressors, dessen emotionale und kognitive Einschätzung beinhaltet sowie die daraus entstehenden biologischen, emotionalen und kognitiven Veränderungen im Sinne der Stressreaktion.

> **Beispiel**
>
> Maria M. ist Buchhalterin in einem mittelständischen Unternehmen. Sie ist derzeit mit dem Jahresabschluss befasst und ihr Chef hat ihr soeben angekündigt, dass er den vorläufigen Abschluss schon einmal einsehen möchte. Er erwarte, dass der Abschluss in einer Viertelstunde auf seinem Schreibtisch liege. Maria hat allerdings eine Unstimmigkeit in der letzten monatlichen Gewinn- und Verlustrechnung, in Höhe von 1061 €, festgestellt, weshalb sie den Abschluss noch nicht fertigstellen konnte. Sie sucht bereits den gesamten Vormittag, findet die Differenz aber nicht. Zu allem Überfluss müssen rechtzeitig zum Jahresende noch alle offenen Rechnungen bezahlt, Mahnungen versandt und schwierige Sachverhalte mit Kollegen geklärt werden. Maria würde am liebsten am Abend in aller Ruhe, wenn das Büro leer ist, nach dem Fehler suchen. Sie schaut auf ihre Uhr und der Gedanke: „Das schaffe ich nie!" jagt ihr durch den Kopf. Sie bekommt heftiges Herzklopfen, ihre Hände zittern, der Nacken schmerzt. Maria wird immer nervöser und kann keinen klaren Gedanken mehr fassen. Bei ihrer Kollegin beklagt sie sich: „Immer dieser Stress!" Ob der ausgelöste Stress anhält, hängt davon ab, wie Maria damit umgeht, d. h. ihn bewältigt.

In der Praxis bieten alle drei Konzepte Ansätze zur Stressbewältigung. So kann sowohl an der *Stressreaktion* gearbeitet werden (z. B. über Entspannung) wie an den *Stressoren* (z. B. ein Stress erzeugendes Problem lösen) als auch an der *Transaktion* (z. B. eine Situation neu bewerten). Sinnvollerweise wird bei der Stressbewältigung eine Kombination aus aller drei Ansätzen gewählt (vgl. *5.6 Stressbewältigung*). Andererseits bietet eine Trennung der drei theoretischen Sichtweisen verschiedene Ansatzpunkte für eine erfolgreiche Stressforschung, da man sich so jeweils auf einen Aspekt des Stressgeschehens konzentrieren kann.

5.3.2 Stress und sein Erscheinungsbild

Stress auf verschiedenen Ebenen

Die Reaktion auf Stress spielt sich in erster Linie auf den *Ebenen der Emotionen, der Kognitionen, des Körpers* und *des Verhaltens* ab. *Kurzfristige Reaktionen* sind auf *kognitiv-emotionaler Ebene* z. B. Nervosität, Antriebslosigkeit, Konzentrationsschwierigkeiten, häufig auch Gefühle der Überforderung oder Unsicherheit. Eine unmittelbare Reaktion auf Stress ist häufig der Versuch, die stressreiche Anforderung auf der Verhaltensebene zu bewältigen. Oft führt dies zu einer inadäquaten Stressbewältigung, z. B. in Form einer erhöhten Konflikt- und Gewaltbereitschaft oder dem Griff zu Alkohol, Nikotin oder Medikamenten.

Auf *lange Sicht* löst Stress, insbesondere wenn er *chronisch* wird, Erschöpfungszustände aus, die mit dem *Gefühl der Hilflosigkeit* einhergehen und zur Entwicklung psychischer Störungen wie *Depression* und *Angst* führen können. Häufig finden sich auch bei chronischem Stress, der über Tage, Wochen oder Monate andauert, psychosomatische Erscheinungen wie *kardiovaskuläre Störungen*, *Diabetes* und *Magenprobleme* (vgl. Bodenmann & Gmelch, 2009).

Im obigen Beispiel dominieren bei Maria M. eher die *kurzfristigen Erscheinungen von Stress*, d. h. die physiologische Reaktion und Unmutsäußerungen.

Die Konsequenzen von Stress können weiter nach ihrer zeitlichen Wirkung, also *kurz-* oder *langfristig*, ihrem *Entstehungsort*, d. h. kognitiv-emotional, verhaltensmäßig oder physiologisch eingeteilt werden. Allerdings sind diese Dimensionen nicht voneinander zu trennen, sondern miteinander verwoben, weshalb die Übersicht in ▶Tabelle 5.1 dem besseren Verständnis der angesprochenen Dimensionen dienen soll.

Konsequenzen von Stress

	Kurzfristige, akute Folgen	Mittel- und langfristige Folgen
Kognitiv-emotionale Ebene (Erleben)	■ Anspannungen, ■ Nervosität, ■ Überempfindlichkeit, ■ Unkonzentriertheit, ■ Energie- und Interessenverlust, ■ geringere Lern- und Erinnerungsfähigkeit, ■ Gefühl der Unsicherheit und Überforderung.	■ Hilflosigkeit, ■ Erschöpfung, ■ Entwicklung psychischer und psychosomatischer Störungen (Depression, sexuelle Funktionsstörungen, Schlafstörungen, Angstzustände).
Verhaltensebene (wahrnehmbares Verhalten)	■ Gereiztheit, ■ Aggressivität, ■ Egozentriertheit, ■ Konflikte/Streitverhalten, ■ erhöhter Nikotin-, Alkohol- und Medikamentenkonsum, ■ schlechte sensumotorische Koordination.	■ Mehr Fehlzeiten am Arbeitsplatz, ■ soziale Isolation, ■ Partnerschaftskonflikte (Trennung, Scheidung), ■ soziale Unbeliebtheit.
Physiologische Ebene	■ Verspannungen (Schultern, Rücken, etc.), ■ Übersäuerung des Magens, Verdauungsbeschwerden, ■ erhöhte Herzfrequenz und Hormonausschüttung, ■ Kopfschmerzen.	■ Herz-Kreislaufstörungen (Bluthochdruck, Angina pectoris, Herzinfarkt, etc.), ■ Haltungsschäden, ■ Migräne, ■ Diabetes, ■ Magengeschwüre.

Tabelle 5.1: Stressfolgen (Quelle: Bodenmann & Gmelch, 2009)

5.3.3 Stressformen

Klassifikation von Stress

Mittels unterschiedlicher Kriterien spezifizieren Bodenmann und Gmelch (2009) verschiedene Formen von Stress. Hierzu verwenden sie drei Dimensionen: die *Stressintensität* (*Makro- versus Mikrostress*), die *zeitliche Ausdehnung* (*akuter versus chronischer Stress*) und die *Betroffenheit* (*persönlich versus universell*). Daraus ergibt sich die in ▶Tabelle 5.2 dargestellte Übersicht.

	Makro-Stress		Mikro-Stress	
	persönlich	universell	persönlich	universell
akut	Verkehrsunfall	Naturkatastrophe	eskalierender Partnerschaftskonflikt	Fluglärm bei Landung eines Flugzeugs
chronisch	Rheumatoide Erkrankung	Wirtschaftskrise	Laute Nachbarn	Hektik am Arbeitsplatz

Tabelle 5.2: Dreidimensionale Stressklassifikation (Quelle: Bodenmann & Gmelch, 2009)

Eustress und Disstress

Zusätzlich kann Stress mit Blick auf seine Qualität in *Eustress* (positiver Stress) und *Disstress* (negativer Stress) unterteilt werden (vgl. Selye 1974). Ebenso kann Stress nach seiner *Vorher-* bzw. *Unvorhersehbarkeit* unterschieden werden oder danach, ob er als *bewältigbar* oder *unbewältigbar* bewertet wird (vgl. Kaluza & Vögele, 1999).

Bodenmann und Gmelch (2009) differenzieren Stress inhaltlich wie folgt weiter in:

- *physikalische Stressoren*
  (z. B. Hitze, Lärm, Kälte usw.)
- *soziale Stressoren*
  (z. B. zwischenmenschliche Konflikte, Sorgen um nahe Verwandte usw.)
- *ökologische Stressoren*
  (z. B. negative Wohnsituation, Abgeschiedenheit usw.)
- *ökonomische Stressoren*
  (z. B. prekäre Arbeitsverhältnisse, finanzielle Probleme usw.)
- *berufliche Stressoren*
  (z. B. quantitative und qualitative Anforderungen, Zeitdruck, Hektik, Monotonie usw.)

Letztendlich spielen die aufgezählten Bereiche, so die Autoren, eher in *reiz- oder situationsorientierten Stresskonzepten* eine bedeutende Rolle. Aus heutiger stresstheoretischer Sicht ist vor allem die *subjektive Einstufung* dieser Stressoren hinsichtlich ihrer Bedeutung für das Individuum und bezüglich ihrer Bewältigung wesentlich (Bodenmann & Gmelch, 2009). D. h., die Bewertung einer Situation oder eines Reizes entscheidet darüber, ob ein Individuum Stress erlebt und wie es seine Bewältigungschancen beurteilt.

5.4 Stresstheorien

5.4.1 Reiz- oder situationsorientierte Stresskonzepte

In der Alltagssprache findet sich bei der Befragung von Personen, was Stress für sie bedeutet, häufig die Aussage: *„Stress habe ich, wenn ich unter Druck stehe"*. In Analogie zum bereits dargestellten Begriff Stress, wie ihn der Physiker Hooke benutzte, kommt hier ebenfalls der „Druck" zur Sprache, der nun auf dem Menschen lastet. Diese Sichtweise wird die sogenannte *reiz- oder situationsorientierte Perspektive* von Stress genannt. Stress wird über Situations-, Bedingungs-, Ereignis- oder Umweltmerkmale bestimmt. *Reiz- oder situationsorientierte Stresskonzepte* heben sich von anderen Theorien zum Stress dadurch ab, dass sie einen anderen Blickwinkel haben. In ihnen wird nicht die Stressreaktion in den Fokus des Interesses gestellt, sondern in erster Linie *Stressoren*, im Sinne von Stress auslösenden Umweltereignissen. Begriffsdefinitionen, bei denen Stress vor allem durch *Merkmale der Umwelt* ausgelöst wird, werden insbesondere in der Arbeitspsychologie verwandt, um die Entstehung von psychischen Belastungen am Arbeitsplatz zu erklären (vgl. weiter unten *5.4.1.2 Das Belastungs-Beanspruchungs-Modell der Arbeitspsychologie*).

Nitsch (1981) referiert eine Reihe von Problemen und Schwierigkeiten, die sich aus *reiz- bzw. situationsorientierten Stressansätzen* ergeben. Sie können wie folgt zusammengefasst werden: **Kritik am reizorientierten Stresskonzept**

- *Unterschiedliche Reize, Situationen oder Ereignisse*, die sich qualitativ voneinander unterscheiden, sind nicht auf demselben Maßstab abbildbar und damit nicht vergleichbar.

- *Unterschiedliche Reizkombinationen* und deren Bedeutung können nicht erfasst werden. Auch finden die Interaktionen zwischen verschiedenen Reizbedingungen keine Berücksichtigung.

- Die *subjektive Wahrnehmung und Einstufung* von Reizen in den klassischen reizorientierten Ansätzen finden keine Beachtung.

- Durch *Unterschiede in der individuellen Reaktionsweise* auf Stress und bei den jeweiligen Stressbewältigungskompetenzen ist es nicht möglich, aufgrund des Wissens um bestimmte Reizbedingungen eine Prognose spezifischer psychologischer und physiologischer Reaktionen abzugeben.

Diese am Reiz oder der Situation orientierte Sicht von Stress kommt am deutlichsten in der klassischen *Life-Event-Forschung* (Forschung zu kritischen Lebensereignissen) zum Ausdruck. **Life-Event-Forschung**

5.4.1.1 Kritische Lebensereignisse

Forscher der *Life-Event-Forschung* haben versucht, Auswirkungen verschiedener einschneidender Ereignisse im Leben des Menschen zu erfassen. Hinsichtlich ihres Einflusses auf das Wohlbefinden und die Gesundheit beschäftigten sie sich z. B. mit Fragestellungen zu Trauer, Scheidung oder dem Verlust des Arbeitsplatzes. Die Resultate dieser Forschungen wurden genutzt, um die Wirkung von Stress auf den menschlichen Körper zu untersuchen und Ansätze für eine sinnvolle Stressbewältigung zu entwickeln.

> **Begriffe**
>
> *Kritische Lebensereignisse* sind Ereignisse, die durch Veränderungen der (sozialen) Lebenssituation gekennzeichnet sind und Anpassungsleistungen durch das Individuum notwendig machen (Filipp, 1995).

Kritische Lebensereignisse

Solche kritischen Lebensereignisse sind gravierend und erfordern meist eine soziale Neuorientierung der Betroffenen. Sie müssen allerdings nicht immer negativ sein. Filipp (2007) unterscheidet zwischen *altersgebunden*, *non-normativen* und *epochalnormierten Lebensereignissen*.

Altersgebundene Lebensereignisse

Altersgebundene Lebensereignisse

Unter *altersgebundenen Lebensereignissen* (age-graded) werden solche Lebensereignisse verstanden, die durch eine hohe Wahrscheinlichkeit des Auftretens in bestimmten Altersgruppen gekennzeichnet sind und rein statistisch als „normal" angesehen werden können. Hierzu zählen beispielsweise der Berufseintritt oder die Geburt eines Kindes.

Non-normative Lebensereignisse

„*Nicht-Ereignisse*"

Im Gegensatz zu altersgebundenen Ereignissen haben *non-normative Lebensereignisse* (unerwartete Lebensereignisse) eine geringere Auftretenswahrscheinlichkeit. Hierzu zählen beispielsweise eine ungewollte Schwangerschaft im Jugendalter oder ein schwerer Unfall. Sie werden bei ihrem Eintritt eher als belastend und schwer bewältigbar wahrgenommen (Filipp & Aymanns, 2005). In die Kategorie der *non-normativen Ereignisse* werden auch „*Nicht-Ereignisse*" eingeordnet Darunter verstehen Auth, Preiser und Buttkewitz (2003) beispielsweise einen nicht erfüllten Kinderwunsch, eine nicht stattgefundene Karriere im Beruf oder andere nicht erreichte Lebensziele. Nicht-Ereignisse, auch als *Lebensenttäuschungen* bezeichnet, sind meist emotional belastend, schwer zu kontrollieren und in der Regel nicht vorhersehbar, müssen aber von den Betroffenen ebenso bewältigt werden, wie eine tatsächlich eingetretene psychische Belastung.

Epochalnormierte Lebensereignisse

Posttraumatische Belastungsstörung

Epochalnormierte Lebensereignisse (history-graded) sind Konfrontationen mit Extremerfahrungen wie Krieg, Flucht, Vertreibung, Naturkatastrophen oder finanzielle Not und deren erfolgreiche oder missglückte Bewältigung. Damit gehören auch geschichtliche Ereignisse und das mit ihnen zusammenhängende Ausmaß an seelischer und körperlicher Bedrohung zum Bereich der kritischen Lebensereignisse. Sie können zu *Posttraumatischen Belastungsstörungen* führen mit spezifischen, lange andauernden und schwer behandelbaren psychischen Beeinträchtigungen.

Infobox

Posttraumatische Belastungsstörung- Definition nach ICD-10 (F43.1)

Diese entsteht als eine verzögerte oder über einen längeren Zeitraum hinweg auftretende Reaktion auf ein belastendes Ereignis oder eine Situation außergewöhnlicher Bedrohung oder katastrophenartigen Ausmaßes, die bei fast jedem eine tiefe Verzweiflung hervorrufen würde. Hierzu gehören eine durch Naturereignisse oder von Menschen verursachte Katastrophe, eine Kampfhandlung, ein schwerer Unfall oder Zeuge des gewaltsamen Todes anderer oder selbst Opfer von Folterung, Terrorismus, Vergewaltigung oder anderen Verbrechen zu sein. Prämorbide Persönlichkeitsfaktoren wie bestimmte Persönlichkeitszüge, z. B. zwanghafte oder neurotische Erkrankungen in der Vorgeschichte, können die Schwelle für die Entwicklung dieses Syndroms senken und seinen Verlauf verstärken, aber die letztgenannten Faktoren sind weder notwendig noch ausreichend, um das Auftreten der Störung zu erklären. Typische Merkmale sind das wiederholte Erleben des Traumas in sich aufdrängenden Erinnerungen (Nachhallerinnerungen, Flashbacks), oder in Träumen, vor dem Hintergrund eines andauernden Gefühls von Betäubtsein und emotionaler Stumpfheit, Gleichgültigkeit gegenüber anderen Menschen, Teilnahmslosigkeit der Umgebung gegenüber, Unfähigkeit, Freude und Lust zu empfinden sowie Vermeidung von Aktivitäten und Situationen, die Erinnerungen an das Trauma wachrufen könnten. Gewöhnlich tritt ein Zustand von vegetativer Übererregtheit mit Aufmerksamkeitssteigerung, einer übermäßigen Schreckhaftigkeit und Schlaflosigkeit auf. Angst und Depression sind häufig mit den genannten Symptomen und Merkmalen assoziiert und Suizidgedanken sind nicht selten. Drogeneinnahme oder übermäßiger Alkoholkonsum können als komplizierende Faktoren hinzukommen. Die Störung folgt dem Trauma mit einer Latenz, die wenige Wochen bis Monate dauern kann (doch selten mehr als 6 Monate nach dem Trauma). Der Verlauf ist wechselhaft, in der Mehrzahl der Fälle kann jedoch eine Heilung erwartet werden. Bei wenigen Patienten nimmt die Störung über viele Jahre einen chronischen Verlauf und geht dann in eine andauernde Persönlichkeitsänderung über (WHO, 2005).

Gemessen werden kritische Lebensereignisse, indem Personen mit *Ereignisinventaren* oder *Ereignislisten* befragt werden, in denen diese Ereignisse beschrieben sind. Sie müssen von den Probanden hinsichtlich der Bedeutsamkeit für sich eingeschätzt werden. Die Psychiater Holmes und Rahe (1967) entwickelten die erste Ereignisliste, die *Social Readjustment Rating Scale* (*SRRS*). Diese Liste wurde zwar oft wegen ihrer methodischen Mängel kritisiert, hatte jedoch einen bedeutenden Einfluss auf die Life-Event-Forschung, wenn es um die Kategorisierung von Stress auslösenden Ereignissen ging. Die Skala enthält *subjektive* und *objektive*, *erwünschte* und *unerwünschte* sowie *positive* und *negative* Begebenheiten. Erlebnisse werden von den Befragten bezüglich *Intensität* und der

Social Readjustment Rating Scale

notwendigen Zeit der Anpassung eingestuft. Es existieren mittlerweile verschiedene Ereignisinventare sowie Interviewleitfäden oder Fragebogen zur Selbstauskunft. Die *„Social Readjustment Rating Scale (SRRS)"* enthält 43 Ereignisse, über deren Einstufung das Ausmaß von Stress gemessen wird. Diesen kritischen Lebensereignissen, die negativer aber auch positiver Natur sein können, werden Werte von 0 bis 100 zugeordnet. Stress ist in diesen Verfahren umso größer, je mehr Anpassungsleistungen in den unterschiedlichsten Lebensbereichen vorgenommen werden müssen.

Rang	Lebensereignis	Wert
1.	Tod des Ehepartners	100
2.	Scheidung	73
5.	Tod eines Familienangehörigen	63
6.	Eigene Verletzung oder Krankheit	53
7.	Heirat	50
8.	Verlust des Arbeitsplatzes	47
10.	Pensionierung	45
11.	Änderung im Gesundheitszustand eines Familienangehörigen	44
13.	Sexuelle Schwierigkeiten	39
16.	Erhebliche Einkommensveränderung	38
17.	Tod eines nahen Freundes	37
18.	Berufswechsel	36
19.	Änderung in der Häufung der Auseinandersetzungen mit dem Ehepartner	35
22.	Veränderung im beruflichen Verantwortungsbereich	29
23.	Kinder verlassen das Elternhaus	29
27.	Schulbeginn oder -abschluss	26
28.	Änderung des Lebensstandards	25
30.	Ärger mit dem Vorgesetzten	23
32.	Wohnungswechsel	20
33.	Schulwechsel	20
36.	Änderungen der gesellschaftlichen Gewohnheiten	18
38.	Änderung der Schlafgewohnheiten	16
39.	Änderung der Häufigkeit familiärer Kontakte	15
43.	Geringfügige Gesetzesübertretungen	11

Tabelle 5.3: Ausgewählte Items der Social Readjustment Rating Scale (SRRS) nach Holmes und Rahe, 1967

Die Forschung zu kritischen Lebensereignissen wird häufig kritisiert, etwa wenn es um die Korrelationen zwischen Lebensereignissen und Krankheitssymptomen geht. Diese seien oft bedeutend, aber zumeist in ihrer Ausprägung eher niedrig. Zudem könnten diese Resultate auch durch Bewältigungsstrategien oder soziale Unterstützung beeinflusst sein (Katschni, 1980). Problematisch sei darüber hinaus der Erinnerungszeitraum, den die Probanden zurückgehen müssten und der mehrere Jahre umfassen kann.

Zur Messung von Stress eignen sich nach Kanner, Coyne, Schaefer und Lazarus (1981) eher *Alltagsbelastungen* („daily hassles"), da sie einen direkten Einfluss auf die seelische Anpassungsleistung haben, was bei kritischen Lebensereignissen nicht der Fall ist. Und für die Entwicklung von Krankheiten oder den Verlauf von Erkrankungen haben sie u. U. eine größere Bedeutung als Lebensereignisse (DeLongis, Folkmann & Lazarus, 1988).

Alltagsbelastungen

> **Begriffe**
>
> *Alltagsstress* sind irritierende, frustrierend belastende Anforderungen und schwierige Beziehungen, die uns tagtäglich plagen (Lazarus & DeLongis, 1983, S. 247).

Als Beispiel für ein Verfahren, das zur Erfassung von Alltagsstress verwandt wird, kann das *Trierer Inventar zur Erfassung von chronischem Stress (TICS)* von Schulz, Schlot, und Becker (2004) genannt werden. Es handelt sich um einen standardisierten Fragebogen der mit 57 Items unterschiedliche Facetten von chronischem Stress erfasst. Dazu müssen die Befragten angeben, wie oft sie in den letzten drei Monaten eine spezifische Situation erlebt bzw. welche Erfahrung sie damit gemacht haben. Insgesamt verfügt das TICS über zehn Skalen. Die Skalen *Arbeitsüberlastung, Soziale Überlastung* und *Erfolgsdruck* thematisieren Stress aufgrund von hohen Anforderungen. Stress, der wegen eines *Defizits an Bedürfnisbefriedigung*, durch *Arbeitsunzufriedenheit, Überforderung bei der Arbeit, mangelnde soziale Anerkennung* oder *soziale Spannungen* bzw. *Soziale Isolation* entsteht, wird durch weitere Skalen erfasst. Zusätzlich finden sich im TICS eine Skala zur *chronischen Besorgnis* und eine Screening-Skala mit zwölf weiteren Items, die als *globales Maß für erlebten Stress* fungieren.

Erfassung von Alltagsstress

5.4.1.2 Das Belastungs-Beanspruchungs-Modell der Arbeitspsychologie

Für die Erklärung von Arbeitsstress werden in der *Arbeitspsychologie* andere Theorien verwandt. Sie können allerdings den *reiz- bzw. situationsorientierten Modellen* zugeordnet werden. Der Terminus *Stress* wird in diesem Ansatz jedoch nicht benutzt, vielmehr wird von *psychischer Belastung (Wirkung)* und *psychischer Beanspruchung (Veränderung)* gesprochen. Psychische Belastung wird in diesem Modell wertneutral verwandt und als Gesamtheit aller erfassbaren Einflüsse (Reize oder Sti-

Psychische Belastung und Beanspruchung

muli), die von außen auf eine Person zukommen und psychisch auf sie einwirken, verstanden.

> **Begriffe**
>
> Die *unmittelbaren, nicht langfristigen, Auswirkungen* dieser psychischen Belastung im Individuum, die von seinen Eigenschaften (z. B. Alter, Fähigkeiten, Fertigkeiten, Bewältigungsstrategien usw.) abhängig sind, werden als *psychische Beanspruchung* definiert.

Ob es zu einer psychischen Beanspruchung kommt, ist auch von den Eigenschaften einer Person abhängig. Daraus resultiert, dass Personen bei gleicher Belastung unterschiedliche Beanspruchungsgrade entwickeln bzw. unter Stress geraten.

> **Begriffe**
>
> *Stress* ist in diesem Konzept die *kurzfristige Folge einer Beanspruchung*, resultierend aus einer Belastung.

Langandauernde psychische Beanspruchungen führen auch in diesem Konzept zu denselben Konsequenzen, wie sie in anderen Ansätzen mit „chronischem Stress" beschrieben werden.

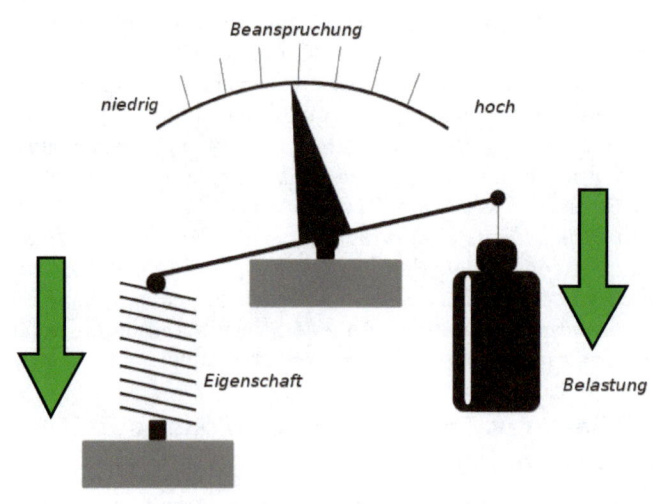

Abbildung 5.1: Das Belastungs-Beanspruchungs-Modell der Arbeitspsychologie (Quelle: Lohmann-Heislah, 2012)

Einfacher Ursache-Wirkungs-Zusammenhang

Wie aus der Abbildung deutlich wird, handelt es sich bei diesem Modell um eine einfache Beziehung zwischen Ursache und Wirkung. Es ist damit auch nur eingeschränkt brauchbar, wenn es um komplexere Wechselwirkungen geht, wie z. B. bei einer Mensch-Mensch-Interaktion. Die psychische Arbeitsbelastung findet sich auch in der Norm DIN EN ISO

10075 (internationaler Standard mit Richtlinien für die Arbeitsgestaltung), in der die ergonomischen Grundlagen der psychischen Arbeitsbelastungen bestimmt sind.

Stressoren, die psychische Arbeitsbelastungen und in der Folge psychische Beanspruchungen auslösen, werden in der Regel drei Quellen zugeordnet:

1. *Arbeitsinhalt und -organisation*,
2. *Arbeitszeitorganisation* und
3. *Beschäftigungssituation*.

Aus den in ▶Abbildung 5.2 wiedergegebenen Daten erkennt man, dass vor allem *„starker Termin- und Leistungsdruck"* für die Befragten eine hohe psychische Belastung darstellt. Ob die psychische Belastung in eine Beanspruchung übergeht, ist je nach Individuum von dessen Eigenschaften und Bewältigungsmöglichkeiten abhängig.

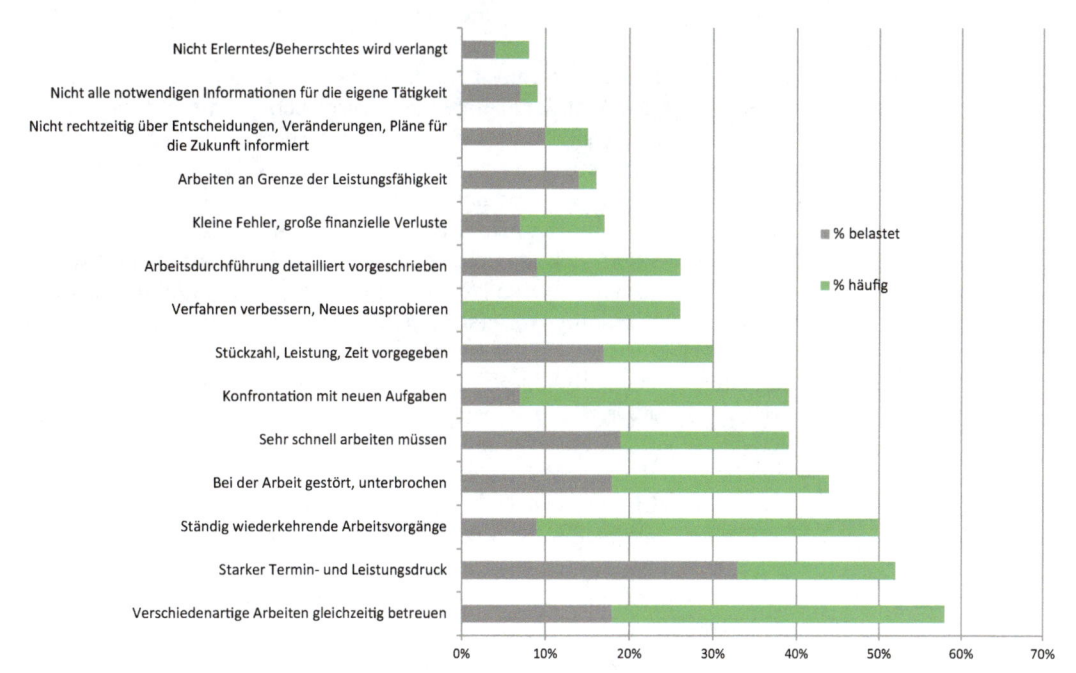

Abbildung 5.2: Ergebnis der Befragung von 17562 Berufstätigen zu den Anforderungen (Stressoren) aus Arbeitsinhalt und -organisation und der daraus resultierenden Belastung (Quelle: Lohmann-Heislah, 2012)

5.4.2 Reaktionsorientierte Stresstheorien

Antworten von Menschen, die sich auf physische und psychische Auswirkungen von Stress beziehen, beinhalten häufig Symptome wie *Schlaflosigkeit*, *Spannungskopfschmerz*, *Angst*, *Unkonzentriertheit* oder *körperliche Anspannung*. Für diese Wirkungen von Stress interessieren sich vor allem die Forscher, die eine *reaktionsorientierte, psychophysiologische oder biologische Perspektive* einnehmen und sich für die Psychophysiologie von Stress interessieren. Ihr Interessenfokus liegt auf der Verknüpfung von psychischer Beanspruchung und körperlichen Erkrankungen, wie beispielsweise koronarer Erkrankungen oder der Einfluss der Stressreaktion auf das Immunsystem. Zur Reduzierung von Stresswirkungen (emotionszentrierte Bewältigungsstrategien) wird beispielsweise versucht, auf die psychophysiologischen Abläufe bei Stress durch Entspannungsübungen Einfluss zu nehmen.

> **Kernaussage**
>
> Stress wird in *reaktionsorientierten und physiologischen Definitionen* als eine abhängige Variable verstanden, die durch *physiologische, psychische* oder *verhaltensmäßige Aktivitäten und Anpassungsleistungen* gekennzeichnet ist. Stresstheorien dieser Art stammen aus der Medizin, der Physiologie oder der Biologie.

Konzept der Homöostase

Cannon (1914) erforschte diese Anpassungsleistungen als Erster. Mit der Bezeichnung *„Kampf-Flucht-Reaktion"* beschrieb er die Stressreaktion von Lebewesen, die sich mit diesem Verhalten sehr schnell physisch und psychisch in Gefahrensituationen anpassen. Ihn interessierten hauptsächlich die *physiologischen und neurobiologischen Abläufe* an den Reaktionen von Tieren bei Bedrohungen. 1932 entwickelte er in seinem Buch *The Wisdom of the Body* schließlich das Konzept der *Homöostase* und stellte das katecholaminerge System (Neurotransmittersystem, funktioniert mit Dopamin, Noradrenalin, Adrenalin) bei der Anpassungsleistung des Organismus in den Mittelpunkt seiner Betrachtungen. Unter Homöostase versteht Cannon das Aufrechterhalten verschiedener physiologischer Kennwerte in vertretbaren Grenzen (vgl. Goldstein & Kopin, 2007). Wird die Homöostase eines Organismus von außen bedroht, führt dies zu biologischen Reaktionen, beispielsweise zu einer Verringerung der Körpertemperatur oder des Blutzuckers. Diese Reduzierung wird durch „physiologische Messfühler" wahrgenommen und löst eine Rückmeldung des Organismus aus mit dem Ziel, die Abweichung zwischen den wahrgenommenen „Ist-" und den akzeptablen „Sollwerten" auszugleichen (vgl. hierzu „Heterostase" in *Abschnitt 1.6*).

Konzept der Allostase

Das Homöostase-Konzept wurde von Sterling und Eyer (1988) um den Begriff der *Allostase* erweitert. Ihre Argumente: es gibt für alle physiologischen Kennwerte keinen bestimmten Sollwert (Zielwert bei der Selbstregulation), vielmehr hängt er vom aktuellen Zustand des Organismus ab, etwa von Wachheit, Schlaf oder intensiver Bewegung. Durch überdauernde Belastungen des Organismus können sich diese Sollwerte auf Dauer verändern. Die beiden Autoren nennen diesen Anpassungsprozess der Sollwerte an Umweltanforderungen *„stability through change"* oder *Allostase* (Sterling & Eyer, 1988, S. 636).

Die bekannteste und einflussreichste reaktionsorientierte Stresstheorie ist die Theorie von Selye (1953). Nach Selye lösen Stressoren (bestimmte Reizkonstellationen) eine physiologische Stressreaktion aus, die einen universellen Abwehrmechanismus darstellt und *unspezifisch* auf jede Anforderung folgt. Für Selye ist Stress ein komplexes, jedoch *einheitliches* Reaktionsmuster, das den Organismus schützt. Die Stressreaktion stellt einen ganz normalen biologischen Vorgang dar, der den Körper mobilisiert, um durch Flucht oder Angriff einer Bedrohung oder Gefahr zu entkommen. Die Stressreaktion stellt damit ein uraltes Programm der menschlichen Gene dar. Die von Selye als *Allgemeines Adaptationssyndrom* bzw. *Anpassungssyndrom (AAS)* bezeichnete Reaktion wird auch mit dem Synonym *Generalisiertes Anpassungssyndrom (GAS)* belegt. Durch das AAS kommt es blitzartig zu einer starken Aktivierung und Energiemobilisierung. Ausgelöst wird die körperliche Stressreaktion über die *Sympathikus-Nebennierenmark-Achse* und die *Hypothalamus-Hypophysen-Nebennierenrinden-Achse (HHNA)*. Die Hormone Noradrenalin, Adrenalin sowie Cortisol werden freigesetzt. Der Sympathikusnerv wird aktiviert und seine Tätigkeit gesteigert. Es werden Energien in Muskeln und Gehirn freigesetzt und alle Körperreserven des Organismus werden schlagartig mobilisiert. Puls, Blutdruck und Atemfrequenz erhöhen sich und die Verdauung stellt die Arbeit ein. Vermehrt werden rote Blutkörperchen freigesetzt, um die Sauerstoffaufnahme und Kohlendioxidabgabe zu erleichtern. Die Toleranz für Schmerz wird kurzfristig erhöht und die Blutgerinnung steigt an (vgl. *Abschnitt 4.5*). An diese Sofortreaktion kann sich eine verzögerte Reaktion anschließen, um dem Stress standzuhalten. Schließlich kommt es bei überdauerndem (chronischem) Stress langfristig zu Schädigungen des Organismus (siehe ▶Tabelle 5.4).

Allgemeines Adaptationssyndrom
Generalisiertes Anpassungssyndrom

Das Syndrom setzt sich aus drei Phasen zusammen: der *Alarmreaktion*, der *Widerstandsphase* und der *Erschöpfungsphase*.

Stressreaktion in drei Phasen

Erste Phase: Alarmreaktion

Die Alarmreaktion oder Schockphase dient dazu, den Organismus für eine rasche Reaktion auf einen Stressor vorzubereiten. Gekennzeichnet ist sie durch eine erhöhte Ausschüttung von Katecholaminen und Corticosteroiden. Der Körper reagiert zunächst mit einer Absenkung des arteriellen Blutdrucks (Hypotonus) und der Körpertemperatur, einer verminderten Absonderung von Harn, einer Unterzuckerung des Blutes (Hypoglykämie) sowie der Reduzierung der Elektrolyte Chlorid, Natrium und Kalium im Blut. Zudem werden die Lymphozyten vermehrt.

Zweite Phase: Widerstand

Eine der Alarmphase gegensätzliche Reaktion zeigt der Organismus in der sich anschließenden Widerstandsphase. Damit versucht er das Gleichgewicht wiederherzustellen. Durch die Tätigkeit des Sympathikus erfolgt eine unmittelbare Ausschüttung des Hormons Adrenalin. Dieses bewirkt ein Freisetzung von Glucose und freien Fettsäuren aus der Leber, der Muskulatur und dem Fettgewebe. Herztätigkeit und Atmung werden angeregt und der Blutdruck steigt. Weitere Hormone wie Cortisol werden ausgeschüttet, die eine Stabilisierung der durch den Stress ausgelösten Stoffwechselvorgänge gewährleisten, insbesondere bei chronischem Stress.

Dritte Phase: Erschöpfung

Bleibt es bei einer unverminderten Stressexposition, kommt es irgendwann zur Erschöpfungsphase. Im negativen Fall führt dies zum Zusammenbruch des Widerstands mit dauerhaften Schädigungen des Organismus bis hin zum Tod durch Erschöpfung.

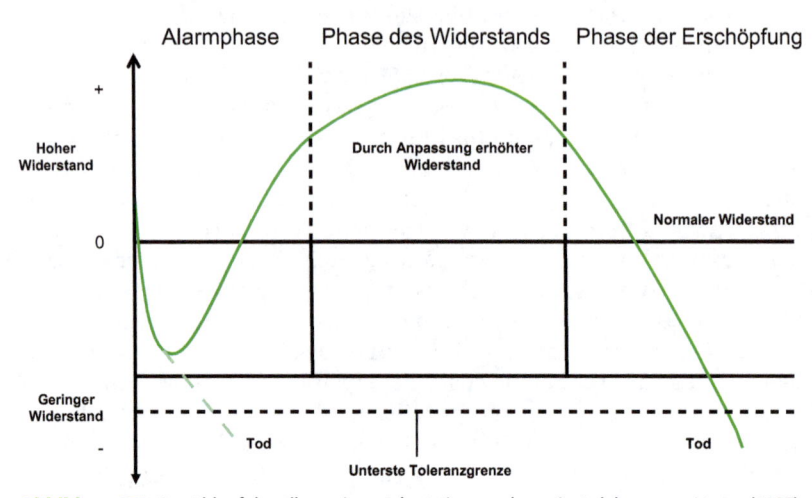

Abbildung 5.3: Der Ablauf des allgemeinen Adaptationssyndroms in Anlehnung an Vester (1995)

Nach Selye müssten alle Stressoren dieselben stereotypen physiologischen Reaktionen provozieren. Vor dem Hintergrund der Erkenntnisse, dass bestimmte Merkmale von Stressoren besonders starke Stressreaktionen hervorrufen, ist diese Sicht allerdings nicht mehr aktuell (Biondi & Picardi, 1999). Auch beeinflussen *Persönlichkeitseigenschaften*, *Bewältigungsstrategien* und die *aktuelle Lebenssituation* die Wahrnehmung von Belastungen (z. B. Sensitizer und Represser, vgl. *Abschnitt 3.3*). So wirkt sich die *Stressreaktivität* (Erregbarkeit des Nervensystems durch Stressoren), unabhängig von der Stärke und Art des Stressreizes, auf die Stressreaktion einer Person aus.

> **Begriffe**
>
> **Stressreaktivität**
>
> Die *Stressreaktivität* ist eine Disposition, d. h. eine individuelle Bereitschaft in spezifischer Weise auf Stress zu „antworten".

Menschen die stressreaktiv sind, neigen schon unter „normalen" Belastungen dazu, z. B. mit Angespanntheit, Nervosität, Unruhe zu reagieren (vgl. Schulz, 2005).

Welche kurzfristigen, verzögerten und langfristigen Wirkungen Stress auf den Organismus hat, ist in Tabelle 5.4 dargestellt.

5.4 Stresstheorien

Kurzfristig	Verzögert	Langfristig
Gehirn Aktivierung, Durchblutung, und Erinnerungsvermögen nehmen zu, Empfinden für Schmerz sinkt.	**Gehirn** Das Lern- und Erinnerungsvermögen werden aktiviert, um den Stress besser verarbeiten zu können.	**Gehirn** Ein überhöhter Cortisolwert über längere Zeit kann zu Erschöpfung, Gereiztheit und Depression führen.
Augen Weitung der Pupillen, um Gefahren besser zu erkennen.	**Immunabwehr** Die Abwehrkraft nimmt ab.	**Verdauung** Geringe Durchblutung von Magen und Darm kann Geschwüre hervorrufen.
Herz Herzschlag beschleunigt und Blutdruck steigt.	**Leber** Energie wird weiter zur Verfügung gestellt.	**Immunabwehr** Auf Dauer wird die Immunabwehr geschwächt.
Lunge Sauerstoffaufnahme wird durch forcierte Atmung verbessert und die Bronchien werden geweitet.	**Nebennieren** Cortisol wird produziert und dadurch die Verdauung und die Immunabwehr gedrosselt.	**Blutgefäße** Bei chronischem Stress werden die Blutgefäße in ihrer Elastizität beeinflusst.
Leber Energie in Form von Blutzucker und Fetten wird freigesetzt und den Muskeln zur Verfügung gestellt.	**Sexualität** Die Produktion der Geschlechtshormone wird reduziert, je länger der Stress anhält.	**Unfruchtbarkeit** Stress kann auf lange Sicht zu männlicher Zeugungsunfähigkeit führen.
Muskeln Muskeln spannen sich an und ihre Blutgefäße weiten sich, um besser mit Energie versorgt zu werden.		
Milz Die Zahl der roten Blutkörperchen steigt, damit die Muskeln mehr Sauerstoff erhalten.		
Verdauung Die Verdauungstätigkeit von Magen und Darm wird gehemmt.		
Nebennieren Katecholamine werden freigesetzt.		

Tabelle 5.4: Die Auswirkungen der Stressreaktion auf den Organismus (Abbildung aus Brinkmann, 2011)

5.4.2.1 Das Allostase-Konzept

McEwen (McEwen, 1998; McEwen, 2003; McEwen, 2007) modifizierte und ergänzte das von Peter Sterling und Joseph Eyer (1988) eingeführte Allostase-Konzept. Er forschte gemeinsam mit seinen Mitarbeitern zu allostatischer Regulation und allostatischen Belastungen und differenzierte den Begriff der Allostase gegenüber der Homöostase weiter aus (McEwen & Wingfield, 2003).

> **Begriffe**
>
> Der Begriff der *Homöostase* ist in diesem modifizierten Konzept im Unterschied zur Definition Cannons nicht auf alle physiologischen Systeme des Organismus bezogen, sondern ausschließlich auf solche, die der Stabilisierung wesentlicher und lebensnotwendiger Funktionen dienen (z. B. dem Erhalt der Körpertemperatur).

Anpassung durch Allostase

Im Vergleich zu homöostatischen Systemen variieren allostatische Systeme um Sollwerte. Hält das homöostatische System einen bestimmten Sollwert konstant ein, um notwendige Körperfunktionen aufrechtzuerhalten (z. B. die Körpertemperatur), verstellt sich ein Sollwert in allostatischen Systemen je nach Anforderung. Damit gewährleistet die Allostase, dass der Körper sich an veränderte Umweltbedingungen anpassen kann. Dies sind z. B. bei körperlicher Aktivität die Steigerung der Herzschlagfrequenz und die Erhöhung des Blutdrucks (vgl. Schulz, 2009).

Vermittelt werden diese allostatischen Anpassungsreaktionen durch *Cortisol* und *Adrenalin* bzw. *Noradrenalin* sowie durch Botenstoffe des Immunsystems, die *Zytokine* (Proteine). Kommt es bei chronischem Stress dazu, dass die freigesetzten Hormone und Botenstoffe zu oft, zu lange und in zu hoher Konzentration im Blut zirkulieren, können sie dem Körper auch Schaden zufügen. Das erste Ziel der Stressreaktion, den Organismus den Herausforderungen anzupassen, wird mit der Zeit zu einer *allostatischen Belastung* („Allostatic Load"). Solch eine Belastung tritt insbesondere dann auf, wenn

1. die Stressreaktion *zu häufig* und *in kurzen Abständen* auftritt,

2. die Konfrontation mit einem Stressor beendet ist, die *physiologische Stressreaktion jedoch nicht schnell genug abklingt*,

3. die *Stressreaktion zu schwach* ist, *nicht adäquat* oder *ein anderes System überschießend reagiert*, etwa wenn zu wenig Cortisol ausgeschüttet wird und das Immunsystem überreagiert,

4. auf wiederkehrende Stressoren *keine Gewöhnung (Habituation)* erfolgt (McEwen, 1998).

So führt eine unangebrachte oder überschießende Stimulierung vorrangig zu krankhaften Veränderungen im *Glukose- und Fettstoffwechsel*, im *Herz-Kreislauf-System* sowie im *Immunsystem* und im *Nervensystem*. Krankhafte physiologische Veränderungen lassen schließlich bei überdauernder Belastung, d. h. chronischem Stress, Krankheiten wie *Arteriosklerose, Bluthochdruck, Adipositas, Diabetes, Infektionskrankheiten, Tumore* und *Demenz* entstehen (vgl. Schulz, 2009).

„Allostasis" und „Allostatic Load"

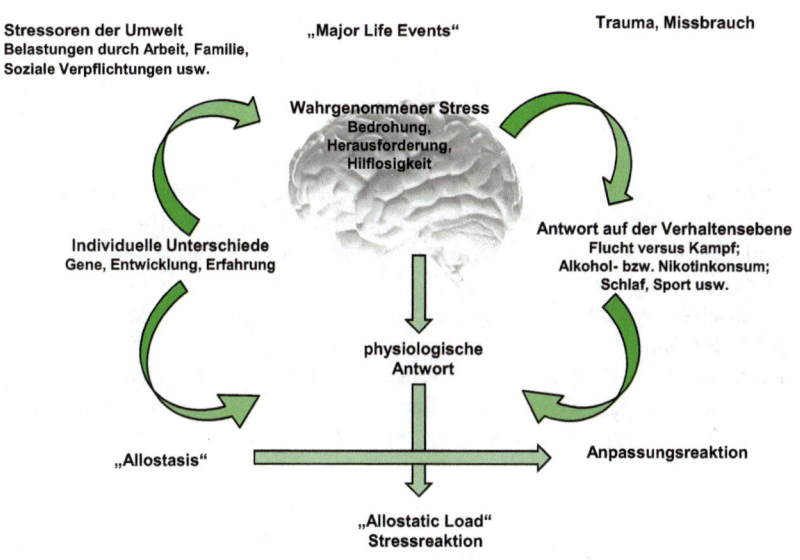

Abbildung 5.4: Individuelle Wahrnehmung und Einstufung der Belastung beim Ablauf einer Stressreaktion sowie ihre Beeinflussung nach McEwen und Lasley (2003)

5.4.2.2 Die psychobiologischen Mechanismen der Stressreaktion

Die Stressreaktion kommt durch das Zusammenwirken komplexer *neuronaler, vegetativer und endokriner Prozesse* zwischen *zentralem* und *vegetativem Nervensystem* sowie *Hormonsystem* zustande. Bei der Auseinandersetzung mit einem Stressor oder unbekannten Reizen, Situationen oder Ereignissen, laufen die aufgenommenen Informationen zunächst im *Thalamus* (limbisches System) zusammen. Dabei ergibt sich ein erstes, allerdings noch grobes und ungenaues Bild der Situation. Eine detailliertere Verarbeitung der Informationen findet im *Neokortex* (Hirnrinde) statt, dem entstehungsgeschichtlich jüngsten Teil des menschlichen Gehirns. Er ist für die *bewusste Wahrnehmung* und *kognitive Prozesse* zuständig. Von dort werden tieferliegende Regionen, die wie der *Thalamus* im *limbischen System* liegen, aktiviert. Eine davon ist die *Amygdala* (Mandelkern). In ihr werden äußere Reize emotional bewertet und der Reiz aus dem Neokortex erhält eine emotionale Qualität, indem z. B. die negativen Emotionen Angst, Trauer oder Wut ausgelöst werden. Darüber hinaus erkennt die Amygdala bekannte Situationen wieder und leitet vegetative Reaktionen ein. Schließlich gelangt der Reiz über absteigende Nervenbahnen zum so genannten „blauen Kern" (Locus coeruleus) im Stammhirn. Durch die Stimulation des „blauen Kerns" wird Noradrenalin freigesetzt, das unmittelbar die *Sympathikus-Nebennierenmark-Achse (sympatho-adrenomedulläres System, SAM)* anregt. Ohne „Umwege" über den Neokortex können Reize bereits auf der Verarbeitungsstufe des Thalamus eine Stressreaktion auslösen, nämlich dann, wenn bereits auf dieser Stufe der Reiz als „gefährlich" bewertet wird. Vom Thalamus gehen dann Signale direkt an die Amygdala, die ihrerseits die Stressreaktion sofort ablaufen lässt. Dies geschieht oft bei gelernten Reaktionen, etwa bei angstauslösenden Reizen oder Situationen, sowie bei automatisierten Verhaltensweisen, die reflexartig von statten gehen, beispielsweise dem Bremsen beim Autofahren.

Wird eine Stresssituation gemeistert, d. h. bewältigt, nimmt die sympathische Aktivierung ab, das Noradrenalin baut sich ab und die Stressreaktion endet. Kann die Situation nicht in den Griff bekommen werden, bleibt die Aktivierung erhalten, Noradrenalin wird weiterhin freigesetzt und durch aufsteigende Nervenbahnen werden der Kortex und das limbische System, insbesondere die Amygdala, weiter verstärkt aktiviert (vgl. Schandry, 2006). Die Erregung breitet sich im Neokortex, dem limbisches System und dem Stammhirn (blauer Kern) weiter aus und umfasst letztendlich auch bestimmte Kerngebiete des Hypothalamus (Nucleus paraventricularis). Damit wird die zweite Stressachse, die *Hypothalamus-Hypophysen-Nebennierenrinden-Achse (HHNA)* aktiviert (vgl. auch *Abschnitt 3.3.1*).

Diese beiden dominanten Reaktionswege auf Stress, die *Sympathikus-Nebennierenmark-Achse*, die bereits von Cannon beschrieben wurde, und die *Hypothalamus-Hypophysen-Nebennierenrinden-Achse (HHNA)*, die zuerst Selye darstellte, können wie folgt unterschieden werden (▶Abbildung 5.5):

Sympathikus-Nebennierenmark-Achse

Der *Sympathikus* und der *Parasympathikus* bilden zusammen mit dem *Darmnervensystem* (*Enterisches Nervensystem*) das *vegetative* oder *autonome Nervensystem*. Der Sympathikus verläuft entlang der Wirbelsäule und versorgt verschiedene periphere Organe und Gefäße. Seine aktivierende Wirkung ist für die *„Kampf oder Flucht"Reaktion* notwendig, da er unter anderem eine *Atmungsbeschleunigung*, eine *Erhöhung der Herzschlagfrequenz* und eine verstärkte Freisetzung der Katecholamine *Noradrenalin* und *Adrenalin* aus dem Nebennierenmark in den Blutkreislauf bewerkstelligt. Parallel unterdrückt er die *Verdauungs- und Sexualfunktionen*. Gleichzeitig vermindert er den Einfluss des Parasympathikus, der für Entspannung zuständig ist, um die „Kampf oder Flucht"Reaktion zu ermöglichen. Die Reizübertragung verläuft bei der Sympathikus-Nebennierenmark-Achse über elektrische Impulse und ist dadurch sehr schnell (Ulrich-Lai & Herman, 2009).

Hypothalamus-Hypophysen-Nebennierenrinden-Achse (HHNA)

Dieser zweite Reaktionsweg wird stimuliert, wenn eine Belastung weiter andauert. Die Impulsübertragung funktioniert auf diesem Weg nicht elektrisch, sondern über die Abgabe von *Hormonen* in die Blutbahn. Dadurch ist sie *wesentlich langsamer* als die Übertragung der ersten Achse. Sie wird in Gang gesetzt, wenn es im Hypothalamus zur Freisetzung des Corticotropin-Releasing-Hormons (CRH) kommt, eines der wichtigsten Botenstoffe bei der Vermittlung von Stressreaktionen. Das CRH gelangt über das Gefäßsystem zur Hirnanhangdrüse, der Hypophyse (Hypophysenvorderlappen), wo es eine vermehrte Sekretion von *ACTH*, des *adrenokortikotropen Hormons*, anregt. Dieses über das Blut zu den Nebennieren gelangende Hormon regt dort wiederum die Glucocorticoidsynthese in der Nebennierenrinde an und führt in der Konsequenz zur Ausschüttung von Cortisol. Der erhöhte Cortisolspiegel setzt über einen negativen Rückkopplungsmechanismus das *Hypothalamus-Hypophysen-Nebennierenrinden-System* in seinen Ausgangszustand zurück und verhindert damit, dass die hormonelle Stressreaktion nicht überschießt. Bei einer „überschießenden Stressreaktion" würde weiteres CRH freigesetzt werden und überschüssig sein. Zuviel CRH wird z. B. auch mit dem Auftreten von Depressionen in Verbindung gebracht. Dadurch wird eine weitere Ausschüttung des Corticotropin-Releasing-Hormons (CRH) und des adrenokortikotropen Hormons (ACTH) verhindert (vgl. Schandry, 2006).

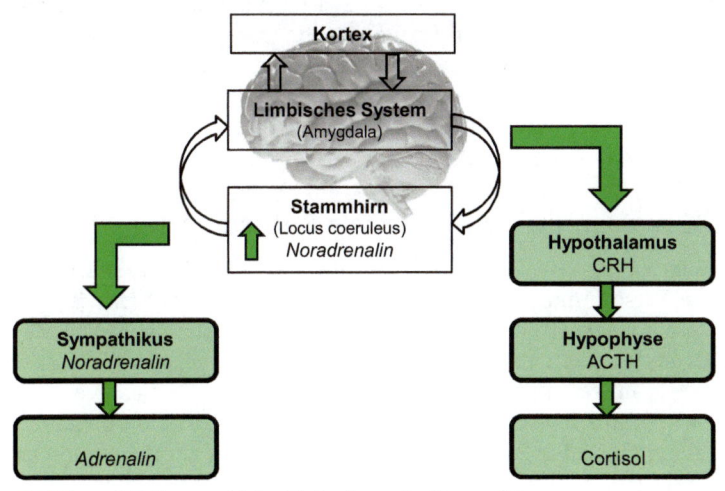

Abbildung 5.5: Neuroendokrine Mechanismen der Stressreaktion

Abhängig von der Art der Belastung und ihrer Bewältigung, ergibt sich nicht nur ein Unterschied in der Geschwindigkeit der Signalverarbeitung der beiden Stressachsen, sondern auch bezüglich ihres Aktivierungsgrades. Für Kirschbaum (2001) ist Cortisol das *„Bindeglied zwischen Psyche und Soma"*, denn es vermittle *„...wie kaum ein anderer Botenstoff zwischen Gehirn und Körper"* (S. 155). Mit Cortisol produziert der menschliche Körper ein sehr starkes Mittel, das die Funktionen des Immunsystems vermindert, es aber auch stimulieren kann. Und es zeigt nachhaltige Wirkung auf fast alle Organe, weshalb seine Freisetzung, insbesondere bei chronischem Stress, für die Entstehung oder Pathogenese verschiedenster Erkrankungen verantwortlich gemacht wird (vgl. Kirschbaum, 2001).

Cortisol als Vermittler zwischen Psyche und Soma

5.4.3 Relationale Stresskonzeptionen

Interaktionistische Stressdefinition

Diese Sichtweise von Stress als dynamische Wechselwirkung wurde in den 1960er-Jahren eingeführt. In der Folge entstanden in den unterschiedlichsten Wissenschaften eigene Forschungsbereiche. So wurden z. B. kritische Lebensereignisse und ihr Zusammenhang mit psychischen Erkrankungen erforscht, die Wirkung von Stress am Arbeitsplatz oder verschiedene Formen von Stressbewältigung. Verschiedene interaktionistische Stressdefinitionen bildeten sich in den 1970er-Jahren heraus (vgl. Faltermaier, 2005). Stress wurde zu Beginn überwiegend im Labor erforscht, wie dies auch heute noch bezüglich der physiologischen Wirkungen von Stress geschieht. Mit den Forschungen von Lazarus (vgl. Lazarus & Folkman, 1984; Lazarus, 1995) und der durch ihn initiierten kognitiven Wende, wurde Stress schließlich im Alltag untersucht, wobei dazu verstärkt die Fragebogenmethode eingesetzt wurde.

In relationalen Stresskonzepten werden die Anforderungen der Situation mit den Handlungsmöglichkeiten, die einer Person verfügbar sind, verglichen (vgl. Lazarus & Launier, 1978; Cox & Mackay, 1981; Lazarus & Folkman, 1984; Hobfoll, 1988). Für das Erleben von Stress machen relationale Konzepte das empfundene *Missverhältnis* zwischen den wahrgenommenen Anforderungen und den subjektiven Bewältigungsmöglichkeiten (Resultat komplexer, subjektiver Bewertungsprozesse) verantwortlich. Dies bedeutet, je geringer eine Person ihre Bewältigungsmöglichkeiten einschätzt, umso eher wird sie eine schwierige Anforderung als bedrohlich, gefährlich oder schädigend einstufen und umgekehrt.

5.4.3.1 Die kognitiv-transaktionale Stresstheorie

Transaktion zwischen Person und Umwelt

Transaktionale Stresstheorien verstehen Stress als eine Transaktion zwischen einer Person und der Umwelt. Im Begriff der *Transaktion* wird die Bedeutung der wechselseitigen dynamischen Beeinflussung von Anforderungen an eine Person und deren Mittel, diesen zu begegnen, herausgestellt. Stress entsteht nach dieser Sichtweise, wenn ein Ungleichgewicht oder Missverhältnis zwischen den wahrgenommenen Anforderungen an den Einzelnen und seine Fähigkeit, diese zu bewältigen, eintritt. Stuft eine Person eine Situation als gefährlich für sich ein und nimmt sie diese Situation zugleich als Anforderung wahr, die ihre Möglichkeiten einer Bewältigung übersteigt, wird sie diese Transaktion als stressreich empfinden. Individuen unterscheiden sich dadurch, dass sie Situationen, Ereignisse und Anforderungen dahingehend kognitiv unterschiedlich bewerten, *ob* und *wie* sie sie bewältigen können. Also letztendlich, ob eine Situation als stressrelevant wahrgenommen wird oder nicht. Mit entsprechendem Bewältigungsverhalten wirkt eine Person natürlich auf die Umwelt ein und verändert diese, was wiederum die angesprochene Wechselseitigkeit verdeutlicht.

Der Begriff der Stressbewältigung, im Englischen als *Coping* bezeichnet, taucht erstmals 1967 offiziell als Fachterminus in den *Psychological Abstracts* auf. Und Lazarus beansprucht in seiner Autobiographie (1998), den Begriff als erster geprägt zu haben (vgl. Franke, 2010). Mit dem Interesse an der individuellen Bewältigung von als stressreich bewerteten Situationen, Ereignissen oder Anforderungen, wurden auch *Stressbewältigungstechniken* entwickelt, die u. a. in *Trainings zur Stressbewältigung* vermittelt werden. Teilnehmer an solchen Veranstaltungen sollen durch das Erlernen bestimmter Techniken ihre Bewältigungsmöglichkeiten wirkungsvoller gestalten lernen (siehe *5.6 Stressbewältigung*).

Coping

Die bekannteste transaktionale Perspektive von Stress findet sich in der *kognitiv-transaktionalen Stresstheorie* von Lazarus und Mitarbeiter (Lazarus, 1966; Lazarus & Launier, 1978; Lazarus & Folkman, 1984). Lazarus konzipierte seinen *kognitiv-transaktionalen Ansatz* 1966 und baute dabei auf den Forschungen der 1950er- und 1960er-Jahre auf, die die individuellen Unterschiede in der Reaktion auf Stress zwischen Personen thematisierten. Im Mittelpunkt seiner theoretischen Betrachtungen standen die kognitive Bewertung einer Situation durch eine Person und deren Bewältigungsprozesse (siehe *5.3.1 Definition des Stressbegriffes*).

Kognitiv-transaktionale Stresstheorie

Das kognitiv-transaktionale Stresskonzept stieß Forschungsaktivitäten an und deren Resultate konnten zeigen, dass unterschiedliche Stressoren nicht zu gleichartigen Reaktionsweisen der Betroffenen führen, wie es etwa Selye behauptet hatte. Vielmehr kommt es auf physiologischer Ebene bei verschiedenen Stressoren zu teilweise ganz unterschiedlichen Aktivierungsmustern.

Lazarus veränderte seine Stresstheorie mehrmals und differenzierte sie mit seinen Mitarbeitern weiter aus (Lazarus & Launier, 1978; Lazarus & Folkman, 1984). Schröder (2002) versteht das kognitiv-transaktionale Stresskonzept als ein „Kernkonzept", auf das viele andere Konzepte und Theorien zu Stress zurückgehen. Anfang der 1990er-Jahre baute Lazarus seine kognitiv-transaktionale Stresstheorie in einen *kognitiv-motivationalen-emotiven Ansatz* um, da ihn ab diesem Zeitpunkt stärker die menschlichen Emotionen interessierten (Lazarus, 1993). In dieser neuen Theorie gehen Lazarus und seine Arbeitsgruppe davon aus, dass die Analyse von Emotionen eine genauere Untersuchung der *Person-Umwelt-Beziehung* zulässt, da Stress nun nicht mehr ein eigenständiges psychologisches Phänomen ist, sondern aus bestimmten Emotionen stammt. Diese spezifischen Emotionen sind beispielsweise Freude, Trauer, Wut, Eifersucht, Ärger usw. Die Auseinandersetzung mit diesen charakteristischen Emotionen liefert Erkenntnisse, die Aufschluss darüber geben, welchem Typ von Belastung ein Individuum ausgesetzt ist.

Bei den kognitiven Bewertungen durch das Individuum, *Appraisal* genannt, unterscheidet das kognitiv-transaktionale Stressmodell in *primäre* und *sekundäre Bewertungen*, die in zwei Phasen ablaufen (siehe hierzu zusammenfassend ▶Abbildung 5.6):

Primäre und sekundäre Bewertungen

Primäre Bewertung (Primary Appraisal)

Die primäre Bewertung stellt die *erste Phase* der Auseinandersetzung mit dem Stressor dar, in der eine Person, die einem Stressor ausgesetzt ist, diesen als *irrelevant*, *positiv* bzw. *günstig* oder als *stresserzeugend* bewertet. Wird er als stressend eingestuft, interessiert vor allem, wie er bewertet wird. Hierzu unterscheidet das Modell drei Bewertungsvarianten:

- *bedrohlich*, d. h. die Situation wird als noch nicht eingetretene Schädigung antizipiert,
- *schädigend* bzw. *verlustreich*, d. h. eine Schädigung ist bereits eingetreten,
- *herausfordernd*, d. h. die positiven Folgen stehen im Vordergrund, jedoch ist eine Schädigung möglich.

Franke (2010) weist darauf hin, dass Lazarus (2001) in einer seiner letzten Veröffentlichungen eine vierte, positive Bewertungskategorie hinzugefügt hat, den „benefit". Also einen Reiz, der eventuell positive Konsequenzen zeitigt. Sie gibt aber auch zu bedenken, dass diese Wertungskategorie für den weiteren Bewältigungsprozess keine Relevanz hat (S. 113).

Sekundäre Bewertung (Secondary Appraisal)

Bei der sekundären Bewertung wird das Stress auslösende Ereignis von einer Person dahingehend eingeschätzt, ob sie zu seiner Bewältigung (Coping) ausreichend Bewältigungsmöglichkeiten bzw. -fähigkeiten besitzt. Dieser Prozess der sekundären Bewertung spielt sich immer *bewusst* ab, weshalb er auch die erste, die primäre Bewertung verändern kann. Beispielsweise kann eine Person eine Situation zunächst als bedrohlich einschätzen, da sie ihr nicht ausweichen kann, sieht dann aber eine Möglichkeit, sich der Situation zu entziehen (z. B. durch Flucht) und bewältigt so das Stress erzeugende Ereignis. Konkret bedeutet dies, dass sich beide Bewertungsformen gegenseitig beeinflussen. Die sekundäre Bewertung muss nicht zeitlich auf die primäre folgen, da eine Situation oder ein Ereignis, das sofort als gut zu bewältigen eingestuft wird, nicht als Bedrohung gewertet wird. Beide Bewertungsprozesse stehen somit in einer Interaktion und es kann im Einschätzungsprozess auch zu Neubewertungen kommen. Werden Bedingungen der Ausgangssituation aufgrund von Veränderungen plötzlich in einem anderen Licht gesehen, kommt es zu Rückmeldeprozessen. Dies ist dann der Fall, wenn die betroffene Person bei der sekundären Bewertung feststellt, dass der zunächst als Bedrohung eingestufte Reiz harmloser ist als zunächst angenommen. Andererseits kann die betroffene Person in dieser zweiten Phase auch zu der Einschätzung kommen, dass eine zuerst als Herausforderung eingeschätzte Situation, der sie sich gestellt hätte, jetzt Gefahr signalisiert.

Die Unterschiede im Stresserleben einzelner Personen resultieren vor allem aus einer ungleichen Bewertung einer Situation oder eines Ereignisses in der *Phase der primären Bewertung* sowie bei der Abschätzung der *Bewältigungsressourcen* in der *Phase der sekundären Bewertung*. Aber auch eine *selektive (auswählende) Wahrnehmung*, die nur bestimmte Aspekte der Umwelt wahrnimmt und andere ausblendet, z. B. aufgrund von Erwartungshaltungen, subjektiver Bedeutsamkeit usw. kann im Sinne eines individuell sehr unterschiedlichen *Wahrnehmungsfilters* darüber entscheiden, ob ein Individuum sich überhaupt mit einer potenziell stressreichen Situation auseinandersetzt (siehe ▶Abbildung 5.6). Ursachen für die Bewertung eines Ereignisses oder einer Situation als Stress erzeugend, können zum einen *innerhalb einer Person* verankert sein, beispielsweise in Form sehr ambitionierter Ziele oder hoher moralischer Ansprüche. Zum anderen können es aber auch *Anforderungen von außen* sein, wie beispielsweise berufliche Aufgaben. Sehen Menschen in einer Stressepisode für sich keine objektiv oder subjektiv vorhandenen Bewältigungsmöglichkeiten, können dafür auch Ängstlichkeit, im Sinne einer Persönlichkeitseigenschaft, oder bestimmte Muster von Ursachenzuschreibungen (externale Attribution) ursächlich sein (vgl. *Kapitel 3*). Sind die Copingmöglichkeiten durch eine Person geklärt, kommt es zur *Phase der Bewältigung*. Dieser Copingprozess ist Teil des zweiphasigen Bewertungsvorganges und in die Gesamtdynamik des Stressprozesses eingebettet. Die Bewältigung einer stressreichen Anforderung kann einerseits in einer *Anpassung der Person* an den Stressor geschehen (*Assimilation*) oder durch eine *Änderung der Bedingungen des Umfeldes* (*Akkommodation*). Dieser Prozess ist allerdings abhängig von situativen Zielen und weiteren Faktoren, wie beispielsweise der Stimmung oder der Erwartung der betroffenen Person an ihre Selbstwirksamkeit.

Wahrnehmungsfilter

Assimilation und Akkommodation

> **Kernaussage**
>
> Coping hat das Ziel, das *Wohlbefinden einer Person* aufrecht zu erhalten bzw. es wieder herzustellen.

Ob dieser Prozess erfolgreich ist oder nicht, betrachten Lazarus und Folkman (1984) nicht als wesentlich, da sie jeden *Bewältigungsversuch* als Coping verstehen. Sie definieren Bewältigung wie folgt:

> **Begriffe**
>
> *Bewältigung von Stress* ist der Vorgang des Handhabens von externen und internen Anforderungen durch ein Individuum, das die Anforderungen mit Blick auf die eigenen Ressourcen als beanspruchend oder übersteigend einstuft.

Auf das Thema *Coping* wird im weiteren Verlauf dieses Kapitels noch intensiver eingegangen, gleichwohl sollen der Vollständigkeit halber hier kurz an dieser Stelle die Bewältigungsformen wie sie Lazarus und Folkman (1984) unterscheiden dargestellt werden. Sie differenzieren zwischen zwei Arten:

- dem *problemzentrierten* oder *instrumentellen Coping* und
- dem *emotionszentrierten* oder *palliativen Coping*.

Eine *problemorientierte* bzw. *instrumentelle Stressbewältigung* hat zum Ziel, die Problem- bzw. Konfliktbedingungen zu verändern. Bei der *emotionszentrierten* oder *palliativen Bewältigung* wird versucht, die Belastungssymptome sowie negative Gefühle zu regulieren. Je nach Situation und Einschätzung der Betroffenen, steht die eine oder andere Bewältigungsform im Mittelpunkt bzw. auch eine Kombination aus beiden.

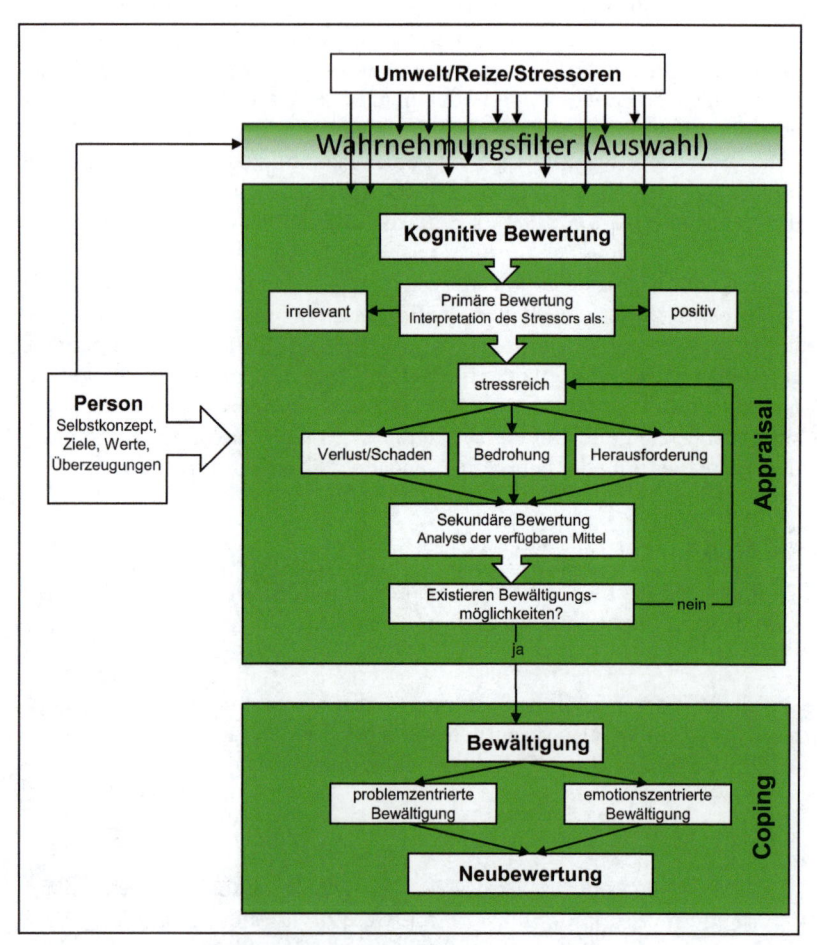

Abbildung 5.6: Das kognitiv-transaktionale Stressmodell nach R. S. Lazarus

Dass kognitiv-transaktionale Stresskonzept von Lazarus wurde verschiedentlich kritisiert, z. B. von Hobfoll (1989). Er beanstandet, dass das Modell einseitig interindividuelle Unterschiede, im Sinne der Betonung der subjektiven Perspektive eines Individuums, hervorhebe und *Umweltvariablen* vernachlässige. Ende der 1980er-Jahre entstand aus dieser Kritik die *Theorie der Ressourcenerhaltung* (*Conservation of Resources Theory* oder *COR-Theory*) von Hobfoll (1989). Auf diese Theorie soll im Folgenden eingegangen werden.

5.4.3.2 Die Theorie der Ressourcenerhaltung

Die Theorie der Ressourcenerhaltung von Hobfoll (1989) stellt eine Weiterentwicklung der kognitiv-transaktionalen Stresstheorie dar (vgl. Schwarzer, 2001). Während Lazarus die *kognitive Bewertung* in den Vordergrund stellt, steht bei der *Theorie der Ressourcenerhaltung* die *Stressbewältigung* und deren *Gründe* im Fokus. Der Ansatz geht davon aus, dass Menschen dazu tendieren, ihre Ressourcen zu schützen, zu stärken sowie zusätzliche zu erwerben. Auch in der kognitiv-transaktionalen Theorie von Lazarus spielen Ressourcen eine wichtige Rolle, beispielsweise *personale und soziale Ressourcen*, jedoch liegt der Schwerpunkt bei ihm und seinem Team auf *subjektiven Ressourcen* (z. B. Selbstwirksamkeitserwartungen). Hobfolls Theorie der Ressourcenerhaltung fokussiert auf *objektive Ressourcen*. Solche objektiven Ressourcen sind in der COR-Theorie folgende:

1. *Objektressourcen*
   Nach Hobfoll sind dies Objekte oder Gegenstände, beispielsweise Nahrungsmittel, ein eigenes Haus oder Wertsachen.

2. *Bedingungsressourcen*
   Das sind Bedingungen wie das Alter, der Gesundheitszustand oder die Ehe, die Zugang zu bestimmten anderen Ressourcen ermöglichen.

3. *Persönliche Ressourcen*
   Hierunter fallen beispielsweise Fähigkeiten, Eigenschaften, Einstellungen und Erfahrungen.

4. *Energieressourcen*
   (z. B. Wissen, Geld, Zeit).

Einem Individuum droht, nach dieser Theorie, Stress, wenn

1. ein vermeintlicher oder tatsächlicher *Verlust von Ressourcen* eintritt oder

2. Ressourcen tatsächlich *verloren gegangen sind* oder

3. *keine neuen Ressourcen* gewonnen wurden, obwohl bestimmte Ressourcen dazu eingesetzt wurden („Fehlinvestitionen").

> **Begriffe**
>
> *Stressoren* sind Ereignisse im Umfeld einer Person, die deren Ressourcen bedrohen oder zu ihrem Verlust führen.

Stress entsteht auch deshalb, weil Ressourcen einen identitätsstiftenden Effekt haben, da sie einen instrumentellen, aber auch symbolischen Wert besitzen (Hobfoll, 2001). Der Besitz eines Autos verleiht Mobilität. Ist ein Auto neuwertig, bietet es eine gewisse Gewähr, damit sicher und störungsfrei zu fahren. Ein besonders großes und sehr teures Auto verleiht darüber hinaus noch sozialen Status. Buchwald (2002) schreibt dazu: *„Subjektiv wahrgenommener sowie tatsächlicher Verlust von Ressourcen werden als hinreichende Auslöser für Stress betrachtet. Ressourcen, und zwar nur solche, die mit dem Auftreten von Stress in Zusammenhang stehen, sind einziger notwendiger Faktor, um Stress zu verstehen* (S. 47)."

Tritt Stress beim Verlust von Ressourcen auf, entstehen negative Emotionen beim Betroffenen, weshalb *Verluste* von Bewältigungsressourcen im Vergleich zu *Ressourcengewinnen* auch bedeutsamer sind.

> **Kernaussage**
>
> Personen mit weniger Ressourcen sind im Unterschied zu solchen mit vielen Ressourcen verletzlicher gegenüber Ressourcenverlusten und leiden stärker unter den negativen Effekten des Verlustes.

Diejenigen mit vielen Ressourcen können bei Ressourcenverlusten problemloser andere Ressourcen einsetzen, um den Verlust zu kompensieren.

Buchwald und Hobfoll (2004, S. 248) erklären das Phänomen *Burnout* (Erschöpfungssyndrom oder Erschöpfungsdepression) mittels COR-Theorie, indem sie Burnout als einen kontinuierlichen Verlust von Ressourcen verstehen. Und Hobfoll (2001) versteht aus ressourcentheoretischer Perspektive z. B. Stress bei Lehrenden als eine Art *Fehlinvestition von Ressourcen*, da diese keine erkennbaren Ressourcengewinne durch ihren Einsatz erzielen. Daher betont die Theorie der Ressourcenerhaltung die Wichtigkeit einer proaktiven, d. h. initiativen und „im Voraus handelnden" Stressbewältigung, die darin besteht,

- Ressourcenvorräte anzulegen bzw. zu erhalten,
- bei ersten Anzeichen für Schwierigkeiten zu handeln oder
- Bedingungen, Situationen, Aufgaben usw. zu wählen, die zu ihren Ressourcen passen.

5.5 Stress und das menschliche Immunsystem

Psychologische Faktoren beeinflussen das Immunsystem

Das menschliche Immunsystem ist nicht nur an der Abwehr von Infektionskrankheiten beteiligt, sondern spielt auch eine bedeutende Rolle bei Krebs und Autoimmunerkrankungen wie rheumatoider Arthritis. *Psychologische Faktoren* haben über das Gehirn einen wesentlichen Einfluss bei der Regulierung der körpereigenen Abwehrkräfte. Unterschiedliche Qualitäten von Stress (z. B. akut, chronisch, physisch oder psychisch) werden über *neuronale, neuroendokrine und immunologische Kommunikationswege* auch jeweils anders verarbeitet (Ader, 2007). Das Immunsystem ist neben dem *Nervensystem* und dem *hormonellen System* ein zusätzliches Netzwerk für die Kommunikation im menschlichen Organismus und ausschlaggebend für den Erhalt von Gesundheit.

5.5 Stress und das menschliche Immunsystem

Viele Studien zeigen, dass das körpereigene Abwehrsystem permanent mit dem Gehirn und dem Nerven- bzw. Hormonsystem kommuniziert. Mit diesem funktionellen Zusammenspiel und seinen Auswirkungen auf die Entstehung von Krankheiten und die Aufrechterhaltung von Gesundheit befasst sich die *Psychoneuroimmunologie* (vgl. Dawans, Kirschbaum & Heinrichs, 2009). Geprägt wurde der Begriff der Psychoneuroimmunologie von Robert Ader in den 1970er-Jahren. In seinen Forschungen, zusammen mit Nicholas Cohen, zur Konditionierung von Mäusen konnte er einen direkten Einfluss von psychischen Konditionierungen auf Funktionen des Immunsystems nachweisen (Ader & Cohen, 1975). In den letzten dreißig Jahren hat diese noch junge Disziplin eine rasante Entwicklung genommen und es haben sich unterschiedliche Forschungsschwerpunkte gebildet (Ader, 2007). Ein Schwerpunkt psychoneuroimmunologischer Forschung befasst sich mit den Auswirkungen von Stress auf das körpereigene Abwehrsystem (Ader, 2007; McEwen, 2007).

Psychoneuroimmunologie

Das Immunsystem hat die Aufgabe, die Schädigung des Körpers durch Krankheitserreger zu verhindern, indem es eingedrungene Mikroorganismen (*Pathogene*) aufspürt und vernichtet, körperfremde Substanzen unschädlich macht sowie fehlerhaft gewordene körpereigene Zellen, die entarten können, erkennt und vernichtet. Die körpereigene Abwehr ist ein komplexes System, bestehend aus verschiedenen *Organen*, *Zelltypen* und *Molekülen*. Dieses Abwehrsystem besteht aus

- *angeborenem* oder *unspezifischem Immunsystem* und
- *adaptivem* oder *spezifischem Immunsystem*.

Zwei Teile des Immunsystems

Angeborenes oder unspezifisches Immunsystem

Zum angeborenen oder unspezifischen Teil des Immunsystems gehören physische und chemische Barrieren wie die Haut und ihr Säureschutzmantel. Aber auch Zellen, etwa die *Phagozyten* („Fresszellen") und die *natürlichen Killerzellen* (NK), die den Lymphozyten, einer Untergruppe der weißen Blutzellen, zugeordnet werden. Sie sind in der Lage, abnormale Zellen, wie Tumorzellen oder Zellen, die mit Viren infiziert sind, aufzuspüren und zu vernichten. Weitere Bestandteile dieses Systems sind *dendritische Zellen* (DC), die körpereigene und körperfremde Moleküle (*Antigene*) aufnehmen und den *Lymphozyten* zur Erkennung präsentieren, sie also „sichtbar" machen, sowie *Zytokine*, die das Wachstum und die Differenzierung von Zellen regulieren. Spezifisch ist für diesen angeborenen oder unspezifischen Teil des Immunsystems, dass er rasch eine Immunantwort aktiviert. Speziell bei akutem Stress reagiert das angeborene Immunsystem sehr schnell, was vor allem daran erkennbar ist, dass die natürlichen Killerzellen (NK-Zellen) aktiviert werden (Segerstrom & Miller, 2004).

Adaptives oder spezifisches Immunsystem

Das adaptive oder spezifische Immunsystem besteht aus einem *zellulären* und einen *humoralen Teil*. Immunkompetente Lymphozyten spielen für beide Teile eine entscheidende Rolle. Das adaptive Abwehrsystem reagiert auf Pathogene sehr spezifisch und individuell. Im Vergleich zum angeborenen Part des Immunsystems ist seine Reaktion zeitverzögert. *Plasmazellen*, die aus *B-Lymphozyten* hervorgegangen sind, und die durch sie gebildeten *spezifischen Antikörper* umfassen den humoralen Anteil. B-Lymphozyten wie alle anderen Zellen des Immunsystems werden im Knochenmark gebildet. Das „B" der B-Lymphozyten steht für „bone marrow", das englische Wort für Knochenmark. Antikörper (synonym: Immunglobuline) erkennen körperfremde sowie veränderte körpereigene Strukturen, die Antigene, und heften sich an ihnen fest. Sobald sie Kontakt mit einem fremden Antigen haben, beispielsweise über Oberflächenstrukturen von Bakterien, ist dies das Signal für das Immunsystem, die Abwehrreaktion zu starten. Durch die Bildung von „Gedächtniszellen" (*T-Gedächtniszellen*), die die Aufgabe eines immunologischen Gedächtnisses haben, wird beispielsweise der Schutz des Organismus bei einer erneuten Infektion mit demselben Erreger verbessert. Die Schutzimpfungen nutzen diesen „Mechanismus", indem abgeschwächte oder ungefährliche Krankheitserreger in den Organismus eingeschleust werden. Das Immunsystem reagiert darauf wie auf Antigene und bereitet den Organismus auf diese Krankheitserreger vor, sodass sie bei einer Infektion mit ihnen schnell erkannt und bekämpft werden können. Diese Aufgabe übernehmen bei der zellulären Abwehr die *T-Lymphozyten*, die das „T" in ihren Namen deshalb tragen, weil sie nach ihrer Entstehung im Knochenmark, in den *Thymus* gelangen und dort ausreifen. Knochenmark und Thymus werden auch als *primäre lymphatische Organe* bezeichnet. In den so genannten *sekundären lymphatischen Organen*, den Lymphknoten, der Milz, den Rachenmandeln, dem Blinddarm sowie den Peyer-Plaques im Darm, warten diese Lymphozyten auf Antigene, die das Gedächtnis des Abwehrsystems aktivieren und eine spezifische Immunantwort auslösen (vgl. Schandry, 2006, S. 341). Somit vermitteln die B-Lymphozyten und T-Lymphozyten gemeinsam die *erworbene (adaptive) Immunantwort*.

Unpassende Immunantwort

Allerdings kann das Immunsystem auch eine unpassende Antwort auf eigentlich harmlose Antigene zeigen, die das Abwehrsystem als gefährlich wahrnimmt und die den Organismus schädigen, beispielsweise in Form einer Überempfindlichkeit oder *Allergie*. Im Fall von Allergien können dies z. B. Pollen oder andere Substanzen sein, die eine solche, wenngleich unnötige, Reaktion der Immunabwehr auslösen. Sind solche Prozesse außer Kontrolle und verselbstständigt, wie bei der Blutvergiftung (*Sepsis*) können sie lebensbedrohlich werden. Solche Abläufe werden vom Immunsystem in gewisser Form „kontrolliert", indem Immunzellen, die in dieser Weise schädigen, ausgelesen werden. Auch das zentrale Nervensystem wirkt an diesem Prozess mit, unter anderem durch die Freisetzung von Stresshormonen und Neurotransmittern (vgl. Rohleder, Wolf & Kirschbaum, 2005).

Stress und Stresshormone und ihre Wirkung auf das Immunsystem

Durch die Reaktionen der Sympathikus-Nebennierenmark-Achse (sympatho-adrenomedulläres System, SAM) und der Hypothalamus-Hypophysen-Nebennierenrinden-Achse (HHNA) auf Stress, werden die unterschiedlichsten Systeme des menschlichen Organismus beeinflusst. Insbesondere das Glucocorticoidhormon Cortisol sowie die Katecholamine Adrenalin und Noradrenalin beeinflussen das Immunsystem. Zu diesen Wirkungen liegen zahlreiche Studien vor, vor allem zu den Glucocorticoiden (z. B. Cortisol) existieren viele Forschungsergebnisse, die deren hemmende Wirkung bei Entzündungen belegen. Während die Wirkung von Cortisol bereits seit Ende der 1940er-Jahre bekannt ist, wurde die Beeinflussung des Immunsystems durch das Autonome Nervensystem (vegetatives Nervensystem) erst Ende der 1970er-Jahre entdeckt. Verbindungen bestehen über Leitungsbahnen vom Sympathischen Nervensystem in das direkte Umfeld von Zellen des Immunsystems in das sekundäre (periphere) lymphatische Gewebe (z. B. Lymphknoten mit Lymphgefäßen, Milz) an deren Ende Neurotransmitter ausgeschüttet werden (vgl. Rohleder, Wolf & Kirschbaum, 2005).

Dass Stress und Stresshormone eine Immunreaktion unterdrücken können, wurde bereits früh erkannt und der Schluss gezogen, dass Stress die Entstehung von bestimmten Krankheiten begünstige. Mittlerweile zeigt die Forschung komplexere Beziehungen zwischen der Stressreaktion und dem Abwehrsystem auf. So schwächen Glucocorticoide zwar die Immunreaktion, d. h. die zelluläre Immunität, stärken aber gleichzeitig die humorale Abwehr (adaptiver Teil des Immunsystems) sowie zelluläre Funktionen des Abwehrsystems. Nach dem heutigen Stand der Forschung zur Beziehung zwischen Stress und Immunsystem kann davon ausgegangen werden, dass Stress nicht das ganze Immunsystem unterdrückt, sondern gezielt Teile des menschlichen Abwehrsystems beeinflusst. Insbesondere ist die Freisetzung von Glucocorticoiden, die zeitverschoben stattfindet, dafür verantwortlich, dass die unmittelbaren Immunreaktionen nicht beeinträchtigt werden (z. B. Präsentation der Antigene).

Stress schwächt die Immunreaktion

5.6 Stressbewältigung

Folgt man den Ausführungen von Lazarus (1995), dann ist der Stressbewältigung mehr Aufmerksamkeit zu schenken, als der Entstehung von Stress. So schreibt er: *„Der wesentliche Unterschied liegt jedoch in den Folgen von Stress, und diese werden durch die jeweiligen Bewältigungsstrategien erzeugt; deswegen sollten wir ihnen unsere Aufmerksamkeit widmen."* (Lazarus, 1995, S. 216).

Lazarus und Launier (1981) definieren Stressbewältigung wie folgt:

> **Begriffe**
> *Stressbewältigung* ist die Gesamtheit aller Bemühungen und Anstrengungen einer Person, die sich in einer wichtigen und auch überfordernden sowie belastenden Situation befindet, in der sie nicht über entsprechende individuelle Anpassungsmöglichkeiten verfügt.

Lazars und Folkman (1984) verwenden synonym zum Begriff der Stressbewältigung den Begriff des *Coping*. Dies ist für sie der Prozess, der initiiert wird, wenn ein Mensch eine bestimmte Situation als stressrelevant bewertet. Wie das Coping verläuft, ist von den Ressourcen der Person und den Gegebenheiten der Umwelt abhängig.

Prozess der Stressbewältigung

Passt sich das Individuum an einen Stressor an, wird von *Assimilation* gesprochen, verändert es sein Umfeld, handelt es sich um *Akkommodation* (siehe *Abschnitt 5.4.3.1 Die kognitiv-transaktionale Stresstheorie*). Unabhängig davon, ob Bewältigungsversuche erfolgreich sind oder nicht, wird von Coping gesprochen. Coping ist ein absichtsvolles Tun und von automatischen Reaktionen abzugrenzen. Mit Stress umzugehen und ihn zu bewältigen hat viele Formen, weshalb Menschen schwer miteinander vergleichbar sind, wenn es um Bewältigungsverhalten geht. Der Prozess der Stressbewältigung kann innerhalb einiger weniger Sekunden abgelaufen sein, sich aber auch über Tage, Wochen oder Monate erstrecken, etwa bei kritischen Lebensereignissen. Eine einheitliche Klassifikation von Bewältigungsstrategien existiert nicht. Nachfolgend wird die gängige Einteilung von Stressbewältigungsformen dargestellt, die aus der Stressforschung abgeleitet sind und das Ziel haben, ein subjektiv erlebtes Ungleichgewicht zwischen Anforderungen und Fähigkeiten der Person auszugleichen.

Meist wird zwischen *problemzentrierter (instrumenteller)*, *kognitiver* und *emotionszentrierter (palliativer) Bewältigung von Stress* unterschieden.

Die *problemzentrierte* oder *instrumentelle Stressbewältigung*, fokussiert auf eine Änderung der Stress auslösenden Bedingungen. Stressoren sollen verringert oder eliminiert werden. In der Arbeitswelt können dies Veränderungen der Aufgabe (z. B. bei Überforderung), der Arbeitsumgebung (z. B. Lärm), der Arbeitsabläufe (z. B. Zeitdruck) oder auch der sozialen Bedingungen sein (z. B. Führungsverhalten von Vorgesetzten).

Bei der *kognitiven Bewältigung*, die aus kognitiven Interventionsansätzen der Stressbewältigung stammt (vgl. Meichenbaum, 1991), werden Versuche unternommen, eigene Motive und Einstellungen, auch sogenannte Antreiber oder Glaubenssätze (z. B. *„Sei immer perfekt!"*), die als individuelle Stressverstärker wirken, zu verändern. Diese Änderungen können sich auf eine aktuelle Situation beziehen, aber auch langfristig wirkende Gewohnheiten betreffen (z. B. die Einstellung zum Lernen). Durch kritisches Hinterfragen und Reflektieren von Werten, Normen, Einstellungen, Motiven usw. kommt es zu einer Neubewertung, die eine Situation verändern und sie damit weniger bedrohlich oder gefährlich machen (z. B. *"Sei gelassen, du musst nicht immer der Beste sein!"*).

Emotionszentrierte oder *palliative Stressbewältigung* bezieht sich auf die Regulation und Kontrolle der Emotionen, die bei Stress ausgelöst werden, wie beispielsweise Ärger, Angst oder Schuldgefühle. Es geht darum, den unangenehmen Spannungszustand und die Stressreaktion des Körpers und deren Intensität zu beeinflussen. Dies kann *kurzfristig* geschehen, etwa durch bewusste Entspannung (z. B. einen Spaziergang machen), um die augenblickliche Stressreaktion zu dämpfen (Palliation). Längerfristige Bewältigung von Stress kann in Form von Ausgleichsaktivitäten (z. B. Hobby, Sport) oder durch die Pflege von Freundschaften stattfinden (vgl. Kaluza, 2004).

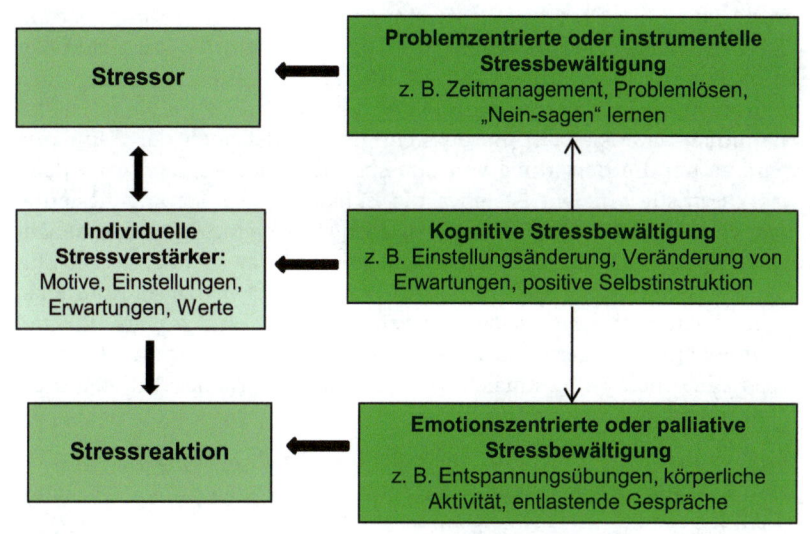

Abbildung 5.7: Stressbewältigungsstrategien (in Anlehnung an Kaluza, 2004)

Welche *Copingstrategie* eine Person wählt, hängt von den zuvor abgelaufenen kognitiven Bewertungen ab. Wird ein Stress erzeugendes Ereignis so bewertet, dass es verändert oder kontrolliert werden kann, wird meist *instrumentelles Coping* eingesetzt. Dominiert allerdings das *Gefühl der Unkontrollierbarkeit* und wird die Situation oder das Problem als nicht veränderbar eingestuft, wird in der Regel eine *palliative Bewältigung* durchgeführt. Bewältigungsreaktionen können nicht immer einer dieser drei Arten zugeordnet werden, so kann der abendliche Besuch des Fitness-Centers für Entspannung sorgen und die zuvor am Nachmittag aufgetretene Stressreaktion auf der *physiologischen Ebene* nun restlos abbauen. Gleichzeitig entfaltet die Konzentration auf die Körperübungen auf der *kognitiven Ebene* ihre Wirkung, indem die ärgerlichen Gedanken verfliegen. Aber auch das vom Mitarbeiter gesuchte Gespräch mit dem Vorgesetzten nach dessen Stress auslösender Kritik, im Sinne einer *instrumentellen Bewältigung*, kann zu einer emotionalen Entlastung führen, da beide feststellen, dass der Kritik ein Missverständnis zugrunde lag (vgl. Kaluza, 2004).

Bewältigungsstrategien

Effizienz von Stressbewältigung Bei der Bewältigung von Stress auf die eine oder andere Weise, stellt sich natürlich immer die Frage nach der Effizienz dieses Prozesses. Also die Frage, wie das Verhältnis von Aufwand und Nutzen der Stressbewältigung ist. *Gesundheit*, *Wohlbefinden* oder *Lebensqualität* gelten als Kriterien, die allen anderen übergeordnet sind. Eine effiziente Stressbewältigung stellt eine wichtige Ressource für die Gesundheit dar. Die oben genannten Kriterien beinhalten jeweils die Faktoren des psychischen, körperlichen und sozialen Befindens. Die effiziente Wirkung der Bewältigung von Stress wird für die psychische Gesundheit meist über *Symptomlisten* erfasst, für die körperliche Gesundheit über unmittelbar reagierende empfindliche physiologische Kennwerte, wie beispielsweise den Blutdruck. Ein Kriterium für das soziale Befinden ist beispielsweise die Frage, ob einzelne Unterstützer eines sozialen Netzwerks, die bei der Bewältigung einer stressreichen Situation hilfreich waren, dadurch selbst in ihrem psychischen Wohlbefinden beeinflusst worden sind. Oder ob die Form der Stressbewältigung, z. B. bei der Arbeit, für Kollegen und Kolleginnen sozial verträglich oder eher konflikterzeugend ist (z. B. Ärger durch lautes Schimpfen herauslassen). Berücksichtigung findet auch der *Zeitfaktor*, wenn es um die Bewertung von Stressbewältigungsverhalten geht, denn was kurzfristig effizient ist, etwa die Einnahme von Beruhigungsmittel beim palliativen Bewältigen, kann langfristig in eine Medikamentenabhängigkeit führen und damit ineffizient sein. Ebenso ist es wichtig, *wer* die Effizienz der Bewältigung beurteilt. So können die Betroffenen selbst urteilen (z. B. *„Entspannungsübungen durchzuführen ist kein großer Aufwand für mich."*) oder externe Instanzen, wie etwa der Hausarzt (z. B. ist ein hoher Blutdruck bei minimalem Aufwand an körperlicher Aktivität langfristig gesenkt worden).

Wenn danach gefragt wird, ob ein bestimmtes Bewältigungsverhalten wirksam ist, unabhängig von den „Kosten" die entstehen, so kann nach Kaluza (2004) folgende Einteilung vorgenommen werden:

Unwirksame Bewältigungsformen

Eskapistische Strategien Hierzu zählen alle *„eskapistischen Strategien"*, d. h. alles, was mit Strategien zu tun hat, die Betroffene aus der Wirklichkeit fliehen lassen, wie beispielsweise *Alkohol- oder Medikamentenkonsum*. Aber auch *aggressives Verhalten* zur emotionalen Entlastung, führt über die auftretenden Schuldgefühle zu neuem Stress. Unwirksame Bewältigungsformen sind aber auch ein ausgeprägtes Selbstmitleid, starke Selbstabwertung oder eine permanente gedankliche Weiterbeschäftigung mit einem stressreichen Problem.

Wirksame Copingstrategien

Effektive Strategien Neubewertungen im Sinne des *zeitlichen Vergleichs* (z. B. *„Im Gegensatz zum letzten Mal, habe ich den Vortrag sehr gut gemeistert"*) oder *sozialen Vergleichs* (z. B. *„Im Vergleich zu den entlassenen Kollegen geht es mir mit der Versetzung noch gut!"*) sowie *aktives problemlöseorientiertes Handeln* (nur wenn Kontrolle auch möglich ist) sind wirksam. *Unabän-*

derliches zu akzeptieren – nicht zu verwechseln mit Resignation – ist ebenfalls eine gesunde und wirksame Bewältigungsform (z. B. Lebensenttäuschungen).

Defensive Strategien

So genannte defensive Strategien, bei denen die belastende Situation *verleugnet, vermieden* oder ihr *ausgewichen* wird, sind nicht per se negativ und damit unwirksam. Der Verlust eines geliebten Menschen kann beispielsweise kurzfristig zu verleugnenden und vermeidenden Bewältigungsstrategien führen. Sie schirmen den Menschen vor den Gefühlen Schmerz und Trauer ab, die drohen, ihn zu überwältigen. Diese Strategien sind damit sehr effektiv, um zunächst mit der Situation zurechtzukommen. Im sich anschließenden längerfristigen Prozess der Trauerarbeit kommt es schließlich zu einer Auseinandersetzung mit der Realität und zu aktiven Bewältigungsversuchen. Dieser positive Effekt defensiver Strategien findet sich auch bei schweren und lebensbedrohlichen Erkrankungen.

Vermeidende Strategien

Nachteilig wirkt sich eine defensive Strategie dann aus, wenn sich beispielsweise durch Stress erkrankte Personen mit Vermeidungstendenzen nicht ausreichend mit den Ursachen der Belastungen befassen, um diese zu beseitigen oder zu kontrollieren (vgl. Kaluza, 2004).

Expressive Bewältigungsstrategien

Bei der expressiven Stressbewältigung wird zwischen der *Unterdrückung von belastenden Gefühlen* einerseits (z. B. „Ärger in sich hineinfressen") und dem *impulsiven unkontrollierten Ausdruck* andererseits (z. B. „Dem Ärger Luft machen") unterschieden. Die *kontrollierte Form des Bewältigens*, z. B. von Ärger, liegt mehr oder weniger in der Mitte dieser beiden Formen und geschieht durch das moderate Mitteilen der Gefühlslage gegenüber dem Verursacher von Ärger. Die Unterdrückung bzw. das unkontrollierte Ausdrücken belastender Emotionen, im Sinne einer ineffektiven Ärgerregulation steht in engem Zusammenhang mit Gesundheit und Krankheit (vgl. *Abschnitt 3.3*). Eine Studie zum Thema Stress der Techniker Krankenkasse (2009), in der auch nach Bewältigungsformen bei Stress gefragt wurde, zeigt diesen Zusammenhang sehr eindrücklich. In der Studie wird zwischen vier Bewältigungsarten differenziert. Die 1014 Befragten werden in *Problemlöser* (Ruhe bewahren und nach Lösungen suchen), „Polterer" (expressive Bewältigungsstrategie), *„In-sich-Hineinfresser"* (Unterdrücken belastender Emotionen) sowie in *„Konfliktvermeider"* (Vermeidungsstrategie) eingeteilt. Es zeigt sich, dass die Tendenzen, Dinge persönlich zu nehmen und Ärger lautstark auszudrücken („Polterer"), oder aber Konflikte durch Zurücknahme eigener Interessen zu vermeiden („Konfliktvermeider"), das Stressniveau erhöhen. Die Personen, die belastende Emotionen dauernd herunterschlucken oder sich innerpsychisch damit befassen („In-sich-Hineinfresser"), besitzen den höchsten Stresslevel.

„Sich-Luft-machen"

Ärger konstruktiv begegnen: Problemlöser sind gesünder
(Angaben zu gesundheitlichen Beeinträchtigungen, in % der befragten nach Ärgerbewältigungsstrategien)

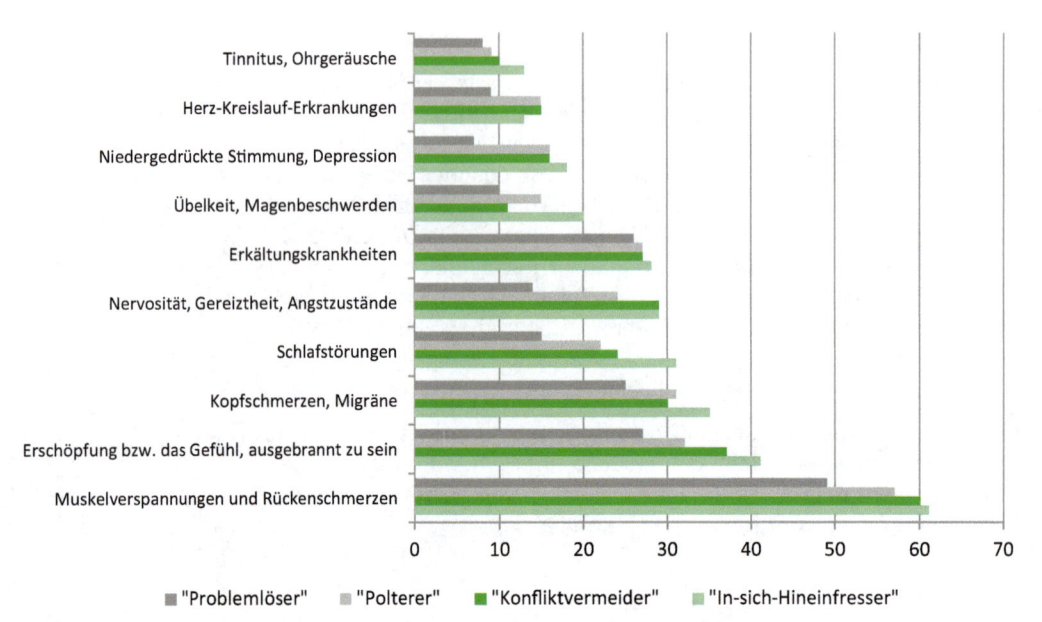

Abbildung 5.8: „Problemlöser sind gesünder" (Quelle: Techniker Krankenkasse, 2009)

Soziale Unterstützung

Sozialer Rückhalt Vertrauensvolle soziale Beziehungen und soziale Unterstützungssysteme sind Ressourcen, die helfen, Stress wirksam zu bewältigen. Wahrgenommene soziale Unterstützung ist ein wichtiger direkter Schutzfaktor für die Gesundheit und das Wohlbefinden, weil soziale Unterstützung bei der effektiven Bewältigung alltäglicher Belastungen oder kritischer Lebensereignisse hilft (vgl. *Kap. 4 Soziale Unterstützung und Gesundheit*).

Arbeiten, die Forschungsresultate zu Bewältigungsstrategien übersichtsartig zusammenfassen (Folkman & Moskowitz, 2004; Kaluza & Vögele, 1999), gehen davon aus, dass es keine wirklich wirksame Standardstrategie, d. h. *die eine Strategie*, zur Bewältigung von Stress gibt. Dazu seien die Wert- und Zielvorstellungen von Menschen zu unterschiedlich sowie die Spezifika von Belastungssituationen zu verschieden (Hepburn, Loughlin & Barling, 1997). Für eine effektive Stressbewältigung liegt damit eine ausgewogene Mischung unterschiedlicher Bewältigungsstrategien nahe. Verschiedene Forscher schlagen deshalb ein Konzept des flexiblen Einsatzes unterschiedlicher Bewältigungsmuster vor (Brandtstädter & Rothermund, 2002; Cheng & Cheung, 2005). Bei einem flexiblen Bewältigungsverhalten können in ein und derselben Situation verschiedene Copingstrategien eingesetzt und so beweglich auf die Belastung reagiert werden. Viele Trainings zur Stressbewältigung vermitteln daher eine Kombination von unterschiedlichen Copingstrategien.

5.6 Stressbewältigung

Die Erfassung von Bewältigungsverhalten bei Stress

Sowohl für die Stressforschung als auch zur Analyse von Bewältigungsverhalten in Stressbewältigungsprogrammen oder der Psychotherapie ist es wichtig, Maße zu haben, mit denen man erkennen kann, wie eine Person mit stressreichen Anforderungen umgeht. Schwarzer (2004) bewertet die Konstruktion solcher Maße als ein schwieriges Unterfangen, welches bis dato nicht zufriedenstellend gelöst sei. Das Problem, solche Maße zu finden, verdeutlicht er an drei Fragen, die bei der Diagnostik von Bewältigungsverhalten auftauchen:

Schwierige Messung

1 Reagiert ein Mensch auf unterschiedliche Herausforderungen, Bedrohungen, Schädigungen oder Verluste immer in der gleichen Weise oder stehen ihm verschiedene Bewältigungstechniken zur Verfügung (*Situationsgeneralität*)?

2 Kann eine Person flexibel im Bewältigungshandeln sein, ihr Copingverhalten anpassen und weiterentwickeln oder werden immer wieder dieselben Strategien und Techniken eingesetzt (*Stabilität*)?

3 Sind Unterschiede zwischen Menschen beim Umgang mit Stress durch die Persönlichkeit bedingt (*interindividuelle Unterschiede*)?

Hier gemeinsame Maße für die Bewältigung stressreicher Situationen, Anforderungen oder Ereignisse über unterschiedliche Altersstufen (Kinder, Jugendliche, Erwachsene, alte Menschen) hinweg zu suchen und zu vergleichen, mache wenig Sinn, so Schwarzer (2004).

Ein Ansatz, der zwar nach wie vor nicht ganz zufriedenstellend ist, jedoch einen gangbaren Weg darstellt, fußt auf der Idee, dass es sich beim Coping um *bewusste oder bewusstseinsfähige Prozesse* handelt, über die von Befragten konkret berichtet werden kann (Schwarzer, 2004). So sind beispielsweise beim kognitiv-transaktionalen Stresskonzept die Prozesse der *sekundären Bewertung* bewusste Vorgänge, die wiederum *primäre Bewertungen* verändern können und über die befragte Personen Auskunft geben können. Ebenso können Befragte darüber Aussagen treffen, ob sie Entspannung als *emotionszentrierte bzw. palliative Copingstrategie* bewusst einsetzen. Natürlich können Aussagen, denen man zustimmt, erst durch das Nachdenken darüber eine spezielle Bewältigungsstrategie ins Bewusstsein treten lassen. Auch können bewusste Veränderungen des Umfeldes, die ein Individuum gezielt einsetzt, um Quellen von Stress zu beseitigen oder zu kontrollieren (*problemzentriertes Coping*), erfragt werden. Ein solches Einflussnehmen auf das Umfeld läuft in der Regel bewusst ab, kann aber auch erst durch ein Befragen bewusst werden, etwa wenn *Heuristiken* eingesetzt werden (Faustregeln, die mit begrenztem Wissen, Mutmaßungen und Erfahrungswerten funktionieren).

Die meisten heute eingesetzten Fragebögen zur Stressbewältigung bzw. Stressverarbeitung basieren auf dem *kognitiv-transaktionalen Stresskonzept* von Lazarus. Vorbild ist *Ways of Coping Questionnaire* (Folkman & Lazarus, 1988), dessen Konstruktion auf dem Gedanken basiert, dass Coping ein permanentes Streben ist, Stress erzeugenden Anforde-

Transaktionen werden eingestuft

rungen auf der kognitiven und der Verhaltensebene wirkungsvoll entgegenzutreten. Die Aussagen (Items) gehören zu verschiedenen Dimensionen und bilden Transaktionen zwischen der Person und der Umwelt ab. Den Personen, die den Fragebogen ausfüllen, werden Items zu *kognitiven* und *verhaltensmäßigen Stressbewältigungsstrategien* zur Beantwortung vorgelegt. Sie sind folgenden Skalen (Selbstberichtsskalen) zugeordnet:

- konfrontative Bewältigung,
- Distanzierung, Selbstkontrolle,
- Suche nach sozialer Unterstützung,
- Anerkennung von Verantwortlichkeit,
- Flucht und Vermeidung,
- planvolles Problemlösen sowie
- positive Neubewertung.

Nachfolgend sind in ▶Tabelle 5.5 drei solcher Verfahren aufgeführt, die für unterschiedliche Zielgruppen konzipiert wurden und in der Praxis und zu Forschungszwecken eingesetzt werden.

Fragebogen	Autor	Schwerpunkt
Stress-Verarbeitungs-Fragebogen (SVF)	Janke, Erdmann und Kallus (2008)	Erfassung von Positiv- und Negativstrategien im Umgang mit Stress
Fragebogen zur Erhebung von Stress und Stressbewältigung im Kindes- und Jugendalter (SSKJ 3-8)	Lohaus, Eschenbeck, Kohlmann und Klein-Heßling (2006)	Differenzierte Erhebung der Stressbewältigungsstrategien sowie der Stresssymptomatik von Schülern der dritten bis zur achten Klasse
Dyadisches Coping Inventar (DCI)	Bodenmann (2007)	Erfassung von Stresskommunikation und dyadischen Stressbewältigungsformen in der Partnerschaft

Tabelle 5.5: Ausgewählte Verfahren zur Erfassung von Stressbewältigungsformen

Bewährte Verfahren

Aus den Beispielen der Tabelle 5.5 wird nachfolgend der *Stressverarbeitungsfragebogen (SVF)* ausführlicher dargestellt. Dieser Fragebogen wird zur Erfassung von Bewältigungs- bzw. Verarbeitungsmaßnahmen in belastenden Situationen eingesetzt. Aufgrund der aussagekräftigen Resultate, wird er auch in der Stressforschung verwendet. Im deutschsprachigen Raum ist er der differenzierteste Fragebogen in dieser Form und weist im Ergebnis für einen Probanden dessen individuelle Neigung aus, unter Belastung spezifische Verarbeitungsstrategien zu zeigen. Seit der ersten Version des Fragebogens mit 200 Items wurde das Verfahren mehrfach überarbeitet und liegt zurzeit in drei Formen vor:

- SVF 120 mit 120 Items mit 20 Untertests,
- SVF 78 mit 78 Items mit 13 Untertests,
- SVF-KJ mit 36 Items bei 9 Untertests (Kinder und Jugendliche).

Mit dem SVF 120 werden 20 zeit- und situationsstabile Personenmerkmale mit jeweils einem Untertest erfasst. Diese Untertests beinhalten folgende Stressverarbeitungsstrategien:

SVF 120

- Bagatellisierung,
- Herunterspielen,
- Schuldabwehr,
- Ablenkung,
- Ersatzbefriedigung,
- Selbstbestätigung,
- Situationskontrolle,
- Reaktionskontrolle,
- Positive Selbstinstruktion,
- Soziales Unterstützungsbedürfnis,
- Vermeidung,
- Flucht,
- Soziale Abkapselung,
- Gedankliche Weiterbeschäftigung,
- Resignation,
- Selbstbemitleidung,
- Selbstbeschuldigung,
- Aggression,
- Pharmakaeinnahme und
- Entspannung.

In der Kurzform, dem *SVF 78*, entfallen sieben der 20 Untertests (Bagatellisierung, Selbstbestätigung, Entspannung, Soziale Abkapselung, Selbstbemitleidung, Aggression und Pharmakaeinnahme). Sowohl die Lang- als auch die Kurzform des SVF ermöglichen es, Unterscheidungen zwischen positiven Strategien, die stressmindernd sind, und negativen Strategien, die stressverschärfend wirken, zu treffen. Stressreduzierende, positive Strategien aus dem SVF 78 sind beispielsweise folgende:

- Herunterspielen durch Vergleich mit anderen,
- Schuldabwehr,
- Ablenkung von Situation,
- Ersatzbefriedigung,
- Situationskontrollversuche,
- Reaktionskontrollversuche und
- positive Selbstinstruktion.

SVF für Kinder und Jugendliche

Der *SVF-KJ* (Hampel, Petermann & Dickow, 2001) wurde für den Einsatz bei Kindern und Jugendlichen (8 bis 13 Jahre) konzipiert und ist eine Anpassung des SVF 120 (Janke & Erdmann, 1997). Der Fragebogen besitzt neun Untertests mit insgesamt 72 Items, die Aspekte der dispositionellen Stressverarbeitung erfassen, d. h. die Fähigkeit und die Möglichkeit, sich in einer bestimmten Weise zu verhalten. Auch bei der Version für die Kinder und Jugendlichen wird zwischen *stressmindernden* und *-vermehrenden Strategien* differenziert. Jede dieser beiden Bewältigungsstrategien wird von vier Fragebogenitems erfasst, die zwei spezifische Situationen beschreiben: *fiktive soziale Situationen* (z. B. Konflikte mit Mitschülern) und *schulische Belastungssituationen* (z. B. schwierige Klassenarbeiten).

Zu den *stressmindernden Strategien* gehören in dieser Version:
- Bagatellisierung,
- Ablenkung/Erholung,
- Situationskontrolle,
- Positive Selbstinstruktionen und
- Soziales Unterstützungsbedürfnis.

Stressvermehrende Strategien sind:
- Passive Vermeidung,
- Gedankliche Weiterbeschäftigung,
- Resignation und
- Aggression.

Die Stressverarbeitungsweisen der neun Untertests lassen sich zu drei Sekundärtests zusammenstellen und als *„emotions- und problemzentrierte Stressbewältigung"* sowie *„negative Stressbewältigung"* bezeichnen (▶Abbildung 5.9).

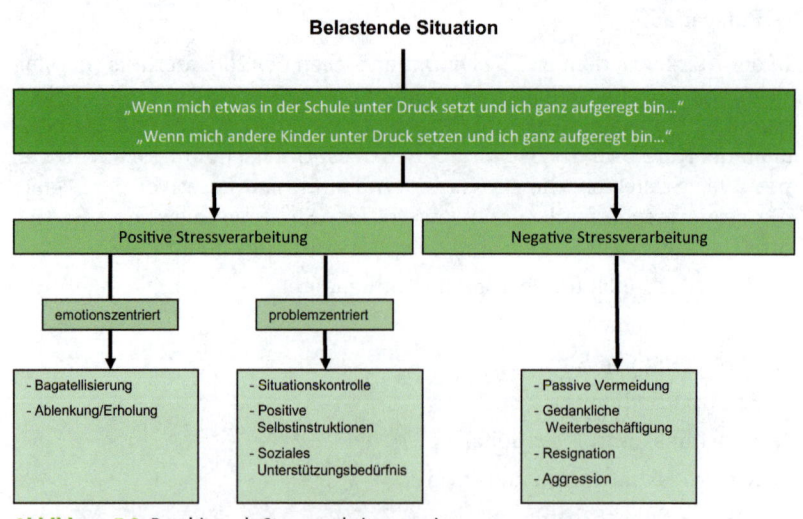

Abbildung 5.9: Resultierende Stressverabeitungsweisen

Der SVF-KJ kann sowohl als klassisches *Paper-Pencil-Verfahren* (Papier-Bleistift-Verfahren) eingesetzt werden oder als computerbasierte Version.

5.7 Anwendungsbeispiele

5.7.1 Programme zur Stressbewältigung

Stressbewältigungs- bzw. Stressmanagementprogramme sind zumeist an der *kognitiv-transaktionalen Stresskonzeption* von Lazarus (1995) orientiert und stellen die kognitiven Bewertungen in den Mittelpunkt. Sie werden für kleinere Gruppen von sechs bis zwölf Personen angeboten und erstrecken sich in der Regel auf maximal zwölf Sitzungen. Eine Sitzung dauert zwischen einer und zwei Stunden, wobei je nach Programm eine Gesamtdauer von acht Monaten erfahrungsgemäß nicht überschritten wird. Eine kleine Gruppe bietet zusätzlich auch soziale und informale Unterstützung, was sehr hilfreich sein kann (siehe *4.5.2 Das Puffereffekt-Modell*). Die Gruppe verfügt aber auch über Modelle für einen erfolgreichen Umgang mit Stress und schafft eine gewisse Geborgenheit.

Wie bereits in Abbildung 5.7 zu den Stressbewältigungsstrategien dargestellt, sind vorrangige Ziele von Programmen zur Stressbewältigung das Erlernen dreier Strategien (Kaluza, 2004, S. 50):

Ziele von Programmen zur Stressbewältigung

1 *Instrumentelles Stressmanagement*
Es beinhaltet das problemzentrierte oder instrumentelle Bewältigen von Stress (z. B. Zeitmanagement, Aufgaben strukturieren, Verbesserung des Sozial- und Kommunikationsverhaltens usw.).

2 *Kognitives Stressmanagement*
Hier geht es um das Erkennen und Verändern von Bewertungen, Motiven, Einstellungen usw. (z. B. Abbau von perfektionistischen Leistungsansprüchen, konzentrieren auf positive Sachverhalte u. a. m.).

3 *Palliativ-regeneratives Stressmanagement*
Die körperliche und seelische Reaktion auf Stress soll durch emotionszentrierte respektive palliative Strategien verringert werden (z. B. Entspannungsübungen, Ausgleichsaktivitäten, körperliche Aktivitäten).

Eine Kombination dieser wirksamen Bewältigungsformen ist in den meisten Programmen zur Stressbewältigung zu finden und bietet damit den Teilnehmern die Möglichkeit, flexibel auf unterschiedliche Situationen und Anforderungen zu reagieren und ihr Verhalten, ihre Handlungen und Gefühle erfolgreich zu beeinflussen.

Für die Auswahl von Stressbewältigungsprogrammen für die Praxis ist es wichtig, nach Möglichkeit bereits *bewährte und evaluierte Programme* einzusetzen, da sie eine gewisse Gewähr dafür bieten, dass die Teilnehmer von ihnen profitieren. Nachfolgend findet sich eine Auswahl von Stressbewältigungsprogrammen (▶Tabelle 5.6). Die einzelnen Programme sind von der Fachgruppe Gesundheitspsychologie der Deutschen Gesellschaft für Psychologie e.V. dokumentiert und unter *http://www.gesundheitspsychologie.net* ausführlich beschrieben.

Einsatz bewährter und evaluierter Programme

Titel	Ziele	Inhalte
Stressimpfungstraining Meichenbaum (1985, 2012) Zielgruppe: Erwachsene	Erlernen von Bewältigungsstrategien und die erfolgreiche Anwendung dieser Strategien in einer Stress auslösenden Situation.	– Information über Stress und Stressbewältigung – Erkennen dysfunktionaler Gedanken und Verhaltensweisen – Erarbeiten und trainieren förderlicher Kognitionen – Erlernen von Bewältigungsstrategien – Transfer dieser Strategien in den Alltag
Gelassen und sicher im Stress Kaluza (1998, 2004) Zielgruppe: Erwachsene	– Förderung individueller Kompetenzen zur Bewältigung von Alltagsanforderungen – Reduktion stressbedingter Gesundheitsrisiken	Basismodule: Entspannungstraining, Problemlösetraining, Kognitionstraining, Genusstraining Ergänzungsmodule: Sport, Bewegung, Soziale Unterstützung, Zielklärung, Zeitmanagement, Notfall-Strategien
Der erfolgreiche Umgang mit alltäglichen Belastungen Kessler und Gallen (1995) Zielgruppe: Erwachsene	– Verbesserung des Umgangs mit Stress – Verhinderung von psychischen und körperlichen Beschwerden	Kurzfristige und langfristige Strategien zur Bewältigung und Verhinderung von Stress
Freiburger Stresspräventionstraining für Paare (FSPT) Bodenmann (2000b) Zielgruppe: Paare	Förderung relevanter Kompetenzen zur Führung einer längerfristig stabilen und glücklichen Partnerschaft	– Stress und dessen Bewältigung – Förderung individueller und dyadischer Stressbewältigung – Kommunikations- und Problemlösekompetenzen des Paares fördern – Fairness und Gerechtigkeit in Paarbeziehungen
Gelassen bei der Arbeit – Bewältigung von Stress am Arbeitsplatz Wiegard et al. (2000) Zielgruppe: Personen in gratifikationskritischer Situation und stressbedingtem Alkoholkonsum	– Bewältigung von Stressoren durch verbessertes Coping auf der personalen und interpersonalen Ebene – Reduzierung des stressbedingten Alkoholkonsums	– Bewältigung von Problemen im beruflichen Alltag, insbesondere – Reduzierung von übersteigerten Kontrollambitionen – Reduzierung von Ärger als Folge beruflicher Belastungen – Problematisierung des Alkoholkonsums als Mittel der Stressreduzierung
Stressreduktionstraining mit Yogaelementen für Erwachsene (StraimY-E) Stück (2003) Zielgruppe: Lehrer, Helferberufe (auch für andere Berufe geeignet)	– individuelle Stressdiagnostik – Vermittlung kurz- und langfristiger Stressbewältigungstechniken – berufsspezifische Stressbewältigung – Verbesserung der Emotionsregulation – Zielbildung – Selbstregulation über Autogenes Training und Yoga	1. Teil (Psychoedukativer Teil): Vermittlung stressrelevanter Bewältigungskompetenzen (u. a. Stressdiagnostik, kurz- und langfristige Stressreduktionstechniken, Emotionsregulation, Zielbildung). 2. Teil (Selbstregulativer Teil): Yoga, Meditation und Autogenes Training zur Verbesserung der Entspannungsfähigkeit.

Tabelle 5.6: Ausgesuchte und evaluierte Stressbewältigungsprogramme für Erwachsene, Jugendliche und Kinder (Quelle: Deutsche Gesellschaft für Psychologie e.V.: Fachgruppe Gesundheitspsychologie)

5.7 Anwendungsbeispiele

Titel	Ziele	Inhalte
SWISSIT – Swiss Stress Inoculation Training Gaab, Rohleder, Nater und Ehlert (2003) Zielgruppe: Gesunde und Patienten mit chronischen somatischen Erkrankungen	Aufbau von Fähigkeiten zur Stressbewältigung und -prävention Reduktion körperlicher Beschwerden und Verbesserung der psychischen Befindlichkeit und Lebensqualität	– Generell: Klärung von allgemeiner und individueller Stressentstehung, Identifizierung individueller Stressoren bzw. Risikofaktoren, Aufbau und Verstärkung adaptiver Bewältigungsfähigkeit. – Spezifisch: Unterscheidung von populationsspezifischen und fakultativen Themen.
Optimistisch den Stress meistern Reschke und Schröder (2000) Zielgruppe: Jugendliche und Erwachsene	– Analyse von stressrelevanten Belastungsfaktoren, individueller Vulnerabilität und Ressourcen der Stressbewältigung – Aufbau persönlicher Ressourcen und Schutzfaktoren sowie Kompetenzen zur Emotionsregulation, Entspannung, Identität, Zukunftsorientierung und sozialer Unterstützung	– Information und Aufklärung – Verhaltens- und Kognitionsanalyse stressrelevanter Bedingungen – verhaltensmodifizierende Übungen und Trainingsmethoden
Bleib locker Klein-Heßling und Lohaus (2000). Zielgruppe: Kinder im Grundschulalter, trainingsbegleitend auch die Eltern	Stressbewältigung	– Wahrnehmen von Stresssymptomen und -situationen – Kennenlernen eines kindgerechten Stressmodells – Erproben und Bewerten emotionsregulierender und problemorientierter Stressbewältigungsstrategien – Erarbeiten von Maßnahmen zur Entlastung und Unterstützung der Kinder
SNAKE Beyer und Lohaus (2005) Zielgruppe: Schüler der Klassenstufen 8 und 9	Die Bewältigungsstrategien der Jugendlichen im Umgang mit potenziellen Stressoren sollen erweitert und verbessert werden	Grundlagenmodul: – Problemlöseorientierte Stressbewältigung – Ergänzungsmodule: – Vermittlung kognitiver Strategien, Suche nach sozialer Unterstützung, Aufbau sozialer Kompetenz, Entspannung und Zeitmanagement
Online Elterntraining zur Bewältigung von Familienstress Hänggi (2011) Zielgruppe: Eltern und Erzieher	Die Teilnehmer lernen, besser mit Stress und Erziehungsaufgaben umzugehen sowie ihre Kommunikations- und Problemlösefertigkeiten zu optimieren.	– Vier Module zur individuellen Stressbewältigung, zum familiären Stressmanagement, zur Kommunikation/Empathie und zum fairen Problemlösen – Gelegenheit zum Chatten und individuellen Austausch – Ergänzung durch Online-Beratung

Tabelle 5.6: Ausgesuchte und evaluierte Stressbewältigungsprogramme für Erwachsene, Jugendliche und Kinder (Quelle: Deutsche Gesellschaft für Psychologie e.V.: Fachgruppe Gesundheitspsychologie) *(Forts.)*

Wirksamkeit von Stressbewältigungsprogrammen

Ob Programme zur Stressbewältigung auch wirksam sind, wird in der Praxis meist über standardisierte Fragebogen erfasst, d. h. meist über eine *subjektive Einschätzung*. Hier spielen Fragen nach dem Wohlbefinden, körperlichen Beschwerden, dem psychischen Befinden usw. eine Rolle. Aber auch Veränderungen von Einstellungen oder stressverstärkenden Gedanken (z. B. *„Du musst besser sein als alle anderen"*) weisen auf die Effektivität solcher Trainings hin. Eine Bewertung von z. B. Blutdruck- oder Cholesterinwerten kann die langfristige Wirkung von Stressbewältigung objektivieren. Betriebliche Kennzahlen zu Fehlzeitenreduktion, Krankheitstagen usw. dienen im betrieblichen Umfeld als Marker für den Erfolg von Programmen zur Stressbewältigung (Kaluza & Renneberg, 2009).

Eine Verringerung körperlicher Beschwerden, negativer psychischer Befindlichkeit (Depressivität, Ängstlichkeit) sowie ein Nachlassen von Ärger- und Feindseligkeitsreaktionen sind ebenfalls Indikatoren für Erfolgsbewertungen von Stressbewältigungsprogrammen (Bamberg & Busch, 2006).

Verhalten und Verhältnisse beeinflussen

Im betrieblichen Kontext zeigt sich, dass nur eine Kombination aus der *Beeinflussung von Personen*, in Form des Erlernens von Stressbewältigung („Verhalten"), gemeinsam mit einer *Beeinflussung von organisatorischen Gegebenheiten* (z. B. Tätigkeiten, Prozesse, soziale Beziehungen usw.), d. h. der „Verhältnisse", einen wirklichen Erfolg zeitigt (Brinkmann & Stapf, 2005). Dieser Zusammenhang spielt auch eine entscheidende Rolle, wenn es um *Prävention und Gesundheitsförderung im Betrieb* geht, der in Kapitel 6 dargelegt wird.

5.7.2 Programmbeispiele für den Einsatz in der Praxis

Im folgenden Abschnitt werden zwei über Jahrzehnte in der Praxis erfolgreich eingesetzte Stressbewältigungsprogramme ausführlicher dargestellt: das *Stressimpfungstraining von Meichenbaum* (2012) und das Programm *„Gelassen im Stress"* von Kaluza (2004). An diesen beiden Programmen soll der Aufbau und das Prinzip eines Stressmanagements in der praktischen Umsetzung aufgezeigt werden.

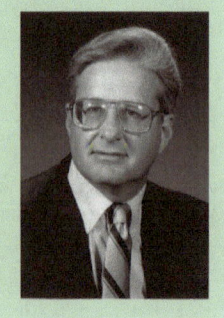

> **Infobox**
>
> **Donald H. Meichenbaum**
>
> Der US-amerikanische Psychologe Donald H. Meichenbaum wurde 1940 in New York geboren. Studium von 1962 bis 1969 an der University of Illinois in Urbana. In der Zeit von 1966 bis 1969 Assistant Professor of Psychology an der University of Waterloo in Ontario, Kanada. Von 1973 bis 1998 Professor für Psychologie an der University of Waterloo in Kanada.
>
> **Abbildung 5.10:** Donald H. Meichenbaum (*1940)

> Er gilt als einer der Väter der kognitiven Verhaltenstherapie. Meichenbaum entwickelte gemeinsam mit seinen Mitarbeitern verschiedene verhaltenstherapeutische Verfahren wie das *Selbstinstruktionstraining* und das *Stressimpfungstraining*.

5.7.2.1 Das Stressimpfungstraining von Meichenbaum

Ein Beispiel für ein repräsentatives Stressbewältigungsprogramm ist das *Stressimpfungstraining (SIT)* des US-amerikanischen Psychotherapeuten Donald Meichenbaum (2012). Das Programm wird im klinischen und nicht-klinischen Bereich, in der Therapie und der Prävention eingesetzt. Bereits 1985 von Meichenbaum publiziert, stellt das Programm (*Stress Inoculation Training*), das nun schon in der fünften Auflage erschienen ist, eine Art Basisstruktur zur Verfügung, die auf die spezifischen Bedürfnisse der Teilnehmer zugeschnitten werden muss. Der Begriff der „Stressimpfung" hängt damit zusammen, dass Bewältigungsstrategien *präventiv* erworben werden, sodass die Strategien zur Stressminderung bzw. Vermeidung eingesetzt werden können. In Analogie zur Schutzimpfung in der Medizin geht es darum, durch die Bewältigungsstrategien „immun" und widerstandsfähig gegenüber Stress auslösenden Bedingungen zu werden. Das Training verknüpft *Elemente des Unterweisens* (maximal 30% des Trainings), der *Entspannung*, der *Selbstbeobachtung* und *Selbstverbalisation* („inneres Sprechen", „innerer Dialog"), der *Selbstverstärkung* (Belohnung) und *umweltbezogene Strategien*. Konzeptionell baut das SIT auf dem *kognitiv-transaktionalen Stressmodell* von Lazarus auf. Meichenbaum (2012) weist ausdrücklich darauf hin, dass über die *Veränderungen des Individuums* (Verhalten) in vielen Fällen auch *Veränderungen der Umwelt* (Verhältnisse) notwendig sind, um Stress erfolgreich zu bewältigen. Meichenbaum (2012) macht insbesondere auf die Bedeutung der aktiven Trainingselemente aufmerksam, bei denen das Gelernte in praktischen Übungen gefestigt wird. Je nach Teilnehmergruppe variiert die Dauer des Programms.

Das Richtziel des Programms ist das *Erlernen von Bewältigungsstrategien* durch die Teilnehmer und die *erfolgreiche Anwendung dieser Strategien* in einer Stress auslösenden Situation. So soll die Widerstandsfähigkeit gegen Stress verbessert werden. Dabei zielt das Programm nicht nur auf eine Verbesserung des Umgangs mit Stress in der aktuellen Lebenslage der Teilnehmer, sondern auch auf die zukünftige Stressbewältigung.

Bewältigungsstrategien präventiv erwerben

Das Programm ist in drei Phasen aufgeteilt:

Programmphasen

1. eine *Informationsphase*,
2. eine *Übungsphase* sowie
3. eine *Anwendungsphase*.

Die konkreten Ziele und Inhalte des *Stressimpfungstrainings (SIT)* können wie folgt zusammengefasst werden:

- *Information* über Stress und Stressbewältigung,
- Erkennen *dysfunktionaler Gedanken* und *Verhaltensweisen*,
- Erarbeiten und *Trainieren förderlicher Kognitionen*,
- Erlernen von *Bewältigungsstrategien* und
- *Transfer* dieser Strategien in den Alltag.

Die Informationsphase

Information über Stress und Stressbewältigung

Die Schwierigkeiten der Teilnehmer, die bei ihnen Stress erzeugen, werden in der Informationsphase analysiert (z. B. durch Interview, Selbstbeobachtung, Verhaltensdiagnose). Die notwendigen Kenntnisse zum Thema werden ihnen durch ein anschauliches Modell der Stressentstehung vermittelt. Weiter werden sie über die Transaktionsprozesse zwischen Mensch und Umwelt informiert, die Stress auslösend sein können. Nicht die Situation oder das Ereignis selbst rufen die Stressreaktion hervor, sondern deren Wahrnehmung und Bewertung. Dabei erkennen die Trainingsteilnehmer, dass es an ihnen liegt, eine Situation oder ein Ereignis auf andere Art und Weise wahrzunehmen und mit ihnen entsprechend umzugehen, sodass kein oder weniger Stress entsteht.

Die Übungsphase

Die Teilnehmer lernen und üben in dieser Phase die Strategien zur Bewältigung von aufkommender Angst und Stress. Da jeder Mensch Stress auslösende Situationen oder Ereignisse anders wahrnimmt und interpretiert, werden vier *allgemeingültige Copingstrategien* gelernt:

- *Entspannung*, z. B. progressive Muskelrelaxation,
- *kognitives Umstrukturieren*, d. h. die Teilnehmer lernen, dysfunktionale Gedanken, Gefühle und Verhaltensweisen wahrzunehmen und anders zu bewerten,
- *problemlösende Selbstinstruktionen* und
- *Selbstbelohnung* bei gelungener Bewältigung.

Da vor allem *generelle Stressbewältigungstechniken* vermittelt werden, macht es Sinn, dass sich Personen mit vergleichbaren Problemen in den Teilnehmergruppen zusammenfinden. So kann an den Problembeispielen der anderen Teilnehmer gelernt und die Distanz zwischen allgemein anwendbaren und individuellen Stressbewältigungsmaßnahmen klein gehalten werden. Dies geschieht, indem ein Mix aus allgemein hilfreichen Bewältigungsmaßnahmen und weiteren spezifischen Methoden gelehrt wird. Diese zusätzlichen Bewältigungsstrategien, wie beispielsweise *Techniken zur Problemlösung*, *Atemkontrolle* oder *Gedankenstopp*, werden allen vorgestellt. Jeder Einzelne kann aber für sich entscheiden, ob diese Methoden zu seinen Schwierigkeiten passen. Er kann sie dann üben und später eventuell auch anwenden. Nach Meichenbaum (2012) sind vor allem die *kognitiven Bewältigungsmechanismen* wichtig.

Konkret wird in der Übungsphase die *Konfrontation mit einem Stressor* geübt. In vier ineinander übergehenden Schritten zur Bewältigung einer von den Teilnehmern vorgestellten oder vom Trainer künstlich erzeugten Situation, werden die zuvor kennengelernten Strategien und Techniken angewendet:

- **1. Schritt: *Vorbereitung auf die potenzielle Stresssituation***
  Dieser Schritt dient der Orientierung und Klärung, was getan werden soll. Dies kann über eine Selbstverbalisation geschehen, wie beispielsweise: „Sorge dich nicht, sondern überlege, wie du der Situation begegnen willst."

- **2. Schritt: *Konfrontation und Umgang mit der Stresssituation***
  In Anbetracht der Stress auslösenden Situation soll sich die betroffene Person an die erlernten und geübten Strategien erinnern und möglichst in kleinen Schritten vorgehen, um nicht von Angst übermannt zu werden und kopflos zu reagieren. D. h., Reaktionen wie Entspannung praktizieren (z. B. „Atme erst einmal tief durch.") oder sich selbst instruieren über Sätze wie: „Du bekommst die Situation in den Griff" oder „Eins nach dem anderen".

- **3. Schritt: *Möglicher Panik vorbeugen***
  In der Vorstellung oder einem Rollenspiel werden die Ernstsituation und das Gefühl, davon überwältigt zu werden, durchgespielt (Selbstinstruktion: „Du kannst die Angst nicht vermeiden, aber du kannst damit umgehen und sie aushalten.").

- **4. Schritt: *Selbstbelohnung***
  In diesem Schritt soll das Vertrauen der Teilnehmer in ihre Bewältigungsfähigkeit gestärkt werden, indem sie sich für das erfolgreiche Meistern einer vorgestellten oder durchgespielten Situation selbst verstärken, z. B. durch selbstverstärkende Aussagen wie: „Geschafft, du hast die Situation erfolgreich bewältigt." oder „Du kommst bei der Stressbewältigung voran. Super!". „Mit der Selbstverstärkung soll sich das neue Verhalten etablieren und Selbstwirksamkeit aufbauen.

Anwendungsphase und Posttrainingsphase

In der Anwendungs- und Posttrainingsphase setzt der Absolvent des Stressimpfungstrainings seine gelernten und trainierten Strategien zur Stressbewältigung in unterschiedlichen, *realen und belastenden Situationen* ein. Mit der Anwendung in der „Wirklichkeit" und mit Hilfe der Selbstverbalisation sollen die Teilnehmer des Stressimpfungstrainings eine gewisse Verhaltensflexibilität in der Handhabung von problematischen Situationen erwerben. Gerade das zuvor im Programm geübte Bewältigen, insbesondere durch die Selbstinstruktionen, stellt im Bild der „Impfung" einen „Schutzfaktor" dar, da nun adäquat auf die Belastung reagiert werden kann.

Üben in der Realität

Damit die Lernenden bei der Bewältigung auch mit Rückschlägen zurechtkommen, wird im Programm auch der *Umgang mit Misserfolgen* thematisiert. Eine der Möglichkeiten des *Umgangs mit Misserfolgen* besteht darin, dass Betroffene eine fehlgeschlagene Stressbewältigung als Lernerfahrung deuten. Diese negative Erfahrung kann dann dazu genutzt werden, sich eine optimierte Form der Bewältigung für diese Echtsituation zu erarbeiten und zu üben.

5.7.2.2 „Gelassen im Stress" – Stressbewältigungstraining von Kaluza

Programme in der Gesundheitsförderung

Das Stressbewältigungsprogramm *„Gelassen im Stress"* von Kaluza (1998, 2004) ist ein seit Jahren bewährtes Training, das die wirkungsvolle Bewältigung von Stress vermittelt und im Bereich der Gesundheitsförderung eingesetzt wird. Das Training besteht neben einem *Grundlagenteil* zum Thema Stress, in dem wichtige Hintergrundinformationen gegeben werden, aus *vier Modulen*, die sich mit folgenden Inhalten befassen:

1. Trainingsmodul: *Entspannungstechnik*
2. Trainingsmodul: *Kognitionstraining*
3. Trainingsmodul: *Problemlösetraining*
4. Trainingsmodul: *Genusstraining*

Zusatzmodule ergänzen diese Einheiten und haben einen speziellen Inhalt, wie z. B. *Sport und Stress*, *Sozialer Rückhalt*, *Zielklärung*, *Zeitplanung* und *Notfallstrategien*. Das Training erstreckt sich über zwölf Sitzungen à 120 Minuten und mischt pro Sitzung Elemente der verschiedenen Module.

Der Einstieg in das Training (1. Sitzung)

Kennenlernen und Informationen zu Stress

Als Einstieg in das Training, in dem meist Personen zusammenkommen, die sich noch nicht kennen, ist eine *Kennenlernphase* vorgesehen, um Spannungen und Unsicherheiten abzubauen. Damit soll eine Basis geschaffen werden, um Informationen aufnehmen und in Gruppen zusammenarbeiten zu können. Hierzu können methodisch unterschiedliche Wege gegangen werden und je nach Teilnehmerschaft verschiedene Übungen gewählt werden (vgl. Brinkmann, 2011). Danach folgen *Informationen zum Stress*, wobei methodisch an die Erfahrungen der Trainingsteilnehmer angeknüpft wird, z. B. über Halbsätze, die ergänzt werden müssen *(„Ich gerate in Stress, wenn ...")*. An diese Erfahrungen wird angeschlossen und zu einem einfachen stresstheoretischen Rahmenmodell übergeleitet, an dem Stress und seine Folgen dargestellt werden. In Gruppenarbeiten werden anschließend bereits erfolgreich im Alltag praktizierte Bewältigungsstrategien gesammelt und als Einstieg in die Beschreibung der drei Hauptwege der Stressbewältigung (instrumentelle, kognitive und palliativ/regenerative Stressbewältigung) genutzt.

1. Trainingsmodul: Entspannungstechnik (Sitzungen 2-12)

Ziel dieses Moduls ist es, den Teilnehmern die Fähigkeiten zu vermitteln, sich körperlich zu entspannen und ihre Gedanken abzuschalten. Entspannung dient aber auch dazu, langfristige Folgen von Stress zu mindern und zur Erholung (Regeneration) beizutragen. Gelehrt wird die progressive Muskelrelaxation nach Jacobson (1993), eine Methode, die in den 1920er-Jahren entwickelt wurde. Sie ist im Training zentral und mit dem Erlernen sollte möglichst in der zweiten Kursstunde begonnen werden. Dieses Verfahren geht davon aus, dass psychische Aktivierung und nervöse Anspannung mit einer Muskelspannung einhergehen, die wiederum auf die Psyche zurückwirkt. Dadurch kann die psychische Erregung durch bewusste Entspannung herabgesetzt und eine Stressreaktion gepuffert werden. Entspannungsübungen sollen jeweils zu Beginn und am Ende oder auch in der Mitte *jeder Sitzung* gemeinsam durchgeführt werden. Das häusliche Üben wird von jedem Teilnehmer mittels eines „Entspannungsprotokolls" kontrolliert und der subjektiv wahrgenommene Erfolg anhand einer Skala bewertet.

2. Trainingsmodul: Kognitionstraining (Sitzungen 2 – 8)

In diesem Modul geht es um die Rolle der *Bewertungen und Einstellungen* (*Kognitionen*), die stressverschärfend wirken können. Sie sollen reflektiert und verändert werden. Methoden der *kognitiven Stressbewältigung*, die in diesem Kursabschnitt gelehrt werden, sollen dann für eine Veränderung dieser Kognitionen genutzt werden. Über einen *Fragebogen zu stressverschärfenden Gedanken*, werden die Gruppenteilnehmer sensibilisiert und ein Stressverstärkerprofil erstellt (▶Abbildung 5.11).

Kognitive Bewertungen und Einstellungen

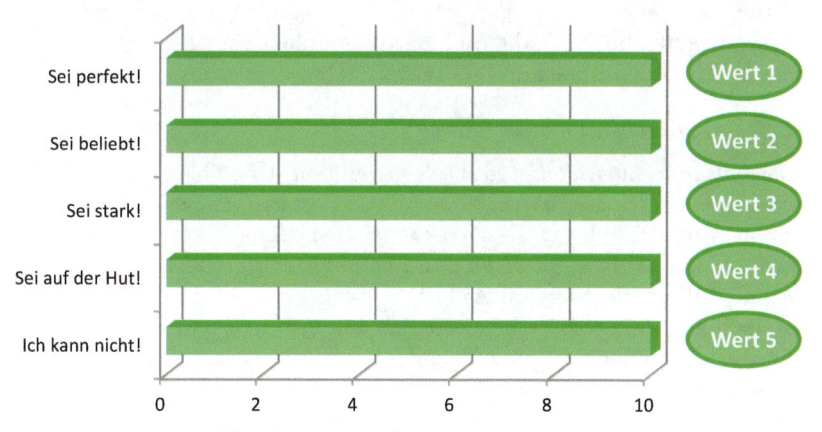

Abbildung 5.11: Beispiel für ein individuelles Stressverstärkerprofil (Quelle: Kaluza, 2004, S. 111)

Für stressverschärfende Kognitionen werden *Alternativen* erarbeitet, die stressmindernd wirken sollen, z. B. *„Ich muss bei der Arbeit nicht alles perfekt machen, Fehler zu machen, gehört zum Arbeitsleben!"* Schließlich werden stressmindernde Gedanken mit Gefühlen und Verhalten verknüpft (z. B. *„Du bist ruhig und gelassen."*), um die vernünftige Sicht der neuen Kognitionen auch gefühls- und verhaltensmäßig zu verankern, um sie im Alltag automatisch abzurufen.

3. Trainingsmodul: Problemlösetraining (Sitzungen 3 – 12)

Ziel dieser Einheit sind die Konfrontation der Teilnehmer mit für sie Stress auslösenden Situationen und die problembezogene Beschäftigung damit. Dazu werden folgende Unterziele fokussiert:

Probleme lösen lernen

1 Es sollen *konkrete Möglichkeiten* für jeden einzelnen Teilnehmer erarbeitet werden, mit denen er individuelle Belastungen zu bewältigen lernt.

2 Jeder Programmteilnehmer soll dazu befähigt werden, künftige Belastungssituationen durch eine Verbesserung seiner Problemlösefähigkeit leichter zu bewältigen.

Lernen, sich selbst zu beobachten

Zunächst werden die theoretischen Grundlagen für das Problemlösen gelegt, um über persönliche Stressoren in der Gruppe reflektieren und zu individuellen Stresssituationen und -reaktionen sprechen zu können. Methodische Hilfestellung wird mit einer Einführung in die *Selbstbeobachtung* geleistet. Die Selbstbeobachtung soll einerseits darin unterstützen, Informationen zu Belastungssituationen zu sammeln, andererseits hilft sie den am Training teilnehmenden Personen, sich innerlich von solchen Situationen zu distanzieren und die Rolle eines „neutralen Beobachters" einzunehmen. Diese Rolle steht auch am Anfang auf dem Weg zu einer verstärkten *„inneren Achtsamkeit"*. Hinter diesem Begriff verbirgt sich die Fähigkeit, sowohl aktuelle Stresssituationen als auch die eigene Reaktion darauf zunächst einmal anzunehmen, beides aber nicht zu bewerten. Diese Haltung des „Nicht-Bewertens" hilft, die emotionalen und körperlichen Prozesse der Stressreaktion zu stoppen. Schließlich geht es darum, dass jeder seinen eigenen Weg zur Bewältigung seiner spezifischen Belastungssituationen findet und die vorgestellten Vorgehensweisen auch übt (z. B. in Rollenspielen).

4. Trainingsmodul: Genusstraining

Belastungsausgleich und Regeneration

Der *Belastungsausgleich* und die *Regeneration* stehen bei diesem Modul im Mittelpunkt. Ziel ist es, eine Ausgewogenheit zwischen Beanspruchungs- und Erholungsphasen zu erreichen, unter besonderer Berücksichtigung von *Arbeit*, *Freizeit* und *Familie*. Hierzu reflektieren die Teilnehmer diese Bereiche hinsichtlich einer ausgewogenen Bilanz und erarbeiten ihre persönlichen Möglichkeiten für Ausgleichsaktivitäten. Zusätzlich stellen sie Überlegungen an, wie dieser Ausgleich im Alltag verankert werden kann.

„Genusslernen"

Genuss ist in diesem Modul ein weiteres Stichwort, hinter dem sich die Absicht verbirgt, den Lernenden Freude an Ausgleichsaktivitäten zu vermitteln. Aktivitäten zum Ausgleich sollen von den Teilnehmern nicht als zusätzliche Aufgaben verstanden werden, die ihrerseits wieder Stress erzeugen. Beispiele für Überschriften der Untereinheiten lauten: *„Erholung – aber richtig!"*, *„Angenehmes im Alltag"* oder *„Acht Gebote des Genießens"*.

In den letzten beiden Sitzungen des Trainings wird schließlich ein individuelles „Gesundheitsprojekt" geplant, das auf einen längeren Zeitraum ausgelegt wird. Dazu wählen sich die Teilnehmer aus der Gruppe jeweils ein anderes Gruppenmitglied als „Coach", der sie unterstützt bzw. dem sie in dieser Rolle Unterstützung bieten.

„Gesundheitsprojekt"

Ergänzungsmodule

Im ersten Ergänzungsmodul *„Sport und Stress"* werden die Teilnehmer mit den positiven Wirkungen körperlicher Aktivität auf Geist, Seele und Körper bekannt gemacht. Die Teilnehmer erhalten Informationen zum Thema Bewegungsmangel bzw. Aufbau von körperlichen Aktivitäten. Dazu werden auch einzelne Bewegungsübungen im Kurs durchgeführt.

Steigerung der körperlichen Aktivität

Mit *„Sozialer Rückhalt"* ist das zweite Ergänzungsmodul überschrieben. Thema ist hier die soziale Unterstützung und die Bedeutung sozialer Netzwerke für ein wirkungsvolles emotions- und problemzentriertes Coping. Dazu reflektieren die Programmteilnehmer ihre eigenen sozialen Netzwerke, um Möglichkeiten zu finden, Beziehungen zu intensivieren, die ihnen Unterstützung und Hilfen bieten können.

Aufbau sozialer Netzwerke

Das Ergänzungsmodul *„Zielklärung, Zeitplanung und Notfallstrategien"* führt schließlich in die Grundlagen des sinnvollen Umgangs mit Zeit ein und hilft durch Vermittlung von Techniken des *Zeitmanagements*, mehr Zeitsouveränität zu gewinnen. Mit der Quart-A(A4)-Strategie wird in die Notfallstrategien eingeführt und ein Instrument vermittelt, um die kurzfristige Bewältigung von Stresssituationen zu erlernen. Sie besteht aus vier Schritten: dem Annehmen der Situation (z. B. *„Dies ist Teil meiner Arbeit."*), dem Abkühlen (z. B. *„Bewahre einen klaren Kopf."*), dem Analysieren mittels Kurzanalyse und dem Ablenken bzw. der Aktion (siehe ▶Abbildung 5.12).

Zeitmanagement

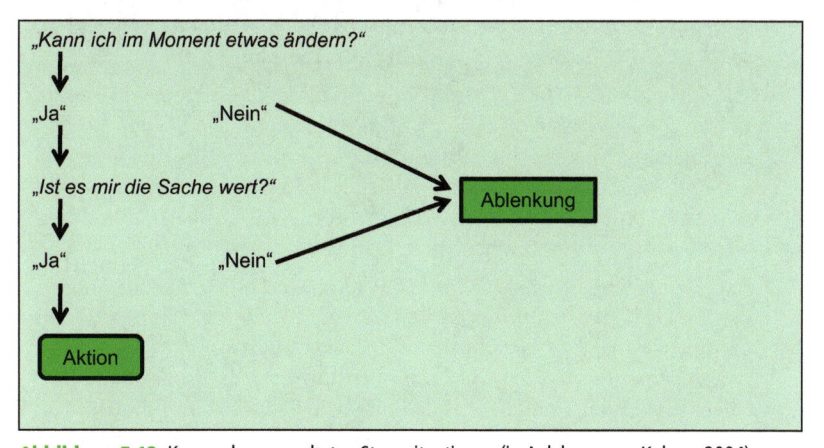

Abbildung 5.12: Kurzanalyse von akuten Stresssituationen (in Anlehnung an Kaluza, 2004)

Bei der „Ablenkung" kann es sich um angenehme Gedanken, das Hören von Musik o. Ä. handeln. Unter „Aktion" werden z. B. Verhaltensweisen wie „Nein-Sagen" oder das Delegieren von Aufgaben subsumiert.

Zusammenfassung

- Stress ist ein sehr komplexes Konzept, das in der Gesundheitspsychologie eine *zentrale Rolle* spielt.

- In der Gesundheitspsychologie wird insbesondere *chronischer Stress* neben dem Gesundheitsverhalten als wesentlicher Einflussfaktor für Gesundheit und Krankheit sowie für die Entwicklung und Aufrechterhaltung psychischer Störungen gesehen.

- Die Definition von „Stress" ist von der jeweiligen *theoretischen Perspektive* abhängig. So existieren drei wesentliche Sichtweisen: die *reaktionsorientierte Perspektive*, die *reiz- oder situationsbezogene Sicht* von Stress sowie das *relationale Stressverständnis*.

- Alle drei theoretischen Perspektiven bieten auch Ansätze zur Bewältigung von Stress. Werden diese Ansatzpunkte gebündelt, können *effektive Bewältigungsstrategien* erarbeitet werden.

- Reaktionen auf Stress sind vor allem *emotionaler, kognitiver, physiologischer und verhaltensbezogener Art*. Sie haben je nach Dauer (kurz- oder langfristig) unterschiedliche Folgen auf diesen Reaktionsebenen.

- *„Stressoren"*, die insbesondere aus *reiz- oder situationsorientierter Perspektive* thematisiert werden, sind Auslöser von Stress und werden in unterschiedliche Klassen eingeteilt: physikalische, soziale, ökologische, ökonomische und berufliche Stressoren.

- Auslöser von Stress, die besonders schwerwiegend sind, werden als *kritische Lebensereignisse* bezeichnet. Diese müssen allerdings nicht immer negativ sein. Sie verändern die (soziale) Lebenssituation von Menschen und machen Anpassungsleistungen des Individuums notwendig. Mit diesen kritischen Lebensereignissen setzt sich die *Life-Event-Forschung* auseinander.

- *Alltagsbelastungen* sind im Vergleich zu kritischen Lebensereignissen weniger einschneidend, die Menschen sind ihnen jedoch häufiger ausgesetzt. Sie können einen größeren Einfluss auf die Entstehung und den Verlauf von Krankheiten haben, weil sie permanente Anpassungsleitungen erfordern, um mit irritierenden oder frustrierenden Geschehnissen umgehen zu können.

- Im *„Belastungs-Beanspruchungs-Modell"* der Arbeitspsychologie, das den *reiz-* oder *situationsorientierten Stresstheorien* zugeordnet werden kann, wird der Terminus „Stress" zu Gunsten des Begriffs *psychische Beanspruchung* benutzt. Empirische Erhebungen für die Arbeitswelt zeigen, dass vor allem *Termin- und Leistungsdruck* die wichtigsten Quellen für psychische Beanspruchungen, sprich Stress, sind.

- Erste Forschungen von Cannon beschrieben Stress als eine rasche physische und psychische Anpassungsleistung eines Lebewesens an Gefahrensituationen (*„Kampf-Flucht-Reaktion"*). Diese auf die Reaktion fokussierte Darstellung von Stress wird den *reaktionsorientieren Stresstheorien* zugeordnet.

- Bei den *reaktionsorientierten Theorien* zum Stress hat vor allem die Theorie von Selye große Bedeutung erlangt. Mit dem *Allgemeinen Adaptationssyndrom (AAS)*, auch *Generalisiertes Anpassungssyndrom (GAS)* genannt, das in drei Phasen abläuft, ist in diesem Ansatz Stress gleichbedeutend mit der Stressreaktion. Sie wird durch alle äußeren, vom Individuum wahrgenommenen, Anforderungen (Gefahr, Schaden oder Bedrohung) ausgelöst.

- Mit dem *Allostase*-Konzept kam eine neue Sicht der Regulation von Körperfunktionen bei Anpassungsprozessen unter Stress in die Stressforschung. Hauptsächlich die *allostatische Belastung* („Allostatic Load"), im Sinne einer zu häufigen, nicht abklingenden, inadäquaten oder überschießenden Stressreaktion sowie dem Fehlen einer Gewöhnung, kann auf lange Sicht zu Erkrankungen führen.

- Bei der Stressreaktion, die im Laufe einer Auseinandersetzung mit einem Stressor zustande kommt, wirken komplexe *neuronale, vegetative und endokrine Prozesse* zwischen zentralem und *vegetativem Nervensystem* sowie *Hormonsystem* zusammen. Dabei dominieren die beiden Reaktionswege *Sympathikus-Nebennierenmark-Achse* (elektrische Impulse) und die *Hypothalamus-Hypophysen-Nebennierenrinden-Achse* (HHNA) mit der humoralen Impulsübertragung.

- *Relationale Stresskonzepte* stellen die Interaktion zwischen Person und Umwelt in den Mittelpunkt der Betrachtungen. Stress entsteht in diesen Konzepten durch ein *Missverhältnis* zwischen wahrgenommenen Anforderungen und Bewältigungsmöglichkeiten des Individuums. Ob Möglichkeiten einer Stressbewältigung vorhanden sind, hängt von den kognitiven Bewertungen (primäre und sekundäre Bewertung) der betroffenen Person ab. Das bekannteste relationale Stresskonzept ist die *kognitiv-transaktionale Stresstheorie* von Lazarus (1966).

- Strategien der Stressbewältigung (Coping) werden im kognitiv-transaktionalen Stresskonzept meist in zwei Formen unterteilt, in das *problemzentrierte oder instrumentelle Coping* und das *emotionszentrierte oder palliative Coping*.

- Die *Erfassung von Bewältigungsverhalten* bei Stress wird mit unterschiedlichen Fragebogen durchgeführt. Ein bekanntes und bewährtes Beispiel hierzu ist der *Stress-Verarbeitungs-Fragebogen (SVF)* von Janke, Erdmann und Kallus (2008), der die *Positiv- und Negativstrategien* im Umgang mit Stress erfasst.

- Mit der *Theorie der Ressourcenerhaltung*, die eine Weiterentwicklung des Modells von Lazarus ist, werden die Stressbewältigung und ihre Gründe in den Mittelpunkt gestellt. Menschen tendierten dazu, ihre Ressourcen zur Bewältigung von Stress zu schützen, zu stärken sowie zusätzliche zu erwerben. Stress entsteht immer dann, wenn Ressourcen verloren zu gehen drohen, tatsächlich verloren gehen oder keine neuen gewonnen werden.
- Mit den *Auswirkungen von Stress auf das Immunsystem* setzt sich die *Psychoneuroimmunologie* auseinander. Insbesondere unterdrücken freigesetzte Glucocorticoide (z.B. Cortisol) bei Stress die Immunreaktion.
- In der *Stressprävention* und der *Gesundheitsförderung* werden *Stressbewältigungsprogramme* bzw. *Stressmanagementprogramme* eingesetzt, die zumeist am kognitiv-transaktionalen Stresskonzept orientiert sind und die kognitiven Bewertungen in den Mittelpunkt stellen.

Fragen zur Wiederholung des Kapitelinhalts

1. Weshalb wird Stress als eines der wichtigsten Konstrukte der angewandten Psychologie bezeichnet?
2. Nennen und beschreiben Sie die drei wichtigsten Perspektiven, aus denen Stress erklärt werden kann.
3. Was wird unter der „Kampf-Flucht-Reaktion" verstanden?
4. Grenzen Sie bitte das *Homöostase*-Konzept vom *Allostase*-Konzept ab.
5. Was ist mit dem *Generellen Adaptations-Syndrom* gemeint?
6. Beschreiben Sie das *kognitiv-transaktionale Stresskonzept* von Lazarus und Mitarbeitern.
7. Zählen Sie bitte die kurzfristigen Folgen der Stressreaktion auf.
8. Weshalb ist langandauernder (chronischer) Stress so problematisch?
9. Zählen Sie einige physikalische, soziale, ökologische, ökonomische und berufliche Stressoren auf.
10. Was sind *kritische Lebensereignisse*?
11. Wozu wird das *Trierer Inventar zur Erfassung von chronischem Stress (TICS)* eingesetzt?

12 Was versteht man unter dem *Belastungs-Beanspruchungs-Modell* der Arbeitspsychologie?

13 Grenzen Sie problemzentriertes vom emotionszentrierten Coping ab.

14 Was besagt die *Theorie der Ressourcenerhaltung* im Kern?

15 Aus welchen beiden „Teilen" besteht das menschliche Immunsystem?

16 Welche Wirkung hat Stress auf das Immunsystem?

17 Nennen Sie ein Verfahren zur Erfassung von Bewältigungsverhalten bei Stress.

18 Beschreiben Sie das *Stressimpfungstraining* von Meichenbaum.

19 Nennen Sie die Trainingsmodule des Stressbewältigungsprogramms *„Gelassen im Stress"* von Kaluza.

Empfohlene Literatur

Ader, R. (2007). *Psychoneuroimmunology.* San Diego, Academic Press 4th edition.

Auth, A., Preiser, S. & Buttkewitz, S. (2003). Viele Wege führen aus der Sackgasse Lebensenttäuschungen durch Nicht-Ereignisse – Eine Chance zur persönlichen Entwicklung? *Report Psychologie*, 28, S 584–593.

Bamberg, E. & Busch, C. (2006). Stressbezogene Interventionen in der Arbeitswelt. *Zeitschrift für Arbeits- und Organisationspsychologie*, 50, 215–226.

Bodenmann, G. (2000). *Kompetenzen für die Partnerschaft. Das Freiburger Stresspräventionstraining für Paare.* Weinheim: Juventa.

Bodenmann, G. & Gmelch, S. (2009). Stressbewältigung. In Margraf, J. & Schneider, S. (Hrsg.): *Lehrbuch der Verhaltenstherapie. Band 2: Störungen im Erwachsenenalter – Spezielle Indikationen- Glossar. 3.*, Berlin: Springer, S. 617–629.

Brinkmann, R. (2011). *Mobbing. Bullying. Bossing. Treibjagd am Arbeitsplatz.* Windmühle Verlag Hamburg. 3. überarbeitete und aktualisierte Auflage.

Brinkmann, R. (2011) *Techniken der Personalentwicklung, Trainings- und Seminarmethoden.* Windmühle Verlag Hamburg; 3. Auflage.

Chrousos, G. P. (2009). Stress and disorders of the stress system. *Nature Reviews Endocrinology*, 5 (7), 374–381.

Dawans, B., Kirschbaum, C. & Heinrichs, M. (2009). Körperliche Prozesse und Gesundheit. In Bengel, J. und Jerusalem, M. (Hrsg.). *Handbuch der Gesundheitspsychologie und Medizinischen Psychologie.* Hogrefe Göttingen.

Filipp, S.-H. & Aymanns, P. (2009). *Kritische Lebensereignisse und Lebenskrisen. Vom Umgang mit den Schattenseiten des Lebens.* Stuttgart: Kohlhammer.

Folkman, S. & Lazarus, R. S. (1988). *Manual for Ways of Coping Questionnaire.* Paolo Alto, CA: Consulting Psychologists Press.

Franke, A. (2010). *Modelle von Gesundheit und Krankheit.* Verlag Hans Huber.

Hobfoll, S. E. (1988). *The ecology of stress.* New York: Hemisphere Publishing Corporation.

Holmes, T.H. & Rahe, R.H. (1967). The Social Readjustment Rating Scale. *Journal of Psychosomatic Research.* Vol. 11, Nr. 2, S. 213218.

Jacobson, E. (1993). *Entspannung als Therapie. Progressive Relaxation in Theorie und Praxis.* München: Pfeiffer.

Kaluza, G. (2004). *Stressbewältigung: Trainingsmanual zur psychologischen Gesundheitsförderung.* Berlin: Springer.

Kessler, A. & Gallen, M. (1995). *Der erfolgreiche Umgang mit täglichen Belastungen – ein Programm zum Stressmanagement. Materialien für den Kursleiter,* 5. Auflage. Baltmannsweiler: Röttger-Schneider.

Knoll, N., Scholz, U., Rieckmann, N. (2005). *Einführung in die Gesundheitspsychologie.* UTB Stuttgart.

Meichenbaum, D. (2012*). Intervention bei Stress: Anwendung und Wirkung des Stressimpfungstrainings.* Huber Verlag.

Klein-Heßling, J. & Lohaus, A. (2000). *Streßpräventionstraining für Kinder im Grundschulalter* (2. erweiterte und aktualisierte Auflage des Trainingsmanuals zu 'Bleib locker'). Göttingen: Hogrefe.

Lohmann-Haislah, A. (2012). Stressreport Deutschland 2012. Psychische Anforderungen, Ressourcen und Befinden. *Bundesanstalt für Arbeitsschutz und Arbeitsmedizin.*

Reschke, K. & Schröder, H. (2000). *Optimistisch den Stress meistern.* Tübingen: DGVT-Verlag.

Schulz, K.-H. (2009). In Konrad-Adenauer-Stiftung (Hrsg.): *Volkskrankheiten. Gesundheitliche Herausforderungen in der Wohlstandsgesellschaft.* Herder Verlag.

Schulz, P., Schlotz, W. & Becker, P. (2004). *TICS-Trierer Inventar zum chronischen Stress. Manual.* Hogrefe: Göttingen, Bern, Toronto, Seattle.

Selye, H. (1974). *Stress without distress.* New York: Lippincott und Crowell.

Techniker Krankenkasse, F.A.Z.-Institut (2009). *Stress. Aktuelle Bevölkerungsbefragung: Ausmaß, Ursachen und Auswirkungen von Stress in Deutschland.* Frankfurt am Main.

Wiegard, U., Tauscher, N., Inhester, M.-L., Puls, W. & Wienold, H. (2000). „Gelassen bei der Arbeit". Ein Trainingskurs zur Bewältigung von Stress am Arbeitsplatz. Nr. 1, *Aktuelle Beiträge zur Soziologie*, Institut für Soziologie, Westfälische Wilhelms-Universität.

Gesundheitspsychologische Prävention

6.1	Was Sie in diesem Kapitel erwartet	242
6.2	Konzepte der Prävention und Gesundheitsförderung	242
6.3	Evaluation von Präventions- und Gesundheitsfördermaßnahmen	270
6.4	Anwendungsbeispiele	275

ÜBERBLICK 6

6.1 Was Sie in diesem Kapitel erwartet

Gesundheitspsychologische Prävention und Gesundheitsförderung beinhalten vor allem das Einwirken auf individuelle und kollektive gesundheitsbezogene Verhaltensweisen. Beide Konzepte werden in diesem Kapitel nach erfolgter Definition konkreter beschrieben und in ihren Facetten dargestellt. Zunächst wird das Konzept der Prävention (inkl. Entwicklung, klassische Ansätze und neuere Sichtweisen) vorgestellt, anschließend werden Methodenkonzepte und konkrete Instrumente, die das präventive Vorgehen bestimmen, herausgearbeitet. Ein noch junges Forschungsgebiet, die sogenannte Epigenetik, wird in Beziehung zur gesundheitspsychologischen Prävention von Krankheiten gesetzt. Anschließend wird das (breiter angelegte) Konzept der Gesundheitsförderung mit den ihr zugrundeliegenden Beschlüssen der Weltgesundheitsorganisation (WHO) vorgestellt. Dabei werden die Handlungsebenen thematisiert, der Setting-Ansatz beschrieben und der Empowerment-Ansatz erklärt. Die anschließende Darstellung der nationalen Gesundheitsziele und die daraus abgeleiteten Handlungsfelder, die sich die Bundesrepublik Deutschland gegeben hat, verdeutlichen die Bereiche, in denen vorrangig Gesundheitsförderung stattfindet. Ebenso werden die Evaluation von Präventions- und Gesundheitsfördermaßnahmen, sowie deren Möglichkeiten und Problematiken, vorgestellt. Den Abschluss dieses Kapitels bilden Anwendungsbeispiele zum Aufbau gesundheitsfördernder Settings.

6.2 Konzepte der Prävention und Gesundheitsförderung

Wer nicht jeden Tag etwas Zeit für seine Gesundheit aufbringt, muss eines Tages sehr viel Zeit für die Krankheit opfern.

Sebastian Kneipp (1821 – 1897)

Waren die Lebensbedingungen in der Zeit des vorindustriellen Europas durch Nahrungsmangel, Infektionskrankheiten und Seuchen aufgrund unzureichender hygienischer Verhältnisse geprägt, verbesserten sich diese Lebensbedingungen im 19. Jahrhundert. Fortschritte in der Medizin und verbesserte Behandlungsmethoden sowie Präventionsmaßnahmen führten in der westlichen Welt zu einem Anstieg der Lebenserwartung. Allerdings haben die Lebensbedingungen in den westlichen Industrienationen auch die Bandbreite der Todesursachen verändert, sodass Menschen heute an anderen Krankheiten sterben als noch vor hundert Jahren. *Chronische* und *degenerative Erkrankungen* wie beispielsweise *Herzinfarkt*, *Schlaganfall* und *Krebs* nehmen in unserer modernen westlichen Zivilisation stark zu. 50% der Todesfälle sind heute in den westlichen Industrieländern auf *Herz-Kreislauf-Erkrankungen* zurückzuführen und über 20% auf *Krebserkrankungen* (bösartige Neubildungen).

Aber auch psychische Erkrankungen, wie beispielsweise Depressionen, nehmen zu. Etliche dieser Krankheiten sind an individuelles Verhalten gekoppelt, sie hängen also mit dem individuellen Lebensstil zusammen

6.2 Konzepte der Prävention und Gesundheitsförderung

oder sind durch beeinflussbare Risikofaktoren bedingt. Deutlich wird dieser Zusammenhang beim Vergleich von Krankheiten in den Industrieländern mit denen der Entwicklungsländer (▶Abbildung 6.1). In Entwicklungsländern stehen immer noch die Infektionskrankheiten, wie z. B. HIV, an erster Stelle der Todesursachen, während in den Industrienationen die Herz-Kreislauf-Erkrankungen an erster Stelle stehen. Deutlich wird diese Unterschiedlichkeit bei den Erkrankungsarten besonders an den Zahlen zu den Krebserkrankungen, die in den Entwicklungsländern eher eine untergeordnete Rolle spielen. Damit dominieren in den Industrienationen eindeutig die „Zivilisationserkrankungen".

Anderes Krankheitsspektrum in den Industriestaaten

Zunahme der Zivilisationskrankheiten

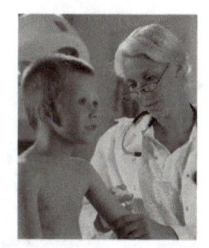

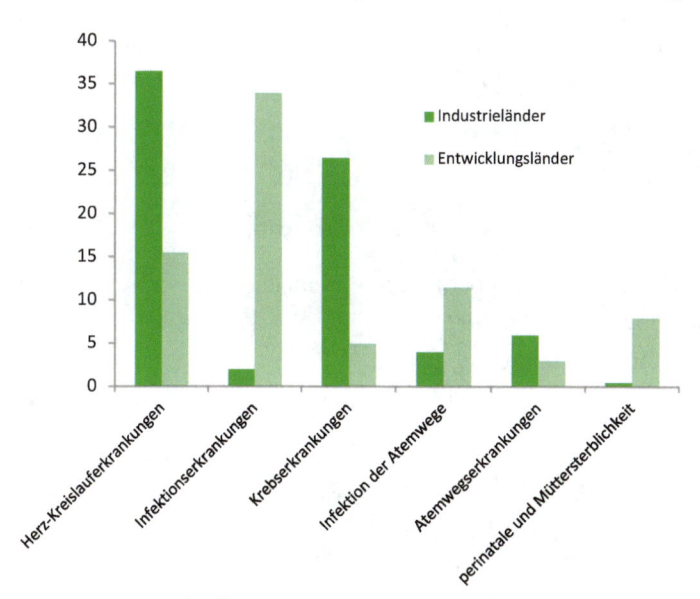

Abbildung 6.1: Die häufigsten Todesursachen in Industrie- und Entwicklungsländern (Quelle: *http://www.berlin-institut.org/online-handbuchdemografie/bevoelkerungsdynamik/faktoren/sterblichkeit.html* Stand: 19.01.2013)

Die Lehre von der Verbreitung bestimmter Erkrankungen und den Ursachen sowie Konsequenzen gesundheitsbezogener Zustände und Ereignisse in einer Bevölkerung ist die *Epidemiologie*.

> **Begriffe**
>
> Die *Epidemiologie* befasst sich mit jenen Einflüssen, die zu Gesundheit und Krankheit in einer Population führen.

Teilgebiete der Epidemiologie sind z. B. die Herz-Kreislauf-Epidemiologie oder die Krebsepidemiologie (Krebs-Atlas). Ein aus gesundheitspsychologischer Perspektive interessanter epidemiologischer Zweig ist die „Sozialepidemiologie". Sie stellt einen Zusammenhang zwischen ungleichen sozialen Bedingungen und Gesundheit bzw. Krankheit her (siehe Abschnitt 1.6.1).

Gesundheitspsychologische Prävention

Wesentliche Begriffe der Epidemiologie

Wesentliche Begriffe für die gesundheitspsychologische Prävention und Gesundheitsförderung sind

- die *Prävalenz*,
- die *Inzidenz* und
- die *Sterbe- oder Mortalitätsrate*.

Prävalenz

Unter *Prävalenz* wird die Häufigkeit von Erkrankungen bzw. Anzahl erkrankter Menschen in der Bevölkerung oder bei einer speziell untersuchten Stichprobe verstanden. Die Erkrankungshäufigkeit kann sich auf einen bestimmten Zeitpunkt (Punktprävalenz) oder eine bestimmte Periode (z. B. die letzten 12 Monate) beziehen. Meist wird die Prävalenz mit Hilfe der Prävalenzrate ausgedrückt. Gemeint ist die Zahl der Fälle in der Bevölkerung (z. B. Infizierte) geteilt durch die Gesamtzahl in der Bevölkerung.

> **Begriffe**
>
> *Prävalenzrate* = Zahl der Infizierten : Anzahl der Gesamtpopulation

Inzidenz

Die *Inzidenz* sagt etwas aus über Neuerkrankungen

- bei einer *speziellen Krankheit*,
- innerhalb eines *bestimmten Zeitraums*,
- in der Bevölkerung oder in einer *Bevölkerungsgruppe* (meist 100.000 Einwohner).

> **Begriffe**
>
> *Inzidenzrate* = Neuerkrankungen : (Zeitraum x Anzahl der Individuen)

Eine *Inzidenzrate*, errechnet nach dieser Formel, zeigt das *absolute Erkrankungsrisiko* innerhalb einer bestimmten Population an. Dagegen wird das *relative Erkrankungsrisiko* wie folgt ermittelt: Personen die den krankmachenden Faktoren ausgesetzt sind (z. B. Personen mit riskantem Sexualverhalten) geteilt durch die Personen, die nicht von solchen Faktoren betroffen sind (z. B. Personen die „Safer Sex" praktizieren).

Sterbe- und Mortalitätsrate

> **Begriffe**
>
> Die *Sterberate* oder *Mortalitätsrate* bezeichnet die Anzahl der Sterbefälle relativ zur Bevölkerungszahl.

Die *spezifische Sterberate* drückt diese Relation in einer bestimmten Population aus (z. B. nur bei Männern). Die sogenannte *rohe Mortalität* meint die in einem bestimmten Zeitraum einbezogenen Todesfälle relativ zur Gesamtpopulation (z. B. Todesfälle innerhalb der letzten 12 Monate bei einer Gesamtpopulation von 100.000).

Die *altersspezifische Mortalität* gibt die Todesfälle pro Altersklasse an (z. B. alte Menschen über 85 Jahre). Die in diesem Kontext existierenden Begrifflichkeiten *vermeidbare Sterblichkeit* und *verlorene Lebensjahre* spielen im Zusammenhang mit präventiven Maßnahmen eine besondere Rolle. Vermeidbare Sterblichkeit meint, dass bestimmte Krankheiten mit Todesfolge bis zu einer gewissen Altersgrenze generell vermeidbar sind. Diese Grenze liegt in der Regel bei 65 Jahren. Dazu wird die Gesamtzahl dieser Fälle auf eine Altersgruppe oder die Gesamtbevölkerung bezogen (Kuhn & Bolte, 2010). Bei den verlorenen Lebensjahren (PYLL – Potential Years of Life Lost) geht es um die Gesamtheit der nicht gelebten Jahre bis zum 65sten Lebensjahr. Kommen viele solcher vermeidbaren Sterbefälle mit einer hohen Zahl an verlorenen Lebensjahren vor, so kann dies einen präventiven Handlungsbedarf anzeigen (Kuhn & Bolte, 2010). Konkreter Handlungsbedarf ist z. B. bei der „Übersterblichkeit von Männern" gegeben (siehe *Abschnitt 1.7.1*).

Vermeidbare Sterblichkeit und verlorene Lebensjahre

Für die gesundheitspsychologische Prävention und Gesundheitsförderung liefert die Epidemiologie wichtige Daten, etwa bei sexuell übertragbaren Krankheiten (siehe *Kapitel 10*). Hierzu stellt die Epidemiologie Kennzahlen zur Verfügung, die einen Überblick über die Verbreitung von Krankheiten und die Situation in der Bevölkerung geben. Diese epidemiologischen Kennwerte sind inzwischen für die Planung von Strategien zur Steigerung gesundheitlichen Wohlbefindens und zur Vorbeugung von Krankheiten unentbehrlich geworden. Umgesetzt werden Strategien über die gesundheitliche Prävention und Gesundheitsförderung, die sich erfolgreich gezeigt haben (vgl. Bals, Hanses & Melzer, 2008). Obwohl beide Konzepte dasselbe Ziel verfolgen, sind sie in ihren Ansätzen und in ihrer Ausrichtung verschieden.

Kernaussage

Während die Prävention das Ziel verfolgt, die *Gefahren und Risiken* durch *spezielle Krankheiten* möglichst klein zu halten, versucht die Gesundheitsförderung *personale und soziale Ressourcen* zu stärken sowie Handlungsspielräume zu erweitern, um Menschen gesund zu erhalten oder ihre Gesundheit wieder herzustellen.

Mittlerweile gibt es allerdings auch Maßnahmen, die sowohl Präventionsanteile als auch Elemente der Gesundheitsförderung vereinen, z. B. in *Programmen zur Suchtprävention*. Solche „kombinierten Maßnahmen" beinhalten beim präventiven Aspekt beispielsweise Hilfestellungen (z. B. Anleitung zum Widerstehen von Alkohol- oder Tabakkonsum trotz Gruppendruck des Freundeskreises). Gleichzeitig wird mittels der gesundheitsförderlichen Perspektive versucht, die Lebenskompetenz zu steigern (Walden et al., 2000). Unter *Lebenskompetenz* versteht man den Aufbau von Fähigkeiten, mit denen Jugendliche die Anforderungen des täglichen Lebens erfolgreich meistern können. Nach Jerusalem (2002a) ist die wichtigste Aufgabe von gesundheitspsychologischen Präventionsprogrammen, aus salutogenetischer Sicht, die Entwicklung individueller Ressourcen, um Risikoprophylaxe zu betreiben, Krankheiten zu vermeiden und Gesundheit zu stärken (siehe *Abschnitt 7.7*).

6.2.1 Prävention

Das Wort „Prävention" entstammt dem Lateinischen (*praevenire*) und bedeutet so viel wie „zuvorkommen" oder „verhüten".

> **Begriffe**
>
> Der Begriff *Prävention* steht für vorbeugende Maßnahmen, um ein nicht erwünschtes Ereignis zu vermeiden oder eine ungewollte Entwicklung zu verhindern.

Prävention bereits im Altertum

Schon im Altertum bemühte man sich, Krankheiten vorzubeugen und die Gesundheit von Menschen zu erhalten (Stöckel, 2007). Der Grundgedanke des heutigen Verständnisses von Prävention hat sich im 19. Jahrhundert vor allem im Rahmen der Sozialmedizin entwickelt (Hurrelmann, Klotz & Haisch, 2007).

> **Kernaussage**
>
> *Zielsetzung von Prävention* ist es, Faktoren, die Krankheiten auslösen (z. B. Krankheitserreger) oder Risiken für die Entstehung eines Leidens (z. B. eine ungesunde Lebensweise) zu minimieren oder zu beseitigen, um dadurch Krankheit und Tod zu reduzieren (Hurrelmann, Klotz & Haisch, 2007; Bals, Hanses & Melzer, 2008).

Klassische Beispiele für präventive Maßnahmen sind Vorsorgeprogramme (z. B. Reihenuntersuchungen zu Brustkrebs) oder Impfprogramme (z. B. Grippeschutzimpfungen).

Gesundheitspsychologie und Prävention

Die Gesundheitspsychologie leistet ihren Beitrag bei präventiven Interventionen vor allem durch die *Analyse* und die *Beeinflussung von individuellem und kollektivem gesundheitsbezogenem Verhalten*. Und sie untersucht außerdem die psychosozialen Grundlagen von Krankheit und deren Bewältigung (Schwarzer, 2004).

6.2.1.1 Präventionsformen

Präventionsmaßnahmen lassen sich entsprechend ihrer zeitlichen Abfolge in *Primärprävention*, *Sekundärprävention* und *Tertiärprävention* einteilen. Dabei bildet die Tertiärprävention das eine Ende eines Kontinuums an dessen anderem Ende die Gesundheitsförderung angesiedelt werden kann (siehe ▶Abbildung 6.2).

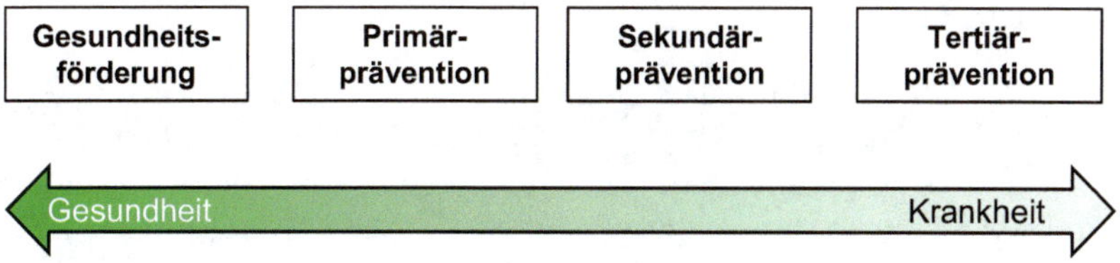

6.2 Konzepte der Prävention und Gesundheitsförderung

| Gesundheits-förderung | Primär-prävention | Sekundär-prävention | Tertiär-prävention |

⬅ Gesundheit ─────────────────── Krankheit ➡

Abbildung 6.2: Ausrichtung von Gesundheitsförderung und Prävention

Primärprävention

> **Begriffe**
>
> Die *primäre Prävention* fokussiert sich auf die Krankheitsursachen und hat zum Ziel, Krankheit und deren Häufigkeit zu vermeiden.

Damit sind die Adressaten der Primärprävention *gesunde Personen* oder solche, die *noch keine erkennbaren Symptome einer Krankheit* aufweisen. Diesem Ansatz liegt das Risikofaktorenmodell zugrunde. Zu den konkreten Maßnahmen der primären Prävention zählen die *Verringerung* oder *Beseitigung von Erkrankungsrisiken* (z. B. Zigarettenrauchen), die Verbesserung der Abwehrkräfte des Organismus (z. B. Grippeschutzimpfung) oder die *Veränderung von Lebens- und Arbeitsbedingungen* (z. B. Rauchverbot in Gaststätten). Zudem soll der Einzelne befähigt werden, die eigenen gesundheitlich relevanten Arbeits- und Lebensbedingungen zu verändern (Brinkmann, 1992). Speziell das Konzept des *Empowerment*, das konzeptuell der Gesundheitsförderung zuzuordnen ist, soll dazu die notwendige „Hilfe zur Selbsthilfe" bieten. Insgesamt wird bei der Primärprävention nach dem „Gießkannen-Prinzip" vorgegangen, d. h. die Maßnahmen werden gleichmäßig über die gesamte Zielgruppe verteilt, da alle potenziell Gefährdeten von den Maßnahmen profitieren sollen, unabhängig davon, ob sie tatsächlich später zu einer Gruppe gehören, die erkranken.

Krankheitsursachen im Fokus

Sekundärprävention

> **Begriffe**
>
> Die *sekundäre Prävention* befasst sich mit der Vermeidung der Krankheitsentstehung, wie beispielsweise der Früherkennung von Krankheiten, um den Ausbruch einer Krankheit zu vermeiden oder diese rechtzeitig behandeln zu können.

Ermöglicht wird ein frühzeitiges Erkennen durch sekundärpräventive Vorgehensweisen wie *Gesundheitsscreenings* oder *Aufklärungskampagnen* (z. B. zur Krebsvorsorge usw.).

Vermeidung des Krankheitsausbruchs

Tertiärprävention

> **Begriffe**
>
> Die Zielgruppe der *tertiären Prävention* sind die bereits in Behandlung befindlichen erkrankten Personen. Ziel aller Maßnahmen der tertiären Prävention ist es zu verhindern, dass sich ein Leiden oder eine Erkrankung verschlimmert, zu Folgeerkrankungen führt, chronisch wird oder gar in einer Behinderung mündet.

Erkrankte als Zielgruppe

Die Maßnahmen gelten aber auch der *Vermeidung eines Rückfalls* (Rückfallprophylaxe) und der *Rehabilitation*. Typische Beispiele für die tertiäre Prävention sind Folgebehandlungen und Beratung für Herzinfarktpatienten (hinsichtlich der zukünftigen Lebensweise) oder die Ernährungsberatung für Diabetiker. Eine klare Trennung von tertiärer Prävention und rehabilitativen Maßnahmen ist nicht immer möglich, vielmehr verwischen sich die Grenzen häufig. Während sich alle Maßnahmen der tertiären Prävention auf die *Krankheit und deren Verlauf* beziehen, zielt die Rehabilitation darauf ab, die *körperlichen, psychischen und sozialen Folgen* einer Erkrankung oder auch Behinderung zu minimieren, um die betroffenen Menschen möglichst vollständig am Leben teilhaben zu lassen (z. B. Wiedereinstieg in den Beruf nach einer schweren Krankheit).

	Primäre Prävention	Sekundäre Prävention	Tertiäre Prävention
Zeitpunkt	Bei Auftreten von Risikofaktoren	Zu Beginn einer Erkrankung	Bei Erkrankung
Zielgruppe	Gesunde	Gesunde und bereits Erkrankte	In Behandlung befindliche Erkrankte
Ziel	▪ Verhütung von Krankheit ▪ Schutz vor Risiken	▪ Früherkennung von Krankheiten, um Behandlung einzuleiten ▪ Träger von Risikofaktoren identifizieren ▪ Abbau von Risiken, um manifeste Erkrankung zu vermeiden	▪ Vermeidung der Verschlimmerung oder Chronifizierung einer Krankheit ▪ Vermeidung einer Behinderung ▪ Verhütung von Rückfällen ▪ Maßnahmen zur Rehabilitation
Beispiele	▪ Schutzimpfungen ▪ Kampagnen gegen Darmkrebs ▪ Stressbewältigungsprogramme	▪ Krebsvorsorge ▪ Untersuchungen zur Früherkennung ▪ Gesundheits-Screenings	▪ Kurbehandlungen ▪ Rehabilitationsmaßnahmen ▪ Ernährungsberatung bei Diabetikern ▪ Beratung von Herzinfarkt-Patienten

Tabelle 6.1: Differenzierung von Präventionsformen nach Zeitpunkt, Zielgruppe und Ziel der Maßnahmen

6.2 Konzepte der Prävention und Gesundheitsförderung

Unterscheidet man präventive Bemühungen nach der *Zielgröße*, d. h. dem zu beeinflussenden Merkmal, beispielsweise hinsichtlich einer Vermeidung von Krankheiten durch Verhaltensänderung, spricht man auch von *Verhaltensprävention*. Soll Krankheit durch eine Veränderung der Bedingungen oder Verhältnisse verhütet werden, wird von *Verhältnisprävention* gesprochen (siehe ▶Tabelle 6.2). Der Verhaltensprävention werden in der Praxis oft fälschlicherweise Maßnahmen der primären Prävention zugeschrieben. Dagegen werden Vorgehensweisen, wie sie z. B. in der Gesundheitsförderung zu finden sind, richtigerweise der Verhältnisprävention zugeordnet. Da beide Begrifflichkeiten häufig nicht korrekt unterschieden werden, werden sie oft synonym oder nicht einheitlich verwendet, obwohl sie fundamental verschieden sind (Leppin, 2007). Zur genaueren Abgrenzung sollen Verhaltens- und Verhältnisprävention nachfolgend genauer abgegrenzt werden.

Verhaltens- und Verhältnisprävention

Verhaltensprävention

> **Begriffe**
>
> *Verhaltensprävention* stellt das individuelle (Risiko-)Verhalten in den Mittelpunkt aller krankheitsvermeidenden Bemühungen (vgl. Tabelle 6.2).

Individuelles Verhalten im Vordergrund

Dazu gehören beispielsweise ein unpassender Umgang mit stressreichen Situationen, eine falsche Ernährung, wenig Bewegung, zu hoher Konsum von Alkohol oder das Rauchen (vgl. *Kapitel 2*). Menschen sollen dazu motiviert werden, ihr Verhalten und Handeln zu verändern und sinnvolle gesundheitspsychologische oder medizinische Angebote wahrzunehmen, wie z. B. Raucherentwöhnungsprogramme oder Schutzimpfungen gegen Grippe (Leppin, 2007). Soll beispielsweise Risikoverhalten verändert werden und das neue, gesundheitsförderliche Verhalten auch längerfristig stabil bleiben, müssen neben der Aufklärung der Zielgruppe und individueller Beratung häufig auch *Trainingsmaßnahmen* angeboten werden. Trainings zielen zum einen auf die direkt Betroffenen ab (z. B. Trainings für Jugendliche, die Alkoholmissbrauch betreiben), sie können sich aber auch an Lehrer richten. Lehrer können mittels Rollenspielen Jugendlichen Verhaltensoptionen erkennen lassen, beispielsweise wenn Freunde sozialen Druck ausüben und zum Alkoholkonsum drängen (siehe *6.2.2.2 Der Settingansatz*). Perrez und Gebert (1994) gehen davon aus, dass die Schaffung eines Problembewusstseins und die Wissensvermittlung verhältnismäßig einfach zu veranlassen sind. Für veränderungsbereite Menschen wird es jedoch zunehmend schwieriger, Veränderungsziele zu erreichen, je anspruchsvoller diese werden. Am schwierigsten wird es, wenn das neue Verhalten aufrechterhalten und zur stabilen Gewohnheit werden soll (▶Abbildung 6.3). Damit ist das Auseinanderklaffen von Intention, Wissen und Motivation angesprochen, das eine konkrete Umsetzung einer beabsichtigten Verhaltensänderung in den Alltag so problematisch macht. Dieses Phänomen wurde bereits als *Intentions-Verhaltens-Lücke* beschrieben (vgl. *Abschnitt 2.6*).

Gesundheitspsychologische Prävention

Riskantes Verhalten	Ziel der Maßnahme	Strategie
Leicht veränderbar ↓	Problembewusstsein	Aufklärung und Information
	Wissen	Aufklärung und Information
	Motivation	Überzeugende Argumente, individuelle Beratung, Diskussionen in der Gruppe
	Fähigkeiten	Verhaltenstraining, Modelllernen, soziale Verstärkung, Verträge, Selbstbeobachtung und -kontrolle
	Umsetzung	Selbstmanagement, Veränderung des Umfeldes
Schwer veränderbar	Aufrechterhaltung	Selbstmanagement, Veränderung des Umfeldes, Selbsthilfegruppen

Abbildung 6.3: Strategien zur Veränderung von gesundheitsgefährdendem Verhalten (in Anlehnung an Perez & Gebert, 1994)

Verhältnisprävention

> **Begriffe**
>
> Zu den Zielen der *Verhältnisprävention* (vgl. Tabelle 6.2) gehören Kontrolle, Verminderung oder Beseitigung von Risiken für die Gesundheit, die im Lebens- und Arbeitsumfeld von Menschen liegen.

Eine im Sinne der Definition bewusst vollzogene Veränderung der Lebens- und/oder Arbeitsbedingungen von Menschen geschieht beispielsweise durch Gesetze und Verordnungen (z. B. Nichtraucherschutz), aber auch durch eine Beeinflussung von kulturellen, ökonomischen und ökologischen Rahmenbedingungen für die Gesundheit (Waller, 2006).

Lebens- und Arbeitsumfeld im Fokus

Der Begriff der „Verhältnisse" ist sehr weit gefasst. So können damit auch die gesellschaftlichen Rahmenbedingungen gemeint sein, die individuel-

6.2 Konzepte der Prävention und Gesundheitsförderung

les, riskantes Verhalten fördern, wie etwa Erwartungen aus den Geschlechterrollen (siehe *Abschnitt 1.7.1*). Gemeint ist aber auch ein Arbeitsverhalten, das sehr stark durch die Verhältnisse am Arbeitsplatz beeinflusst wird, etwa in Form von stresserzeugenden Arbeitsprozessen. Aber auch „negatives" Führungsverhalten von Vorgesetzten oder ungeklärte Konflikte in der Arbeitsgruppe haben einen nicht unwesentlichen Einfluss bei der Entstehung von Stress. In solchen Fällen wird häufig nicht die eigentliche Ursache des Problems behandelt, sondern den unter Stress leidenden Mitarbeiter fehlendes oder schlechtes „Selbstmanagement" unterstellt. Damit wird die tatsächliche Ursache ausgeblendet und das Problem personalisiert, also im individuellen Verhalten der Mitarbeiter verortet, was der Sache nicht gerecht wird. Es besteht bei Präventions- und Gesundheitsfördermaßnahmen deshalb immer die Gefahr, dass einseitig am individuellen Verhalten angesetzt wird und die Verhältnisse, in denen Menschen leben oder arbeiten, nicht ausreichend berücksichtigt werden.

> **Kernaussage**
>
> Der Entstehung von Krankheiten liegt meist ein komplexes Bedingungsgefüge aus vielfältigen Einflussfaktoren zugrunde, weshalb sich auch *präventive Maßnahmen* in der Regel auf die Beeinflussung von vielen Bedingungs- und Risikofaktoren richten.

Verhaltensprävention	Verhältnisprävention
Ziel: Beeinflussung des individuellen Gesundheitszustands und/oder des Gesundheitsverhaltens	*Ziel:* Beeinflussung von Gesundheit bzw. Krankheit durch Änderung des Umfelds oder der Lebensbedingungen einer Person
Beispiele: ■ Gesundheitsberatung ■ Erlernen von Stressbewältigung ■ Kenntnisse in Selbst- und Zeitmanagement ■ Gesundheitserziehung ■ Motivierung für medizinische Maßnahmen	*Beispiele:* ■ Rauchverbot in Gaststätten ■ gesundheitsförderliches Führen von Vorgesetzten in Unternehmen ■ ergonomische Arbeitsplatzgestaltung ■ Einführung des Sicherheitsgurtes in Kraftfahrzeugen

Tabelle 6.2: Unterscheidung von Verhaltens- und Verhältnisprävention

6.2.1.2 Zielgruppenspezifisches Vorgehen

Eine weitere Möglichkeit Prävention zu spezifizieren ist die Einteilung nach *Zielgruppen*. Diese Klassifikation nach Zielgruppen entstammt der Kritik an der klassischen Dreiteilung der Präventionsformen in primäre, sekundäre und tertiäre Prävention. Diese Kritik richtet sich vor allem darauf, dass unter dem Präventionsbegriff viele unterschiedliche direkte und indirekte Strategien subsumiert werden und der Begriff dadurch immer stärker verwässert wird (Manz, 2002). Zudem liegt diesem Verständnis von Prävention eine monokausale Sicht der Krankheitsentstehung zugrunde.

Klassifikation von Prävention nach individuellem Risiko

6 Gesundheitspsychologische Prävention

Diese Perspektive wird den multifaktoriellen Ursachen, wie sie bei den Zivilisationskrankheiten zu finden sind, weniger gerecht als das biopsychosoziale Modell. Gordon (1983) hat daher eine andere Klassifikation gewählt. Danach werden die Präventionsstrategien mit dem individuellen Erkrankungsrisiko, den Kosten und Interventionsrisiken sowie dem Aufwand für eine Präventionsmaßnahme in Beziehung gesetzt. Solche eine Gegenüberstellung führt zu drei alternativen Präventionsformen:

- Die *universelle Prävention*,
- die *selektive Prävention*,
- die *indizierte Prävention*.

Universelle Prävention

> **Begriffe**
>
> Richtet sich ein Präventionsangebot z. B. an die Gesamtbevölkerung und an keine spezifische Personengruppe, wird von *universeller Prävention* gesprochen.

Universelle Prävention — Der Nutzen ist für die gesamte Bevölkerung groß und es besteht ein positives Kosten-Nutzen-Verhältnis, da hier häufig ohne professionelle Unterstützung vorbeugend gearbeitet wird. Hierzu können als Beispiele das Anlegen von Sicherheitskleidung am Arbeitsplatz oder das Anlegen von Gurten im Auto genannt werden (Manz, 2002).

Selektive Prävention

> **Begriffe**
>
> Ist eine ausgewählte Gruppe, die von bestimmten Risikofaktoren überdurchschnittlich bedroht ist, Ziel von Präventivmaßnahmen, so handelt es sich um *selektive Präventionsstrategien*.

Selektive Prävention — Besonderen Risiken ausgesetzt können alte Menschen (z. B. Sturzgefahr) oder genetisch belastete Personen (z. B. Krebsgefahr) sein. Obwohl sich bei der selektiven Prävention keine so klar positive Kosten-Nutzen-Relation zeigt, ist der Einsatz dieser Präventionsstrategie dennoch gerechtfertigt (Manz, 2002).

Indizierte Prävention

> **Begriffe**
>
> Bei der *indizierten Prävention* werden bestimmte Personen angesprochen, bei denen bereits Vorstufen einer Krankheit aufgetreten sind oder die sich durch ihr problematisches Verhalten (z. B. riskanter Substanzmissbrauch) gefährden (vgl. Leppin, 2007).

Ein Beispiel für eine indizierte Prävention wäre die regelmäßige Nachkontrolle bei einer Person, der operativ Vorformen von Hautkrebs entfernt wurden. Hier muss im Einzelfall das Kosten-Nutzen-Verhältnis bewertet werden (Manz, 2002).

Indizierte Prävention

Universelle Prävention	Selektive/Indizierte Prävention
■ ursachenorientiert	■ problem- und situationsorientiert
■ unspezifisch	■ spezifisch
■ prinzip der Gießkanne	■ passgenaue Angebote
■ diffuse Wirkung	■ konkrete Effekte

Tabelle 6.3: Unterschiede zwischen den Präventionstypen

Die drei Präventionstypen gehen ineinander über und die Grenzen zwischen ihnen sind oft fließend. Die selektive und die indizierte Strategie sind aufwändiger und schwieriger umzusetzen, aber aus gesundheitspsychologischer Perspektive erfolgversprechender, da an individuellen Erfahrungen, Problemen, Situationen und Verhaltensweisen angesetzt wird.

Aus Sicht von *Public Health* ist die universelle Prävention die bevorzugte Strategie. Sinn macht diese Strategie, wenn die Risiken in der Gesamtbevölkerung weit gestreut sind. Maßnahmen sind hier beispielsweise Kampagnen über die Massenmedien, Präventionsmaßnahmen auf kommunaler Ebene oder im Setting Schule.

6.2.1.3 Methodenkonzepte in der Präventionsarbeit

Um Krankheiten vorzubeugen und Gesundheit zu fördern, müssen gesundheitliche Präventionsmaßnahmen bestimmte Inhalte aufweisen. Nur so können sich Verhaltensweisen, Gewohnheiten und Einstellungen nachhaltig verändern und ein gesünderer Lebensstil etabliert werden. Jerusalem (2002a) ordnet gesundheitlichen Präventionsmaßnahmen drei wesentliche Elemente zu:

- *Wissensvermittlung* (Risiko- und Ressourcenkommunikation),
- *Beeinflussung von Einstellungen* (Selbstwirksamkeit, Eigenverantwortung und die Motivation zum Schutzverhalten),
- *Verhaltenseinübung* (Förderung von Kompetenzen, Analyse von Verhalten, Selbstmanagement und Verhaltensregulation).

Inhalte von Präventionsprogrammen

> **Kernaussage**
>
> *„So vielfältig die Konzepte und Strategien von Prävention sind, so groß ist auch die Palette der Methoden oder Mittel, die eingesetzt werden, um präventive Ziele in der Praxis umzusetzen"* (Leppin, 2007, S. 37).

Drei Methoden-konzepte

Leppin (2007) unterscheidet drei Bereiche von Präventionsmethoden:

1. Psychoedukative Verfahren

Diese Verfahren versuchen, Personen zu Einsichten zu führen, Kompetenzen aufzubauen und ihre Motivation zu stärken, z. B. für eine Verhaltensänderung. Dabei werden verschiedene Vorgehensweisen unterschieden:

- *Aufklärung und Information* (z. B. Kampagnen zur Krebsvorsorge oder ein individuelles Arzt-Patient-Gespräch über mangelnde Bewegung)
- *Beratung* (z. B. Patientenberatungen nach einem Herzinfarkt)
- *Verhaltens- und Selbstmanagementtrainings* (z. B. Patientenschulungen, wie sie bei chronischen Erkrankungen und dem Umgang mit Schmerzen durchgeführt werden)

2. Normativ-regulatorische Verfahren

Bei den normativ-regulatorischen Maßnahmen wird versucht, präventive Ziele über Gesetze und Vorschriften zu erreichen. Beispiele hierzu sind die Promillegrenze, die Anschnallpflicht oder das Rauchverbot in Gaststätten.

3. Ökonomische Anreiz- bzw. Bestrafungssysteme

Über ökonomische Anreize- oder Bestrafungssysteme kann ebenfalls zu Präventionszwecken sowohl auf individuelles Verhalten als auch auf Lebensbedingungen Einfluss genommen werden. So soll die Erhöhung der Tabaksteuer bei Rauchern einen „Strafreiz" setzen und sie über den höheren Preis für Zigaretten zu Verhaltensänderungen bewegen. Ökonomische Anreize, sich präventiv zu verhalten, sind beispielsweise ermäßigte Krankenkassenbeiträge oder Bonusprogramme für Personen, die sich bewusst gesund verhalten. Unternehmen können in Form von Steuererleichterungen belohnt werden, vorausgesetzt sie fördern unternehmensintern die Verhältnisprävention, z. B. indem sie die Arbeitsbedingungen ihrer Mitarbeiter verbessern.

6.2.1.4 Präventionsinstrumente

Auf den konkreten Präventionsebenen werden verschiedene Präventionsinstrumente eingesetzt. Die wichtigsten Instrumente sind die *Gesundheitsberatung* und das *Gesundheitscoaching*, die *Gesundheitserziehung*, die *Gesundheitsaufklärung* sowie die *Gesundheitsbildung* und die *Gesundheitsselbsthilfe*:

1. Gesundheitsberatung und -coaching

Die Begriffe *Gesundheitsberatung* und *Gesundheitscoaching* sind nicht klar definiert. Kennzeichen beider Vorgehensweisen sind jedoch Freiwilligkeit, eine intensive Kommunikation zwischen Berater und Ratsuchendem bzw. Coach und Coachee, ein zeitlicher Rahmen und die Orientierung an Problemstellungen. Das Kriterium für die Abgrenzung von Beratung und Coaching liegt darin, dass in der Beratung meist eine spezifisches Problem im Vordergrund steht, während es im Coaching um eine längerfristige Begleitung einer Person oder Organisation geht, die sich weiterentwickeln möchte.

Gesundheitsberatung bzw. -coaching findet auf fünf Feldern statt (Krane, 2010):

- Gesundheitsberatung durch *Fachleute* verschiedener Professionen (z. B. Gesundheitspsychologen, Ärzte, Apotheker, Pflegekräfte)
- Gesundheitsberatung in *Krankenhäusern*, *Gesundheitsämtern*, in *Rehabilitationseinrichtungen*, im Rahmen der *Betrieblichen Gesundheitsförderung (BGF)* oder in *verschiedenen Settings* durch Fachkräfte des Gesundheitswesens
- Gesundheitsbezogene *Institutions- und Politikberatung*
- Online-Beratungen im *Internet*
- Patientenberatung, Patientenschulung und Verbraucherinformation (z. B. Informationen zu Inhaltsstoffen in Lebensmitteln).

Fünf Felder der Gesundheitsberatung

Patientenberatung und *Patientenschulung* sind Teil der tertiären bzw. indizierten Prävention. Beide bemühen sich um eine Verbesserung der Selbststeuerung der Patienten und spielen in erster Linie bei chronischen Krankheiten eine wichtige Rolle, indem sie die Erkrankten unterstützen.

Im Fokus der *Patientenberatung* steht die Hilfestellung für ein vom Patienten zunächst selbst nicht lösbares Problem. Die Beratung bietet Orientierung, damit Situationen verstanden, richtig gedeutet und eingeordnet werden können. Dies hilft Patienten bei der Lösungsfindung und Lösungsumsetzung und stellt somit keine reine Wissens- oder Informationsvermittlung dar.

Patientenberatung

Bei der *Patientenschulung* oder *Patientenedukation* stehen die planmäßige Vermittlung von spezifischem Gesundheits- und Krankheitswissen sowie der Aufbau praktischer Fähigkeiten im Mittelpunkt, etwa das Erlernen spezieller krankengymnastischer Übungen, um besser mit chronischen Schmerzen umgehen zu können. Ihre Hauptaufgabe liegt darin, den Patienten zu befähigen, mit der Krankheit besser umzugehen und diese idealerweise zu bewältigen. Gerade chronisch erkrankte Menschen lernen so, eigenverantwortlich ihre Erkrankung zu meistern, Krankheitsverläufe zu mildern oder negative Entwicklungen zu verhindern. Die Patienten nehmen bei diesem Vorgehen, im Sinne des Selbstmanagements, eine aktive Rolle ein, um die ihnen verbliebene Gesundheit zu sichern (Petermann & Schaeffer, 2010).

Patientenschulung bzw. -edukation

2. Gesundheitserziehung

Zu Beginn der 1960er-Jahre wurde Gesundheitserziehung von der Weltgesundheitsorganisation als Erziehungs- und Bildungsmaßnahme definiert. Sie stellt eine Art Gesamtstrategie dar, mit der die Gesamtbevölkerung zur aktiven Erhaltung von Gesundheit „erzogen" werden sollte (Nöcker, 2010). Diese Strategie zielt hauptsächlich auf Kinder und Jugendliche, deren Werte, Motivation und Verhalten beeinflusst werden sollten. Das Themen-

Kinder und Jugendliche als Hauptzielgruppe

spektrum reichte von Alkohol- und Drogenmissbrauch über Sexualität und Zahngesundheit bis hin zur Verhütung von Unfällen. Damals wurden für Erzieher und Lehrer Materialien entwickelt, die über den klassischen Erziehungskontext hinausgehen. Unterschiedlichste Programme wurden schließlich ab den 1980er-Jahren eingesetzt, um sogenannte lebenspraktische Fertigkeiten (life skills) und psychosoziale Fähigkeiten zu entwickeln bzw. zu optimieren. Das allgemeine Ziel war die Verbesserung des Gesundheitsverhaltens von Kindern und Jugendlichen. Weil Gesichtspunkte der Gesundheitsbildung aufgenommen wurden, wird die Gesundheitserziehung seitdem teilweise in der Literatur der Gesundheitsförderung zugerechnet.

3. Gesundheitsaufklärung

Wissensvermittlung im Mittelpunkt

Das Anliegen der Gesundheitsaufklärung ist die Wissensverbesserung in der Bevölkerung hinsichtlich der Themen Gesundheit und Krankheit, Körper und Körperfunktionen sowie Prävention und Abhilfemaßnahmen. Aufklärung beinhaltet auch die Vermittlung von Informationen zur Inanspruchnahme des Systems der Gesundheitsversorgung und Kenntnisse seiner Funktionsweise. Schließlich geht es auch um soziale, politische und Umweltfaktoren; jeder dieser Faktoren stellt für sich eine Determinante von Gesundheit dar (Nöcker, 2010).

Bundeszentrale für gesundheitliche Aufklärung

> **Kernaussage**
>
> Die bekannteste Institution, die Gesundheitsaufklärung in der Bundesrepublik Deutschland betreibt, ist die *Bundeszentrale für gesundheitliche Aufklärung (BZgA)*, die 1967 als Einrichtung des Bundes gegründet wurde.

Daneben gibt es weitere öffentliche und private Institutionen, die in Sachen Gesundheit aufklärend tätig sind. Einige Beispiele: Bundesvereinigung Prävention und Gesundheitsförderung e.V. (*www.bvpraevention.de*); Landesvereinigungen und -arbeitsgemeinschaften für Gesundheit, Gesundheitsförderung und Gesundheitserziehung; GKV-Spitzenverband der Krankenkassen (*www.gkv-spitzenverband.de*); Deutsche Gesellschaft für Ernährung (DGE) (*www.dge.de*); Deutsche Hauptstelle für Suchtfragen (*www.dhs.de*).

4. Gesundheitsbildung

Betonung des sozialen Handelns

Im Vergleich zur Gesundheitserziehung betont der Begriff bzw. das Konzept der Gesundheitsbildung das soziale Handeln von selbstbestimmten, informierten und zu Entscheidungen und Handlungen fähigen Individuen, die unter bestimmten Bedingungen leben und diese auch verändern können (Blättner, 2010). Damit steht nicht nur im Sinne der Verhaltensprävention das individuelle Verhalten im Mittelpunkt, sondern auch die Verhältnisse, die vom Betroffenen zu verändern sind, wenn sie seiner Gesundheit abträglich sind. Menschen sollen durch Gesundheitsbildung zunehmend befähigt werden, im Kontext von Krankheit und Gesundheit

6.2 Konzepte der Prävention und Gesundheitsförderung

„richtig" zu entscheiden und zu handeln (▶Abbildung 6.4). Im Gegensatz zum Konzept des *Empowerment* geht es bei der Gesundheitsberatung vor allem um formelle Lernprozesse (Blättner, 2010). Beliebtester Anbieter von Gesundheitsbildung sind die *Volkshochschulen* (Beispielthemen: Körperliche Aktivität; Ernährung; Entspannungstechniken). Darüber hinaus offerieren die Bildungsinstitutionen der *Gewerkschaften*, *Kirchen* und verschiedener *anderer Verbände* Themen und Programme zur Gesundheitsbildung.

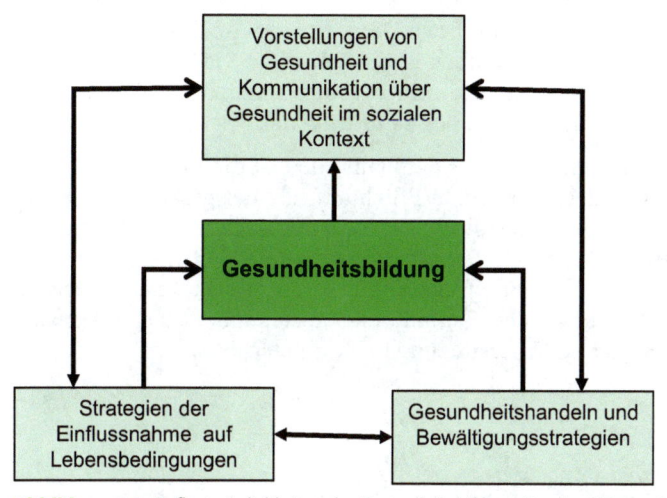

Abbildung 6.4: Einflussmöglichkeiten der Gesundheitsbildung (Quelle: Blättner, 2010)

5. Gesundheitsselbsthilfe

Die Gesundheitsselbsthilfe ist eine traditionelle Form der Bewältigung von Krankheit oder Behinderung. Die gesundheitsbezogene Selbsthilfe gewinnt in heutigen Gesellschaften im Rahmen der Prävention von Erkrankungen verstärkt an Bedeutung (vgl. *Abschnitt 4.6.2*). Gesundheitsbezogene Selbsthilfe umfasst alle Handlungen, die helfen, gesundheitliche Probleme und ihre negativen Konsequenzen zu bewältigen. Hierunter fallen auch soziale Schwierigkeiten, die die Gesundheit gefährden können, wie beispielsweise Formen von Mobbing (Borgetto, 2004). Differenziert wird zwischen individueller und kollektiver sowie gruppenorientierter gesundheitsbezogener Selbsthilfe. Selbsthilfe auf *individueller Ebene* beinhaltet die Selbstdiagnose, -behandlung und -medikation sowie die Pflege von kranken Angehörigen ohne fremde Hilfe. Bei der kollektiven oder gruppenorientierten Gesundheitsselbsthilfe finden sich Personen mit gleichen gesundheitlichen Problemen in Gruppen zusammen, weshalb auch davon gesprochen wird, dass dies eine Erweiterung der individuellen Selbsthilfe darstellt, da es die Selbsthilfefähigkeit stärkt. Der Fachverband *Deutsche Arbeitsgemeinschaft Selbsthilfegruppen e.V.* (*http://www.dag-shg.de/*) definiert Selbsthilfegruppen wie folgt:

Selbsthilfe

> **Begriffe**
>
> *„Selbsthilfegruppen sind freiwillige, meist lose Zusammenschlüsse von Menschen, deren Aktivitäten sich auf die gemeinsame Bewältigung von Krankheiten, psychischen oder sozialen Problemen richten, von denen sie – entweder selber oder als Angehörige betroffen sind."*

Dachorganisation für Selbsthilfegruppen

Selbsthilfegruppen verfolgen einen ganzheitlichen Ansatz, weshalb sie auch von großer Wichtigkeit für den Gesundheitsbereich sind. Die Dachorganisation für Selbsthilfegruppen ist die *BAG SELBSTHILFE*. Sie umfasst 116 Organisationen behinderter und chronisch kranker Menschen und ihrer Angehörigen (*http://www.bag-selbsthilfe.de*).

Im Gesundheitsreformgesetz aus dem Jahr 2000 ist die finanzielle Förderung von Selbsthilfegruppen eine Pflichtaufgabe der gesetzlichen Krankenversicherung (GKV) und im § 20c Sozialgesetzbuch (SGB) geregelt. Selbsthilfe ist darin durch *Betroffenenkompetenz* von Menschen mit einer *chronischen Erkrankung* oder *Behinderung* charakterisiert, die sich mit ihrer Erkrankung oder Behinderung auseinandersetzen und sich gegenseitige Hilfe und Unterstützung in Gruppen geben.

> **Kernaussage**
>
> *Gesundheitsberatung und -coaching* sowie *Gesundheitsbildung* und die *Gesundheitsselbsthilfe* bestehen in der Regel aus Maßnahmen oder haben Inhalte, die verhaltens- und verhältnisorientiert sind. Sie können sowohl in der Primärprävention als auch bei der Gesundheitsförderung eingesetzt werden, da sie gesundheitserhaltende und -fördernde Ressourcen stärken wollen. Die *Gesundheitsaufklärung* und die *Gesundheitserziehung* nutzen vor allem Methoden, die auf verhaltensbezogene Risikofaktoren abzielen, um Krankheiten zu vermeiden.

6.2.1.5 Prävention und Epigenetik

Die *Epigenetik* (wörtlich: zusätzlich zur Genetik) ist ein noch junges Forschungsgebiet und beschäftigt sich im Unterschied zur Genetik mit zusätzlich codierten Informationen, die den Aktivierungsgrad von Genen beeinflussen. Sie wird als „Zusatzgenetik" bezeichnet, da sie alle nicht genetischen Strukturen beschreibt, die den Stoffwechsel und die Eigenschaften einer Zelle kontrollieren. Diese nicht genetischen Strukturen werden von der Zelle auch an die Tochterzellen weitergegeben (Spork, 2013).

> **Begriffe**
>
> Die *Epigenetik* befasst sich mit der Frage, welche Gene vom menschlichen Organismus wirklich genutzt (exprimiert) werden.

Infobox

Das Gen und seine Bedeutung

Meist wird mit dem Begriff „Gen" ein spezieller Abschnitt der DNA auf einem Chromosom bezeichnet. Dieser Bereich enthält die Bauanleitung für ein Protein (Eiweiß). Soll es gebildet werden, muss die DNA aus dem Chromatin „ausgepackt" werden. Nur so kann sie gelesen und die in ihr gespeicherte Information übersetzt werden (Transkription und Translation). Der Zustand der Packung, auch Kondensation genannt, entscheidet darüber, ob der DNA-Abschnitt aktiv ist oder nicht. Der Transkriptionsmechanismus funktioniert nur, wenn das Chromatin locker gepackt ist. Hier setzt die epigenetische Regulation ein, denn epigenetische Markierungen regeln die Packung (Kondensation) von Regionen des Genoms. Sie beeinflussen damit das An- und Abschalten von Genen im Zusammenwirken mit Transkriptionsfaktoren und den Bindungsproteinen.

Bildhaft gesprochen setzt sich die Epigenetik mit der Frage auseinander, welche „Bücher", d. h. Informationen, aus der „Bibliothek der Gene" tatsächlich gelesen bzw. verwendet werden. Gelesene Informationen führen zu „angeschalteten" Genen, während „abgeschaltete" Gene ihre Informationen nicht weitergeben können (siehe Infobox zu den Genen). Einige Gene sind nur zeitweise abgeschaltet, andere sind für immer in ihrer Aktivität gehemmt. Dies geschieht durch die Übertragung von Methylgruppen an spezielle Orte der DNA unter Beibehaltung des betroffenen Grundbausteins, weshalb *nicht* von einer Genmutation gesprochen werden darf. Dieser Vorgang wird auch *epigenetische Markierung* genannt. Diese Methylgruppen werden an einzelne „DNA-Buchstaben" angedockt, ohne deren Abfolge zu verändern; jedoch blockieren sie damit das Ablesen der darunter liegenden Gene, d. h. das Gen wird abgeschaltet. Die *epigenetische Markierung* spielt z.B. auch bei der Krebsentstehung eine wesentliche Rolle (siehe Infobox zu den Chromosomen). Es liegt bei diesem Vorgang der Krebsentstehung also keine Genmutation oder ein Fehlen von Gensequenzen vor, sondern eine umkehrbare Modifikationen der DNA respektive des Kernchromatins.

Die epigenetische Markierung des Gens bezeichnet man als *Epigenom* und diese unterscheidet es vom *Genom*. Diese epigenetische Markierung kann sich von Zelle zu Zelle unterscheiden (Schmidt, Petermann & Schipper, 2012). Nach Waddington (1942) »kanalisieren« diese Epigenome die Entwicklung des Menschen, weshalb es theoretisch zu unterschiedlichen *Phänotypen* (äußere, physiologische und psychologische Merkmale einer Person) im Laufe des Lebens kommen kann. Häufig wird für die Epigenome die Metapher einer Software herangezogen, die Arbeitsaufträge an die Gene verteilt. Sogar eineiige Zwillinge unterscheiden sich epigenetisch mit steigendem Alter aufgrund ihres Lebensstils, z. B. wegen unterschiedlicher Ernährungsgewohnheiten, traumatischen

Epigenome beeinflussen den Phänotyp

Erlebnissen oder Drogenkonsum (Starzinski-Powitz, 2009). So kann beispielsweise ein Zwilling ein erhöhtes Risiko für Diabetes entwickelt haben, während beim anderen Zwilling das Krebsrisiko gestiegen ist. Die *Veränderung von Histonen*, die für die Verpackung der DNA wichtig sind, ist ein weiterer epigenetischer Mechanismus, beispielsweise indem an Stelle einer Methylgruppe eine Acetylgruppe (Acetylisierung) angelagert wird.

> **Kernaussage**
>
> Gene sind abgeschaltet, wenn sie „methyliert" sind (DNA-Methylierung), d.h., wenn Grundbausteine der Erbsubstanz einer Zelle abgeändert sind (Modifikation).

> **Infobox**
>
> **Was sind Chromosomen?**
>
> Chromosomen enthalten die Gene und damit die Erbinformationen. Sie kommen in den Kernen der Zellen von Eukaryoten (Lebewesen, die einen Zellkern besitzen) vor. Die Chromosomen der Eukaryoten enthalten als einen wichtigen Bestandteil Chromatin, eine Mischung aus DNA (Desoxyribonukleinsäure) und Proteinen. Die meisten Gene der Eukaryoten liegen auf den Chromosomen, nur vereinzelt auch in den Mitochondrien (Bereich einer Zelle mit einer besonderen Funktion). Im Normalfall besitzt ein Chromosom einen DNA-Faden, der mittels DNA-Bindungsproteinen, den Histonen, aufgewickelt und gefaltet ist. Genau genommen handelt es sich bei diesem DNA-Faden um zwei Einzelstrang-Moleküle, die als DNA-Doppelstrang oder DNA-Doppelhelix bezeichnet werden.

Die Genetik ging bislang davon aus, dass die genetische Erbinformation (DNA) im Zellkern das eigentliche Steuermedium ist und der *Genotyp* den *Phänotyp* steuert. Heute ist klar, dass äußere Einflüsse, etwa die *Ernährung, körperliche Aktivität, Rauchen* oder *Stress* die Aktivität von Genen vorübergehend und dauerhaft sowohl im Kindes- als auch im Erwachsenenalter verändern können. Die eben genannten Einflüsse verändern den *Phänotyp* und können das ganze Leben und sogar folgende Generationen prägen (Starzinski-Powitz, 2009). Sie fördern damit u. U. auch die Entstehung von Krankheiten wie *Adipositas, neurodegenerative Erkrankungen, Diabetes* oder *Herz-Kreislauf-Erkrankungen*. Äußere Einflüsse sind bereits während der Schwangerschaft aktiv und wirken auf die Entwicklung des Kindes im Mutterleib. Beteiligt sind epigenetische Mechanismen aber auch an der Entstehung von *Krebs* oder *angeborenen Fehlbildungen* (Feinberg 2007; Owen & Segars 2009).

6.2 Konzepte der Prävention und Gesundheitsförderung

> **Kernaussage**
>
> Die Wechselwirkung zwischen Genen und Umweltfaktoren verändert die Funktionsweise des Genoms jedoch nicht das Genom an sich.

Eine solche Interaktion wird anhand einer italienischen Studie von Bollati et al. (2007) mit Verkehrspolizisten und Angestellten von Tankstellen, die Benzoldämpfen ausgesetzt waren, nachvollziehbar. Das Inhalieren der Benzoldämpfe führte bei den Betroffenen vermehrt zu einer Änderung des DNA-Methylierungsmusters, was typisch für die *akute myeloische Leukämie* (AML) ist, eine bösartige Erkrankung des blutbildenden Systems. Bereits im Jahr 1942 entwickelte der britische Entwicklungsgenetiker Conrad Hall Waddington sein bekanntes Bild der „epigenetischen Landschaft" (▶Abbildung 6.5). Darin verdeutlicht er, wie Umwelteinflüsse die Genotyp-Entwicklung zu unterschiedlichen Phänotypen lenken können. In diesem Bild rollt ein über die Zeit sich entwickelnder und älter werdender menschlicher Organismus, ähnlich einer Murmel (Genotyp), durch Täler und über herabführendes Gelände, wobei Umwelteinflüsse diese Bahn (Phänotyp) beeinflussen. So ist beispielsweise die Anzahl der aktiven Schweißdrüsen vom Klima, und die Körpergröße eines Menschen wesentlich von der Ernährung während der Kindheit abhängig (Spork, 2013).

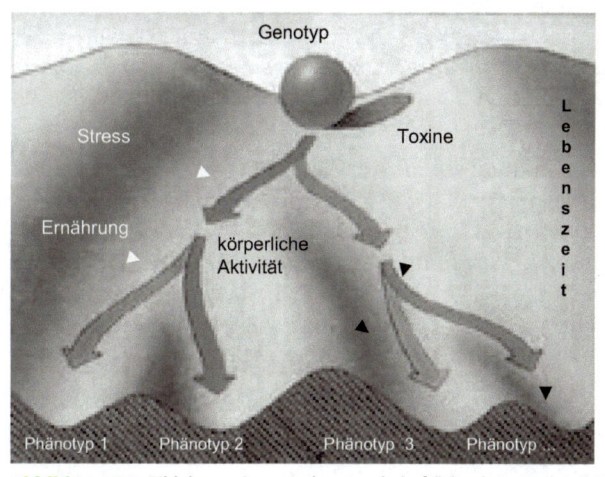

Abbildung 6.5: Bild der „epigenetischen Landschaft" (nach Conrad Hall Waddington).

> **Kernaussage**
>
> Die *Epigenetik* ermöglicht nicht nur, die Entstehung von Krankheiten besser zu verstehen, sondern sie bietet eine große Chance, um insbesondere die Volks- oder Zivilisationskrankheiten durch epigenetische Verhaltens- und Verhältnisprävention zu vermeiden.

Verhalten wirkt auf epigenetische Mechanismen

So sind z. B. regelmäßige körperliche Aktivität, wenig Disstress, eine gesunde Ernährung, geringer Alkoholkonsum und das Nichtrauchen im Sinne der Verhaltensprävention, auch epigenetisch gesehen, besonders wichtig.

Bei den *Verhältnissen* sind umweltbezogene Maßnahmen, wie beispielsweise eine Verringerung von Feinstäuben oder Allergien auslösender Stoffe zu nennen.

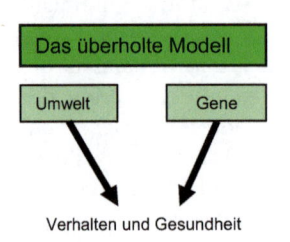

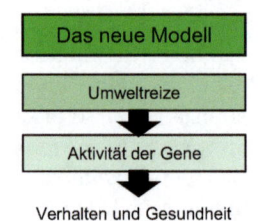

Abbildung 6.6: Gene werden durch die Umwelt gesteuert (Quelle: Blech, 2010)

Frühkindliche Traumata

McGowan et al. (2009) gehen davon aus, dass *frühkindliche Traumata* oft Jahrzehnte danach zu organischen und psychischen Krankheiten führen können. Sie begründen dies mit einer Umprogrammierung von Hirnzellen, die mit dem Trauma in Verbindung steht. Plagemann (2008) nimmt an, dass Zellen, die für den Stoffwechsel beim werdenden Kind zuständig sind, bei einer *Überernährung während der Schwangerschaft* geprägt werden und im späteren Leben *Typ-2-Diabetes*, *Adipositas* und *Erkrankungen des Herz-Kreislauf-Systems* begünstigen. Demnach wären der Lebensstil der Eltern, die Ernährung sowie psychologische und soziale Faktoren in der Kindheit und Jugend dafür entscheidend, ob ein Mensch für bestimmte Krankheiten anfällig wird oder nicht.

Einflüsse während der Schwangerschaft

Nach Murgatroyd et al. (2009) konnte an Mäusen belegt werden, dass die spätere Neigung zu Depressionen mit frühkindlichem Disstress zusammenhängt. Die stressreichen Erlebnisse hatten epigenetische Veränderungen bei den Mäusen in bestimmten Zellen des Gehirns zur Folge. Dies führte zu einer dauerhaften Übersekretion von *Vasopressin*, das in hoher Konzentration gefäßverengend wirkt. Zudem zeigten sich Gedächtnisschwächen sowie eine passive Stressbewältigung (z. B. Rückzugsverhaltens). Insgesamt waren die betroffenen Mäuse überempfindlich gegenüber Stress (vgl. *Kapitel 5*).

> **Kernaussage**
>
> Bei Mäusen die kurz nach der Geburt traumatisiert wurden, zeigte sich, dass die daraus folgenden stressabhängigen epigenetischen Veränderungen sogar an Mäuse der nachfolgenden Generationen weitervererbt wurden (Franklin, 2011).

Epigenetische Verhaltensprävention

Epigenetisch abgeschaltet wurden im Experiment von Franklin (2011) die für den Bau des *Serotonin-Rezeptors* zuständigen Gene, sodass die Mäuse für ihr ganzes Leben überängstlich waren. Diese Form der Überängstlichkeit konnte auch noch in der zweiten Generation nachgewiesen werden. Spork (2009) sieht die Möglichkeit, dass *„sich falsche Signale durch fehlerhaft bediente Schalter durch eine entsprechende konsequente Lebensführung, ausgewogene Ernährung, Bewegung, Entspannung und Schlaf durchaus wieder rückgängig machen lassen"*. Und Kegel (2009) meint, dass Krankheiten durch eine epigenetische Verhaltensprävention vorgebeugt werden kann. Schmidt, Petermann und Schipper (2012) sehen ebenfalls eine Chance, die Entwicklung des Phänotyps durch *präventives Verhalten* und *Selbstmanagement* zu beeinflussen. Für sie ist epigenetisches Wissen für präventive Maßnahmen von Vorteil, wenn es darum geht, die Ausprägung des Genotyps (Genexpression) zu beeinflussen, um beispielsweise Kindern eine umfangreiche Hilfestellung für ihre Entwicklung zu geben.

6.2.2 Gesundheitsförderung

Thematisch breiter angelegt als der Präventionsansatz ist das Konzept der Gesundheitsförderung.

> **Begriffe**
>
> *Gesundheitsförderung* orientiert sich am Konzept der Salutogenese und soll individuelle Ressourcen und Potenziale freisetzen sowie die positiven Änderungen von Lebens- und Arbeitsbedingungen unterstützen und damit positiven Einfluss auf die Gesundheit nehmen.

Die Ottawa-Charta von 1986 der Weltgesundheitsorganisation (WHO), die auf der internationalen Konferenz der Weltgesundheitsorganisation im kanadischen Ottawa verabschiedet wurde, stellt den Gedanken der Gesundheitsförderung in den Mittelpunkt (Kickbusch, 2003):

Gesundheitsförderung zielt auf einen Prozess, allen Menschen ein höheres Maß an Selbstbestimmung über ihre Gesundheit zu ermöglichen und sie damit zur Stärkung ihrer Gesundheit zu befähigen. Um ein umfassendes körperliches, seelisches und soziales Wohlbefinden zu erlangen, ist es notwendig, dass sowohl einzelne als auch Gruppen ihre Bedürfnisse befriedigen, ihre Wünsche und Hoffnungen wahrnehmen und verwirklichen sowie ihre Umwelt meistern bzw. verändern können. In diesem Sinne ist die Gesundheit als ein wesentlicher Bestandteil des alltäglichen Lebens zu verstehen und nicht als vorrangiges Lebensziel. Gesundheit steht für ein positives Konzept, das in gleicher Weise die Bedeutung sozialer und individueller Ressourcen für die Gesundheit betont wie die körperlichen Fähigkeiten. Die Verantwortung für Gesundheitsförderung liegt deshalb nicht nur beim Gesundheitssektor, sondern bei allen Politikbereichen und zielt über die Entwicklung gesünderer Lebensweisen hinaus auf die Förderung von umfassendem Wohlbefinden hin (WHO, 1986).

Ottawa-Charta der WHO

Erkennbar ist in der Definition der WHO, dass die *Gesundheitsförderung* im Vergleich zur *Prävention* ihren Schwerpunkt auf die Veränderung ökonomischer, ökologischer, sozialer und kultureller Bedingungen legt, um gesundes Leben zu ermöglichen.

> **Kernaussage**
>
> Gesundheitsförderung im Verständnis der Ottawa-Erklärung wird als ein Vorgehen zur Befähigung der Menschen verstanden, ihre Gesundheit besser zu kontrollieren und die Bedingungen unter denen sie leben, stärker zu beeinflussen.

Gesundheitsförderung auf allen gesellschaftlichen Ebenen

Im Verständnis der *Weltgesundheitsorganisation (WHO)* muss Gesundheitsförderung auf allen Ebenen der Gesellschaft ansetzen. Nur so können Gesundheitspotenziale und -ressourcen der Menschen analysiert, gestärkt und für sie nutzbar gemacht werden.

> **Kernaussage**
>
> Gesundheitsförderung zielt somit auf *individuelle Fähigkeiten* zur Verbesserung der Lebensbewältigung sowie auf die Förderung *ökonomischer, kultureller, sozialer und bildungsbezogener Bedingungen*, die für eine Gestaltung des Lebens wichtig sind (Hurrelmann, Klotz & Hasch, 2007).

6.2.2.1 Handlungsebenen der Gesundheitsförderung

Fünf Handlungsebenen

Aus der Ottawa-Charta lassen sich *fünf Handlungsebenen* ableiten (Ottawa Charta, 1986):

1. Die politische Handlungsebene

Aus der Charta ergibt sich die Forderung nach einer gesundheitsförderlichen Gesamtpolitik, die zu entwickeln ist:

„Die Verantwortung für Gesundheitsförderung liegt deshalb nicht nur bei dem Gesundheitssektor, sondern bei allen Politikbereichen und zielt über die Entwicklung gesünderer Lebensweisen hinaus auf die Förderung von umfassendem Wohlbefinden hin."

Die Politik muss dazu unterschiedliche und sich gegenseitig ergänzende Ansätze anwenden, wie z. B. *Gesetzesinitiativen, steuerliche Maßnahmen* oder *organisatorisch-strukturelle Veränderungen*.

2. Die Handlungsebene „Lebenswelten"

Lebenswelten

Gesellschaften sind durch Komplexität und enge Verknüpfung gekennzeichnet, weshalb Gesundheit nicht von anderen Bereichen getrennt gesehen werden darf. Um Gesundheit zu erhalten und zu fördern, sind gesundheitsförderliche Umwelten durch gegenseitige Unterstützung zu schaffen, nämlich vor allem gesunde *Lebens-, Arbeits- und Freizeitbedingungen*. Die Gesellschaft muss eine Quelle von Gesundheit und nicht von Krankheit sein. Besonders wichtig ist der Erhalt natürlicher Ressourcen, was von der Weltgesundheitsorganisation als globale Aufgabe angesehen wird.

3. Die Gemeinschaft als Handlungsebene

Auf gesellschaftlicher Ebene oder Gemeinde- bzw. Gemeinschaftsebene, sind *gesundheitsbezogene Aktionen* zu unterstützen, um den Bürgern mehr Selbstbestimmung und Kontrolle in Bezug auf ihre Gesundheit zu geben. Hierzu gehören die Selbsthilfe, Maßnahmen zur sozialen Unterstützung, Hilfen in der Nachbarschaft usw. Voraussetzung dafür ist eine angemessene finanzielle Unterstützung solcher gemeinschaftlicher Initiativen.

Kommunen

4. Die Handlungsebene „Gesundheitssystem"

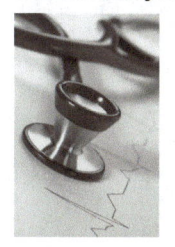

Das Gesundheitssystem muss zu mehr Professionalität entwickelt werden. Gesundheitsdienste müssen sich neu orientieren und sich über das medizinisch-kurative Handeln hinaus stärker in Richtung Gesundheitsförderung verändern. Getragen wird die Verantwortung für die Gesundheitsförderung von den Gesundheitsdiensten und ihren dort Beschäftigten sowie von Einzelpersonen, Gruppen, den Ärzten und der Politik, die alle zu dieser Professionalisierung und Neuorientierung beitragen müssen.

Gesundheitssystem

5. Die Handlungsebene „Kompetenzen des Einzelnen"

Um selbstbestimmt mit Gesundheit umgehen zu können, sie zu stärken und Einfluss auf die Lebenswelt zu nehmen, müssen Menschen durch Gesundheitsförderung unterstützt werden, um persönliche, soziale und lebenspraktische Fertigkeiten zu entwickeln. Sie sollen daher zu lebenslangem Lernen angehalten werden und Unterstützung in ihren verschiedenen Lebensphasen erhalten. Speziell bei chronischen Erkrankungen oder Behinderungen sollen die Betroffenen lernen, damit umzugehen, um eine gewisse Lebensqualität zu erhalten.

Individuelle Kompetenzen

Zeitpunkt (Wann?)	Zielgruppe (Wer?)	Ziel (Was?)	Beispiele
Gesundheit	Gesamtbevölkerung	▪ Förderung von Gesundheit durch Ressourcenstärkung ▪ Vermeidung von Krankheitsentstehung	Gesundheitsförderung in Kindergärten, Schulen, Hochschulen oder Betrieben und Organisationen

Tabelle 6.4: Zeitpunkt, Zielgruppe, Ziele von Gesundheitsförderung

6.2.2.2 Der Settingansatz

Gesundheitsförderung findet auf verschiedenen Ebenen und damit in unterschiedlichsten Kontexten und Lebenswelten von Menschen statt. Meist sind es Orte, an denen gelernt, gelebt und gearbeitet wird und an denen Menschen viel Zeit verbringen.

An den Lebenswelten ansetzen

> **Begriffe**
>
> Gesundheitsförderung unter verschiedenen Rahmenbedingungen, in unterschiedlichen Lebenswelten und an vielerlei Orten anzubieten, in denen Menschen leben und arbeiten, wird als *Settingansatz* bezeichnet.

Es ist vermutlich besser sich auf das zu konzentrieren was den Menschen gesund erhält, als immense Mittel für die Erforschung seiner Krankheiten auszugeben.

Aaron Antonovsky (1923 –1994)

Der Settingansatz hat sich als Strategie bezüglich der Umsetzung der Ziele der Ottawa-Charta sehr gut bewährt. In Deutschland haben sich dem Settingansatz entsprechend in den *Kommunen*, am *Arbeitsplatz*, den *Kindergärten*, *Schulen* und *Hochschulen* sowie *Krankenhäusern* Projekte zur Gesundheitsförderung entwickelt, die sich auch in so genannten „Netzwerken" organisieren. Beispiele für solche Netzwerke sind das „Netzwerk Schule und Gesundheit" oder das „Deutsche Netzwerk für Betriebliche Gesundheitsförderung" (DNBGF; http://www.dnbgf.de). Solche Netzwerke, deren Ansatz ein ganzheitlicher im Sinne der *Verhaltens- und Verhältnisorientierung* ist, etablieren sich zu den unterschiedlichsten Themen und Bereichen (z. B. „Netzwerk gesunde Städte"; http://www.gesunde-staedte-netzwerk.de/, „Netzwerk gesunde Ernährung"; http://www.netzwerk-gesunde-ernaehrung.de/).

Gesundheitsförderung auch durch Laien

Da die politischen Rahmenbedingungen und ein solches, oben erwähntes, *Laiengesundheitssystem* im Rahmen der Förderung und des Erhalts von Gesundheit eine außerordentlich wichtige Stellung einnehmen, ist Gesundheitsförderung nicht mehr nur eine Aufgabe von Experten, wie dies insbesondere bei der Präventionsarbeit der Fall ist (Faltermaier, 2005).

> **Kernaussage**
>
> Wegen der von der Ottawa-Charta hervorgehobenen Bedeutung der *gesellschaftlichen Verantwortung* sind Menschen aus vielen Berufsgruppen in der Gesundheitsförderung aktiv, z. B. Betroffene in Selbsthilfegruppen oder Lehrer in Schulen (Naidoo & Willis, 2003).

6.2.2.3 Empowerment

Verantwortung für eigene Angelegenheiten übernehmen

Das Substantiv „power" bildet den Wortstamm für den Begriff Empowerment und bedeutet in erster Linie „Macht" im Verständnis von Kontrolle. D. h., das Individuum soll „ermächtigt" werden, für seine eigenen Angelegenheiten Verantwortung zu übernehmen. Aber auch mit den deutschen Begriffen „Kraft" und „Kompetenz" oder aus salutogenetischem Blickwinkel der „Ressource" kann man sich diesem englischen Begriff nähern. Das Empowerment-Konzept ist der Handlungsebene „Kompetenzen des Einzelnen", wie es von der WHO in der Ottawa-Charta gefordert wird, zuzuordnen.

6.2 Konzepte der Prävention und Gesundheitsförderung

> **Kernaussage**
>
> Das Menschenbild, das dem Gedanken des *Empowerment* zugrunde liegt, ist das eines handelnden und aktiven Subjektes.

Das Konzept des Empowerment stammt ursprünglich aus der amerikanischen *Gemeindepsychologie* und wurde in vielen Disziplinen aufgegriffen (z. B. Sozialarbeit, Psychotherapie, Pädagogik, Politikwissenschaft, Organisationsentwicklung). Auch nehmen unterschiedliche Ansätze der Selbsthilfe Bezug zu diesem Konzept. Zentral ist dieses Konzept auch in der Ottawa-Charta der Weltgesundheitsorganisation (WHO, 1986). Sie rückt dort Empowerment ins Zentrum der Bemühungen des *Erhalts* und der *Förderung von Gesundheit*. Bereits im ersten Satz der Erklärung geht es um die Selbstbestimmung der Menschen über ihre Gesundheit und um die Befähigung, ihre Gesundheit zu stärken. Empowerment zählt zu den fünf primären Ansätzen der Gesundheitsförderung (Naidoo & Wills, 2003). Neben dem *medizinischen Ansatz* und dem *Konzept der Verhaltensänderung*, gehören die *Gesundheitsaufklärung* und die *Veränderung sozialer und politischer Rahmenbedingungen* dazu.

Selbstbestimmung über Gesundheit

Der Empowerment-Ansatz besitzt inhaltlich eine große Nähe zum Salutogenese-Konzept von Antonovsky (Franzkowiak, 2003). Die von Antonovsky (1997) verwendete Metapher des reißenden Flusses, wie sie bereits dargestellt wurde (*Abschnitt 1.6.2*), ist ein passender Vergleich zum Konzept des Empowerment. In der salutogenetischen Sichtweise hat der Mensch im „Fluss des Lebens" die Aufgabe, sich seiner Fähigkeiten wieder zu besinnen, diese zu üben und zu verbessern, um insbesondere mit psychosozialen Stressoren umgehen zu können. In dieser Analogie geht es beim Empowerment darum, das „Schwimmen zu lernen".

> **Begriffe**
>
> *Empowerment zielt darauf ab, dass Menschen die Fähigkeit entwickeln und verbessern, ihre soziale Lebenswelt und ihr Leben selbst zu gestalten und sich nicht gestalten zu lassen. Fachkräfte der Gesundheitsförderung sollen durch ihre Arbeit dazu beitragen, alle Bedingungen zu schaffen, die eine Bemächtigung der Betroffenen fördern und es ihnen ermöglichen, ein eigenverantwortliches und selbstbestimmtes Leben zu führen. Dies gilt für Menschen mit und ohne eingeschränkte(n) Möglichkeiten, für Erwachsene ebenso wie für Kinder.* (Brandes & Stark, 2010)

Nach Brandes und Stark (2010) bedeutet Empowerment in der Gesundheitsförderung, dass Personen, Gruppen oder Organisationen, wenn sie „empowert" sind,

Empowerte Personen, Gruppen und Organisationen

- einen *kompetenteren Umgang* mit der eigenen Gesundheit haben,
- *entscheidungsfähiger* sind,
- einen *verbesserten Zugang zu Ressourcen* und *Informationen* haben,

- mehr *Wahlmöglichkeiten* und *Handlungsalternativen* besitzen,
- als Einzelne oder als Gruppe das Gefühl haben, *etwas bewegen zu können*,
- *soziale Unterstützung* in einer Gruppe oder einem sozialen Netzwerk erfahren,
- *kritisch denken*,
- im eigenen Leben und im sozialen Umfeld *Veränderungen herbeiführen*,
- für sie wichtige neue *Fähigkeiten* erlernt haben sowie
- ein *positives Selbstbild* besitzen und *Stigmatisierungen überwunden* haben.

Unklar ist der Empowerment-Begriff dahingehend, ob Menschen sich selbst „empowern" können oder ob sie „empowert" werden. Auf der einen Seite stellen z. B. im Rahmen der Gesundheitsselbsthilfe Verbände und Berufsgruppen aus dem Gesundheitssektor Betroffenen personelle Unterstützung, finanzielle Mittel oder Räume zur Verfügung, um Selbsthilfe zu ermöglichen. Dabei versuchen die professionell Tätigen, sich selbst nur vorsichtig oder gar nicht in die Prozesse einzumischen. Dies ist umso wichtiger, als das Konzept davon ausgeht, dass selbstbestimmte Menschen ihre Interessen selbst vertreten und nicht die Fachkräfte des Gesundheitssystems. Menschen erleben Empowerment-Prozesse sowohl als einzelne Individuen (klientenzentriert) als auch als Gruppe, z. B. im Setting der Gesundheitsförderung in einem Stadtviertel. Speziell bei kommunalen Programmen zur Gesundheitsförderung versteht man Empowerment als eine Schlüsselkategorie (Kickbusch, 2003).

Infobox

Lions-Quest „Erwachsen werden"

Lions-Quest „Erwachsen werden" ist ein Jugendförderprogramm für 10- bis 14-jährige Mädchen und Jungen. Es wird vorrangig im Unterricht der Sekundarstufe I vermittelt. Das Konzept ist dem Ansatz der *Life-Skills-Erziehung* (Lebenskompetenz-Erziehung) zuzuordnen, der vor allem in der Suchtprävention eingesetzt wird. In Deutschland wurde das Programm erstmals 1994 angeboten und mittlerweile wurden 33.500 Lehrerinnen und Lehrer darin ausgebildet (Lions-Quest, 2007). Im Zentrum des Unterrichts steht die Förderung der Sozialkompetenz. Die Jugendlichen werden dabei unterstützt, ihre kommunikativen Fähigkeiten und das Selbstvertrauen zu stärken sowie positive Beziehungen aufzubauen und zu pflegen. Sie lernen, mit Konflikt- und Risikosituationen im Alltag adäquat und lösungsorientiert umzugehen. Diese Kompetenzen dienen dazu, Risikoverhaltensweisen zu ändern (Kähnert & Hurrelmann, 2003).

Das Programm bietet aber auch Orientierung bei der Entwicklung eines eigenen Wertesystems. In unterschiedlichster Form werden auch die Eltern aktiv in das Programm einbezogen.

Da keine Einigkeit über das Konzept Empowerment besteht, ist eine Prozess- und Qualitätsbewertung schwierig. Dies hängt auch damit zusammen, dass die Resultate aus Prozessen des Empowerment in der Regel über einen längeren Zeitraum ablaufen, schwer zu spezifizieren sind und oft vage bleiben (Naidoo & Wills, 2003).

6.2.2.4 Nationale Gesundheitsziele

Seit dem Jahr 2000 wurden erst auf Bundesländerebene, dann auf Bundesebene *Gesundheitsziele* festgelegt. Gesundheitsziele werden von den verantwortlichen Akteuren (Politik, Kostenträger, Leistungserbringer, Selbsthilfeorganisationen sowie Wissenschaft) im Gesundheitssystem einvernehmlich festgelegt. Sie schaffen einen gemeinsamen Rahmen für das gesundheitspolitische Handeln in bestimmten Bereichen oder für spezielle Gruppen. Sie sollen die Gesundheit der Bevölkerung und die Krankenversorgung positiv beeinflussen. Gesundheitsziele können nur langfristig ihre Wirkung entfalten und benötigen entsprechend Zeit für ihre Umsetzung. In ihnen sind unterschiedlichste gesundheitspolitische Gesichtspunkte berücksichtigt, wie beispielsweise der Präventions- und Gesundheitsförderaspekt.

Die Gesundheitsziele sollen dabei helfen, systematisches Handeln zu unterstützen und die Herausforderungen im Gesundheitsbereich zu erkennen. Diese Ziele sind inhaltlich sehr unterschiedlich, ebenso die Akteure, Strategien, die Finanzierung und die Erfolgsbewertung. *Sieben Gesundheitsziele* existieren auf Bundesebene und 28 Themenbereiche bzw. priorisierte Handlungsfelder auf Länderebene. Dabei dominieren die Themen „Krebserkrankungen", „Gesundheit älterer Menschen" sowie „Gesundheit von Kindern und Jugendlichen" (Thietz & Hartmann, 2012).

Sieben nationale Gesundheitsziele

Die sieben nationalen Gesundheitsziele sind in der nachfolgenden Tabelle nach ihrem Entstehungsjahr aufgeführt. Sie wurden zum Teil bereits aktualisiert und publiziert. Diese Ziele sind nach der Struktur *Oberziel*, *Handlungsfelder*, *Ziele*, *Teilziele*, *Maßnahmen* und *Adressaten* aufgebaut (Ziegelmann, 2012).

Gesundheitsziele
Gesund aufwachsen: Lebenskompetenz, Bewegung, Ernährung (vorgestellt 2003, Aktualisierung 2010)
Patient(inn)ensouveränität stärken (vorgestellt 2003, Aktualisierung 2011)
Tabakkonsum reduzieren (2003, wird derzeit aktualisiert)
Brustkrebs: Mortalität vermindern, Lebensqualität erhöhen (2003, wird derzeit aktualisiert)
Depressive Erkrankungen: verhindern, früh erkennen, nachhaltig behandeln (2006)

Tabelle 6.5: Nationale Gesundheitsziele auf Bundesebene seit dem Jahr 2000

> **Gesundheitsziele**
>
> **Diabetes mellitus Typ 2:** Erkrankungsrisiko senken, Erkrankte früh erkennen und behandeln (2003)
>
> **Gesund älter werden**
> (vorgestellt 2012)

Tabelle 6.5: Nationale Gesundheitsziele auf Bundesebene seit dem Jahr 2000 *(Forts.)*

Zusammenschluss der Leistungserbringer

In Deutschland gründeten im Jahr 2000 Kostenträger, Leistungserbringer, Politik und Verwaltung auf Bundes-, Landes- und Kommunalebene, die Industrie, die Wissenschaft sowie verschiedene Verbände das *„Forum zur Entwicklung und Umsetzung von Gesundheitszielen in Deutschland"* (*gesundheitsziele.de*). Die Plattform für Informationen und Kommunikation der nationalen Aktivitäten befindet sich auf der Seite *http://www.gesundheitsziele.de* (Thietz & Hartmann, 2012).

6.3 Evaluation von Präventions- und Gesundheitsfördermaßnahmen

Präventions- und Gesundheitsfördermaßnahmen finden in Form von Kampagnen, Programmen oder Interventionen statt. Sie sollen Menschen dabei unterstützen, ihre Lebensbedingungen und ihr soziales Umfeld zu verbessern sowie gesundheitsförderliche Kompetenzen aufzubauen. Um solche Maßnahmen hinsichtlich Wirksamkeit, Erfolg und Wirtschaftlichkeit zu beurteilen, werden sie evaluiert.

> **Begriffe**
>
> Unter *Evaluation* wird allgemein die Bewertung, Beschreibung oder Analyse von Prozessen, Projekten, Maßnahmen oder Sachverhalten verstanden.

Bewertung und Qualitätssicherung

Evaluation dient nicht nur der *Bewertung* von Gesundheitsmaßnahmen, sondern auch als Mittel der *Qualitätssicherung*. Konkret bedeutet das, dass die Qualität von Maßnahmen der Gesundheitsförderung gemessen und bewertet wird, um sie zu verbessern und zu optimieren. Problematisch ist bei den Bewertungen von Präventions- und Gesundheitsfördermaßnahmen allerdings ihr langfristiger Analysehorizont (Krauth, John und Suhrcke, 2011). Häufig kann der Erfolg erst nach Monaten oder gar Jahren bewertet werden, etwa wenn es um Gesundheitsfördermaßnahmen geht, die das Herz-Kreislauf-System betreffen.

6.3.1 Gütekriterien für die Evaluation

Damit die Güte von Evaluationen gewährleistet wird, wurden von der *Deutschen Gesellschaft für Evaluation e.V.* (DeGEval, 2011) Evaluationsstandards entwickelt:

Evaluationsstandards

- *Nützlichkeit*
  Die Nützlichkeitsstandards sollen sicherstellen, dass sich die Evaluation an den geklärten Evaluationszwecken sowie am Informationsbedarf der vorgesehenen Nutzinnen und Nutzer ausrichtet.
- *Durchführbarkeit*
  Die Durchführbarkeitsstandards sollen sicherstellen, dass eine Evaluation realistisch, diplomatisch und kostenbewusst geplant und ausgeführt wird.
- *Fairness*
  Die Fairnessstandards sollen sicherstellen, dass in einer Evaluation respektvoll und fair mit den betroffenen Personen und Gruppen umgegangen wird.
- *Genauigkeit*
  Die Genauigkeitsstandards sollen sicherstellen, dass eine Evaluation gültige Informationen und Ergebnisse zu dem jeweiligen Evaluationsgegenstand und den Evaluationsfragestellungen hervorbringt und vermittelt.

6.3.2 Evaluationsformen

Bei den Evaluationsformen unterscheidet man zwischen *summativer* und *formativer Evaluation*:

Summative Evaluation

Die summative Evaluation prüft, ob eine Maßnahme oder Intervention ihr anvisiertes Ziel auch erreicht hat. Dabei wird zwischen unmittelbaren Wirkungen (impact) und langfristigen Effekten (outcomes) unterschieden.

Formative Evaluation

Die formative Evaluation beschreibt und bewertet die Umsetzung einer Maßnahme oder einer Intervention. Durch Feedback an die Programmverantwortlichen sollen die Qualität, der Ablauf der Maßnahme, benötigte Ressourcen wie Zeit, Personal, Kosten oder auch soziale Prozesse erfasst, überwacht und bewertet werden. Bei präventiven und gesundheitsförderlichen Maßnahmen kommt noch die gesundheitsökonomische Bewertung hinzu. Die Beurteilung von Präventions- und Gesundheitsfördermaßnahmen unter der volkswirtschaftlichen Perspektive wird von der WHO seit 2008 mit der *Charta von Tallinn* gefordert (WHO, 2008). In ihr heißt es:

Einbeziehung der ökonomischen Sicht

„Neben ihrem Wert an sich trägt eine bessere Gesundheit durch ihre Auswirkungen auf wirtschaftliche Entwicklung, Wettbewerbsfähigkeit und Produktivität auch zum sozialen Wohlergehen bei."

6.3.3 Programmevaluation

In der Evaluationsforschung wird der Begriff „Programm", wie er von der *Bundeszentrale für gesundheitliche Aufklärung (BzgA)* verwendet wird, meist anders benutzt als dies im Zusammenhang mit Maßnahmen der Präventions- und Gesundheitsförderung der Fall ist. Im Kontext von Prävention und Gesundheitsförderung herrscht meist ein Verständnis von „Programm" vor, welches eher umfassende und auf längere Zeit angelegte Vorhaben beinhaltet und ganz unterschiedliche Aktivitäten meint. So umfasst der Begriff sowohl eine Gesundheitskampagne, die auf die Allgemeinbevölkerung abzielt, als auch ein Training zur Stressbewältigung. Im Hinblick auf Präventions- und Gesundheitsfördermaßnahmen definiert die Bundeszentrale für gesundheitliche Aufklärung (BzgA) Evaluation wie folgt:

> **Begriffe**
>
> *Evaluation ist die systematische Informationssammlung für die Bewertung von Programmen.* (BzgA, 1999, S. 20).

Programmevaluation

Meist beinhalten Programme ganz bestimmte Interventionsschritte, die mit unterschiedlichen Methoden und Instrumenten erreicht werden sollen. Die Programme werden aus drei unterschiedlichen Blickwinkeln evaluiert (BzgA, 1999):

- der *Erweiterung des Wissens*,
- der *Sicht der Programmentwicklung*,
- der *Ökonomie*.

Verhaltensänderung oft mit zeitlicher Verzögerung

Betrachtet man *Präventionsprogramme*, so gehen Hurrelmann, Klotz und Haisch (2007) davon aus, dass der Erfolg einer präventiven Intervention daran gemessen wird, in welchem Maß ein erwarteter *Ausbruch einer Erkrankung* oder ein sich *verschlechternder Krankheitsverlauf gemildert* oder *vermieden* werden kann. Werden präventive Programme, die auch eine Verhaltensänderung von Personen beabsichtigen, bewertet, so will man wissen, ob auch tatsächlich eine Änderung, beispielsweise eines risikoreichen Verhaltens, nach der Teilnahme eingetreten ist. Dabei ergibt sich das Problem, dass sich einerseits eine Verhaltensänderung mit zeitlicher Verzögerung einstellen kann, also erst geraume Zeit nach Absolvierung eines Programms. Zudem ist es nicht einfach, eine eingetretene Verhaltensänderung als eine unmittelbare Konsequenz einer Teilnahme an einem Programm nachzuweisen. Ein Zuwachs an Wissen, dass das Problembewusstsein für ein gesundheitsbeeinträchtigendes Verhalten schärfen kann, ist dagegen leicht nachweisbar. Gleichwohl ist Wissen für eine Verhaltensänderung in der Regel nicht ausreichend. Dennoch ist es möglich, mit gültigen und messgenauen medizinischen oder psychologischen Indikatoren (z. B. Blutdruckwerte oder Testscores) präventive Maßnahmen zu beurteilen.

Die Evaluation von Programmen zur Gesundheitsförderung gestaltet sich sogar noch schwieriger als die Bewertung von Präventionsmaßnahmen. Insbesondere, wenn es um sehr komplexe Programme geht, besteht kein Konsens darüber, was ein geeignetes methodisches Vorgehen beinhaltet (Kolip & Müller, 2009). Vor allem eine sinnvolle Operationalisierung dessen, was „gesund" ist, erschwert den Evaluationsprozess. Zwar wird über die Befragung der Personen, denen Maßnahmen zur Gesundheitsförderung zuteil geworden sind, eine Operationalisierung versucht, beispielsweise mit Blick auf Beschwerden oder die Lebensqualität, gleichwohl handelt es sich um rein subjektive Daten der Betroffenen. Innovative Ansätze zur Evaluation speziell salutogenetischer Effekte der Gesundheitsförderung stellen Prozesse, Voraussetzungen und allgemein die Dokumentation der Bemühungen, Gesundheit zu optimieren, in den Fokus (Becker, Glascoff & Felts, 2010).

6.3.4 Ökonomische Evaluation

Die ökonomische Evaluation von Präventions- und Gesundheitsförderprogrammen ist nicht unumstritten. Als Beispiel hierfür können Kampagnen zur Aufklärung im Zusammenhang mit riskantem Sexualverhalten herangezogen werden. Wird darin beispielsweise „Safer Sex" propagiert, so ist dafür eine wesentliche Voraussetzung die Verfügbarkeit von Kondomen (vgl. *Kapitel 10*) sowie ein qualifiziertes Beratungsangebot, das etwa Jugendliche mit geringem Aufwand in Anspruch nehmen können (z. B. kurze Fahrtwege oder wenig Vorwissen). Beides bedarf politischer Maßnahmen und wird in der ökonomischen Bewertung nur unzureichend berücksichtigt (vgl. Green & Tones, 2010). Ähnlich verhält es sich bei der *Betrieblichen Gesundheitsförderung (BGF)*. Will man das Ergebnis einer Gesundheitsfördermaßnahme im Betrieb monetär bewerten, so stellt sich auch hier die Frage, welche Wirkungen der Maßnahme zuzuordnen sind. Meist handelt es sich bei Effekten aus betrieblichen Gesundheitsförderprogrammen um Wirkungen, die *nicht monetär zu beziffern* sind, also nicht in Euro und Cent ausgedrückt werden können. Beispiele für solche nicht-monetären Programmergebnisse, etwa bei Programmen zur Stressbewältigung, wären eine Angstreduktion oder die Verringerung von Schlafstörungen bei den Teilnehmern. Um nach Möglichkeit monetär bezifferbare Resultate zu erhalten, werden meist die *wichtigsten Wirkungen* eines BGF-Programms vor dessen Umsetzung definiert. Anschließend, nach der Durchführung, werden diese dann bewertet, um den Aufwand für die Evaluation möglichst gering zu halten (z. B. der Rückgang des Krankenstandes, Erhöhung der Arbeitszufriedenheit oder eine Reduktion von Absentismus und Krankheitskosten).

Man kann die im Folgenden vorgestellten drei wesentlichen Typen ökonomischer Evaluation in der Gesundheitsökonomie unterscheiden, je nach Art der Effektmessung (Krauth, John *und* Suhrcke, 2011):

Drei Typen ökonomischer Evaluation

Kosten-Effektivitäts-Analyse (cost effectiveness analysis)

Mit der Analyseform der *Kosten-Effektivitäts-Analyse* (*cost effectiveness analysis*) wird der individuelle Nutzen in realen Einheiten gemessen und auch in Zahlen ausgedrückt (z. B. Body Mass Index oder Blutdruckwerte). Ebenso kann der Nutzen in Form einer definierten gesundheitlichen Wirkung, z. B. in gewonnenen Lebensjahren, weniger Herzinfarkte oder Krankheitstage im Betrieb, festgehalten werden. Besonders aussagekräftig ist diese ökonomische Evaluationsart dann, wenn Wirkungen aus der Sicht der Patienten bzw. Teilnehmer, z. B. an BGF-Maßnahmen, beurteilt werden.

Kosten-Nutzwert-Analysen (cost utility analysis)

Die *Kosten-Nutzwert-Analysen* (*cost utility analysis*) berücksichtigen gleichzeitig mehrere Effekte. Die Kenngrößen (outcomes), die die Effekte ausdrücken, werden in Nutzeneinheiten umgewandelt. So werden beispielsweise die gewonnenen Lebensjahre und die Lebensqualität für die verbleibende Lebenszeit in einen Index überführt, d. h. in die Form einer Kennzahl gebracht, die der Quantifizierung dient. Krauth, John und Suhrcke (2011) führen als Beispiel dafür den QALY-Ansatz an, die so genannten „qualitätsadjustierten Lebensjahre" („quality-adjusted life years", QALY). Bei diesem Ansatz werden der Gewinn an Gesundheit und Lebensqualität in Beziehung gesetzt und als Resultat QALYs oder DALYs (disability-adjusted life years) ermittelt. Ein QALY ist mathematisch ein zusätzliches Lebensjahr bei optimaler Gesundheit. Ein DALY ist ein Jahr mit hoher Lebensqualität bei Behinderung (Godfrey, 2001).

Kosten-Nutzen-Analysen (cost benefit analysis)

Bei *Kosten-Nutzen-Analysen* (*cost benefit analysis*) werden die Kosten einer Maßnahme den outcomes bzw. dem Nutzen gegenübergestellt. Gewonnene Lebensjahre oder die Einsparung von Kosten für das Gesundheitssystem werden in Geldeinheiten umgerechnet und direkt miteinander verglichen. Dadurch lässt sich auch der Netto-Nutzen eines Programms oder einer Maßnahme errechnen (Krauth, John & Suhrcke, 2011). Kritiker halten eine derartige monetäre Bewertung, z. B. von gewonnenen oder verlorenen Lebensjahren, für unangemessen (Godfrey, 2001).

„Evalopathie"

Uhl (2012) plädiert dafür, unbedingt danach zu trachten, evaluativen Aufwand in einer Balance zum „erwartbaren Nutzen" zu halten und methodologische, ethische, ökonomische und ontologische Grenzen der Erkenntnis nicht zu ignorieren. Denn *„die kritiklose Überzeugung, dass alles und jedes ständig dokumentiert und evaluiert werden muss, breitet sich aus wie eine ansteckende Krankheit, die man als »Evalopathie« bezeichnen könnte"* (Uhl, 2000 zit. nach Uhl, 2012).

6.4 Anwendungsbeispiele

6.4.1 „Deutschland bewegt sich!"

Im Jahre 2003 wurde die Gesundheitsinitiative *„Deutschland bewegt sich!"* (DBS) gestartet. Sie wird getragen von der BARMER GEK, BILD am SONNTAG und dem ZDF. Mit dieser Initiative sollen möglichst viele Menschen in Bewegung gebracht werden. Idealerweise sollen sich die Teilnehmenden regelmäßig mindestens viermal pro Woche à 30 Minuten bewegen. Hauptziel der Kampagne ist es, bisher körperlich inaktiven Menschen zu einem gesünderen, besseren und längeren Leben zu verhelfen. Bereits körperlich aktive Personen sollen mit der Aktion in ihrem Verhalten bestärkt werden. Die Aktion möchte erreichen, dass möglichst viele Menschen gesundheitssportlich aktiv werden und eine Bindung an einen Verein, der ein gesundheitsförderndes Setting darstellt, aufbauen. Die BARMER GEK nimmt mit dieser Aktion ihren gesetzlichen Auftrag zur Prävention, Beratung und Aufklärung im Sinne des Sozialgesetzbuches wahr und ist gleichzeitig gesellschaftspolitisch aktiv. Die Gesundheitskampagne „Deutschland bewegt sich" ist mit über 120 000 Partnern zu einer der größten Kampagnen geworden. Dazu gehören beispielsweise Volkshochschulen, der Deutsche Turner-Bund, der Deutsche Kanu-Verband, der Deutsche Skiverband, der Bund Deutscher Radfahrer, der Deutsche Badminton-Verband, aber auch Apotheken, Hausärzte und das Bundesministerium für Ernährung, Landwirtschaft und Verbraucherschutz. Bei bundesweiten Aktionsmonaten sowie regionalen Aktionstagen werden die Bürger zur Teilnahme motiviert oder über die unterschiedlichsten Angebote informiert, beispielsweise die rund 150.000 Kurse der Volkshochschulen zur Gesundheit, die jährlich offeriert werden. Unter präventiven Aspekten soll durch mehr körperliche Aktivität, insbesondere mittels Ausdauertraining, folgendes erreicht werden:

Eine der größten Gesundheitskampagnen

- Senkung von *Blutzucker-, Blutdruck- und Blutfettwerten*,
- Steigerung des *allgemeinen Wohlbefindens*,
- Stärkung der *Immunabwehr*,
- *Reduzierung des Herzinfarktrisikos* um bis zu 70 Prozent,
- Verringerung des Risikos für *Typ-2-Diabetes-Mellitus*,
- Senkung des *Darmkrebsrisikos*,
- Hinauszögern des Prozesses der *biologischen Alterung*

(Barmer-GEK, 2013).

Im Jahr 2005 kam die *„Städte-Tour"* hinzu, die immer in den Sommermonaten stattfindet. Pro Jahr werden dazu 20 deutsche Städte gewonnen, die jeweils an einem Wochenende die wesentlichen Informationen zu mehr körperlicher Aktivität und einem gesünderen Leben an zentralen Orten ihrer Kommunen vermitteln. Diese Vermittlung erfolgt über Informationsstände, Stationen zur Prüfung der körperlichen Fitness, die von Sportwissenschaftlern mit entwickelt wurden, Beratungen zu sportlichen Aktivitäten, Vorführungen unterschiedlicher Sportarten und der Gelegenheit für Jung und Alt,

Fitness-Test diese auch selbst auszuprobieren (Barmer-GEK, 2013). Am stärksten von dieser Aktion angesprochen fühlen sich Menschen im Alter von 31 bis 50 Jahren, am geringsten ausgeprägt ist das Interesse bei den über 65-Jährigen.

Im Jahr 2006 wurde das Test- und Beratungskonzept im Rahmen der „Städtetour" gemeinsam von den Universitäten Karlsruhe und Bayreuth (Bös & Brehm, 2007) evaluiert. Wissenschaftlich bewertet wurden der Fitness-Test zur Feststellung des Fitness-Status von Erwachsenen und das Beratungskonzept. Letzteres reflektiert aufgrund der Testergebnisse die körperlich-sportlichen Aktivitäten der Testperson inklusive der möglichen Perspektiven für eine vermehrte sportliche Aktivität. Die Teilnehmer an den Beratungen und Fitness-Tests wurden in vier Stufen eingeteilt, die vom Extrempol „sportlich inaktiv" bis zu „sportlich aktiv" reichten. Die Evaluation ergab, dass 60% der Fitness-Test-Interessenten bereits seit längerer Zeit sportlich regelmäßig aktiv sind. 25% sind sportlich inaktiv (Stufe 1-2) und benötigen meist eine umfassende Beratung zwecks Aufnahme sportlicher Aktivitäten. Ein Vergleich der Fitness-Testwerte zeigt, dass gute Werte bei 73,7% zu finden sind, 21,8% haben mittlere Bewertungen und nur 4,4% einen niedrigen Wert. Bös, Brehm, Neß und Tittlbach (2007) ziehen den Schluss, dass es im Kontext der Städtetour nur eingeschränkt möglich ist, bewegungsarme und über keine körperliche Fitness verfügende Personen zu erreichen, für die mehr körperliche Aktivität wichtig wäre (Brehm, 2013). Eine telefonische Nachbefragung nach sechs Monaten ergab zur „sportlich-körperlichen Aktivität" keine bedeutenden Veränderungen. Allerdings gaben 5% der Befragten, die am Fitness-Test teilgenommen hatten, an, einem Turnverein beigetreten zu sein. Nach Auskunft von über 23% der Nachbefragten, waren diese zum Zeitpunkt des Interviews sportlich aktiver als vor der Fitness-Prüfung. Weitere 57% sagten, sie hätten nach der Beratung über ihre Fitness nachgedacht (Bös, Brehm, Neß & Tittlbach, 2007).

6.4.2 Betriebliche Gesundheitsförderung

Belegschaft „wichtigstes Kapital" des Unternehmens Mitarbeiter sind, wie es oft in den Hochglanzbroschüren zur *Betrieblichen Gesundheitsförderung (BGF)* heißt, das „wichtigste Kapital" eines Unternehmens. In diesem Zusammenhang wird auch von „Humankapital" gesprochen, das einen wichtigen Wettbewerbsfaktor für ein Unternehmen darstellt. Unstrittig ist, dass nur gesunde, flexible, zufriedene, engagierte und sich wohlfühlende Mitarbeiter gute Leistungen in einer Organisation erbringen können (Brinkmann, 1995). Gesundheit ist eine Basisvariable für produktive Arbeit und individuelles berufliches Leistungsvermögen sowie für die berufliche Qualifikation und Motivation von Arbeitnehmern. In den letzten beiden Jahrzehnten hat sich die Arbeitswelt zum Teil drastisch verändert, diese stellt neue Anforderungen an die Beschäftigten. So haben in den letzten beiden Jahrzehnten, verglichen mit früheren Jahren, die mentalen und psychischen Belastungen zu- und die körperlichen Belastungen tendenziell abgenommen. Diese mentalen und psychischen Belastungen zu minimieren, ist Aufgabe des Arbeitgebers und seiner Führungskräfte, die die Verantwortung in Form der *Fürsorgepflicht* (§§ 617 bis

619 BGB) für die Gesundheit der Arbeitnehmer haben. Arbeitgeber und Führungskräfte tragen diese Verantwortung im Rahmen des *Arbeitsschutzes, der Verhütung von Arbeitsunfällen* und der *arbeitsbedingten Gefahren für die Gesundheit und Berufskrankheiten*. Unterstützung erhalten sie durch Fachkräfte für Arbeitssicherheit, Gesundheitspsychologen und Ärzte (§ 1 Arbeitssicherheitsgesetz; ASiG). Während Sicherheit, Gesundheitsschutz der Beschäftigten, Verhütung von Arbeitsunfällen und arbeitsbedingte Gesundheitsgefahren sowie Maßnahmen zur menschengerechten Gestaltung der Arbeit im Arbeitsschutzgesetz geregelt sind (§§ 1 und 2 ArbSchG), ist die Gesundheitsförderung eine freiwillige Leistung. Zusätzlich sind Berufsgenossenschaften bzw. Unfallkassen (Sozialgesetzbuch VII, § 1 und § 14) zur Prävention arbeitsbedingter Gefahren für die Gesundheit verpflichtet und § 20 Sozialgesetzbuch V nimmt die Krankenkassen in die Pflicht, dabei mitzuwirken.

> **Begriffe**
>
> *Betriebliche Gesundheitsförderung* umfasst alle Maßnahmen einer Organisation unter Beteiligung der Arbeitnehmer zur Verbesserung ihrer Gesundheitskompetenzen (Verhalten) sowie gesundheitsförderliche Veränderungen von Arbeitsbedingungen (Verhältnisse), um die Gesundheit, das Wohlbefinden und die Leistungsfähigkeit der Mitarbeiterschaft positiv zu beeinflussen.

Evaluationen betrieblicher Gesundheitsförderung zeigen, dass jeder in die Betriebliche Gesundheitsförderung investierte Euro dreifach zurückkommt. Den Nutzen, den sowohl die Organisation als auch der einzelne Arbeitnehmer aus der Betrieblichen Gesundheitsförderung ziehen kann, wird in nachfolgender Tabelle ... gegenübergestellt (Brinkmann, 1995).

Der Nutzen von BGF

Nutzen für die Organisation	Nutzen für die Organisationsmitglieder
■ höhere Produktivität	■ verbesserte Gesundheit des Einzelnen
■ Qualitätsverbesserung von Produkten und Dienstleistungen	■ mehr Gesundheitswissen
■ verbesserte Kundenbeziehungen	■ stärkere Eigenverantwortung
■ verringerte Fehlzeiten	■ höhere Arbeitszufriedenheit
■ weniger Absentismus	■ Stärkere Identifikation mit der Tätigkeit und dem Unternehmen
■ geringere Fluktuation	■ höhere Motivation
■ höhere Innovationsfähigkeit	■ verbesserte Lebensqualität des Einzelnen
■ verbesserte Wettbewerbsfähigkeit	■ besseres Betriebsklima
■ Reduktion von Versicherungskosten	■ Steigerung der Leistungsfähigkeit
■ weniger Ausschuss bei der Produktion	■ ausgewogenere Balance zwischen Arbeit und Freizeit (Work-Life-Balance)
■ verbesserten Kommunikation und Motivation der Belegschaft	■ Verminderung von physischen und psychischen Beanspruchungen
■ verbessertes Arbeitgeberimage	

Tabelle 6.6: Gegenüberstellung des Nutzens von betrieblicher Gesundheitsförderung für die Organisation und deren Mitglieder

Damit leistet die Betriebliche Gesundheitsförderung nicht nur einen Beitrag zur Verbesserung der individuellen Gesundheit, sondern auch zur Wirtschaftlichkeit eines Unternehmens.

6.4.2.1 Der Umfang betrieblicher Gesundheitsförderung

Die Betriebliche Gesundheitsförderung umfasst somit eine Verbesserung der Leistungsfähigkeit der Mitarbeiter sowie deren Gesunderhaltung. Zusätzlich zielt sie auf die Schaffung gesunder Arbeitsbedingungen und eine Förderung der Gesundheitskompetenz jedes einzelnen Mitarbeiters sowie auf eine Steigerung von Wohlbefinden und Arbeitszufriedenheit. Die bereits dargestellten Präventionsformen der Verhaltens- und Verhältnisprävention sind die Säulen der Betrieblichen Gesundheitsförderung, die helfen, das Ziel des *„gesunden Mitarbeiters in der gesunden Organisation"* zu erreichen (Brinkmann, 1995).

Luxemburger Deklaration

In der *Luxemburger Deklaration zur Betrieblichen Gesundheitsförderung* heißt es:

„Betriebliche Gesundheitsförderung umfasst alle gemeinsamen Maßnahmen von Arbeitgebern, Arbeitnehmern und Gesellschaft zur Verbesserung von Gesundheit und Wohlbefinden am Arbeitsplatz. Dies kann durch eine Verknüpfung folgender Ansätze erreicht werden:

- *Verbesserung der Arbeitsorganisation und der Arbeitsbedingungen,*
- *Förderung der aktiven Mitarbeiterbeteiligung,*
- *Stärkung persönlicher Kompetenzen".*

Die Betriebliche Gesundheitsförderung hat *keine speziellen Risikofaktoren* im Visier, vielmehr richtet sie sich prinzipiell an alle Personen, indem sie generelle gesundheitserhaltende Lebens- und Verhaltensweisen fördert.

Problematisches Führungsverhalten

Bedeutsam wird das Thema Betriebliche Gesundheitsförderung nicht alleine wegen der entstehenden Erkrankungen (arbeitsbedingt oder als Berufskrankheit), sondern auch durch alle anderen Störungen, die die Zahl der Arbeitsunfähigkeitstage steigen lassen. Hierzu gehören *Mobbing, gesundheitsschädliches Führungsverhalten von Vorgesetzten* ebenso wie *Stress, Burnout* oder die *„innere Kündigung"* (Brinkmann & Stapf, 2005). Bei der inneren Kündigung kommt es zum Bruch des *„psychologischen Arbeitsvertrages"*, wegen der nicht erfüllten unausgesprochenen gegenseitigen Erwartungen von Arbeitgeber und Arbeitnehmer (Brinkmann & Stapf, 2005). Daher sind auch die *Bewältigbarkeit, Verstehbarkeit* und der *Sinn einer Arbeit*, neben der *Stärkung persönlicher Ressourcen*, einer *Verbesserung der Führungskultur* und *sozialer Unterstützung*, wichtige Bestandteile der Betrieblichen Gesundheitsförderung. Generell gilt die nachfolgende Kernaussage:

6.4 Anwendungsbeispiele

> **Kernaussage**
> Eine erfolgreiche und anhaltende Wirkung präventiver betrieblicher Maßnahmen geht in erster Linie von der *Verhältnisprävention* aus. Erst an zweiter Stelle greifen die Maßnahmen der *Verhaltensprävention*, die als Ergänzung zu verstehen sind.

Maßnahmen der Verhältnisprävention finden sich auf organisatorischer Ebene sowie auf der Ebene der Arbeitsbedingungen:

Organisatorische Maßnahmen

- *Organisationsebene*
  Gemeint sind alle Maßnahmen, die Gesundheit in der Unternehmensphilosophie, den Organisationszielen und den Führungsgrundsätzen verankern und eine Unternehmenskultur fördern, die bei der Lösung aller Fragestellungen immer auch die Gesundheit der Beschäftigten berücksichtigt.

- *Ebene der Arbeitsbedingungen*
  Hierunter fallen alle Schritte, die Arbeitsplätze gesundheitsgerecht gestalten und gesundheitsförderlich Arbeitsprozesse und -strukturen schaffen. Hierzu gehören flexible Arbeitszeitmodelle ebenso wie Verantwortungs- und Handlungsspielräume für Arbeitnehmer als auch ergonomisch passende Arbeitsplätze.

Verhaltenspräventive Maßnahmen beinhalten im Gegensatz zur Verhältnisprävention vor allem folgende Punkte:

Maßnahmen zur Verhaltensänderung

- *Beratungsangebote*
  Beispiele für Angebote zur Beratung sind die Gesundheitsberatung (Grippeschutzimpfungen), die Sucht- und Sozialberatung oder eine psychologische Beratung.

- *Trainings*
  Beispiele sind Trainings zur Stressbewältigung, gesünderen Ernährung, körperlichen Aktivität, Raucherentwöhnung, Vorbereitung auf den Ruhestand, Gymnastik und Rückenschule, Aufbau von Resilienz, Entspannung, Aufbau von Selbstwirksamkeit oder Zeit- und Selbstmanagement.

- *Maßnahmen der Personalentwicklung*
  – *Teamentwicklung*
    Wie bei der Darstellung der Sozialen Unterstützung bereits deutlich wurde, ist die Hilfestellung durch andere, etwa bei hohem Arbeitsanfall oder Stress am Arbeitsplatz, eine Ressource, die gesund hält. Wichtig und sinnvoll sind daher alle Maßnahmen, die eine Arbeitsgruppe zu einem Team machen, d. h. die Beziehungen der Kollegen untereinander und zu ihrer Führungskraft fördern und Transparenz bei den Rollen und Aufgaben innerhalb des Teams schaffen.

– *Führungskräfteentwicklung*
Zu den verhaltensorientierten Maßnahmen gehören aber auch Veranstaltungen für Führungskräfte. In Seminaren können sie lernen, gesundheitsförderlich zu führen oder ihre sozialen Kompetenzen zu verbessern. Ebenso bieten sich Maßnahmen für Führungskräfte an, bei denen sie für psychische Belastungen und Beanspruchungen am Arbeitsplatz sensibilisiert werden.

– *Weitere Themen (Einzelbeispiele)*
  – Umgang mit Konflikten
  – Kommunikation
  – Problemlösen
  – u.a. mehr

■ *Betriebssport*
In sogenannten Betriebssportgruppen, die durch Eigeninitiative von Beschäftigten, auf Anregung des Betriebsrats oder durch die Unternehmensleitung zustande kommen, werden sportliche Aktivitäten angeboten, die zum einen der Gesundheitsförderung und zum anderen dem sozialen Kontakt dienen. Sinnvollerweise sollten diese Sportaktivitäten so gestaltet sein, dass sie die Gesundheit auch fördern, weshalb sich vor allem Ausdauer- aber auch Teamsportarten anbieten. Sie schaffen einen Ausgleich zur betrieblichen Tätigkeit, aber auch die Chance zum Erhalt bzw. Aufbau sozialer Kontakte untereinander.

■ *Informationsvermittlung*
Vorträge oder Gesundheitstage mit unterschiedlichen Themenschwerpunkten können die Maßnahmen der Betrieblichen Gesundheitsförderung zusätzlich unterstützen.

Während die Beratungsangebote und Trainings eher einem *gesundheitspsychologischen Vorgehen* entsprechen, handelt es sich bei der Personalentwicklung im Kontext von Verhaltensprävention eher um einen *pädagogisch-gesundheitspsychologischen Ansatz*. Auf Anfrage werden all diese Maßnahmen von Krankenkassen und Berufsgenossenschaften unterstützt, indem sie Vorträge, Workshops oder Trainings durch eigene Experten durchführen.

Betriebliche Entscheider gewinnen

Um Betriebliche Gesundheitsförderung erfolgreich in einem Unternehmen implementieren zu können, ist es wichtig, die Geschäftsführung und die Arbeitnehmervertretung (Personal- oder Betriebsrat) für das Projekt zu gewinnen. Anschließend müssen Absprachen getätigt und Vereinbarungen getroffen werden. Ziele der Gesundheitsförderung sind abzustecken, ebenso der finanzielle Rahmen. Führungskräfte sind über das Vorhaben zu informieren und Einzelgespräche mit Vertretern der betroffenen Instanzen im Unternehmen sind notwendig (z. B. Betriebsärzte, sozialer Dienst usw.). Schließlich ist es wichtig, eine interhierarchische Gesprächsrunde zu installieren, um erste gemeinsame Vereinbarungen zu treffen, beispielsweise wie alle Mitarbeiter über das Projekt „Betriebliche Gesundheitsförderung" informiert werden sollen.

Zu Beginn des Projektes sollte ein gleichnamiger Arbeitskreis (AK) gegründet werden. Bei mehreren Unternehmensstandorten bieten sich standortbezogene AKs an. Diese treffen sich in regelmäßigen Abständen und nach Bedarf. In der Gründungsphase können diese Arbeitskreise Unterstützung durch externe Berater (z. B. Psychologen, Sozialarbeiter, Berater von Krankenkassen, Berufsgenossenschaften usw.) erhalten.

> **Kernaussage**
>
> Hauptaufgabe dieser Arbeitskreise ist es, auf der Basis einer gründlichen Problemdiagnose Gesundheitsfördermaßnahmen zu planen und in die Praxis umzusetzen (Brinkmann, 1992).

Im Sinne eines vernetzten Vorgehens, das verhaltens- und verhältnisbezogene Maßnahmen beinhaltet, ist es notwendig, Personen in die Arbeitskreise zu entsenden, die durch ihre betriebliche Aufgabe dafür prädestiniert sind. So empfiehlt es sich, als ständige Mitglieder folgende Personen in den Arbeitskreis zu entsenden:

Mitglieder des Arbeitskreises

- *Mitarbeiter der Personalabteilung* als Vertreter des Arbeitgebers,
- *Personal- oder Betriebsratsmitglieder* als Vertreter der Arbeitnehmer,
- *Sprecher der leitenden Angestellten*,
- *Fachkräfte für Arbeitssicherheit*,
- *Betriebsärzte und -psychologen*,
- *Mitarbeiter des Sozialdienstes*.

Als beratende Mitglieder können nach Bedarf Personen hinzugezogen werden, die für die Entwicklung und Umsetzung von Einzelmaßnahmen unterstützend agieren können, wie beispielsweise die Kantinenleitung. Da Betriebliche Gesundheitsförderung nicht von heute auf morgen umsetzbar ist, sondern in kleinen, sicheren Schritten durch umfassende Kommunikation im Betrieb verankert werden muss, ist eine adäquate Informationspolitik wichtig. Die Geschäftsleitung und die Arbeitnehmervertretung haben dem Projekt „Gesundheitsförderung" einen entsprechend hohen Stellenwert in Betriebsversammlungen, über Plakate und unterschiedliche Informationsveranstaltungen zu geben.

6.4.2.2 Die sechs Einzelschritte zur Umsetzung von Gesundheitsförderung im Betrieb

Nachdem ein Arbeitskreis „Gesundheitsförderung" ins Leben gerufen worden ist, sollten sich die Beteiligten auf ein planvolles Vorgehen einigen. Folgende sechs Phasen (Brinkmann, 1993) haben sich bei der Entwicklung und Umsetzung von Gesundheitsförderung bewährt (▶Abbildung 6.7):

Implementierung von Gesundheitsförderung im Betrieb

1. Phase: Identifizierung der Problemfelder

In diesem ersten Schritt sollte sich der Arbeitskreis eine Übersicht über die Häufigkeit und Verteilung von Krankheiten und Arbeitsbelastungen verschaffen durch:

- *Expertenbefragung*
  Experten sind Gesundheitspsychologen, Betriebsärzte, die Arbeitnehmervertretungen, der Sozialdienst usw.

- *Anonyme Mitarbeiterbefragungen*
  Erfragt werden neben konkreten gesundheitlichen Problemen auch die Vorstellungen zu Maßnahmen der Gesundheitsförderung. Sinnvoll ist auch, die Teilnahmebereitschaft an Maßnahmen zur Gesundheitsförderung zu erfragen, um ein Gefühl für die Akzeptanz solcher Maßnahmen zu bekommen. Befragungen fördern die Bereitschaft zur grundsätzlichen Beschäftigung mit gesundheitlichen Belangen und schaffen so eine erste Sensibilisierung für die Gesamtthematik. Allerdings ist bei Mitarbeiterbefragungen grundsätzlich die Zustimmung der Arbeitnehmervertretungen notwendig.

- *Datenanalysen*
  Eine weitere Möglichkeit besteht darin, die anonymisierten Untersuchungsergebnisse des medizinischen Dienstes auszuwerten – sofern ein solcher vorhanden ist – um so Häufungen bestimmter Krankheiten bzw. Arbeitsbelastungen oder Risikofaktoren für spezifische Erkrankungen festzustellen. Der entstehende „Gesundheitsreport" gibt einen ersten, wenn auch groben Überblick über Betriebsbereiche, in denen gehäuft bestimmte Krankheiten bzw. gesundheitliche Belastungen auftreten (z. B. Belastungen für das Herz-Kreislauf-System oder den Bewegungsapparat).

- *Reihenuntersuchungen*
  Als sehr wirkungsvoll haben sich Reihenuntersuchungen erwiesen. Dabei kann in zwei Richtungen vorgegangen werden:
  - Es wird *allgemein* nach Gesundheitsbeeinträchtigungen bei Mitarbeitern gesucht.
  - Es wird gezielt nach *bestimmten Erkrankungen bzw. Risikofaktoren* gefahndet (z. B. erhöhte Blutfettwerte, Bluthochdruck, Übergewicht).

  Das erste Vorgehen erbringt Hinweise zur Maßnahmengestaltung, beispielsweise zur Veränderung von Arbeitsplätzen und zum Programmangebot (z. B. Kurse zur Gewichtsreduktion).
  Im zweiten Fall ergeben sich bestimmte Personengruppen, etwa Träger von Risikofaktoren für Herz-Kreislauf-Erkrankungen, für die spezifische Maßnahmen entwickelt werden können.
  Die Resultate der Datenerhebungen müssen schließlich hinsichtlich des *Verhaltens- und Verhältnisanteils* analysiert werden.

Gefährdungsbeurteilung

- *Gefährdungsanalyse*
  Gefährdungsbeurteilungen werden zur Gefahrenverhütung, der Risikovermeidung an der Entstehungsquelle und zur menschengerechten Gestaltung der Arbeitsbedingungen eingesetzt (§§ 5 und 6 ArbSchG).

Es geht um das Identifizieren und Bewerten von Möglichkeiten der Entstehung von Unfällen und gesundheitlichen Beeinträchtigungen (z. B. gesundheitsschädigende Einwirkungen von Stoffen oder körperliche und psychische Beanspruchungen). Geht es beispielsweise um die Beurteilung von psychischen Belastungen und in deren Folge um psychische Beanspruchungen (vgl. *Abschnitt 5.4.1.2*), bietet sich eine Gefährdungsanalyse an. Diese kann durch interne oder externe Beurteiler durchgeführt werden (z. B. Gesundheitspsychologe, Mediziner, Fachkraft für Arbeitssicherheit). Hierzu existieren bewährte Beurteilungs- und Messinstrumente. Die *Bundesanstalt für Arbeitsschutz und Arbeitsmedizin (BAuA)* stellt diese Verfahren in der sogenannten „Toolbox" auf ihrer Internetseite (*www.baua.de*) zur Verfügung. Betriebe erhalten aber auch für eine Gefährdungsbeurteilung durch die Krankenkassen, die Berufsgenossenschaften, die Unfallkassen oder Organisationen der Arbeitgeber bzw. den Gewerkschaften Unterstützung.

2. Phase: Festlegung der angemessenen Vorgehensweise

Aufgrund der in der ersten Phase festgestellten Problemfelder werden Prioritäten gesetzt und so die Entscheidung gefällt, welches Thema der Arbeitskreis bearbeiten soll. Je nach Art der Problemstellung ist die passende Maßnahme festzulegen.

3. Phase: Ursachenfeststellung

Mit der Auswertung der Daten, der Informationen der Experten, der Befragung der Mitarbeiter, der Gefährdungsanalyse usw. wird der Ist-Zustand festgestellt (Verhalten oder Verhältnisse?). Je nach Problemschwerpunkt (z. B. individuelles Fehl- oder Risikoverhalten) und Belastungen (z. B. Arbeitsstrukturen) ist zu entscheiden, ob zu einer grundlegenden Analyse zunächst ein Gesundheitszirkel einzurichten ist (s. u.). Sind die Resultate der Analyse dieser dritten Phase so gelagert, dass eher allgemeine Gesundheitsförderungsmaßnahmen zu wählen sind, etwa als Folge einer *Reihenuntersuchung (Screening)*, kann der Arbeitskreis direkt Vorschläge und Ideen entwickeln. Dazu kann er auch externe Berater hinzuziehen.

4. Phase: Prüfen der Veränderungs- und Umsetzungsmöglichkeiten

Der wichtigste Schritt dieser Phase besteht darin, die erarbeiteten Vorschläge und Ideen des Arbeitskreises auf ihr Veränderungspotenzial und ihre praktische Umsetzbarkeit zu überprüfen. So ist es beispielsweise bei Nacken- und Rückenschmerzen von Mitarbeitern an Bildschirmarbeitsplätzen aus organisatorischen und ökonomischen Gründen *kurzfristig* sinnvoller, mit einer Rückenschulung bzw. Rückengymnastik zu beginnen, bevor konkrete Eingriffe am Arbeitsplatz vorgenommen werden. Dieses Beispiel macht deutlich, dass das Idealziel in Teilziele unterteilt werden muss, d. h. der Arbeitskreis muss *kurz-, mittel- und langfristige Ziele* in Form einer Prioritätenliste festlegen.

5. und 6. Phase: Durchführung der beschlossenen Maßnahmen und ihre Evaluation

In diesen letzten beiden Phasen hat der Arbeitskreis nur noch beratende Funktion, da die Maßnahmen, je nach delegierter Verantwortung, auf die Abteilung, externe Institutionen oder die Fachkräfte im Betrieb (z. B. Arzt, Psychologe, Fachkraft für Arbeitssicherheit) übergegangen sind.

Bei der abschließenden Bewertung der Aktionen, Programme oder strukturellen Veränderungen sollte der Arbeitskreis die Erfolgsindikatoren festlegen. Die Evaluation der Gesundheitsfördermaßnahmen kann dann durch qualifizierte Mitarbeiter bzw. externe Berater durchgeführt werden. Soll beispielsweise ein Programm zur Stressbewältigung bewertet werden, können folgende Punkte Berücksichtigung finden:

1. Art, Ausmaß und Verteilung psychischer Beanspruchungen im Betrieb,
2. Ziele und Angemessenheit des Programms,
3. Planmäßiger Ablauf aller Maßnahmen (organisatorisch, personell etc.),
4. Ausmaß der Veränderungen bei den Teilnehmern,
5. Nebenwirkungen der Aktion und
6. ökonomische Evaluation.

Grundsätzlich ist nach einer durchgeführten Maßnahme immer zu prüfen, ob diese nur als einmalige Aktion in Form einer Intervention ihr Ziel erreicht hat oder ob sich weitere Aktivitäten zur Prävention oder Gesundheitsförderung anschließen müssen.

Betriebsvereinbarung Wichtig ist es, nach Möglichkeit eine *Betriebsvereinbarung* zur Betrieblichen Gesundheitsförderung zwischen der Arbeitnehmervertretung und der Geschäftsleitung abzuschließen. In ihr sind die Ziele, die Organisation und die Verantwortlichkeiten der Betrieblichen Gesundheitsförderung geregelt.

Hilfreich ist es für Unternehmen, sich Unterstützung von Netzwerken zu sichern, etwa vom *Deutschen Netzwerk für Betriebliche Gesundheitsförderung* (*DNBGF*), das gemeinsam vom *BKK-Bundesverband* und vom *Hauptverband der gewerblichen Berufsgenossenschaften* (HVBG) getragen wird (*www.dnbgf.de*).

6.4 Anwendungsbeispiele

Schritt 1: Einrichtung eines Arbeitskreises Gesundheitsförderung ← Externe Beratung

Schritt 2:
Phase 1: Identifizierung von Problemfeldern

Phase 2: Festlegung einer angemessenen Vorgehensweise

Phase 3: Ursachenfeststellung ---- Ggf. Einrichtung eines Gesundheitszirkels

Phase 4: Veränderungs- und Umsetzungsmöglichkeiten

Phase 5: Durchführung von Maßnahmen ← Evtl. externe Unterstützung

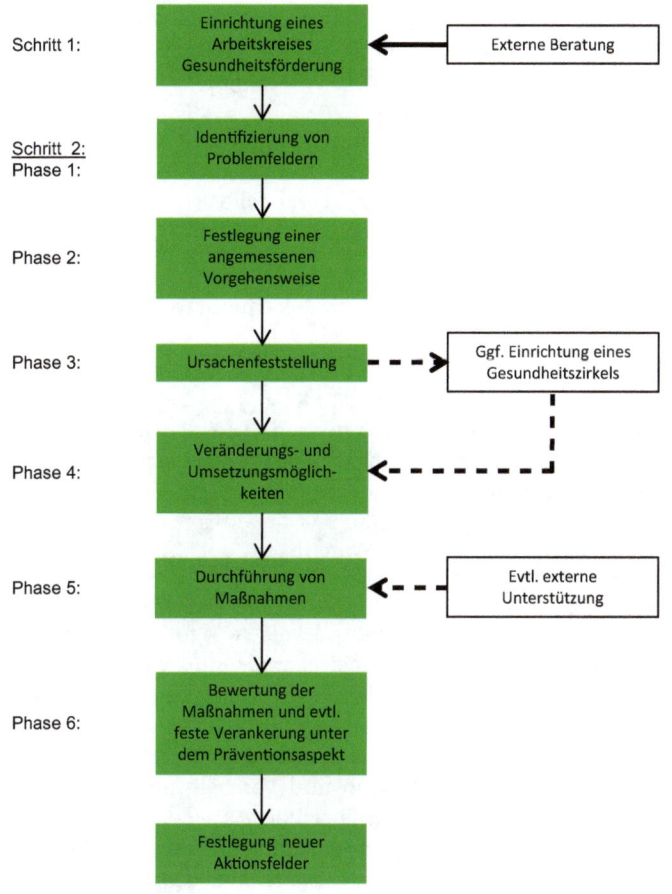

Phase 6: Bewertung der Maßnahmen und evtl. feste Verankerung unter dem Präventionsaspekt

Festlegung neuer Aktionsfelder

Abbildung 6.7: Schematische Darstellung der Einführung von betrieblicher Gesundheitsförderung (Quelle: Brinkmann, 1993)

6.4.2.3 Gesundheitszirkel

Gesundheitszirkel dienen dazu, das Erfahrungswissen der Belegschaft hinsichtlich gesundheitsgefährdender Arbeitsbedingungen für die Prävention und Gesundheitsförderung nutzbar zu machen. Mitarbeiter wissen meist, was sie „kränkt" und welche Faktoren sie krankmachen. Zwei Fragen sollten in jedem Zirkel im Vordergrund stehen:

Erfahrungswissen der Mitarbeiter wird genutzt

1 Welche Tätigkeiten gehen in einer Abteilung, Arbeitsgruppe usw. gehäuft mit welchen körperlichen oder psychischen Beschwerden einher?

2 Welche Verbesserungsmöglichkeiten gibt es, um die festgestellten Belastungen bzw. gesundheitlichen Beanspruchungen zu minimieren?

Gesundheitszirkel treffen sich in der Regel nach der regulären Arbeitszeit (für ca. 1 Std.), wobei diese Zeit als Arbeitszeit bezahlt wird. Jeder Zirkel sollte nach einem festen Programm arbeiten. Im Unterschied zum

Gesundheitszirkel

Arbeitskreis „Gesundheitsförderung" sind „Gesundheitszirkel" stärker durch die Beteiligung und Aktivierung der Mitarbeiter gekennzeichnet. Das Erfahrungswissen der Betroffenen soll nutzbar gemacht werden und ist für eine Feinanalyse der Ursachen von krankmachenden Faktoren unverzichtbar. Obwohl eine ähnliche Zielsetzung wie bei den Arbeitskreisen besteht, sind diese Zirkel, was ihr praktisches Vorgehen betrifft, eher mit den bekannten „Qualitätszirkeln" vergleichbar.

Dem Konzept der Qualitätszirkel liegt der Gedanke zugrunde, dass Probleme und Schwachstellen am ehesten dort erkannt werden können, wo sie auftreten. Eine Definition des Gesundheitszirkels könnte wie folgt lauten:

> **Begriffe**
>
> *Gesundheitszirkel* sind kleine Gruppen (max. 15 Personen) von Betriebsangehörigen, die sich freiwillig einmal im Monat zusammenfinden, um gesundheitliche Probleme ihrer Tätigkeit mit Blick auf die drei Komponenten *Person, Situation* und *Organisation* zu besprechen und Verbesserungen anzustreben.

Monatliche Treffen

Inhaltlich ist die Arbeit eines „Gesundheitszirkels" wie folgt zu beschreiben: Die monatlichen Treffen der Arbeitnehmer mit vergleichbaren Arbeitsbelastungen (z. B. Vorarbeiter, Meister, Schreibkräfte usw.) finden unter Anleitung eines Moderators statt. Dabei werden die *physischen oder psychischen Belastungen* am Arbeitsplatz und die daraus entstehenden Beanspruchungen erörtert und Ideen und Verbesserungsvorschläge gesammelt. Die Resultate können dann über den Arbeitskreis „Gesundheitsförderung", in Abstimmung mit den zuständigen Personen, in konkrete Maßnahmen umgesetzt werden (z. B. arbeitsplatzbezogene Maßnahmen, Programmangebote, organisatorische Verbesserungen usw.).

Ein wichtiger Aspekt dieser Gesundheitszirkel ist der Umstand, dass strukturelle Gegebenheiten, die gesundheitsbeeinträchtigend wirken können, allein durch arbeitsweltbezogene Maßnahmen verändert werden können. Das schließt allerdings nicht die Beratung durch externe Fachleute aus.

Für Kleinbetriebe bieten sich Gesundheitszirkel ebenfalls an, indem kleine Betriebe in Kooperation mit Berufsgenossenschaften und Krankenkassen oder auf Innungsebene Zirkelarbeit ins Leben rufen.

6.4.2.4 Von der Betrieblichen Gesundheitsförderung zum betrieblichen Gesundheitsmanagement

Ganzheitliches Vorgehen

Eine Berücksichtigung von individuellem Verhalten und von Verhältnissen am Arbeitsplatz zeugt von ganzheitlichem Denken bezüglich der Entstehung von Krankheit bzw. des Erhalts von Gesundheit. Betriebliche Gesundheitsförderung ist unter dieser Prämisse ein Aspekt eines ganzheitlichen Vorgehens. Für diesen ganzheitlichen Ansatz hat sich der Begriff des *Betrieblichen Gesundheitsmanagements (BGM)* etabliert.

6.4 Anwendungsbeispiele

> **Begriffe**
>
> Das *Betriebliche Gesundheitsmanagement* (*BGM*) strebt sowohl einen systematischen Aufbau gesundheitsförderlicher Strukturen und entsprechender Prozesse an, als auch die Fähigkeit der Mitglieder einer Organisation, sich gesundheitsbewusst in Eigenverantwortung zu verhalten.

Betriebliches Gesundheitsmanagement (BGM)

Im BGM wird der herkömmliche Arbeitsschutz mit der allgemeinen Gesundheitsförderung vereint (Uhle & Treier, 2010). Ergänzt werden diese beiden Faktoren durch die Überprüfung der Arbeitsabläufe und der Organisation der Arbeit. Einbezogen werden aber auch die Personaleinsatzplanung, die Personalentwicklung, die Arbeitszeitregelung, das Betriebsklima und die Kultur im Unternehmen, um mehr gesundheitsbewusste Eigenverantwortung zu ermöglichen (Brinkmann, 2009). Ziel des BGM ist es, Maßnahmen zu entwickeln, die im Unternehmen und beim einzelnen Arbeitnehmer die Gesundheitskompetenz fördern. Bei den Beschäftigten sollen die Gesundheit und die Regenerationsfähigkeit auf lange Sicht erhalten werden. Betriebliches Gesundheitsmanagement beinhaltet daher sowohl eine Betrachtung der organisatorischen Prozesse, Strukturen und Werthaltungen zur gesundheitsförderlichen Gestaltung des Unternehmens bzw. der Organisation als auch die Arbeit selbst und das Anregen der Beschäftigten zu gesundem Leben und Arbeitsverhalten. Es beinhaltet alle Aspekte der Arbeitsorganisation und -gestaltung, des Arbeitsschutzes wie auch der Mitarbeiterführung, der Personalentwicklung und der Unternehmenskultur. Nicht zuletzt führt auch die Erkenntnis der multikausalen Verursachung vieler Krankheiten zu dieser ganzheitlichen Sicht des Gesundheitsmanagements.

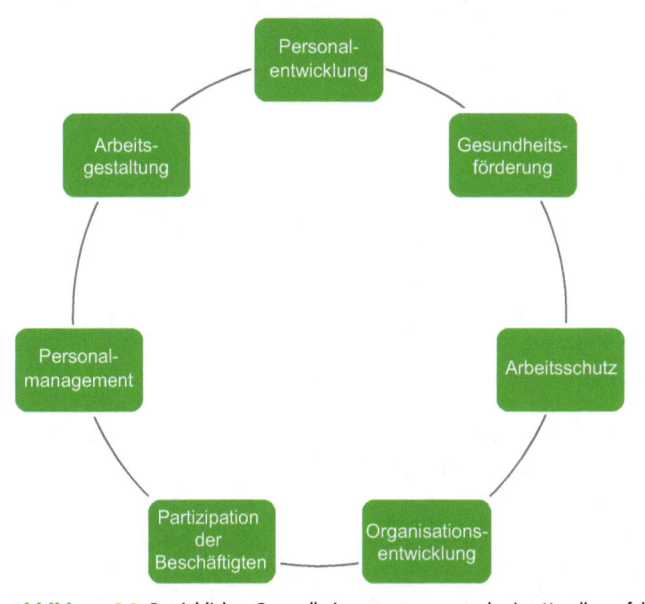

Abbildung 6.8: Betriebliches Gesundheitsmanagement und seine Handlungsfelder

6.4.3 Prävention und Gesundheitsförderung im Setting Schule

Menschen verbringen einen wesentlichen Teil ihres Lebens in der Schule. Damit bietet sich die Schule auch als Setting für gesundheitsförderliche Maßnahmen wie die Aufklärung von Kindern und Jugendlichen bezüglich verschiedener gesundheitlicher Risiken an. Ein solches Setting ist besonders wirkungsvoll, da Kinder und Jugendliche in dieser Lebensphase besonders aufnahmefähig sind. Speziell wenn es um Bewegungsleistungen geht, sind insbesondere Kinder mit einem außerordentlichen Lernpotenzial für das Erlernen von Bewegungskoordinationen ausgestattet, weshalb beispielsweise durch entsprechende Programme späteren Haltungsfehlern vorgebeugt werden kann.

Gesundheitsförderliches Umfeld schaffen

Gesundheitsförderung wird im Setting Schule vor allem als *Organisationsentwicklung* verstanden (Dür et al., 2009), wobei auch hier das Ziel ist, an einer gesundheitsförderlichen Umwelt zu arbeiten. Naidoo und Wills (2003) gehen davon aus, dass ein positives und die Gesundheit förderndes Umfeld das Lernen verbessert. Dazu gehört ein gesundes Essen in der Schule ebenso wie die körperlichen Aktivitäten im Sportunterricht. Notwendig und wünschenswert sind aber auch eine angemessene Gebäudegestaltung, ergonomische Möblierung, kinder- und jugendgerechte sowie sichere Spielflächen und Schulhöfe, eine positive Schulkultur, Umgangsformen und Beziehungen untereinander usw. Insofern stehen *Schulentwicklung* und *Gesundheitsförderung* in einer engen Beziehung. Gesundheit soll aber auch im Unterricht thematisiert werden, etwa in Form der Themen Suchtprävention, Ernährung, Bewegung, psychosoziale Gesundheit, oder auch durch Schaffung bzw. Aufbau eines Umweltbewusstseins. Es ist wenig erfolgsversprechend, im Kindes- und Jugendalter mittels Aufklärung bezüglich gesundheitlicher Risiken oder über Furchtappelle bzw. Abschreckung das Gesundheitsverhalten zu beeinflussen. In der subjektiven Einschätzung sind für Kinder und Jugendliche Gesundheit selbstverständlich, gesundheitliche Risiken unwichtig, Schäden für die Gesundheit noch weit weg und persönliche gesundheitliche Ressourcen unbegrenzt (Jerusalem, 2002b). Zudem ist riskantes Gesundheitsverhalten wie übermäßiger Alkoholkonsum oder Rauchen u. U. mit Anerkennung durch die Gruppe der Gleichaltrigen verbunden; die überdeckt Unsicherheiten, hilft Selbstwertunsicherheit auszugleichen und unterstützt vermeintlich beim erwachsen werden (Jerusalem, 2002b). Um dennoch diesen Personenkreis gesundheitlich zu fördern, stehen heute bei Maßnahmen im Schulsetting die Stärkung von Kompetenzen mit dem Ziel einer verbesserten Bewältigung des Lebens im Mittelpunkt. Schülerinnen und Schüler sollen in die Lage versetzt werden, ihr körperliches, seelisches und soziales Potenzial zu nutzen und durch *Empowerment* ihre Selbstachtung zu fördern. Ebenso wichtig ist die Vermittlung der Werte „Gesundheit" und „Qualität des Lebens" im Unterricht (Dür et al., 2009).

Dies alles verlangt natürlich einen Beschluss der Schulkonferenz, in der Lehrer wie Schülervertreter und Eltern Mitglieder sind. Unterstützt werden muss ein solches Projekt durch den Schulträger und die zuständige

Aufsichtsbehörde. Aber auch eine enge Zusammenarbeit von Eltern, Lehrerschaft und Schülern sowie eine kontinuierliche Fort- und Weiterbildung der Lehrer und der Schulleitung sind für den Erfolg notwendig. Eltern sind insbesondere für die gesundheitliche Versorgung ihrer Kinder verantwortlich, d. h. für eine gesunde Ernährung, regelmäßige Impfungen, Vorsorge- und Arzt- sowie Zahnarztbesuche.

Für die Umsetzung muss ein Projektteam implementiert werden, das Entscheidungen treffen kann und in dem alle wichtigen Gruppen und Akteure vertreten sind. Die Projektgruppe ist für die Umsetzung des Projektes verantwortlich und beschließt die folgerichtigen Schritte dazu. Schließlich hat sie auch die Voraussetzungen für eine Evaluation zu schaffen, um die Resultate der Maßnahmen auch kritisch bewerten zu können.

Umsetzung durch Projektgruppe

Mitglied des Schulprojektteams sollten folgende Akteure sein:

1. die Schulleitung,
2. die Lehrerschaft,
3. Schülervertreter,
4. Elternvertreter,
5. Vertreter der Schulträger,
6. ein Verantwortlicher der Schulaufsicht,
7. Vertreter von Versicherungen und Unfallkasse,
8. der öffentliche Gesundheitsdienst,
9. Experten von Krankenkassen und
10. Vertreter von privaten Krankenversicherungen.

Je nach Thematik, ähnlich wie beim Arbeitskreis „Betriebliche Gesundheitsförderung", können weitere Personen hinzugezogen werden, z. B. Sozialarbeiter der Suchtberatung, Vertreter der Polizei, Ärzte oder Übungsleiter der örtlichen Sportvereine usw.

Dass sich Schulen zu *gesundheitsfördernden Organisationen* entwickeln können, zeigen die Ergebnisse zu den Aktivitäten sowie die Strukturen, die sich seit den 1990er-Jahren etablieren konnten (Barkholz, Gabriel, Jahn & Paulus, 2001).

6.4.3.1 Präventionskonzept „Rücken Kult-Tour" für Grundschulen

Das Präventionsprogramm „Rücken Kult-Tour" ist ein Präventionskonzept gegen Rückenschmerz, das auf wissenschaftlichen Prinzipien und didaktisch-pädagogischen Grundlagen basiert (Groll, Heine-Goldammer & Zalpour, 2009). Ausgangspunkt für das Projekt, das von der *BKK futur* und dem *Bundesverband selbstständiger Physiotherapeuten* gefördert wurde, sind die Zahlen zu den Rückenschmerzen bei Grundschulkindern. Bös

(2002) geht davon aus, dass 33% der Grundschulkinder gelegentlich und 6,5% sogar permanent über Rückschmerzen klagen. Zudem besteht bei zu wenig Bewegung das Risiko für Folgeschäden wie Übergewicht oder Diabetes. Kleine (2003) errechnet für Kinder eine tägliche „Sitzzeit" von 3,5 – 5,5 Stunden plus 54 Minuten für Hausaufgaben. Er geht von einem drastisch veränderten Bewegungsverhalten bei Kindern aus, deren Freizeitaktivitäten sich in Richtung Fernsehen und Computerspielen verlagert haben, sodass Kinder im Mittel nur noch einmal pro Woche „Sport treiben". Darunter leiden die Muskelkraft und die Motorik (Dordel, 2003). Vermehrt treten Haltungsschäden auf, die sich später auch im Erwachsenenalter zeigen (Groll, Heine-Goldammer und Zalpour, 2009).

Ziele des Programms „Rücken Kult-Tour" sind:
- *Vermittlung von Wissen über den Körper,*
- *Aufbau von Wissen über rückengerechtes Verhalten,*
- *Anregen zu rückengerechtem Verhalten,*
- *Anbahnung von Bewegungsförderung,*
- *Integration von Bewegungspausen in den Unterricht.*

Insgesamt sollen die Grundschulkinder Interesse an Bewegung entwickeln, Spaß an körperlicher Aktivität haben und beides möglichst nachhaltig in ihren Alltag integrieren (Groll, Heine-Goldammer & Zalpour, 2009). Den Kindern soll rückengesundes Verhalten und Spaß an der Bewegung vor allem spielerisch vermittelt werden und zwar mit Übungen wie „Robben-Massage", „Buschtanz" oder „Indianerfußball". Neben den Unterrichtsstunden für die 3./4. Klasse beinhaltet das Programm auch begleitende Schulungen für Lehrer und Eltern. Konkret besteht das Programm aus drei Bausteinen, nämlich der *Kinderschulung* von acht Unterrichtsstunden à 90 Minuten, der *Lehrerinformation* à sechs 45-Minuten-Einheiten und der *Information der Eltern* mit einem Umfang von zwei Unterrichtseinheiten à 45 Minuten. Speziell Lehrer und Eltern sollen mit den Schulungen in die Lage versetzt werden, neues Bewegungsverhalten der Kinder verstärken zu können.

Die acht Doppelstunden Kinderschulung vermitteln Wissen bezüglich der Themen Körper, Bewegungsförderung, Rückenspiele und -übungen. Ein Beispiel für die dritte Doppelstunde, in der der Schwerpunkt „Muskulatur" und „Körperspannung" abgehandelt wird, sind die Spiele „Eisschollenschieben" und „Robben-Massage". Mit diesen Spielen wird den Kindern der Zusammenhang zwischen Spannung und Kraft vermittelt.

Zu den Programminhalten für die Lehrerschaft gehören:
- *Information zum Nutzen der Präventionsmaßnahme,*
- *Basiswissen über die Wirbelsäule,*
- *Wissen über rückenfreundliches Verhalten,*
- *Kenntnisse zum richtigen Heben, Tragen und Sitzen,*
- *Einführung in das dynamische Sitzen und die Sitzmöbelanpassung,*

- *Erkenntnisse darüber, weshalb Kinder z. B. beim Schreiben nicht aufrecht sitzen können,*
- *Unterstützung bei der zielgerichteten Integration in den Unterricht,*
- *Informationen zu den Bewegungspausen und*
- *Hinweise für Übungen im Sportunterricht.*

Die Inhalte der Elternschulung sind die folgenden:
- *Weshalb der Einsatz des Präventionskonzepts?*
- *Aufbau der „Rücken Kult-Tour"*
- *Basiswissen Anatomie und Physiologie*
- *Einführung in das rückengerechte Verhalten*
- *Chancen zur Bewegungsförderung*
- *Beantwortung offener Fragen*

Am Programm, das auch wissenschaftlich begleitet wurde, nahmen 205 Kinder aus fünf Grundschulen mit jeweils einer Interventionsklasse teil. 204 Kinder fanden sich in den Kontrollgruppen, die aus den Parallelklassen gebildet wurden. Die Pilotstudie fand 2008 statt (Groll, Heine-Goldammer & Zalpour, 2009). Zu Beginn des Programms wurde den Kindern ein Wissensfragebogen zum Thema „Rücken" vorgegeben, in dem sie nach Rückenbeschwerden und nach der Häufigkeit des Sporttreibens gefragt wurden. Die Auswertung zeigte, dass bereits 7% der Kinder öfters Rückenschmerzen hatten, 34% selten, und einmalige Rückschmerzen gaben 24% der Kinder an. Noch nie Rückenschmerzen hatten nur ca. ein Drittel der befragten Grundschulkinder (Groll, Heine-Goldammer & Zalpour, 2009).

Der Vorher-Nachher-Vergleich ergab signifikante Unterschiede. So hatten im Vergleich zur Kontrollgruppe die Kinder der Interventionsgruppe einen deutlichen *Wissenszuwachs beim richtigen Rückenverhalten* sowie *bei den Kenntnissen der Wirbelsäule*. Auch waren die Kinder, die am Programm teilnahmen, informierter als diejenigen der Kontrollgruppe, was die *Bandscheibenfunktionen* und die *Wirbelsäulenform* angeht und besaßen mehr Wissen darüber, wie *richtig gehoben* und *getragen* wird und wie *die Schultasche zu packen* ist. Die geschulten Kinder wendeten das Gelernte nach Aussagen der Eltern und Lehrer auch selbstständig an, indem sie häufiger die aufrechte Sitzhaltung einnehmen.

Etliche Schulungsprogramme für den Rücken von Kindern weisen positive Resultate nach. Cardon und Balagué (2004) gehen davon aus, dass Rückenschulungsprogramme für Schulkinder eine nicht zu unterschätzende präventive Rolle für Rückenschmerzen im Erwachsenenalter spielen. Allerdings seien hierzu noch weitere Studien mit Nachuntersuchungen im Erwachsenenalter notwendig, um die langfristige Wirkung von Frühintervention und die mögliche schädliche Wirkung von Wirbelsäulenbelastungen in jungen Jahren zu evaluieren.

Zusammenfassung

- Deutlich geworden ist die Veränderung des Spektrums an Erkrankungen in den letzten 100 Jahren. Im Vergleich zu den Entwicklungsländern, in denen vor allem die Infektionskrankheiten dominieren, stehen heute in den westlichen Industrienationen die sogenannten *„Zivilisationskrankheiten"* im Vordergrund.

- *Prävention* versucht, Gefahren und Risiken bestimmter Krankheiten möglichst klein zu halten, während die *Gesundheitsförderung* darauf aus ist, personale und soziale Ressourcen zu stärken sowie Handlungsspielräume zu erweitern, damit Menschen sich gesund erhalten bzw. ihre Gesundheit wieder herstellen können.

- Präventionsmaßnahmen können hinsichtlich ihres Zeitpunktes unterschieden werden, d. h. sie können in die *Primärprävention*, die *Sekundärprävention* und die *Tertiärprävention* unterteilt werden. Werden präventive Maßnahmen nach der Zielgröße differenziert, wird von der *Verhaltensprävention* und der *Verhältnisprävention* gesprochen.

- Die Kritik an der klassischen Einteilung präventiven Vorgehens führte zur Klassifikation von Präventivmaßnahmen nach Zielgruppen. In diesem Verständnis wird in die *universelle*, *selektive* und *indizierte Prävention* eingeteilt.

- Gesundheitspsychologisch begründete Präventionsmaßnahmen sollten als Grundkomponenten folgende Inhalte haben: zum einen die *Wissensvermittlung* (Risiko- und Ressourcenkommunikation), zum anderen die *Beeinflussung von Einstellungen* (Selbstwirksamkeit, Eigenverantwortung und die Motivation zum Schutzverhalten) sowie zum Dritten das *Einüben von neuem alternativem Verhalten* (Förderung von Kompetenz, Verhaltensanalyse, Selbstmanagement und Verhaltensregulation).

- Drei Bereiche des methodischen Vorgehens in der Prävention können grob unterschieden werden: *psycho-edukative Verfahren* (Aufklärung, Beratung, Verhaltens- und Selbstmanagementtraining), *normativ-regulatorische Verfahren* (gesetzliche Regelungen) und ökonomische Anreiz- und Bestrafungssysteme (z. B. Tabaksteuer).

- Auf der Ebene der konkreten Interventionen lassen sich bei der präventiven Arbeit vor allem folgende Instrumente aufzählen: *Gesundheitsberatung*, *Gesundheitscoaching*, *Gesundheitserziehung*, *Gesundheitsaufklärung*, *Gesundheitsbildung* und *Gesundheitsselbsthilfe*.

- Die *Epigenetik*, befasst sich mit der Frage, welche Gene vom menschlichen Organismus „wirklich" genutzt werden und weshalb einzelne Gene „an-" und andere „abgeschaltet" werden. Sie ist für die Erklärung der Krankheitsentstehung von Bedeutung, da Umwelteinflüsse, individuelles Verhalten und Lebensstil auf epigenetische Mechanismen einen großen Einfluss haben. Damit ergibt sich durch die Epigenetik auch die Möglichkeit zu einer effektiveren *Verhaltens- und Verhältnisprävention*.

- *Gesundheitsförderung* hat zum Ziel, individuelle Ressourcen und Potenziale freizusetzen sowie Lebens- und Arbeitsbedingungen unterstützend zu verändern, um somit Gesundheit positiv zu beeinflussen. Dabei richtet sie sich am Konzept der Salutogenese aus. Der Gedanke der Gesundheitsförderung basiert auf der Ottawa-Charta der Weltgesundheitsorganisation (WHO) von 1986 und legt ihren Fokus, im Unterschied zur Prävention, auf die *Änderung ökonomischer, ökologischer, sozialer und kultureller Bedingungen*, um gesundes Leben zu ermöglichen.

- *Fünf Handlungsebenen* werden innerhalb der Gesundheitsförderung unterschieden: die politische Ebene (gesundheitsförderliche Gesamtpolitik), die „Lebenswelten" (gesunde Lebens-, Arbeits- und Freizeitbedingungen), die Gemeinschaft (gesundheitsbezogene Aktionen in Kommunen), das Gesundheitssystem (Entwicklung von mehr Professionalität) und die „Kompetenzen des Einzelnen" (persönliche, soziale und lebenspraktische Kompetenzen).

- Im „*Settingansatz*" kommt die Handlungsebene der „Lebenswelten" im Rahmen der Gesundheitsförderung am deutlichsten zum Ausdruck. So haben sich in Deutschland entsprechend dieses Ansatzes in *Kommunen*, am *Arbeitsplatz*, in *Schulen* und *Kindergärten*, *Krankenhäusern* und *Hochschulen* Projekte zur Gesundheitsförderung entwickelt. Diese Projekte organisieren sich üblicherweise in Netzwerken, etwa dem „Netzwerk Schule und Gesundheit", und bilden so eine Plattform für Informationen und Erfahrungsaustausch.

- Das *Empowerment-Konzept* kann im Kontext der Gesundheitsförderung der Handlungsebene „Kompetenzen des Einzelnen" zugeordnet werden. Es hat eine große Nähe zum Salutogenese-Konzept von Antonovsky und zielt auf mehr *Selbstbestimmung des Einzelnen* über seine Gesundheit sowie den Aufbau der Fähigkeiten, die eigene Gesundheit zu stärken. Menschen sollen in diesem Ansatz ihre soziale Lebenswelt und ihr Leben selbst gestalten und sich nicht gestalten lassen.

- In der Bundesrepublik Deutschland existieren seit dem Jahr 2000, zunächst auf Landesebene, später auch auf nationaler Ebene, *Gesundheitsziele*. Sie geben gesundheitspolitischem Handeln einen Rahmen für bestimmte Gesundheitsbereiche (z. B. Tabakkonsum reduzieren) oder spezielle Zielgruppen (z. B. alte Menschen).
- *Evaluationen* von Präventions- oder Gesundheitsförderprogrammen nehmen einen wichtigen Stellenwert ein. Programme können *summativ und formativ* bewertet werden und bilden ein Instrument zur Qualitätssicherung. Evaluationsstandards sichern ein einheitliches und standardisiertes Vorgehen. Probleme bei der Evaluation von Programmen ergeben sich immer dann, wenn die Resultate der Interventionen mit Zeitverzögerung auftreten können. Zunehmende Bedeutung gewinnt die volkswirtschaftliche Bewertung von Maßnahmen der Prävention.
- *Anwendungsbeispiele* zu präventivem und gesundheitsförderlichem Vorgehen in unterschiedlichen Settings zeigen, dass die Beeinflussung von individuellem gesundheitlichem Wissen, von Einstellungen und Verhalten erfolgreich sein kann.

Fragen zur Wiederholung des Kapitelinhalts

1. Welche wesentlichen Unterschiede finden sich in Statistiken zu den häufigsten Todesursachen in Industrie- und den Entwicklungsländern.
2. Wie kann zwischen den Begriffen Primär-, Sekundär- und Tertiärprävention differenziert werden.
3. Was wird unter „Verhaltens-", was unter „Verhältnisprävention" verstanden?
4. Wie können universelle, selektive und inzidierte Präventionsstrategien voneinander unterschieden werden?
5. Wie lassen sich Präventionsmaßnahmen nach der Methode kategorisieren?
6. Was versteht man unter „psycho-edukativen", was unter „normativ-regulatorischen" Verfahren und was unter „ökonomischen Anreiz- bzw. Bestrafungssystemen"?
7. Was wird unter Gesundheitsberatung und -coaching verstanden?
8. Wie sind Patientenberatung von Patientenschulung voneinander abzugrenzen?
9. Wer ist die Hauptzielgruppe der Gesundheitserziehung?

Aufgaben

10. Was steht im Mittelpunkt bei der Gesundheitsaufklärung?
11. Erklären Sie den Begriff der Gesundheitsselbsthilfe.
12. Mit was beschäftigt sich die Epigenetik?
13. Erklären Sie die Begriffe „Phänotyp" und „Genotyp".
14. Wie wirkt sich aus der Sicht der Epigenetik gesundheitsförderliches Verhalten aus?
15. Was wird unter epigenetischer Verhaltensprävention verstanden?
16. Definieren Sie den Begriff der „Gesundheitsförderung".
17. Welches sind die fünf Handlungsebenen der Gesundheitsförderung gemäß der Ottawa-Charta von 1986?
18. Wie lauten die drei Handlungsfelder für das Gesundheitsziel „Gesund älter werden"?
19. Was wird unter dem „Settingansatz" verstanden?
20. Welches Menschenbild liegt dem Konzept des „Empowerment" zugrunde?
21. Was bedeutet es, wenn man von einem „empowerten" Menschen spricht?
22. Wie heißen die nationalen Gesundheitsziele für die Bundesrepublik Deutschland?
23. Was wird unter „Evaluation" verstanden?
24. Nennen Sie die Evaluationsstandards der Deutschen Gesellschaft für Evaluation e.V.
25. Was wird unter „summativer", was unter „formativer Evaluation" verstanden?
26. Nennen Sie Formen der „ökonomischen Evaluation" und beschreiben Sie sie inhaltlich.
27. Welche Ziele verfolgt die Gesundheitsinitiative „Deutschland bewegt sich!"?
28. Nennen Sie Argumente für die Einführung von „Betrieblicher Gesundheitsförderung", und zwar jeweils fünf für die Arbeitgeber- und die Arbeitnehmerseite.
29. Weshalb gehen fortschrittliche Unternehmen von der „Betrieblichen Gesundheitsförderung" zum „Betrieblichen Gesundheitsmanagement" über?
30. Warum ist es schwierig, Kinder- und Jugendliche mit Argumenten für gesundes Verhalten zu überzeugen?

Empfohlene Literatur

Antonovsky, A. (1997). *Salutogenese: Zur Entmystifizierung der Gesundheit*. Dt. erweiterte Herausgabe von Alexa Franke. Tübingen: Dgvt.

Bals, T., Hanses, A. & Melzer, W. (Hrsg.) (2008). *Gesundheitsförderung in pädagogischen Settings. Ein Überblick über Präventionsansätze in zielgruppenorientierten Lebenswelten.* Juventa. Weinheim.

Barkholz, U., Gabriel, R., Jahn, H. & Paulus, P. (2001). *Offenes Partizipationsnetz und Schulgesundheit. Gesundheitsförderung durch vernetztes Lernen.* Bundesministerium für Bildung und Forschung.

Blech, J. (2010). *Gene sind kein Schicksal.* S. Fischer, Frankfurt.

Borgetto, B. (2004). *Selbsthilfe und Gesundheit.* Huber Verlag.

Bortz, J. & Döring, N. (2006). *Forschungsmethoden und Evaluation für Human- und Sozialwissenschaftler* (4. Auflage). Berlin: Springer.

Brandes, S. & Stark, W. (2010). *Empowerment. BzgA.* Zugriff: 01.06.2013. Verfügbar unter: *http://www.leitbegriffe.bzga.de.*

Brehm, W. (2013). *„Deutschland bewegt sich – Die Städtetour".* Zugriff: 12.04.2013. Verfügbar unter: *http://www.sport.uni-bayreuth.de.*

Brinkmann, R. (2009): *Berufsbezogene Leistungsmotivation älterer Arbeitnehmer.* Reihe Wirtschaftspsychologie. Band 1. Logos Verlag Berlin.

Brinkmann, R. & Stapf, K. (2005). *Innere Kündigung. Wenn der Job zur Fassade wird.* C.H. Beck Verlag München.

DeGEval – Gesellschaft für Evaluation e.V. (2011). *Standards für Evaluation.* 4. Auflage der Standards. Zugriff: 03.04.2013. Verfügbar unter: *http://www.degeval.de/degeval-standards/standards.*

Dür, W. (2009). *Gesundheitsförderung in der Schule. Empowerment als systemtheoretisches Konzept und seine empirische Umsetzung.* Verlag Hans Huber, Bern.

Franzkowiak, P. (2003). Salutogenetische Perspektive. In Bundeszentrale für gesundheitliche Aufklärung (Hrsg.). *Leitbegriffe der Gesundheitsförderung* (S. 198–200). Schwabenheim: Fachverlag Peter Sabo.

Groll, C., Heine-Goldammer, B. & Zalpour, C. (2009). *Evaluation eines Präventionskonzepts im Setting Grundschule. Prävention und Gesundheitsförderung.* Springer Heidelberg.

Hurrelmann, K, Klotz, T. & Haisch, J. (Hrsg.) (2007). *Lehrbuch Prävention und Gesundheitsförderung.* 2. überarbeitete Auflage. Bern: Huber.

Kähnert, H. & Hurrelmann, K. (2003). Das Lions-Quest Programm „Erwachsen werden". *Prävention 2*, 26. Jg., 49–52.

Kegel, B. (2009). *Epigenetik. Wie Erfahrungen vererbt werden.* Köln: DuMont.

Kleine, W. (2003). *Tausend gelebte Kindertage – Sport und Bewegung im Alltag der Kinder.* Weinheim, München: Juventa.

Kolip, P. & Müller, V. E. (Hg.) (2009). *Qualität von Gesundheitsförderung und Prävention.* Bern: Huber.

Krane, E. (2010). *Gesundheitsberatung.* BzgA. Zugriff: 02.04.2013. Verfügbar unter: *http://www.leitbegriffe.bzga.de.*

Krauth, C., John, J. & Suhrcke, M. (2011). Gesundheitsökonomische Methoden in der Prävention. *Prävention und Gesundheitsförderung, 6,* 85–93. Springer Verlag Heidelberg.

Leppin, A. (2007). Konzepte und Strategien der Krankheitsprävention. In Hurrelmann, K., Klotz, T. & Haisch, J. (Hrsg*.): Lehrbuch Prävention und Gesundheitsförderung.* 2. überab. Aufl. Bern: Huber, S. 31–40.

Manz, R. (2002). Prävention. In R. Schwarzer, M. Jerusalem & H. Weber (Hrsg.), *Gesundheitspsychologie von A-Z,* 397–399. Göttingen: Hogrefe.

Naidoo, J. & Wills, J. (Hrsg.) (2003). *Lehrbuch der Gesundheitsförderung. Umfassend und anschaulich mit vielen Beispielen und Projekten aus der Praxis der Gesundheitsförderung.* Werbach: Conrad Günter.

Spork, P. (2009). *Der zweite Code.* Rowohlt, Reinbek.

Stöckel, S. (2007). Geschichte der Prävention und Gesundheitsförderung. In Hurrelmann, K., Klotz, T. & Haisch, J. (Hrsg.): *Lehrbuch Prävention und Gesundheitsförderung.* 2. überab. Aufl. Bern: Huber, S. 21–29.

Thietz, J. & Hartmann, T. (2012). *Das Spannungsfeld von Gesundheitszielen im Föderalismus in Deutschland. Prävention und Gesundheitsförderung.* Springer-Verlag.

Uhl, A. (2012). Methodenprobleme bei der Evaluation komplexerer Sachverhalte: Das Beispiel Suchtprävention In *Evaluation komplexer Interventionsprogramme in der Prävention: Lernende Systeme, lehrreiche Systeme? Beiträge zur Gesundheitsberichterstattung des Bundes.* Robert Koch-Institut, Berlin.

Uhle, T. & Treier, M. (2010). *Betriebliches Gesundheitsmanagement.* Springer Heidelberg.

Waller, H. (2006). *Gesundheitswissenschaft. Eine Einführung in Grundlagen und Praxis von Public Health.* 4. überarbeitete und erweiterte Auflage. Stuttgart: Kohlhammer.

Weltgesundheitsorganisation (WHO) (2008). *Die Charta von Tallinn: Gesundheitssysteme für Gesundheit und Wohlstand. Regionalbüro für Europa.* Zugriff: 01.04.2013. Verfügbar unter:*http://www.euro.who.int/_data/assets/pdf_file/0004/88609/E91438G.pdf*

Tabak-, Alkohol-, Medikamenten- und Drogenkonsum

7.1 Was Sie in diesem Kapitel erwartet 300
7.2 Psychische Störungen durch psychoaktive Substanzen 300
7.3 Rauchen und Gesundheit 303
7.4 Alkohol und Gesundheit 314
7.5 Medikamentenabhängigkeit und -missbrauch 324
7.6 Missbrauch illegaler Drogen 327
7.7 Anwendungsbeispiele 329

7.1 Was Sie in diesem Kapitel erwartet

Konsum psychoaktiver Substanzen weit verbreitet

In unserer Gesellschaft haben *psychoaktive Substanzen* wie Nikotin, Alkohol, spezielle Medikamente und illegale Drogen eine große Bedeutung. Man schätzt, dass 7,8 Millionen Menschen beiderlei Geschlechts im Alter zwischen 18 und 69 Jahren missbräuchlich Tabakkonsum betreiben. Die Deutsche Hauptstelle für Suchtfragen (2013b) geht davon aus, dass in Deutschland ca. 9,3 Millionen Menschen einen riskanten Umgang mit der Droge Alkohol haben und ca. 2,8 Millionen Personen Alkohol in schädigender Weise konsumieren. Als alkoholabhängig werden ca. 1,6 Millionen Menschen im Alter von 18 bis 69 Jahren eingestuft. Über eine Viertelmillion Menschen nehmen Kokain, Heroin oder Amphetamine zu sich. Gesundheitlich besonders problematisch ist der missbräuchliche Konsum mehrerer Substanzen, wie er von einen großen Zahl von Menschen praktiziert wird.

Mittlerweile richten sich das öffentliche Interesse sowie präventive Bemühungen verstärkt auf die Personen, die nicht substanzabhängig sind, aber einen riskanten und gesundheitsschädlichen Missbrauch, insbesondere von Alkohol, betreiben. So können die Folgen, beispielsweise des Alkoholmissbrauchs, körperliche Schäden sein (z. B. Erkrankungen der Leber), es kann aber auch zu sozialen Problemen wie etwa dem Entzug des Führerscheins oder Schwierigkeiten am Arbeitsplatz kommen.

Für die angewandte Gesundheitspsychologie stellt die Gruppe der Menschen, die psychoaktive Substanzen in riskanter oder schädigender Weise konsumieren, ein Klientel dar, das präventiv mit ihrem Verhalten konfrontiert, zu Verhaltensänderungen motiviert und beim Aufbau neuer Verhaltensmuster aktiv unterstützt werden muss. Dies ist vor allem deshalb wichtig, da hier mit gesundheitspsychologischem Know-how Einfluss genommen werden kann. Natürlich finden sich in dieser Zielgruppe viele, die psychisch als auch körperlich von einer Substanz abhängig sind weshalb für sie sowohl eine psychologische als auch eine medizinische Intervention angezeigt ist.

Dieses Kapitel setzt sich mit der *Verbreitung* und dem *Konsum* von *Tabak*, *Alkohol*, bestimmten *Medikamenten* und *illegalen Drogen* sowie mit gesundheitspsychologischen Präventionsmaßnahmen und Interventionen auseinander. Zunächst wird auf die Diagnostik psychischer Störungen, die aufgrund des Konsums psychoaktiver Substanzen entstehen, eingegangen, wobei auf die neuen diagnostischen Kriterien des „DSM-5" (Diagnostisches und Statistisches Manual Psychischer Störungen) Bezug genommen wird.

7.2 Psychische Störungen durch psychoaktive Substanzen

DSM-5

Unter dem Fachterminus *„substanzbedingte Störungen"* werden die negativen Effekte des Missbrauchs von psychoaktiven Substanzen auf körperlicher, psychischer und sozialer Ebene in der *Internationalen statistischen Klassifikation der Krankheiten (ICD-10)* beschrieben. Im *Diagnostischen und Statistischen Manual Psychischer Störungen (DSM-IV)*, das von der

7.2 Psychische Störungen durch psychoaktive Substanzen

American Psychiatric Association herausgegeben wird, sind unter dem Oberbegriff „Substanzbezogene Störungen" der *Missbrauch* und die *Abhängigkeit* von psychoaktiven Substanzen kategorisiert. Mit der fünften Auflage des Manuals, dem *DSM-5*, das 2013 die vierte Auflage (DSM-IV) abgelöst hat, werden diese beiden Begriffe zusammengefasst und als *Substanzgebrauchsstörung* („*substance use disorder*") unter dem Obergriff „Sucht und zugehörige Störungen" (*„Addiction and Related Disorders"*) dargestellt. Eine Zusammenführung von *Substanzmissbrauch* und *Substanzabhängigkeit* ist auch aufgrund empirischer Befunde, die eine solche Unterscheidung nicht stützen, durchaus sinnvoll. Insbesondere die Ergebnisse von Faktorenanalysen zeigen, dass „Abhängigkeit" und „Missbrauch" meist nur eine Dimension abbilden bzw. zwei Faktoren sind, die hoch miteinander korrelieren (Rumpf & Kiefer, 2011). Der neue Begriff der *Substanzgebrauchsstörung* ist auch weniger stigmatisierend als die Bezeichnungen „Missbrauch" oder „Abhängigkeit".

Bei der Diagnose der Störung wird im DSM-5 nicht mehr der *kategoriale Ansatz* verfolgt und nach dem Vorliegen bestimmter Kriterien gefragt (ja/nein). Stattdessen findet jetzt der *dimensionale Ansatz* Verwendung, bei dem der *Schweregrad* von Symptomen bzw. vorliegende Merkmale eingestuft werden („leicht", „mittel", „schwer" oder „sehr schwer"). Nach den DSM-5-Kriterien für die *Substanzgebrauchsstörung* müssen mindestens zwei Merkmale aus dem nachfolgenden Merkmalskatalog (▶Tabelle 7.1) innerhalb eines 12-Monats-Zeitraums vorliegen (2-3 Kriterien: moderate Substanzgebrauchsstörung; 4 Kriterien: schwere Substanzgebrauchsstörung):

Dimensionaler Ansatz im DSM-5

1.	Wiederholter Substanzgebrauch, der zum Versagen bei wichtigen Verpflichtungen in der Schule, bei der Arbeit oder zu Hause führt.
2.	Wiederholter Substanzgebrauch in Situationen, in denen es aufgrund des Konsums zu einer körperlichen Gefährdung kommen kann.
3.	Fortgesetzter Substanzgebrauch trotz ständiger oder wiederholter sozialer oder zwischenmenschlicher Probleme.
4.	Toleranzentwicklung, charakterisiert durch ausgeprägte Dosissteigerung oder verminderte Wirkung unter derselben Dosis.
5.	Entzugssymptome oder deren Linderung bzw. Vermeidung durch Substanzkonsum.
6.	Einnahme der Substanz in größeren Mengen oder länger als geplant.
7.	Anhaltender Wunsch oder erfolglose Versuche, den Substanzgebrauch zu verringern oder zu kontrollieren.
8.	Hoher Zeitaufwand für Beschaffung und Konsum der Substanz oder um sich von ihren Wirkungen zu erholen.
9.	Aufgabe oder Einschränkung wichtiger Aktivitäten aufgrund des Substanzkonsums.
10.	Fortgesetzter Konsum trotz körperlicher oder psychischer Probleme.
11.	Craving, das starke Verlangen nach der Substanz.

Tabelle 7.1: Substanzgebrauchsstörung (DSM-5)

7 Tabak-, Alkohol-, Medikamenten- und Drogenkonsum

Damit kehrt bei den *Abhängigkeitserkrankungen* die Bezeichnung „Sucht" offiziell im Obergriff *„Sucht und zugehörige Störungen"* zurück. Neben der stoffgebundenen Drogensucht umfasst diese Kategorie auch die *stoffungebundenen Süchte* wie beispielsweise die *Spiel- oder Onlinesucht*.

> **Begriffe**
>
> Der Terminus *„Sucht"* ist in der Umgangssprache weit verbreitet und leitet sich in seiner ursprünglichen Wortbedeutung vom krankhaften Verlangen nach bestimmten Erlebniszuständen ab. Er beinhaltet die Aspekte *Krankheit, Abhängigkeit* und *zwanghafter Konsum*.

Heute subsumiert man unter dem Begriff „Sucht" vor allem die Merkmale *Kontrollverlust* und/oder die *Unfähigkeit zur Abstinenz* (Grüsser & Thalemann, 2006). Im Jahr 1964 löste die Weltgesundheitsorganisation den Suchtbegriff durch den der „Abhängigkeit" ab (Soyka & Küfner, 2008). Stoffgebundene Phänomene sollten damals nicht mehr als Süchte bezeichnet, sondern nur noch zusammen mit der Angabe einer psychotropen Substanz als *stoffgebundene Abhängigkeit* bezeichnet werden. Der Gedanke, der diesem Vorgehen zugrunde lag, war die Mehrdeutigkeit der Definition von „Sucht", der Begriff war nur unscharf bzw. sehr schwer zu definieren. Im gültigen ICD-10 und im alten DSM-IV wird der Begriff der Sucht, im Gegensatz zum neuen DSM-5 vermieden.

In den nachfolgenden Darstellungen wird aus Gründen der Übersichtlichkeit und des besseren Verständnisses für die Thematik an der Aufteilung von *Abhängigkeit* und *Missbrauch* festgehalten, da die meisten bislang durchgeführten Studien, biologischen Erklärungsansätze, Veröffentlichungen sowie Präventions- und Interventionsprogramme der letzten Jahre sich an diesen Begrifflichkeiten orientieren. Zudem ist das ICD-10 weiterhin gültig und der neue gewöhnungsbedürftige Begriff der *Substanzgebrauchsstörung* noch nicht ausreichend verbreitet.

> **Kernaussage**
>
> Im *ICD-10*, der von der Weltgesundheitsorganisation (WHO) verfassten „Internationalen statistischen Klassifikation der Krankheiten" wird das Abhängigkeitssyndrom unter *„Psychische und Verhaltensstörungen durch psychotrope Substanzen"* (F 17.2) beschrieben.

Dieses Abhängigkeitssyndrom kann sich auf einzelne Substanzen wie *Tabak* und *Alkohol* oder auf ganze *Stoffgruppen* (z. B. opiatähnliche Substanzen) sowie ein weites Spektrum *pharmakologisch unterschiedlicher Substanzen* beziehen. Für das Vorliegen einer Abhängigkeit gegenüber einer oder mehrerer dieser Stoffe oder Substanzgruppen müssen mindestens drei von sechs vorgegebenen Kriterien in den letzten 12 Monaten zugetroffen sein:

Kriterien für eine Abhängigkeit

1 *Starker Wunsch* oder *Zwang*, die Substanz zu konsumieren.

2 *Eingeschränkte Kontrolle* über Beginn, Beendigung und Menge des Konsums.

3 *Entzugserscheinungen* bei Reduktion oder Beendigung des Konsums sowie Konsum, um die Entzugserscheinungen zu mildern.

4 *Toleranzentwicklung*: Um eine gleichbleibende Wirkung zu erzielen, sind immer höhere Dosen erforderlich.

5 Zunehmende *Vernachlässigung anderer Aktivitäten und Interessen* zugunsten des Konsums.

6 *Anhaltender Konsum* trotz Folgeschäden durch die Substanzeinnahme.

7.3 Rauchen und Gesundheit

Derzeit ist das Rauchen in den westlichen Industrienationen eines der wichtigsten vermeidbaren Risiken für die Gesundheit. Alleine in Deutschland sterben jedes Jahr ca. 110.000 Menschen an den Folgen des Rauchens. Nach Mons (2011) gab es im Jahr 2007 insgesamt 106.623 Todesfälle, die auf das Rauchen zurückzuführen waren. Männer waren mit 77.588 Todesfällen deutlich häufiger betroffen als Frauen (29.035 Todesfälle). Bezogen auf die Sterblichkeit der Personen über dem 35sten Lebensjahr sind dies rund 13% der Todesfälle (20,2% Männer und 6,7% Frauen). Ursache dafür ist die Tatsache, dass das Rauchen beinahe jedes Organ des menschlichen Körpers schädigt und mehr als 40 verschiedene Krankheitsbilder verursacht (Doll, 2000). Vor allem ist das Rauchen für die Entstehung *obstruktiver Atemwegserkrankungen* verantwortlich, d. h. für eine Gruppe von Lungenerkrankungen, die durch Husten, verstärkten Auswurf und Atemnot unter Anstrengung gekennzeichnet ist. Das Rauchen steht aber auch in engem Zusammenhang mit *Herz-Kreislauf-* und *Krebserkrankungen* sowie *Diabetes mellitus* (Haustein, 2001).

Infobox

In altamerikanischen Kulturen war das Rauchen der Blätter der Tabakpflanze üblich und hatte rituelle Bedeutung. Nach der Entdeckung Amerikas, 1492 durch Kolumbus, gab es 1497 erste Berichte über das Rauchen von Tabakblättern durch Indianer. Später gelangte die Tabakpflanze durch heimkehrende Seeleute nach Europa und verbreitete sich von Portugal und Spanien aus über den ganzen Kontinent. Nach nur wenigen Jahrzehnten etablierte sich dann die Sitte Tabak zu rauchen in ganz Europa.

> Der Begriff *Nikotin* stammt vom wissenschaftlichen Namen der Tabakpflanze (Gattungsbezeichnung Nicotiana), die zu den Nachtschattengewächsen gehört. Ihr Name geht auf Jean Nicots zurück, der als Konsul Frankreichs 1560 in Lissabon Samen der Tabakpflanze nach Frankreich sandte.
>
> Bis zum Ende des 16. Jahrhunderts wurde Tabak vor allem geschnupft und sein Konsum war ein Privileg oberer Schichten. Tabak wurde auch in Pfeifen geraucht und gekaut, was ab der Mitte des 17 Jahrhunderts Mode war. Anfang des 19. Jahrhunderts kam die Zigarre auf und zu Beginn des 20. Jahrhunderts die Zigarette. Mit der Konstruktion der Zigarettenrollmaschine, im Jahr 1881, begann schließlich die Massenproduktion von Zigaretten. In deren Folge stieg der Tabakkonsum sprunghaft an. Zigaretten stellen heute mit weit über 90% den Großteil aller Tabakprodukte.

Nach Schätzungen ergeben sich Kosten für die Folgen von Krankheiten, die aufgrund des Rauchens auftreten, von ca. 7,5 Milliarden Euro pro Jahr. Rechnet man noch die Frühberentungen, Erwerbsunfähigkeiten und Todesfälle hinzu, so sind die Kosten gesamtwirtschaftlich mit 21 Milliarden Euro jährlich sogar noch höher (Neubauer et al., 2006).

7.3.1 Das Rauchen und seine Verbreitung

Nach einer Studie des *Robert-Koch-Instituts (GEDA)* für das Jahr 2010 rauchten in der Bundesrepublik Deutschland ca. 30% der über 18-Jährigen. Der Anteil der Frauen lag mit 26,2% wesentlich unter dem der Männer mit 33,9% (Lampert, 2013).

Wie die Statistik in ▶Tabelle 7.2 verdeutlicht, rauchen junge Erwachsene im Alter zwischen 20 und 29 Jahren, relativ zu allen anderen Altersgruppen, am häufigsten. Deutlich niedriger ist die Zahl der Raucherinnen (13,6%) und Raucher (20,6%) in der Altersgruppe zwischen 60 und 69 Jahren. Dies ist sicherlich auch auf die im Alter zunehmenden gesundheitlichen Beeinträchtigungen als Folge des Tabakkonsums zurückzuführen.

Alter	Männer	Frauen
15 – 19 Jahre	19,9%	15,0%
20 – 29 Jahre	42,1%	32,5%
30 – 39 Jahre	40,6%	28,1%
40 – 49 Jahre	38,6%	30,7%
50 – 59 Jahre	33,8%	25,3%
60 – 69 Jahre	20,6%	13,6%

Tabelle 7.2: Anteil der Raucher in verschiedenen Altersgruppen (Quelle: Statistisches Bundesamt, 2010)

4% aller Tabakkonsumenten sind Gelegenheitsraucher. 16% aller Raucher rauchen mehr als 20 Zigaretten pro Tag. Die klare Mehrheit, d. h. 77%, liegt bei einem täglichen Konsum zwischen fünf und 20 Zigaretten. Nur etwa 3% aller Tabakkonsumenten rauchen Pfeife, Zigarre oder Zigarillos, alle übrigen konsumieren Zigaretten (Deutsche Hauptstelle für Suchtfragen, 2013a).

Neueste Zahlen zeigen allerdings einen Rückgang des Zigarettenkonsums in der Bevölkerung, dies wird am (statistischen) Pro-Kopf-Verbrauch (siehe ▶Tabelle 7.3) deutlich.

Rückgang des Zigarettenkonsums

	2000	2005	2009	2010*	2011*	2012*
Zigaretten	1.699	1.162	1.058	1.021 (-3,5%)	1.071 (+4,8%)	1.008 (-5,9%)
*Veränderung zum Vorjahr in Prozent						

Tabelle 7.3: Pro-Kopf-Verbrauch an Zigaretten (Stück je Einwohner und Jahr; vorläufige Ergebnisse; berechnet mit der Durchschnittsbevölkerung 2011; Quelle: Statistisches Bundesamt, 2013)

Die meisten Raucher beginnen in der Regel vor dem 20sten Lebensjahr mit dem Konsum von Zigaretten. Verheiratete Raucher konsumieren weniger als ledige oder geschiedene Personen. Auch rauchen Hochschulabsolventen seltener als Menschen mit Hauptschulabschluss. Und arbeitslose Jugendliche sind unter Rauchern besonders häufig vertreten, während mit steigendem monatlichem Nettoeinkommen der Tabakkonsum sinkt (Deutsche Hauptstelle für Suchtfragen, 2013a).

7.3.2 Die Wirkung der Rauchinhaltsstoffe

Nikotin wird beim Rauchen über die Lunge aufgenommen und gelangt so über den Blutkreislauf innerhalb von 10 Sekunden ins Gehirn. Das Nikotin besitzt die Fähigkeit, die Blut-Hirn-Schranke zu überwinden, die im Normalfall einen nicht erwünschten Austausch von Stoffen zwischen Blutkreislauf und Gehirn verhindert.

Nikotin überwindet die Blut-Hirn-Schranke

Nikotin aktiviert die Ausschüttung des Hormons *Adrenalin* sowie der Neurotransmitter *Serotonin* und *Dopamin*. Es regt die *nikotischen Acetylcholinrezeptoren* an, die sich in sympathischen und parasympathischen Ganglien (Anhäufung von Nervenzellen im peripheren Nervensystem) im Nebennierenmark, dem Zentralen Nervensystem (ZNS) und an den motorischen Endplatten befinden (Übertragung der Erregung von der Nerven- auf die Muskelfaser). Diese, auch als „Nikotinrezeptoren" bezeichneten Zellen, werden normaler Weise durch *Acetylcholin* erregt, können jedoch auch vom Nikotin aktiviert werden. Nikotin wirkt in geringer Konzentration anregend, es erhöht die *Herzschlagfrequenz*, verengt die *kleinen Blutgefäße* in der Peripherie, steigert den *Blutdruck* und führt zu leichtem *Schwitzen*. Weitere Wirkungen des Nikotins sind eine kurzfristige Verbesserung der *Psychomotorik* sowie eine Steigerung von *Aufmerksamkeits- und Gedächtnisprozessen*. Nikotin reduziert allerdings auch den Appetit,

Vielfältige Wirkungen des Nikotins

erhöht die Produktion von Magensaft und befördert die Darmbewegung. Das Nikotin an sich ist nicht der Stoff, der für die Gesundheitsschäden der Raucher verantwortlich ist, gesundheitsschädlich sind vielmehr die vielen verschiedenen Inhaltsstoffe des Rauches.

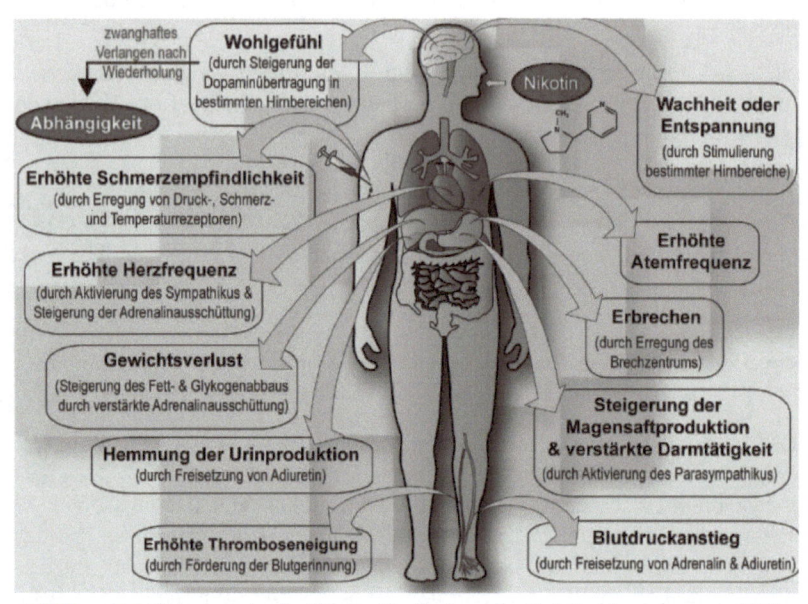

Abbildung 7.1: Wirkungsweise des Nikotins (Quelle: Deutsches Krebsforschungszentrum, 2009)

Kondensat besonders gefährlich

Tabakrauch ist chemisch gesehen ein *Aerosol*, d. h. ein Gemisch aus unterschiedlichen Gasen, mit kleinsten Teilchen, *Partikel* genannt, in einer Größe von 0,1 bis 1 µm (1 µm = 0,000001 Meter). Trennt man den Tabak vom Nikotin und den Wasseranteilen, so bezeichnet man den „Rest", die Gesamtmenge aller in einer Zigarette vorhandenen Partikel, als *Kondensat* oder *Teer*. In diesem Kondensat finden sich 4800 verschiedene Schadstoffe, beispielsweise *Phenole*, *Benzole*, *Sterine*, *Schwermetalle* (Blei, Cadmium, Nickel). Aber auch Gifte wie *Kohlenmonoxid*, *Stickoxid*, *Blausäure*, *Ammoniak* und *Formaldehyd* sind Inhaltsstoffe des Kondensats. Die krebsfördernden und -auslösenden Effekte gehen insbesondere von den Stoffen im Kondensat aus. Für Schädigungen des Herz-Kreislauf-Systems wird das Kohlenmonoxid verantwortlich gemacht, da es in erster Linie Durchblutungsstörungen und Arteriosklerose verursacht (Robert-Koch-Institut, 2011).

Den Herstellern von Tabakwaren ist es in Deutschland erlaubt, ihren Produkten *Zusatzstoffe* hinzuzufügen. Diese Zusatzstoffe können bis zu 600 verschiedene Substanzen enthalten, die z. T. über 10% des Gewichts eines Tabakproduktes ausmachen (Deutsches Krebsforschungszentrum, 2009). Konkret finden sich die Zusatzstoffe im Tabak, dem Papier von Zigaretten oder in den Filtern, sie sollen das Rauchen „angenehmer" machen. Solche Additive werden häufig auch in Lebensmitteln verwendet und gelten als unbedenklich (z. B. Lakritze, Kakao, Menthol). Darüber hinaus lässt die Tabakverordnung noch weitere Stoffe zu, die teilweise nicht oder nur unzureichend chemisch definiert sind (Deutsches Krebsforschungszentrum, 2009).

In der Glutzone einer Zigarette verbrennen bei ca. 600 bis 900 Grad Celsius der Tabak, das Papier und die Zusatzstoffe. Dabei entsteht ebenfalls eine Vielzahl krebserzeugender chemischer Verbindungen, die mit dem Rauch inhaliert werden. Besonders problematisch ist dabei, dass diese gesundheitsschädlichen Stoffe sich wechselseitig beeinflussen und verstärken können (Deutsches Krebsforschungszentrum, 2009).

> **Kernaussage**
>
> Raucher reduzieren ihre Lebenserwartung um durchschnittlich zehn Jahre und ungefähr 50% der Raucher sterben infolge des Tabakkonsums frühzeitig. Tabakkonsumenten leiden außerdem verstärkt an nicht übertragbaren, chronischen oder nicht heilbaren Erkrankungen, die ihre Lebensqualität massiv einschränken.

Die wichtigsten durch Rauchen hervorgerufenen Erkrankungen und gesundheitlichen Beeinträchtigungen werden nachfolgend beschrieben.

7.3.3 Herz-Kreislauf-Erkrankungen und Rauchen

Rauchen ist mitverantwortlich für die Entstehung von *Arteriosklerose, Herzinfarkt, Schlaganfall, Bauchaortenaneurisma* (Arterienerweiterung) sowie *Gefäßverschlüsse* („Raucherbein"). Bei der Arteriosklerose kommt es zu Ablagerungen in den Blutgefäßen, die zu Engstellen führen und den Blutdurchfluss behindern oder Gefäße sogar verschließen. Dies führt zu einem Sauerstoffmangel des zu versorgenden Gewebes und evtl. zu einem Absterben des unterversorgten Gebietes (vgl. *Abschnitt 3.3.1*). Verschärft wird die Wirkung der Schadstoffe aus dem Tabakrauch bei Frauen zusätzlich durch die Einnahme *hormoneller Verhütungsmittel* wie beispielsweise der „Pille". So kann die Einnahme der Pille in Kombination mit dem Rauchen das Thromboserisiko erhöhen und andere Herz-Kreislauf-Erkrankungen befördern.

Koronare Herzkrankheit

7.3.4 Krebserkrankungen und Rauchen

Raucher haben im Vergleich zu Nichtrauchern ein doppelt erhöhtes Risiko, an einer Krebserkrankung zu sterben. Ca. 25% aller Todesfälle durch Krebs, so wird geschätzt, gehen auf das Rauchen zurück. Das Krebserkrankungsrisiko ist umso höher, je früher ein Mensch mit dem Tabakkonsum beginnt, je mehr er konsumiert und je länger dieser Konsum im Lebensverlauf stattfindet. Damit ist das Rauchen der bedeutendste Risikofaktor für eine Krebserkrankung, insbesondere beim *Lungenkrebs*. Eine starke Korrelation gibt es auch beim Tabakkonsum und der Entstehung von *Tumoren in der Speiseröhre, im Mund und/oder im Kehlkopfbereich*. Beim Lungenkrebs bzw. bei

Tumoren der Bronchien verursacht das Rauchen 90% aller Fälle (Deutsche Hauptstelle für Suchtfragen, 2013a). Folglich sinkt das Krebserkrankungsrisiko deutlich, wenn auf das Rauchen verzichtet wird.

Krebserkrankungen

Weitere Krebsarten, die bei Rauchern häufiger auftreten:

- *Magenkrebs,*
- *Blasenkrebs,*
- *Harnleiterkrebs,*
- *Nierenkrebs,*
- *Krebs der Bauchspeicheldrüse und*
- *Blutkrebs.*

Im Vergleich zu Nichtraucherinnen findet man bei rauchenden Frauen überdurchschnittlich häufig *Gebärmutterhalskrebs* und/oder *Brustkrebs*. Zudem erkranken Raucherinnen eher an Lungenkrebs als Frauen im Allgemeinen an Brustkrebs (Keller, 2002).

7.3.5 Schwangerschaft und Rauchen

Risiken des Rauchens während der Schwangerschaft

Rauchen während der Schwangerschaft ist unter anderem für ein Minderwachstum und eine Minderentwicklung des Ungeborenen verantwortlich (Fagerström, 2002). Das Geburtsgewicht eines Neugeborenen ist bei rauchenden Schwangeren im Mittel um 200 g niedriger als bei Säuglingen von nichtrauchenden Müttern. Außerdem ist die Wahrscheinlichkeit, im späteren Leben an Übergewicht zu leiden, bei Kindern von Frauen, die in der Schwangerschaft geraucht haben, überdurchschnittlich hoch (Deutsches Krebsforschungszentrum, 2009). Ebenso findet sich bei rauchenden Schwangeren ein erhöhtes Risiko bezüglich Früh- oder Fehlgeburten, vorzeitigen Blasensprüngen oder Plazentaablösungen. Schließlich tritt bei Kindern von Raucherinnen häufiger der *plötzliche Kindstod* auf. In Deutschland rauchen zu Beginn einer Schwangerschaft ca. 13% aller Frauen, wobei der überwiegende Teil dieser Frauen einen niedrigen Sozialstatus aufweist. Lediglich 25% der schwangeren Raucherinnen geben während der Schwangerschaft das Rauchen auf, allerdings beginnen 70% der Raucherinnen im Jahr nach der Entbindung wieder mit dem Tabakkonsum (Deutsches Krebsforschungszentrum, 2009).

7.3.6 Weitere gesundheitsschädliche Einflüsse

Über dieses gesundheitsschädigende Potenzial hinaus hat das Rauchen auch auf andere Bereiche des Körpers negative Auswirkungen. So können durch die permanente Zufuhr der Schadstoffe folgende Wirkungen eintreten:

- *Beeinträchtigung des allgemeinen Wohlbefindens,*
- *Schädigung der Augen* durch den Grauen Star,
- *Osteoporose* nach der Menopause,

- *mangelnde Fitness,*
- *Schäden des Zahnhalteapparats* durch Parodontitis,
- *verfärbte Zähne,*
- *vorzeitig alternde Haut,*
- *Beeinträchtigung des Geruchs- und Geschmackssinnes,*
- *stärkere Anfälligkeit für Infektionen,*
- *Verminderung der Fruchtbarkeit* bei Frauen,
- *Potenzprobleme bei Männern* und
- *vorzeitiger Eintritt in die Wechseljahre.*

Sind noch keine irreversiblen Gewebeschäden durch das Rauchen entstanden, so können nach zehn bis fünfzehn Jahren Abstinenz die Risiken für Herz-Kreislauf-Erkrankungen und Krebs bei einem Ex-Raucher auf das Niveau eines Menschen gesenkt werden, der nie geraucht hat.

7.3.6.1 Das Passivrauchen

Unter *Passivrauchen* wird das Einatmen von Tabakrauch aus der Raumluft verstanden. Da der Raucher nur etwa 25% des Tabakrauchs über den sogenannten *Hauptstromrauch* inhaliert, gelangen mit dem als *Nebenstromrauch* bezeichneten Rauch krebserregende und giftige Substanzen in die Raumluft. Grundsätzlich enthalten beide Ströme die gleichen Schadstoffe, jedoch in unterschiedlicher Konzentration. Der Nebenstromrauch in der Raumluft enthält eine um bis zu 50% höhere Schadstoffdichte als der Hauptstromrauch (Keller, 2002). Bereits kurzzeitiges Passivrauchen kann zu *Reizungen der Atemwege, Brennen der Augen* und *Rötungen der Schleimhäute* führen. Aber auch *Schwindelgefühle, Kopfschmerzen,* das *Gefühl von Müdigkeit* oder *Atemlosigkeit* können sich einstellen. Passivrauchen über einen längeren Zeitraum führt zu einer verstärkten *Infektanfälligkeit* sowie dem gleichen Risiko für *Herz-Kreislauf-Erkrankungen* und *Krebs* wie bei einem Raucher. Zusätzlich steigt das Risiko, von anderen Gesundheitsstörungen betroffen zu sein oder Einschränkungen beim Wohlbefinden zu erfahren, ebenso wie bei einem aktiven Tabakkonsumenten. Mit diesen negativen Folgen des Passivrauchens haben auch Schwangere zu rechnen, wenn sie während ihrer Schwangerschaft dem Nebenstromrauch ausgesetzt sind (Deutsches Krebsforschungszentrum, 2009).

Gefährliches Passivrauchen

Besonders sensibel reagieren Kinder im Nebenstromrauch, da sie ein größeres Atemminutenvolumen (Volumen an Atemluft, die pro Minute ein- und wieder ausgeatmet wird) je Kilogramm Körpergewicht haben und daher potenziell mehr Schadstoffe aus der Luft aufnehmen können. Hinzu kommt, dass ihre Entgiftungssysteme noch nicht so wirksam arbeiten wie bei erwachsenen Menschen (Deutsches Krebsforschungszentrum, 2009). Deshalb besteht bei ihnen ein höheres Risiko für *Atemwegserkrankungen, Asthma* und *Allergien* (Keller, 2002). Im Kinder- und Jugendgesundheitssurvey (KiGGS) für die Jahre 2003 bis 2006 geben in der Altersgruppe der 14- bis 17-Jährigen über ein Drittel an, sich wöchentlich mehrmals in Räu-

Passivrauchen bei Kindern und Jugendlichen

men aufzuhalten, in denen geraucht wird. Ungefähr 50% der befragten Kinder und Jugendlichen (bis 17 Jahre) leben mit mindestens einem rauchenden Elternteil zusammen und 19% dieser Altersgruppe wohnen in Haushalten, in denen beide Elternteile rauchen. Ein Drittel der befragten Eltern bestätigen, in Gegenwart ihrer Kinder zu rauchen (Robert-Koch-Institut, 2010). Die Statistik zeigt, dass vor allem Menschen im Alter von 18 bis 29 Jahren dem Passivrauchen besonders stark ausgesetzt sind (▶Abbildung 7.2).

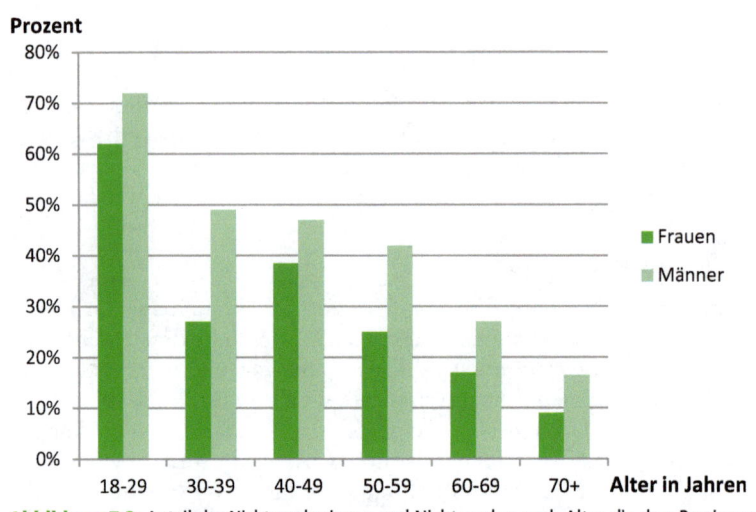

Abbildung 7.2: Anteil der Nichtraucherinnen und Nichtraucher nach Alter, die dem Passivrauchen ausgesetzt sind (Quelle: Robert-Koch-Institut, 2010)

Passivrauchen in der Freizeit und am Arbeitsplatz

In der Freizeit, etwa beim Besuch von Gaststätten, Restaurants, Bars und Diskotheken oder in geselliger Runde mit Freunden und Bekannten, sind Männer dem Passivrauchen stärker ausgesetzt als Frauen (Robert-Koch-Institut, 2011). Allerdings sind die meisten Menschen mit dem Passivrauchen am Arbeitsplatz konfrontiert. Junge und Thamm (2003) gehen von vier Millionen Menschen aus, die unfreiwillig Tabakrauch bei der Arbeit einatmen, wobei auch hier Männer dem Passivrauchen stärker ausgesetzt sind als Frauen. Am stärksten sind im beruflichen Kontext Männer im Gastgewerbe mit 48% und Frauen mit 45% betroffen. Der am zweithäufigsten genannte Arbeitsplatz ist das Baugewerbe mit 42% Männern, die Passivrauch ausgesetzt sind. Frauen sind in diesem Gewerbe unterrepräsentiert und daher nur mit 9% vom Passivrauchen betroffen (Deutsches Krebsforschungszentrum, 2009).

Kernaussage
In Deutschland sterben pro Jahr über 3300 Nichtraucher an den Folgen des Passivrauchens.

Einen Schutz der Nichtraucher kann es nur durch ein konsequentes Rauchverbot am Arbeitsplatz, in öffentlichen Gebäuden, in der Gastronomie und im Bereich der Freizeitaktivitäten geben. Dass ein Rauchverbot hilfreich ist, zeigen Untersuchungen im Anschluss an das Rauchverbot in der Gastronomie, das nach dem Nichtraucherschutzgesetz zu unterschiedlichen Zeiten in den Bundesländern in Kraft trat. Dort ging die Zahl der Atemwegserkrankungen der Beschäftigten nach Einführung des Rauchverbots drastisch zurück (Deutsches Krebsforschungszentrum, 2009).

7.3.7 Tabakabhängigkeit

Schätzungen gehen davon aus, dass in Deutschland mehr als die Hälfte aller Raucher abhängig sind. Nikotin besitzt ein ausgesprochenes Suchtpotenzial, das lange Zeit unterschätzt wurde. Die Nikotinabhängigkeit ist durch zwei Faktoren gekennzeichnet:

Starkes Suchtpotenzial von Nikotin

- die *Abhängigkeit* vom Nikotin und
- die *Gewöhnung* an das Rauchverhalten.

Um eine Nikotinabhängigkeit zu diagnostizieren und einzustufen, geht man in Deutschland üblicherweise nach ICD-10 (F17.2) vor, während international das *Diagnostische und Statistische Manual* (*DSM-IV*) der American Psychiatric Association bis ins Jahr 2013 Verwendung fand. Ergänzt werden können die Abhängigkeitskriterien des ICD-10 durch die im DSM-IV beschriebenen Nikotin-Entzugssymptome, die nachfolgend aufgezählt werden:

- *Gereiztheit,*
- *Schlafstörungen,*
- *Konzentrationsstörungen,*
- *langsamer Puls,*
- *depressive oder unangenehm traurige Stimmung,*
- *Nervosität,*
- *Besorgnis und*
- *gesteigerter Appetit mit Gewichtszunahme.*

Das Nikotin im Tabak erzeugt binnen weniger Wochen oder bereits nach sporadischem Konsum eine Abhängigkeit. Die durch das Nikotin freigesetzten Transmitter (z. B. Dopamin, Acetylcholin, Noradrenalin und Serotonin) bewirken im Gehirn eine angenehme Stimulierung (Picciotto & Corrigall, 2002). Diese positive Wirkung wird für die Entstehung einer Nikotinabhängigkeit verantwortlich gemacht. Dieser Verstärkereffekt wird vor allem durch das freigesetzte Dopamin ausgelöst (Nisell, Nomikos & Svensson, 1995).

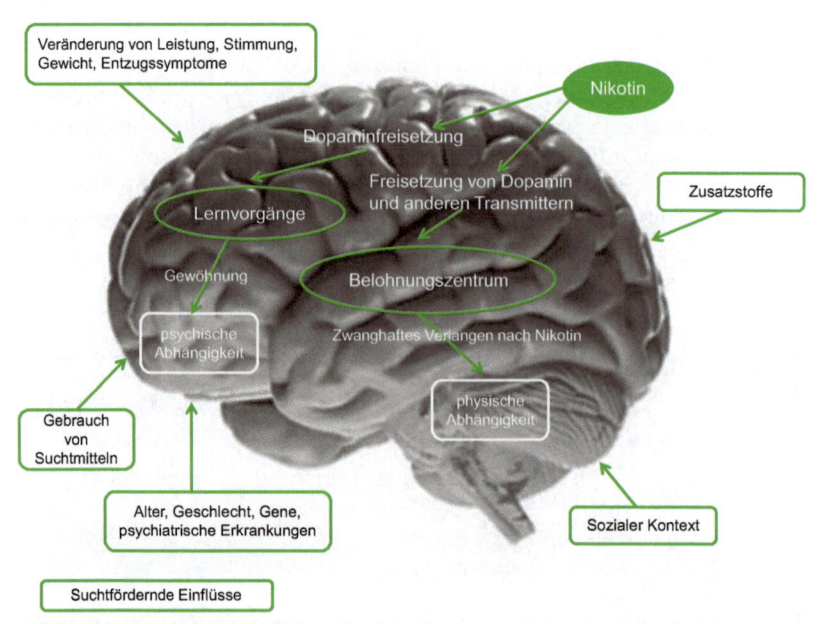

7 Tabak-, Alkohol-, Medikamenten- und Drogenkonsum

Abbildung 7.3: Tabakabhängigkeit und ihre Entwicklung (nach Vorlage Deutsches Krebsforschungszentrum, 2009)

Neurobiologie der Abhängigkeit

Ausgangspunkt für eine vereinfachte neurobiologische Erklärung der Nikotinabhängigkeit ist das dopaminerge „Belohnungssystem" im *mesolimbischen Teil* des Gehirns (vgl. ▶Abbildung 7.3). In diesem Teil des Gehirns wirken psychoaktive Substanzen (z. B. Alkohol, Opioide, Pharmaka oder Nikotin), indem sie dort die Dopaminausschüttung direkt oder indirekt erhöhen. Aus der *Area tegmentalis ventralis*, deren Funktion darin besteht, das mesolimbische System zu aktivieren, wodurch Emotionen reguliert werden (z. B. Freude), verlaufen dopaminerge Fasern in den *Nucleus accumbens*. Diese dopaminergen Fasern verlaufen aber auch in den Assoziationskortex des Präfrontalhirns, das Striatum und andere bedeutende Bereiche des limbischen Systems (z. B. Amygdala und Septum). Im Nucleus accumbens werden durch die dopaminergen Fasern aus der Area tegmentalis ventralis sogenannte *D2-Dopaminrezeptoren* stimuliert, die mit einem Verstärkereffekt einhergehen. Heute kennt man fünf unterschiedliche Dopaminrezeptoren, von denen die D1- und D2-Rezeptoren die häufigsten Unterformen darstellen. Unterschieden werden diese mithilfe der verschiedenen Signalwege des Rezeptors in eine Zelle sowie durch ihre ungleiche Beeinflussung durch Pharmaka.

Mit der Zeit muss der Raucher seinem Körper immer größere Mengen an Nikotin zuführen, da das Gehirn, obwohl es zu Beginn der Abhängigkeit viel Dopamin ausschüttet, mit der permanenten Zufuhr der Substanz die Ausschüttung von Dopamin reduziert. Dies bedeutet für den Raucher, immer mehr rauchen zu müssen, um den gleichen Effekt zu erzielen. Durch diese Nikotinsteigerung bilden sich vermehrt Rezeptoren für Nikotin im Gehirn (Perry, Davila-Garcia, Stockmeier & Kellar, 1999). Die Steigerung der Rezeptordichte wird als *sekundäre Neuroadaptation* oder „Up-

regulation" bezeichnet und ist besonders bei starken Rauchern zu beobachten (Benhammou et al., 2000). Je mehr Rezeptoren vorhanden sind, desto stärker treten Entzugserscheinungen auf, die die Betroffenen erneut zur Zigarette greifen lassen.

Besonders gesundheitsgefährdend ist ein früher Einstieg in den Tabakkonsum für Kinder und Jugendliche, weil im adoleszenten Gehirn die Neurotransmittersysteme noch nicht voll entwickelt sind und sich das Nikotin nachhaltig schädigend auswirkt. Die schädigende Auswirkung manifestiert sich dann in Störungen von Gedächtnis- und Denkvorgängen (Jacobsen et al., 2005).

Der Fagerström-Test

Die körperliche Nikotinabhängigkeit kann mit dem *Fagerström-Test für Nikotinabhängigkeit* (Fagerström Tolerance Questionnaire) gemessen werden. Der Test besteht aus sechs nikotinrelevanten Suchtkriterien in Frage- und Antwortform, deren Resultate einen Wert zwischen 0 und 10 annehmen können. Es können *vier Abhängigkeitsstufen* ermittelt werden (geringe, mittlere, starke und sehr starke Abhängigkeit). Der Fagerström-Test gilt als sehr zuverlässig und wird in vielen Studien benutzt, da er wegen seiner Kürze gut handhabbar ist. Zuverlässige Items, die auf Abhängigkeiten hinweisen, sind beispielsweise Fragen nach dem frühmorgendlichen Rauchen, der Menge der gerauchten Zigaretten (mehr als zehn am Tag?) sowie Fragen nach häufigen fehlgeschlagenen Entwöhnungsversuchen in der Vergangenheit.

Test für Nikotinabhängigkeit

7.3.8 Die Entwicklung des Rauchverhaltens

Lerntheoretisch wird die Entstehung der Tabakabhängigkeit über das *klassische und operante Konditionieren* erklärt. Konkret bedeutet das, dass aus einem ursprünglich spontanen Verhalten ein *Reiz-Reaktions-Muster* (Stimulus-Response) erlernt wird. Am Anfang der „Entwicklung zum abhängigen Tabakkonsumenten" stehen meist soziale Verstärkerprozesse – etwa bei Jugendlichen, die sich durch die Gruppe der Gleichaltrigen in ihrem Verhalten bestärkt fühlen. Aber auch das Lernen am Modell, wie es von Bandura (1978) beschrieben wird, kann über das *stellvertretende Lernen* verhaltensauslösend sein, indem beispielsweise Eltern oder Gleichaltrige als Modelle dienen. Dieser Lernmechanismus ist insbesondere in der Einstiegsphase des Rauchens bedeutsam. Für Engel und Hurrelmann (1994) ist das Rauchen eine Botschaft von Jugendlichen an die Gesellschaft, die Protest und Erwachsensein signalisiert bzw. signalisieren soll. Ein wesentlicher Einflussfaktor ist dabei die Gruppe der Gleichaltrigen, die sogenannte *Peergroup*. Aber auch das positive Image des Rauchers, wie es die Werbung vermittelt, sowie Neugier können Auslöser für das Rauchen sein. Häufig sind auch kritische soziale Bedingungen wie Alltagsstress, schlechte schulische Leistungen oder ein schwieriges soziales Milieu, das wenige Chancen für das Leben bietet, der Anstoß, um mit dem Rauchen zu beginnen. Mit einem regelmäßigen Tabakkonsum etabliert sich dann ein Verstärkereffekt, der mit dem Rauchen und der Nikotinaufnahme verbunden wird. Zum Verstärkereffekt zählen zum einen die mit dem Rauchen verknüpften positiven Kon-

Lerntheoretische Erklärung

sequenzen wie Konzentrationssteigerung oder Spannungsreduktion und zum anderen die negative Verstärkung, da der Griff zur nächsten Zigarette emotionale Spannungszustände und Entzugssymptome vermeiden hilft. Durch die operanten und klassischen Konditionierungsprozesse entstehen Verbindungen zwischen dem Rauchen und sogenannten diskriminativen Stimuli. Dies sind Reize, die eine bestimmte Reaktion auslösen und Erwartungen zu den positiven Folgen des Rauchens. Beides führt dazu, dass das Rauchen aufrechterhalten bleibt. Mit dem Tabakkonsum werden auch bestimmte Situationen gekoppelt, die zu Signalreizen werden können. Ein Beispiel für eine solche Verknüpfung, im Sinne der klassischen Konditionierung, ist die „Kaffeepause", die nach vielen Wiederholungen mit dem Rauchen assoziiert wird. So kann sich zu Beginn der „Kaffepause" das Verlangen nach einer Zigarette deutlich steigern. Durch die schnelle Wirkung des Nikotins kommen solche Konditionierungen rasch und effektiv zustande. Das Rauchen einer Zigarette unter Stress kann beruhigend für den Tabakkonsumenten sein und somit eine positive Konsequenz für ihn darstellen, die bei erneutem Ausgesetztsein von Stress den Wunsch nach einer Zigarette auslöst (operantes Konditionieren). Dadurch etablieren sich positive Erwartungen und Zuschreibungen an die positive Wirkung des Zigarettenrauchens (z. B. Stressreduktion), die das Verlangen nach einer Zigarette steigern, so wie es auch von der Theorie des kognitiven Lernens beschrieben wird (Lujik, Reuter & Netter, 2005). Situationen, Gefühle, Gedanken oder Bedürfnisse, die zu Schlüsselreizen geworden sind, lassen den Raucher häufig unbewusst zur Zigarette greifen. Sie lösen das starke Rauchverlangen aus, das für das Verhalten eines Rauchers typisch ist („craving"). Das Verlangen nach Nikotin und die durch psychologische Lernprozesse entstandene psychische Abhängigkeit können in ihrer Stärke sehr unterschiedlich ausgebildet sein, weshalb auch die Vorgehensweisen bei der Tabakentwöhnung sehr unterschiedlich sind. Eine Entwöhnungsbehandlung muss dies berücksichtigen, um entweder stärker psychologisch zu intervenieren oder der medikamentösen Behandlung (z. B. Nikotinpflaster) den Vorzug zu geben. Auf dem Weg zur Tabakabstinenz ist im Vergleich zur psychologichen Abhängigkeit eine starke Nikotinabhängigkeit die größere Hürde, die auch medikamentös behandelt werden muss.

Weitere Einflussfaktoren für die Entstehung von Substanzabhängigkeiten sind neben den lerntheoretischen Mechanismen die Wirkung der psychotropen Substanz (z. B. Tabak, aber auch Alkohol und andere Drogen), die körperlichen und psychischen Eigenschaften der konsumierenden Person sowie deren soziales Umfeld (siehe *7.4.5 Die Entwicklung der Alkoholabhängigkeit*).

7.4 Alkohol und Gesundheit

7.4.1 Konsumverteilung in der Bevölkerung

Hochkonsumland Deutschland

Der Alkoholkonsum beträgt in Deutschland 9,6 Liter (Reinalkohol) pro Einwohner im Jahr. Mit diesem Verbrauch gehört Deutschland im internationa-

7.4 Alkohol und Gesundheit

len Vergleich zu den Hochkonsumländern. Bedenkliche Trinkmengen, die der Gesundheit schaden, werden von über 9,5 Millionen Menschen konsumiert. Alkoholabhängig sind 1,4 Millionen Bundesbürger und geschätzte 74.000 Personen sterben an den direkten oder indirekten Wirkungen eines übermäßigen Konsums an Alkohol (Der Drogenbeauftragte der Bundesregierung, 2013).

Kernaussage
12,8% aller durch Behinderungen, Verletzungen oder Krankheiten verlorenen oder beeinträchtigten Lebensjahre bei Männern werden in Deutschland durch Alkoholkonsum verursacht (Gaertner et al., 2012).

Infobox
Der Konsum von Alkohol wird schon seit Jahrtausenden praktiziert. Bereits 8000 Jahre vor Christus wurde Bier im Vorderen Orient gebraut. Die Ägypter bauten 4000 Jahre vor Christus Weinreben an und kelterten Wein. Griechen und Römer tranken bevorzugt Wein, der bei den Römern mit Wasser verdünnt wurde. Wer Wein pur trank, galt als Säufer. Dagegen war der Rausch bei den Trinkgelagen der Griechen obligatorisch. Germanen tranken Honigwein (Met) und Bier, verstanden beides als Genussmittel sowie als Opfergaben für ihre Götter. Bis ins 16. Jahrhundert galt Bier als ein Grundnahrungsmittel. In Nord- und Mitteleuropa nahmen sowohl Erwachsene als auch Kinder morgens eine Biersuppe zu sich. Mit der Kartoffel verlor das Bier in den darauffolgenden 200 Jahren seine Stellung als Grundnahrungsmittel. Hochprozentiger Branntwein wurde schließlich ab dem 19. Jahrhundert preiswert industriell produziert und damit für jedermann verfügbar. Insbesondere das Proletariat, das häufig im Elend lebte, konsumierte verstärkt diesen Branntwein. In der heutigen Zeit ist in unserer Gesellschaft ein kontrollierter Alkoholkonsum akzeptiert und gehört zur Alltagskultur.

Für das Jahr 2007 wird von volkswirtschaftlichen Kosten, die in Verbindung mit alkoholbedingten Erkrankungen stehen, in Höhe von 26,7 Milliarden Euro ausgegangen (Gaertner et al., 2012). Alleine 7,4 Milliarden Euro davon sind Kosten, die dem Gesundheitssystem direkt entstehen (Der Drogenbeauftragte der Bundesregierung, 2013).

Erhebliche volkswirtschaftliche Kosten

Betrachtet man die Entwicklung des Pro-Kopf-Konsums nach der Art der alkoholischen Getränke, so ergibt sich die differenzierte Darstellung in ▶Tabelle 7.4. Sie zeigt den Konsum von Bier seit 2005 bis zum Jahr 2011, der zu Gunsten von Wein und Schaumwein leicht zurückgegangen ist, während der Verbrauch an Spirituosen ungefähr gleich blieb.

	2005	2009	2010	2011
Bier	55,3%	54,3%	53,6%	53,6%
Wein	21,8%	22,8%	23,4%	23,1%
Schaumwein	4,2%	4,4%	4,5%	4,7%
Spirituosen	18,7%	18,4%	18,5%	18,6%

Tabelle 7.4: Pro-Kopf-Anteil verschiedener alkoholischer Getränke am Gesamtkonsum (Quelle: Gaertner et al., 2013)

7.4.2 Problematischer Alkoholkonsum

Vier Formen problematischen Trinkens

Vier Formen des problematischen Alkoholkonsums werden unterschieden (Freyer-Adam und John, 2009): die *Alkoholabhängigkeit*, der *Alkoholmissbrauch*, der *riskante Alkoholkonsum* und das *Rauschtrinken* (*Binge Drinking*). Für die Alkoholabhängigkeit gelten nach ICD-10 (F 10–19) dieselben Kriterien wie für andere psychotrope Substanzen (siehe *7.2 Psychische Störungen durch psychoaktive Substanzen*). Nach DSM-IV zählen Alkoholabhängigkeit und Alkoholmissbrauch zu den psychischen Störungen. Nachfolgend werden die vier Formen des problematischen Alkoholkonsums beschrieben.

7.4.2.1 Alkoholabhängigkeit

> **Begriffe**
>
> Eine *Alkoholabhängigkeit* liegt vor, wenn mindestens drei der folgenden sieben Kriterien in den letzten 12 Monaten erfüllt wurden:
>
> 1. Toleranzentwicklung,
> 2. Entzugserscheinungen,
> 3. höherer und längerer Konsum als beabsichtigt,
> 4. anhaltender Wunsch oder erfolglose Versuche den Konsum zu reduzieren oder zu kontrollieren,
> 5. hoher Zeitaufwand für die Beschaffung und den Konsum von Alkohol sowie die Erholung vom Konsum,
> 6. Aufgabe oder Vernachlässigung wichtiger sozialer und beruflicher Aufgaben oder Aktivitäten in der Freizeit,
> 7. fortgesetzter Konsum bei Kenntnis der negativen körperlichen und psychischen Folgen.

7.4.2.2 Alkoholmissbrauch

> **Begriffe**
>
> Das Vorliegen von *Alkoholmissbrauch* wird bei einem Ausschluss von Alkoholabhängigkeit durch das Auftreten von einem der vier nachfolgend aufgeführten Kriterien in den letzten 12 Monaten diagnostiziert:
>
> 1. Wiederholter Alkoholkonsum, der die Erfüllung wichtiger Aufgaben oder Tätigkeiten verhindert hat, z. B. bei der Arbeit oder in der Schule.
>
> 2. Abermaliger Gebrauch von Alkohol in Situationen, in denen der Konsum eine körperliche Gefährdung provozieren kann.
>
> 3. Konflikte mit dem Gesetz, die mit dem Alkoholkonsum zusammenhängen.
>
> 4. Andauernder Konsum von Alkohol trotz wiederkehrender sozialer und zwischenmenschlicher Probleme, hervorgerufen durch die Wirkungen des Alkohols.

7.4.2.3 Riskanter Alkoholkonsum

> **Begriffe**
>
> Von *riskantem Alkoholkonsum* wird dann gesprochen, wenn die Menge konsumierten Alkohols über den statistischen Werten eines erhöhten Erkrankungsrisikos liegt.

Diese problematischen Werte liegen für Frauen bei einem regelmäßigen Konsum von mehr als 10–20 Gramm reinen Alkohols täglich und für Männer bei mehr als 20–30 Gramm pro Tag.

Mit steigendem Alkoholkonsum erhöht sich das individuelle Risiko, an den Folgen des Gebrauchs zu erkranken, psychische und soziale Probleme zu entwickeln oder anderen Menschen Schaden zuzufügen. Dabei wurden in den vergangenen Jahren aufgrund neuer wissenschaftlicher Erkenntnisse die Risikomengen herabgesetzt (Deutsche Hauptstelle für Suchtgefahren, 2013b).

Konsumklassen	Männer	Frauen
Risikoarmer Konsum	bis 24 g	bis 12 g
Riskanter Konsum	mehr als 24 g bis 60 g	mehr als 12 g bis 40 g
Gefährlicher Konsum	mehr als 60 g bis 120 g	mehr als 40 g bis 80 g
Hochkonsum	mehr als 120 g	mehr als 80 g

Tabelle 7.5: Risikoklassen für den Konsum reinen Alkohols pro Tag für Männer und Frauen

7.4.2.4 Rauschtrinken (Binge Drinking)

> **Begriffe**
>
> Beim *Rauschtrinken* oder *Binge Drinking* handelt es sich um Alkoholkonsum einer großen Menge Alkohols in einem kurzen Zeitraum.

Das Rauschtrinken wird auch als *episodisch exzessiver Alkoholkonsum* bezeichnet, im Jugendjargon auch als *„Koma- oder Kampftrinken"*. Unter jungen Erwachsenen, und dort in erster Linie bei jungen Männern, ist das Binge Drinking stark verbreitet, jedoch nimmt auch die Zahl weiblicher Exzessivtrinkerinnen zu. Die Deutsche Hauptstelle für Suchtfragen (2013b) empfiehlt, dass Frauen während einer Trinkperiode (wenige Stunden) nicht mehr als drei und Männer nicht mehr als vier Standardgetränke zu sich nehmen. Dies auch nicht häufiger als maximal zwei Mal innerhalb eines Monats. Alles was darüber hinausgeht, erfüllt die international anerkannten Richtlinien für das Rauschtrinken. Speziell mit dem Binge Drinking sind erhebliche Gesundheitsrisiken aber auch soziale Probleme verbunden (z. B. Alkoholvergiftungen, Aggressionen, riskantes Sexualverhalten, Autofahren mit Alkohol).

Psychische und verhaltensbezogene Störungen durch akuten Alkoholmissbrauch, die stationär behandelt werden mussten, waren 2011 bei Kindern, Jugendlichen und jungen Erwachsenen im Alter von 10 bis 20 Jahren mit 26.349 Fällen die zweithäufigste Einzeldiagnose in Krankenhäusern (insgesamt 338.400 Behandlungsfälle). Im Jahr 2000 waren es noch 9.514 Fälle, sodass innerhalb eines Jahrzehnts eine immense Steigerung festgestellt werden kann (Statistisches Bundesamt, 2013).

> **Kernaussage**
>
> Meist verläuft der Weg in die Abhängigkeit prozesshaft: Vom genussvollen risikoarmen Konsum, über den riskanten Konsum hin zum Missbrauch oder schädlichen Gebrauch gelangen die Betroffenen in die Abhängigkeit.

Es ist daher sinnvoll, mit der gesundheitspsychologischen Prävention möglichst früh zu beginnen, um beim Individuum ein Bewusstsein riskanten Alkoholkonsum zu fördern.

7.4.3 Früherkennung riskanten Alkoholkonsums

AUDIT-C Zur Einschätzung, ob Alkohol in gesundheitsschädlichem Maß getrunken wird, werden verschiedene Screeningverfahren („Siebverfahren") eingesetzt. Der bekannteste Test dazu ist der *„Alcohol Use Disorder Identification Test – Consumption"* (*AUDIT-C*). Dieser Test wurde von Barbor et al. (1992) im Auftrag der *Weltgesundheitsorganisation* (*WHO*) entwickelt und besteht aus zehn Fragen, die auf persönliche Trinkgewohnheiten abzielen (z. B. Häufigkeit, Menge, Schuldgefühle, soziale Probleme). Für die Hausarztpraxis liegt ein Kurzfragebogen mit drei Fragen vor (Diehl, 2005).

Gesamt	Männer	Frauen
27,2%	32,6%	22,1%
* Werte für Risikokonsum im AUDIT-C bei Frauen 4 und 5 bei Männern (Quelle: „Daten und Fakten: Ergebnisse der Studie „Gesundheit in Deutschland aktuell 2010", Robert-Koch-Institut, 2012)		

Tabelle 7.6: Riskanter und schädlicher Alkoholkonsum* im Jahr 2010, nach AUDIT-C

Weitere Screeningverfahren, die systematisch nach bestimmten Verhaltens- oder Merkmalsbereichen im Zusammenhang mit riskantem Alkoholkonsum suchen, sind:

MALT (Münchner-Alkoholismus-Test)

Das Verfahren wurde sowohl für die Fremd- als auch die Selbstbeurteilung entwickelt und setzt sich aus zwei Teilen zusammen, die eine Einheit bilden: der Fremdbeurteilungsteil (MALT-F) für den Arzt/Psychologen und der Selbstbeurteilungsteil (MALT-S) (Feuerlein, Küfner, Ringer & Antons-Volmerg, 1999). **Münchner-Alkoholismus-Test**

CAGE-Interview

Das Interview besteht aus vier Fragen, von denen mindestens zwei mit „Ja" beantwortet werden müssen, um von einer Alkoholabhängigkeit ausgehen zu können (Mayfield, McLeod & Hall, 1974). Der Name CAGE setzt sich aus den Anfangsbuchstaben zusammen, die die überprüften Bereiche bilden: **CAGE-Interview**

- **C = Cut down:**
  „Haben Sie schon einmal das Gefühl gehabt, dass Sie weniger Alkohol trinken sollten?"
- **A = Annoyed:**
  „Haben Sie sich schon einmal geärgert, dass andere Ihr Trinkverhalten kritisiert haben?"
- **G = Guilty:**
  „Haben Sie sich wegen Ihres Alkoholkonsums schon einmal schlecht oder schuldig gefühlt?"
- **E = Eye Opener:**
  „Haben Sie jemals bereits morgens Alkohol getrunken, um Ihre Nerven zu beruhigen oder einen Kater loszuwerden?"

7.4.4 Die gesundheitlichen Auswirkungen von Alkohol

Körperliche und seelische Auswirkungen von Alkohol

Durch das Vergären von Zucker aus den verschiedensten Basisstoffen, wie z. B. Weintrauben, Getreide, Zuckerrohr oder Kartoffeln, wird Alkohol (Ethanol) hergestellt. Ein Gramm Alkohol enthält ca. 29,6 kJ (7,07 kcal) und besitzt damit so viel Energie wie Fett. Konsumierter Alkohol lässt sich beim Menschen als *Blutalkoholkonzentration (BAK)*, d. h. als Verhältnis von Gramm Alkohol pro 1.000 Gramm Blut (Promille), nachweisen (Deutsche Hauptstelle für Suchtgefahren, 2013b). Schon ab 0,2 Promille wirkt sich Alkohol auf das *Erleben und Verhalte*n eines Menschen aus. Je mehr konsumiert wird, desto gravierender sind diese Wirkungen. Bemerkbar machen sie sich auf physischer und psychischer Ebene, wie dies in ▶Tabelle 7.7 dargestellt ist.

Körperliche Reaktionen	Psychische Reaktionen
Alkoholkonsum	**Alkohol**
■ bereitet Schwindelgefühle,	■ wirkt bei geringen Dosen euphorisierend,
■ erhöht den Puls,	■ senkt Hemmschwellen, z. B. für riskantes Verhalten (Autofahren, Verhütung etc.),
■ erweitert die Blutgefäße,	■ ändert das Verhalten und macht z. B. aggressiver (Gewalt, Sexualität),
■ führt zu vermehrtem Schwitzen,	■ bewirkt Stimmungsschwankungen,
■ beeinträchtigt die Fähigkeit des Gehirns, die Körpertemperatur zu regeln,	■ erhöht das Risiko für Depressionen und
■ beeinflusst die Absonderung von Magensäure,	■ steigert das Suizidrisiko.
■ erhöht das Bedürfnis zu urinieren,	
■ beeinträchtigt die Koordinierungsfähigkeit,	
■ führt zu undeutlicher Aussprache und	
■ kann zu Vergiftungen führen (Erbrechen bis Atemstillstand).	

Tabelle 7.7: Was bewirkt Alkohol im menschlichen Körper? (Quelle: Deutsche Hauptstelle für Suchtfragen, 2013b)

Da Alkohol ein *Zellgift* ist, kann es Organe und Nervenzellen schädigen. Ausschlaggebend sind die Menge und der Alkoholgehalt der konsumierten Getränke. Diese Wirkung wird durch die individuelle physische und psychische Verfassung des Konsumierenden sowie die Gewöhnung des Organismus an die Alkoholaufnahme (Toleranz) beeinflusst. Ob eine Alkoholtoleranz vorliegt oder nicht, hat jedoch keinen Einfluss auf die toxische Wirkung des Alkohols auf menschliche Zellen.

Zu den möglichen gesundheitlichen Folgen durch das Zellgift „Alkohol" zählen nicht nur die Entstehung einer *Leberzirrhose* (Endstadium einer chronischen Lebererkrankung) oder eine *Bauchspeicheldrüsenentzündung*, sondern ungefähr 60 weitere unterschiedliche Erkrankungen und Befindlichkeitsstörungen. Hierzu gehören beispielsweise *Störungen des Verdauungstraktes*, *Krebs* (Mund, Rachen, Speiseröhre, Leber, Kehlkopf), *Herz-Kreislauf-Erkrankungen* (Herzversagen, Krampfadern der Speiseröhre), *Störungen des Immunsystems*, *geistige Schwierigkeiten* oder *Verhaltensauffälligkeiten*.

7.4 Alkohol und Gesundheit

> **Kernaussage**
>
> Bei Männern ist die Diagnoseklasse „Psychische und Verhaltensstörungen durch Alkohol" (F10; ICD-10) der zweithäufigste Anlass für eine Behandlung in Krankenhäusern (Deutsche Hauptstelle für Suchtgefahren, 2013b).

Rohan, Jaine, Howe & Miller (2000) konnten in einer in Kanada durchgeführten Studie zeigen, dass sich bei Frauen, die mehr als 50 g Alkohol pro Tag zu sich nahmen, das Risiko für Brustkrebs verdoppelte.

Ein Zuviel an Alkohol in Kombination mit dem Rauchen spielt bei manchen Krebsarten, vor allem beim Kehlkopfkrebs, eine besondere Rolle. Der parallele Konsum von Alkohol und Tabak, in geringen Dosierungen, erhöht die Wahrscheinlichkeit, an Kehlkopfkrebs zu erkranken, um das Achtfache und um das Einhundertfache bei sehr starkem kombiniertem Konsum. Uneinigkeit herrscht bei den Forschern allerdings darüber, ob es sich bei dem Effekt des Zusammenwirkens von Alkohol und Tabak um eine *additive* oder eine *multiplikative Verstärkung* handelt (Altieri et al., 2005; Talamini et al., 2002).

Kombination Alkohol und Tabak besonders gefährlich

7.4.5 Die Entwicklung der Alkoholabhängigkeit

Es hat keinen Sinn, Sorgen in Alkohol ertränken zu wollen, denn Sorgen sind gute Schwimmer.

Robert Musil (1880 – 1924)

Alkoholabhängigkeit, aber auch anderes Suchtverhalten, kann nicht auf eine einzelne Ursache zurückgeführt werden, sondern ist *multifaktoriell* bedingt. Diese Faktoren sind Gefüge individueller, sozialer und biologischer Art. So wird riskanter Alkoholkonsum oder Alkoholmissbrauch oft dazu genutzt, den Alltag oder die Anforderungen des Berufs besser zu bewältigen bzw. beidem zu entfliehen. Im Sinne einer „Selbstmedikation" wird Alkohol aber auch dazu benutzt, negative Gefühle oder depressive Zustände zu „behandeln" sowie die Leere im Leben auszufüllen und Langeweile in den Griff zu bekommen. Schließlich dient er vielen Personen dazu, insbesondere jungen Menschen, Hemmungen abzubauen, selbstbewusster zu werden oder schlichtweg beim Alkoholkonsum „Spaß" zu haben. Damit sind drei Elemente angesprochen, die eine Alkoholabhängigkeit beeinflussen: der *Alkohol*, also die psychoaktive Substanz selbst, das *Individuum* und das *soziale Umfeld*, in dem das Individuum lebt.

Multifaktorielle Ursachen

Drei Einflussfaktoren

Die Entstehungsbedingungen der Alkoholabhängigkeit, aber auch anderer Süchte, können deshalb sehr gut am *biopsychosozialen Modell* dargestellt werden (siehe Abschnitt 1.6.1).

7 Tabak-, Alkohol-, Medikamenten- und Drogenkonsum

> **Kernaussage**
>
> Das Verlangen, gesundheitsschädigende psychoaktive Substanzen zu sich zu nehmen, ist bedingt durch Wechselwirkungen verschiedener Faktoren und individueller Gegebenheiten einer Person (psychologisch, biologisch) sowie durch das soziale Umfeld (kulturelle, direkte Gegebenheiten) und die psychoaktive Substanz (in unserem Beispiel der Alkohol).

Mensch, Mittel, Milieu

Das Zusammenwirken dieser drei Faktoren kann als Dreieck („Trias") visualisiert werden. Dieses Dreieck, das auch als *Trias-Modell* oder *3-M-Modell* (Menschen, Mittel, Milieu) bezeichnet wird, wurde bereits Anfang der 1970er-Jahre von Kielholz und Ladewig (1973) formuliert (▶Abbildung 7.4). Die Gewichtung der drei Faktoren kann bei jedem Menschen sehr unterschiedlich sein. Zum besseren Verständnis der Inhalte der jeweiligen Faktoren sollen diese kurz beschrieben werden:

Bedingungsfaktor „Alkohol"

Wirkung der psychogenen Substanz

Bei diesem Faktor spielen die *Verfügbarkeit* von Alkohol, die *Menge*, die *Art* des Alkohols und seine *Wirkung* eine zentrale Rolle. Alkohol hat, wie andere Drogen auch (siehe *7.3.7 Tabakabhängigkeit*), eine für Gehirn und Körper „belohnende" Wirkung. Alkohol wird über die Schleimhäute im Magen-Darm-Trakt ins Blut aufgenommen und über den ganzen Organismus verteilt. So gelangt er bis in die Körperwasser der Gewebe und ins Gehirn. Im Gehirn beeinflusst Alkohol die Übertragung von Informationen zwischen den Nervenzellen. Dabei wirkt er in geringer Dosis stimulierend (z. B. belebend, enthemmend), in mittlerer und starker Dosierung hemmend (z. B. ermüdend). Je nach getrunkener Menge Alkohol wird der Neurotransmitter *Dopamin* freigesetzt und wirkt zunächst im natürlichen Belohnungszentrum wie andere Drogen durch die anfangs ausgeprägten Glücksgefühle („Kick"). Im Rahmen der Gegenreaktion kommt es dann zu einer Drosselung der körpereigenen Dopaminproduktion. Die zu Beginn des Alkoholkonsums ausreichende Menge Dopamin befriedigt schließlich immer weniger. Deshalb muss der Alkoholkonsum erhöht werden, wodurch eine Toleranz gegenüber dem Suchtmittel entsteht. Ein plötzliches Absetzen des Alkohols führt zu Entzugserscheinungen.

Bedingungsfaktor „Individuum"

Physische und psychische Eigenschaften der Person

Der Faktor Individuum beinhaltet sowohl *körperliche* als auch *psychische Eigenschaften* einer Person. Zu den körperlichen Einflussfaktoren zählen bestimmte genetische Dispositionen der Produktion von Neurotransmittern im *Zentralnervensystem (ZNS)*, die eine Abhängigkeitsentwicklung befördern können (Netter, 2000). Die Art und Weise, wie die Verstoffwechselung des Alkohols (sog. Alkoholmetabolismus) verläuft, ist von Person zu Person unterschiedlich. Zu den relevanten psychischen Eigenschaften werden eine *geringe Frustrationstoleranz*, ein *niedriges Selbstwertgefühl*, eine *verringerte Belastbarkeit* und/oder eine *mangelnde Problemlösefähigkeit* gezählt. Aber auch ein große Bereitschaft, Risiken einzugehen, etwa in Form des *sensation seeking* (siehe *Abschnitt 3.3*) oder eine gestörte Fähigkeit, aufgrund *frühkindlicher Lebenserfahrungen*, soziale Beziehungen eingehen und aufrecht erhalten zu können, gehören dazu. Alkohol wird auch zur *Angst- und Spannungsreduktion* oder zur *Bewältigung kritischer Lebensereignisse* „eingesetzt" und kann als erlernte Reaktion (Verhaltensmuster) zu einem Teil der Persönlichkeit werden. Außerdem spielen der individuelle Lebensstil und die Erwartungshaltung, die eine Person an sich sowie an sein Leben hat, eine wichtige Rolle.

Bedingungsfaktor „Soziales Umfeld"

Den dritten Faktor bildet das *soziale Umfeld*. Dieser Faktor kann durch die Kategorien *sozialer Nahraum* und *gesellschaftliche Einflüsse* zweigeteilt werden Zum sozialen Nahraum zählen Familie, Schule, Freizeit und Beruf. In diesem nahen sozialen Umfeld können Probleme auftreten, die eine Alkoholabhängigkeit bzw. Suchtentwicklung begünstigen (gefährdende Familiensituation, alkoholabhängige oder anderweitig suchtbelastete Familienmitglieder, Konflikte in der Beziehung, problematische schulische oder berufliche Situation, Schulden sowie unzureichende Wohnverhältnisse). Auch hat bei Jugendlichen die *Gruppe der Gleichaltrigen*, die Alkohol oder auch andere psychotrope Substanzen konsumieren, einen wesentlichen Einfluss auf den individuellen Einstieg in den Alkoholkonsum. Gesellschaftliche Einflüsse bestehen in Form der Leistungs-, Wettbewerbs- und Konsumorientierung, aber auch im Trend zur „Spaßgesellschaft", in der das „Partymachen" zum Selbstzweck geworden ist. Ebenso abhängigkeitsförderlich sind schlechte gesellschaftlich oder konjunkturell bedingte Berufs- und Lebensaussichten oder eine länger andauernde Arbeitslosigkeit. Kaum eine andere Gruppe von Krankheiten ist so vielfältig mit dem sozialen Umfeld verbunden wie die Abhängigkeitserkrankungen (Lachmann, 2004). Insbesondere die Einstellung der Gesellschaft zum Alkoholkonsum spielt dabei eine extrem wichtige Rolle. Schneider (2010) weist darauf hin, dass bereits über die Wortwahl in unserer Gesellschaft problematisches Trinkverhalten verharmlost wird, etwa dann, wenn verniedlichend von „Schluckspechten" und „Schnapsdrosseln" gesprochen wird.

Sozialer Nahraum und Gesellschaft

Das Zusammenwirken dieser drei Faktoren, wie sie in Abbildung 7.4 zu sehen sind, dient nicht nur der Erklärung des Zustandekommens von Alkoholabhängigkeit, sondern ist auch hilfreich für die Entwicklung von Maßnahmen der gesundheitspsychologischen Prävention und Intervention. Nach Tretter (2000) ist dieses „Drei-Faktoren-Modell" empirisch sehr gut abgesichert, insbesondere was die einzelnen Faktoren in ihrer Bedeutung angeht, jedoch sind die Interaktionen und gegenseitigen Beeinflussungen der Faktoren untereinander noch nicht ausreichend geklärt.

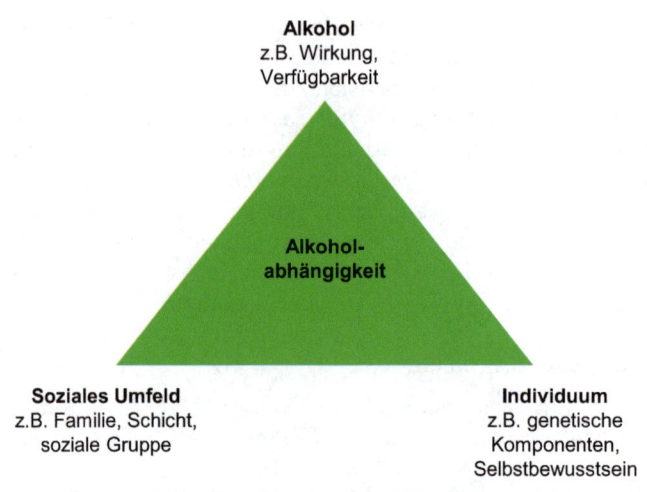

Abbildung 7.4: Bedingungsgefüge der Alkoholabhängigkeit

7.5 Medikamentenabhängigkeit und -missbrauch

Häufig ältere Menschen betroffen

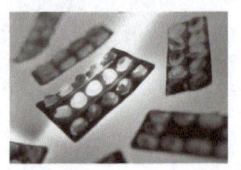

Schätzungsweise 1,2 bis 1,9 Millionen Menschen sind in Deutschland medikamentenabhängig (Soyka, Queri, Küfner & Rösner, 2005). Davon sind zwei Drittel Frauen, die stärker als Männer versuchen, ihre Alltagsbelastungen mit Hilfe von Tabletten in den Griff zu bekommen. Außerdem sind, relativ zur Gesamtgruppe der Medikamentenabhängigen, ältere Menschen überdurchschnittlich vertreten. Die meisten Betroffenen entwickeln ihre Medikamentenabhängigkeit im Zusammenhang mit einer ärztlichen Behandlung, wenn die Mittel über einen Zeitraum von einigen Wochen hinaus verschrieben werden.

> **Kernaussage**
>
> Im Unterschied zu anderen psychotropen Substanzen verläuft der Weg in die Abhängigkeit bei Arzneimitteln meist schleichend über eine Erhöhung der Dosis (Der Drogenbeauftragte der Bundesregierung, 2013).

Suchtpotenzial haben zirka 6 bis 8 Prozent aller verschreibungspflichtigen Medikamente. Gleichwohl besitzen auch Arzneimittel, die nicht verschreibungspflichtig sind, ein gewisses Abhängigkeitspotenzial. Werden beispielsweise Präparate, die *Kodein* oder *Koffein* enthalten, missbräuchlich zum Aufputschen verwandt, so können auch diese Medikamente in die Abhängigkeit führen.

Zu den wichtigsten Medikamenten, die ein hohes Abhängigkeitspotenzial aufweisen und die oft missbräuchlich Verwendung finden, zählen:

- *Schlaf- und Beruhigungsmittel* (z. B. Benzodiazepine),
- *Medikamente zur Anregung* (Stimulanzien) und zur *Zügelung des Appetits* (z. B. Amphetamine) sowie
- *Schmerz- und Betäubungsmittel* (z. B. Opiate).

Nehmen Patienten fünf oder mehr verschiedene Medikamente parallel ein, sprechen Fachleute von „Polypharmazie".

Unter den Begriff *Psychopharmaka* fallen Schlafmittel (Hypnotika), Beruhigungsmittel (Tranquilizer) und Anregungsmittel, die bei der Behandlung von psychischen und neurologischen Erkrankungen eingesetzt werden. Diese Stoffgruppe besitzt ein hohes Suchtpotenzial. Aber auch die weniger abhängig machenden Antidepressiva und die sogenannten Neuroleptika, die bei Psychosen Anwendung finden, fallen in die Rubrik der Psychopharmaka. Beide Stoffgruppen können, je nach Dosierung und Dauer der Einnahme, zu starken Nebenwirkungen führen.

Psychopharmaka

> **Kernaussage**
>
> Von einer Medikamentenabhängigkeit besonders betroffen sind Senioren und innerhalb dieser Gruppe insbesondere Frauen.

Das Thema wird durch den demographischen Wandel immer bedeutsamer. Ältere Menschen nehmen oft rezeptfreie und rezeptpflichtige Medikamente ein, die abhängig machen können. Meist sind es *Benzodiazepine*, *Opioide* und *Schmerzmittel*. All diesen Medikamenten ist gemeinsam, dass sie ein starkes Suchtpotential aufweisen. *Opioide* werden als Schmerz- oder Betäubungsmittel eingesetzt und bestehen aus Substanzen, die ähnlich wirken wie Morphium. Eine Hamburger Studie konnte zeigen, dass 35% aller Langzeitverschreibungen von *Benzodiazepinen* auf die Altersgruppe der über 70-Jährigen fallen (Martens, Raschke, Holzbach & Verthein, 2010). Benzodiazepine werden meist bei Ängsten, Suizidalität oder agitierter Depression eingesetzt. Von der Symptomatik der agitierten Depression sind ältere Menschen häufiger betroffen. Sie geht mit innerer Unruhe, rastlosem Bewegungsdrang oder auch einem gesteigerten Mitteilungsbedürfnis einher. Typisch für die Betroffenen ist auch ein Jammern und Klagen immer gleichen Inhalts. Natürlich kann in der Medizin auf Benzodiazepine, Opioide und Schmerzmedikamente mit Abhängigkeitspotenzial nicht verzichtet werden, dennoch stufen viele verschreibende Ärzte gerade bei älteren Menschen die Suchtwirkung als gering ein. Vor allem, weil nur wenige Patienten die klassischen Symptome für eine Abhängigkeit entwickeln (Martens, Raschke, Holzbach & Verthein, 2010). Da die Nebenwirkungen der Benzodiazepine Ähnlichkeiten mit normalen Veränderungen durch das Alter haben, sind sie oft schwer zu diagnostizieren.

Abhängigkeitspotenzial von Arzneimittel oft unterschätzt

Um die geistige oder körperliche Leistungsfähigkeit zu steigern, werden ebenfalls Medikamente missbräuchlich verwendet. Neuere Befragungen zeigen, dass etwa 0,9 Prozent der Erwachsenen in geringerem Umfang „Dopingmittel" zu sich nehmen. In der Altersgruppe der 18- bis 29-Jähri-

Steigerung von geistiger und körperlicher Leistungsfähigkeit

gen gebrauchen ungefähr zwei Prozent leistungssteigernde Medikamente. Dahingegen konsumiert die Gruppe der über 45-Jährigen (Frauen als auch Männer) so gut wie keine Medikamente zur Leistungssteigerung, wenn keine medizinische Indikation vorliegt (Der Drogenbeauftragte der Bundesregierung, 2013).

> **Kernaussage**
>
> Dramatisch gestiegen ist der Konsum von Arzneimitteln bei Kindern und Jugendlichen. Ungefähr 75% der 14- bis 19-Jährigen bekommen von Ihren Eltern regelmäßig Medikamente.

Von den Eltern verabreichte Medikamente sollen den schulischen Stress mindern und die Leistungsfähigkeit steigern. Oft sind es Mittel, die die Konzentration steigern und vor Klassenarbeiten gegeben werden. Vielfach verschreiben Ärzte auf Druck der Eltern Medikamente, um die Stimmung der Kinder zu beeinflussen (Der Drogenbeauftragte der Bundesregierung, 2013). Ursächlich sind die Erwartungen der Eltern, die von den Kindern und Jugendlichen erfüllt werden sollen. Anstelle von Tabletten sind hier jedoch Gespräche der Eltern mit ihren Kindern sinnvoller, die zum Verständnis der Probleme und Ängste der Kinder führen und so auch die Chance für eine Lösung bieten.

Medikamentenabhängige sind meist unauffällig

Weil die Tabletteneinnahme ein in unserer Gesellschaft akzeptiertes Phänomen ist, zeigen die Medikamentenabhängigen meist keine Besonderheiten in ihrem Verhalten oder Anzeichen einer Sucht. Dadurch bleibt eine Arzneimittelabhängigkeit meist unentdeckt. Vielfach beschaffen sich medikamentenabhängige Personen ein spezielles verschreibungspflichtiges Mittel bewusst bei unterschiedlichen Ärzten, um einer Kontrolle zu entgehen. Offensichtlich wird eine Medikamentensucht erst dann, wenn auffällige Änderungen im Verhalten auftreten wie z. B. *Konzentrationsschwächen*, *apathisches Verhalten*, *Freudlosigkeit*, *Wahnvorstellungen* oder auch *Kreislaufzusammenbrüche*. Besonders problematisch ist ein Arzneimittelmissbrauch in Kombination mit Alkohol, da sich die eingenommenen Substanzen wechselseitig verstärken und Wirkungen zeigen können, die jede Einzelsubstanz für sich genommen nicht auslöst.

Um einer Medikamentensucht vorzubeugen, gelten die gleichen Prinzipien wie für andere psychotrope Substanzen. Nach Möglichkeit ist auch hier früh bei Kindern und Jugendlichen anzusetzen, d. h. Primärprävention zu betreiben. Aber auch bei Erwachsenen, etwa älteren Menschen, gilt es, ein Bewusstsein zu schaffen für die Gefahren von abhängig machenden Arzneien.

7.6 Missbrauch illegaler Drogen

Zu den illegalen Drogen werden folgende Substanzen gezählt:
- Cannabis,
- Amphetamine,
- Ecstasy,
- LSD,
- Kokain,
- Crack und
- Heroin.

Bei *Cannabis* handelt es sich um ein Hanfgewächs (Cannabaceae), das über psychoaktive Wirkstoffe verfügt und als Haschisch (Dope, Shit) oder Marihuana (Gras) konsumiert wird.

Amphetamine (z. B. Speed oder Crystal) und *Ecstasy* (z. B. MDMA, Adam oder Cadillac) sind künstlich produzierte Stoffe, die z. T. auch in Arzneimitteln Verwendung finden (siehe *7.5 Medikamentenabhängigkeit und -missbrauch*). Sie haben entweder einen aufputschenden oder einen halluzinogenen Effekt, was von ihrer chemischen Struktur abhängt, und sie können den Konsumenten psychisch abhängig machen.

LSD, im Jargon auch Acid (englisch „Säure") genannt, ist die Abkürzung für Lysergsäurediethylamid. Es ist eines der wirkungsvollsten Halluzinogene und führt bereits bei niedriger Dosierung zu lang dauernden pseudohalluzinogenen Effekten.

Kokain wird je nach Verarbeitung auch als Schnee, Koks oder Crack bezeichnet. Es wird aus dem Kokastrauch gewonnen und kann als Endprodukt nach einigen chemischen Verarbeitungsprozessen als weißes Pulver konsumiert werden. Kokain wirkt lokal betäubend und berauschend.

Heroin wird aus dem Roh-Opium des Schlafmohns gewonnen und ebenfalls zu einem weißen Pulver verarbeitet, das einerseits euphorisierend, andererseits auch betäubend wirkt.

Missbräuchlich konsumiert werden auch *psychoaktive Pflanzen* wie beispielsweise „Drogenpilze". Sie zählen jedoch nicht zu den illegalen Drogen.

Im Jahr 2011 konsumierten 0,9% der Jugendlichen im Alter von 12 bis 17 Jahren und 3,7% der jungen Erwachsenen regelmäßig illegale Drogen. Dabei überwiegen in der Konsumentengruppe die männlichen Jugendlichen und jungen Erwachsenen (BZgA, 2012).

Die ▶Tabelle 7.8 verdeutlicht die sinkende Zahl der Rauschgift-Toten der letzten Jahre.

Rückgang der Zahl der Drogentoten

Deutschland gesamt	2006	2007	2009	2010	2011
	1.296	1.396	1.331	1.237	986

Tabelle 7.8: Zahl der Rauschgifttodesfälle

Cannabiskonsum dominiert

Beim Konsum illegaler Drogen dominiert eindeutig der Cannabiskonsum. 3,7 Prozent der 15- bis 64-Jährigen zeigt in Deutschland ein problematisches Cannabiskonsumverhalten, damit gehört die BRD zu den Ländern mit einer niedrigen Prävalenz (Orth, Kraus & Piontek, 2012). Die Statistiken des letzten *Epidemiologischen Suchtsurveys* aus dem Jahre 2006 gehen von 2,4 Mio. Cannabiskonsumenten aus, von denen 380.000 Personen Cannabismissbrauch betreiben.

12-Monats-Prävalenz	Gesamt-%	Männer-%	Frauen-%	N
DSM-IV Missbrauch	0,7	1,2	0,3	380.000
DSM-IV Abhängigkeit	0,4	0,6	0,3	220.000

Tabelle 7.9: Cannabismissbrauch und -abhängigkeit (Quelle: Kraus, Pfeiffer-Gerschel & Pabst, 2008)

Kernaussage

Speziell der Cannabiskonsum bei Jugendlichen wird oft als jugendtypisches Verhalten zur Abgrenzung gegenüber der Elterngeneration verstanden. Er ist aber auch Ausdruck eines „persönlichen Stils" von Jugendlichen sowie als gezielte Normverletzung gedacht.

Für die gesundheitspsychologische Prävention ist auch bei den illegalen Drogen ein Ansatz notwendig, der im Kindes- und Jugendalter ansetzt, wie dies auch bei Tabak-, Alkohol- und Medikamentenmissbrauch bzw. -abhängigkeit bereits dargestellt wurde. In Deutschland existieren vor allem vier suchtpräventive Ansätze mit- oder nebeneinander:

- *Förderung von Lebenskompetenzstrategien*
- *Erlebnisorientierte Alternativen* (Erwerb sozialer Kompetenzen)
- *Aufbau von Risikokompetenz* (d. h. Erhöhung des Wissensstands, Förderung von Problembewusstsein, Kompetenzen zur Reduzierung oder zum Beenden des Konsums und Förderung eines risikoarmen Konsums)
- *Früherkennung mit frühzeitiger Hilfestellung* (z. B. selbstkritische Reflexion des eigenen Cannabiskonsums und Beratung)

Langfristige, multidimensionale und interaktive Programme

Derzeitiger Standard in der Praxis der Suchtprävention sind langfristige, multidimensionale und interaktive Programme. Studien zu Präventionsprogrammen und deren Wirksamkeit liegen vor allem aus den Vereinigten

Staaten vor. Wirksame Programme sind in der Regel unspezifisch, also auf keine spezielle psychotrope Substanz ausgerichtet. Es zeigt sich beispielsweise, dass bei der Prävention des Cannabismissbrauchs Lebenskompetenztrainings am wirkungsvollsten sind.

7.7 Anwendungsbeispiele

7.7.1 Primäre Prävention des Konsums von Substanzmitteln

Die Prävention des missbräuchlichen und abhängigen Konsums von psychotropen Substanzen ist dann erfolgreich, wenn sie zielgruppenspezifisch ausgerichtet ist. Analog zum biospsychosozialen Modell müssen Menschen in ihrer Lebenssituation und ihrem Umfeld adäquat angesprochen, aufgeklärt und in ihren persönlichen Ressourcen gestärkt werden. Dies bedeutet, dass Individuen lernen müssen, mit Problemen, Risiken und Belastungen in ihrem Alltag umzugehen und Lösungen für Schwierigkeiten in ihrem Leben zu finden. Damit wird Abhängigkeiten und einem problematischen bzw. riskanten Konsum von psychoaktiven Substanzen vorgebeugt. Ziele eines suchtpräventiven Vorgehens sind daher folgende:

- Den *Einstieg* in den Tabak- und Alkoholkonsum sowie den *Konsum* von bestimmten Medikamenten und illegalen Drogen zu *vermeiden*,
- bei *Kindern und Jugendlichen* mit vorbeugenden Maßnahmen möglichst *früh zu beginnen*,
- *riskantes Verhalten* in Bezug auf psychoaktive Substanzen möglichst *früh erkennen* und *verändern helfen* und
- Angebote für *Hilfen zu Verhaltensänderungen*.

Ein solches präventives Vorgehen stellt nicht die psychoaktive Substanz ins Zentrum, sondern das Individuum, weshalb es auf eine Zielgruppe zugeschnitten, kontextabhängig und substanzübergreifend gestaltet sein sollte. Die meisten Jugendlichen beispielsweise konsumieren Tabak, Alkohol und andere Drogen das erste Mal in der Peergroup. Diese Gruppe der Gleichaltrigen (Peers) gilt als der bedeutendste Einflussfaktor für den Gebrauch von legalen und illegalen psychotropen Substanzen. Dabei entscheidet diese Einflussgröße auch darüber, welche Substanzen konsumiert werden. Für Kinder und Jugendliche ist es wichtig zu lernen, sich in der Peergroup mit suchtförderndem Verhalten auseinanderzusetzen. Es gilt „Lebenskompetenzen" aufzubauen, wie dies suchtpräventive Programme tun, die meist auch das soziale Umfeld mit einbeziehen. Dazu eignet sich besonders das Setting „Schule" (vgl. *Abschnitt 6.2.2.2*).

Um Erwachsene mit primären und sekundären Präventionsmaßnahmen zu erreichen, bietet sich die *Betriebliche Gesundheitsförderung* (*BFG*) bzw. das *Betriebliche Gesundheitsmanagement* (*BGM*) an. Existiert im Unternehmen ein BGM, so ist es sinnvoll, die Suchtprävention in das Gesamtkonzept einzubinden (siehe *Abschnitt 6.4.2*). Hierzu gehört auch, die Verfügbarkeit von psychotropen Substanzen, etwa Alkohol oder Zigaretten im Betrieb, im Sinne der Verhältnisprävention, möglichst nicht verfügbar zu halten. Leider zeigen die Erfahrungen, dass dies nicht immer möglich ist, da in einem Unternehmen unterschiedliche Interessengruppen existieren und daher entsprechende Betriebsvereinbarungen nicht zustande kommen.

Weil Schwangere die Gesundheit des werdenden Lebens insbesondere durch den Konsum von Alkohol, Tabak und Medikamente gefährden, sind hier *selektive Präventionsmaßnahmen* angezeigt, um ein entsprechendes Bewusstsein zu schaffen und Hilfe anzubieten. *Indiziert* sind diese Maßnahmen vor allem, wenn Schwangere bereits durch einen problematischen Konsum abhängig machender Substanzen gefährdet sind.

Um die breite Bevölkerung über die Gefahren von Suchtmitteln zu erreichen, bieten sich *universelle Präventionsstrategien* an, die vor allem über die „Volksdrogen" Alkohol und Tabak aufklären und zu Verhaltensänderungen anregen.

Favorisieren der Primärprävention

Maßnahmen der *Primärprävention* des Tabakkonsums beugen nicht nur einer Nikotinabhängigkeit vor, sondern haben wegen der vielen Folgeerkrankungen die durch das Rauchen verursacht werden, auch die nachhaltigste Wirkung auf die Gesundheit und auf die Ausbreitung von „Zivilisationskrankheiten" in den westlichen Industrienationen. Diese Erkenntnis schlägt sich auch im nationalen Gesundheitsziel „*Tabakkonsum reduzieren*" für das Jahr 2003 nieder (vgl. *Abschnitt 6.2.2.4*). Vor dem Hintergrund der Schwierigkeiten, die sich in der *Sekundärprävention* mit einer Tabakentwöhnung und der Aufrechterhaltung von Abstinenz ergeben, ist die Primärprävention zu favorisieren. Am erfolgversprechendsten ist die Verhütung des frühen Einstiegs in eine „Raucherkarriere" bei Kindern und Jugendlichen.

Programmangebote zur Primärprävention von Substanzmissbrauch für Kinder und Jugendliche

Ein früher Substanzmissbrauch im Kinder- und Jugendalter wirkt sich später im Erwachsenenalter negativ auf die Gesundheit und die Bewältigung unterschiedlichster Aufgaben aus. Es ist daher besonders wichtig, einen frühen Konsum von psychoaktiven Substanzen zu verhindern.

> **Kernaussage**
>
> Während früher vor allem „Drogenaufklärung" betrieben wurde, besteht heute Einigkeit darüber, dass in der Primärprävention der Fokus auf der Vermittlung von „Lebenskompetenzen" liegen muss.

Effektive und theoriebasierte Programme

Daher ist es wichtig, effektive und theoriebasierte Programme zur Primärprävention einzusetzen (Weichhold, Silbereisen & Wenzel, 2006). Die Primärprävention psychoaktiver Substanzen bei Kindern und Jugendlichen wird daher meist breit konzipiert und ist in der Regel unspezifisch (Petermann, 2009). Solchermaßen gestaltete Programme setzen auf die Förderung von individuellen Fertigkeiten, den sogenannten *Lebenskompetenzen* (Life-Skills), die es Kindern und Jugendlichen erleichtern sollen, sich mit den Anforderungen des täglichen Lebens erfolgreich auseinanderzusetzen (vgl. *Abschnitt 6.2*).

Der Gedanke aus Sicht der Suchtprävention ist dabei, dass neben Risikofaktoren auch Faktoren beeinflusst werden sollen, die schützen. Diese Schutzfaktoren erhöhen die Wahrscheinlichkeit für Menschen, unter speziellen Risikobedingungen keine Suchterkrankung zu entwickeln. Als Beispiele für derartige Schutzfaktoren können die „Standfestigkeit" beim Angebot von psychoaktiven Substanzen genannt werden, wenn im näheren Umfeld Substanzkonsum praktiziert wird (*proximale Schutzfaktoren*). Aber auch ganz allgemeine Fähigkeiten können schützen, wie z. B. Kommunikationsfertigkeiten oder Bewältigungsstrategien (*distale Schutzfaktoren*). Proximale und distale Schutz- wie auch Risikofaktoren überschneiden sich häufig, sind aber als Unterscheidungsmerkmale hilfreich, wenn es um die Erarbeitung von Unterstützungsstrategien geht.

> **Begriffe**
>
> *Lebenskompetent* ist, wer
> - sich selber kennt und mag,
> - empathisch ist,
> - kritisch und kreativ denkt,
> - kommunizieren und Beziehungen führen kann,
> - durchdachte Entscheidungen trifft,
> - erfolgreich Probleme löst und
> - Gefühle und Stress bewältigen kann (BZgA, 2013).

Zur Verhütung substanzbezogener Störungen und Erkrankungen existieren bewährte Programme, für die auch Wirksamkeitsbeurteilungen vorliegen. In der Regel wenden sich diese Kurse, die im schulischen Kontext angeboten werden, an die Schüler eines Klassenverbandes. Die unterschiedlichen Programme richten sich an Grundschüler, Schüler aus Grund- und Orientierungsstufen sowie Schüler weiterführender Schulen. Programme, die sich ausschließlich an ältere Schüler richten, sind für alle Schultypen entwickelt worden. Lediglich für Schulen mit spezieller Ausrichtung, wie Schulen für lernbehinderte oder verhaltensauffällige Kinder und Jugendliche, liegen keine wirksamkeitsgeprüften Präventionsprogramme vor (BZgA, 2013).

Zentrale Elemente dieser Programme sind substanz- bzw. verhaltensspezifische Komponenten. Methodisch gesehen ist es wichtig, dass die Schüler sich mit dem Lerninhalt aktiv auseinandersetzen, was ein interaktives Vorgehen in den Programmen verlangt, weshalb auf Frontalunterricht verzichtet wird. Natürlich ist die Vermittlung von Wissen zum Substanzmissbrauch wichtig, jedoch sollte das methodische Vorgehen die Schüler konkret mit

7 Tabak-, Alkohol-, Medikamenten- und Drogenkonsum

einbeziehen. Diskussionen sollten zugelassen und Fähigkeiten eingeübt werden, etwa in Form von Rollenspielen. Aber auch der Transfer neu erworbener Fähigkeiten und Fertigkeiten in den Alltag muss trainiert werden.

In ▶Tabelle 7.10 sind die bekanntesten Programme zur Förderung der Lebenskompetenz aufgelistet und die Zielgruppe sowie der zeitliche Umfang dargestellt:

Programmname	Zielgruppe	Umfang
Klasse 2000 Bölcskei, Hörmann, Hollederer, Jordan und Fenzel, 1997	1. – 4. Klasse	Jährlich zwischen 6 bis 11 Unterrichtsstunden
Fit und stark fürs Leben Aßhauer und Hanewinkel, 2000; Burow, Aßhauer und Hanewinkel, 1998	1. – 6. Klasse	60 Einheiten über 6 Jahre
Eigenständig werden Atherton, Wiborg, Burchardt, Hanewinkel, 2002	1. – 6. Klasse	42 Einheiten über 6 Jahre
ALF – Allgemeine Lebenskompetenzen und Fertigkeiten Kröger, Reese, Walden und Kutza, 1999; Walden, Kutza, Kröger und Kirmes, 1998; Walden, Kröger, Kirmes, Reese und Kutza, 2000	5. – 6. Klasse	20 Einheiten (40 Stunden) über 2 Jahre
Bielefelder Suchtpräventionsprogramm Leppin, Freitag, Pieper, Szirmak und Hurrelmann, 1998; Leppin, Pieper, Szirmak, Freitag und Hurrelmann, 1999; Pieper, Szirmak, Leppin, Freitag und Hurrelmann, 1999	5. – 7. Klasse	80 Unterrichtsstunden über 3 Jahre
Soester Programm Petermann, Müller, Kersch und Röhr, 1997; Müller, 1997; Petermann und Reißig, 1998; Kersch, 1998; Kersch, Petermann und Fischer, 1998; Petermann und Fischer, 1999	5. – 10. Klasse	Baukasten (ca. 300 Seiten) mit Materialen und Vorschlägen für die Unterrichtsgestaltung
Erwachsen werden Wilms und Wilms, 2000	5. – 10. Klasse	73 Unterrichtsthemen, Dauer richtet sich nach Themenumfang
Leipziger Programm Müller, Schmidt, Reißig, Petermann, 2001	6. – 8. Klasse	30 – 36 Unterrichtseinheiten, die sich inhaltlich nach den Jahrgangsstufen richten
Berliner Programm zur Suchtprävention in der Schule (BESS) Jerusalem und Mittag, 1997	6. – 10. Klasse	24 Unterrichtsstunden in einem Schulhalbjahr oder geblockt an Projekttagen

Tabelle 7.10: Deutsche suchtpräventive Lebenskompetenzprogramme

Programmname	Zielgruppe	Umfang
Interventionsprogramm zur Alkoholprävention Jerusalem und Mittag, 1997	7. – 10. Klasse	32 Unterrichtsstunden an 5 Projekttagen
Lions Quest Hurrelmann, 1996; LionsQuest, 1996	5. – 10. Klasse	Baukasten aus 70 Einheiten
Ecstacy-Präventionsprogramm Kähnert, Freitag und Hurrelmann, 1998	9. – 11. Klasse	10 – 12 Unterrichtsstunden in 4 – 5 Wochen oder während einer Projektwoche

Tabelle 7.10: Deutsche suchtpräventive Lebenskompetenzprogramme *(Forts.)*

7.7.2 Sekundäre Prävention des Konsums von Substanzmitteln

7.7.2.1 Tabakentwöhnung und Tabakabstinenz

Die effektivste Maßnahme um Gesundheitsschäden vorzubeugen ist es, Fähigkeiten zu entwickeln, das Rauchen langfristig aufzugeben. Viele Raucher möchten mit dem Rauchen aufhören, wissen meist aber nicht, wie sie dies bewerkstelligen sollen, denn sie wollen nicht nur die Nikotinabhängigkeit, sondern auch die psychische Abhängigkeit überwinden. Um die psychischen Komponenten des Rauchens zu beeinflussen, müssen zunächst das Selbstbild verändert und liebgewordene Verhaltensweisen aufgegeben werden.

Kraus und Augustin (2001) berichten von einer Befragung von Ex-Rauchern, bei der weniger als 13 % angaben, bei der Entwöhnung Unterstützung gesucht zu haben. Hilfestellung beim Beenden des Rauchens ist aber immens wichtig, vor allem bei starken Rauchern, die weit mehr als zehn Zigaretten pro Tag rauchen. Dazu sind niederschwellige Angebote wichtig, die in Deutschland in unterschiedlichster Form existieren. Beispiele sind *ärztliche Beratung, Rauchersprechstunden, telefonische Raucherberatung, internetbasierte Ausstiegsprogramme, Selbsthilfemanuale* oder *stationäre, mehrwöchige psychotherapeutische Interventionsprogramme.* Aber auch medikamentöse Therapien bieten sich an, insbesondere bei Starkrauchern, beispielsweise mit zentralnervös wirkenden Medikamenten, die ursprünglich als Mittel gegen Depressionen entwickelt wurden (z. B. Bupropion). Ebenso hilfreich sind Nikotin-Ersatzprodukte, etwa Nikotinpflaster, -kaugummi, -nasenspray oder -inhalatoren (Keller & Thyrian, 2005). Schwarzer (2004) merkt bei den Methoden des Nikotinersatzes kritisch an, dass diese die Nikotinabhängigkeit aufrecht erhalten und auf Dauer teilweise noch verstärken können, wenn das Nikotin nicht langsam in seiner Dosierung verringert wird. Er empfiehlt daher, Interventionsmethoden zu wählen, die ohne Nikotin auskommen.

Niederschwellige Angebote

> *Mit dem Rauchen aufzuhören, ist die einfachste Sache der Welt.
> Ich habe es schon 100 Mal ausprobiert.*
>
> Mark Twain (1835 – 1910)

Furcht fördert den Rauch-Stopp

Dijkstra und Brosschot (2003) konnten in einer Interventionsstudie (Vorher-Nachher-Studie) zeigen, dass viele Raucher über die negativen gesundheitlichen Konsequenzen ihres Tabakkonsums besorgt sind. Je stärker diese Befürchtungen waren, desto größer war die Bereitschaft der Raucher, sich zu entwöhnen. Fiore (2000) berichtet von Vorgehensweisen zur Tabakentwöhnung, die in Arztpraxen oder Kliniken durchführbar sind (siehe *Curriculum Qualifikation Tabakentwöhnung* der Bundesärztekammer, 2008). Der Mediziner Micheal C. Fiore empfiehlt bei entwöhnungswilligen Rauchern nach Möglichkeit intensiv zu intervenieren, da er einen engen Zusammenhang zwischen der Beratungsintensität und ihrer Wirkung sieht. Beispielsweise steigt der Erfolg einer Behandlung, je länger die persönlichen Kontakte zwischen dem Betroffenen und dem Ratgeber bestehen. Wirkungsvoll sind auch *Kurzinterventionen*, die in Form von motivierenden Gesprächen stattfinden. Häufig können nur mäßig abhängige Raucher mit dieser Form der Intervention für eine Abstinenz gewonnen werden. Dagegen sind starke und mittelschwere Nikotinabhängige in der Regel nur über Programme zu entwöhnen, die viele intensive Sitzungen beinhalten.

Wirksamkeitsüberprüfungen

Weil Raucherentwöhnungsprogramme sowie die dabei verwendeten Methoden und Techniken unterschiedlich wirksam sind, hat das Deutsche Krebsforschungszentrum (2009) eine Zusammenstellung therapeutischer Maßnahmen und deren Wirksamkeit veröffentlicht. ▶Tabelle 7.11 gibt Auskunft darüber, für welche Maßnahmen der Raucherentwöhnung Wirksamkeitsstudien vorliegen.

Maßnahmen, für die Wirksamkeitsstudien vorliegen	Maßnahmen, für die keine Wirksamkeitsstudien vorliegen
Ärztliche/zahnärztliche Kurzintervention	Entspannungstechniken, Atemübungen
Verhaltenstherapie	Hypnose
Telefonische Raucherberatung	Akupunktur
Computer-/internetbasierte Ausstiegsprogramme	Kontingenzkontrakte
Medikamentöse Therapien ■ Nikotinersatzstoffe ■ Nicht nikotinhaltige Medikamente nach Nutzen-Risiko-Abschätzung	Alternative Interventionen (Homöopathie, alternativmedizinische Behandlungen u.a.)

Tabelle 7.11: Wirkung therapeutischer Maßnahmen zur Rauchentwöhnung (Quelle: Deutsches Krebsforschungszentrum, 2009)

Verhaltenstherapie und Medikamente

Es zeigt sich, dass eine Kombination von *Verhaltenstherapie* und *medikamentöser Unterstützung* langfristig den größten Erfolg bringt. Allerdings sind auch bei diesem Vorgehen nach einem Jahr nur 20 – 40% der Raucher tatsächlich abstinent, was darauf hindeutet, dass nicht die eigentliche Entwöhnung vom Nikotin das Problem darstellt, sondern das *Aufrechterhalten des neuen Verhaltens*. Da die meisten Entzugssymptome in den ersten zehn Tagen der Entwöhnung auftreten, ist diese Phase besonders kritisch. Schaffen es die Entwöhnungswilligen, dieses kritische Stadium zu bewältigen, so baut sich bei ihnen eine gewisse Selbstwirksamkeitserwartung auf, die hilft, auf lange Sicht das Nichtrauchen aufrechtzuerhalten. Dass die Erwartung, selbstwirksam sein zu können, ein wichtiger Prädiktor für eine dauerhafte Abstinenz ist, zeigen auch Ergebnisse der Studien von Segan et al. (2002). Schließlich verstärken auch die positiven Seiten der Abstinenz das Nichtrauchen, indem sich der Ex-Raucher körperlich fitter und leistungsfähiger fühlt oder sich bei ihm Ängste reduzieren, z. B. wegen des Rauchens später an einer schwerwiegenden Krankheit zu leiden. Im Sinne einer negativen Verstärkung kann beispielsweise auch das Nachlassen eines Raucherhustens gewertet werden.

Hauck und Schaub (2011) konnten mittels einer Literaturanalyse zur Wirksamkeit von internetbasierten Programmen zum Tabakrauchen zeigen, dass Internetinterventionen, im Vergleich zu keiner oder nur einer minimalen Intervention, die Anzahl der Tabakabstinenten erfolgreich erhöhen. Vergleicht man diese Programme jedoch mit persönlicher Beratung zur Raucherentwöhnung, so sind sie in der Tendenz nur mäßig wirksam. Werden sie in Kombination mit einer Standardintervention (Kurzberatung und Rauchstoppmedikation) angeboten, so ergibt sich ebenfalls kein deutlicher Effekt.

In ▶Tabelle 7.12 finden sich bewährte Rauchstopp-Programme für Erwachsene, die in Deutschland angeboten werden.

Programmname	Zielgruppe	Umfang
Nichtraucher in 6 Wochen Universitätsklinik für Psychiatrie und Psychotherapie Tübingen, 2006	Erwachsene Raucher	Wöchentliche Gruppensitzungen (6 – 12 Personen), bei Bedarf Einzelsitzungen
„Rauchfrei"-Programm BZgA/Münchner Institut für Therapieforschung, 2007	Erwachsene Raucher	Drei bis sieben Termine plus telefonische Nachbetreuung
Die Rauchersprechstunde Dkfz Heidelberg, 2000	Erwachsene (starke) Raucher	Einzelberatung, evtl. ergänzend zu Gruppenprogramm zur Raucherentwöhnung möglich oder als Kurzberatung (10 – 30 Minuten).

Tabelle 7.12: Deutsche Rauchstopp-Programme für Erwachsene

Programmname	Zielgruppe	Umfang
Internetprogramm zum Rauchstopp für Erwachsene BZgA	Erwachsene Raucher	21-tägige Begleitung
Telefonische Beratung zum Nichtrauchen BZgA	Erwachsene Raucher und Ex-Raucher (Rückfallprophylaxe)	Montag bis Donnerstag von 10 bis 22 Uhr und Freitag bis Sonntag von 10 bis 18 Uhr

Tabelle 7.12: Deutsche Rauchstopp-Programme für Erwachsene *(Forts.)*

Phasen der Veränderungsbereitschaft

Wie im transtheoretischen Modell von Prochaska und DiClemente (1982) beschrieben (vgl. *Abschnitt 2.7*), ist die Motivationslage ausschlaggebend für den Erfolg eines Rauch-Stopps. Dem Modell zufolge befinden sich Raucher in unterschiedlichen Stadien oder Stufen bzw. durchlaufen diese, weshalb ein Übergang vom Rauchen zum Nichtrauchen als eine dynamische Entwicklung verstanden wird (▶Abbildung 7.5).

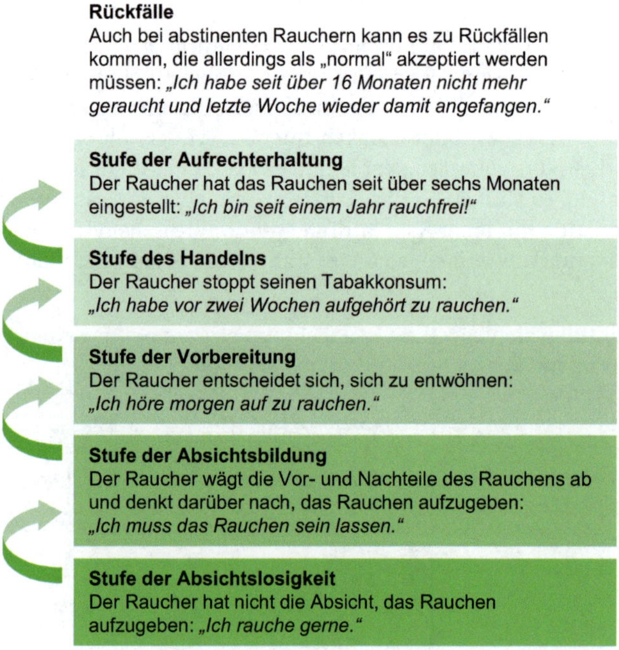

Rückfälle
Auch bei abstinenten Rauchern kann es zu Rückfällen kommen, die allerdings als „normal" akzeptiert werden müssen: *„Ich habe seit über 16 Monaten nicht mehr geraucht und letzte Woche wieder damit angefangen."*

Stufe der Aufrechterhaltung
Der Raucher hat das Rauchen seit über sechs Monaten eingestellt: *„Ich bin seit einem Jahr rauchfrei!"*

Stufe des Handelns
Der Raucher stoppt seinen Tabakkonsum: *„Ich habe vor zwei Wochen aufgehört zu rauchen."*

Stufe der Vorbereitung
Der Raucher entscheidet sich, sich zu entwöhnen: *„Ich höre morgen auf zu rauchen."*

Stufe der Absichtsbildung
Der Raucher wägt die Vor- und Nachteile des Rauchens ab und denkt darüber nach, das Rauchen aufzugeben: *„Ich muss das Rauchen sein lassen."*

Stufe der Absichtslosigkeit
Der Raucher hat nicht die Absicht, das Rauchen aufzugeben: *„Ich rauche gerne."*

Abbildung 7.5: Phasen der Veränderungsbereitschaft von Rauchern in Anlehnung an das Transtheoretische Modell von Prochaska und DiClemente (1982)

Eine Beachtung der verschiedenen Stadien der Änderungsbereitschaft einzelner Entwöhnungswilliger ist bei Interventionen zur Raucherentwöhnung sehr wichtig. Auch gehören Rückfälle zum Prozess der Entwöhnung dazu und sind nichts Ungewöhnliches. Der Entwöhnte muss auch lernen,

Strategien dafür zu entwickeln, dass Situationen mit einem hohen Risiko für einen „Ausrutscher", in denen wieder „die eine oder andere" Zigarette geraucht wird, nicht zur Wiederaufnahme des Rauchens führen. Personen, die das Rauchen aufgegeben haben, sollen also lernen, solche Hochrisikosituationen rechtzeitig zu erkennen, um mit ihnen umgehen zu können, bzw. einen „kleinen Rückfall" kognitiv, motivational und verhaltensmäßig „richtig" einzuordnen (siehe *Abschnitt 2.9*).

> **Kernaussage**
>
> Speziell bei jugendlichen Rauchern entwickelt sich eine Tabakabhängigkeit sehr schnell. 50% der rauchenden Jugendlichen berichten von einem Kontrollverlust über ihren Tabakkonsum, wenn sie nur sieben Zigaretten im Monat rauchen (Bühler, 2010).

Alleine bei einem Konsum von ein bis zwei Zigaretten im Monat erfüllen 50% der rauchenden Jugendlichen das Abhängigkeitskriterium nach ICD-10. Wittchen et al. (2008) gehen davon aus, dass ein Zeitraum von anderthalb Jahren ausreicht, damit sich bei Jugendlichen eine Nikotinabhängigkeit entwickelt. Jugendliche Raucher möchten allerdings recht bald, d. h. meist nach durchschnittlich drei Monaten, wieder von der Zigarette loskommen (O'Loughlin et al., 2009). Die Erkenntnis, tabakabhängig zu sein, stellt sich bei rauchenden Jugendlichen meist nach ca. zwei Jahren ein. Der Versuch, mit dem Rauchen eigenständig aufzuhören, wird von ihnen als schwer empfunden. Dennoch glauben über 80% der jugendlichen Raucher, sie könnten einen Rauchstopp aus eigener Kraft bewerkstelligen.

Nikotinabhängigkeit Jugendlicher

In der Regel nehmen Jugendliche Entwöhnungskurse nicht an. Es sind jedoch weniger die Rauchstopp-Programme selbst, die dazu führen, dass Jugendliche diese nur wenig nutzen. Der Grund dafür ist die Einstellung, dort bevormundet zu werden, bzw. die Überlegungen, es aus eigener Kraft selbst zu schaffen (Bühler, 2010). Somit liegt ein „Rekrutierungsproblem" vor, weshalb auf europäischer Ebene auch Strategien entwickelt werden, um die Programme für Jugendliche attraktiver zu gestalten (De Vries & Brug, 1999). Beispielsweise hat das europäische Projekt ACCESS zum Ziel, die Effektivität von Rauchstopp-Angeboten für junge Raucher zu verbessern, indem Entscheidungsträger, Geldgeber, Anbieter und Programmentwickler Unterstützung bei der Konzeptionierung wirkungsvoller Rekrutierungsstrategien erhalten. Das Projekt ACCESS möchte also Informationen darüber sammeln, wie junge Menschen wirkungsvoller motiviert werden können, um an Rauchstopp-Programmen teilzunehmen (Bühler, 2010).

Rauchstopp-Programme für Jugendliche

Programmname	Zielgruppe	Umfang
Losgelöst BZgA/Münchner Institut für Therapieforschung	14- bis 17-jährige Raucher an Haupt- und Realschulen	Sechsmalige Kurstreffen mit telefonischer Nachbetreuung und SMS-Kontakt
„Rauchfrei" (Jugendkampagne) BZgA, 2005	Jugendliche Raucher	Vierwöchiges Programm mit drei bis sieben Terminen plus telefonischer Nachbetreuung

Tabelle 7.13: Deutsche Rauchstopp-Programme für Jugendliche

7.7.2.2 Alkoholprävention für Erwachsene

Um einem schleichenden Übergang von einem riskanten Alkoholkonsum hin zu einer Alkoholabhängigkeit vorzubeugen, ist auch bei Erwachsenen eine Präventionsarbeit sehr sinnvoll und angebracht. Eine der bekanntesten Kampagnen ist *„Alkohol? Kenn dein Limit"* der BZgA. Mit dieser Präventionsmaßnahme sollen erwachsene Alkoholkonsumenten dazu bewegt werden, ihren riskanten Alkoholkonsum zu verringern, außerdem sollen sie über die Risiken des Alkohols für ihre Gesundheit aufgeklärt und von einem verantwortungsbewussten Umgang mit Alkohol überzeugt werden. Das Internetportal *www.kenn-dein-limit.de* unterstützt die Teilnehmer dabei mit interaktiven Tools und Tests, um beispielsweise den persönlichen Konsum zu bewerten. Es finden sich auf dieser Internetseite auch Empfehlungen für einen risikoarmen Alkoholkonsum, die durch konkrete Hilfestellungen bezüglich einer Verringerung des Alkoholkonsums ergänzt werden. Mit der *Informationstour „Alkohol? Kenn dein Limit"* durch deutsche Städte, werden zusätzlich vor Ort die Menschen mit der Intention angesprochen, sie zu einer kritischen Bestandsaufnahme ihres Alkoholkonsums zu motivieren. Im Jahr 2012 wurden auf diese Weise ca. 35.000 Menschen erreicht.

7.7.2.3 Anwendungsbeispiele

Das *„Rauchfrei"*-Programm unterstützt seit 2007 Menschen im deutschsprachigen Raum dabei, das Rauchen aufzugeben und für immer abstinent zu bleiben. Das Programm wird von Kursleitern auf der Basis eines Trainermanuals und eines Teilnehmerbuchs durchgeführt. Entwickelt wurde der Kurs vom Institut für Therapieforschung (IFT) mit Unterstützung der Bundeszentrale für gesundheitliche Aufklärung (BZgA). Die Maßnahmen werden regelmäßig evaluiert und auf ihre Wirksamkeit hin geprüft.

Der „Rauchfrei"-Kurs setzt sich aus drei bis sieben Gruppenterminen mit maximal zwölf Teilnehmern sowie einer persönlichen Telefonbetreuung zusammen und erstreckt sich über einen Zeitraum von drei bis sieben Wochen.

In der *ersten Kursphase* bereiten sich die Entwöhnungswilligen ausführlich auf den Rauchstopp vor. Nach der Beendigung des Rauchens geht es in der *zweiten Phase* um die Festigung der Abstinenz, die durch eine telefonische Begleitung der Kurstrainer stabilisiert wird. Der Rauchstopp wird an einem zuvor festgelegten Termin durchgeführt. Eine Vorbereitung durch eine langsame Reduzierung des Tabakkonsums im Vorfeld des Termins ist nicht vorgesehen.

Methodisch gesehen wird im „Rauchfrei"-Programm auf *verhaltenstherapeutische Methoden* gesetzt (z. B. kognitive Verfahren zur Einstellungsveränderung, motivierende Gesprächsführung), aber auch auf *Psychoedukation*, Verfahren für den *Umgang mit Rückfällen*, *Hilfen für die Zielorientierung* sowie auf Methoden der *Einflussname auf emotionale Prozesse*. Jedoch wird die Möglichkeit einer medikamentösen Unterstützung nicht ausgeschlossen. Der verhaltenstherapeutische Ansatz soll den Teilnehmern mehr Verständnis für die psychologische Abhängigkeit bieten und ihnen neue Strategien zur Bewältigung von Situationen anbieten, bei denen ein Rückfall droht. Weitere Methoden, die von den Kursteilnehmern erlernt werden, sollen das Nichtrauchen auf lange Sicht festigen. Der Evaluationsbericht zum Erfolg des Programms für das Jahr 2010 (Nowak & Kröger, 2011) weist darauf hin, dass die Unterstützung durch Nikotinpräparate von 31,1% im Jahr 2007 auf 27,2% der Teilnehmer im Bewertungsjahr 2010 zurückgegangen ist.

Die Kursleiter bzw. Trainer sind in der Regel Personen mit Erfahrungen in der *Erwachsenenbildung* und *Gesundheitsförderung* und besitzen eine passende *berufliche Ausbildung* (Psychologie-, Pädagogik- oder Medizinstudium). 2010 konnten in Deutschland 237 Trainer 3.338 Teilnehmer in 448 Kursen betreuen (Nowak & Kröger, 2011).

Die Wirksamkeitsstudien zum „Rauchfrei"-Programm werden vom *Institut für Therapieforschung (IFT)* durchgeführt. 51,5% der Entwöhnungswilligen sind männlichen Geschlechts. Das Durchschnittsalter aller Teilnehmer liegt bei 46 Jahren. Die Teilnehmer rauchen im Schnitt 20 Zigaretten pro Tag und haben einen Wert im *Fagerström-Test* von 4,7 (max. 10). Im Beurteilungsjahr 2010 lag die Abstinenzquote nach dem Kurs bei 58,2%, ein Jahr danach bei 31,8%.

7 Tabak-, Alkohol-, Medikamenten- und Drogenkonsum

Zusammenfassung

- Psychoaktive Substanzen wie Nikotin, Alkohol, spezielle Medikamente und illegale Drogen haben in unserer Gesellschaft eine große Bedeutung.

- Präventive Maßnahmen richten sich vor allem auf *Personen, die noch nicht substanzabhängig sind*, jedoch in riskanter und gesundheitsschädigender Form psychoaktive Substanzen konsumieren.

- Unter dem Begriff „*Substanzbedingte Störungen*" werden im ICD-10 die negativen Wirkungen des Missbrauchs psychoaktiver Substanzen beschrieben. Im bis 2013 gültigen DSM-IV wurden Missbrauch und Abhängigkeit als „*Substanzbezogene Störungen*" beschrieben, ohne den Begriff der Sucht zu verwenden. Der neue DSM-5 kategorisiert Missbrauch und Abhängigkeit nun unter dem Begriff der „*Substanzgebrauchsstörung*" mit dem Obergriff „*Sucht und zugehörige Störungen*".

- Als vermeidbares Risiko stellt das Rauchen die größte Gefahr für die Gesundheit in den westlichen Gesellschaften dar. Alleine in Deutschland sterben jährlich ca. *110.000 Menschen* an den Folgen des Rauchens.

- Das Rauchen schädigt fast alle Organe des menschlichen Körpers und führt zu einer Reihe von Erkrankungen, weshalb Rauchen, statistisch gesehen, das Leben um etwa 10 Jahre verkürzt. Für Schwangere und das werdende Leben stellt das Rauchen ebenfalls eine erhebliche Gesundheitsgefährdung dar.

- Am weitesten ist das Rauchen in Deutschland in der Altersgruppe der 20- bis 29-jährigen jungen Erwachsenen verbreitet, es nimmt aber in der Tendenz in allen Altersgruppen stetig ab.

- Im Rauch einer Zigarette finden sich ungefähr 4.800 verschiedene Schadstoffe. Zusatzstoffe wie Aromen erzeugen zudem beim Verbrennen eine große Zahl krebserregender chemischer Verbindungen.

- Neben dem aktiven Rauchen ist das *Passivrauchen* ein wesentliches Gesundheitsrisiko, weil der sogenannte Nebenstromrauch, der in die Raumluft abgegeben wird, eine bis zu 50% höhere Konzentration an Schadstoffen enthält als der Hauptstromrauch, den der Raucher direkt inhaliert.

- Tabakabhängigkeit ist zum einen durch die Abhängigkeit vom Nikotin, andererseits durch die Gewöhnung an das Rauchen gekennzeichnet. Die Abhängigkeit vom Nikotin kann mit Fragebogen wie dem *Fagerström-Test* erhoben werden.

- Zur Erklärung der Entwicklung von Abhängigkeiten werden neben lerntheoretischen Erklärungen, wie dem klassischen und dem operanten Konditionieren, die Wirkung der psychotropen Substanz, das soziale Umfeld und die körperlichen und psychischen Eigenschaften der konsumierenden Person herangezogen. Diese Faktoren sind daher auch die sinnvollen Ansatzpunkte für eine Prävention.

- Alkohol gehört in unserer Gesellschaft zu den akzeptierten Drogen und ist Teil der Alltagskultur. Allerdings sterben nach Schätzungen etwa *74.000 Menschen* jährlich am übermäßigen Alkoholkonsum und ca. *1.4 Millionen Bundesbürger* sind vom Alkohol abhängig.
- Problematischer Alkoholkonsum besteht dann, wenn eine *Alkoholabhängigkeit*, ein *Alkoholmissbrauch*, *riskanter Alkoholkonsum* oder das *Rauschtrinken* (Binge Drinking) vorliegen.
- Instrumente zur Früherkennung riskanten Alkoholkonsums liegen in Form des *AUDIT-C*, des *MALT* und des *CAGE-Interviews* vor.
- Alkohol ist ein *Zellgift* und für viele Krankheiten verantwortlich, z. B. Leberzirrhose, Bauchspeicheldrüsenentzündung, Störungen des Verdauungstraktes, Herz-Kreislauf-Erkrankungen oder Krebs. Besonders gefährlich ist der kombinierte Konsum von Alkohol und Tabak. Er erhöht die Wahrscheinlichkeit für die Entstehung von Kehlkopfkrebs um ein Vielfaches.
- Für die *Entwicklung einer Alkoholabhängigkeit* werden insbesondere *drei Faktoren* verantwortlich gemacht: die Wirkung des Alkohol, die Persönlichkeitseigenschaften des Individuums und das soziale Umfeld.
- Eine *Medikamentenabhängigkeit* ist für das soziale Umfeld der Betroffen meist nicht offenkundig erkennbar. Sie entwickelt sich meist schleichend und betrifft ältere stärker als junge Menschen und Frauen häufiger als Männer. Ausschlaggebend für die Entwicklung einer Abhängigkeit ist das oft unterschätzte Suchtpotenzial einzelner Arzneien, die verschreibungspflichtig oder frei erhältlich sind.
- Schätzungen zur Zahl der medikamentenabhängigen Deutschen schwanken zwischen *1,2 bis 1,9 Millionen*. Viele Menschen nehmen Medikamente, um körperlich und geistig leistungsfähiger zu sein. Auch versuchen sie mit Tabletten ihren beruflichen Stress in den Griff zu bekommen.
- *Eltern* möchten durch die unkritische Verabreichung von Medikamenten an ihre Kinder, diese für den Schulalltag fit machen und Lern- und Gedächtnisleistungen positiv beeinflussen.
- Unter die *illegalen Drogen* fallen Cannabis, Amphetamine, Ectasy, LSD, Kokain, Crack und Heroin. Beim Konsum dieser Substanzen dominiert prozentual Cannabis.
- Bei der *Prävention des Konsums psychoaktiver Substanzen* stehen langfristige, multidimensionale und interaktive Programme im Mittelpunkt, die Lebenskompetenz fördern, Sozial- und Risikokompetenz aufbauen oder frühzeitig Hilfe anbieten.
- Bei der *Sekundärprävention*, insbesondere der Vorbeugung des Rauchens, existieren unterschiedlich wirksame Programme. Langfristig ist die Kombination aus Verhaltenstherapie und medikamentöser Unterstützung das wirksamste Vorgehen.

Fragen zur Wiederholung des Kapitelinhalts

1. Was wird unter dem Begriff der „Sucht" verstanden?
2. Weshalb wird im DSM-5 der neue Terminus „Substanzgebrauchsstörung" benutzt?
3. Welche Hormone und Transmitter werden durch Nikotin ausgeschüttet?
4. Welche Schadstoffe finden sich im Kondensat bzw. im Teer einer Zigarette?
5. Welche Erkrankungen werden durch das Rauchen hervorgerufen?
6. Was versteht man unter dem „Hauptstromrauch" und was unter dem „Nebenstromrauch"?
7. Was versteht man unter der „sekundären Neuroadaptation" oder der „Upregulation"?
8. Was misst der Fagerström-Test?
9. Beschreiben Sie, wie sich die Entwicklung des Rauchens lerntheoretische erklären lässt.
10. Was ist „problematischer Alkoholkonsum"?
11. Wie kann riskanter Alkoholkonsum frühzeitig erkannt werden?
12. Was sind die möglichen gesundheitlichen Auswirkungen von Alkohol?
13. Was besagt das „Trias-" oder „3-M-Modell" bezüglich der Einflussfaktoren?
14. Wie sieht die Geschlechterverteilung bei der Medikamentenabhängigkeit aus?
15. Nennen Sie die Medikamente, die ein hohes Abhängigkeitspotenzial aufweisen.
16. Welche Substanzen gehören zu den illegalen Drogen?
17. Was ist ein „Lebenskompetenztraining"?

Empfohlene Literatur

American Psychiatric Association. *DSM-5 Developement.* Zugriff: 10.06.2013. Verfügbar unter: *http://www.dsm5.org/Pages/Default.aspx*

Barbor, T. et al. (1992). *AUDIT – Alcohol Use Disorders Identification Test.* WHO, Genf.

Bühler, A. (2010). *ACCSESS Zugangswege für Rauchstopp-Maßnahmen mit jugendlichen RaucherInnen. Prinzipien, Strategien und Aktivitäten.* IFT Institut für Therapieforschung München.

Bundesärztekammer (2008). *Curriculum Qualifikation Tabakentwöhnung.* Zugriff: 27.07.2013. Verfügbar unter: *http://www.bundesaerztekammer.de*

Bundeszentrale für gesundheitliche Aufklärung (2013). Ja, ich werde rauchfrei. BZgA Köln. Zugriff: 10.06.2013. Verfügbar unter: *http://www.BZgA.de/botmed_31350000.html.*

Bundeszentrale für gesundheitliche Aufklärung (2013). Band 6: Gesundheitsförderung durch Lebenskompetenzprogramme in Deutschland. BZgA Köln. Zugriff: 10.06.2013. Verfügbar unter: *http://www.BZgA.de/botmed_60646000.html*

Bundeszentrale für gesundheitliche Aufklärung (2012). *Die Drogenaffinität Jugendlicher in der Bundesrepublik Deutschland 2011. Der Konsum von Tabak, Alkohol und illegalen Drogen: Aktuelle Verbreitung und Trends.* Köln: Bundeszentrale für gesundheitliche Aufklärung.

Deutsche Hauptstelle für Suchtfragen (2013a). *Tabak. Basisinformationen.* Zugriff: 18.05.2013. Verfügbar unter: *http://www.dhs.de/datenfakten/tabak.html*

Deutsche Hauptstelle für Suchtfragen (2013b). *Alkohol und Gesundheit.* Zugriff: 31.05.2013. Verfügbar unter: *http://www.dhs.de/fileadmin/user_upload/pdf/Factsheets/2012-06-06_FS_Alkohol_und_Gesundheit*

Deutsches Krebsforschungszentrum (2009). *Tabakatlas 2009.* Deutsches Krebsforschungszentrum, Heidelberg.

Diehl, A., Mann, K. (2005). Früherkennung von Alkoholabhängigkeit. *Deutsches Ärzteblatt,* 102 (33), 2244–2249.

Engel, U. und Hurrelmann, K., (1994). *Was Jugendliche wagen – Eine Längsschnittstudie über Drogenkonsum, Stressreaktionen und Delinquenz im Jugendalter.* Weinheim, München: Juventa.

Feuerlein, W., Küfner, H., Ringer, C. & Antons-Volmerg, K. (1999). *MALT – Münchner Alkoholismustest,* 2. Aufl. Hogrefe, Göttingen.

Gaertner, B. et al. (2013). Alkohol – Zahlen und Fakten zum Konsum. In. Deutsche Hauptstelle für Suchtfragen (Hrsg.): *Jahrbuch Sucht 2013.* Lengerich: Pabst.

Hauck, S. & Schaub, M. (2011). Wirksamkeit internetbasierter Programme zum Tabakrauchen. Eine systematische Literaturübersicht. *Zeitschrift für Gesundheitspsychologie,* 19 (4), 181–196. Hogrefe Verlag Göttingen.

Holzbach, R., Martens, M. S., Kalke, J. & Raschke, P. (2010). Zusammenhang zwischen Verschreibungsverhalten der Ärzte und Medikamentenabhängigkeit ihrer Patienten. *Bundesgesundheitsblatt* 53: 319–325.

Keller, S. (2002). Rauchen. In *Gesundheitspsychologie von A-Z. Ein Handwörterbuch.* Schwarzer, R; Jerusalem, M.; Weber H. (Hrsg.). Hogrefe Göttingen. S. 432–435.

Lampert, T. (2013). Tabak – Zahlen und Fakten zum Konsum. In Deutsche Hauptstelle für Suchtfragen (Hrsg.): *Jahrbuch Sucht 2013.* Lengerich: Pabst.

Orth, B., Kraus, L. & Piontek, D. (2012). Illegale Drogen – Zahlen und Fakten zum Konsum. In. Deutsche Hauptstelle für Suchtfragen (Hrsg.): *Jahrbuch Sucht 2012.* Lengerich: Pabst.

Perry, D. C., Davila-Garcia, M. I., Stockmeier, C. A. & Kellar, K. J. (1999). Increased nicotinic receptors in brains from smokers: membrane binding and autoradiography studies. *The Journal of pharmacology and experimental Therapeutics* 289: 1545–1552.

Robert-Koch-Institut (2012). *Daten und Fakten: Ergebnisse der Studie „Gesundheit in Deutschland aktuell 2010".* Reihe Gesundheitsberichterstattung des Bundes.

Robert-Koch-Institut (2011). *Rauchen – Aktuelle Entwicklungen bei Erwachsenen. GBE Kompakt.* Reihe Gesundheitsberichterstattung des Bundes, 4/2011, 2. Jahrgang.

Rumpf, H. J. & Kiefer, F. (2011). DSM-5: Die Aufhebung der Unterscheidung von Abhängigkeit und Missbrauch und die Öffnung für Verhaltenssüchte. *SUCHT,* 57 (1), 2011, 45–48.

Schneider. R. (2010). *Die Suchtfibel.* Schneider Verlag Hohengehren.

Stempel, K. (2013). Rauschgiftlage 2011. In Deutsche Hauptstelle für Suchtfragen (Hrsg.): *Jahrbuch Sucht 2013.* Lengerich: Pabst.

Ernährung

8.1 Was Sie in diesem Kapitel erwartet 346
8.2 Übergewicht und Essstörungen 346
8.3 Essstörungen 360
8.4 Anwendungsbeispiele: Programme zur Gewichtsreduktion 365

8.1 Was Sie in diesem Kapitel erwartet

Die Weltgesundheitsorganisation zählt *Übergewicht* und *Fehlernährung* zu den größten gesundheitlichen Herausforderungen in diesem Jahrtausend. Zusammen mit geringer körperlicher Aktivität wird dadurch die Entstehung von Krankheiten begünstigt und es werden enorme Kosten im Gesundheitswesen verursacht. Es gibt Schätzungen, wonach ca. 6 bis 8% der Kosten direkt oder indirekt auf das Konto von Übergewicht und Fehlernährung gehen. Zur Reduzierung des allgemeinen Erkrankungsrisikos und für den Erhalt des körperlichen und seelischen Wohlbefindens ist eine ausgewogene Ernährung besonders wichtig.

Wie kann es gelingen, Menschen dazu anzuhalten, sich gesundheitsgerecht zu ernähren und krankmachende Lebensmittel zu meiden? Mit dieser Frage setzt sich auch die Gesundheitspsychologie auseinander, indem sie die von ihr entwickelten Konzepte, Modelle und Theorien zur Gesundheit auf das Ernährungsverhalten überträgt und nach Antworten sucht.

In diesem Kapitel erfahren Sie, welche Auswirkungen Fehlernährungen mit sich bringen, wie weit verbreitet *Übergewicht* und *Adipositas* sind, welche Erklärungen dafür herangezogen werden und welche Empfehlungen für eine gesunde Ernährung und die Behandlung von Übergewicht existieren. Im Abschnitt zu den *Essstörungen* lernen Sie die Störungsbilder *Anorexia nervosa*, *Bulimia nervosa* und *Binge Eating* sowie die dazugehörenden Erklärungs- und Behandlungsansätze kennen. Der darauf folgende und abschließende Abschnitt gibt Ihnen einen Einblick bezüglich der *Programme zur Gewichtsreduktion*. In diesem Abschnitt finden sich sowohl erprobte Schulungsprogramme für Erwachsene als auch für Kinder bzw. Jugendliche.

8.2 Übergewicht und Essstörungen

Obwohl in den westlichen wohlhabenden Industrienationen kein Mangel an gesunden Nahrungsmitteln herrscht, gelingt es vielen Menschen nicht, gesunde und wertvolle Nahrung zu sich zu nehmen. Vielfach fehlen dem Essen wichtige Nährstoffe oder es wird zu viel, zu wenig oder das Falsche gegessen. Eine gedankenlose und unausgewogene Ernährung kann z. B. zu *Fettleibigkeit* (*Adipositas*) und zu Folgeerkrankungen wie *Diabetes Typ II* führen. Aber auch ein falsches Schlankheitsideal lässt insbesondere Mädchen und junge Frauen Essstörungen entwickeln.

8.2 Übergewicht und Essstörungen

> **Begriffe**
>
> *Übergewicht* liegt dann vor, wenn ein Body-Mass-Index (BMI) vorliegt, der die Marke von 25 kg/m² überschreitet. Der *BMI* stellt einen Quotienten von Körpergewicht in Kilogramm und dem Quadrat der Körpergröße in Meter dar. Liegt der Quotient bei 30 und darüber, gilt eine Person als adipös.
>
> Von *Adipositas* wird dann gesprochen, wenn der Fettanteil des Körpers an der Gesamtmasse zu hoch ist.

Übergewicht heißt, dass das Körpergewicht über dem zu erwartenden Normwert für die Alterskohorte und das Geschlecht liegt. Die Weltgesundheitsorganisation hat die in ▶Tabelle 8.1 vorgestellten Gewichtskategorien für eine Klassifikation von Übergewicht und Adipositas festgelegt.

Gewichtskategorie	Body-Mass-Index	Erkrankungsrisiko
untergewichtig	unter 18,5	minimal
normalgewichtig	18,5 bis 24,9	mittel
übergewichtig	25 bis 29,9	gering erhöht
adipös 1. Grades	30 bis 34,5	gesteigert
adipös 2. Grades	35 bis 39,9	hoch
adipös 3. Grades	40 und darüber	sehr hoch

Tabelle 8.1: Kategorien für Übergewicht und Adipositas

8.2.1 Erkrankungsrisiko

> **Kernaussage**
>
> Ein klarer Zusammenhang zwischen Erkrankungsrisiko und Ernährung findet sich beim Übergewicht. Übergewicht an sich stellt einen Risikofaktor dar, ist aber auch für viele Erkrankungen indirekt verantwortlich. So beeinflusst es andere Variablen, die zu Erkrankungen führen können, wie beispielsweise einen zu hohen Cholesterinspiegel, einen erhöhten Blutdruck oder Gelenk- und Rückenbeschwerden.

Auch bei Menschen mit Normalgewicht kann eine Fehlernährung Mangelerscheinungen verursachen. Wie stark Menschen von einem Übergewicht gesundheitlich bedroht sind, hängt von dessen Ausmaß ab. Jemand, der relativ zum Normalgewicht, ein um 40% zu hohes Gewicht besitzt, hat im Vergleich zu einer Person, die „nur" ein um 20% zu hohes Körpergewicht hat, ein weitaus größeres Risiko, an einer der typischen, durch Übergewicht beeinflussten, Folgeerkrankungen zu sterben.

Verteilung des Körperfetts

> **Kernaussage**
> Wichtig ist nicht alleine das Übergewicht, sondern auch die Verteilung des Fettes im Körper.

Gynoide und androide Form der Adipositas

Bei der *gynoiden Form* der Adipositas (Birnenform), von der Frauen stärker betroffen sind als Männer, sammelt sich das Fett vor allem an Hüfte und Schenkeln an (subkutanes Fett). Bei der *androiden Form* (Apfelform), zu der Männer stärker neigen, wird das Körperfett in erster Linie am Bauch gespeichert (viszerales Fett). Unterschieden werden die Formen mit dem Verhältnis von Taille zu Hüftumfang (*Waist-to-Hip-Ratio*, *WHR*). Dieses

Taille-Hüft-Quotient

Verhältnis, ausgedrückt im *Taille-Hüft-Quotienten*, wird wie folgt berechnet: Der Umfang der Taille in Zentimetern wird durch den Umfang der Hüfte dividiert. Die Hüfte wird an ihrer dicksten Stelle gemessen, während der Taillenumfang auf Höhe des Bauchnabels ermittelt wird. Männer sollten dabei einen Quotienten haben, der kleiner 1 ist, und bei Frauen sollte er unter 0,85 liegen. Etwas aussagekräftiger, und dem WHR sogar überlegen,

Aussagekräftig: Messung des Bauchumfangs

ist die alleinige Messung des Bauchumfangs (in der Mitte zwischen dem unteren Rippenbogen und der oberen Kante des Hüftknochens). Mit diesem Vorgehen wird indirekt das in der Bauchhöhle befindliche Fettgewebe bestimmt, das auch als *Viszeralfett* bezeichnet wird. Liegt der Bauchumfang bei Männern über 94 cm und bei Frauen über 80 cm, so ist das statistische Risiko für eine *Koronare Herzkrankheit*, einen *Schlaganfall* oder *Diabetes Mellitus Typ II* erhöht. Eine wesentlich größere Gefährdung für die genannten Erkrankungen geht von einem Bauchumfang aus, der bei Männern bei mindestens 102 cm und bei Frauen bei mindestens 88 cm liegt.

> *Leider aber gibt es gar viele, deren Gott ihr Bauch ist. Sie sterben nicht, sie töten sich, sie graben ihr Grab mit den Zähnen.*
>
> Carl Constantin Platen, 1843 – 1898

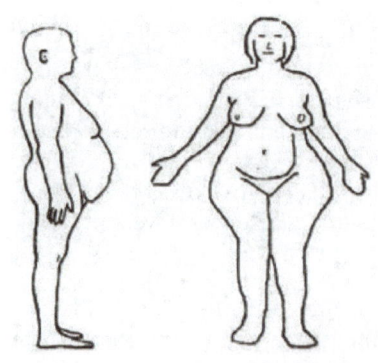

Abbildung 8.1: Androide und gynoide Form der Fettverteilung

Viszerale androide Fettverteilung problematisch bei Frauen

Bei Frauen scheint dieses Verhältnis für das Erkrankungs- und Sterberisiko aussagekräftiger zu sein als der Grad des Übergewichts. Ein erhöhtes Erkrankungsrisiko besteht in Verbindung mit der *viszeralen androiden Fettverteilung* (männliches Fettverteilungsmuster mit Betonung des Bauches).

	Frauen	Männer
Android	> 0,85	> 1,0
Gynoid	≤ 1,0	≤ 1,0

Tabelle 8.2: Androide und gynoide Adipositasverteilung (Quelle: Warschburger et al., 1999)

Androide Typen beiderlei Geschlechts nehmen übrigens, wenn sie die Kalorienzufuhr reduzieren, im Unterschied zu den gynoiden Typen rascher ab, da bei einer Reduktion der Kalorienzufuhr zuerst das Bauchfett mobilisiert wird.

8.2.2 Verbreitung

Der *Deutsche Ernährungssurvey 1998* konnte nachweisen, dass mehr als 50% der Männer im Alter von 25 bis 34 Jahren übergewichtig sind (BMI über 25 oder mehr). 75% der über 45 Jahre alten Männer und über 50% der über 45 Jahre alten Frauen liegen über dieser BMI-Grenze (Mensink, 2002). Eine weitere Studie zur Situation in Deutschland ergab, dass Übergewicht und Adipositas bereits im Kindes- und Jugendalter weit verbreitet sind (Kurth & Schaffrath Rosario, 2007). Danach sind in der Altersgruppe der 3- bis 17-Jährigen 15% übergewichtig und 6,3% adipös. Im Vergleich zu Daten aus früheren Jahren hat sich der Body-Mass-Index bei Kindern und Jugendlichen mit Übergewicht und Adipositas stärker nach oben entwickelt. Untergewicht haben laut Studie 5,1% der Kinder, starkes Untergewicht 1,9%.

Übergewicht weit verbreitet

> **Kernaussage**
>
> Die körperlichen Konsequenzen bei *Adipositas im Kindesalter* sind mit denen im Erwachsenenalter vergleichbar: Es zeigen sich erhöhte Blutfettwerte, Diabetes mellitus, Schwierigkeiten mit Gelenken und dem Skelettsystem sowie eine Verfettung der Leber (Dietz, 1998). Außerdem ist die Wahrscheinlichkeit bei einem adipösen Kind, auch im Erwachsenenalter unter Adipositas zu leiden, stark erhöht (Pudel, 2003).

Adipositas im Kindesalter

Die psychosozialen Folgen für an Adipositas leidende Kinder und Jugendliche sind ebenfalls gravierend, da sie häufig ausgegrenzt, stigmatisiert und gehänselt werden. Ihnen werden negativ bewertete Merkmale zugeschrieben, wodurch sie oft in sozialer Hinsicht herabgesetzt werden (Latner & Stunkard, 2003). Stigmatisierung und Diskriminierung bedeuten letztendlich auch psychosozialen Stress für adipöse Kinder und Jugendliche. In Untersuchungen zum stressbezogenen Essen geben an Adipositas leidende Kinder an, im Alltag auf Stresssituationen eher mit Essverhalten zu reagieren (Lindel & Laessle, 2002).

Erlernen von Essverhalten

Gerade das Erlernen von Ernährungsverhalten im Kontext der familiären Sozialisation ist besonders wichtig. Eltern sind Modelle für ihre Kinder, die Essgewohnheiten von ihnen übernehmen.

Durch die Vorurteile in der Gesellschaft gegenüber Übergewichtigen und Adipösen, leiden diese Personen in zweierlei Hinsicht: Zum einen unter ihrer Fettleibigkeit und den damit assoziierten Risiken für ihre Gesundheit und zum anderen unter dem Druck der gesellschaftlichen Vorhaltungen, ihnen würden Willenskraft und Stärke fehlen. Die weit in der Bevölkerung verbreitete Annahme, Übergewicht und Fettsucht seien auf Persönlichkeitsmerkmale der Betroffenen zurückzuführen, wird durch die Forschung nicht bestätigt. Studien ergeben nur unwesentliche Differenzen zwischen Persönlichkeitsmerkmalen von adipösen und normalgewichtigen Personen bzw. fehlen sie ganz (vgl. Friedman & Brownell, 1995).

> **Kernaussage**
>
> Während in früheren Zeiten ein hohes oder überhöhtes Körpergewicht ein Zeichen von Wohlstand war, sind heute meist Menschen unterer Einkommensschichten davon betroffen.

Schichtzugehörigkeit und Essverhalten

Ernährungsbedingte Erkrankungen treten verstärkt in unteren sozialen Schichten auf. Dies wird damit erklärt, dass sich unter Armut leidende Menschen aufgrund mangelnden Wissens und fehlender finanzieller Mittel falsch ernähren und deshalb Ernährungsmängel aufweisen (Barlösius et al., 1995). Das durchschnittliche Körpergewicht ist bei Frauen der unteren sozialen Schichten höher als bei Frauen der Mittelschicht. Hier ergibt sich ein Zusammenhang von Körpergewicht und sozioökonomischen Status. Schwarzer (2004) erklärt dies mit dem verinnerlichten Schlankheitsideal von Frauen aus der Mittelschicht, die auf ihre Ernährung achten und körperlich aktiver sind.

Gesundheitsbericht für Deutschland

Der *Gesundheitsbericht für Deutschland* (Robert-Koch-Institut, 2011) zeigt, dass

- *Männer übergewichtiger sind als Frauen*, jedoch unterscheidet sich die Häufigkeit von Adipositas zwischen den Geschlechtern nicht,
- *60% der Männer übergewichtig* sind oder an Adipositas leiden; bei *Frauen sind dies 45%*,
- mit dem *Alter bei beiden Geschlechtern* die Zahlen für Übergewicht und Adipositas steigen,
- 7% der Frauen in der Altersgruppe von 18 bis 29 Jahren (Selbstangabe) *untergewichtig* sind,
- in den *unteren Bildungsgruppen* ab dem 30sten Lebensjahr Adipositas eher zu finden ist als in den *oberen Bildungsgruppen*. Auffällig ist dies vor allem bei Frauen.

8.2 Übergewicht und Essstörungen

Frauen	Untergewicht		Normalgewicht		Übergewicht		Adipositas	
	%	(95%-KI)	%	(95%-KI)	%	(95%-KI)	%	(95%-KI)
Gesamt (Frauen und Männer	1,9	(1,7–2,2)	45,9	(45,0–46,8)	36,1	(35,3–37,0)	16,0	(15,3–16,7)
Frauen Gesamt	3,0	(2,7–3,4)	52,0	(50,8–53,2)	29,2	(28,1–30,3)	15,7	(14,8–16,7)
18 – 29 Jahre	7,4	(6,2–8,8)	70,7	(68,3–73,1)	16,4	(14,5–18,6)	5,5	(4,3–6,9)
Untere Bildungsgruppe	10,0	(7,4–13,3)	69,6	(64,3–74,4)	14,4	(10,7–19,1)	6,0	(3,7–9,5)
Mittlere Bildungsgruppe	5,5	(4,2–7,0)	70,9	(67,9–73,8)	18,1	(15,7–20,7)	5,6	(4,3–7,2)
Obere Bildungsgruppe	9,9	(6,8–14,4)	73,4	(67,4–78,6)	13,6	(9,8–18,6)	3,1	(1,6–5,9)
30 – 44 Jahre	3,3	(2,7–4,0)	60,3	(58,2–62,3)	24,8	(23,0–26,7)	11,7	(10,2–13,3)
Untere Bildungsgruppe	2,9	(1,3–6,4)	49,4	(41,3–57,4)	26,3	(19,8–34,1)	21,4	(15,3–29,2)
Mittlere Bildungsgruppe	3,2	(2,4–4,1)	59,6	(57,1–62,0)	25,5	(23,3–27,7)	11,8	(10,3–13,5)
Obere Bildungsgruppe	3,7	(2,8–4,9)	68,2	(65,5–70,9)	22,5	(20,1–25,0)	5,6	(4,4–7,1)
45 – 64 Jahre	2,1	(1,5–2,8)	48,2	(46,2–50,1)	31,0	(29,2–32,8)	18,8	(17,2–20,5)
Untere Bildungsgruppe	3,6	(1,7–7,2)	39,8	(33,8–46,1)	29,1	(23,7–35,0)	27,6	(22,3–33,6)
Mittlere Bildungsgruppe	1,6	(1,1–2,2)	47,3	(45,0–49,6)	32,7	(30,6–37,9)	18,5	(16,7–20,3)
Obere Bildungsgruppe	2,0	(1,4–2,8)	59,6	(57,0–62,1)	27,8	(25,5–30,2)	10,6	(9,2–12,3)
Ab 65 Jahre	1,4	(1,0–2,1)	37,8	(35,1–40,5)	38,7	(36,0–41,6)	22,1	(19,7–24,6)
Untere Bildungsgruppe	1,1	(0,5–2,4)	32,6	(28,1–37,5)	39,5	(34,7–44,5)	26,7	(22,5–31,4)
Mittlere Bildungsgruppe	1,8	(1,1–2,8)	40,8	(37,7–43,9)	39,4	(36,4–42,6)	18,0	(15,7–20,6)
Obere Bildungsgruppe	1,5	(0,8–2,7)	53,7	(49,4–58,0)	30,8	(27,0–34,9)	14,0	(11,2–17,3)

Tabelle 8.3: Häufigkeitsverteilung Übergewicht und Adipositas bei Frauen (Quelle: Robert-Koch-Institut, GEDA, 2011, S. 101)

Männer	Untergewicht		Normalgewicht		Übergewicht		Adipositas	
	%	(95%-K1)	%	(95%-K1)	%	(95%-KI)	%	(95%-KI)
Gesamt (Frauen und Männer)	1,9	(1,7-2,2)	45,9	(45,0-46,8)	36,1	(35,3 -37,0)	16,0	(15,3-16,7)
Männer gesamt	0,8	(0,6-1,1)	39,5	(38,3-40,8)	43,4	(42,1-44,7)	16,3	(15,3-17,4)
18-29 Jahre	2,3	(1,5-3,5)	65,9	(63,1-68,6)	24,7	(22,2-27,2)	7,1	(5,7-8,9)
Untere Bildungsgruppe	4,2	(2,3-7,7)	69,0	(63,2-74,2)	19,9	(15,6-25,0)	6,9	(4,2-11,1)
Mittlere Bildungsgruppe	1,1	(0,6-2,1)	65,2	(61,7-68,5)	26,5	(23,5-29,9)	7,2	(5,5-9,2)
Obere Bildungsgruppe	2,6	(1,0-7,1)	59,8	(52,6-66,6)	30,1	(24 0-37 0)	7,5	(4,4-12,3)
30-44 Jahre	0,8	(0,4-1,6)	43,2	(40,7-45,7)	43,1	(40,6-45,6)	12,9	(11,3-14,8)
Untere Bildungsgruppe	1,6	(0,2-10,5)	34,1	(24,1-45,7)	44,4	(33,5-55,9)	19,9	(12,4-30,4)

Tabelle 8.4: Häufigkeitsverteilung Übergewicht und Adipositas bei Männern (Quelle: Robert-Koch-Institut, GEDA, 2011, S. 101)

Männer	Untergewicht		Normalgewicht		Übergewicht		Adipositas	
Mittlere Bildungsgruppe	0,7	(0,3-1,9)	41,3	(38,1-44,6)	43,9	(40,7-47,3)	14,1	(12,0-16,5)
Obere Bildungsgruppe	0,6	(0,2-1,9)	50,1		41,1	(38,0-44,3)	8,2	(6,7-9,9)
45-64 Jahre	0,3	(0,1-0,8)	28,8	(26,9-30,8)	49,7	(47,5-52,0)	21,1	(19,3-23,1)
Untere Bildungsgruppe	1,1	(0,2-7,2)	19,8		53,7	(43,1-64,0)	25,3	(17,2 -35,7)
Mittlere Bildungsgruppe	0,2	(0,1-0,6)	27,6	(24,9-30,3)	49,6	(46,6-52,7)	22,6	(20,2-25,3)
Obere Bildungsgruppe	0,3	(0,2-0,7)	34,3	(31,9-36,8)	48,5	(45,9-51,1)	16,8	(15,0-18,9)
ab 65 Jahre	0,1	(0,1-0,3)	28,6	(25,8-31,6)	50,1	(46,8-53,3)	21,2	(18,6-24,1)
Untere Bildungsgruppe	-	-	30,6	(20,6-42,8)	44,6	(33,1-56,8)	24,8	(15,8-36,7)
Mittlere Bildungsgruppe	-	-	24,7	(21,3-28,5)	51,7	(41,4-55,9)	23,6	(20,1-27,5)
Obere Bildungsgruppe	01	(0,2-1,2)	35,0	(31,8-38,5)	50,0	(46,6-53,5)	14,5	(12,2-17,1)

Tabelle 8.4: Häufigkeitsverteilung Übergewicht und Adipositas bei Männern (Quelle: Robert-Koch-Institut, GEDA, 2011, S. 101) *(Forts.)*

Ernährungsverhalten und Bildung

Die Diskussion bezüglich der Frage, ob Bildung auf die Gesundheit einen Einfluss hat, wird schon seit längerem geführt. Eine im deutschsprachigen Raum aktuell geführte Frage ist die der *Wirkung von Gesundheit auf die Bildung*. Interessant ist diese Fragestellung speziell für die hier diskutierte Thematik von Übergewicht und Adipositas. Dadaczynyki (2012) hat in einer Überblicksarbeit zur internationalen Befundlage bezüglich des Einflusses von Gesundheit auf die Bildung (vgl. auch *Abschnitt 9.3*) unter anderem den Einfluss von Übergewicht und Adipositas auf schulische Leistungen (Schulnoten, Testergebnisse) sowie auf die Fehltage von Schülern herausgearbeitet. Das Ergebnis dieser Überblicksarbeit, das sich auf neun Veröffentlichungen bezieht, die wiederum auf sechs Längsschnittstudien basieren, und zugleich Schülerinnen und Schüler im Alter von 10 bis 14 Jahren umfasst, zeigt (zumindest in zwei Forschungsarbeiten), dass es eine negative Korrelation zwischen Übergewicht bzw. Adipositas und Schulnoten sowie dem Bildungsstand im Erwachsenenalter gibt (Laitinen, Power, Ek, Sovio & Järvelin, 2002; Karnehed, Rasmussen, Hemmingsson & Tynelius, 2006, zit. n. Dadaczynyki, 2012). Andere Studien sehen im Übergewicht bzw. im Falle von Adipositas eher einen Hinweis für erst später eintretende Probleme, etwa im Jugendalter, und keinen kausalen Einflussfaktor für schulische Leistungen. Allerdings spielt die Stigmatisierung als Drittvariable eine Rolle. So berichten Crosnoe und Muller (2004, zit. n. Dadaczynyki, 2012) vom Einfluss informeller Normen, also unausgesprochener Erwartungen an Mitglieder einer Gruppe (z. B. Übergewicht ist negativ), auf den Zusammenhang von Gewichtsstatus und Schulleistung. Bei dieser Drittvariable zeigte sich, dass Schüler mit Übergewicht und einem Risiko für Adipositas in Schulen, in denen Übergewicht bei Schülern kaum vorkam, über die Zeit schlechtere Noten erhielten. Ebenso verhielt es sich bei dem Faktor „romantische Beziehungen" zwischen Schülern in der Schule. Dort, wo diese Norm galt, fanden sich ebenfalls über die Zeitschiene verschlechterte Schulnoten bei übergewichtigen Schülern. Crosnoe (2007, zit. n. Dadaczynyki, 2012) wies anhand der selben Daten (AddHealth-Daten; N = 11.658) nach, dass übergewichtige Mädchen deutlich mehr unentschuldigte Fehlzeiten hatten und im Erwachsenenalter eine um die Hälfte verringerte Wahrscheinlichkeit für ein Hochschulstudium aufwiesen im Vergleich zu nicht übergewichtigen Mädchen. Dies traf vor allem auf weibliche Schülerinnen aus den Schulen zu, bei denen übergewichtige Schülerinnen eine Minderheit darstellten. Derartige Zusammenhänge ließen sich für die männlichen Jugendlichen nicht nachweisen. Erklärt wird dies damit, dass Mädchen stärker durch das gesellschaftliche Schönheitsideal beeinflusst werden und bei Nichterfüllung eben dieses Ideals stärker unter einer Stigmatisierung leiden. Die Daten sprechen auch für eine verzögerte Wirkung der Stigmatisierung, die erst deutlich im jungen Erwachsenenalter negativ zum Tragen kommt (Dadaczynyki, 2012, S. 149).

8.2.3 Genetische Faktoren

Es werden auch genetische Faktoren angenommen, die einen Einfluss auf die Entstehung von Übergewicht haben (Schwarzer, 2004).

> **Kernaussage**
>
> Man geht mittlerweile von einer Vielzahl von Genen aus, die die Wahrscheinlichkeit, Adipositas zu bekommen, um bis zu 50% erhöhen können.

Der genetische Einfluss zeigt sich u. a. durch eine nicht ausreichende *Hunger- und Sättigungsregulation*, die *Menge an Fettzellen* sowie den *Verbrauch von Energie*, z. B. in Form körperlicher Aktivität. Genetische Dispositionen werden allerdings auch von unmittelbaren Lebensumständen beeinflusst. Sie stehen in einer Wechselwirkung mit dem konkreten Verhalten von Menschen und deren Lebensstil (z. B. Bewegung, Nahrungsmenge, Nahrungsauswahl usw.). So ergeben epidemiologische Daten, dass unter anderem mangelnde körperliche Aktivität, Fehlernährung, ein niedriger Bildungsstand, Alter, Geschlecht und Ethnizität das Risiko für Fettleibigkeit erhöhen. Allerdings kann körperliche Aktivität das Risiko einer Person, übergewichtig zu werden, trotz einer genetischen Prädisposition erheblich senken (Choquet & Meyre, 2011).

8.2.4 Die Set-Point-Theorie

Nach den Annahmen der *Set-Point-Theorie* scheint sich das Körpergewicht nicht nach Belieben beeinflussen zu lassen. Vielmehr wird es durch das Zusammenspiel von genetischen und ernährungsspezifischen Variablen bestimmt.

> **Begriffe**
>
> Die Begrifflichkeit *„Set-Point"* kann mit „Sollwert" übersetzt werden, um den herum, analog zur Regulationstheorie der Kybernetik, das individuelle Körpergewicht schwankt.

Gewicht pendelt sich um Sollwert ein

Das Set-Point-Gewicht pendelt sich bei jedem Menschen, bedingt durch unterschiedliche biologische Faktoren, um ein bestimmtes Gewicht herum ein. Der Set-Point-Theorie zufolge fühlen sich Personen nur innerhalb dieser Spanne wohl und leistungsfähig. Menschen halten der Theorie zufolge ihr Gewicht unbewusst langfristig auf einem konstanten Niveau. Übergewichtige Personen haben nach diesen theoretischen Überlegungen einen zu hoch „eingestellten" Set-Point (Cabanac, Duclaux & Spector, 1971). Es wird vermutet, dass der Hypothalamus für die Regulation des Sollwerts zuständig ist, indem dieser permanent den Sollwert mit dem Istzustand des Körpers abgleicht und bei Abweichungen mit Körpersignalen, wie etwa einem Hungergefühl, reagiert. Für diese Steuerung vermutet Nisbett (1972) im Hypothalamus zuständige Fett-Rezeptoren. Gleichwohl bedeutet diese Annahme nicht (zwingend), dass ein Übergewicht nicht veränderbar ist.

8.2.5 Ernährungsempfehlungen

Eine positive Korrelation gibt es zwischen dem Körpergewicht und der Fettaufnahme, einen negativen zwischen Körpergewicht und dem Verzehr von Kohlenhydraten. Die letztere Korrelation kommt dadurch zustande, weil das Körperfett nicht aus Kohlenhydraten heraus, sondern aus dem Fett von Nahrungsmitteln produziert wird. Dies impliziert natürlich für die Gewichtsreduktion von adipösen Personen, dass auf die Fettzufuhr besonders geachtet werden muss. Insbesondere weil Kohlenhydrate und Proteine nicht so rasch in Körperfett umgewandelt werden wie dies wegen der höheren Energiedichte beim Nahrungsfett geschieht.

Deutsche Gesellschaft für Ernährung (DGE)

Wann wird nun von einer gesunden Ernährung gesprochen? Die *Deutsche Gesellschaft für Ernährung (DGE)* empfiehlt folgende Zusammenstellung bei der täglichen Nahrungszufuhr:

- bis zu 10% Eiweiß, beispielsweise durch Milchprodukte, Fleisch und Fisch,
- 25 – 30% Fett,
- über 60% Kohlenhydrate wie Produkte aus Getreide, Obst, Gemüse und Kartoffeln,
- Fette und Öle sparsam verwenden, beispielsweise 15 – 30 g Butter oder Margarine und 10 – 15 g Öl, vorzugsweise Raps-, Soja- oder Walnussöl,
- täglich mindestens 1,5 Liter Flüssigkeit aufnehmen, beispielsweise durch Wasser, ungesüßte Tees oder Saftschorlen.

8.2 Übergewicht und Essstörungen

Abbildung 8.2: Der DGE-Ernährungskreis (Quelle: Deutsche Gesellschaft für Ernährung)

Der *Ernährungskreis* visualisiert über verschieden große Segmente, wie groß der Anteil der einzelnen Lebensmittelgruppen in der Ernährung sein sollte, damit eine vollwertige Ernährung gegeben ist. In verschiedener Form tragen diese Lebensmittelgruppen zu einer ausreichenden Bereitstellung von lebensnotwendigen Nährstoffen bei. Auch sorgen sie dafür, dass auf Fehlernährung basierenden Krankheiten vorgebeugt wird.

Die *Empfehlungen der DGE* (2011) sind nicht unumstritten, da sie laut Kritikern nicht vollständig auf Erkenntnissen der Forschung basieren, sondern auf der Grundlage von willkürlichen Entscheidungen der DGE. Beispielsweise sind nach Meinung einiger Kritiker *genetische Voraussetzungen*, *Alter* oder *körperliche Beanspruchung* bei den ausgesprochenen Empfehlungen nicht ausreichend berücksichtigt. Gleichwohl sei anschließend in diesem Zusammenhang auf die „*Zehn Regeln der DGE*" hingewiesen.

Ernährungsempfehlungen

Zehn Regeln der Deutschen Gesellschaft für Ernährung (DGE)

1. Abwechslungsreich essen

Um weder Übergewicht zu entwickeln noch untergewichtig zu werden, muss der Energiegehalt bzw. die Nahrungsmenge dem Bedarf angepasst sein. Weil kein Nahrungsmittel alle wichtigen Nährstoffe im erforderlichen Maß liefern kann, sind Lebensmittel so zusammenzustellen, dass der Körper alle Nährstoffe erhält. Um diesen Bedarf zu decken, ist es am einfachsten, die Nahrung und das Essen vielseitig zusammenzustellen.

2. Täglich Getreideprodukte und Kartoffeln

Die DGE rät zu einer vollwertigen Ernährung. Die vollwertige Ernährung liefert wichtiges pflanzliches Eiweiß, das in Vollkorngetreide, Kartoffeln und Hülsenfrüchten enthalten ist. Zudem enthalten diese Nahrungsmittel in der Regel wenig Fett und kein Cholesterin. Beim Getreide sollten Vollkornprodukte (z. B. Vollkornbrot, Vollkornnudeln, Müsli, Naturreis usw.) gewählt werden, da sie viele wichtige Vitamine, Mineralstoffe, Spurenelemente und Ballaststoffe enthalten. Zudem sättigen sie stärker und gewährleisten eine bessere Verdauung, als dies bei als Nicht-Vollkornprodukten der Fall ist.

Wertvolles Eiweiß ist auch in Milchprodukten und Fisch enthalten. Beide Lebensmittel ergänzen das pflanzliche Eiweiß aus Getreide, Kartoffeln und Hülsenfrüchten. Bei der Aufnahme von tierischem Eiweiß sollte auf fettarme Produkte geachtet werden.

3. Obst und Gemüse

Nach dem Motto „fünf am Tag" empfiehlt die DGE Obst und Gemüse ins Zentrum der Nahrungsaufnahme zu stellen. Weil diese reichlich wertvolle Vitamine, Mineral- und Ballaststoffe sowie sekundäre Pflanzenstoffe enthalten, sollten sie bei jeder Tagesmahlzeit dabei sein. Nach Möglichkeit sind sie frisch zu verzehren. Als geschmackliche Alternative versorgen auch Säfte den Organismus mit den Nährstoffen einer Portion Obst oder Gemüse.

4. Milch, Fleisch und Eier

Außer Eiweiß enthalten tierische Nahrungsmittel verhältnismäßig viel Fett, Cholesterin und Purine. Letztere sind wichtige Bausteine der Nukleinsäuren, jedoch nicht wesentlich für den Menschen, da der Organismus sie selbst bildet. In tierischen Lebensmitteln sind sie in Haut und Innereien in hoher Konzentration vorhanden. Der menschliche Organismus baut sie in Form von Harnsäure ab und scheidet sie durch die Nieren aus. Eine zu hohe Konzentration an Harnsäure im Körper wird für unterschiedliche Erkrankungen verantwortlich gemacht, u. a. auch für Gicht. Werden zu viel Fleisch, Wurstwaren und Eier verzehrt, so erhöht sich zwar die Eiweißzufuhr, gleichzeitig aber auch die Aufnahme von Fett. Daher wird von der DGE empfohlen, wenig Fleisch und Wurstwaren zu sich zu nehmen und täglich eher fettarme Milchprodukte zu verzehren sowie ein- bis zweimal in der Woche Fisch zu essen.

5. Wenig Fett und fettreiche Lebensmittel

Fett spielt eine lebenswichtige Rolle in der Ernährung. Jedoch verzehren die meisten Menschen zu viel davon bzw. die eher für die Gesundheit nachteiligen gesättigten Fettsäuren, wie sie beispielsweise in Schokolade enthalten sind. Es geht also bei den Fetten darum, die Menge zu begrenzen und die Art des Fetts zu beachten. Die Empfehlung „wenig" bezüglich der Fettzufuhr ist daher begründet, weil Fett sehr energiereich ist und Übergewicht bzw. Adipositas begünstigt. Bei der Einnahme von Fett sind insbesondere die gesättigten Fettsäuren zu beachten, die für Fettstoffwechselstörungen verantwortlich gemacht werden. Täglich wird daher die Aufnahme von etwa 1 g Fett pro Kilogramm Körpergewicht empfohlen. Durchschnittlich sind dies also 70 – 90 g Fett bei normalgewichtigen Menschen. Darin mit einbezogen sind auch „versteckte" Fette, die sich in Gebäck, Süßigkeiten, Brotaufstrichen, Fleisch- und Milchprodukten oder Koch- und Bratfetten befinden.

Bei der Wahl der Fettarten geht es darum, dem Körper essenzielle Fettsäuren zuzuführen, da er auf diese angewiesen ist. Sie finden sich in pflanzlichen Fetten, etwa in Ölen (Soja-, Raps- oder Olivenöl).

6. Maßvoller Verzehr von Zucker und Salz

Nahrungsmittel und Getränke, die viel Zucker enthalten, sollten möglichst in geringer Menge gegessen bzw. getrunken werden. Zucker gehört zwar zu den Kohlenhydraten, enthält aber kaum Nährstoffe, was insbesondere auf den Industriezucker zutrifft. Dieser fördert die Entstehung von Karies und kann zu Mangelerscheinungen führen, da auf andere, wertvollere Nahrungsmittel verzichtet wird. Die Empfehlung geht dahin, Zucker nur gelegentlich zu sich zu nehmen und zuckerhaltige Getränke möglichst zu meiden.

Ein zu hoher Konsum von Kochsalz (Natriumchlorid) kann Bluthochdruck verursachen, weshalb es sparsam und möglichst in Form von Jodsalz, verwendet werden sollte. Eine Vielzahl von Nahrungsmitteln enthalten von Natur aus Salz, was bei einer salzarmen Ernährung berücksichtigt werden muss. Bei der Zubereitung von Mahlzeiten kann das Kochsalz beispielsweise durch frische Kräuter und Gewürze ersetzt werden.

7. Reichlich Flüssigkeit

Zu einer ausgewogenen Ernährung gehört ausreichendes Trinken, da der Körper für seine Funktionen Flüssigkeit benötigt. Meist trinken erwachsene Menschen zu wenig oder nicht das Richtige. Die DGE empfiehlt, täglich 1,5 bis 2 Liter Flüssigkeit aufzunehmen. Diese sollte vor allem frei oder arm an Kalorien sein, wie dies etwa bei Wasser, Mineralwasser, verdünnten Säften und ungesüßten Tees der Fall ist.

8. Schmackhaft und schonend zubereiten

Um Nährstoffe in Lebensmitteln zu bewahren, sind die richtige Lagerung und eine schonende Zubereitung wichtig. Inhaltsstoffe von Nahrungsmitteln sind häufig gegenüber Licht, Hitze, Wasser oder Sauerstoff sehr empfindlich. Gemüse sollte nicht „zerkocht" oder nur leicht gegart werden, um die wertvollen Bestandteile zu erhalten. Außerdem sind Gemüse und Obst möglichst kühl sowie dunkel zu lagern. Wird Gemüse und Obst gewaschen, sollte es möglichst zeitnah verarbeitet werden, da sich wertvolle Bestandteile sonst im Wasser lösen.

9. Zeit nehmen und das Essen genießen

Essen ist nicht nur bloße Nahrungsaufnahme, sondern auch ein sozialer Akt. Insbesondere das gemeinsame Essen in der Familie, mit dem Partner oder mit Kolleginnen und Kollegen, dient dazu, sich auszutauschen und anregende Gespräche zu führen. Aber auch eine Mahlzeit alleine in aller Ruhe, fördert das eigene Wohlbefinden und lässt das Gefühl der Sättigung bewusst werden (ca. zehn Minuten nach der Nahrungsaufnahme). Außerdem befördert die Ruhe beim Essen das sorgfältige Kauen, sodass die Nahrung besser verdaut werden kann. Geschieht dies nicht, wird oft mehr gegessen, da das Gefühl der Sättigung eben erst später einsetzt.

10. Auf das Gewicht achten und in Bewegung bleiben

Um ein Normal- oder Idealgewicht zu erreichen oder beizubehalten, sollte eine Person entsprechend ihres individuellen Energiebedarfs essen. Unerlässlich ist dabei eine ausreichende und regelmäßige körperliche Aktivität.

Die unter Punkt 3 „*Obst und Gemüse*" von der DGE gegebene Empfehlung, fünf Mal am Tag Obst und Gemüse zu verzehren, wurde in einer neuen Untersuchung an Studierenden hinsichtlich ihres motivierenden Effekts überprüft (Sieverding & Scheiter, 2012). Dazu wurde der aktuelle Konsum von Obst und Gemüse sowie der Wunsch-Konsum mittels Fragebogen erfasst. 50% der 482 Studierenden erhielten einen Fragebogen mit der „5 am Tag"-Empfehlung, die anderen 50% einen ohne diese Empfehlung. Die abhängigen Variablen bestanden im aktuellen Konsum und im Wunsch-Konsum von Obst und Gemüse. Die Resultate der Studie zeigen einen signifikanten Unterschied beim aktuellen Konsum und im Wunsch-Konsum zwischen den Geschlechtern. Die „5 am Tag"-Empfehlung hatte laut Autoren nur einen minimalen Effekt. Männliche Studierende konsumierten im Schnitt zwei Portionen, weibliche drei Portionen pro Tag, unabhängig davon, ob sie eine „5 am Tag"-Empfehlung hatten oder nicht. Die Forscher, die ihre Stichprobe richtigerweise nicht als repräsentativ für die Gesamtbevölkerung betrachten, sehen anhand des Ergebnisses dennoch die Empfehlung der DGE kritisch, da sie das „5 am Tag"-Ziel für viele Menschen als zu hoch angesetzt sehen. Die Autoren empfehlen daher für Kampagnen, die ein gesundheitsbewussteres Verhalten initiieren möchten, die Ziele für die jeweilige Gruppe stärker an deren persönlichen Zielen auszurichten. Dies könnte beispielsweise im Motto münden: „*Eine Portion Obst oder Gemüse mehr am Tag!*", wodurch sich die Chancen für eine Verhaltensänderung vermutlich verbessern würden (Sieverding & Scheiter, 2012, S. 181).

8.2.6 Mangelnde Bewegung

Regelmäßige körperliche Aktivität spielt bei der Konstanthaltung des Körpergewichts eine große Rolle und wirkt einer Gewichtszunahme und damit auch Adipositas entgegen (Jakicic & Otto, 2005). Wareham, Sluijs und Ekelund (2005) konnten in einer Übersicht von Studien zu körperlicher Aktivität und Übergewicht zeigen, dass zehn von zwölf Arbeiten bestätigen, dass

Körpergewicht durch physische Aktivität reduziert wird. Der deutlichste Verlust an Gewicht resultiert aus moderater körperlicher Aktivität. Zudem zeigt sich, dass körperliche Aktivität (siehe *Abschnitt 9.5.1*), kombiniert mit einer Diät, langfristig den größten Gewichtsverlust zeitigt (Jakicic & Otto, 2005).

8.2.7 Behandlung von Übergewicht und Adipositas in der Praxis

Aus medizinischer Sicht ist eine *Ernährungsberatung* zur Umstellung der Ernährung bei Übergewichtigen mit einem BMI unter 30 kg/m^2 die sinnvollste Maßnahme. Eine angestrebte Absenkung der Kalorienzufuhr durch eine entsprechende Diät ist bei Personen mit einem BMI zwischen 30 und 40 kg/m^2 sinnvoll. Teilweise werden auch Appetitzügler oder Medikamente, die die Fettaufnahme im Darm reduzieren, verordnet. In Extremfällen, d. h. bei einem BMI über 40 kg/m^2, können operative Eingriffe, wie eine Magenverkleinerung, der einzige erfolgsversprechende Weg zur Gewichtsreduzierung sein (Vögele, 2008).

Das Ziel psychologischer Maßnahmen ist die langfristige Ernährungsumstellung und eine Steigerung der körperlichen Aktivität bei den Betroffenen. Dabei stehen weniger die Reduzierung der Kalorien im Vordergrund, sondern eher die gesunde Ernährung und das Bewegungsverhalten. **Reduktion von Körpergewicht durch Bewegung**

Beispiele für verhaltenspsychologische Interventionsstrategien sind: **Verhaltenspsychologische Interventionen**

- *Wissensvermittlung*, bezüglich der Zusammensetzung von Lebensmitteln, der Verteilung der täglichen Mahlzeiten oder einer gesunden Nahrungszubereitung,
- *Stärkung der Selbstkontrolle* hinsichtlich der das Essen auslösenden Reize wie beispielsweise bei Einkaufs- oder Essgewohnheiten,
- die *Beobachtung des eigenen Verhaltens*, etwa mittels Ernährungstagebuch und Bewegungsprotokoll,
- Selbsteinschätzung der *Selbstwirksamkeit*,
- Einüben von *neuen Verhaltensweisen*, beispielsweise im Umgang mit kritischen Situationen (Versuchungen),
- *Belohnungen* für das Erreichen von gesetzten Zielen, z. B. ein Kinobesuch nach dem Joggen,
- Erlernen von *Problemlösetechniken*, um mit Barrieren und Hindernissen umgehen zu können, die das Ziel der Gewichtsreduktion gefährden könnten,
- Einüben von *Stressbewältigungsstrategien* zur Rückfallvermeidung.

Vögele (2008) referiert, dass es nur 15% der älteren, ausschließlich auf Kalorienreduktion basierenden Interventionsprogramme, schaffen, die Teilnehmer zu einer langfristigen Veränderung (im Schnitt fünf Jahre) ihres Ernährungsverhaltens und damit zu einer dauerhaften Gewichtsreduktion zu führen.

8.3 Essstörungen

> **Kernaussage**
> Während Adipositas durch eine gesundheitsgefährdende Erhöhung des relativen Anteils an Köperfett definiert wird, kommt es bei den Essstörungen wie *Anorexia nervosa, Bulimia nervosa* und *Binge Eating* zu gezügeltem Essverhalten, Nahrungsverweigerung oder der Verhinderung einer Gewichtszunahme durch Erbrechen oder übertriebene körperliche Aktivitäten.

Steigende Zahl von essgestörten Männern

Die Konsequenz der Essstörungen ist starkes Untergewicht. In der Untersuchung von Kurth und Schaffrath Rosario (2007) wurde auch nach Essstörungen bei Kindern und Jugendlichen gesucht. Hier zeigte sich, dass bereits ab dem 11. Lebensjahr Symptome für ein gestörtes Essverhalten vorlagen (28,9% der Mädchen und 15,2% der Jungen). Eine Studie der Universität Jena ergibt Hinweise auf eine Essstörung bei ca. 33% der weiblichen Jugendlichen (Aschenbrenner et al., 2003). Auslöser für chronische Essstörungen sind häufig vermeintliche Unzulänglichkeiten der Figur und ein permanentes Diäthalten (Huon, Gunewardene & Hayne, 2000). Seit einigen Jahren gibt es auch eine steigende Zahl von Männern, die von Essstörungen betroffen sind, jedoch kommen Essstörungen relativ gesehen immer noch bei Mädchen und jungen Frauen wesentlich häufiger vor (Aschenbrenner et al., 2003). Bereits vorhandene chronische Essstörungen bedürfen einer professionellen Behandlung, weil sie sich nur schwer therapieren lassen. Sinnvollerweise sollte bereits bei ersten Hinweisen einer Essstörung reagiert und professionelle Hilfe gesucht bzw. vermittelt werden.

8.3.1 Magersucht (Anorexia nervosa)

Anorexia nervosa (griechisch: Anorexis = Mangel an Begierde, fehlender Appetit; nervosa = emotional begründet) zeigt sich im Krankheitsbild als Kombination aus verschiedenen seelischen und körperlichen Symptomen. Durch den Gewichtsverlust und die Mangelernährung kann es zu lebensbedrohlichen Zuständen kommen, etwa durch das Auftreten von Kreislaufregulationsstörungen wie niedriger Blutdruck und verringerte Körpertemperatur, aber auch Magenfunktions- und Verdauungsstörungen sowie anderes mehr.

> **Kernaussage**
> Das wichtigste Kennzeichen der Anorexia nervosa ist die gestörte Körperwahrnehmung der Betroffenen (Störung des Körperschemas), weshalb stark abgemagerte Personen sich immer noch als „zu dick" wahrnehmen.

95% aller an Anorexia nervosa Leidenden sind Frauen. Man unterscheidet zwischen zwei Formen der Magersucht:

- die *asketische* oder *passive Form* und
- die *bulimische* oder *aktive Form*.

Asketische und bulimische Form

Eine reine Diät, also die *asketische Form*, praktizieren ca. 50% der Anorektikerinnen, d. h. sie unternehmen keine weiteren aktiven Schritte, um ihr Körpergewicht zu verringern. Beim *bulimischen Verhaltensmuster* finden sich Symptome wie sie bei der *Bulimie* auftreten, es kommt also zu Essattacken und selbst induziertem Erbrechen sowie zum Einsatz von abführenden Medikamenten. Betroffene versuchen einem verinnerlichten Schönheits- und Schlankheitsideal zu entsprechen und Streben danach, nicht zuzunehmen. Einher geht dieses Streben mit einer „panikartigen Furcht vor Gewichtszunahme" (Bruch, 1980, S. 23). Das dadurch entstehende Risiko für die eigene Gesundheit wird über einen langen Zeitraum hinweg abgestritten oder bagatellisiert. Damit entstehen kein Leidensdruck und wenig Bereitschaft, sich durch eine Therapie helfen zu lassen. Unter Anorexia nervosa leidende Menschen sind im Umgang mit Lebensmitteln sehr wählerisch und haben spezielle Essrituale (Lebensmittel in ganz kleine Portionen teilen und extrem langsam essen usw.). Aber auch eine absonderliche Art mit Lebensmitteln umzugehen kann sich entwickeln, etwa indem Essen verkrümelt oder auf der Kleidung zerrieben wird. Zudem beschäftigen sich Anorektikerinnen permanent mit dem Thema „Essen" und zeichnen sich durch übertriebene sportliche Aktivitäten aus. Appetitzügler oder Abführmittel werden oft missbräuchlich eingesetzt.

Psychische Auffälligkeiten

Psychische Auffälligkeiten sind bei Mädchen, die unter Magersucht leiden, beispielsweise *Perfektionismus*, *Ehrgeiz* und ein *Streben nach Autonomie* im persönlichen Bereich (Schwarzer, 2004). Anorexia nervosa als auch Bulimia nervosa kommen überwiegend bei Personen aus der Mittel- und Oberschicht vor. Bei Anorektikerinnen, die an der bulimischen Form leiden, beginnt die Erkrankung in der Regel später, d. h. häufig im frühen Erwachsenenalter. Die Störung des Körperschemas ist meist ausgeprägter und sie besitzen vor der Magersucht ein höheres Körpergewicht als asketische Anorektikerinnen. An der bulimisch-aktiven Form leidende Personen sind meist depressiver als Betroffene mit anorektisch-passiven Merkmalen.

Die Behandlung in der Praxis

Da Magersüchtigen meist die Krankheitseinsicht fehlt und damit auch die Einsicht für die Notwendigkeit einer Behandlung, wird die Störung von Therapeuten als schwer therapierbar eingestuft. Neben wichtigen, sofort einzuleitenden, lebenserhaltenden Maßnahmen bei einem BMI von 13 kg/m^2 und darunter, gilt es, mit einem mehrdimensionalen therapeutischen Ansatz der Komplexität der Störung gerecht zu werden. Zuerst muss die Zunahme an Gewicht im Fokus aller Bemühungen stehen, um körperliche Folgeschäden zu vermeiden. Leider gibt es bei der Behandlung von Anorektikern eine hohe Quote von Rückfällen und Therapieabbrechern. Um langfristig das Körpergewicht von Betroffenen zu normalisieren, ist es grundsätzlich notwendig, die Ursachen dafür gründlich zu analysieren und zu behandeln. In der Psychotherapie, die einzeln oder auch in Gruppen durchgeführt werden kann, hat die *kognitive Verhaltensmodifikation* die besten Erfolgschancen (Schwarzer, 2004).

Ziele einer kognitiven Verhaltensmodifikation

Spezielle Ziele einer kognitiv-verhaltenstherapeutischen Intervention im Rahmen einer Psychotherapie sind:

Kognitiv-verhaltenstherapeutische Intervention

- Änderungen der *Wahrnehmungsverzerrungen* des eigenen Körpers,
- die Veränderung der *negativen Einstellung zur Nahrungsaufnahme*,
- Aufbau von *Konfliktbewältigungskompetenz*,
- das Erkennen und Verändern von *negativen Gedanken*, z. B. zum Selbstwert.

Allgemeine verhaltenstherapeutische Strategien

Zu den allgemeinen verhaltenstherapeutischen Strategien gehören:

Allgemeine verhaltenstherapeutische Intervention

- *Belohnung* von Nahrungsaufnahme nach einzelnen, gerne durchgeführten körperlichen oder anderen Aktivitäten (z. B. Fahrradfahren, Lesen usw.), um das Körpergewicht zu steigern,
- *Konfrontation* mit gemiedenen Speisen, die bislang Ängste ausgelöst haben,
- *regelmäßiges Essverhalten* aufbauen und Vermeidungsverhalten abbauen,
- *Lernen*, mit *Rückfällen* umzugehen,
- *Strategien entwickeln*, wie nach der Therapie eine geregelte Nahrungsaufnahme gewährleistet werden kann.

8.3.2 Bulimie (Bulimia nervosa)

> **Begriffe**
>
> Aus dem Griechischen übersetzt bedeutet der Begriff *Bulimia* „Ochsenhunger". Oft wird diese Essstörung auch „Ess-Brech-Sucht" genannt. Hauptmerkmal der Bulimie sind die wiederkehrenden Heißhungeranfälle.

Die Anfälle von Heißhunger bzw. Essattacken sind gekennzeichnet durch

- eine *extreme Gier* nach fettreichem und hochkalorischem Essen,
- *„Schlingen" der Nahrung*, welche in kürzester Zeit aufgenommen wird (Pudel & Westenhöfer, 1998),
- eine *Nahrungsmenge*, die wesentlich größer ist als die, die im gleichen Zeitraum von anderen Menschen verzehrt würde,
- das Gefühl, die *Kontrolle über das Essverhalten* zu verlieren, da die Betroffenen nicht mit dem Essen aufhören bzw. die Menge und Art der Nahrung nicht kontrollieren können,

- *nicht angemessene Handlungen*, um eine Gewichtszunahme zu verhindern, etwa in Form von Erbrechen (70 – 90% aller Bulimiker erbrechen unmittelbar nach der Mahlzeit), Missbrauch von Abführmitteln, Fasten oder das exzessive Betreiben von Sport.

> **Kernaussage**
>
> Das unkontrollierte Essverhalten tritt bei den Betroffenen vermehrt nach Stresssituationen auf, da das Essen als spannungsreduzierend empfunden wird, oder bei einem Gefühl der inneren Leere und Langeweile (Tuschen-Caffier & Florin, 2002).

Nach den „Fressattacken", die größtenteils heimlich stattfinden, setzen meist Ekel- und Schamgefühle ein. Pudel und Westenhöfer (1998) berichten, dass die überwiegende Zahl der Bulimiker fast täglich einen Essanfall haben, wobei die Frequenz zwischen mehrmals täglich bis einmal in der Woche schwankt. Ansonsten zeigen an der Störung leidende Personen ein eher restriktives Essverhalten (restrained eating), das durch fett- und kalorienarme Lebensmittel gekennzeichnet ist. Viele Betroffene leiden an Depressionen, die vereinzelt auch zu Suiziden führen (Schwarzer, 2004). Auch sind die gesundheitlichen Konsequenzen bei der Bulimie im Vergleich zur Anorexia nervosa weniger drastisch. Auf eine starke Insulinreaktion aufgrund der großen aufgenommenen Menge an Nahrung bei einem Heißhungeranfall reagiert der Körper mit einem Mangel an Blutzucker, sodass nach wenigen Stunden bereits wieder die Gier nach Süßem entsteht, die durch den Unterzucker provoziert wird (Schwarzer, 2004). Problematisch ist das häufige Erbrechen, denn es führt u. a. zu Zahnschädigungen, etwa in Form des Verlusts von Zahnschmelz und -hartsubstanz. Während Anorexia nervosa meist in der Pubertät auftritt, entwickelt sich die Bulimia nervosa häufig im frühen Erwachsenenalter.

Problematisches Erbrechen

Die Behandlung in der Praxis

In der Regel möchten an Bulimie leidende Personen von ihren Ess-Brechanfällen erlöst werden. Weil sie es aber ablehnen, geregelt Nahrung zu sich zu nehmen, aus Sorge zuzunehmen bzw. weil sie weiter abnehmen wollen, gestaltet sich eine Therapie dieser Essstörung als schwierig. Sinnvollerweise sollten folgende Therapieziele anvisiert werden:

- eine *Normalisierung der Nahrungsaufnahme*, um zu einem Rhythmus von wenigstens drei Hauptmahlzeiten täglich zu kommen,
- *Abbau von gegensteuernden Verhaltensweisen* wie beispielsweise Erbrechen,
- den *konstruktiven Umgang* mit inneren Spannungszuständen lernen,
- *Aufbau eines stabilen*, von äußeren Einflüssen freien, *Selbstbildes*,
- die *Einstellungsänderung zum eigenen Körper*,
- eine Veränderung der *Sichtweise von Lebensmitteln*, indem diese nicht mehr ausschließlich nach dem Kaloriengehalt beurteilt werden.

Schwierige Therapie

8.3.3 Binge Eating (Binge-Eating-Disorder, BED)

Kein Erbrechen bei Binge-Eating-Disorder

Eine weitere Essstörung, *die Binge-Eating-Störung* (engl. = Gelage), ist dadurch gekennzeichnet, dass es in regelmäßigen Abständen zu unkontrollierten Heißhungeranfällen kommt. Meist werden sehr kalorienreiche, fette und süße Nahrungsmittel gegessen. Im Unterschied zur Bulimie wird jedoch nicht erbrochen oder übermäßig Sport getrieben. Dieses Essverhalten führt in der langfristigen Konsequenz zu einer Gewichtszunahme. Gekennzeichnet ist das Binge Eating, unter dem die Betroffenen stark leiden, durch

- *wenigstens zwei Essanfälle* in der Woche über mindestens ein halbes Jahr, die nicht durch ein starkes Hungergefühl ausgelöst werden,
- ein überdurchschnittlich *schnelles Verzehren der Nahrung*,
- die Tatsache, dass Binge-Eater *alleine essen*, weil ihnen die großen Mengen peinlich sind,
- das subjektive Gefühl des *Kontrollverlustes beim Essanfall*,
- den *Verlust des Sättigungsgefühls* und den Drang zu essen, bis ein starkes Völlegefühl erreicht ist,
- eine *negative Stimmung nach dem Essanfall* bis hin zur Depression,
- eine *Aufnahme sehr hoher Kalorienzahlen*, wenngleich weniger als bei Bulimie (ca. 600 kcal bei BED; 1200 kcal bis 11500 kcal bei Bulimie; Rossiter, Agras, Telch & Bruce, 1992).

Auslöser für Essattacken sind meist negative Emotionen

Besonders stark betroffen sind im Gegensatz zu Bulimie und Anorexia nervosa keine bestimmten Altersgruppen. Im Geschlechtervergleich sind ca. 30% der Binge-Eater Männer. Man geht beispielsweise davon aus, dass zwei bis dreieinhalb Prozent der US-Bevölkerung vom Binge Eating betroffen sind. An einer Binge-Eating-Störung leidende Personen geben in Befragungen an, dass psychische Beanspruchungen in Form negativer Emotionen wie *Ärgerstress* oder *Frustrationen* bei ihnen Essanfälle auslösen. Das Essen wird als Bewältigungsstrategie verwendet, da es mit positiven Emotionen verbunden ist.

Die Behandlung in der Praxis

Bei der Behandlung der Binge-Eating-Störung wird zum einen versucht, die *psychischen Schwierigkeiten*, die Essattacken auslösen, zu therapieren, um zu einem normalen Essverhalten zu kommen. Zum anderen soll das Essverhalten durch gemeinsames Kochen und Essen in der Gruppe sowie das gemeinsame Einkaufen von Lebensmitteln normalisiert werden. Außerdem werden die Betroffenen zu einer bewussteren Nahrungsaufnahme angehalten. Die Aussichten auf eine erfolgreiche Behandlung sind sehr gut. Die Vorgehensweise ähnelt der *verhaltenstherapeutischen Intervention bei Bulimie*. Der Umgang mit kritischen Situationen, Gewohnheiten oder Gefühlszuständen, die Heißhungeranfälle auslösen, wird gelernt, indem neue Reaktionsweisen darauf erarbeitet und praktiziert werden. Zur Identifikation von Auslösereizen haben sich Protokolle für die Selbstbeobachtung (Tagebuch) bewährt. Vermieden werden bei der Behandlung der Binge-Eating-Störung *Diätmaßnahmen*, damit sich das

Gewicht über ein normales Essverhalten einpendeln kann. Ergänzt wird die Therapie durch *körperliche Aktivitäten* wie Sport oder angeleitete Bewegung, um die verzerrte Körperwahrnehmung, die häufig mit dem Störungsbild einhergeht, positiv zu beeinflussen.

Um Essstörungen präventiv zu vermeiden, wird mittlerweile auch mit Hilfe des Internets versucht, bedeutsame Risikofaktoren, wie das Schlankheitsideal bei jungen Frauen, über internetgestützte Präventionsprogramme zu beeinflussen. Jacobi et al. (2005) konnten die Wirksamkeit des an deutsche Verhältnisse adaptierten Präventionsprogramms *„Student Bodies"* in einer Studie nachweisen. An ihr nahmen 100 Studentinnen zweier Universitäten teil, die in zwei randomisierte Gruppen eingeteilt wurden (Interventionsgruppe und Wartekontrollgruppe). Das Programm lief über acht Wochen und fand beim Vergleich der beiden Gruppen eine gute Bestätigung seiner Wirksamkeit. So zeigten Teilnehmerinnen nach Beendigung des Programms weniger gestörtes Essverhalten wie gezügeltes Essen oder eine gedankliche Beschäftigung mit Figur und Gewicht. Wesentlich ausgeprägter waren die Effekte bei einer Untergruppe von Frauen mit einem besonderen Risiko für Essstörungen.

8.4 Anwendungsbeispiele: Programme zur Gewichtsreduktion

Die meisten Programme zur Gewichtsreduktion versuchen nach einer individuellen Diagnose, insbesondere bei Adipositas, deren Entstehung gezielt zu beeinflussen. Dazu wird das komplexe Zusammenspiel der unterschiedlichen Einflussfaktoren auf die Entwicklung von Übergewicht und Adipositas analysiert und mit Veränderungen an diesen Faktoren begonnen. Ins Interventionsgeschehen rückt dabei vor allem das *individuelle Verhalten*, indem beispielsweise Ernährungswissen aufgebaut oder Problemlösefähigkeiten entwickelt bzw. Einstellungen zur Ernährung oder dem Lebensstil verändert werden. Hinsichtlich einer Änderung der Ernährungsweise wird somit der Aufbau der Selbstwirksamkeitserwartung besonders gefördert. Gleichzeitig wird versucht, auf die Gestaltung der *Lebensräume* (Verhältnisse) einzuwirken, etwa auf Partner oder Eltern, die mit einbezogen werden und die Maßnahmen unterstützen sollen. Aber auch Sportvereine, die Schule oder der Betrieb gehören dazu.

Beeinflussung individuellen Verhaltens

Selbstwirksamkeit und Lebensräume

Studien haben gezeigt (Stuart, 1967), dass eine Kontrolle bzw. Veränderung der *Umweltstimuli*, die Essverhalten auslösen, sogenannter Kontingenzen, einer reinen Diät überlegen ist. Über die Jahre wurden daher *verhaltenstherapeutische Verfahren*, kombiniert mit *Diätpraktiken*, in die Programme zur Gewichtsreduktion aufgenommen und gehören heute zum Therapiestandard (vgl. Schwarzer, 2004). Insbesondere Verfahren zur Verhaltensanalyse in Form von Selbstbeobachtungen und Protokollen zählen hierzu. Dies alles hilft den Übergewichtigen beispielsweise Reize, die ein bestimmtes Verhalten auslösen (z. B. spezifische Lebensmittel, besondere Situationen, Stress usw.) zu kontrollieren oder ganz zu meiden. „Belohnungslisten", auf denen die Teilnehmer an solchen Programmen diejenigen Dinge und Akti-

Einsatz verhaltenstherapeutischer Verfahren

vitäten auflisten, die sie nach Erfolgen verstärken (z. B. zur Belohnung ins Theater oder Kino gehen), helfen, Schritt für Schritt die Kompetenzerwartung aufzubauen.

Stadienspezifisches Vorgehen

Damit Programme zur Gewichtsreduktion auch erfolgreich für die Teilnehmenden sind, ist eine Basismotivation der Betroffenen Voraussetzung. Wie in *Kapitel 2* deutlich wurde, insbesondere bei den *Stadien- oder Stufenmodellen*, durchlaufen veränderungswillige Menschen die Prozesse von der Ziel- über die Intentionsbildung hin zur Planung und schließlich zur Umsetzung des neuen Verhaltens. Programme sind umso erfolgreicher, je besser sie auf das jeweilige Stadium der Teilnehmer abgestimmt sind. Befindet sich eine Person im *nicht-intentionalen Stadium*, so profitiert sie von Interventionen, z. B. der Planung von sportlichen Aktivitäten, wesentlich weniger, als Personen, die sich schon auf der intentionalen oder sogar aktionalen Stufe befinden (vgl. Lippke et. al., 2004).

8.4.1 Erwachsenenprogramme

8.4.1.1 Die Pfundskur

Zehnwöchiges Programm

Die *Pfundskur* (Pudel & Schlicht, 2004), von der AOK 2004 zur Gesundheitsförderung bundesweit eingesetzt, beschränkt sich nicht auf reine Aufklärung, sondern bietet *motivationale Anreize* und *praktische Hilfestellungen* zur Etablierung neuer Verhaltensweisen für eine gesunde Ernährung und sinnvolle Bewegung. Das *zehnwöchige Ernährungs- und Bewegungsprogramm* zielt auf eine gesunde Verringerung des Gesamtgewichts durch die Reduzierung der Fettmasse und einen freigiebigen Umgang mit Kohlenhydraten („satt essen an Kohlenhydraten") bei gleichzeitigem Aufbau von Muskeln. Übergewichtige sollen zu einer dauerhaften Gewichtsreduktion und Umstellung der Ernährung angehalten werden. Grundsätzlich sollen der tägliche Fettkonsum auf 60 bis 70 g reduziert und Bewegungsaktivitäten ausgebaut werden, etwa durch eine verstärkte Nutzung von Treppen an Stelle des Aufzugs oder ein verstärktes zu Fuß gehen usw. Fettreiche Lebensmittel sollen schrittweise durch gesündere Nahrungsalternativen ersetzt werden. Ungünstige Essgewohnheiten, wie das späte, fett- und kohlenhydratreiche Abendessen, sollen durch den Aufbau von gesünderen Ernährungsvarianten verändert werden. Kraft, Beweglichkeit und Ausdauer werden in zusätzlichen Sport- bzw. Fitnessprogrammen planvoll entwickelt und gleichzeitig Kalorien verbrannt. Am Anfang der Pfundskur stehen diverse Tests, die das individuelle Essverhalten analysieren. Jedem Esstyp werden danach Verhaltenshinweise gegeben, um negative Gewohnheiten zu verändern. Begleitet wird das Programm mit *verhaltenstherapeutischen Maßnahmen*, um eine gesunde Ernährung und mehr körperliche Bewegung langfristig in den Alltag zu integrieren. Da die Teilnehmer der Pfundskur bereits eine Intention gebildet haben, setzen die psychologischen Hilfestellungen somit im Volitionsstadium an. Das Programm unterstützt somit gezielt die Umsetzung der Intention in konkretes Verhalten (Handlungsinitiierung und -ausführung). Mittels realistischer und schrittweiser Planung wird durch kleine Teilerfolge auf dem Weg zum angestrebten Endverhalten die Motivation aufrechterhalten und die Intention gefestigt („*Beim Frühstück verwende ich künftig nur noch die Hälfte an Butter als Brotaufstrich*"). Die Teilnehmer der Pfundskur gehen einen Kontrakt mit sich ein, indem sie sich verbindlich an ihre Ziele binden (siehe ▶Abbildung 8.3). Fett wird in „Fettaugen" gezählt, wobei ein „Fettauge" 3 Gramm Fett entspricht. Die Zielverbindlichkeit wird durch feste Termine für die Bewegungsaktivitäten erhöht. Bewegung wie auch Ernährung (pro Tag sind 20 „Fettaugen" à 3 g Fett erlaubt; pro Woche insgesamt 140) werden schriftlich dokumentiert und damit wird zusätzlich Verbindlichkeit in anschaulichen Wochenplänen hergestellt. Für Sport und körperliche Aktivitäten dürfen sich die Teilnehmer der Pfundskur mit sogenannten „Fittis" (Maßeinheit für Aktivität) belohnen und damit für das Einhalten ihrer Pläne. Kommt es zu einzelnen „Versuchungen" innerhalb der Pläne, so wird dies im Programm nachsichtig gehandhabt, damit evtl. auftretende resignative Kognitionen oder negative Emotionen nicht zum Abbruch des Programms führen. Ernährungswissen und Informationen zu den negativen Folgen von Übergewicht ergänzen das Programm und sollen die Risikowahrnehmung der Teilnehmer schärfen und ihre Selbstwirksamkeitserwartungen verbessern.

Vertrag

§ 1 Mein Ziel
Mit meiner Unterschrift unter den vorliegenden Vertrag setze ich mir das Ziel, meinen wöchentlichen Energieverbrauch schrittweise und mit Bedacht zu steigern.

§ 2 Meine Absicht
Um das in § 1 genannte Ziel zu erreichen, beginne ich damit, meine Alltagsaktivität zu steigern. Ich werde, wann immer sich die Gelegenheit bietet, auf den Einsatz von Mobilitätshilfen (Auto, Bus, Rolltreppe usw.) verzichten und stattdessen meine Körperkraft einsetzen, um Wege zurückzulegen oder Lasten zu tragen.

§ 3 Meine Erwartungen
Ich erwarte Rückschläge und Fehltritte und werte diese nicht als Katastrophe. Ich werde mich weder dadurch noch durch negative Empfindungen (Schwitzen, außer Atem kommen, Muskelkater etc.) von meinem Ziel abbringen lassen.

Ort, Datum   Unterschrift

Abbildung 8.3: Der Vertrag im Rahmen der „Pfundskur"
(Quelle: Die Pfundskur; Das Trainingsbuch, S. 43)

Die Pfundskur wurde mit großem Erfolg in Baden-Württemberg und Sachsen von der AOK in Zusammenarbeit mit Radiosendern durchgeführt. 94% der Teilnehmer am Programm nahmen im Mittel 4 Kilogramm ab und gaben an, sich auch weiterhin fettarm zu ernähren (Haufe & Scheuch, 2002).

Aus gesundheitspsychologischer Sicht sind die individuellen Unterstützungsmaßnahmen des Programms, die gerade in der Volitionsphase wichtig sind und bei der Zielerreichung helfen, sinnvoll. Damit kann die Kampagne mit ihrer praktischen Hilfestellung bei der individuellen Handlungsinitiierung und -ausführung durchaus als vorbildlich für eine gesundheitspsychologische Präventionsmaßnahme angesehen werden. Gleichwohl sehen Kritiker der Pfundskur im Ansatz der Autoren, nämlich die Fettaufnahme drastisch zu reduzieren, bei einem vergleichsweise hohen Anteil von Kohlenhydraten in der Ernährung, einen falschen Weg, da mit zu vielen Kohlenhydraten auch die Blutzuckerwerte steigen (Richter, 2003).

Bewegungstagebuch 1. Woche								Aktive Minuten pro Woche
Aktivitätsbeispiel	Montag	Dienstag	Mittwoch	Donnerstag	Freitag	Samstag	Sonntag	
Wege zu Fuß gegangen								
Wege mit dem Fahrrad gefahren								
Spaziergänge								
Radtouren								
Sport getrieben (Schwimmen, Gymnastik, Jogging u.Ä.)								
Gartenarbeit								
Tanzen, Kegeln								
Treppen gestiegen								
Rasen gemäht								
Oder:								

Abbildung 8.4: Bewegungstagebuch der Pfundskur (Quelle: Die Pfundskur; Das Trainingsbuch, S. 26)

8.4.1.2 M.O.B.I.L.I.S.

Änderung des Lebensstils

Das *M.O.B.I.L.I.S.*-Programm ist ein fachübergreifendes Schulungsprogramm zur *Änderung des Lebensstils* von übergewichtigen Erwachsenen mit einem BMI von 30 bis 40 kg/m² , das an 120 Standorten in Deutschland angeboten wird. Ziel der Schulungsmaßnahmen ist eine langfristige *Veränderung des Aktivitätsverhaltens*, der *Aufbau von Gesundheitskompetenz und -verantwortung* sowie eine *Verbesserung der Ernährungsqualität*. Es wurde 2002 von der *Abteilung Rehabilitative und Präventive Sportmedizin*, am Universitätsklinikum Freiburg sowie vom *Institut für Kreislaufforschung und Sportmedizin der Deutschen Sporthochschule Köln* initiiert. Das Programm beinhaltet Bewegungseinheiten, Gruppensitzungen und Aufgaben für Zuhause (*www.mobilis-programm.de*). Die theoretische Grundlage des Programms ist der *Health Action Process Approach (HAPA)* von Schwarzer (siehe *Abschnitt 2.8*).

M.O.B.I.L.I.S. beinhaltet die Themenbereiche *Bewegung, Psychologie/ Pädagogik, Ernährung, Medizin* und *Gesundheit* und arbeitet mit Experten aus diesen Bereichen zusammen. Dabei steht die körperliche Aktivität im Mittelpunkt des Programms. Bei der *Bewegung* finden sich ein- bis zweimal pro Woche Ausdauertraining (z. B. Walking), Muskel- und Koordinationstraining und Entspannungsübungen auf dem Programm, angereichert mit einem theoretischen Infoteil in Form einer Gruppensitzung. Das Ziel ist der Transfer der Aktivitäten in den Alltag. Der *psychologisch-pädagogische Teil* des Programms umfasst zwölf Gruppensitzungen zum Thema Verhaltensänderung. In ihnen werden die Teilnehmer bei Aufgaben zur Verhaltensänderung angeleitet und angehalten, die Zielsetzungen ins Alltagsleben zu transferieren und den Fortschritt zu dokumentieren. Im Themenblock *Ernährung* wird in drei Gruppensitzungen den „Abnehmwilligen" Ernährungswissen vermittelt. Zwei weitere Sitzungen bestehen aus *verhaltenstherapeutischen Inhalten*. Ein *Ernährungs-Erfolgscheck* sowie zwei Praxissitzungen, durchgeführt von Ernährungsberatern, runden das Thema Ernährung ab. Dabei geht es laut Autoren inhaltlich nicht um rigide Vorgaben für eine Kalorienreduzierung, sondern vielmehr um eine Art Orientierungsrahmen zur sinnvollen Auswahl von Lebensmitteln. Mittels einer „Lebensmittel-Ampel" lernen die Teilnehmer Nahrungsmittel richtig einzustufen. Darüber hinaus wird ihnen erklärt, wie wichtig die Vermeidung eines Nährstoffdefizits während des Prozesses der Gewichtsreduktion ist. Am Anfang und am Ende des M.O.B.I.L.I.S.-Programms werden die Teilnehmer von einem Arzt untersucht.

Infobox

Phasen innerhalb des M.O.B.I.L.I.S-Programms

Startphase (7 Wochen)
- 7 Bewegungseinheiten
- 6 Gruppensitzungen (Themen: Bewegung, Ernährung und Verhalten)
- 1 Praxissitzung Ernährung

Gewichtsreduktionsphase (17 Wochen)
- 27 Bewegungseinheiten und
- 5 Gruppensitzungen

Stabilisierungsphase (6 Monate)
- 6 Gruppensitzungen
- 2 Fragestunden Ernährung, Fitness-Test
- Je nach Bedarfs: weitere Bewegungsangebote

Das gesamte Programm spannt sich über einen Zeitraum von einem Jahr (48 bis 52 Wochen), wobei in den ersten sechs Monaten pro Woche zwei feste Termine für die körperlichen Aktivitäten und die Gruppensitzungen vorgesehen sind. In der zweiten Hälfte reduzieren sich die Termine auf einmal wöchentlich (körperliche Aktivitäten und Gruppensitzungen) und schließlich auf einmal im Monat (Gruppensitzungen). Am Ende des Programms erhalten die Teilnehmer einen ausführlichen Abschlussbericht für ihren Hausarzt.

Die *Evaluation* des Programms mit 454 Teilnehmern aus 32 Gruppen ergibt, dass Veränderungen des Lebensstils bei Adipösen möglich sind. Durchschnittlich konnten die Teilnehmer ihr Körpergewicht um 6,4 kg, ihren Bauchumfang um 7 cm und die viszerale Fettmasse um 2,1 kg reduzieren. Die Autoren der Evaluationsstudie weisen darauf hin, dass im Vergleich zu Ergebnissen aus anderen pharmakologischen und nicht pharmakologischen Programmen zur Gewichtsreduktion mit adipösen Erwachsenen im gleichen Zeitraum meist nur mittlere Gewichtsabnahmen um die 3 kg erzielt werden (Berg et al., 2008).

8.4.2 Programme für Kinder und Jugendliche

Dem Schlankheitsideal entgegenwirken

In der Kindheit und Jugend sind Übergewicht und Adipositas weit verbreitet. In Deutschland sind nach Schätzungen 10 bis 20% der Kinder und Jugendlichen übergewichtig und 4 bis 8% adipös. Das Auftreten von Übergewicht steigt mit dem Alter und ist ein weltweit stabiler Trend in den letzten Jahrzehnten. Jungen sind von dieser Entwicklung, mit steigendem Lebensalter Übergewicht zu entwickeln, stärker betroffen. In Programmen für Kinder und Jugendliche wird häufig versucht, dem weit verbreiteten Schlankheitsideal entgegenzuwirken. Dazu werden die *individuellen Stärken* der Teilnehmer herausgearbeitet und verstärkt, um langfristig das Körpergewicht zu verringern und zu mehr Lebensqualität zu gelangen. Eingesetzt werden vielfach Methoden des Selbstmanagements und zur Entwicklung von Eigenverantwortung. Gerade verhaltenstherapeutische Vorgehensweisen, Techniken zur Problemlösung, aber auch Rollenspiele, werden dabei mit großem Erfolg eingesetzt.

Herausarbeiten individueller Stärken

Körpergewicht	Keine Risikofaktoren	Risikofaktoren	Krankheit
Extreme Adipositas	Indikation für Schulungsprogramme	Indikation für Schulungsprogramme	Indikation für Schulungsprogramme
Adipositas	Hinweise auf Präventionsprogramme	Indikation für Schulungsprogramme	Indikation für Schulungsprogramme
Übergewicht	Hinweise auf Präventionsprogramme	Hinweise auf Präventionsprogramme	Indikation für Schulungsprogramme
Normalgewicht	Keine Indikation	Hinweise auf Präventionsprogramme	Hinweise auf Präventionsprogramme

Tabelle 8.5: Wann sollte im Kindesalter interveniert werden? (Gruber & Hüls, 2009)

Programme für Kinder- und Jugendliche, die in den letzten Jahren mit Erfolg eingesetzt wurden:

- KIDS
- Obeldicks
- FITOC (Freiburger Intervention Trial for Obese Children)
- Moby Dick

KIDS-Schulungsprogramm

Im *KIDS*-Schulungsprogramm für übergewichtige und adipöse Kinder und Jugendliche lernen die Teilnehmer in spielerischer Form und altersgerecht, wie sie sich gesünder ernähren und bewegen können. Beides bildet die Grundlage für ein erfolgreiches Gewichtsmanagement. Der behandelnde *Haus- oder Kinderarzt* ist in alle Phasen des Programms eingebunden. Er ist auch derjenige, der die ärztliche Eingangsuntersuchung durchführt und die Teilnahme am Programm verordnet. Entwickelt wurde das Gewichts-Reduktionsprogramm 1997 von Skupin-Knoch, und es wurde auch als erstes Programm dieser Art zertifiziert. Das Programm fokussiert bewusst nicht nur auf die Kinder, sondern bezieht auch die Eltern mit ein. Den Eltern werden im Rahmen des Programms verhaltenstherapeutische Aufgaben zum eigenen Ernährungs- und Bewegungsverhalten gestellt, um so die Vorbildfunktion der Eltern zu stärken.

Programmziele

Das einzelne teilnehmende Kind und seine Familie sollen die Bedeutung der *Selbstverantwortung* für das individuelle Ess- und Bewegungsverhalten erkennen, die für eine langfristige Veränderung notwendig ist.

Selbstverantwortung

Weitere Ziele sind:

- *Gewichtsreduktion* und *Stabilisierung* des Gewichts auf lange Sicht,
- *Verringerung der Energiezufuhr* und *Einübung* sowie *Stabilisierung* eines *kontrollierten*, aber *flexiblen Essverhaltens* (optimierte Mischkost),
- das *Stabilisieren von Verhaltensänderungen* auf lange Sicht, indem die Kinder Strategien zur Problembewältigung erlernen,
- der *Aufbau eines körperlichen Bewusstseins* und eine Verbesserung der *körperlichen Leistungsfähigkeit*,
- die *Steigerung von Selbstbewusstsein* und *Selbstwertgefühl*,
- die Ausbildung einer *normalen körperlichen, psychischen* und *sozialen Entwicklung und Leistungsfähigkeit* sowie eine
- *Teilnahme* an einem betreuten *Sportangebot*.

In den sogenannten KIDS-Teams, die in einem bestimmten Rhythmus zusammenkommen, arbeiten die Fachkräfte der einzelnen Bereiche *interdisziplinär* zusammen und tauschen sich über die Fortschritte der Teilnehmer aus. Dies beeinflusst den Erfolg der Maßnahme wesentlich, genauso wie die langfristige Betreuung der Familien im Rahmen des Pro-

Einbindung der Eltern

gramms. Die *Elterneinbindung* ist wesentlicher Bestandteil der Maßnahme, indem die Eltern über die Symptome von Adipositas, Mechanismen der Gewichtsregulation, Energiebilanz, Umwelteinflüsse sowie genetische Faktoren usw. informiert werden. Das Schulungsmanual für die Eltern informiert diese ausführlich über die Inhalte des KIDS-Programms und gibt Zusatzinformationen.

Zur sukzessiven *Umstellung des Ernährungsverhaltens* werden in theoretischen sowie praktischen Programmeinheiten Informationen zu gesundem Essen (z. B. Zusammensetzung, Nährwert) und praktische Hilfestellungen zur Nahrungszubereitung (z. B. fettarme Zubereitung, Garen) an Kochnachmittagen gegeben. Für die Eltern ist die Anwesenheit an diesen Nachmittagen Pflicht, da nur so der Transfer der neuen Ernährungsgewohnheiten in den Familienalltag gelingen kann.

Entscheidung für eine Sportart

Um den Kalorienverbrauch anzuregen und das Bewusstsein für den eigenen Körper zu verbessern, steht während der acht Monate jede Woche eine Stunde *körperliche Aktivität* auf dem Plan. Diese Maßnahme mündet im letzten Abschnitt des Programms in die individuelle Verpflichtung der Teilnehmer für eine bestimmte Sportart, die nach Beendigung der Maßnahme beständig geübt werden soll. Der Nachweis über das Training muss monatlich erbracht werden. Ideal wäre der Eintritt in einen Sportverein, um die Ziele des Programms eigeninitiativ weiter zu entwickeln (positive Folgen wären u. a. Zunahme der körperliche Aktivität, Aufbau eines positiven Körperbewusstseins, bessere Einschätzung der körperlichen Leistungsfähigkeit). Auch hier werden die Eltern wiederum eingebunden, indem sie die Konsequenzen von physischer Inaktivität sowie den positiven Nutzen von sportlicher Aktivität und Bewegung in der Freizeit kennenlernen und ihre eigene körperliche Aktivität selbstkritisch reflektieren. Weiter werden gemeinsam Maßnahmen für eine Umsetzung regelmäßiger körperlicher Aktivitäten in der Familie erarbeitet und verhaltenstherapeutisch flankiert.

Wie in *Kapitel 2* beim Thema *Selbstwirksamkeit* ausgeführt, ist es wichtig, beim Ziel einer langfristigen Veränderung des Ernährungsverhaltens das angestrebte Endverhalten in kleine Schritte zu unterteilen. Mittels erfolgreicher Teilzielerreichung wird im Programm schrittweise und gezielt die Selbstwirksamkeit aufgebaut (vgl. Bandura, 1997). Im KIDS-Schulungsprogramm werden deshalb für einen Zeitraum von jeweils drei Monaten individuelle Vereinbarungen für Teilziele gemeinsam mit der Familie getroffen. Dies vermittelt den einzelnen Teilnehmern Erfolgserlebnisse, was wiederum die Motivation ausbaut und festigt, um bisher Erreichtes im Alltag weiter zu praktizieren.

Zusammenfassung

- *Übergewicht* und *Fehlernährung* stellen ein immer größer werdendes gesellschaftliche Probleme für die westlichen Industrienationen dar, obwohl gesunde und wertvolle Lebensmittel in ausreichendem Maße verfügbar sind.

- Von *Übergewicht* wird gesprochen, wenn der Body-Mass-Index (BMI) über dem Wert von 25 kg/m^2 liegt. Von *Adipositas* ist die Rede, wenn der Fettanteil des Körpers am Gesamtfett zu hoch ist. Die Weltgesundheitsorganisation (WHO) spricht ab einem BMI von 30 kg/m^2 von Adipositas.

- Übergewicht selbst stellt ein *Erkrankungsrisiko* dar, da es andere Faktoren, die zu Erkrankungen führen, wie beispielsweise den Cholesterinspiegel, den Blutdruck oder die Gelenke bzw. den Rücken negativ beeinflusst.

- Für das grundsätzliche Erkrankungsrisiko ist die *Verteilung des Körperfetts* bedeutsam. Hierbei wird zwischen *gynoider* und *androider Form* unterschieden. Für diese Typisierung ist das Verhältnis von Taille zu Hüftumfang ausschlaggebend (*Waist-to-Hip-Ratio, WHR*). Die Messung des *Bauchumfangs*, bei der auf das in der Bauchhöhle befindliche Viszeralfett geschlossen wird, ist jedoch aussagekräftiger, was das statistische Risiko für bestimmte Erkrankungen angeht.

- Für die *Bundesrepublik Deutschland* zeigt sich, dass mehr als 50% der Menschen im Alter zwischen 25 und 34 Jahren übergewichtig sind, 75% der 45-jährigen und älteren Männer und über 50% der Frauen liegen über einem BMI von 25. In der Altersgruppe der 3- bis 17-Jährigen sind bereits 15% übergewichtig und 6,3% adipös.

- *Genetische Faktoren* beeinflussen die Hunger- und Sättigungsregulation, die Menge der Fettzellen und den Energieverbrauch. Diese genetischen Dispositionen werden jedoch von unmittelbaren Lebensumständen sowie vom konkreten individuellen Verhalten beeinflusst, also dem Lebensstil eines Menschen (z. B. Bewegung, Nahrungsmenge, Nahrungsauswahl usw.).

- Die *Set-Point-Theorie* nimmt an, dass das individuelle Körpergewicht um einen Sollwert schwankt, der von Mensch zu Mensch verschieden ist. Innerhalb der Spannweite um diesen Wert fühlen sich Menschen wohl und leistungsfähig.

- Die *Deutsche Gesellschaft für Ernährung (DGE)* legt Empfehlungen für die Ernährung fest, die einer Fehlernährung entgegenwirken sollen. Empfohlen wird eine vollwertige Ernährung aus viel Getreide, Getreideerzeugnissen, Kartoffeln, Gemüse, Salat, Obst, Eiweiß, wenig Fett und fettreiche Lebensmittel, ein maßvoller Verzehr von Zucker und Salz sowie reichlich Flüssigkeit.

- *Essstörungen* wie Anorexia nervosa, Bulimia nervosa und Binge Eating sind durch ein gezügeltes Essverhalten, Nahrungsverweigerung oder eine Verhinderung einer Gewichtszunahme durch Erbrechen oder übertriebene körperliche Aktivitäten gekennzeichnet. Je nach Krankheitsbild stehen spezifische therapeutische Maßnahmen im Mittelpunkt der Behandlung.
- In der Praxis gibt es eine Fülle von Programmen zur Gewichtsreduktion sowohl für Erwachsene als auch Kinder und Jugendliche. Ziel der meisten Programme ist es, die unterschiedlichen Einflussfaktoren für das Zustandekommen von Übergewicht und Adipositas zu analysieren und diese Faktoren dann zu beeinflussen. Im Mittelpunkt stehen dabei der Aufbau von Ernährungswissen, Bewegungszunahme, Problemlösefähigkeit sowie Einstellungsänderungen bezüglich Ernährung und Lebensstil.

Fragen zur Wiederholung des Kapitelinhalts

1. Wie werden Übergewicht und Adipositas definiert und voneinander abgegrenzt?
2. Welche Bedeutung haben Erbanlagen bei der Entstehung der Fettsucht (Adipositas)?
3. Was besagt die Set-Point-Theorie?
4. Welche Ernährungsempfehlungen gibt die *Deutsche Gesellschaft für Ernährung (DGE)*?
5. Welche Rolle spielt mangelnde Bewegung für Übergewicht und Adipositas?
6. Nennen Sie die drei bekanntesten Formen von Essstörungen und grenzen Sie diese voneinander ab.
7. Welche Rolle wird dem gesellschaftlichen Schönheitsideal im Zusammenhang mit Essstörungen zugewiesen?
8. Skizzieren Sie die Inhalte von Programmen zur Reduzierung von Übergewicht bei Erwachsenen?
9. Wann sollte eine Indikation für Schulungsprogramme zur Gewichtsreduktion bei Kindern gestellt werden?
10. Welche verhaltenstherapeutischen Verfahren werden sowohl bei Erwachsenenprogrammen wie auch Schulungsprogrammen für Kinder und Jugendliche am häufigsten eingesetzt und warum?

Empfohlene Literatur

Aschenbrenner, K., Aschenbrenner, F. & Strauß, B. (2003). Risiken oft verharmlost. Essstörungen sollten nicht auf die leichte Schulter genommen werden. *Klinikmagazin*, 3, Uni Jena.

Bandura, A. (1997). *Self-efficacy: The exercise of control.* New York: Freeman.

Barlösius, E., Feichtinger, E. & Köhler, B. M., (Hrsg.), (1995). *Ernährung in der Armut. Gesundheitliche, soziale und kulturelle Folgen in der Bundesrepublik Deutschland. Wissenschaftszentrum Berlin für Sozialforschung.* Arbeitsgruppe „Public Health". Berlin

Berg, A., Berg, A., Frey, I., König, D. & Predel, H.-G. (2008). Bewegungsorientierte Schulung für adipöse Erwachsene: Ergebnisse zum Interven-tionsprogramm M.O.B.I.L.I.S. *Deutsches Ärzteblatt*, 105(11): 197–203.

Berg, A.; Berg, A., Göhner, W., Hamm, M. & LagerstrØm, D. (2007). *Punkten Sie sich schlank. M.O.B.I.L.I.S. Light.* Gräfe und Unzer Verlag München.

Cabanac, M., Duclaux, R., & Spector, N. H. (1971). Sensory feedback in regulation of body weight: is there a ponderostat? *Nature*, 229(5280), 125–127.

Choquet, H. & Meyre, D. (2011). Genetics of Obesity: What have we Learned?, *Current Genomics* 2011 Mai; 12 (3), pp 169–179. Bentham Science Publishers Ltd.

Crosnoe, R. (2007). Gender, obesity, and education. *Sociology of Education*, 80, 241–727,

Crosnoe, R. & Muller, C. (2004). Body mass index, academic achievement, and school context: examining the educational experiences of adolescents at risk of obesity. *Journal Health and Social Behavior*, 45, 393–407.

Dietz, W. H. (1998). Health consequences of obesity in youth: childhood predictors of adult disease. *Pediatrics*, 101, 518–525.

Dadaczynski, K. (2012). Stand der Forschung zum Zusammenhang von Gesundheit und Bildung. Überblick und Implikationen für die schulische Gesundheitsförderung. *Zeitschrift für Gesundheitspsychologie*, 20 (3), 141–153. Hogrefe Verlag Göttingen.

Friedman, M. A. & Brownell, K. D. (1995). Psychological Correlates of obesity: Moving to the Next Research Generation. *Psychological Bulletin*, 117, 3–20.

Gruber, W. & Hüls, G. (2009). Ambulante und stationäre Adipositastherapie im Kindes- und Jugendalter. *Deutsche Zeitschrift für Sportmedizin*, 60, 5: 112–116.

Haufe, E.; Scheuch, K. & Keusch, S. (2002). Welchen Erfolg brachte die Pfundskur 2001 in Sachsen? Befragungsergebnisse aus den Pfundskurkursen. *Informatik, Biometrie und Epidemiologie in Medizin und Biologie*, 33, 2002, 2–3, S. 203.

Heidemann, C., Hoffmann, K. & Spranger, J. (2005). A dietary pattern protective against type 2 diabetes in the European Prospective Investigation into Cancer and Nutrition (EPIC) – Potsdam Study cohort. *Diabetologia* 48: 1126–1134.

Hung, H. C., Joshipura, K. J. & Jiang, R. (2004). Fruit and vegetable intake and risk of major chronic disease. *Journal of the National Cancer Institute* 96, 1577–1584.

Huon, G. F., Roncolato, W. G., Ritchie, J. E. & Braganza, C. (1997). Prevention of dieting-induced disorders: Findings and implications of a pilot study. *Eating Disorders: The Journal of Treatment and Prevention*, 5, 280–291.

Jacobi, C., Morris, L., Beckers, C., Bronisch-Holtze, J., Winter, J., Winzelberg, A. J. & Taylor, C.B. (2005). Reduktion von Risikofaktoren für gestörtes Essverhalten: Adaptation und erste Ergebnisse eines Internet-gestützten Präventionsprogramms; *Zeitschrift für Gesundheitspsychologie*, 13 (2), 92–101, Hogrefe Verlag Göttingen.

Kurth, B. M. & Schaffrath Rosario, A. (2007). Die Verbreitung von Übergewicht und Adipositas bei Kindern und Jugendlichen Deutschland. *Bundesgesundheitsblatt*, 50, 736–743.

Klotter, C. (2007). *Einführung Ernährungspsychologie*. Ernst Reinhardt Verlag, München.

Latner, J. D. & Stunkard, A. J. (2003). Getting worse: the stigmatization of obese children. *Obesity Research*, 11, 452–456.

Lindel, B. U. & Laessle, R. G. (2002). *Zeitschrift für Gesundheitspsychologie*, 10 (1), 8–14, Hogrefe-Verlag Göttingen.

Lippke, S., Ziegelmann, J. P. & Schwarzer, R. (2004). Initiation and maintenance of physical exercise: Stage-specific effects of a planning intervention. *Research in Sports Medicine: An International Journal,* 12, 221–240.

Mensink, G. et al. (2002). Was essen wir heute. *Beiträge zur Gesundheitsberichterstattung des Bundes.* Robert-Koch-Institut, Berlin

Ness, A. R. & Powles, J. W. (1997). Fruit and vegetables, and cardiovascular disease: a review International. *Journal of Epidemiology* 26: 1–13.

Nisbett, R. E. (1972). Hunger, obesity, and the ventromediale hypothalamus. *Psychological Review,* 79, 433–453.

Pudel, V. & Westenhöfer, J. (1998). *Ernährungspsychologie. Eine Einführung.* Göttingen, Hogrefe.

Richter, H. J. (2003). *Der Kassenarzt,* 4, S. 14–15.

Robert-Koch-Institut (2011). *Beiträge zur Gesundheitsberichterstattung des Bundes (GEDA): Daten und Fakten: Ergebnisse der Studie „Gesundheit in Deutschland aktuell 2009",* Reihe Gesundheitsberichterstattung des Bundes, S. 101–104.

Rossiter, E. M., Agras, W. S., Telch, C. F. & Bruce, B. (1992). The eating patterns of non-purging bulimic subjects. *International Journal of Eating Disorders*, 11, 111—120.

Sieverding, M & Scheiter, F. (2012). Aktueller und erwünschter Obst- und Gemüsekonsum bei Studierenden: Wie motiovierend ist die „5 am Tag"-Empfehlung?. *Zeitschrift für Gesundheitspsychologie*, 20 (4), 178–181. Hogrefe Verlag, Göttingen.

Stuart, R. B. (1967). Behavioral control of overeating. *Behavioral Research and Therapy*, 5, 357–365.

Tuschen-Caffier, B. & Florin, I. (1998). Eßstörungen: Intervention. In U. Baumann und M. Perrez (Hrsg.), *Lehrbuch Klinische Psychologie – Psychotherapie* (S. 767–776). Bern: Huber.

Vögele, C. (2008). *Klinische Psychologie: Körperliche Erkrankungen. Workbook.* Beltz Verlag Weinheim, Basel.

Warschburger, P., Petermann, F. & Fromme, C. (2005). *Adipositas. Training mit Kindern und Jugendlichen.* 2. überarbeitete Auflage. Weinheim: Psychologie Verlags Union.

Warschburger, P., Petermann, F., Fromme, C. & Wojtalla, N. (1999). *Adipositastraining mit Kindern und Jugendlichen.* Weinheim: Psychologie Verlags Union.

Körperliche Aktivität

9.1 Was Sie in diesem Kapitel erwartet 380
9.2 Begriffsdefinition und Datenlage 380
9.3 Gesundheit und Bewegung 382
9.4 Bestimmungsfaktoren für körperliche
    Aktivitäten – Motivation und Volition 386
9.5 Anwendungsbeispiele 389

9 Körperliche Aktivität

9.1 Was Sie in diesem Kapitel erwartet

Zu unserer Natur gehört die Bewegung. Die vollkommene Ruhe ist der Tod.

Blaise Pascal (1623 – 1662)

Positive Wirkung von körperlicher Aktivität

Unser *Herz-Kreislauf-System* benötigt Bewegungsanreize, um sich zu entwickeln und funktionsfähig zu bleiben. Auch unser *Stütz- und Bewegungsapparat* sowie unser *Stoffwechsel* profitieren von körperlicher Aktivität, selbst wenn diese nur von moderater Intensität ist. Positive Wirkungen von körperlicher Aktivität finden sich ebenfalls bei *Krebs-* und *Stoffwechselerkrankungen*, bei *Übergewicht* und hinsichtlich der *Beweglichkeit im Alter* sowie bei *psychischen Beeinträchtigungen*. Die so wichtige körperliche Bewegung hat sich für den Menschen in den westlichen Industrienationen durch die Technisierung der Umwelt und den Lebensstil jedoch stark reduziert. Bewegungsmangel als Krankheitsursache ist durch sportmedizinische und epidemiologische Studien mittlerweile belegt.

Im folgenden Kapitel wird zunächst eine Definition von körperlicher Aktivität gegeben, um im anschließenden Abschnitt ihre Auswirkung auf die Gesundheit zu diskutieren. Dabei werden die Effekte von körperlicher Bewegung auf die physische und psychische Gesundheit dargestellt. Thematisiert wird auch der Zusammenhang von Motivation und Volition als wesentliche Faktoren für körperliche Aktivitäten, wenn es um die individuelle Umsetzung von Absichten geht. Abgeschlossen wird das Kapitel mit einem Anwendungsbeispiel zur Änderung des Bewegungsverhaltens.

9.2 Begriffsdefinition und Datenlage

> **Begriffe**
>
> *Körperliche Aktivität* umfasst die durch die Skelettmuskulatur generierte Bewegung, die den Energieverbrauch verstärkt ansteigen lässt (Schwarzer, 2004).

Unterschieden wird zwischen *beruflicher, haushalts-, transport-* und *freizeitbezogener* körperlicher Aktivität. Körperliche Bewegung im Alltag oder gezielte sportliche Aktivität entfalten einen ganzen Strauß an Wirkmechanismen, die die Gesundheit unterstützen. Ein gezielter Aufbau von körperlicher Aktivität wird daher nicht nur in der Prävention eingesetzt, sondern auch interventiv bei verschiedensten Krankheiten und Beschwerden.

Daten zur körperlichen Aktivität

Zahlreiche Studien weisen auf die positiven Effekte von körperlicher Aktivität hin, gleichzeitig gibt es einen erkennbaren Zusammenhang zwischen *koronaren Herzkrankheiten* und *körperlicher Inaktivität* (Dishman, Washburn & Heath, 2004). Die *Weltgesundheitsorganisation* (WHO, 2006) geht davon aus, dass mangelnde Bewegung in ca. acht bis zehn Prozent aller Todesfälle die Ursache für einen vorzeitigen Tod darstellt. Die WHO stellt in ihren Veröffentlichungen außerdem fest (WHO, 2006), dass weltweit 17% der Erwachsenen völlig inaktiv sind, d. h. weniger als fünf Mal in der Woche einer mäßigen oder drei Mal wöchentlich einer körperlich anstrengenden Tätigkeit nachgehen. Weiter schätzt die WHO, dass 41% der erwachsenen Bevölkerung nur ungenügend körperlich aktiv sind. In Deutschland waren 1998 nach den Ergebnissen des *Bundes-Gesundheitssurveys* über 30% der erwachsenen Bevölkerung bewegungsinaktiv. Nur 13% der Erwachsenen (18- bis 79-Jährige) waren für ca. 30 Minuten an drei Tagen in der Woche körperlich aktiv (Mensink, 2003). Den Resultaten einer Umfrage von 2009 nach, halten ca. 20% der Befragten in Deutschland die Empfehlungen des amerikanischen *Centers for Disease Control* ein, mindestens eine halbe Stunde körperlich aktiv zu sein (Robert-Koch-Institut, 2011).

Frauen	Weniger als 2,5 Std. pro Woche körperlich aktiv		Mehr als 2,5 Std./ Woche körperlich aktiv an weniger als 5 Tagen		Mindestens 5-mal/ Woche mind. 30 Min. körperlich aktiv	
	%	(95%-KI)	%	(95%-KI)	%	(95%-KI)
Gesamt (Frauen und Männer)	58,0	(57,1-58,9)	20,4	(19,7-21,1)	21,6	(20,9-22,4)
Frauen gesamt	61,9	(60,7-63,0)	18,1	(17,2-19,0)	20,0	(19,1-21,0)
18-29 Jahre	56,1	(53,5-58,7)	22,5	(20,4-24,8)	21,4	(19,3-23,6)
Untere Bildungsgruppe	52,9	(47,7-58,0)	25,5	(21,2-30,3)	21,6	(17,7-26,1)
Mittlere Bildungsgruppe	57,0	(53,8-60,2)	20,8	(18,3-23,5)	22,2	(19,6-25,1)
Obere Bildungsgruppe	61,2	(54,8-67,2)	22,9	(17,9-28,7)	16,0	(11,9-21,1)
30-44 Jahre	57,9	(55,8-59,9)	18,3	(16,8-19,9)	23,8	(22,1-25,7)
Untere Bildungsgruppe	50,8	(42,5-59,1)	15,5	(10,4-22,5)	33,7	(26,2-42,1)
Mittlere Bildungsgruppe	57,2	(54,7-59,6)	19,6	(17,7-21,6)	23,2	(21,2-25,4)
Obere Bildungsgruppe	63,1	(60,3-65,8)	16,9	(14,9-19,1)	19,9	(17,7-22,4)
45-64 Jahre	58,9	(56,9-60,8)	18,9	(17,4-20,4)	22,3	(20,6-24,0)
Untere Bildungsgruppe	57,5	(51,1-63,7)	16,0	(11,9-21,1)	26,5	(21,2-32,5)
Mittlere Bildungsgruppe	58,1	(55,8-60,3)	19,7	(17,9-21,6)	22,3	(20,4-24,3)
Obere Bildungsgruppe	62,6	(60,1-65,0)	19,5	(17,6-21,6)	17,9	(16,0-20,0)
ab 65 Jahre	72,8	(70,2-75,3)	14,3	(12,5-16,4)	12,9	(11,1-14,9)
Untere Bildungsgruppe	75,7	(71,0-79,8)	13,0	(10,0-16,8)	11,3	(8,4-15,0)
Mittlere Bildungsgruppe	71,6	(68,7-74,4)	14,4	(12,3-16,7)	14,0	(11,9-16,3)
Obere Bildungsgruppe	61,9	(57,6-66,1)	21,6	(18,1-25,5)	16,5	(13,6-20,0)

Männer	Weniger als 2,5 Std. pro Woche körperlich aktiv		Mehr als 2,5 Std./ Woche körperlich aktiv an weniger als 5 Tagen		Mindestens 5-mal/ Woche mind. 30 Min. körperlich aktiv	
	%	(95%-KI)	%	(95%-KI)	%	(95%-KI)
Gesamt (Frauen und Männer)	58,0	(57,1-58,9)	20,4	(19,7-21,1)	21,6	(20,9-22,4)
Männer gesamt	53,9	(52,6-55,2)	22,8	(21,7-23,9)	23,3	(22,2-24,5)
18-29 Jahre	39,6	(36,9-42,4)	32,0	(29,4-34,7)	28,4	(25,9-31,1)
Untere Bildungsgruppe	36,7	(31,5-42,3)	33,1	(2811-38,5)	30,1	(25,3-35,5)
Mittlere Bildungsgruppe	40,0	(36,6-43,5)	31,5	(28,3-34,8)	28,5	(25,4-31,9)
Obere Bildungsgruppe	47,5	(40,4-54,7)	30,7	(243-380)	21,7	(16,6-28,0)
30-44 Jahre	51,7	(49,2-54,2)	21,4	(19,4-23,6)	26,9	(24,6-29,3)
Untere Bildungsgruppe	55,7	(44,1-66,7)	16,1	(9,3-26,5)	28,2	(19,0-39,8)
Mittlere Bildungsgruppe	46,0	(42,7-49,3)	22,7	(20,0-25,6)	31,3	(28,3-34,5)
Obere Bildungsgruppe	60,8	(57,6-63,9)	21,1	(18,6-23,8)	18,1	(15,7-20,8)
45-64 Jahre	56,9	(54,6-59,2)	21,0	(1912-23,0)	22,0	(20,2-24,1)
Untere Bildungsgruppe	51,2	(40,3-62.0)	22,2	(1414-32,7)	26,6	(18,0-37,3)
Mittlere Bildungsgruppe	55,9	(52,8-58,9)	20,3	(17,9-22,9)	23,8	(21,3-26,6)
Obere Bildungsgruppe	60,7	(58,1-63,3)	22,0	(19,8-24,3)	17,3	(15,4-19,4)
ab 65 Jahre	65,3	(62,1-68,3)	18,9	(16,5-21,6)	15,8	(13,6-183)
Untere Bildungsgruppe	67,9	(55,3-78,3)	16,3	(9,0-27,7)	15,9	(8,7-27,1)
Mittlere Bildungsgruppe	66,6	(62,3-70,6)	17,8	(14,7-21,4)	15,6	(12,7-19,0)
Obere Bildungsgruppe	61,4	(57,9-64,7)		(19,8-25,6)	16,1	(13,6-18,9)

Tabelle 9.1: Häufigkeitsverteilung der körperlichen Aktivität von Frauen und Männern in der Bundesrepublik (GEDA, 2009)

9.3 Gesundheit und Bewegung

Aerobe Aktivitäten Die positive Wirkung von Bewegung ist vielfach nachgewiesen worden, insbesondere beim Zusammenhang zwischen Bewegung und einer Verbesserung der kardiopulmonalen Leistungsfähigkeit, die zu einer Verringerung des Risikos für *Bluthochdruck* und *Koronare Herzkrankheit* führt. Ursache dafür sind vor allem *aerobe Aktivitäten*, die den Sauerstoffumsatz erhöhen. Zu den aeroben Bewegungsarten gehören das Laufen, das Fahrradfahren, das Schwimmen, der Skilanglauf, das Wandern sowie andere mehr. Alle diese körperlichen Aktivitäten zeichnen sich dadurch aus, dass sie auf Ausdauer, hohe Intensität und einen längeren Zeitraum ausgelegt sind. Dabei spielt die *Intensität* eine besondere Rolle, die idealerweise bei einer Pulsfrequenz von 130 in der Minute oder nach Cooper (1982) bei ca. 65% bis 85% des individuellen *Maximalwerts des Herz-*

schlags liegen sollte. Der Maximalwert ist die Anzahl der Herzschläge in der Minute, die ein Individuum bei äußerster körperlicher Anstrengung erreicht. Dieser Wert wird in der Regel durch *Ergometrie* bestimmt, z. B. mittels Belastungstest auf dem Standfahrrad oder dem Laufband.

> *Die ganze Menschheit teilt sich in drei Klassen. Solche, die unbeweglich sind, solche, die beweglich sind, und solche, die sich bewegen.*
>
> Aus dem Arabischen

> **Kernaussage**
>
> Ein *körperliches Training* an drei bis fünf Tagen die Woche à 15 bis 60 Minuten führt zur optimalen Fitness (Leistungsfähigkeit) des Herz-Kreislauf-Systems. Dabei werden unter körperlichem Training wiederholte, regelmäßige, geplante, strukturierte und gezielte Aktivitäten verstanden, um die individuelle Fitness zu verbessern. Körperliche Fitness umfasst u. a. die Fähigkeit, körperliche Aktivitäten auszuführen. Sie wird von individuellen Merkmalen wie dem Lebensstil, der Art der Aktivität, den genetischen Variablen sowie dem Gesundheitszustand beeinflusst.

Körperliches Training und körperliche Fitness

In den Gesundheitswissenschaften wie auch im englisch-sprachigen Raum wird die *körperliche Aktivität* (physical activity) begrifflich vom Sport unterschieden. Ziel der sportlichen Betätigung ist in der Regel der Wettkampf und die Verbesserung der individuellen sportlichen Leistung sowie die sportliche Aktivität aus Gründen der Gesundheit oder Freude an der Bewegung (exercises). *Lebensstilaktivitäten* (life-style physical activities) stehen hingegen für moderat ausgeprägte Freizeitaktivitäten, wie z. B. bewusstes Verzichten auf den Aufzug, um Treppen zu steigen, Spazierengehen, Gartenarbeiten oder Radfahren als Ersatz für das Auto (Brand & Schlicht, 2009). Auch die zuletzt genannten Bewegungsformen vermindern in einem gewissen Maß ein Erkrankungsrisiko und senken die Sterberate (Dishman, Washburn & Heath, 2004). Gleichwohl gibt es hier geschlechtsspezifische Unterschiede, da die positive Wirkung moderater Aktivitäten (z. B. Gartenarbeit, Wandern, Radfahren) statistisch bedeutsam nur bei Frauen zu beobachten ist (Bucksch, 2005). Hierzu untersuchte Bucksch (2005) die körperliche Aktivität in der Freizeit von 3742 Männern und 3445 Frauen im Alter von 30 bis 69 Jahren. Die Teilnehmer wurden von 1984 bis 1986 und in einem Zeitraum bis 1998 befragt. Während des Nachbefragungszeitraums sind 300 Frauen und 643 Männer gestorben. Eine schützende Wirkung konnte bei mäßig körperlich aktiven Frauen im Vergleich zu eher bewegungsinaktiven Frauen festgestellt werden. Hingegen konnte keine schützende Wirkung bei mäßig körperlich aktiven Männern nachgewiesen werden.

Lebensstilaktivitäten

Körperliche Aktivität und Bildung

Dass die körperliche Aktivität bzw. körperliche Fitness auch einen positiven Einfluss auf schulische Leistungen (Schulnoten, Testergebnisse) sowie auf die Fehltage von Schülern hat, belegt die Übersichtsarbeit von Dadaczynski (2012) zur internationalen Befundlage bezüglich des *Einflusses von Gesundheit auf die Bildung*. Bei den vom Autor recherchierten Studien zeigt sich mehrheitlich, dass nicht nur die Bildung einen Einfluss auf die Gesundheit hat, sondern auch der umgekehrte Fall Effekte zeitigt. Freizeitsport zeigt dabei gegenüber dem Schulsport einen stärkeren Zusammenhang zu den Bildungsoutcomes. Zudem ergeben sich bedeutsame Geschlechtereffekte zu Gunsten der männlichen Schüler. Allerdings spielt als Drittvariable neben der Gesundheit und der Bildung auch der Sozialstatus eine gewisse Rolle. Dies bestätigt u. a. die Untersuchung von London und Castrechini (2011, zit. n. Dadaczynski, 2012). In dieser Studie zeigte sich, dass der sozioökonomische Status (in 15% der Fälle bei 1325 untersuchten Jugendlichen) als eine Art Puffer wirkte, da diese 15% gute Schulleistungen trotz schlechter körperlicher Fitness zeigten.

Schwerpunkt der weiteren Darstellungen in diesem Kapitel werden wegen ihrer positiven Wirkungen die *aeroben Bewegungsaktivitäten* sein, da sie am stärksten mit körperlicher Aktivität assoziiert werden.

9.3.1 Physische Gesundheit und Bewegung

Zahlreiche Studien über den Zusammenhang von körperlicher Aktivität und physischer Gesundheit ergeben, dass körperliche Aktivität und Wohlbefinden bzw. Gesundheit positiv miteinander verbunden sind. Körperliche Aktivität stellt damit einen Schutzfaktor für die physische Gesundheit dar.

Fuchs (2002) fasst die Effekte körperlicher Aktivität auf die physische Gesundheit übersichtsartig zusammen und stellt sie wie folgt dar:

Verringerung der Mortalitätsrate

Gesamtsterblichkeit (Quote aller Verstorbenen in Bezug auf die Einwohnerzahl): Paffenbarger et al. (1993) konnten zeigen, dass Männer, die in der Vergangenheit körperlich eher inaktiv waren, durch die Aufnahme sportlicher Aktivitäten und deren Beibehaltung über mehrere Jahre im Schnitt 0,72 Jahre länger lebten. Insgesamt belegen epidemiologische Studien, dass Personen, die kontinuierlich aktiv sind, eine geringere Mortalitätsrate (Gesamtsterblichkeit) aufweisen.

Positiver Einfluss auf Herz-Kreislauf-System

Herz-Kreislauf-Erkrankungen: Objektive Indikatoren für eine regelmäßige körperliche Aktivität sind die kardiovaskuläre und die körperliche Leistungsfähigkeit eines Menschen. Diese positiv entwickelte kardiovaskuläre Fitness und Kondition eines Menschen zeigen sich durch eine niedrigere Herzfrequenz im Ruhezustand sowie einen niedrigeren Blutdruck, da der Herzmuskel durch regelmäßige körperliche Aktivität (z. B. Sport) an Masse zulegt und pro Schlag mehr Blut in den Kreislauf pumpen kann. Ein Ausdauersportler, z. B. ein Marathonläufer, kann daher eine im Vergleich zu einem untrainierten Menschen um 35 bis 45 Schläge pro Minute verringerte Herzschlagfrequenz im Ruhezustand haben. Damit steigert sich für den Ausdauersportler die individuelle maximale körperliche

Belastbarkeit. Forschungsergebnisse zeigen eindeutig einen Zusammenhang zwischen der Intensität aerober körperlicher Aktivität und dem (verringerten) Auftreten eines Herzinfarktes. Weniger deutlich ist diese Beziehung beim Schlaganfall (Fuchs, 2002).

Krebserkrankungen: Bezüglich der Korrelation von körperlicher Aktivität und dem Risiko, an Krebs zu erkranken, gibt es beim *Dickdarmkrebs* im Vergleich zu anderen Krebserkrankungen die besten nachweislichen Zusammenhänge. In 14 von 15 Studien bei Männern konnte ein eindeutiger Zusammenhang zwischen dem Umfang an körperlicher Aktivität und der Reduktion eines Darmkrebsrisikos festgestellt werden. Bei Frauen zeigten fünf von acht Forschungsarbeiten eine Verringerung des Darmkrebsrisikos (Marti, 1992). Lötzerich und Uhlenbruck (1995) berichten von einem allgemein verminderten Krebsrisiko bei Sportlern aufgrund der intensiven körperlichen Aktivität. Gleichwohl sind die Resultate, aus denen diese Schlussfolgerungen stammen, in der Regel nur positive Trends, die die Wahrscheinlichkeit an Krebs zu erkranken verringern. Es handelt sich um keine signifikanten Forschungsergebnisse. Etliche Forscher sehen einen Zusammenhang zwischen der protektiven Wirkung der körperlichen Aktivität und der Stärkung bzw. des Trainings des Immunsystems sowie der Aktivierung von natürlichen Killerzellen im Immunsystem (NK-Zellen). Darüber hinaus reduziert körperliche Aktivität die Reaktivität (Empfindlichkeit) gegenüber Stress, zudem wird das psychische Befinden verbessert (Uhlenbruck, 2001).

Körperliche Aktivität und Reduktion des Darmkrebsrisikos

Andere körperliche Krankheiten: Protektiv wirkt Bewegung bei nichtinsulinpflichtigem *Diabetes* (Typ-2-Diabetes, d. h. Behandlung mit Insulin ist nicht zwingend erforderlich) sowie beim *Knochenabbau (Osteoporose)* bei Frauen nach der Menopause.

Schutzmechanismus bei Diabetes und Osteoporose

Funktioneller Abbau im Alter: Sportliche Betätigung und Bewegung im Alter können den Abbau der *Funktionen des Stütz- und Bewegungsapparates* verzögern bzw. aufhalten. Regelmäßige körperliche Aktivität führt bei alten Menschen zu einer Verbesserung der funktionalen Gesundheit. Alltagsaktivitäten können dadurch meist ohne Hilfe allein bewältigt werden. Körperliche Bewegung erhält und fördert den Aufbau der Muskulatur, zudem wirkt sie sich positiv auf die Ausdauer und das *kardiovaskuläre System* sowie das *Gleichgewicht* aus, dies wiederum kann Stürzen vorbeugen (Kruse, 2007). Auch hochbetagte Menschen, die bisher inaktiv waren, können durch dosierte körperliche Aktivitäten eine Steigerung der Lebensqualität erreichen und die körperliche Funktionsfähigkeit verbessern (Geithner & McKenney, 2010). Menschen haben bereits im Alter von 65 Jahren einen Vorteil von regelmäßiger körperlicher Aktivität, indem sie eine bis zu sechs Jahre höhere allgemeine und behinderungsfreie Lebenserwartung haben als inaktive Personen (Wurm, Schöllgen, & Tesch-Römer, 2010). Interessanterweise führen sportliche Betätigungen, die ein koordinatives Training (z. B. das Gleichgewicht besser halten) beinhalten, zu einer Verbesserung der kognitiven Funktionen älterer Menschen (Voelcker-Rehage, Godde & Staudinger, 2011).

Verlangsamung des funktionalen Abbaus im Alter

Gewichtsabnahme

Adipositas: Regelmäßige körperliche Aktivität hilft, das *Körpergewicht konstant zu halten*, und sie wirkt gleichzeitig einer *Gewichtszunahme* und damit auch *Adipositas* entgegen (Jakicic & Otto, 2005). Wareham, Sluijs und Ekelund (2005) konnten in einer Übersicht von Studien zu körperlicher Aktivität und Übergewicht in zehn von zwölf Arbeiten feststellen, dass Körpergewicht durch körperliche Aktivität reduziert wird. Dabei zeigte sich der deutlichste Verlust an Gewicht bei einer moderaten körperlichen Aktivität. Zudem ergab sich, dass körperliche Aktivität, kombiniert mit einer Diät, langfristig den größten Gewichtsverlust zeitigt (Jakicic & Otto, 2005).

9.3.2 Psychische Gesundheit und körperliche Aktivität

Regelmäßige körperliche Aktivität steigert das Wohlbefinden

Sportler erleben nach körperlicher Aktivität ein *gesteigertes Wohlbefinden*, insbesondere wenn sie regelmäßig körperlich aktiv sind. Erklärt wird dieses Phänomen mit den biologisch-physiologischen Prozessen, die durch körperliche Aktivität ausgelöst werden (z. B. Freisetzung von Endorphinen oder Thermoregulation), aber auch der Faktor Ablenkung durch sportliche Aktivität wird diskutiert (Brand & Schlicht, 2009). Menschen, die sportlich aktiv sind, setzen körperliche Aktivität häufig speziell zur Beeinflussung ihrer Stimmung ein, um so auf ihr Wohlbefinden positiv einzuwirken (Thayer, Newman & McClain, 1994). Stroebe (1998) definiert Stimmung als kurzzeitigen Zustand, welcher gekennzeichnet ist durch „die Gefühle eines Individuums zu einem ganz bestimmten Zeitpunkt" (S. 165). Besonders *moderate körperliche Aktivität* beeinflusst nicht nur die physische Gesundheit, sondern wirkt auch stimmungsaufhellend. Diese Wirkung auf die Stimmung ist recht gut belegt (Schlicht, 1994). Weniger eindeutig sind die Effekte körperlicher Aktivitäten auf das Konzept der *psychischen Gesundheit*, das aus vielfältigen Aspekten wie beispielsweise den Persönlichkeitsmerkmalen, der Stressresistenz oder der Arbeits- und Lebenszufriedenheit besteht. Einen gewissen positiven Einfluss zeigen vor allem Forschungsergebnisse zu klinisch relevanten psychischen Erkrankungen wie z. B. Süchte, Depressionen oder Angststörungen. Allerdings sind auch diese nicht so eindeutig und geringer ausgeprägt, als angenommen. Obwohl die Ergebnisse aus den Studien zu körperlicher Aktivität und psychischer Gesundheit keine klaren Resultate erbringen, scheint sich vor allem moderate körperliche Aktivität, als therapiebegleitende und -unterstützende Maßnahme, auf die psychische Gesundheit positiv auszuwirken (Brand & Schlicht, 2008).

9.4 Bestimmungsfaktoren für körperliche Aktivitäten – Motivation und Volition

Motivationsprozess

Das Konstrukt der Motivation erklärt menschliches Verhalten mit Blick auf *Richtung*, *Intensität* und *Ausdauer*. Die Richtung erklärt, weshalb sich eine Person mit einer bestimmten Handlung und nicht mit einer anderen befasst. Die Intensität sagt etwas darüber aus, mit welcher Anstrengung und welchem Einsatz eine Handlung bewältigt wird und wie lange eine Person sich dabei engagiert.

9.4 Bestimmungsfaktoren für körperliche Aktivitäten – Motivation und Volition

> **Kernaussage**
>
> *Motive*, verstanden als charakteristische Dispositionen, bestimmen individuelles Verhalten. Motive können als „Kraft" oder „Energie" verstanden werden, die Menschen antreiben, Dinge zu tun oder zu unterlassen. *Motivation* entsteht aus der Wechselwirkung zwischen den Motiven einer Person und den situationalen Bedingungen (Werth, 2004).

Einzelne Situationselemente (z. B. die Existenz eines Fitness-Studios in unmittelbarer Nähe der Wohnung) haben einen „Aufforderungscharakter" zum Handeln oder Nichthandeln und werden daher als Anreize bezeichnet. Eine Person handelt in einer Situation, wenn die Konsequenzen ihrer Handlung für sie von Wert sind und wenn ihre Erwartung hoch ist, dass diese Konsequenzen auch wirklich eintreten. Damit ist die Motivationstendenz von Wert und Erwartung abhängig (siehe *Abschnitt 2.2*).

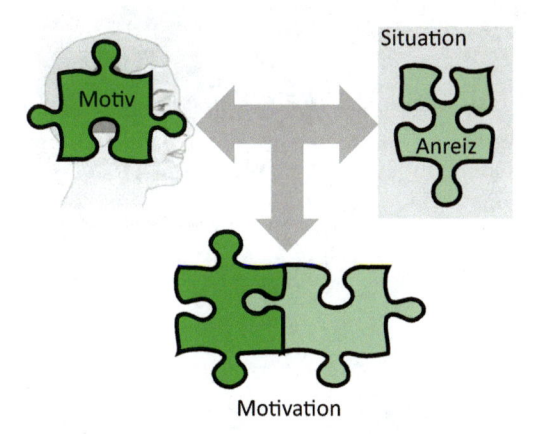

Abbildung 9.1: Wechselwirkung zwischen Motiven und situationalen Anreizen (Quelle: Werth, 2004)

Den Handlungen von Menschen können einzelne aber auch ganze Bündel von Motiven (Beweggründen) zugrunde liegen. Personen unterscheiden sich bei ähnlichen Zielintentionen (z. B. körperlich aktiver sein) deshalb auch hinsichtlich ihres konkreten Verhaltens und in der Intensität der Umsetzung, da unterschiedliche Motive vorliegen.

Die Motivation von Erwachsenen, sich körperlich aktiv zu verhalten, ist nach Disham (1990) von drei Variablen abhängig, die in einem wechselseitigen Verhältnis zueinander stehen und sich gegenseitig beeinflussen. Zu diesen Variablen zählen

- *Merkmale der Person*, (z. B. Motive, soziale Schicht, Wissen, Tätigkeit, Verhalten, körperliche Voraussetzungen, Kompetenzerwartung),
- *Umweltmerkmale* (z. B. freiwilliges versus verordnetes Aktivitätsprogramm, Verfügbarkeit von Sportstätten, Jahreszeiten)
- und die *körperliche Aktivität* (z. B. Intensität, Anstrengung) selbst.

Motivationsbarrieren In allen drei Variablen finden sich natürlich auch *Motivationsbarrieren*, die den konkreten Umsetzungsprozess von Handlungsintentionen negativ beeinflussen können. Nachfolgend drei Beispiele für Motivationsbarrieren bei den jeweiligen Variablen:

> **Beispiel**
>
> **Merkmale der Person**
>
> Eine übergewichtige Person, die den Entschluss fasst, körperlich aktiver zu werden, um abzunehmen, entscheidet sich für das Joggen. Sie stellt bei den ersten Versuchen fest, dass das Laufen aufgrund des Übergewichts und der damit verbundenen Überbelastungen der Gelenke, Schmerzen verursacht, weshalb sie diese körperliche Aktivität wieder einstellt.

> **Beispiel**
>
> **Merkmale der Umwelt**
>
> Ein junger Mann ist von der Wirkung körperlicher Aktivität überzeugt worden und möchte nun regelmäßig Waldläufe machen. Da er im Zentrum einer größeren Stadt wohnt, muss er mit dem Auto zunächst eine halbe Stunde fahren, um in einem kleinen Waldgebiet laufen zu können. Nachdem er mehrmals auf dem Hin- bzw. Rückweg in einen Stau geraten ist, gibt er sein Vorhaben wegen des hohen Aufwands auf.

> **Beispiel**
>
> **Merkmale der Aktivität**
>
> Eine junge Frau fasst den Entschluss, sich körperlich aktiver zu verhalten und meldet sich in einem Sportstudio an. Neben dem Aspekt der körperlichen Fitness findet sie es gut, dadurch auch ihren Körper zu formen. Sie besucht das Studio schließlich nur ganze sechs Mal, da ihr das Trainieren mit den Maschinen und Gewichten zu einseitig ist.

Schwarzer (1992) konnte in einer Studie an 549 Personen, in der die körperliche Aktivität eines Ausschnitts der Berliner Bevölkerung untersucht wurde, zeigen, dass sich das *sozial-kognitive Modell* von Bandura (1997) als Modell zur Vorhersage körperlicher Aktivität gut eignet (siehe *Abschnitt 2.5*). Vor allem die Handlungsabsicht (*Intention*), die von der Stärke der *Selbstwirksamkeit*, der *Handlungsergebniserwartung* sowie der *Risikowahrnehmung* beeinflusst wird, und eine darauf aufbauende *Handlungsplanung*, so das Forschungsergebnis, sind für eine erfolgreiche Umsetzung körperlicher Aktivität ausschlaggebend.

Wie bereits bei der Behandlung der *Theorien zum Gesundheitsverhalten* im *Kapitel 2* dargestellt, spielen neben motivationalen Prozessen auch volitionale Vorgänge eine wichtige Rolle, wenn es um die Umsetzung von Handlungsabsichten geht (vgl. Gollwitzer, 1996). Fuchs (2003) weist darauf hin, dass Programme zur Lebensstiländerung bzw. zur Gesundheitsvorsorge vor allem auf der Beeinflussung der Motivation basieren, da davon ausgegangen wird, dass Verhaltensänderungen insbesondere von einer Motivierung der Betroffenen abhängen. Motivationale Prozesse sagen aber eher etwas über die Absicht (Intention und Richtung) einer Person aus, etwas zu tun, z. B. sich künftig anders zu verhalten, jedoch nichts über deren konkretes Verhalten. Um konkretes Verhalten vorherzusagen, bedarf es einer Klärung jener Prozesse, die zwischen Absicht und konkretem Handeln liegen. Orbell und Sheeran (1998) bezeichnen diese Kluft als *Intentions-Verhaltens-Lücke*. Die Volitionsforschung hat sich dieser Lücke zwischen der individuellen Absicht und dem konkreten Verhalten angenommen (siehe auch Abschnitt 2.6). Dabei werden insbesondere folgende volitionale Variablen erforscht:

Intentions-Verhaltens-Lücke

- die *Selbstwirksamkeit*,
- die *Implementierungsintentionen* (Durchführungsvorsätze) sowie
- *Strategien zur Abschirmung der Intention* (Krämer & Fuchs, 2010)

9.5 Anwendungsbeispiele

9.5.1 Das MoVo-Konzept (Motivations-Volitions-Konzept)

Zur Änderung des Bewegungsverhaltens gibt es in der Praxis sehr viele Programme, meist *Gruppenprogramme*, die je nach Umfeld (Programme in der Schule, im Betrieb oder der Gemeinde) als Einzel- oder Gruppenprogramme angeboten werden. Anbieter solcher Kurse sind meist *Krankenkassen*, *Rentenversicherungsträger* oder *Volkshochschulen*. Kritisiert wird an diesen Programmen, dass sie in der Regel nicht standardisiert sind, also die Maßnahmen nicht planmäßig dokumentiert werden und sie kaum theoriegeleitet sind, d. h., dass sie den aktuellen Erkenntnisstand der Motivations- und Volitionsforschung in der Regel nicht abbilden. Auch werden die Ergebnisse und Prozesse sowie deren Wirksamkeit selten bewertet (fehlende Evidenzbasierung). Zwar existieren *Selbsthilfe- und Gruppenprogramme*, die theoriegeleitet und teilweise auch standardisiert sind, jedoch werden meist die genannten drei Kriterien (standardisiert, planmäßig dokumentiert und theoriegeleitet) nicht erfüllt (vgl. Göhner & Fuchs, 2007).

Gütekriterien für Programme

Das am Lehrstuhl für Sportpsychologie der Universität Freiburg von Prof. Dr. Reinhard Fuchs entwickelte *MoVo-Konzept* (Motivations-Volitions-Konzept) erfüllt diese drei Qualitätskriterien (Standardisierung, Dokumentation, Bewertung). Es besteht aus zwei Elementen, nämlich dem *MoVo-Prozessmodell* und der *MoVo-Intervention*.

9 Körperliche Aktivität

Volitionale Hilfe-stellung

> **Kernaussage**
>
> Das MoVo-Konzept geht davon aus, dass es Menschen schwer fällt, ihre Absichten, z. B. sich körperlich aktiver zu verhalten, auch tatsächlich umzusetzen, selbst wenn die Motivation dazu stark ausgeprägt ist. Menschen benötigen also *keine Motivationshilfen*, sondern *Hilfestellung bei der volitionalen Verwirklichung* ihrer Intentionen, indem sie lernen sich zu regulieren und zu kontrollieren. Dabei spielt das Überwinden von inneren und äußeren Barrieren, die der Zielrealisierung im Wege stehen, eine besondere Rolle (Göhner & Fuchs, 2007).

Die Basis des MoVo-Konzeptes sind die Gruppenprogramme *MoVo-LISA* (*L*ebensstil-*I*ntegrierte *S*portliche *A*ktivität) und *MoVo-LIFE* (mit dem Namen „LIFE" wird auf diese umfassende Lebensstiländerung hingewiesen). Sie zielen darauf ab, Menschen, die zu Veränderungen motiviert sind, bei der Realisierung eines gesünderen Lebensstils zu unterstützen. Zur Förderung von mehr körperlicher Aktivität bei Erwachsenen jeden Alters und Geschlechts wurde speziell das Programm MoVo-LISA entwickelt. Es beinhaltet drei Sitzungen à 60 und 90 Minuten für sechs Teilnehmer und kann sowohl im ambulanten als auch teilstationären Bereich eingesetzt werden. Dagegen hat das Programm MoVo-LIFE, das mit dem Zusatz „LIFE" auf die Lebensstilveränderung verweist, neben der Steigerung der körperlichen Aktivität auch noch eine gesunde Ernährung zum Ziel.

Social-Cognition-Forschung

Das MoVo-Modell basiert auf der *Social-Cognition-Forschung* aus dem angloamerikanischen Raum und auf der deutschsprachigen *Volitionsforschung*. Die Autoren gehen in ihrem Motivations-Volitions-Konzept davon aus, dass die Entwicklung und Aufrechterhaltung gesundheitsschützenden Verhaltens, z. B. in Form kontinuierlicher sportlicher Aktivität, im Kern von fünf psychologischen Faktoren abhängig ist (vgl. ▶Abbildung 9.2):

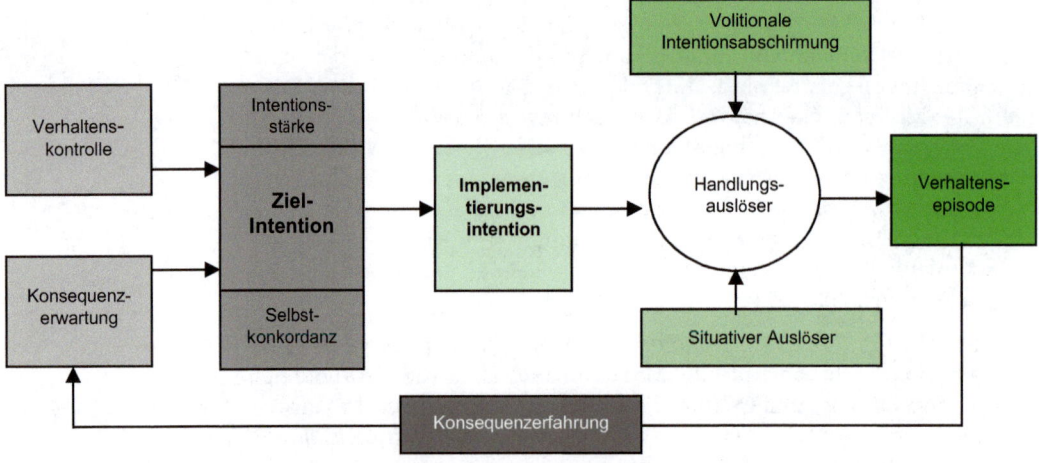

Abbildung 9.2: MoVo-Prozessmodell (Quelle: Göhner & Fuchs, 2007, S. 10)

9.5 Anwendungsbeispiele

1.) Starke Zielintention

Die Intentionsstärke wird von zwei Faktoren beeinflusst, nämlich den Konsequenzerwartungen („*Welche Kosten und welchen Nutzen habe ich vom neuen Verhalten?*") sowie den Selbstwirksamkeitserwartungen („*Kann ich die Aktivität auch ausführen?*").

2.) Hohe Selbstkonkordanz der Zielintention

Die Selbstkonkordanz wird als Übereinstimmung von persönlichen Werten sowie Interessen mit der Zielintention verstanden. Dabei wird die Selbstkonkordanz in vier Formen oder Modi unterteilt:

- *externaler Modus*,
- *intrinsischer Modus*,
- *introjizierter Modus* und
- *identifizierter Modus*.

Im *externalen Modus* ist die Übereinstimmung mit der Selbstkonkordanz am niedrigsten, da der Beweggrund in einem äußeren Anreiz liegt, etwa der Teilnahme an einer betrieblichen Gesundheitsfördermaßnahme, die von Vorgesetzten „sanft verordnet" wurde.

Im *intrinsischen Modus* ist die Selbstkonkordanz am höchsten, weil hier die körperliche Aktivität um ihrer selbst willen ausgeführt wird und es keiner äußeren Antreiber bedarf.

Im *introjizierten Modus* sind die Beweggründe zwar schon verinnerlicht, jedoch noch nicht Teil der eigenen Überzeugungen, beispielsweise wenn der Arzt dem Patienten eine Empfehlung zu mehr körperlicher Aktivität gegeben hat.

Der *identifizierte Modus* liegt vor, wenn die Zielintention durch freie Wahl zustande kommt, z. B. aufgrund der Überzeugung, körperliche Aktivität wirke sich positiv auf die eigene Gesundheit aus.

Koestner et al. (2002) konnten in einer Metaanalyse nachweisen, dass die Umsetzung der Zielintentionen bei den Studienteilnehmern umso besser gelang, je stärker der intrinsische oder identifizierte Modus ausgeprägt war, also eine hohe Selbstkonkordanz überwog. In Verbindung bringen die Autoren dies mit der größeren Bereitschaft, sich anzustrengen sowie der problemloseren Abschirmung der eigenen, selbstkonkordanten Ziele gegenüber konkurrierenden.

3.) Ausgeprägte Implementierungsintention

Hierunter wird die Umsetzung der Zielabsichten verstanden (*was, wann, wie, wo, womit?* usw.), damit reales Handeln entsteht und die beabsichtigten Handlungen gestartet bzw. weitergeführt werden können. Implementierungsintentionen dienen dazu, die anvisierten Handlungen aus der Zielintention von einer abstrakten auf eine konkretere Ebene zu transferieren. So kann die Zielintention: „*Mehr Sport treiben.*" zur Implementierungsintention werden: „*Ich werde jeden Mittwoch, morgens um 7.00 Uhr, für eine Stunde einen Waldlauf machen.*".

Intervention konkretisieren

4.) Funktionierende Intentionsabschirmung

Konkurrierende Ziele

Konkurriert eine Verhaltensalternative mit der Absicht, körperlich aktiv zu sein, kann dies zur Folge haben, dass eine ins Auge gefasste körperliche Aktivität nicht realisiert wird. So kann für den morgendlichen Läufer der Regen, der nachts aufgezogen ist, eine „willkommene Ausrede" sein, um den Lauf „innerlich abzuhaken" und wieder ins Bett zu steigen. D. h., nicht vorhersehbare situative Hindernisse oder Widerstände, die sich in der Person aufbauen, können eine ausgeprägte Implementierungsintention zu Fall bringen. Damit dies nicht geschieht, muss die Intention gegenüber Alternativen abgeschirmt werden. Die Abschirmung kann etwa so aussehen, dass der Regen aus dem obigen Beispiel in einen neuen Rahmen gestellt („Reframing"), d. h. zweckdienlich umgedeutet bzw. uminterpretiert wird. Die Umdeutung kann beispielsweise so aussehen, dass der Regen nicht als Ärger oder Erschwernis, sondern als neue Erfahrung, der man sich stellt, gewertet wird. Bezüglich möglicher Hindernisse und Barrieren unterscheiden Krämer und Fuchs (2010, S. 171) im Wesentlichen zwei Formen: zum einen *negative Konsequenzerwartungen*, zum anderen *situative Barrieren*. Als Beispiel für negative Konsequenzerwartungen kann eine Person stehen, die sich folgenden Gedanken zu den Konsequenzen einer körperlichen Aktivitäten macht und deshalb inaktiv bleibt: *„Wenn ich mit dem Joggen beginne, werde ich Sehnen- und Muskelprobleme bekommen."*.

Barrieremanagement

Situative Barrieren umfassen physikalische, soziale und psychologische Rahmenbedingungen und können eine Umsetzung der Verhaltensabsicht behindern oder sogar unmöglich machen. Eine situative Barriere könnte beispielsweise eine starke familiäre und berufliche Inanspruchnahme sein, die daran hindert, eine Absicht, z. B. sich sportlich zu betätigen, umzusetzen. Der Umgang mit den unterschiedlichsten situativen Barrieren muss daher im *Barrieremanagement* erlernt werden (siehe *Abschnitt 2.8*). Der Begriff des Barrieremanagements umfasst alle bewussten und unbewussten Strategien, mit denen eine Person versucht, auftretende situative Hindernisse bei der Umsetzung der Intention selbstregulativ abzuschirmen. Quirin und Kuhl (2009) konkretisieren bewusste und unbewusste Strategien näher:

- *Emotionsmanagement*
  Hierunter wird die aktive und zielorientierte Beeinflussung von Emotionen, die Vermeidung von impulsiven Reaktionen und die Wahl einer angemessenen Reaktion verstanden (*„Ok, ich habe mir zwar den Oberschenkelmuskel leicht gezerrt und das ist ärgerlich, deshalb schmeiße ich mein Lauftraining aber nicht hin, sondern pausiere ein paar Tage."*).

- *Kontrolle der Aufmerksamkeit*
  Darunter versteht man das Ausblenden absichtsgefährdender Informationen (*„Offen gestanden ist es mir egal, was meine Freundinnen davon halten, dass ich in meinem Alter noch mit dem Laufen anfange!"*).

- *Motivationsregulation*
  Sie beinhaltet die mehr oder weniger bewusste Steuerung der Motivation, z. B. durch Selbstbelohnung (*„Wenn ich die Laufstrecke verlängert habe, dann gönne ich mir ...."*). Oder die Erinnerung an positive Erwartungen bzgl. des beabsichtigten Verhaltens (*„Wenn ich mich daran erin-*

nere, wie körperlich wohl ich mich das letzte Mal nach dem Laufengehen gefühlt habe, sollte ich das Laufen beibehalten.")

- *Kontrolle der Umgebung*
  Dieser Punkt umfasst die Minimierung oder Ausschaltung ablenkender Reize und den Schutz vor unerwünschter Versuchung, z. B. keine Termine an den Tagen zu setzen, an denen Sport getrieben wird.

- *Achtsame Informationsverarbeitung*
  Damit ist gemeint, dass eine Umsetzung in konkretes Verhalten nicht durch eine zu lange Intentionsbildung, etwa durch übermäßig lange Entscheidungsprozesse hinausgeschoben wird. Beispielsweise bei der Absicht Sport zu treiben: „*Soll ich Joggen oder lieber Sport im Fitness-Center betreiben?*".

5.) Die Rolle der Erfahrung bei der Verhaltensausführung

Aus dem MoVo-Modell (Abbildung 9.2) wird deutlich, wie wesentlich Erfahrungen beim Ausführen eines neuen Verhaltens sind. Nur durch Erfahrung kann sich eine Gewohnheit herausbilden, die dazu führt, dass einem Menschen „etwas fehlt", wenn er beispielsweise sein Lauftraining nicht absolviert. Wird ein neues Verhalten über die Erfahrung der positiven Folgen, der „Konsequenzerfahrung", aufgebaut, wirkt es rückkoppelnd auf die „Konsequenzerwartung". Das bedeutet: Wenn die Resultate von körperlicher Aktivität den Erwartungen einer Person entsprechen (beispielsweise positive Gefühle nach körperlicher Anstrengung, Verbesserung der Kondition, Gewichtsreduktion usw.), so steigt auch gleichzeitig die Zufriedenheit mit dem ausgeführten Verhalten. Die Motivation, das (neue) Verhalten weiter auszuführen bleibt dann erhalten oder wächst sogar noch, falls die Erwartungen übertroffen werden. Natürlich können auch umgekehrt negative Erfahrungen gemacht werden, was dazu führen kann, dass die Aktivität wieder eingestellt wird.

Die Aussagen des MoVo-Prozessmodells bedeuten für die *Praxis der Gesundheitspsychologie*, dass zum Aufbau von mehr körperlicher Aktivität einerseits die Motivation des Einzelnen dazu gesteigert werden muss, indem beispielsweise eine ausgeprägte und selbstkonkordante Zielintention geformt wird. Zum anderen geht es auch darum, auf die volitionalen Elemente einzuwirken, um Menschen dazu zu befähigen, das Verhalten zu planen, zu entwickeln, schließlich auch umzusetzen und gegen konkurrierende Alternativen abzuschirmen. Nachfolgend werden die bewährten und anwendungsorientierten Strategien zur motivationalen und volitionalen Intervention aus dem MoVo-Modell zusammenfassend dargestellt.

9.5.2 Strategien für die Praxis

Die Strategien aus dem MoVo-Konzept basieren vor allem auf *lernpsychologischen* und *verhaltenstheoretischen Vorgehensweisen*, sie beinhalten aber auch *kognitiv-psychologische Beeinflussungsstrategien* und Ansätze des *Selbstmanagements*.

9.5.2.1 Beispiele für motivationale Interventionen

Beispielhaft werden im Folgenden die Schritte beschrieben und z.T. kommentiert, die für eine motivationale Intervention sinnvoll sind:

- Schaffen von *Problembewusstsein* durch Information und Aufklärung.
- Dosierte *Furchtapelle*, durch die die Einschätzung des eigenen Risikos für eine Erkrankung, z. B. bei starkem Übergewicht, möglich wird.
- *Gegenüberstellung von Vor- und Nachteilen* aus verändertem Verhalten (Ambivalenzmanagement).

Ambivalenzmanagement Hier geht es darum, eine Veränderungsbereitschaft bei Betroffenen zu schaffen. Oft befinden diese sich durch das Abwägen der Vor- und Nachteile in einer Art *Annäherungs-Vermeidungs-Konflikt*, also in einem Dilemma zwischen der Attraktivität des neuen Verhaltens und einer Ablehnung desselben. Diese Ambivalenzsituation, d. h. einerseits strengt körperliche Aktivität an, andererseits ist sie gesund, kann das Änderungsverhalten stark beeinträchtigen.

Entscheidungswaage Um diese Situation zu überwinden, kann auf das von Miller und Rollnick entwickelte Konzept des *Motivational Interviewing (MI)* (Miller & Rollnick, 2004) zurückgegriffen werden. Im Kern geht es hier um den Aufbau von Veränderungsbereitschaft und die konstruktive Auseinandersetzung mit problematischen (gesundheitsgefährdenden) Verhaltensweisen, ohne dabei (viel) Widerstand bei den Betroffenen zu provozieren. Bezugsrahmen für das MI-Modell ist das Stadienmodell von Prochaska und DiClemente (1983). Miller und Wilbourne (2002) bescheinigen dem MI positive Wirkung. Miller und Rollnick (2004) bedienen sich des Bildes einer Waage, bestehend aus einem Balken und zwei Waagschalen. Die Schalen sind bestückt mit den antizipierten Vorteilen einer Verhaltensänderung und erwarteten Nachteilen der Inaktivität einerseits bzw. den antizipierten Nachteilen der Verhaltensänderung und erwarteten Vorteilen eines Verhaltens ohne Änderung auf der anderen Seite.

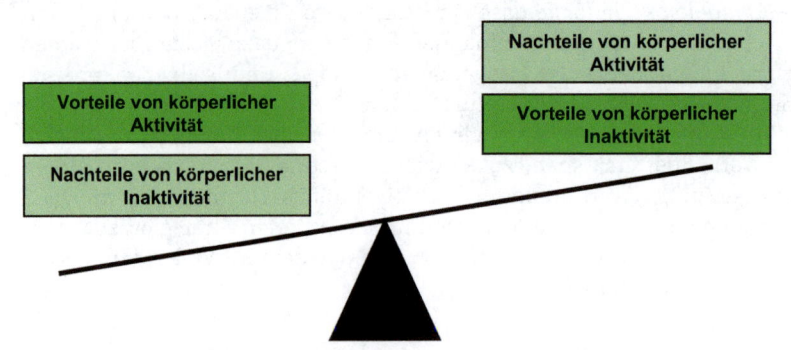

Abbildung 9.3: Entscheidungswaage

Der Nutzen dieser Metapher für einen Berater oder Moderator in einem Gruppenprogramm liegt darin, dass mit den geäußerten Sichtweisen der Betroffenen respektvoll umgegangen werden kann, indem zunächst die Ambivalenz erhöht, sodann bearbeitet und schließlich überwunden werden kann. Zudem müssen die Betroffenen die Pro- und Contra-Argumente bezüglich einer Verhaltensänderung selbst aussprechen (*Change Talk*).

Was spricht für wenig körperliche Aktivität?	Was spricht für körperliche Aktivität?
Vorteile:	Vorteile:
Nachteile:	Nachteile:

Abbildung 9.4: Muster für ein Arbeitsblatt zur Entscheidungswaage

- **Die Selbstwirksamkeitserwartung stärken, indem Betroffene sich in konkreten Situationen als fähig und wirksam erleben**

Die eigene Annahme darüber, wie kompetent, gezielt und wirksam wir Verhaltensresultate tatsächlich aus eigener Kraft bewirken können, wird als *Selbstwirksamkeitserwartung* (*perceived self-efficacy*) bezeichnet. Menschen mit ausgeprägter Selbstwirksamkeitserwartung bringen erzielte Handlungsergebnisse mit dem eigenen Handeln in Verbindung. Individuen mit einer niedrigen Selbstwirksamkeitserwartung erklären diese Handlungsergebnisse durch Umstände, Situationsbedingungen oder die Beeinflussung durch andere Personen. Eine derartige Ursachenzuschreibung (Kompetenzerfahrung) wirkt sich rückkoppelnd auf die künftige Kompetenzerwartung aus (vgl. MoVo-Modell in ▶Abbildung 9.2). Eine positive, d. h. selbstwirksame Erwartung zeitigt eindeutig bessere Handlungsergebnisse, was wiederum zu einer Verbesserung der Selbstwirksamkeitserwartung führt. Selbstwirksamkeit bezüglich der intendierten körperlichen Aktivität kann nach Bandura (1997) durch folgende Punkte aufgebaut werden:

Störung der Selbstwirksamkeit

1 *Beobachtung von erfolgreichen Modellen*
Menschen, die Ihr Gesundheitsverhalten ändern möchten, z. B. durch den regelmäßigen Besuch eines Fitness-Centers, können durch die Beobachtung der erfolgreichen Umsetzung eines solchen Vorhabens durch Modelle beispielsweise Freunde oder Arbeitskollegen eine Stärkung ihrer Selbstwirksamkeitserwartung erfahren. Dies gilt insbesondere dann, wenn ein Modell dem Beobachter in Bezug auf Geschlecht, Alltagssituation, Alter usw. möglichst ähnlich ist.

2 *Schwierige Situationen meistern*
Werden als schwierig oder problematisch eingestufte Situationen beherrscht, so wird das Vertrauen in die eigenen Fähigkeiten gestärkt, was wiederum die Selbstwirksamkeitserwartung erhöht. Dies geschieht allerdings nur, wenn die Person das Resultat auf ihren eigenen Einsatz und ihre Kompetenz zurückführt.

3 *Unterstützung durch andere*
Werden Menschen durch andere Personen sozial unterstützt und wird ihnen positiv zugesprochen, so entwickeln sie mehr Zutrauen und glauben eher an Ihre Kompetenzen.

- Überprüfung der Selbstkonkordanz, indem danach gefragt wird, ob man die ins Auge gefasste Verhaltensänderung selbst möchte oder andere dies von einem erwarten.
- Über bereits gemachte Erfahrungen mit dem neuen Verhalten nachdenken und sich beispielweise die Frage stellen, ob sich die Erwartungen in das gesundheitsförderliche Verhalten erfüllt haben.

9.5.2.2 Beispiele für volitionale Interventionen

Bei den volitionalen Strategien, die, wie weiter oben bereits erwähnt, motivationale Prozesse ergänzen müssen, kommen Elemente zum Tragen, wie sie aus dem Selbstmanagement bekannt sind. Folgende Strategien werden von Göhner und Fuchs (ebenda) unterschieden:

- **Selbstbeobachtung**

Selbstbeobachtung

Alleine das bewusste Beobachten des eigenen Verhaltens, führt oft dazu, dass sich Betroffene stärker mit der antizipierten Veränderung befassen. Mit dem aus den Lerntheorien stammenden Verfahren der *Selbstbeobachtung* wird die Wahrnehmung problematischen Verhaltens möglich. Die Nützlichkeit der Beobachtung des eigenen Verhaltens, um Möglichkeiten für eine Verhaltensänderung zu identifizieren, wird Selbstbeobachtungstraining zunächst erklärt, danach werden die Beobachtungskriterien festgelegt (z. B. wann, in welcher Form, wie lange usw. tritt ein bestimmtes Verhalten auf).

Selbstbeobachtung als Basis für eine Verhaltensänderung kann mittels eines „Bewegungsprotokolls" (Selbstbeobachtungsbogen) durchgeführt werden. Die Eintragungen sollten unmittelbar nach einer Aktivität aufgezeichnet werden. Der Bogen muss einfach aufgebaut und zu führen sein, damit er später auch zur Erfolgskontrolle herangezogen werden kann. Mit seiner Hilfe lassen sich auch Verhaltensänderungen konkretisieren und positive Konsequenzerfahrungen dokumentieren.

Zu Beginn ist es wichtig, das regelmäßige Führen der Protokolle zu belohnen. Dies kann in Form einer besonderen graphischen Darstellung zur Visualisierung der bereits erbrachten Erfolge oder durch eine positive verbale Rückmeldung von Trainern oder Moderatoren im Gruppenprogramm erfolgen. Ergänzt werden kann die Selbstbeobachtung um *Situationsfragebögen*. Mit diesen Bogen können auch die Auslöser und Situationen, in denen das Verhalten gezeigt oder unterlassen wird, protokolliert werden. Damit kann das Verhalten noch weiter eingegrenzt bzw. besser diagnostiziert werden.

9.5 Anwendungsbeispiele

```
┌─────────────────────────────────────────────────────────────┐
│              Protokoll körperlicher Aktivität                │
│  Name: ........................                              │
│  Zeitraum: ........................                          │
│                                                              │
│  Datum    Uhrzeit    Bewegungsart        Bemerkungen         │
│                                                              │
│                                                              │
│                                                              │
│                                                              │
│                                                              │
│                                                              │
│                                                              │
│  Bemerkungen:                                                │
│  ..........................................................│
│  ..........................................                 │
└─────────────────────────────────────────────────────────────┘
```

Abbildung 9.5: Beispiel für ein Bewegungsprotokoll

- **Bewusstes Einsetzen der Umsetzungsabsichten (Implementierungsintentionen) in Form von kleinen Plänen**

Um festzustellen, welche antizipierten inneren und äußeren Kräfte das künftige Verhalten verhindern könnten, bieten sich sogenannte Kraftfeldanalysen an (siehe *Abschnitt 2.6*). Kräfte können eine unterstützende Wirkung haben, sie können aber auch bei der Realisierung von Maßnahmen, Plänen oder Lösungen von Problemen behindern. Das Erstellen einer Kraftfeldanalyse hilft insbesondere in der Vorbereitung auf konkretes Handeln. Kraftfeldanalysen können formalisiert durchgeführt werden, indem die „unterstützenden Kräfte" den „hindernden Kräften" gegenübergestellt werden. Alternativ können die verschiedenen Kräfte auch graphisch als „Landkarte des Einflussfeldes" abgebildet werden. Bei diesem Vorgehen werden auf ein Blatt Papier oder auf einem Flipchart die Person oder das antizipierte neue Verhalten in die Mitte geschrieben. Anschließend werden außen herum die Kräfte, die Einfluss nehmen (also Personen, Gruppen, Strukturen etc.), eingetragen. Eine Kraftfeldanalyse bietet sich immer dann an, wenn z. B. vor der Realisierung eines Verhaltens vorbeugend Gefahren isoliert und unterstützende Kraftquellen herausgearbeitet werden sollen.

Zusammenfassung

- In diesem Kapitel wurde zunächst zwischen *beruflicher*, *haushalts-*, *transport-* und *freizeitbezogener körperlicher Aktivität* differenziert und die Empfehlungen der Weltgesundheitsorganisation zur körperlichen Aktivität wurden dargestellt. Die Datenlage für Deutschland ergab, dass nur 13% der Erwachsenen ausreichend Bewegung haben.

- Mit Blick auf die *Gesundheit* stellten sich die aeroben Aktivitäten, die mit einem erhöhten Sauerstoffumsatz verbunden sind, als für die Gesundheit positiv heraus, wobei ein 15- bis 60-minütiges körperliches Training an drei bis fünf Tagen pro Woche für das Herz-Kreislauf-System optimal ist. Moderate Bewegung, wie sie bei den Lebensstilaktivitäten zu finden ist, wirkt sich ebenfalls positiv auf die Gesundheit aus – davon profitieren allerdings vor allem Frauen. Dass körperliche Fitness auch auf die *Leistungen von Schülern* eine positive Wirkung hat, belegen neueste Überblicksarbeiten.

- Mit Blick auf die *Gesamtsterblichkeitsrate* konnten lebensverlängernde Effekte durch körperliche Aktivitäten aufgezeigt und ein Zusammenhang zwischen aerober körperlicher Aktivität und einer *Reduzierung des Herzinfarktrisikos* beschrieben werden. Weniger eindeutig sind die Ergebnisse für den Zusammenhang zwischen Bewegung und *Krebserkrankungen*, wenngleich positive Einflüsse von körperlicher Aktivität bezüglich der Entstehung von Darm- und Brustkrebs aufgezeigt werden konnten. Körperliche Bewegung als Schutzmechanismus ergibt sich für *Diabetes* und *Osteoporose*. Deutliche Wirkung hat die körperliche Aktivität von Senioren auf deren körperliche Funktionsfähigkeit, Lebenserwartung und Lebensqualität. Eine gleichfalls positive Beziehung findet sich zwischen körperlicher Aktivität und einer Konstanthaltung bzw. der Reduzierung von Körpergewicht. Dafür sind die Resultate für den Einfluss von Bewegung auf die Psyche weniger eindeutig, wenngleich deutlich positive Zusammenhänge zwischen der psychischen Verfassung und der Stimmung bestehen.

- Im Hinblick auf *Motivation* und *Volition*, die für die Realisierung einer Intention wesentlich sind, konnte dargelegt werden, dass beide Prozesse von weiteren Faktoren, wie z.B. den Motivationsbarrieren, der Selbstwirksamkeit, der Handlungsergebniserwartung, der Risikowahrnehmung und einer sinnvollen Umsetzungsplanung, beeinflusst werden.

- Das Kapitel schloss mit der Darstellung des *MoVo-Trainingsprogramms* ab, das die theoretischen Grundlagen zum Thema Motivation und Volition erfolgreich in die Praxis überträgt. Mit der Beschreibung der Vorgehensweise im Gruppentraining wurden viele, für die angewandte Gesundheitspsychologie wichtige, Mechanismen mit Leben gefüllt und mit Beispielen unterlegt.

Fragen zur Wiederholung des Kapitelinhalts

1. Wie hoch schätzte die WHO 2006 die körperliche Aktivität der Weltbevölkerung ein?

2. In den *Bundes-Gesundheitssurveys* fanden sich 1998 und 2009 die Zahlen der körperlichen Aktivität für die deutsche Bevölkerung. Wie lauten diese?

3. Was wird unter „körperlicher Aktivität" verstanden?

4. Welche allgemeinen positiven Effekte hat körperliche Aktivität?

5. Was ist „Ergonometrie"?

6. Grenzen Sie „Lebensstilaktivitäten" von „Sport" ab.

7. Listen Sie die Bereiche der physischen Gesundheit auf, in denen Bewegung eindeutig positive Effekte besitzt.

8. Welche Erkenntnisse gibt es bezüglich des Zusammenhangs von physischer Gesundheit und körperlicher Aktivität?

9. Grenzen Sie motivationale von volitionalen Prozessen beim Prozess der Verhaltensänderung von einander ab.

10. Welche Ziele verfolgt man mit dem Einsatz von Selbstbeobachtungsbögen?

Empfohlene Literatur

Bandura, A. (1997). *Self-efficacy: The exercise of control.* New York: Freeman.

Dadaczynski, K. (2012). Stand der Forschung zum Zusammenhang von Gesundheit und Bildung. Überblick und Implikationen für die schulische Gesundheitsförderung. *Zeitschrift für Gesundheitspsychologie,* 20 (3), 141–153. Hogrefe Verlag Göttingen.

Kellmann und Beckmann, J. (Hrsg.). *Anwendungen der Sportpsychologie (Enzyklopädie der Psychologie),* Serie Sportpsychologie, Band 2. Göttingen: Hogrefe.

Schwarzer, R., Jerusalem, M. & Weber, H. (Eds.). (2002). *Gesundheitspsychologie von A bis Z. Ein Handwörterbuch.* Göttingen, Hogrefe.

Fuchs, R. (2003). *Sport, Gesundheit und Public Health.* Göttingen: Hogrefe.

Göhner, W. & Fuchs, R. (2007). *Änderung des Gesundheitsverhaltens.* Göttingen: Hogrefe.

Kruse, A. (2007). Prävention und Gesundheitsförderung im Alter. In Hurrelmann, K., Klotz, Th. & Haisch, J. (Hrsg.). *Prävention und Gesundheitsförderung* (S.81–91). Bern: Huber.

London, R. A. & Castrechini, S. (2011). A longitudinal examination of the link between youth physical fitness and academic achievement. *Journal of School Health,* 81, 400–408.

Miller, W. & Rollnick, S. (2004). *Motivierende Gesprächsführung.* Lambertus.

Schwarzer, R. (2004). *Psychologie des Gesundheitsverhaltens: Einführung in die Gesundheitspsychologie,* 3. Auflage. Göttingen: Hogrefe.

Robert-Koch-Institut (2011). *Gesundheit in Deutschland 2009. Körperliche Aktivität. Beiträge zur Gesundheitsberichterstattung.* Robert-Koch-Institut (Hrsg.): Berlin.

Wurm, S., Schöllgen, I. & Tesch-Römer, C. (2010). Gesundheit. In Motel-Klingebiel, A., Wurm, S. & Tesch-Römer, C. (Hrsg.), *Alter im Wandel. Befunde des deutschen Alterssurveys (DEAS)* (S. 15–33). Stuttgart: Kohlhammer.

Sexualverhalten und Gesundheit

10.1 Was Sie in diesem Kapitel erwartet	402
10.2 Sexuell übertragbare Krankheiten	402
10.3 Riskantes Sexualverhalten	408
10.4 Safer Sex	413
10.5 Anwendungsbeispiel: Die Prävention von HIV und STD/STI	415

10.1 Was Sie in diesem Kapitel erwartet

In diesem Kapitel werden die wichtigsten sexuell übertragbaren Krankheiten sowie die daraus resultierenden Folgen für die Infizierten dargestellt. Ursachen für risikoreiches Sexualverhalten werden thematisiert und anschließend mittels gesundheitspsychologischen Theorien geeignete Erklärungen gesucht und diskutiert. Das Thema „Safer Sex" wird besprochen und die dazugehörigen gesundheitspsychologischen Präventionsmöglichkeiten schließen das Kapitel ab.

10.2 Sexuell übertragbare Krankheiten

Für die meisten Menschen ist Sexualität eine Quelle für psychische Gesundheit und Wohlbefinden. Sexualität wird mit Lustempfinden, Befriedigung und Intimität in Verbindung gebracht und weniger mit Gesundheitsrisiken assoziiert, die mit sexuellem Kontaktverhalten verbunden sind. Die Gesundheitspsychologie befasst sich vor allem mit dem risikobehafteten Sexualverhalten.

> **Begriffe**
>
> *Sexuelles Risikoverhalten* umfasst alle sexuellen Verhaltensweisen, die sich negativ auf die Gesundheit oder soziale Interaktionen auswirken.

Sexuelles Risikoverhalten

Sexuelles Risikoverhalten begünstigt die Infektion mit sexuell übertragbaren Krankheiten wie Syphilis, Gonorrhoe (Tripper) oder Genitalherpes. Im Brennpunkt sexuell übertragbarer Infektionskrankheiten steht jedoch nach wie vor *AIDS (Acquired Immune Deficiency Syndrome* bzw. *Acquired immunodeficiency syndrome*), übertragen durch den *HI-Virus (Humanes Immundefizienz-Virus*; engl.: human immunodeficiency virus).

10.2.1 Krankheiten, die beim Geschlechtsverkehr übertragen werden

Sexuell übertragbare Krankheiten

Sexuell übertragbare Krankheiten, durch die Weltgesundheitsorganisation (WHO) auch kurz als *STD (Sexually Transmitted Diseases)* oder *STI (Sexually Transmitted Infections)* bezeichnet, sind Infektionskrankheiten. Die Übertragung geschieht durch Viren, Bakterien, Pilze, Parasiten oder Protozoen (kernhaltige Einzeller). Je nach Krankheit gibt es unterschiedliche Schweregrade, Krankheitsverläufe und damit verbundene physische Symptome. Die Gefahr, sich mit einer Geschlechtskrankheit zu infizieren, steigt mit der Häufigkeit des Partnerwechsels. Sie lässt sich aber drastisch reduzieren, wenn Safer Sex praktiziert wird, indem beispielsweise Kondome benutzt werden. Werden Infektionen frühzeitig erkannt, sind die Heilungschancen meist sehr gut, wenngleich Anzeichen einer Geschlechtskrankheit meist relativ spät erkennbar sind.

10.2 Sexuell übertragbare Krankheiten

Nachfolgend sind die wichtigsten Erkrankungen, die beim Geschlechtsverkehr übertragen werden können, aufgelistet:

Geschlechtskrankheiten

- *Syphilis* (Lues venerea oder Harter Schanker)
- *Gonorrhoe* (Tripper)
- *Ulcus Molle* (Weicher Schanker)
- *Venerische Lymphknotenentzündung* (Lymphogranuloma venereum, Lymphogranulomatosis inguinalis)

Weitere Erkrankungen, die auch durch sexuellen Kontakt übertragen werden können und am häufigsten auftreten, sind

- *Genitalherpes* (Herpes genitalis)
- *Hepatitis B* (Leberentzündung durch Hepatitis-B-Viren ausgelöst)
- *Genitalwarzen* (übertragen durch humanen Papillomvirus)
- *Chlamydieninfektion* (Infektion durch *Chlamydia trachomatis*)
- *Pilzinfektionen* (Candidose)
- *Trichomoniasis* (Infektion durch *Trichomonas vaginalis*).

> **Kernaussage**
>
> Bei sexuell übertragbaren Krankheiten kommt es in erster Linie durch den *Austausch von Körperflüssigkeiten* und *Schleimhautkontakt* zur Infektion.

Durch hygienische Maßnahmen und die Benutzung von Kondomen kann eine Infektion in den meisten Fällen ausgeschlossen werden. Eine hundertprozentige Sicherheit besteht jedoch nur bei totalem Verzicht auf Geschlechtsverkehr. Eine Infektion mit *Hepatitis B* kann durch eine präventive Impfung ganz ausgeschlossen werden. Sinnvoll ist eine Kombinationsimpfung gegen Hepatitis A und B. Meldepflichtig sind Infektionen mit dem Syphiliserreger sowie Ansteckungen mit dem HIV-Erreger.

Besonders häufig werden folgende STD oder STI übertragen:

- *Chlamydieninfektion*

Die Chlamydieninfektion, die meist beschwerdefrei verläuft, ist die weltweit am häufigsten verbreitete sexuell übertragbare Erkrankung bei Frauen und Männern. Wenn überhaupt Beschwerden durch die Infektion mit den kugelförmigen Bakterien auftreten, machen sie sich in Form von Brennen, Schmerzen und Ausfluss beim Urinieren bemerkbar. Unbehandelt, da nicht bemerkt, kann eine im Körper verbreitete Chlamydieninfektion zu chronischen Krankheiten bzw. auch zu Unfruchtbarkeit bei Frauen führen. Wirksam behandeln lässt sich diese durch Bakterien hervorgerufene Infektion mit speziellen Antibiotika. In festen Partnerschaften sollten die jeweiligen Partner in die Therapie einbezogen werden, um eine wiederholte Übertragung der Krankheitserreger zu verhindern.

Chlamydieninfektion

■ Tripper (Gonorrhoe)

Tripper (Gonorrhoe) Bakterien sind auch die Auslöser für den sogenannten *Tripper*. Die durch sexuellen Kontakt übertragene Krankheit kann von Fieber begleitet werden und ähnelt ansonsten in ihrer Symptomatik der *Chlamydieninfektion*. Charakteristisch für eine Tripperinfektion ist ein gelblich weißer Ausfluss aus Gebärmutterhals bzw. Penis. Befallen sind die Geschlechtsorgane, und, nach sexuellen Präferenzen, auch die Mundhöhle oder der Enddarm. Wird die Infektion nicht bemerkt und behandelt, können sich die Erreger der Gonorrhoe im Körper ausbreiten und bei Frauen und Männern zu Unfruchtbarkeit führen. Manchmal zeigen einzelne Infizierte keinerlei typische Symptome dieser Erkrankung. Die Therapie des Trippers umfasst die Behandlung mit Antibiotika – auch unter Einbeziehung von Partner oder Partnerin, um auch hier eine erneute Ansteckung zu verhindern.

■ Genitalherpes (Herpes genitalis)

Genitalherpes Die Erreger des Genitalherpes sind die *Herpes-Simplex-Viren* (*HSV*) vom Typ 2. Es existieren zwei Erreger, die eine Herpes-Simplex-Infektion hervorrufen, weshalb sie in Herpes-Simplex-Viren 1 und 2 eingeteilt werden. Nach der Virus-Taxonomie werden beide Formen als *Humanes Herpesvirus 1 und 2* (HHV-1/2) bezeichnet, der Gattung *Simplexvirus* und der Familie *Herpesviridae* zugehörig. 95% der bundesrepublikanischen Bevölkerung sind Träger des *Herpesvirus 1*, der ab dem Säuglingsalter durch Schmierinfektion und Speichelkontakt aufgenommen wird. Der Erreger des *Genitalherpes* wird dagegen durch engen Schleimhautkontakt übertragen. Seine Verteilung in der Bevölkerung ist abhängig von Alter und sexueller Aktivität. Läsionen am äußeren und inneren Genital oder im Afterbereich werden von mit Flüssigkeit gefüllten Bläschen verursacht, die sich nach der Infektion bilden und nach ein paar Tagen verkrusten. Sie sind auch für den Juckreiz und das Brennen verantwortlich, die sich als Symptome der Infektion zeigen. Sexuelle Vorlieben können auch bei dieser Infektion zu Symptomen im Mund oder auf der Haut führen. Bei einer Erstinfektion mit Herpes-Simplex-Viren vom Typ 2 kann es zu Fieber und Abgeschlagenheit kommen. Da Herpesviren in den *Nervenganglien* (*Nervenknoten*) im Körper überdauern, werden sie von der Immunabwehr nur unterdrückt, weshalb die Herpesinfektion immer wieder auftritt, wenn die Abwehrkräfte des Körpers geschwächt sind. Dies ist auch der Grund dafür, weshalb es bis heute noch keine Therapie gibt, welche die Viren ursächlich bekämpft.

■ Syphilis (Lues venera oder Harter Schanker)

Infektionen mit Syphilis steigen Die Syphilis wird durch das Bakterium *Treponema pallidum* ausgelöst. Es wird durch den Kontakt der Schleimhäute bei sexuellen Handlungen von Mensch zu Mensch übertragen. Seit den 1990er-Jahren steigt die Zahl der an Syphilis erkrankten Personen wieder. Neuere Zahlen des Robert-Koch-Instituts (2011) zeigen für die Bundesrepublik Deutschland einen Anstieg der Erstinfektionen (siehe ▶Abbildung 10.1). Die Symptome der Erkrankung zeigen sich allerdings nur bei der Hälfte der Infizierten. Ein typisches Merkmal für eine Ansteckung ist ein schmerzloses Geschwür mit einem harten Rand (Harter Schanker) an der Stelle der Schleimhaut, an der die Infektion stattgefunden hat (Schamlippen, Penis, Scheide, Mundhöhle oder in der Afterregion). Dieses Geschwür sondert eine extrem infektiöse, farblose Flüssigkeit ab und heilt aus. Gleichzeitig breitet sich das Bakterium im Körper weiter aus. Kurze Zeit danach kommt es zu Schwellungen der Lymphknoten in der Nachbarschaft.

Nach ca. vier Wochen zeigen sich bei den Infizierten grippeartige Symptome in Form von Mattheit und Fieber. Im Anschluss daran entwickelt sich bei den meisten Angesteckten ein Hautausschlag und es kommt zu Haarausfall. Bei einem Teil der Infizierten verbreiten sich die Syphiliserreger im gesamten Körper und es kommt zum Befall verschiedener Organe und der Haut. Im schlimmsten Fall kann es im Endstadium der Krankheit zur Zerstörung des zentralen Nervensystems kommen. Bei diesem Prozess werden das Gehirn und das Rückenmark zerstört (Neurosyphilis). Problematisch ist, dass eine Infektion mit Syphilis von den Betroffenen oft über viele Jahre nicht bemerkt wird, da sie weitgehend beschwerdefrei ist. Weil es sich um eine bakterielle Infektion handelt, ist sie sehr gut mit Antibiotika, speziell mit Penicillin, behandel- und heilbar. Die Krankheit ist meldepflichtig, jedoch ohne Nennung des Patientennamens.

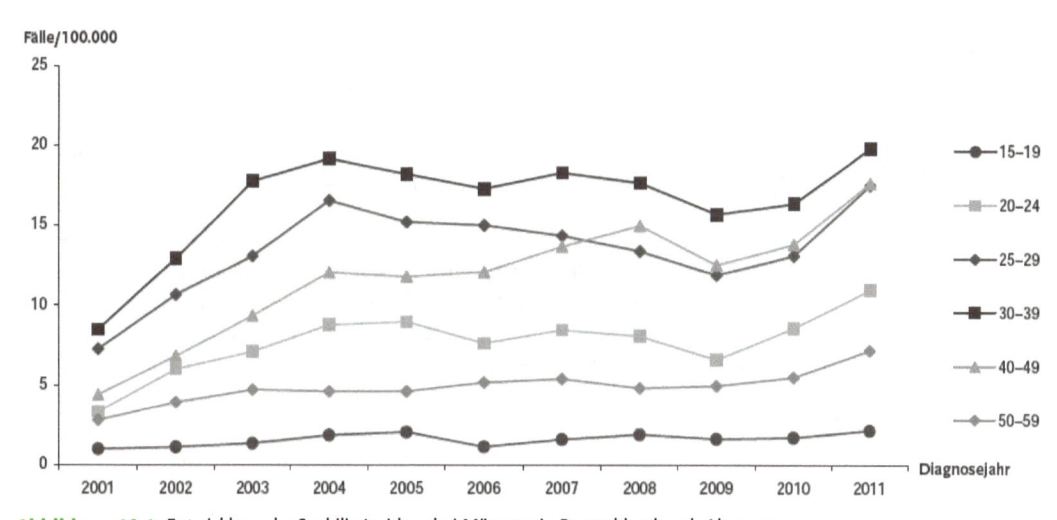

Abbildung 10.1: Entwicklung der Syphilis-Inzidenz bei Männern in Deutschland nach Altersgruppen (Quelle: Robert-Koch-Institut, 2011)

10.2.2 HIV und AIDS

Erhöhte Infektionsrate mit HIV

Bei den sexuell übertragbaren Erkrankungen gehört *AIDS* zu den gefährlichsten und wird durch das *Human Immunodeficiency Virus* (*HIV*) ausgelöst. Seit Anfang der 1980er-Jahre hat sich AIDS weltweit sehr unterschiedlich verbreitet. Es wird geschätzt, dass 2010 weltweit 34 Millionen Menschen mit dem HIV-Erreger infiziert waren, die meisten davon in Afrika. Für Deutschland (Stand 30.05.2011) geht man davon aus, dass sich 61500 Männer und 11500 Frauen mit dem HIV-Virus angesteckt haben (Robert-Koch-Institut, 2011; siehe ▶Abbildung 10.2).

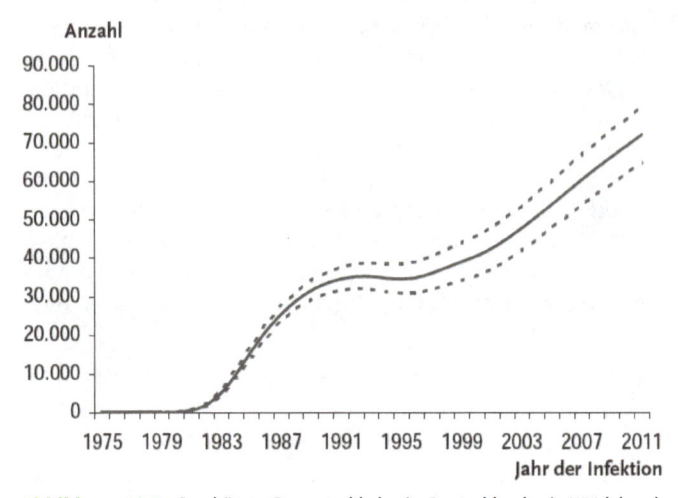

Abbildung 10.2: Geschätzte Gesamtzahl der in Deutschland mit HIV lebenden Menschen seit Beginn der HIV-Epidemie: 1975 bis Ende 2011 (Quelle: Robert-Koch-Institut, 2011)

Galten in Europa nach dem Auftauchen von HIV als hauptsächliche Infektionswege die Sexualpraktiken homosexueller Männer (MSM)[1] und die Nutzung von gemeinsamem Spritzbesteck bei Drogenabhängigen, so ist heute bei Sichtung der verfügbaren Daten in Europa eher der heterosexuelle Übertragungsweg vorherrschend. Auch für HIV-Infektionen gilt in Deutschland die anonyme Meldepflicht.

> **Kernaussage**
>
> Bei HIV-Infizierten findet sich das Virus in allen Körperflüssigkeiten, sehr konzentriert im Blut, im Vaginalsekret und im Sperma. Eintrittspforten sind für den AIDS-Erreger kleine, meist nicht sichtbare Verletzungen, weshalb der Vaginal- und Analverkehr ohne Kondom mit einem besonderen Ansteckungsrisiko verbunden sind.

---

[1] MSM steht für „Männer, die Sex mit Männern haben", d. h. Männer mit gleichgeschlechtlichen Sexualkontakten. FSF oder WSW wird für Frauen mit Sexualkontakten zum gleichen Geschlecht verwandt. Beide Begriffe sind Alternativen zu anderen, als wertend und ideologisch belasteten Begriffen.

Risikoreich ist auch der aufnehmende Oralverkehr bei verletzter Mundschleimhaut (Menstruationsblut und Sperma). Ausschlaggebend für eine Infektion ist allerdings auch die Viruskonzentration im Sekret, die kurz nach der Ansteckung am höchsten ist, da sich noch keine Antikörper gebildet haben. Sie nimmt danach wieder ab und erhöht sich in späteren Stadien der Erkrankung erneut.

Bei einer Infektion mit dem HI-Virus (Retrovirus) schleust dieser sein Erbgut in die Immunzellen (Helferzellen) mit einem CD4-Rezeptor (Cluster of Differentiation 4). Dieser besteht aus einem Glykoprotein, das an der Oberfläche von Immunzellen sitzt (T-Helferzellen, Monocyten, Magrophagen). Zu Beginn der Infektion bemerken die Betroffenen meist keinerlei Symptome. Nach etwa zwei bis drei Wochen zeigen sich bei ca. 10 bis 20 Prozent der Infizierten Symptome, die einer Grippe ähneln und nach ein paar Tagen abklingen. Ein Teil der Infizierten bekommt Schwellungen der Lymphdrüsen. Danach schließt sich ein mehrmonatiger bis mehrjähriger Zeitraum an, der vereinzelt sogar Jahrzehnte dauern kann, in dem die Betroffenen ohne Krankheitsanzeichen sind. Gleichwohl ist es kein Ruhen der HIV-Infektion, vielmehr kämpft das Immunsystem täglich gegen die immer wieder neu entstehenden Viren. Man geht davon aus, dass der infizierte Organismus eines Menschen ca. 10 Milliarden Kopien des HI-Virus produziert und gleichzeitig ungefähr zwei Milliarden Zellen mit CD4-Rezeptoren absterben (vgl. Schwarzer, 2004). In dieser Zeit nehmen die T-Helferzellen im Körper der mit HIV Angesteckten beständig ab, während die infizierten Personen sich völlig gesund fühlen. Erst wenn die Konzentration der T-Helferzellen unter ein bestimmtes Niveau sinkt, das vom *Centers for Disease Control and Prevention* festgelegt wurde (CDC-Klassifikation), kommt es zu Krankheitsanzeichen (Centers for Disease Control and Prevention, 1992). Eine mäßige Symptomatik besteht bei 200 bis 499 T-Helferzellen je Milliliter Blut (z. B. immer wieder auftretende Pilzinfektionen). Eine schwere Symptomatik findet sich bei einer Konzentration der T-Helferzellen unter 200 je Milliliter Blut (z. B. bei Krebserkrankungen oder bakterielle Lungenentzündungen).

Infektionen werden anfangs kaum bemerkt

Besteht der Verdacht einer Infektion oder gab es definitiv Kontakt mit virushaltigem Sekret, so kann innerhalb von 72 Stunden eine sogenannte *Postexpositionsprophylaxe* durchgeführt werden, die aus einer über mehrere Wochen dauernden Anti-Virus-Therapie besteht. Ein konkreter Nachweis des AIDS-Erregers ist nach dem Zeitpunkt der Ansteckung im Mittel sechs bis zwölf Wochen später über Antikörper im Blut möglich.

Postexpositionsprophylaxe

Wie bei der Beschreibung der HIV-Infektion deutlich wurde, gibt es einige Besonderheiten der bis heute nicht heilbaren Erkrankung, gegenüber anderen, sexuell übertragbaren Krankheiten. Diese sind:

Besonderheiten der HIV-Infektion

- Sexualpartner können die Gefahr einer Infektion durch die teilweise jahrelange Symptomfreiheit der Infizierten an keinen Äußerlichkeiten festmachen. Größtenteils wissen auch die Virusträger selbst nicht, dass sie sich angesteckt haben.
- Themen wie Sex, Prostitution, häufig wechselnde Sexualpartner, Homosexualität, Drogen, Blut und früher Tod, werden mit der Krankheit asso-

ziiert, erzeugen Ängste und genießen in der Gesellschaft keine Akzeptanz. Rosenbrock (2007) schreibt dazu: *„HIV-Infizierte wurden auch schon mal als lebende Zeitbomben und unerkannte Feinde bezeichnet."* (2007, S. 433).

■ Die betroffenen Personen gehören meist Gruppen an, die an den Rand der Gesellschaft gedrängt sind, wie z. B. Prostituierte, Drogenabhängige, Homosexuelle oder Migranten. Mit dem Aufkommen von AIDS und dem Wunsch der Gesellschaft nach Kontrolle dieser oben genannten Personengruppen, bestand die Gefahr, diese in die Anonymität zu treiben und sie damit nicht mehr zu erreichen. Durch gut konzipierte und durchgeführte Aufklärungskampagnen zu HIV und AIDS wurde ein anderer, erfolgreicherer Weg beschritten.

Hochaktive antiretrovirale Therapie (HAART)

AIDS ist bis heute nicht heilbar, jedoch existieren mittlerweile effektive Behandlungsmöglichkeiten, beispielsweise die hochaktive antiretrovirale Therapie (HAART), die einen Ausbruch bzw. eine weitere Ausbreitung der Viren im Körper von Infizierten für viele Jahre bis Jahrzehnte verhindern. Gleichwohl haben sich nicht alle Hoffnungen nach der Einführung von HAART erfüllt, da es mittlerweile Hinweise auf Resistenzentwicklungen und beträchtliche Nebenwirkungen gibt (Blower et al., 2005). Einen Schutz vor Ansteckung bietet nach wie vor nur die konsequente Kondombenutzung, die das wirkungsvollste Mittel zur Verhinderung einer weiteren Ausbreitung von HIV ist.

10.3 Riskantes Sexualverhalten

Wie bereits eingangs des Kapitels definiert, besteht sexuelles Risikoverhalten darin, keinen geschützten Sex zu praktizieren oder viele Sexualpartner zu haben. Das Risiko besteht darin, sich durch ungeschützten Geschlechtsverkehr mit einer sexuell übertragbaren Erkrankung anzustecken und in der Folge unter negativen gesundheitlichen und sozialen Folgen zu leiden. Allerdings sind dabei viele Sexualpartner nur dann riskant, wenn der sexuelle Kontakt ungeschützt ist.

Zwei Faktoren wesentlich

Problematisch ist riskantes Sexualverhalten aus zwei Gründen (Pant, 2000):

1 wegen des Risikos, auf einen Sexualpartner zu treffen, der infiziert ist (*Expositionsrisiko*) und

2 wegen der Wahrscheinlichkeit, dass dieser Kontakt auch zu einer Ansteckung führt (*Transmissionsrisiko*).

Barebacking

> **Kernaussage**
>
> Für sexuell riskantes Verhalten, speziell den ungeschützten Geschlechtsverkehr, wird heute der Begriff *„Barebacking"* („bare back" = nackter Rücken oder „Reiten ohne Sattel") verwendet.

Dieser aus der Homosexuellenkultur stammende Begriff war lange Zeit nur auf MSM begrenzt und bezeichnete den ungeschützten Analverkehr. Mittlerweile wird er auch für den ungeschützten heterosexuellen Geschlechtsverkehr benutzt. Ursachen für eine Zunahme des Barebackings sind mit Sicherheit die Fortschritte bei der AIDS-Therapie, die dazu geführt haben, dass für viele Menschen AIDS seinen Schrecken verloren hat. Auch ist in den letzten Jahren ein deutlicher Rückgang der öffentlichen Diskussion zu HIV und AIDS zu verzeichnen. Beides hat die Risikobereitschaft für unsichere Sexualpraktiken wieder erhöht. Bei MSM zeigt sich beispielsweise, dass Männer versuchen, ihr Risiko für HIV dadurch zu verringern, indem sie nur mit Partnern Sex haben, die HIV-negativ sind. Sie fühlen sich dadurch sicher und verzichten auf Kondome, ohne zu berücksichtigen, dass sie sich immer noch mit anderen sexuell übertragbaren Erkrankungen, wie beispielsweise der Syphilis, infizieren können.

Männer sind im Zusammenhang mit sexuell übertragbaren Krankheiten deutlich risikobereiter als Frauen. Dies zeigt sich in folgenden Beobachtungen:

Risikobereitere Männer

- Homosexuelle Männer haben im Schnitt deutlich mehr Sexualpartner als heterosexuelle.
- Männer verzichten bei Sexualkontakten eher auf die Benutzung eines Kondoms und zwar auch dann, wenn sie nicht über Infektionen von Partnerinnen oder Partnern informiert sind.
- Sexuelle Praktiken, vor allem Oralverkehr, möchten Männer bei Sexualkontakten mit Prostituierten häufig ohne ein Kondom ausführen (Deutsche STI-Gesellschaft, 2013).

> **Kernaussage**
>
> Die Bereitschaft zu riskanten Sexualpraktiken wird zusätzlich durch den Konsum von Alkohol oder die Einnahme von Drogen vor dem Geschlechtsverkehr gesteigert (Robertson & Plant, 1988).

Alkohol und andere Suchtmittel wirken auf unterschiedliche Weise auf sexuell riskantes Verhalten. Besondere Bedeutung kommt dabei der enthemmenden Wirkung zu, welche die Schwelle für die Ausübung von riskanten Sexpraktiken senkt. Aber auch die Trübung der Urteilskraft und die damit einhergehende Veränderung der Einschätzung von Risiken, erhöhen die Gefahr einer Ansteckung. Unter Drogen- oder Alkoholeinfluss sinkt auch die Fähigkeit, mit dem Partner über die Verwendung von Kondomen zu sprechen. Schließlich ist unter dem Einfluss von Suchtmitteln auch die korrekte Anwendung von Kondomen nicht mehr gewährleistet (Leigh, 2002). In einer Metaanalyse von Shuper (2009), die Studien zum Zusammenhang von Alkoholkonsum und ungeschütztem Analverkehr mit verschiedenen Stichproben von HIV-positiven Personen umfasste, ergab sich eine höhere (statistisch bedeutsame) Wahrscheinlichkeit, bei Alkoholkonsum ungeschützten Analverkehr auszuüben.

Alkohol und Drogenkonsum

10.3.1 Datenerhebungen zu riskantem Sexualverhalten

Interviews Daten zu riskantem Sexualverhalten werden von Forschern über *Befragungen* erhoben. Meist werden dazu *Fragebogen* oder *Interviews* eingesetzt. Das Problem bei Fragen zu sexuellem Risikoverhalten ist die Tendenz der Befragten, beschönigend zu antworten. D. h., gängige *Moralvorstellungen* beeinflussen das Antwortverhalten und können die Auswertung verzerren. Auch die *Form der Befragung* kann sich positiv oder negativ auf die Datenerhebung auswirken. Je nach Befragungsform ergeben sich Vor- und Nachteile. So sind *schriftliche Befragungen* kostengünstiger und

Schriftliche Befragungen können in der Regel in kürzeren Zeiträumen mit wenig Personalaufwand durchgeführt werden. Außerdem wird eine größere Zahl von Personen erreicht. Der Vorteil der *schriftlichen Befragung per Post* liegt in der gewährten *Anonymität*. Sie wirkt sich positiv auf die Auskunftsbereitschaft der Befragten aus, d. h. auf ihre Bereitwilligkeit, offen und ehrlich zu antworten. Nachteilig ist die *geringe Rücklaufquote*, die oft nur bei 20 Prozent liegt. Oder es bleiben einzelne Fragen unbeantwortet, was die Aussagekraft der Daten mindert. Auch kann die *unkontrollierte Erhebungssituation* bei der Befragung per Post auf die Beantwortung von Fragen Einfluss nehmen, etwa wenn Dritte das Antwortverhalten beeinflussen.

Bei der *schriftlichen Gruppenbefragung* füllen die Teilnehmer einen Fragebogen in Anwesenheit des Untersuchungsleiters (Befragers) aus. Verständnisfragen der Teilnehmer können von ihm beantwortet und die Befragungssituation kontrolliert werden. Jedoch wird bei diesem Vorgehen die Anonymität leiden.

Im Vergleich zur schriftlichen Befragung sind *mündliche Befragungen* nicht anonym. Im Interview werden den Gesprächspartnern Fragen gestellt, deren Antworten vom Befrager in einem Bogen vermerkt oder angekreuzt werden. Allerdings besteht hier die Gefahr, dass Interviewer die Befragung ungewollt durch ihre Fragestellung oder ihr Verhalten beeinflussen. Um diesen Einfluss zu minimieren, stellen die Interviewer standardisierte und halbstandardisierte Fragen (Interviewleitfaden) und werden in Schulungen auf ihre Aufgabe vorbereitet.

10.3.2 Gesundheitspsychologische Theorien zur Erklärung riskanten Sexualverhaltens

Die sozialwissenschaftliche Forschung hat mit der Verbreitung von HIV seit den 1980er-Jahren verstärkt im Bereich der bestimmenden Faktoren für riskantes Sexualverhalten gearbeitet. Ziel war es, dieses Risikoverhalten zu erklären und die Resultate für die Prävention der Infektion mit HIV und anderen sexuell übertragbaren Krankheiten zu nutzen (vgl. *Kapitel 2*). Dazu nutzte man Theorien wie das *Modell der Gesundheitsüberzeugungen* (*Health Belief Model*), die *Theorie des geplanten Verhaltens* (*Theory of Planned Behavior*) und die *Theorie des überlegten Handelns* (*Theory of Reasoned Action*) sowie die *Schutzmotivationstheorie* (Pant, 2009). Um die Lücke zwischen Intentionsbildung und Verhaltensausführung zu überwinden, verwendete man mehr oder weniger beabsichtigt auch *volitionale Modelle*. In der Forschung zur Prävention von HIV wurden in den 1990er-Jahren dann auch *Stadienmodelle* wie das *AIDS Risk Reduction Model* (*ARRM*) und das *Transtheoretische Modell* (Pant, 2009) untersucht.

Erklärungen auf Basis des *Modells der Gesundheitsüberzeugungen* (*Health Belief Model*) gehen von der Annahme aus, dass eine Veränderung sexuellen Risikoverhaltens von der Einschätzung der gravierenden Konsequenzen einer Infektion mit HIV oder STD/STI und der eigenen Anfälligkeit dafür abhängt.

Die Verwendung von Kondomen wurde mit der *Theorie des überlegten Handelns* (*Theory of Reasoned Action*) erklärt und zwar über die individuelle Einstellung gegenüber Kondomen.

Weitere Forschungen zu riskantem Sexualverhalten existieren vor allem in Form von Korrelationsstudien, die zwar auf statistischen Wegen Zusammenhänge zwischen Variablen aufdecken, jedoch leider keine kausalen Beziehungen ergeben. Bisherige Studien fokussieren vor allem auf die interindividuellen Differenzen wie beispielsweise Alter, Geschlecht, spezifisches Wissen oder Überzeugungen zu Gesundheit und Krankheit. Daher können nur wenige der isolierten Variablen sexuelles Risikoverhalten voraussagen.

Das *AIDS Risk Reduction Model* (*ARRM*) versucht speziell die Faktoren zu beschreiben, die sexuelles Risikoverhalten im Kontext mit HIV und AIDS verändern helfen (Catania, Kegeles & Coates, 1990). Es handelt sich um ein Stufenmodell, das kognitive Elemente beinhaltet, die auch Inhalt der weiter oben genannten Theorien sind. Dem Modell zufolge, das sich an das *transtheoretische Modell* (*Transtheoretical Model*) von Prochaska und Di Clemente (1983) anlehnt, müssen Menschen zunächst verschiedene Stadien oder Stufen durchlaufen, um ihr Verhalten verändern zu können (vgl. ▶Abbildung 10.3). Für die Entwicklung präventiver Maßnahmen in der Praxis hat sich dieses Modell bewährt. Das Modell nimmt die folgenden Stadien bzw. Stufen an:

AIDS-Risk-Reduction-Modell (ARRM)

1 Problemerkenntnis,

2 Selbstverpflichtung,

3 Handlungsinitiation.

In der ersten Stufe, der *Problemerkenntnis*, nehmen Personen ihr Sexualverhalten als problematisch und risikoreich wahr. Was lässt sie zu dieser Überzeugung kommen? Es sind mehrere Elemente wie beispielsweise:

- das aufgenommene *Wissen über HIV* und die *Infektionswege*,
- die *Einsicht, für HIV anfällig zu sein*,
- die *Überzeugung, dass HIV und AIDS eine Bedrohung sind*, die es zu vermeiden gilt und
- die Wahrnehmung *sozialer Normen* gegen riskante Verhaltensweisen (z. B. Missbilligung von sexuellen Aktivitäten mit hohem Risiko).

Die Stufe zwei, die *Selbstverpflichtung*, spiegelt den Entscheidungsprozess wider, der als nächster Schritt in dem Prozess der Verhaltensänderung greifen muss. In diesem Stadium wird die Verhaltensintention gebildet, bisheriges, riskantes Sexualverhalten zu verändern. Dazu verhelfen:

- der Schluss, dass der *Vorteil* durch eine Änderung sexueller Praktiken die „Kosten" überwiegt,
- die Wahrnehmung, dass eine Verhaltensänderung den Spaß und die *Freude am Sex nicht beeinträchtigt*,
- die Einsicht, dass sich durch ein sicheres Verhalten beim Sex das *Risiko für HIV und AIDS verringert*, und
- der *Glaube an die eigene Selbstwirksamkeit*, d. h. sicher zu sein, das Verhalten auch ändern zu können.

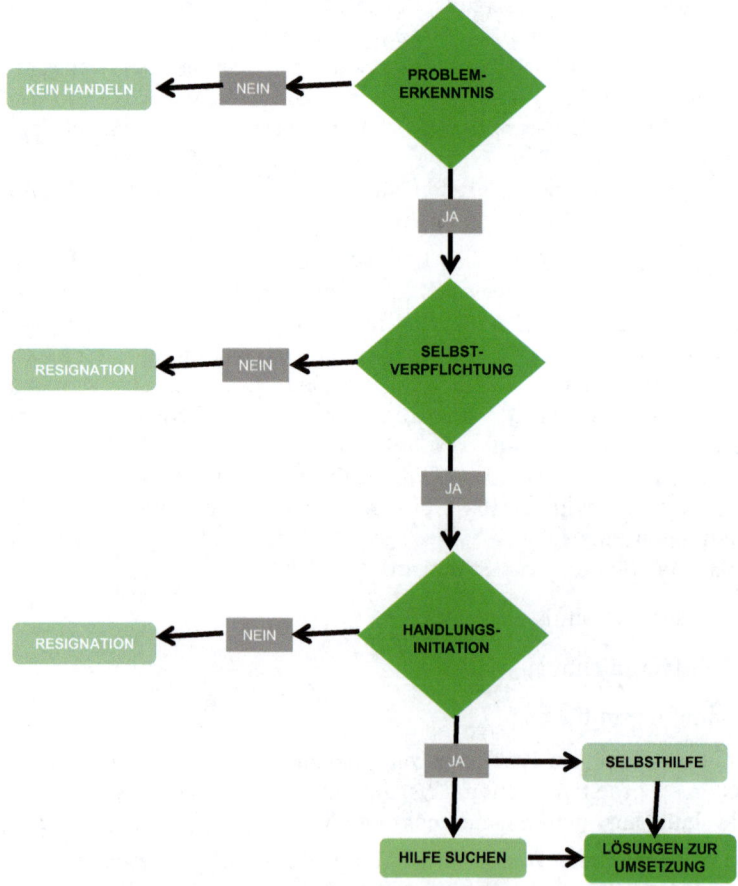

Abbildung 10.3: Die Stadien des AIDS Risk Reduction Model (ARRM) (Quelle: Catania, Kegeles & Coates, 1990).

Bei der dritten Stufe, der *Handlungsinitiation*, sind die folgenden Faktoren für eine Umsetzung des anvisierten Verhaltens wichtig und machen eine erfolgreiche Verhaltensänderung wahrscheinlicher:

- die Suche nach *Unterstützung in sozialen Netzwerken* und *Selbsthilfegruppen* (informelle und formelle Hilfe, Selbsthilfe),
- das Bewusstmachen und *Übertragen von früheren Erfolgen* mit Problemlösungen aus anderen Bereichen,
- ein *stabiles Selbstwertgefühl*,
- die *Fähigkeit, Sexualpartner verbal von geschütztem Sex zu überzeugen*,
- möglichst Sex mit Partnern haben, die selbst *Safer Sex* praktizieren.

Die Autoren (Catania, Kegeles & Coates, 1990) nehmen weitere interne und externe Einflussfaktoren an, die den Übergang von einem Stadium in das nächste befördern oder auch behindern. So können eine Drogenabhängigkeit, als ein interner Faktor, und die damit einhergehenden emotionalen Zustände die Problemerkennung erschweren oder unmöglich machen. Dagegen kann eine externe Motivation, etwa mittels einer Aufklärungskampagne, z. B. durch einen Furchtappell, eine selbstkritische Prüfung riskanten Sexualverhaltens anstoßen.

10.4 Safer Sex

> **Begriffe**
>
> Unter *Safer Sex* oder „geschütztem Sex" wird das Verhalten bei Sexualkontakten verstanden, das verhindert, dass Scheidenflüssigkeit, Sperma, Blut, Blutspuren (z. B. Menstruationsblut) oder Sekret aus dem Darm (Sekret auf der Darmschleimhaut) in den Körper des Sexualpartners oder der Sexualpartnerin gelangen kann bzw. der eigene Körper davor geschützt wird.

Mit dem Praktizieren von Safer Sex können Infektionen mit STD/STI sowie HIV vermieden und die Wahrscheinlichkeit sich anzustecken sehr stark reduziert werden. Dabei spielt die Benutzung von Kondomen eine wesentliche Rolle, da sie eine Übertragung von Bakterien oder Viren, die sich möglicherweise in den Körperflüssigkeiten befinden, verhindern. Natürlich existiert auch bei geschützten Sexualkontakten immer ein gewisses Restrisiko, das nicht ausgeschlossen werden kann.

Um eine sexuell übertragbare Erkrankung zu vermeiden, ist die Verwendung von Kondomen entscheidend. Kondome bieten aber auch Schutz vor einer ungewollten Schwangerschaft, weshalb sie zur Verhütung eingesetzt werden. Eine Untersuchung der Bundeszentrale für gesundheitliche Aufklärung (BzgA, 2011) zum *Verhütungsverhalten Erwachsener* im Jahr 2011, bei der 997 sexuell aktive Personen im Alter zwischen 18 und 49 Jahren befragt wurden (511 Männer und 486 Frauen), ergab, dass 45% der Männer und 29% der Frauen mit Kondomen verhüten (▶Abbildung 10.4).

Verhütungsverhalten Erwachsener

Sexualverhalten und Gesundheit

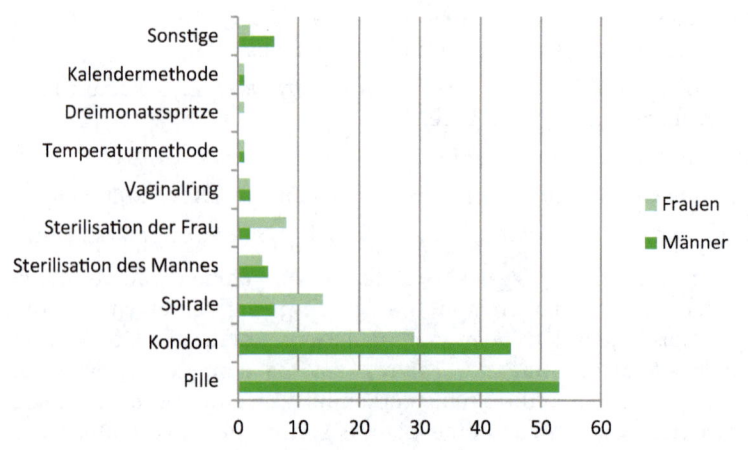

Abbildung 10.4: Angewendete Verhütungsmittel (Angaben in Prozent)
(Quelle: Bundeszentrale für gesundheitliche Aufklärung, 2011)

Bei den Gründen für die Verwendung von Kondomen gaben 24% der Befragten an, diese wegen der Ansteckungsgefahr durch HIV und STD/STI zu verwenden (▶Abbildung 10.5).

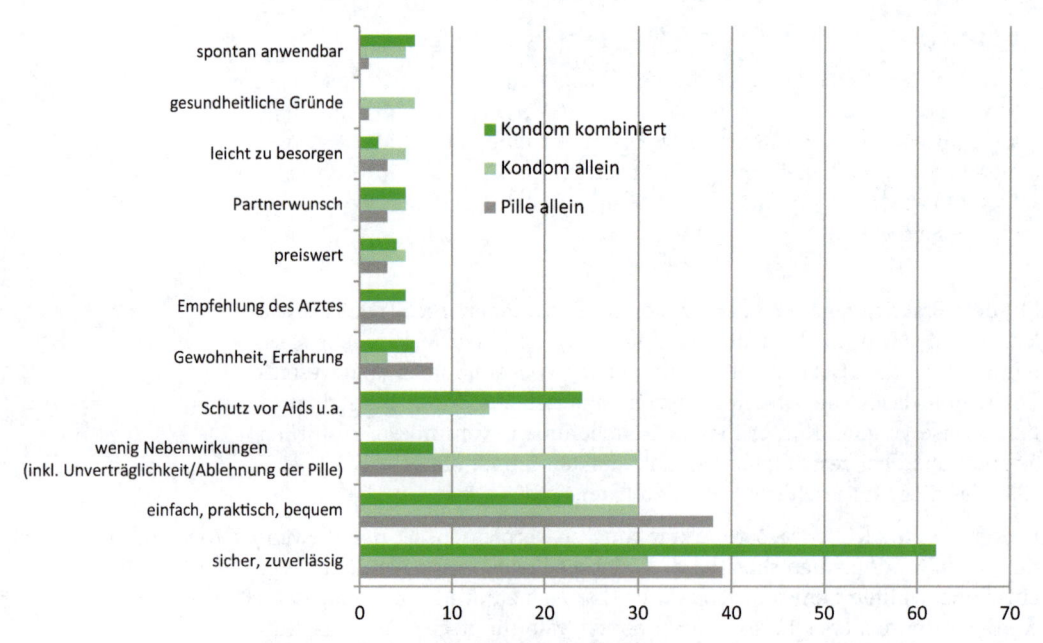

Abbildung 10.5: Gründe für die Wahl der Verhütungsmittel (Angaben in Prozent)
(Quelle: Bundeszentrale für gesundheitliche Aufklärung, 2011)

Schaut man sich die Daten hinsichtlich der Verwendung von Kondomen über die Zeit an, so wird deutlich, dass Kondome mit 51% vor allem in der Altersgruppe der 18- bis 29-Jährigen benutzt werden. Mit zunehmendem Lebensalter nimmt die Anwendung ab. In der Altersgruppe von 30 bis 39 Jahren sind es nur noch 33% und bei den 40- bis 49-Jährigen noch 26% (▶Abbildung 10.6).

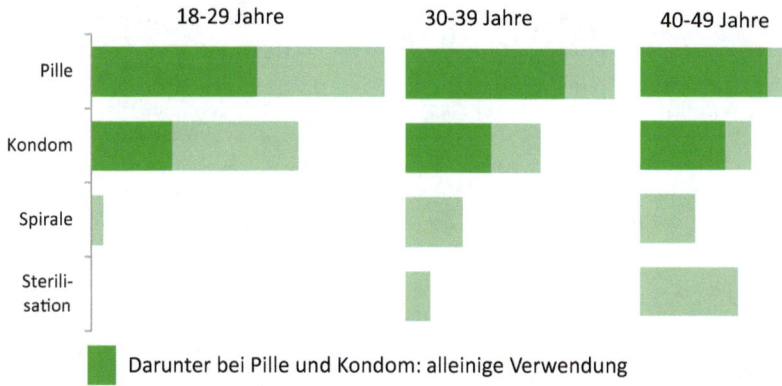

Abbildung 10.6: Angewendete Verhütungsmittel nach Lebensalter (Prozente) (Quelle: Bundeszentrale für gesundheitliche Aufklärung, 2011)

Unter *volitionalen Aspekten*, d. h. wenn es um die Planung und Vorbereitung des beabsichtigten gesundheitsrelevanten Verhaltens geht, zeigte sich in einer Metaanalyse von Sheeran (2002) mit 422 Studien, dass beispielsweise in Bezug auf eine Kondombenutzung drei Voraussetzungen bei der Vorbereitung wichtig sind. Das Einüben und Beherrschen dieses Verhaltens entscheidet mit darüber, ob Kondome benutzt werden oder nicht. Die drei Voraussetzungen sind:

Voraussetzungen der Kondombenutzung

- der *Kauf von Kondomen*,
- sie *verfügbar zu halten* und
- das *Gespräch mit dem Sexualpartner* über die Verwendung der Kondome (Pant, 2009).

Um diese Verhaltensweisen einzuüben, bieten sich in Präventionsprogrammen u. a. Rollenspiele an.

10.5 Anwendungsbeispiel: Die Prävention von HIV und STD/STI

Die Prävention von HIV und STD/STI gründet auf einem umfassenden Verständnis von sexueller Gesundheit. Sie ist fest an die allgemeine Gesundheit, das Wohlbefinden und die Lebensqualität gekoppelt. Bereits 1975 hat die Weltgesundheitsorganisation (WHO) eine umfassende Definition zur sexuellen Gesundheit gegeben:

Sexuelle Gesundheit

> **Begriffe**
>
> „Sexuelle Gesundheit ist ein Zustand des körperlichen, emotionalen, geistigen und sozialen Wohlbefindens bezogen auf die Sexualität und bedeutet nicht nur die Abwesenheit von Krankheit und Funktionsstörungen oder Schwäche.

10 Sexualverhalten und Gesundheit

> *Sexuelle Gesundheit erfordert sowohl eine positive, respektvolle Herangehensweise an Sexualität und sexuelle Beziehung als auch die Möglichkeit für lustvolle und sichere sexuelle Erfahrung, frei von Unterdrückung, Diskriminierung und Gewalt. Wenn sexuelle Gesundheit erreicht und bewahrt werden soll, müssen die sexuellen Rechte aller Menschen anerkannt, geschützt und eingehalten werden."* (WHO, 2006).

Da Gesundheit ein fundamentales Menschenrecht ist, bekräftigt die WHO das Recht jedes Menschen auf den höchstmöglichen Standard an körperlicher und geistiger Gesundheit. Um Menschen einen umfassenden Zugang zu Gesundheitsleistungen zu ermöglichen, speziell auch zum Erhalt sexueller Gesundheit, sind die Mitgliedsstaaten der WHO dazu aufgerufen, entsprechende Maßnahmen zu ergreifen und in nationalen Aktionsplänen zu verankern.

Über die *Primärprävention* soll das individuelle Risiko einer HIV- bzw. STD/STI-Infektion möglichst gering gehalten werden, d. h. es geht nicht um die Elimination des Ansteckungsrisikos, sondern um eine Risikominimierung. In Form der *Sekundärprävention* wird versucht, bei bereits erfolgter Ansteckung mögliche zusätzliche gesundheitliche Probleme zu minimieren. Und in der *Tertiärprävention* kommen Maßnahmen zum Zuge, die nach Krankheitsausbruch die Auswirkungen der Erkrankung erträglicher machen sollen.

Um die Zahl von Neuinfektionen möglichst zu verringern, werden Präventionsprogramme zur HIV-Prävention, wie beispielsweise die Kampagne *„Gib Aids keine Chance"* der Bundeszentrale für gesundheitliche Aufklärung (BZgA), durchgeführt. Diese Programme sind meist in den nationalen Aktionsplänen verankert und sollen auch ein „Klima des Vertrauens und des Respekts" schaffen (Rosenbrock, 2007), damit mit dem HIV-Virus infizierte oder bereits am Erreger erkrankte Menschen sowie besonders gefährdete Personen, wie Drogenabhängige oder homosexuelle Männer, nicht ausgegrenzt und stigmatisiert werden. Die BZgA-Kampagne dient nicht nur der Prävention von HIV/AIDS, sondern soll auch über andere sexuell übertragbare Infektionen (STD/STI) informieren. Personen, die mit dieser Kampagne erreicht werden, erhalten so die Möglichkeit, vorbeugende Maßnahmen zu ergreifen, ohne diskriminiert zu werden. Um dieses Ziel zu erreichen, werden alle verfügbaren Kommunikationsmöglichkeiten genutzt wie z. B. Massenmedien, Bildungseinrichtungen sowie der Bereich der Freizeit (z. B. Vereine, Diskotheken, Anzeigen- und Kinoschaltungen usw.).

Aber auch notwendige Bedingungen für präventives Verhalten müssen geschaffen werden, etwa durch leicht zugängliche Automaten mit sterilen Nadeln für Junkies, anonyme HIV-Tests (*http://www.hivandmore.de/hiv-test/teststellen*) oder die leichte Verfügbarkeit von Kondomen.

Keine Trennung von HIV- und STD/STI-Prävention

Weil sexuell übertragbare Krankheiten oft mit kleinen und kleinsten Verletzungen der Schleimhäute einhergehen, erhöht sich das Risiko für eine Infektion mit HI-Viren oder anderen sexuell übertragbaren Krankheitserregern um ein Mehrfaches. Daher sollte in erster Linie jungen Menschen präventiv

10.5 Anwendungsbeispiel: Die Prävention von HIV und STD/STI

nicht nur Wissen zu HIV sondern auch zu STD/STI vermittelt werden. Dass dies wichtig ist, zeigt die Befragung Jugendlicher durch die Bundeszentrale für gesundheitliche Aufklärung im Jahr 2010 (Robert-Koch-Institut, 2010). Über 50% der befragten Jugendlichen im Alter zwischen 16 und 20 Jahren wussten nicht, was eine Chlamydieninfektion ist, was schlussfolgern lässt, dass Informationen zu sexuell übertragbaren Erkrankungen in der Schule nicht oder nur unzureichend vermittelt werden. Es erscheint daher nicht sinnvoll, in der Prävention eine Trennung von HIV und anderen sexuell übertragbaren Krankheiten vorzunehmen. In der neuen Kampagne der BZgA zur Prävention von HIV und STD/STI bei Jugendlichen, *„Mach's mit"*, wurde dies bereits berücksichtigt. Dort heißt es mittlerweile auf Aufklebern und Plakaten: *„Mit Wissen und Kondom schützt Du Dich vor HIV und kannst das Risiko einer Ansteckung mit STI deutlich senken"*.

Die in Europa seit Auftreten von AIDS durchgeführten Aufklärungskampagnen haben in einem großen Ausmaß zu einer Änderung der Sexualpraktiken, insbesondere bei homosexuellen Männern, geführt. Diese Resultate sind zwar erfreulich, aber nicht ausreichend, da eine aktive Minderheit Homosexueller sich nicht von der Krankheit bedroht fühlt, in Bezug auf ihr Ansteckungsrisiko unrealistisch optimistisch ist und daher nach wie vor unsicheren Sex praktiziert (Schwarzer, 2004). Die Zahlen zu den Übertragungswegen von HIV für das Jahr 2011 scheinen dies auch zu bestätigen (Robert-Koch-Institut, 2012). So zeigen diese Daten, dass bei der HIV-Neuinfektionen 2011 vor allem Männer betroffen sind, die Sex mit Männern haben (MSM). Sie stellen die größte Gruppe mit Neuinfektionen dar. Wie ▶Abbildung 10.7 deutlich macht, stiegen die absoluten Zahlen bei diesem Betroffenenkreis vom Jahr 2002 bis zum Jahr 2007 stetig an, blieben 2009 und 2010 fast konstant und fielen leicht im Jahr 2011.

HIV-Erstdiagnosen in der Bundesrepublik Deutschland nach Infektionsweg (2002 - 2011)
(Robert-Koch-Institut, 2012)

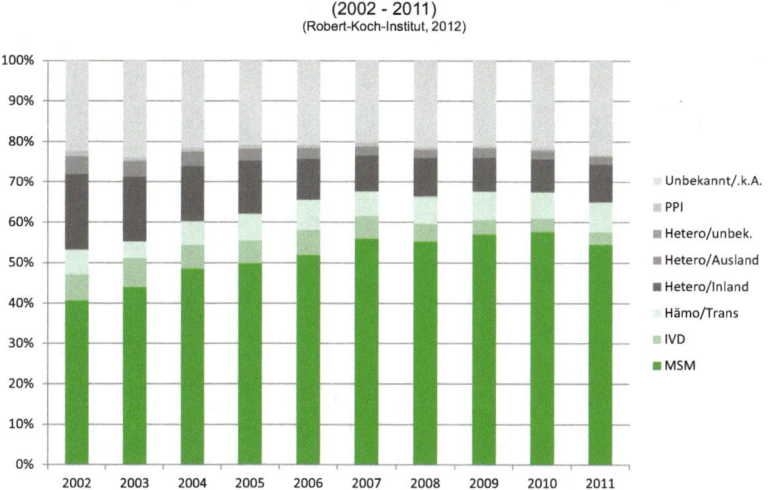

Unb./k.A. = unbekannt, keine Angaben; PPI = prä-/perinatal infizierte Kinder; Hetero = heterosexuell Infizierte; Hämo = Hämophile; Trans = Transfusionsempfänger; IVD = i.v.Drogengebraucher; MSM = Männer, die Sex mit Männern haben

Abbildung 10.7: Neu diagnostizierte HIV-Infektionen in Deutschland nach Infektionsweg und Diagnosejahr (Stand 01.03.2012).

Sexualverhalten und Gesundheit

Insbesondere das subjektiv starke Angstempfinden vor HIV war in der Gesellschaft nach dem Auftauchen von AIDS in den ersten zehn Jahren der Antrieb für viele Menschen, sich weniger sexuell riskant zu verhalten.

> **Kernaussage**
>
> *„Die vielfältigen Präventionsprogramme haben nicht mehr, aber auch nicht weniger getan, als an das aus Angst entstandene Präventionsmotiv anzuschließen."* (Dannecker, 2002).

Es scheint bezüglich der Ängste vor HIV einen gewissen Gewöhnungseffekt gegeben zu haben, da nun wieder die Infektionsraten am Steigen sind. Hinzu kommt, dass die neuen hochaktiven antiretroviralen Therapien (HAART) eine trügerische Sicherheit vermitteln, sodass wieder verstärkt ungeschützter Geschlechtsverkehr („Barebacking") und unsichere Sexualpraktiken ausgeübt werden.

Einschätzung der Gefährlichkeit von AIDS verringert sich

Seit 1987 untersucht die Bundeszentrale für gesundheitliche Aufklärung, wie stark HIV und AIDS im Bewusstsein der Bevölkerung verankert sind (BZgA, 2012). Wie die ▶Abbildung 10.8 verdeutlicht, nimmt die Wahrnehmung der Gefährlichkeit von AIDS seit Beginn der Befragungen stetig ab. Dies wird zum einen mit den verbesserten Behandlungsmethoden bei einer HIV-Erkrankung und zum anderen mit einem geringeren Interesse der Medien für HIV und AIDS erklärt. Aber auch das gestiegene Wissen der Menschen um den Schutz vor einer Infektion wird zur Erklärung des Phänomens herangezogen. Daher nimmt das Gros der Bevölkerung diese Krankheit nicht mehr als besonders gefährlich wahr. Nur noch 13 Prozent der Bevölkerung halten im Jahr 2011 AIDS für eine der gefährlichsten Krankheiten (BZgA, 2012, S. 10).

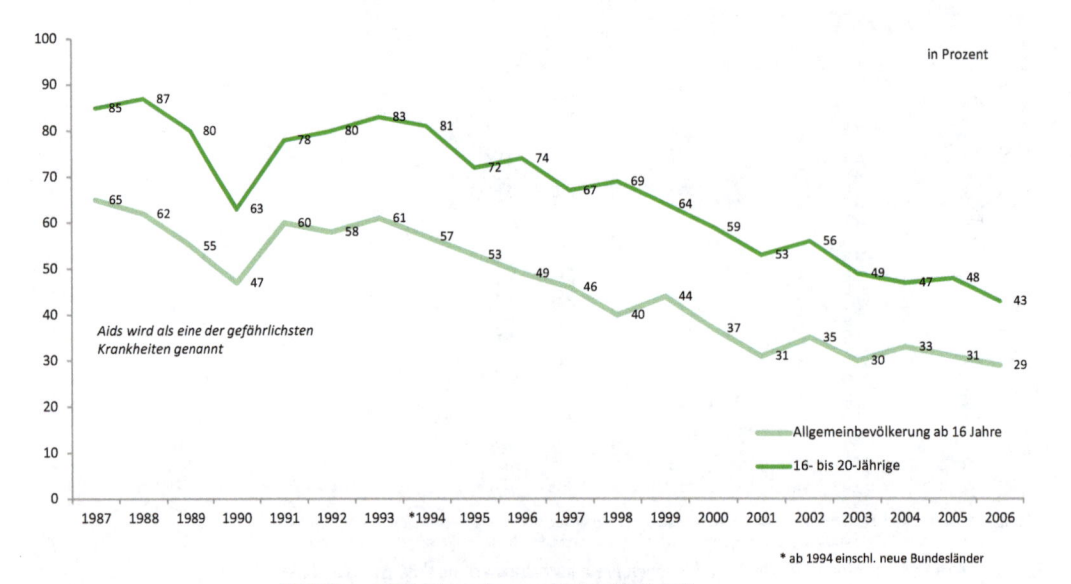

Abbildung 10.8: Wahrnehmung der Krankheit AIDS

Zusammenfassung

- Sexuell übertragbare Krankheiten stellen ein von Menschen *unterschätztes Risiko* für die Gesundheit dar. Eine Infektion mit diesen Erkrankungen kommt meist durch *sexuell riskantes Verhalten* zustande. Dieses umfasst alle sexuellen Verhaltensweisen, die sich negativ auf die Gesundheit oder die soziale Interaktion auswirken. Aber auch *ungewollte Schwangerschaften* werden zum sexuellen Risikoverhalten gezählt.
- Besonders häufig übertragen werden *Chlamydien- und Tripperinfektionen, Genitalherpes, Syphilis* sowie der *HI-Virus*. AIDS als Erkrankung infolge einer Infektion mit dem HI-Virus ist bis heute nicht heilbar. Von Infektionen sind in der Mehrheit nach wie vor Männer betroffen, die Sex mit Männern haben, d. h. Männer mit gleichgeschlechtlichen Sexualkontakten.
- Ob ein riskanter sexueller Kontakt zu einer Infektion mit STD/STI oder HIV führt, hängt davon ab, ob man auf einen Sexualpartner trifft, der infiziert ist (*Expositionsrisiko*) und zusätzlich von der Wahrscheinlichkeit, dass dieser Kontakt auch zu einer Ansteckung führt (*Transmissionsrisiko*).
- Allgemein hat sich heute für sexuell riskantes Verhalten, speziell den ungeschützten Geschlechtsverkehr, der Begriff „*Barebacking*" durchgesetzt.
- In Bezug auf das Geschlecht und die sexuelle Orientierung zeigt sich, dass *Männer generell sexuell riskanter leben* und homosexuelle Männer im Vergleich zu heterosexuellen Männern deutlich mehr Sexualpartner haben.
- Die Neigung, sich sexuell riskant zu verhalten, wird zusätzlich durch den *Konsum von Alkohol* oder die *Einnahme von Drogen* vor dem Geschlechtsverkehr gesteigert.
- Um Daten bezüglich der Bereitschaft zu riskanten Sexualpraktiken im Rahmen der Forschung zu erheben, werden *Fragebogen und Interviews* eingesetzt, die jeweils mit Vor- und Nachteilen verbunden sind.
- Erklärungen für riskantes Sexualverhalten wurden mittels verschiedener gesundheitspsychologischer Theorien versucht sowie über Korrelationsstudien, die jedoch keine kausalen Zusammenhänge aufdecken. Bewährt hat sich in der Praxis der Präventionsarbeit bei AIDS das *AIDS-Risk-Reduction-Modell* (*ARRM*).
- Die einzig sichere Schutzmaßnahme vor einer Infektion mit STD/STI oder HIV ist „*Safer Sex*". Hierunter wird ein Verhalten bei Sexualkontakten verstanden, das verhindert, Körperflüssigkeiten des Sexualpartners zu empfangen, die Krankheitserreger enthalten. Auch die Verwendung von Kondomen gehört zum geschützten Sexualverhalten. Der Einsatz von Kondomen setzt aber den Kauf, die Verfügbarkeit und das Einverständnis des Sexualpartners voraus.

- Maßnahmen der *Primär-, Sekundär- und Tertiärprävention* gründen auf einem umfassenden Verständnis von sexueller Gesundheit, das von der Weltgesundheitsorganisation definiert wurde und als ein fundamentales Menschenrecht verstanden wird.
- Zu den bekanntesten Aufklärungskampagnen zu STD/STI und HIV gehören in Deutschland *„Gib Aids keine Chance"* und *„Mach's mit"*. Sie nutzen dazu in der Kommunikation mit der Bevölkerung Massenmedien, Bildungseinrichtungen sowie den Freizeitbereich.

Fragen zur Wiederholung des Kapitelinhalts

1. Was versteht man unter sexuell übertragbaren Krankheiten?
2. Zählen Sie bitte die am häufigsten sexuell übertragenen Erkrankungen auf.
3. Welcher Krankheitserreger löst den Genitalherpes aus?
4. Wie sieht das Endstadium einer unbehandelten Syphiliserkrankung aus?
5. Was wird unter „Expositionsrisiko" und was unter „Transmissionsrisiko" bei riskantem Sexualverhalten verstanden?
6. Erläutern Sie die Begriffe HIV und AIDS.
7. Beschreiben Sie die Erkrankungsstadien bei einer HIV-Infektion.
8. Was besagt das „AIDS-Risk-Reduction-Modell (ARRM)"?
9. Wie würden Sie den Begriff „Safer Sex" erklären?
10. Welche Einflüsse entscheiden darüber, ob Kondome verwendet werden?
11. Definieren Sie den Begriff „Sexuelle Gesundheit".
12. Welche Kampagnen der *Bundeszentrale für gesundheitliche Aufklärung* gegen HIV und AIDS können Sie nennen?
13. Weshalb ist eine Trennung zwischen HIV- und STI-Prävention nicht sinnvoll?
14. Weshalb geht man heute davon aus, dass es einen Gewöhnungseffekt an die Angst vor einer HIV-Infektion gibt?
15. Was ist *„Barebacking"*?

Empfohlene Literatur

Bundeszentrale für gesundheitliche Aufklärung (2011). *Verhütungsverhalten Erwachsener. Ergebnisse der Repräsentativbefragung 2011.* BZgA Köln.

Bundeszentrale für gesundheitliche Aufklärung (2012). *AIDS im öffentlichen Bewusstsein der Bundesrepublik Deutschland 2011. Kurzbericht.* BZgA Köln.

Catania, J. A., Kegeles, S. D. & Coates, T. S. (1990). Toward an understanding of risk behavior: an AIDS risk reduction model (ARRM). *Health Education Quarterly*, 17: 53–72.

Dannecker, M. (2002). Erosion der HIV-Prävention? *Zeitschrift für Sexualforschung*, 15, 58–64.

Deutsche STI-Gesellschaft (2013). *Männergesundheit und sexuell übertragbare Infektionen.* Zugriff am 14.02.2013. Verfügbar unter: http://www.dstig.de/sexuelle-gesundheit/maennergesundheit.html

Farin, E., Belz-Merk, M. & Bengel, J. (1996). Sozialkognitive Modelle und Erklärungsansätze zum HIV-Risikoverhalten. In J. Bengel (Ed.), *Risikoverhalten und Schutz vor Aids – Ergebnisse sozialwissenschaftlicher Aids-Forschung* (pp. 29–88).

Hammelstein, P. (2006). Sexuelle Kontaktverhalten. In Renneberg, B., Hammelstein, P. *Gesundheitspsychologie*. Berlin. Springer.

Pant, A. (2002). HIV- Risiko und Interventionsansätze. In Schwarzer, R., Jerusalem, M. & Weber, H., *Gesundheitspsychologie von A bis Z*. S. 245–248. Hogrefe Göttingen.

Pant, A (2009). Sexualverhalten. In Bengel, J. & Jerusalem, M. (Hrsg.). *Handbuch der Gesundheitspsychologie und Medizinischen Psychologie.* Hogrefe Göttingen.

Robert-Koch-Institut (2011). Aktuelle Daten und Informationen zu Infektionskrankheiten und Public Health. *Epidemiologisches Bulletin*, 46, Berlin.

Robert-Koch-Institut (2012). HIV-Infektionen und AIDS-Erkrankungen in Deutschland Jahresbericht zur Entwicklung im Jahr 2011 aus dem Robert Koch-Institut. *Epidemiologisches Bulletin*, 28, Berlin.

Rosenbrock, R. (2007). AIDS prevention in Germany – a successful model in crisis. *Bundesgesundheitsblatt – Gesundheitsforschung – Gesundheitsschutz*, 50, 432–441.

Schwarzer, R. (2004). *Psychologie des Gesundheitsverhaltens: Einführung in die Gesundheitspsychologie*, 3. Auflage. Göttingen, Hogrefe.

Shuper, P., Joharchi, N., Irving, H. & Rehm, J. (2009). Alcohol as a correlate of unprotected sexual behavior among people living with HIV/AIDS: Review and metaanalysis. *AIDS and Behavior*,13 (6), 1021–1036.

WHO (2006). *Defining sexual health. Report of a technical consultation on sexual health,* 28–31 January 2002. Genf. Aus dem Englischen übersetzt von WHO-Regionalbüro für Europa und BZgA: Standards für die Sexualaufklärung in Europa 2011.

Alter und Gesundheit

11.1 Was Sie in diesem Kapitel erwartet 424
11.2 Demografischer Wandel als Herausforderung 424
11.3 Das Alter als dritter und vierter Lebensabschnitt ... 425
11.4 Alter und Gesundheit 428
11.5 Selbstregulationsprozesse im Alter 435
11.6 Prävention und Gesundheitsförderung im Alter .. 444
11.7 Anwendungsbeispiele 459

11.1 Was Sie in diesem Kapitel erwartet

Im folgenden Kapitel geht es um die Gesundheit von Menschen jenseits des 65sten Lebensjahres. Es wird zunächst der demografische Wandel mit seinen vielfältigen Herausforderungen betrachtet und in „junge Alte" und „alte Alte" unterschieden. Anschließend wird auf die körperliche, psychische und subjektive Gesundheit älterer Menschen eingegangen. Funktionelle Veränderungen die mit dem Alter(n)sprozess einhergehen sowie chronische Krankheiten im Alter und mögliche präventive Maßnahmen und gesundheitspsychologische Interventionen zu einer Verbesserung der Lebensqualität runden das Kapitel ab.

11.2 Demografischer Wandel als Herausforderung

Alle wollen es werden, keiner will es sein: alt.

Cato der Ältere (234 – 149 v. Chr.)

Multimorbidität mit steigendem Alter

Ein heute in Deutschland geborenes Mädchen kann damit rechnen, ca. 82 Jahre alt zu werden, ein Junge wird ca. 77 Jahre alt. Die gestiegene Lebenserwartung sowie eine stetig gesunkene Geburtenrate haben immense Konsequenzen für die Alterspyramide der Bevölkerung in Deutschland, die sich bis voraussichtlich 2060 nahezu auf den Kopf gestellt haben wird (siehe ▶Abbildung 11.1). In Europa ist Deutschland eines von vier Ländern, deren Bevölkerung am ältesten ist. Im weltweiten Vergleich werden diese Länder nur von Japan übertroffen (United Nations, 2009). So leben in Deutschland mehr Menschen im Alter von über 65 Jahren als 15-Jährige und Jüngere. Damit werden in Zukunft Gesundheit und Krankheit im Alter ein noch bedeutenderes Thema für den Einzelnen, aber auch die Gesamtgesellschaft sein. Je älter die Menschen werden, desto mehr gesundheitliche Schwierigkeiten haben sie. Auch ist im Alter der Komplexitätsgrad der jeweiligen Erkrankungen größer. Alte Menschen mit sehr starken gesundheitlichen Beeinträchtigungen haben häufig gleichzeitig mehrere Krankheiten, was als *Multimorbidität* bezeichnet wird. Viele Krankheiten werden im Alter chronisch oder es kommen Probleme in der Folge von bereits vorhandenen Erkrankungen hinzu. Für den „alten Menschen" bedeutet dies oft, dass er in seiner Mobilität eingeschränkt wird. Dadurch verringert sich seine Lebensqualität, weil Kommunikationsmöglichkeiten mit dem sozialen Umfeld und Gelegenheiten zur Aktivität begrenzt werden. Zu den medizinischen Problemen kommen meist noch psycho-soziale Schwierigkeiten hinzu (Böhmer, 2003).

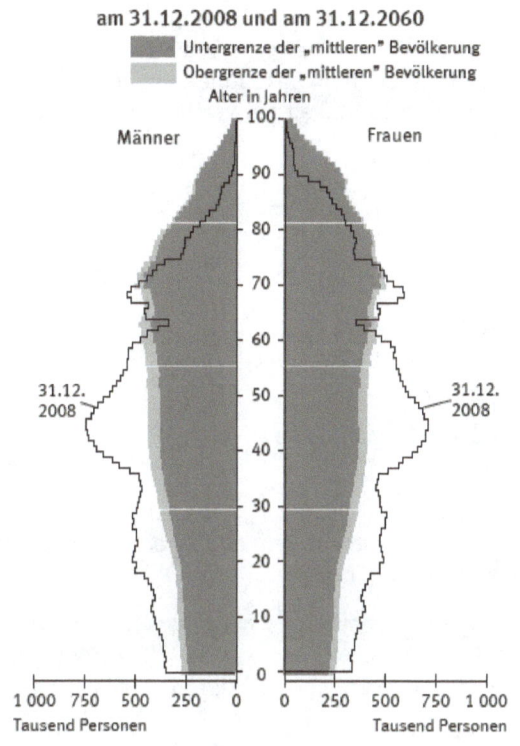

Abbildung 11.1: Altersaufbau der Bevölkerung in Deutschland 2008 und 2060 (Quelle: Statistisches Bundesamt, 2012)

11.3 Das Alter als dritter und vierter Lebensabschnitt

Wann ist ein Mensch alt? Hierauf gibt es etliche Antworten, da das Altern einerseits durch *objektivierbare Veränderungen* zu definieren ist, andererseits auch eine *subjektive Befindlichkeit* darstellt. So wie das Leben in ▶Abbildung 11.2 als Zyklus abgebildet ist, ist auch das Altern im Kern eine stetige Veränderung. Anders formuliert finden Entwicklungen und Veränderungen über die gesamte Lebensspanne statt, weshalb sich das *Altern als Prozess* vom *Alter als Lebensabschnitt* abgrenzt.

Altern und Alter

Abbildung 11.2: Leben als Zyklus

Im Alter, das allgemein definiert wird als 65 Jahre und älter, sind die Themen Gesundheit und Krankheit von besonderer Bedeutung. Wenn auch viele alte Menschen sich noch guter Gesundheit erfreuen, nimmt mit dem Älterwerden die Wahrscheinlichkeit zu, verstärkt an Krankheiten zu leiden.

Dritter und vierter Lebensabschnitt

> **Begriffe**
>
> In der Altern(s)forschung geht man von zwei Abschnitten für das Alter aus:
>
> - Der *dritte Lebensabschnitt*, der die Altersgruppe der 65- bis 84-jährigen umfasst und
> - der *vierte Lebensabschnitt*, der die Menschen im Alter von 85 Jahren und älter einschließt.

Bei Personen im dritten Lebensabschnitt wird von *jungen Alten* gesprochen und bei denen im vierten Abschnitt von *sehr alten*, *hochaltrigen* oder *betagten Menschen* (siehe ▶Tabelle 11.1).

Lebensabschnitt	Altersgruppe	Bezeichnung
Alter allgemein	65 Jahre und älter	Ältere oder alte Menschen
Dritter Lebensabschnitt	65 bis 84 Jahre	Junge Alte
Vierter Lebensabschnitt	85 Jahre und älter	Sehr alte oder hochaltrige oder hochbetagte Menschen

Tabelle 11.1: Einteilung des Alters in der Alter(n)sforschung

Vermehrter Pflegebedarf bei über 90-Jährigen

Die meisten Menschen sind heutzutage in ihrem dritten Lebensabschnitt aktiv und gesund. Allerdings wird der Anteil derer, die jenseits des 80. Lebensjahres gesund sind, eindeutig kleiner. Und pflegebedürftig sind bei den über 90-Jährigen schon mehr als 60% aufgrund einer körperlichen, geistigen oder seelischen Krankheit oder Behinderung.

> **Kernaussage**
>
> Je länger ein alter Mensch gesund bleibt, desto eher kann er ein selbstständiges und selbstverantwortliches Leben führen sowie seine individuellen Ziele verfolgen und seine Lebensqualität bewahren.

Plastizität

Die Anpassung an die Veränderungen im Lebenslauf und in einzelnen Lebensabschnitten ist unerlässlich und unvermeidbar. Somit haben sich Menschen in jedem Alter Veränderungen, Krisen und Aufgaben zu stellen und diese zu bewältigen. Die *Lebenslaufpsychologie* oder *Life-span-Psychologie* (vgl. Baltes & Baltes, 1990; Thomae, 1979) stellt nicht die biologischen Entwicklungsprozesse dieses lebenslangen Prozesses von Veränderung und Stabilität der Person, von ihrer Geburt bis zu ihrem Tod, in den Mittelpunkt

(Martin & Kliegel, 2005). Dabei spielt der Begriff der *Plastizität* eine zentrale Rolle. Er bezieht sich auf die Eigenschaften eines Organismus, über das ganze Leben hinweg formbar und modifizierbar, d. h. „plastisch", zu sein. So kann sich der Mensch veränderten Anforderungen und Umfeldern anpassen. Diese jedem Individuum innewohnende Möglichkeit zur Veränderung, insbesondere was psychosoziale Aspekte angeht, z. B. der Umgang mit einem Arbeitsplatzverlust, ist auch im Alter gegeben und bedeutet somit, dass auch der alte Mensch aktiv versucht die „Passung" zwischen sich und seiner Umwelt zu optimieren (Martin & Kliegel, 2005).

Gewinne und Verluste

Persönliche Entwicklungen über die Lebensspane hinweg bedeuten einerseits, dass es zu Zuwächsen bei bestimmten Ressourcen kommt – diese Zuwächse kann man als „Gewinne" bezeichnen. Ein Beispiel für solch einen Gewinn wäre die Ressource „finanzielle Mittel" als Folge einer entsprechenden Berufstätigkeit. Andererseits müssen aber auch „Verluste", z. B. aufgrund der Auflösung des eigenen Freundeskreises wegen Wegzug, in Betracht gezogen werden. Zu Beginn, in jungen und mittleren Lebensabschnitten, stehen die Gewinne im Vordergrund. Im dritten und vierten Lebensalter verändert sich die Dynamik von Gewinnen und Verlusten und ihr Verhältnis kehrt sich meist um, z. B. durch zunehmende Einbußen an körperlicher und/oder geistiger Funktionalität.

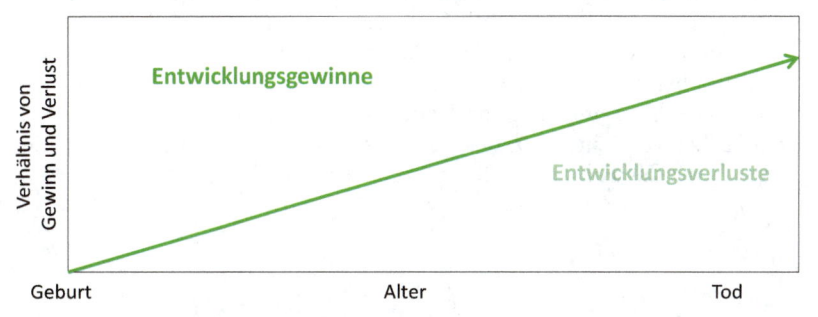

Abbildung 11.3: Vereinfachte Darstellung von Entwicklungsgewinnen und -verlusten nach Baltes (1997) (Quelle: Martin & Kliegel, 2005, S. 52)

Veränderungen oder Herausforderungen über die Lebensspanne ergeben sich beispielsweise auch bei der Übernahme neuer Rollen (z. B. Vater werden; neue Aufgaben im Beruf) oder bei neuen Lebens- oder Arbeitsumfeldern (z. B. wegen Umzug). Alle Veränderungen machen Adaptationsprozesse notwendig, die mit einer sogenannten *adaptiven Kompetenz* bewältigt werden können. Nach Brandstädter (2007) bedeutet adaptive Kompetenz allerdings nicht nur die reine Bewältigung von Situationen oder Umständen, sondern auch die Fähigkeit, zu einer (geeigneten) Organisation des eigenen Lebens zu kommen, *„... die den persönlichen Entwicklungspotenzialen und -interessen entspricht"* (S. 699). Dies kann auch in der Form geschehen, dass Situationen oder Veränderungen neu attribuiert, also beispielsweise positiv umgedeutet werden oder bisherige Ziele, die nicht mehr erreichbar erscheinen, abgewertet werden. Damit ältere Menschen eine hohe Lebensqualität im dritten und vierten Lebensabschnitt erfahren können, müssen auch sie – sogar verstärkt – diese Anpassungsprozesse leisten.

11.4 Alter und Gesundheit

> **Kernaussage**
>
> Während sich die verschiedenen wissenschaftlichen Disziplinen mit dem Alter(n)sprozess befassen und unterschiedliche Konzeptionen dazu entwickeln, beispielsweise in der Biologie oder der Soziologie, versucht die Gesundheitspsychologie, den *präventiven Aspekt* und den *Aspekt der Lebensqualität im Alter* zu betonen.

Die Gesundheitspsychologie nutzt dazu die Erkenntnisse der *Gerontologie*, desjenigen Forschungsbereichs, der sich speziell mit dem Altern befasst. Gerade die Erkenntnisse aus der interdisziplinären Sichtweise der Gerontologie ermöglichen es der Gesundheitspsychologie, diese in der konkreten Anwendung umzusetzen. Dabei ist die Feststellung der Gerontologie, dass *chronologisches* oder *kalendarisches Alter* (Anzahl der gelebten Jahre) nur eine geringe Bedeutung für die Leistungsfähigkeit eines Menschen haben, besonders wichtig. Natürlich gehen mit dem Prozess des *(biologischen) Alterns* auch erkennbare anatomisch-physiologische Veränderungen bei Muskeln, Sinnesorganen, Haut, Skelett, Nervensystem und Gefäßen einher. Allerdings kann der Alternsprozess beeinflusst werden, indem der Mensch bereits früh im Leben damit beginnt, über alle Lebensphasen *körperlich aktiv* zu sein, sich *ausgewogen zu ernähren* und möglichst auf das *Rauchen* und den *Genuss von Alkohol* zu verzichten. Dieses *gesunde* oder *normale Altern* ist in der Regel durch das Fehlen von Krankheit gekennzeichnet.

Chronologisches oder kalendarisches Alter

Biologisches Altern

> **Begriffe**
>
> *Gesundes* oder *normales Altern* beinhaltet durchschnittliche bzw. typische Entwicklungsverläufe, d. h. die durchschnittliche Altersnorm (Martin & Kliegel, 2005).

Gesundes oder normales Altern

Alter(n)sbedingte Veränderungen sind jedoch schwer von Krankheitsprozessen zu unterscheiden, sodass oft nicht klar ist, ob eine nachlassende Gesundheit aufgrund von normalen Alterungsvorgängen oder wegen pathologischer Prozesse zu beobachten ist.

> **Begriffe**
>
> Sind beim Alterungsprozess beispielsweise Herz-Kreislauf-Erkrankungen oder eine Demenz beteiligt, wird auch die Bezeichnung *pathologisches Altern* verwandt.

Pathologisches Altern

Von diesen beiden Alter(n)sformen wird das *erfolgreiche Altern* inhaltlich abgegrenzt.

Begriffe

Erfolgreiches Altern ist durch einen subjektiv empfundenen Zustand der Zufriedenheit des alten Menschen, angesichts veränderter Lebensumstände gekennzeichnet.

Erfolgreiches Altern

Die Bezeichnung „erfolgreiches Altern" wird nicht einheitlich verwandt, weshalb in diesem Zusammenhang synonym auch von objektiv vorhandener Gesundheit, hoher Lebenszufriedenheit und Langlebigkeit gesprochen wird. Dies hängt vor allem damit zusammen, dass „Erfolg" von unterschiedlichen Faktoren wie z. B. der allgemeinen Lebenssituation, den sozialen Bedingungen, der Gesundheit und noch vorhandenen Lebenszielen abhängt (Martin & Kliegel, 2005).

Erkrankte alte Menschen zeigen häufig untypische Krankheitsbilder sowie einen Krankheitsverlauf, der ärmer an Symptomen ist. Die Erholungszeiten nach Erkrankungen sind meist deutlich länger und nicht immer ohne Komplikationen. Zudem ist der alte Mensch auch anfälliger für Infekte. Wenngleich aus medizinischer Sicht diagnostizierte Krankheiten zu behandeln sind, etwa *Diabetes mellitus* oder ein *erhöhter Blutdruck*, heißt dies nicht, dass sich der alte Mensch dann auch krank fühlt, wenn diese Störungen vorliegen.

Kernaussage

Krankheiten, die mit steigendem Alter häufiger auftreten, sollten über eine Änderung von Lebensstil und Gewohnheiten präventiv beeinflusst werden. Dagegen sind alterskorrelierte, unausweichliche und nicht veränderbare Verschlechterungen der Gesundheit eher durch den Aufbau psychischer Bewältigungs- und alltagspraktischer Kompensationsstrategien zu meistern, um so Lebensqualität zu erhalten.

Ein präventives Vorgehen ist sinnvoll, um mögliche Folgen einer Erkrankung zu minimieren und keine *Komorbidität* (Begleiterkrankung) entstehen zu lassen.

11.4.1 Gesundheitsbezogene Lebensqualität

Vom Kindsein entwickelt sich jeder über die Pubertät und das frühe Erwachsenenalter hin zum mündigen, erwachsenen Individuum und schließlich zum reifen, alten Menschen. Fließende, aber auch unmittelbare Übergänge kennzeichnen diese Lebensphasen, die mit kritischen Lebensereignissen einhergehen können. Das Empfinden guter Lebensqualität wird an der Normalität des jeweiligen Lebensabschnittes „gemessen". Mit zunehmendem Alter und dem subjektiv erlebten Alter(n)sprozess steigen Beanspruchungen und nehmen Einschränkungen zu, weshalb im Alter die *gesundheitsbezogene Lebensqualität* an Bedeutung gewinnt (s. u.). Sie ist auch ein wesentliches Element gesundheitspsychologischer Interventionen und präventiver Maßnahmen bei alten und multimorbiden Menschen.

Es geht nicht darum, dem Leben mehr Tage zu geben, sondern den Tagen mehr Leben.

Cicely Saunders (1918 – 2005)

Subjektive Gesundheit

Kernaussage

Gerade die *subjektive Gesundheit* wird stark durch Lebenszufriedenheit, soziale Unterstützung, Bewältigungskompetenzen, Prozesse des sozialen Vergleichs und individuelle Kontrollüberzeugungen beeinflusst (Wurm & Tesch-Römer, 2009).

Das *Deutsche Zentrum für Altersfragen (DZA)* erhebt regelmäßig bundesweit die *Lebenszufriedenheit* bei Personen im Alter von 40 Jahren und älter. Dazu werden in Quer- und Längsschnittbefragungen Daten zur allgemeinen Lebenssituation ermittelt (z. B. Gesundheit, Finanzen, Familien- und Wohnsituation, Sozialkontakte und subjektive Einstellungen). Die letzte Befragung fand 2008 statt und zeigt, dass 59,4% der 40- bis 85-Jährigen hoch lebenszufrieden sind. Von einer mittleren Lebenszufriedenheit berichten 36,2% und lediglich 4,4% waren mit ihrem Leben unzufrieden (Deutsches Zentrum für Altersfragen, 2013).

Allgemeine Lebenszufriedenheit	Altersgruppe			Gesamt
	40–54 Jahre	55–69 Jahre	70–85 Jahre	40–85 Jahre
Eher hohe Lebenszufriedenheit	55,7%	59,9%	62,5%	**59,4%**
Mittlere Lebenszufriedenheit	38,9%	35,9%	33,8%	**36,2%**
Eher niedrige Lebenszufriedenheit	5,4%	4,2%	3,7%	**4,4%**

Tabelle 11.2: Allgemeine Lebenszufriedenheit 2008 nach Altersgruppen (Quelle: GeroStat – Deutsches Zentrum für Altersfragen, Berlin, 2013)

In der Gesundheitspsychologie besteht Konsens darüber, dass die gesundheitsbezogene Lebensqualität operational zu definieren ist (Schumacher, Klaiberg & Brähler, 2003).

Gesundheitsbezogene Lebensqualität

Begriffe

Gesundheitsbezogene Lebensqualität ist ein multidimensionales Konstrukt, welches körperliche, emotionale, mentale, soziale, spirituelle und verhaltensbezogene Komponenten des Wohlbefindens und der Funktionsfähigkeit (des Handlungsvermögens) aus der subjektiven Sicht des Betroffenen beinhaltet (Schumacher, Klaiberg & Brähler, 2003).

11.4 Alter und Gesundheit

Die gesundheitsbezogene Lebensqualität lässt sich konzeptionell auf vier Bereiche beziehen (Schumacher, Klaiberg und Brähler, 2003):

1 *Körperliche Beschwerden*
Diese Beschwerden sind in der Regel krankheitsbedingt. Sie werden von vielen betroffenen Menschen als Hauptgrund für eine Schmälerung der eigenen Lebensqualität angegeben.

2 *Die psychische Verfassung*
Hierunter fallen die emotionale Befindlichkeit, das allgemeine Wohlbefinden und die Lebenszufriedenheit.

3 *Funktionale Einschränkungen*
Diese durch eine Erkrankung hervorgerufenen Einschränkungen wirken sich auf den Alltag, die berufliche Leistungsfähigkeit, die Tätigkeiten im Haushalt und auf Freizeitaktivitäten aus.

4 *Beeinträchtigungen sozialer Beziehungen und Interaktionen*
Erkrankungsbedingt beeinträchtigt werden vor allem zwischenmenschliche und soziale Wechselbeziehungen.

Am Beispiel der Herzinsuffizienz (Herzschwäche), die unterschiedliche Ursachen haben kann, können die verschiedenen Beeinträchtigungen durch eine Erkrankung für einen älteren oder alten Menschen verdeutlicht werden.

Die *Herzinsuffizienz* ist nach Angaben des Statistischen Bundesamts (2012) im Jahr 2010 die häufigste Diagnose für die Krankenhausaufenthalte älterer Menschen gewesen (▶Abbildung 11.4).

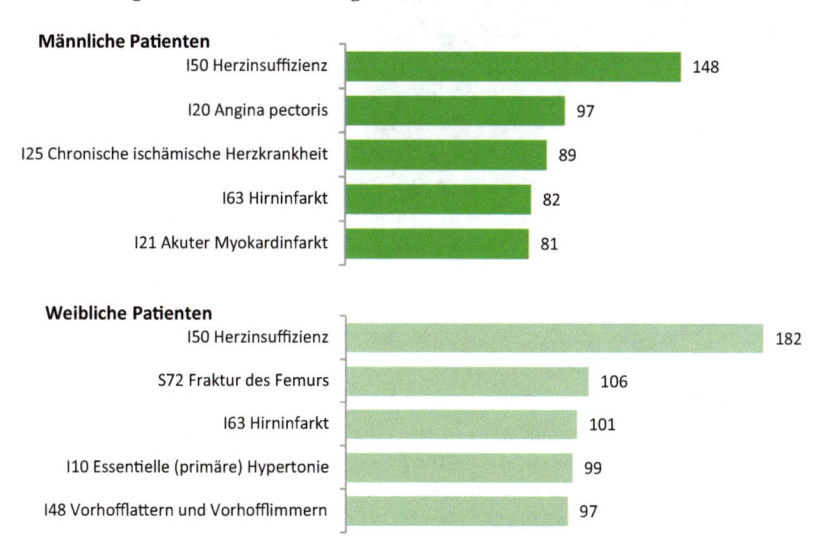

Männliche Patienten
- I50 Herzinsuffizienz: 148
- I20 Angina pectoris: 97
- I25 Chronische ischämische Herzkrankheit: 89
- I63 Hirninfarkt: 82
- I21 Akuter Myokardinfarkt: 81

Weibliche Patienten
- I50 Herzinsuffizienz: 182
- S72 Fraktur des Femurs: 106
- I63 Hirninfarkt: 101
- I10 Essentielle (primäre) Hypertonie: 99
- I48 Vorhofflattern und Vorhofflimmern: 97

Abbildung 11.4: Häufigste Diagnosen entlassener vollstationärer Patienten 2010 (Alter: 65 Jahre und älter in 1000; Quelle: Statistisches Bundesamt, 2012)

Ein typisches Symptom der Herzinsuffizienz ist die Atemnot unter körperlicher Belastung. Im fortgeschrittenen Stadium finden sich diese Symptome auch im Ruhezustand. Wasseransammlungen in den Beinen und im Bauchraum sind typisch bei der Rechtsherzinsuffizienz. Bei der Linksherzschwäche findet sich dagegen typischerweise Wasser in der Lunge. Weitere Symptome für die Linksherzschwäche sind Mattigkeit, Erschöpfung und Müdigkeit, ein schneller Puls, Appetitlosigkeit sowie Konzentrationsstörungen.

Stadien der Herzschwäche

Die *New York Heart Association (NYHA)* teilt die Schwere der Herzinsuffizienz in vier Stadien ein (Heart Failure Society of America, 2013):

- *Stadium 1*
  Keine körperlichen Einschränkungen bei normaler körperlicher Belastung sowie keine Beschwerden.
- *Stadium 2*
  Geringfügige körperliche Beeinträchtigungen bei stärkerer körperlicher Belastung: Atemnot, Herzrhythmusstörungen und Erschöpfung.
- *Stadium 3*
  Starke körperliche Beeinträchtigungen bereits bei leichter Anstrengung, etwa beim Gehen. Dabei kommt es zu Atemnot, Erschöpfung und Brustenge (Angina pectoris).
- *Stadium 4*
  Dauerhafte körperliche Einschränkungen auch unter Ruhebedingungen.

Paradox des subjektiven Wohlbefindens

Neben den körperlichen Einschränkungen durch eine Herzinsuffizienz, müssen die Erkrankten mit den psychischen Belastungen für sich und das nähere Umfeld zurechtkommen. Emotionen wie Angst, Wut oder Depression können sich sowohl bei den Betroffenen als auch den Partnern, Familienmitgliedern oder Freunden einstellen. Eine Veränderung des Lebensstils und das Annehmen der Erkrankung helfen meist, diese Zustände zu verarbeiten. Um mit einer Erkrankung zurechtzukommen, werden aber auch Korrekturen von Erwartungen und Ansprüchen an das Leben vorgenommen, um so eine höhere Lebenszufriedenheit zu erreichen. Um mit gesundheitlichen Einschränkungen zurechtzukommen, senken ältere Menschen deshalb häufig ihr Anspruchsniveau durch *kognitive Umstrukturierungsprozesse* (siehe *11.5 Selbstregulationsprozesse im Alter*). Dadurch erhalten sie die Zufriedenheit mit ihrer Lebenssituation und akzeptieren ein Nachlassen von Ressourcen. Staudinger (2000) bezeichnet dieses Phänomen auch als „Paradox des subjektiven Wohlbefindens". Individuelle Vorstellungen von gesundheitsbezogener Lebensqualität werden allerdings stark von kulturellen Bedingungen, sozialer Herkunft und aktueller Lebenssituation beeinflusst. Alte Menschen mit unterschiedlichen soziodemografischen, körperlichen und seelischen Merkmalen haben auch verschiedene Maßstäbe zur Beurteilung gesundheitsbezogener Lebensqualität entwickelt. In den nächsten Abschnitten wird daher die Bedeutung körperlicher, psychischer und sozialer Faktoren sowie funktionaler Gesundheit thematisiert.

11.4.2 Physische Einflussfaktoren

Die physische Befindlichkeit kann sich sowohl auf das allgemeine Wohlbefinden als auch auf die Psyche auswirken. Zu den physischen Faktoren gehören einerseits funktionierende körperliche und geistige Fähigkeiten, andererseits die noch vorhandene Mobilität sowie die körperlichen Möglichkeiten für ein selbstständiges Leben und eine ausreichende Selbstversorgung. Außerdem werden die Schmerz- und die allgemeine Gesundheitswahrnehmung dazu gezählt (Bullinger & Kirchberger, 1998). Einschränkungen der physischen Funktionen nehmen mit steigendem Alter zu. Sie sind bedingt durch degenerative Vorgänge und alterstypische Krankheiten, die wiederum Einbußen bei anderen Funktionen folgen lassen. Dies alles gefährdet die Autonomie und Selbstständigkeit des alten Menschen. Schmerzen, z. B. bedingt durch Erkrankungen des Muskel-Skelett-Systems, die auch mit Einschränkungen der Bewegungsfreiheit einhergehen, beeinträchtigen die Mobilität des alten Menschen und machen ihn anfällig, z. B. für Stürze. Zusätzlich erzeugen die Nebenwirkungen von Medikamenten und deren Suchtpotenzial weitere gesundheitliche Probleme, zu denen sich oft noch eine Verminderung der geistigen Fähigkeiten oder Harninkontinenz (Unfähigkeit den Harn zu halten) hinzu gesellen.

Einschränkungen der Mobilität und Funktionalität

11.4.3 Psychische und soziale Faktoren

Mit einem fortschreitenden Alterungsprozess haben die psychischen und sozialen Faktoren zunehmenden Einfluss. So können psychische Belastungen durch das Nachlassen körperlicher Funktionen oder Erkrankungen entstehen, die von den Betroffenen bewältigt werden müssen. Zudem verändern beispielsweise der Eintritt in den Ruhestand (Statusverlust; finanzielle Lage), der Tod des Partners oder von Freunden, das Leben (Verringerung sozialer Interaktionen). Fällt dann auch noch ein Teil der sozialen Unterstützung durch Freunde, Familie oder Partner aus, kommt die Furcht vor dem Verlust der Selbstständigkeit und Selbstversorgung auf. Die Art und Weise wie ein älterer oder alt Mensch damit umgeht, trägt entscheidend dazu bei, wie lebenszufrieden er letztendlich sein wird (vgl. *Kapitel 4*).

Verlusterlebnisse

> **Kernaussage**
>
> *Optimismus* und *Resilienz* sind für die Einschätzung des eigenen Gesundheitszustandes wichtige Mediatoren, die helfen, aus dem Alter resultierende Beeinträchtigungen zu bewältigen (vgl. *Abschnitt 3.4*).

Optimismus und Resilienz

Lehr und Thomae (1987) konnten zeigen, dass viele alte Menschen ein längeres Leben hatten, wenn sie ihren Gesundheitszustand optimistischer einschätzten, als er tatsächlich war. Und alte Menschen, deren Persönlichkeit dadurch gekennzeichnet war, dass sie aktiv, verantwortungsbereit und sicher waren oder auch generell mehr Interesse zeigten, hatten eine deutlich längere Lebensdauer. Das Gegenteil war bei den Alten der Fall, die zu Passivität neigten, interessenlos waren und sich keine Perspektiven für die Zukunft machten. Laut Studienergebnissen beeinflussen auch soziale Unterschiede in der Lebenslage den Gesundheitszustand.

> **Kernaussage**
>
> Ein langes Leben korreliert stark mit dem Einkommen, dem Bildungs- und Berufsstatus sowie den Unterschieden im Gesundheitsverhalten.

Die negativen Auswirkungen der *sozialen Ungleichheit* auf die Gesundheit finden sich im höheren Lebensalter sowohl bei Männern als auch Frauen in ähnlicher Ausprägung (Lampert, 2009).

11.4.4 Funktionale Gesundheit

Für ältere Menschen besitzt die Funktionsfähigkeit eine große Bedeutung. Sie entscheidet darüber, wie autonom und selbstständig sie im dritten oder vierten Lebensabschnitt noch leben können. Diese Funktionsfähigkeit wird auch als *funktionale Gesundheit* bezeichnet.

Funktionale Gesundheit

> **Begriffe**
>
> Unter *funktionaler Gesundheit* werden die Fähigkeiten und Fertigkeiten verstanden, selbstständig Grundbedürfnisse zu befriedigen (z. B. essen, pflegen des Körpers, anziehen), den Alltag zu meistern (z. B. kochen, einkaufen, putzen) und am gesellschaftlichen Leben teilzunehmen.

Die funktionale Gesundheit des alten Menschen wird besonders durch chronische Erkrankungen und Multimorbidität bedroht, die seine Handlungs- und Aktionsspielräume einschränken.

Einschränkungen aus biopsychosozialer Perspektive

Mit der Perspektive des *biopsychosozialen Modells* rücken durch Erkrankungen (biologische Komponente) entstehende psychische Probleme (psychologische Komponente) und Einschränkungen der sozialen Interaktion (soziale Komponente) unter dem Aspekt der Lebensqualität stärker ins Blickfeld (Tesch-Römer & Wurm, 2009). Kommt es zu Einschränkungen wegen einer Erkrankung, so können betroffene Personen beispielsweise keinen Sport mehr treiben, nicht mehr an Ausflügen teilnehmen oder bestimmte Tätigkeiten im Haushalt ausführen, und sie benötigen eventuell auch für das Einkaufen Unterstützung. Dies führt dazu, dass die eigene soziale Rolle unzureichend ausgefüllt werden kann, was sich verstärkt negativ auf das Selbstwertgefühl der Betroffenen auswirkt.

11.5 Selbstregulationsprozesse im Alter

Obwohl mit höherem Alter Abbauprozesse sowie körperliche und funktionale Einschränkungen zunehmen und die psychischen Belastungen steigen, also die Entwicklungsverluste über die -gewinne dominieren, gibt es für alte und sehr alte Menschen trotzdem die Möglichkeit, ihr Leben sinnvoll zu gestalten. Im weiteren Verlauf dieses Kapitels wird daher auf Prozesse der *Anpassung* oder *Adaptation* bezüglich der Veränderungen eingegangen und theoretische Positionen werden dargestellt, die helfen, effektive gesundheitspsychologische Maßnahmen im Sinne der Prävention und Gesundheitsförderung zu konzipieren.

Anpassung und Adaptation

11.5.1 Anpassung als psychosozialer Prozess

11.5.1.1 Die Aktivitätstheorie

Mit der Annahme, dass der Mensch auch im Alter das Gefühl haben möchte, gebraucht zu werden und bestrebt ist, seine wichtigsten Werte, psychische und soziale Bedürfnisse beizubehalten, begründet die Aktivitätstheorie ihre Forderung nach *Aktivität im Alter* (Havighurst et al., 1963).

Forderung nach Aktivität im Alter

> **Begriffe**
>
> *Aktivität im Alter* heißt, dass der alte Mensch nach Möglichkeit viele unterschiedliche Rollen einnimmt und auch ausübt, um dem gesellschaftlich verursachten Rückzug bewusst und aktiv entgegenzuwirken.

Aktivität im Alter

Die Theorie geht davon aus, dass ein Abbau psycho-physischer Fähigkeiten und Fertigkeiten erst durch einen Mangel an Beschäftigung entsteht, weshalb kognitive, körperliche und soziale Aktivität wesentlich sind, um diesen Abbau zu verhindern. Ob es einer Person gelingt, einen zwangsweisen Verlust einer Rolle, beispielsweise durch das Ausscheiden aus dem Berufsleben, zu kompensieren, wird über die Lebenszufriedenheit festgestellt. Positive Korrelationen zwischen Lebenszufriedenheit und Aktivitäten im Alter zeigten sich beispielsweise in der Langzeitstudie zum normalen Altern von Maddox (1965). Diese Untersuchung ergab auch einen negativen Zusammenhang zwischen Lebenszufriedenheit und dem Gefühl, nicht gebraucht zu werden und sozialem Rückzug. Diese Resultate der Studie waren für die Autoren der Aktivitätstheorie der Beleg für die Gültigkeit ihrer Annahmen. Gleichwohl ist eine Generalisierung dieser Forschungsergebnisse nicht statthaft, da die Stichprobe der Maddox-Studie ausschließlich aus gesunden älteren Personen bestand. Kritisiert wird die Aktivitätstheorie, weil sie keine interindividuellen Unterschiede berücksichtigt, die sich aufgrund von Persönlichkeit, Biografie und sozioökonomischem Status ergeben. In der auch international beachteten *Bonner Gerontologischen Längsschnittstudie des Alterns* (Thomae, 1983), durchgeführt zwischen 1965 und 1981, zeigen die Ergebnisse eben diese Unterschiede. Unter Berücksichtigung der interindividuellen Differenzen

Verlust von sozialen Rollen kompensieren

konnte die Bonner Studie die Wirkung von Aktivität auf die Lebenszufriedenheit nicht nachweisen (vgl. Thomae, 1987; Lehr, 2007). Bei dieser Längsschnittstudie wurden an sieben Messzeitpunkten psychologische, medizinische und soziologische Daten von 220 Männern und Frauen erhoben (Geburtsjahrgänge 1890 bis 1895 und 1900 bis 1905). Es zeigte sich, dass eine hohe Aktivität einerseits bei einzelnen Studienteilnehmern zu erhöhter Lebenszufriedenheit führte, während andere diese hohe Zufriedenheit nur bei entsprechendem sozialem Engagement empfanden (vgl. Olbrich & Lehr, 1976). Somit kann sich ein positiver wie auch negativer Zusammenhang zwischen Aktivität und Lebenszufriedenheit ergeben.

11.5.1.2 Die Disengagementtheorie

Die Disengagementtheorie von Cumming und Henry (1961) kann als Gegenbild der Aktivitätstheorie verstanden werden. Sie entstand aufgrund der Ergebnisse der *„Kansas City Study of Adult Life"* (Cumming & Henry, 1961).

> **Begriffe**
>
> *„Disengagement"* bedeutet übersetzt „Rückzug" und zwar im Sinne von Rückzug aus sozialen und gesellschaftlichen Bezügen. Dieser Rückzug im Alter wird aus Sicht der Disengagementtheorie als ein normaler Vorgang verstanden.

Für die Autoren der Theorie ist eine Distanzierung des alten Menschen eine Bedingung für eine wirkungsvolle und erfolgreiche Anpassung an das Altern. Ein solcher Rückzug wird am deutlichsten beim Ausscheiden aus dem Berufsleben. Dieser Ausstieg ist von den meisten Betroffenen selbst gewollt, wird aber auch von der Gesellschaft erwartet. Die individuelle Motivation für einen Rückzug ergibt sich der Theorie nach durch die altersbedingten biologischen Veränderungen und stellt eine spezifische aber natürliche Reaktion dar. Diese Reaktion erlaubt es dem älteren Menschen, sich in seine eigene innere Welt zurückzuziehen und zugleich kann die Gesellschaft frei werdende Arbeitsplätze sowie gesellschaftliche Positionen durch junge und leistungsstarke Menschen neu besetzen (Cumming & Henry, 1961). Hat der Rückzugsprozess erst einmal begonnen, so ist nach Wahl und Heyel (2004) ein sich selbst verstärkender Vorgang in Gang gesetzt.

> **Kernaussage**
>
> Ein bis ins hohe Alter aktiver Lebensstil verträgt sich nicht mit den Annahmen der Disengagementtheorie. Zudem stehen den Inhalten der Theorie auch Ziele entgegen, ältere Menschen am sozialen und gesellschaftlichen Leben partizipieren zu lassen.

Ersatz für verlorene Rollen

Einschränkend weisen die Autoren allerdings darauf hin, dass der Umfang des Disengagements nicht in allen sozialen Kontexten gleich sein muss.

Sie plädieren dafür, Älteren einen „Ersatz" für verlorengegangene Rollen anzubieten. Dadurch soll das Leben weiterhin als sinnvoll erlebt werden und Senioren sollen weiter „produktiv" bleiben. Eine solche Form eines erneuten Engagements findet sich in altershomogenen „Subkulturen" wie z. B. Altenclubs. Hier können wieder Rollen und Aufgaben übernommen und Verpflichtungen eingegangen. Dies schafft neue Interaktions- und Aktivitätsmöglichkeiten, bis hin zu einer weiteren (ehrenamtlichen) Berufstätigkeit in Voll- oder Teilzeit.

Kritiker wie Havighurst und Mitarbeiter (1963), die Autoren der *Aktivitätstheorie*, sehen die in der *Disengagementtheorie* postulierte intrinsische Motivation des älteren Menschen, sich zurückzunehmen, als in erster Linie gesellschaftlich initiiert, jedoch nicht als wissenschaftlich belegt.

11.5.1.3 Die Kontinuitätstheorie

Eine Art Mittlerfunktion zwischen Aktivitätstheorie und Disengagementtheorie hat die *Kontinuitätstheorie* von Atchley (1989). Sie basiert größtenteils auf den Vorstellungen zur menschlichen Entwicklung von Erikson (1982). Die Kontinuitätstheorie betont die soziale Aktivität und geht von einer internen und externen Kontinuität aus, d. h. sie vermeidet die Ausschließlichkeit der beiden zuvor erwähnten Theorien.

Mittlerfunktion der Kontinuitätstheorie

> **Begriffe**
>
> *Innere Kontinuität* ist erkennbar am Fortbestand der Identität eines Menschen, etwa in Form von Wesenszügen, Persönlichkeitseigenschaften, Werten, Einstellungen, Emotionalitäten, Präferenzen usw. (Lehr, 2007). Unter *äußerer Kontinuität* versteht Atchley (1989) die gedankliche Repräsentation der sozialen und räumlichen Umwelt, mit der ein Mensch in Kontakt steht.

Insbesondere nimmt für die Identität des älteren Menschen der soziale Umgang mit bekannten und vertrauten Personen eine wichtige Stellung ein. Interne und externe Strukturen zu erhalten oder sie nach Veränderungen wieder aufzubauen, ist deshalb für den alternden Menschen nach dieser Theorie besonders wichtig. Der Strukturerhalt wird als Anpassungsleistung verstanden, die es einer Person erleichtert, den Übergang vom mittleren ins höhere Erwachsenenalter zu leisten.

11.5.2 Anpassung als Bewältigungsprozess

Anpassungs- oder Adaptationsprozesse im Alter sind vor allem durch das subjektive Erleben äußerer Bedingungen beeinflusst, da für die Bewältigung z. B. von gesundheitlichen Einschränkungen oder eines funktionalen Abbaus in erster Linie deren kognitive Bewertung ausschlaggebend ist (Thomae, 1971). Nachfolgend werden kognitive Mechanismen und Theorien dargestellt, die für eine erfolgreiche Bewältigung alterstypischer Veränderungen wesentlich sind und die den alten Menschen dabei unterstützen, Emotionen zu regulieren, um Lebenszufriedenheit und Wohlbefinden aufrecht zu erhalten.

11.5.2.1 Sozioemotionale Selektionstheorie

Emotional befriedigende soziale Interaktionen

Kern dieser Theorie von Carstensen (1992) ist die Annahme, dass ältere Menschen ihre limitierte Lebenszeit verstärkt dazu nutzen, emotional befriedigende soziale Interaktionen zu favorisieren, um ihr subjektives Wohlbefinden zu erhalten. Dies wird notwendig, da die nachlassenden körperlichen und psychischen Energien effizient eingesetzt werden müssen. Vor allem hochbetagte Menschen praktizieren das qualitative Umstrukturieren sozialer Interaktionsmuster, um sich bei ihren sozialen Kontakten die größtmögliche emotionale Befriedigung zu verschaffen. Dies sind meist Kontakte zu Familienmitgliedern. Soziale Kontakte, die emotional negativ behaftet sind oder nicht die Qualität wie zu engen Verwandten besitzen, werden verringert. Dass solche verkleinerten sozialen Netzwerke Zufriedenheit in diesem Lebensabschnitt erzeugen und daher bevorzugt werden, konnten Lansford et al. (1998) nachweisen. Soziale Beziehungen in diesem Alter werden nach Martin und Kliegel (2005) rein technisch ausgewählt, d. h. nach einem *Maximum an Unterstützung, Begleitung und Hilfe*. Alte Menschen selektieren somit bewusst ihre sozialen Kontakte, also nicht unspezifisch bedingt durch den sozialen Rückzug oder durch Einschränkungen der Mobilität, wie es die *Disengagementtheorie* annimmt. Vielmehr handelt es sich um einen adaptiv-funktionalen Selektions- und Konzentrationsprozess, der eine aktive Gestaltung der sozialen Beziehungen darstellt (Martin & Kliegel, 2005).

11.5.2.2 Assimilation und Akkommodation

Die Begriffe Assimilation und Akkommodation werden in den Lerntheorien wie folgt verwandt: Passen bestimmte Wahrnehmungen nicht in ein vorhandenes Wahrnehmungsschema, etwa zum Selbstbild, versucht der Mensch durch Aktivitäten, seine Wahrnehmungen dem Schema anzupassen, indem er auf sein Umfeld Einfluss ausübt (Assimilation). Sind Wahrnehmungen mit dem Schema nicht kompatibel, aber auch nicht beeinflussbar, ändert der Mensch sein Wahrnehmungsschema oder schafft ein neues, um sein Inneres der sich verändernden Außenwelt anzupassen (Akkommodation). Eine ausgesprochen wichtige Funktion spielen dabei die *Kontrollüberzeugungen*. Sie üben einen großen Einfluss auf die Gesunderhaltung der „jungen Alten" und der sehr alten Menschen aus.

> **Begriffe**
>
> *Kontrollüberzeugungen* (*Locus of Control*) sind Überzeugungen darüber, ob das eigene Handeln das Erreichen eines Ziels ermöglicht oder ob die Zielerreichung von äußeren Faktoren beeinflusst und damit den eigenen Einflüssen entzogen ist (internale versus externale Kontrollüberzeugung).

Besitzt ein Mensch eine *internale Kontrollüberzeugung*, so geht er davon aus, Ereignisse kontrollieren und die Folgen seines Verhaltens sich selbst zuschreiben zu können (z. B. *„Wenn ich regelmäßig Gymnastik mache, bleibe ich bis ins hohe Alter beweglich"*). Dagegen wird eine Person mit einer *externalen Kontrollüberzeugung* sich und ihre Situation als Resultat von Schicksal, Umständen oder des Handelns anderer interpretieren und sich in das vermeintliche Schicksal fügen (z. B. *„Dazu bin ich zu alt!"*). Besitzt ein älterer oder sehr alter Mensch die Kontrollüberzeugung, dass er seine Gesundheit durch eigenes Verhalten oder eigene Fähigkeiten beeinflussen kann, so wird sich dies auch auf seine *Selbstwirksamkeitserwartungen* auswirken (vgl. *Kapitel 2*). Je nach Kontrollüberzeugung schreibt eine Person also inneren oder äußeren Faktoren Einfluss zu, d. h. sie attribuiert internal oder external. Wurm und Tesch-Römer (2009) gehen davon aus, dass diese beiden Attributionsprozesse erhebliche Bedeutung im hohen und höheren Alter haben und zwar aus zwei Gründen:

Internale versus externale Kontrollüberzeugungen

1 Durch zunehmende physische und psychische Veränderungen sowie soziale Verluste steigt die Zahl der Stressoren, die bewältigt werden müssen. Interne Kontrollüberzeugungen die helfen, solche Ereignisse positiv zu verarbeiten, puffern die Wirkung solcher Stressoren ab.

2 Menschen mit niedrigen internalen Kontrollüberzeugungen tendieren weniger dazu, sich gesundheitsförderlich zu verhalten, da sie davon ausgehen, dass körperliche Symptome durch äußere, nicht in ihrem Einflussbereich liegende Faktoren, wie beispielsweise den Alterungsprozess, ausgelöst werden.

Menschen, selbstverständlich auch ältere und alte, möchten sich als wertvoll und in sich stimmig wahrnehmen. Diese Selbstwahrnehmungen, beispielsweise gesund und leistungsfähig zu sein, Rollen in der Familie und im Freundeskreis auszufüllen oder sozial integriert zu sein, beeinflussen unser Selbstbild sehr stark. Sich beim Handeln in Übereinstimmung mit dem Selbstbild wahrzunehmen, ist das Ziel der meisten Menschen. Dann sind sie im Einklang (*Konsonanz*) mit ihren Wahrnehmungen, Werten und Überzeugungen. Erhält eine Person jedoch Informationen, die nicht mit ihrem Selbstbild oder ihrer Selbstwahrnehmung übereinstimmen, etwa durch zunehmende Einschränkungen, Verluste oder Hilflosigkeitserfahrungen, entsteht die sogenannte *kognitive Dissonanz* (Festinger, 1957). Es kommt zu einem Widerspruch zwischen Selbstbild und von außen kommenden Informationen oder Erfahrungen. Solche Vorgänge sind selbstbildgefährdend und führen meist zu einer Uminterpretation bzw. zu einer Infragestellung der Informationen, um sie weniger gefährlich für das Selbstbild zu machen: dieser Prozess wird als *kognitive Dissonanzreduktion* bezeichnet.

Kognitive Dissonanz

> **Begriffe**
>
> Als *kognitive Dissonanz* wird ein Gefühlszustand bezeichnet, der dadurch gekennzeichnet ist, dass ein Mensch mehrere Kognitionen wahrnimmt (z. B. Gedanken, Einstellungen), die miteinander nicht vereinbar sind.

Um das Selbstbild bei dissonanten Informationen zu bestätigen, wird in jüngeren Jahren versucht, durch aktives Verhalten Einfluss auf das Umfeld auszuüben, um Konsonanz oder Einklang mit dem Selbstbild herzustellen (*primäre Kontrolle* oder *Assimilation*). Im Alter kommt es verstärkt zu einer Verringerung kognitiver Dissonanz, indem vor allem uminterpretiert wird oder Ansprüche bzw. Ziele verändert oder ganz aufgegeben werden. Dieser Bewältigungsmechanismus wird als *sekundäre Kontrolle* oder *Akkommodation* bezeichnet. Während die primäre Kontrolle vorrangig bewusst abläuft, sind Prozesse der sekundären Kontrolle meist unbewusst. Im Alter nehmen diese sekundären (akkommodativen) Kontrollprozesse zu, allerdings heißt dies nicht, dass die primären (assimilativen) Kontrollprozesse deshalb weniger werden (Wurm & Tesch-Römer, 2009).

Primäre und sekundäre Kontrolle

> **Begriffe**
>
> Unter *primärer Kontrolle* wird die Veränderung äußerer Bedingungen mithilfe aktiver Einflussnahme im Sinne der eigenen Handlungs- und Lebensziele verstanden.
>
> *Sekundäre Kontrolle* beinhaltet die geistige Umstrukturierung oder Restrukturierung des bisherigen Selbst- und Lebenskonzeptes mit der Absicht der Anpassung der Person an die jeweils gegebenen Bedingungen (Heckhausen & Schulz, 1995).

Können aufgrund reduzierter Ressourcen (z. B. körperliche Fitness oder finanzielle Mittel) keine primären Kontrollprozesse ausgeführt werden, schränken sich ältere Menschen kompensatorisch auf ausgewählte Ziele ein, um ihren Selbstwert zu erhalten und um Kontrollverlusterfahrungen und Frustration zu vermeiden. Heckhausen und Schulz (1995) verstehen die primäre und sekundäre Kontrolle als Möglichkeiten des Menschen, die eigene Entwicklung im Lebensverlauf mitzugestalten. Mit beiden Arten der Kontrolle sind auch bestimmte Kontrollstrategien verknüpft, die in der Zielauswahl (*Selektion*) oder im Ersetzen von Zielen (*Kompensation*) bestehen (Heckhausen, Schulz, & Wrosch, 1998). Das *Modell der selektiven Optimierung und Kompensation* (Baltes und Baltes, 1990) erklärt diesen Prozess der Anpassung an Veränderungen im Leben älterer Menschen sehr schlüssig und wird daher nachfolgend ausführlicher beschrieben.

11.5.2.3 Selektive Optimierung und Kompensation

Das *Modell der Selektiven Optimierung und Kompensation (SOK-Modell)* wurde Mitte der 1980er-Jahre entwickelt (Baltes & Baltes, 1990) und beschreibt erfolgreiches Altern im Sinne einer proaktiven Lebensgestaltung.

SOK-Modell

Begriffe

Das *SOK-Modell* besitzt drei Komponenten, die eine erfolgreiche Anpassung an Lebensveränderungen, Belastungen und das Älterwerden beschreiben. Es erklärt, wie alte Menschen trotz altersbedingter Einschränkungen und Behinderungen durch eine Auswahl und Veränderung von Zielen, Erwartungen und Wünschen (Selektion) und die Stärkung und Nutzung noch vorhandener Fähigkeiten und Ressourcen (Optimierung) sowie durch die Suche nach neuen Wegen und das Erlernen von Bewältigungsstrategien (Kompensation) ein Maximum an Lebensqualität erzielen.

Altern als proaktive Lebensgestaltung

Mit dieser Vorgehensweise kommt es zu einer erfolgreichen Anpassung an biologische, psychologische und sozioökonomische Veränderungen im Alter. Gerne wird der Pianist Arthur Rubinstein für die Erklärung dieser drei Komponenten herangezogen. Auf die Frage, wie er mit den Funktionseinschränkungen durch das Alter umgehe, erklärte er, dass er sein Repertoire begrenze (Selektion). Die ausgewählten Stücke verstärkt übe (Optimierung) und einen Kunstgriff anwende, indem er vor besonders schnellen Passagen das Tempo verlangsame. So erschienen im Kontrast diese Passagen wieder ausreichend schnell (Kompensation).

Ressourcen-Verluste → Selektion Optimierung Kompensation → Eingeschränktes Leben, jedoch selbstwirksames Leben

Abbildung 11.5: Psychologische Anpassungsprozesse nach dem SOK-Modell (angelehnt an Martin & Kliegel, 2005, S. 62)

Mit Blick auf mögliche Funktionseinschränkungen, vor allem im hohen Lebensalter, kann das SOK-Modell eingängig zeigen, wie von Funktionsverlusten betroffene alte Menschen mit den drei Teilschritten *Selektion*, *Optimierung* und *Kompensation* diesen Veränderungen entgegenwirken können. Beispielsweise können die Betroffenen mittels Selektion aus den noch verbliebenen Verhaltens- und Handlungsmöglichkeiten diejenigen auswählen, die problemlos umzusetzen sind und mit denen ein maximaler Erfolg, z. B. in Form von mehr Lebensqualität, erzielt werden kann. Soll beispielsweise die körperliche Beweglichkeit verbessert werden, so kann dies durch Gymnastik als Optimierungsstrategie geschehen. Funktionseinschränkungen können über eine teilweise oder vollständige Kompensation ausgeglichen werden, etwa durch Hilfsmittel (z. B. Gehhilfen) oder neue Verhaltensweisen (z. B. Ernährung).

SOK steigert die Lebenszufriedenheit

Mit Fragebogenstudien an 200 älteren Personen im Alter zwischen 72 und 103 Jahren ermittelten Freund und Baltes (1998, 1999) deren SOK-Strategien. Die Befragten zeigten in dieser Studie bei einem Anstieg von SOK eine parallele Erhöhung des Wohlbefindens und mehr positive Emotionen sowie eine Reduzierung von sozialer und emotionaler Einsamkeit. Die Analyse ergab, dass vor allem die *Kompensations- und Optimierungsstrategien* zur Steigerung der altersbezogenen Zufriedenheit beitrugen. In weiteren Forschungen von Freund und Baltes (2002) zeigen sich mit zunehmendem Alter leichte, jedoch beständige Zunahmen bei den Selektionsstrategien. Allerdings nehmen die SOK-Strategien auch wieder ab, wenn nicht ein Minimum an Ressourcen vorhanden ist – diesen Zusammenhang konnten Lang, Rieckmann und Baltes (2002) in einer Langzeitstudie zeigen. In dieser Arbeit wurde deutlich, dass Menschen, die im Vergleich mit anderen Personen über viele Ressourcen verfügten, öfter die Strategien der Kompensation und Optimierung nutzten. Das Nachlassen der Zielverfolgung (z. B. Verzicht auf geplante Reisen u.a.) im Alter erklären Ouwehand, de Ridder und Bensing (2007) mit einer verringerten Verfügbarkeit von Ressourcen.

Mit 248 an Arthrose leidenden Personen über 55 Jahren konnten Gignac, Cott und Badley (2002) in einer Forschungsarbeit nachweisen, dass vor allem die Kompensations- und die Optimierungsstrategien eingesetzt wurden, um das subjektive Wohlbefinden zu verbessern. Durch Hilfsmittel, die Unterstützung boten, wurde kompensiert und über Aktivitäten optimiert, um z. B. Schmerzen zu begegnen.

Zur Erklärung und Beschreibung von Bewältigungsverhalten älterer Menschen ist das SOK-Modell ein sehr brauchbarer Ansatz, da eine klare Zuordnung von Verhalten zu den drei Bereichen des Modells möglich ist, deren Strategien, jede für sich, ihre Wirksamkeit entfalten kann.

11.5.2.4 Psychologische Produktivität im Alter

Psychologische Produktivität

Obwohl der Mensch ein Leben lang abwägt, hat im Alter das Bilanzieren von Verlusten (z. B. biologischer Abbau, sozialer Rollenverlust) und Gewinnen (z. B. weniger Verantwortung), eine besondere Bedeutung. Zu den Gewinnen im Alter zählen auch Ergebnisse aus einer anderen Qualität von „Produktivität", der sogenannten *„psychologischen Produktivität"*. Psychologische Produktivität ist aus Sicht der *Life-span-Psychologie* eine wesentliche Voraussetzung für die seelische Gesundheit des älteren Menschen, denn sie verbessert das emotionale Wohlbefinden, schafft Akzeptanz der Lebenssituation und gibt dem Leben auch im 3. und 4. Lebensabschnitt noch einen Sinn.

> **Begriffe**
>
> Der psychologische Begriff der *Produktivität* umfasst nicht nur die Möglichkeiten, etwas mit den Händen oder dem Geist zu produzieren, sondern auch die Fähigkeit, mit Einschränkungen und Behinderungen, die durch das Alter hervorgerufen werden, produktiv umzugehen (Staudinger, 1996, 2000).

11.5 Selbstregulationsprozesse im Alter

Psychologische Produktivität kann *emotionaler* und *motivationaler Art* sein.

> **Begriffe**
>
> Unter *emotionaler Produktivität* wird der nach außen vermittelte emotionale Zustand verstanden, wonach eine Person, z. B. trotz altersbedingter Einschränkungen, zufrieden und ausgeglichen sein kann.

Emotionale Produktivität

Diese positive Gemütslage wirkt sich einerseits auf die Person selbst aus, d. h. auf ihr Denken und Wollen. Andererseits wird ein Mensch durch eine solche positive Ausstrahlung zu einem „Modell" für andere und damit „psychologisch produktiv".

> **Begriffe**
>
> Die *motivationale Produktivität* bezieht sich auf Werte und Ziele des Individuums sowie auf seinen Einfluss, den es auf Werte und Ziele anderer ausübt (Staudinger, 2000).

Motivationale Produktivität

Staudinger (2003) sieht die Resultate von „Produktivität" in emotionalem Wohlbefinden und Anerkennung der durch das Alter geschaffenen Lebenssituation. Aber auch im Vorhandensein eines Lebenssinns, der noch Ziele und das Verfolgen dieser Ziele beinhaltet. Hier zeigen sich Parallelen zum Kohärenzgefühl des Salutogenesemodells von Antonovsky (vgl. *Abschnitt 1.6.2*). Fragen, die für Antonovsky im Zentrum stehen, sind auch auf den Alter(n)sprozess anwendbar: *„Was hält Menschen ‚jung' und gesund?"*, *„Weshalb altert der eine Mensch schneller als ein anderer?"*, *„Was unterstützt den Prozess des gesunden Alterns?"*. Unter Hinzuziehung des *biopsychosozialen Modells* und des *„HE-DE-Kontinuums"* („Gesundheits-Krankheits-Kontinuum"), das das gesundheitliche Niveau eines Menschen darstellt, bewegt sich auch der alte Mensch immer auf ein Ungleichgewicht von beständiger Gesundheit auf Krankheit und Leiden hin. Für Antonovsky sind gesundheitliche Einbußen ein ganz normaler Vorgang, der von permanenten Unsicherheiten begleitet wird. Im Salutogenese-Modell interessieren in erster Linie *externe und personale Faktoren*, die Gesundheit erhalten und fördern sowie Stress und Krankheit Widerstand leisten. Im Alter müssen ebenfalls Verluste bewältigt werden, weshalb diese Prozesse Ähnlichkeit mit den Bewältigungsprozessen im Modell von Antonovsky aufweisen. Insbesondere geht es um Mechanismen und Ressourcen psychosozialer Art, die, trotz zunehmender Einschränkungen und Einbußen, physische und psychische Gesundheit stabilisieren. Wer als alter Mensch ein grundsätzliches Vertrauen in die *Verstehbarkeit des Alterns* hat, sich sicher ist, die Veränderungen bewältigen zu können, und dies als *sinnvoll erlebt*, wird trotz reduzierter körperlicher und sozialer Kräfte ein sinnvolles und „produktives" Leben führen.

11.6 Prävention und Gesundheitsförderung im Alter

Optimierung von subjektiver und objektiver Gesundheit

Prävention und Gesundheitsförderung sind im Alter neben der medizinischen Versorgung und Pflege wesentlich. Beide Maßnahmen haben nicht das Ziel die Lebensspanne zu vergrößern, sondern zielen auf eine Erhöhung der Anzahl gesunder Lebensjahre ab. Gesundheitsförderung und Prävention bezwecken gemeinsam, die *subjektive* wie auch die *objektive Gesundheit* zu optimieren. Wie bei den Selbstkontrollprozessen deutlich wurde, muss die *primäre Kontrolle*, d. h. die bewusste Einflussnahme auf das Umfeld bzw. auf das eigene Verhalten, nicht zwangsläufig im Alter nachlassen. Wrosch, Heckhausen und Lachmann (2000) konnten zeigen, dass primäre Kontrollprozesse sogar zunehmen können. Daher bieten sich für medizinische und gesundheitspsychologische Interventionen sowie zum Erhalt und der Wiederherstellung von Gesundheit Maßnahmen an, die älteren Menschen dabei helfen, bewusst an ihrem Gesundheitsverhalten zu arbeiten (Wurm & Tesch-Römer, 2009).

Präventive Maßnahmen können gemeinsam mit gesundheitsförderlichen Angeboten die Lebensqualität im Alter entscheidend verbessern. Dies geschieht insbesondere in Form einer *gesunden Ernährung*, vermehrter *körperlicher Aktivität* und einer *Verringerung von Stress*. Aber auch das *Rauchen* sowie der *Alkohol- und Drogenmissbrauch* sind zu beachten, wenngleich sie für den alten Menschen weniger bedeutsam sind als die zuvor genannten Bereiche (Tesch-Römer, 2002).

Prävention beinhaltet im Alter vor allem die *Krankheitsvermeidung*, den *Erhalt von Selbstständigkeit* und eine *Verringerung gesundheitlicher Beeinträchtigungen* auf eine möglichst kurze Phase vor dem Lebensende (Wurm & Tesch-Römer, 2009).

> **Kernaussage**
>
> Prävention im Alter umfasst neben der *Krankheitsvermeidung* (*Primärprävention*), die *Früherkennung, Therapie* und *Rehabilitation* von Erkrankungen (*Sekundärprävention*) sowie die *aktivierende Pflege* (*Tertiärprävention*) (Wurm & Tesch-Römer, 2009).

Präventionspotenziale bei Älteren

Präventionspotenziale bei älteren Menschen ergeben sich vor allem bei Herz-Kreislauf-Erkrankungen, kardiovaskulären und zerebrovaskulären Krankheiten, Krankheiten des Stütz- und Bewegungsapparates, Diabetes mellitus, Osteoporose sowie bei der Vorbeugung von Stürzen und den Folgen falscher Medikation (Naegele, 2004).

Prävention ist bestrebt, die Gefahren und Risiken durch spezielle Krankheiten möglichst klein zu halten, während *Gesundheitsförderung* personale und soziale Ressourcen zu stärken versucht (vgl. *Kapitel 6*). In der Praxis werden beide Begriffe häufig synonym verwandt, was oftmals die Wirklichkeit auch entsprechend widerspiegelt, denn, um ein Praxisbeispiel zu nennen, ein Kraft- und Balancetraining für ältere Menschen stärkt einerseits die physischen Ressourcen, wirkt aber gleichzeitig primärpräventiv Stürzen vor.

11.6.1 Körperliche Erkrankungen

11.6.1.1 Herz-Kreislauf-Erkrankungen

Wie bereits in vorangegangenen Kapiteln deutlich wurde, sind bei Herz-Kreislauf-Erkrankungen der Lebensstil und die damit verbundenen gesundheitlichen Risiken für das kardiovaskuläre System wesentlich. Eine Übersicht zur Häufigkeit von Herz-Kreislauf-Erkrankungen gibt ▶Tabelle 11.3. Die Zahlen stammen aus der Studie zur Gesundheit Erwachsener in Deutschland (DEGS1) und wurden im Zeitraum von 2008 bis 2011 an 5901 Personen in der Altersgruppe von 40 bis 79 Jahren erhoben (Gößwald, Schienkiewitz et al., 2013). Dargestellt werden nur die Zahlen zur Prävalenz von *Herzinfarkt* und *Koronarer Herzkrankheit* (KHK) für die Altersgruppen 60 bis 69 Jahre und 70 bis 79 Jahre.

Aus ihnen ist erkennbar, dass Männer in beiden Altersstufen stärker von allen drei Erkrankungen des Herzens betroffen sind als Frauen und dass diese Erkrankungen mit steigendem Alter zunehmen. Die Autoren weisen auf den umgekehrten Zusammenhang von Koronarer Herzkrankheit und sozioökonomischem Status hin, der sowohl in der Gruppe der Frauen wie auch der Männern existiert. Damit ist die Gefahr, eine Koronare Herzkrankheit zu entwickeln, umso geringer, je höher der Sozialstatus ist. Die Autoren führen dies nicht nur auf Unterschiede in der sozialen Herkunft der Befragten und die damit verbundenen Differenzen im Gesundheitsverhalten zurück, sondern auch auf psychosoziale Faktoren sowie Arbeits- und Lebensbedingungen (Gößwald, Schienkiewitz et al., 2013).

Koronare Herzkrankheit und Sozialstatus

	60 bis 69 Jahre	70 bis 79 Jahre
KHK gesamt		
Frauen	10,8%	15,5%
Männer	19,5%	30,5%
Herzinfarkt		
Frauen	4,7%	6,0%
Männer	11,9%	15,3%
Angina pectoris/andere KHK		
Frauen	9,1%	13,8%
Männer	15,2%	27,3%

Tabelle 11.3: Koronare Herzkrankheit (KHK), Herzinfarkt, Angina pectoris oder andere KHK bei Erwachsenen im Alter von 60 bis 79 Jahren (Quelle: Gößwald, Schienkiewitz et al., 2013)

Ob das Herz-Kreislauf-System im Alter noch leistungsfähig ist, hängt nicht alleine vom kalendarischen Alter ab, sondern auch vom bisher geführten Leben, der körperlichen Fitness und davon, ob bereits andere Erkrankungen aufgetreten sind (Walter, Schneider & Bisson, 2006). Eingetretene Schädigungen des Herz-Kreislauf-Systems sind meist irreversibel. Dennoch sind aus der Perspektive der *Verhaltensprävention* durchaus im individuellen Verhalten noch Möglichkeiten für Veränderungen vorhanden, beispielsweise beim Tabakkonsum. Nach dem Mikrozensus 2009 (Statistisches Bundesamt, 2013) rauchen regelmäßig in der Altersgruppe der 65- bis 70-Jährigen 11,8%, in der Altersgruppe der 71- bis 75-Jährigen 7,7% und bei den über 75 Jahre alten Personen 4,3% (siehe ▶Tabelle 11.4).

65 – 70 Jahre	71 – 75 Jahre	76 Jahre und älter
11,8%	7,7%	4,3%

Tabelle 11.4: Regelmäßige Raucher nach Altersgruppe (Quelle: Statistisches Bundesamt, 2013)

Erkennbar ist, dass die Zahl der Raucher mit steigendem Alter abnimmt (vgl. *Abschnitt 7.3.1*). Erklärt wird dies mit den zunehmenden Erkrankungen im Alter, die einen Verzicht auf das Rauchen mit sich bringen, andererseits auch mit der höheren Sterblichkeit von Rauchern (Robert Koch-Institut, 2012).

Neben dem Nichtrauchen sind zur Vorbeugung von Herz-Kreislauf-Erkrankungen auch eine *Steigerung körperlicher Aktivität* und eine *gesunde Ernährung* wesentlich (siehe *Abschnitt 11.6.1.*).

Bluthochdruck (Hypertonie) ist ein bestimmender Faktor für Herz-Kreislauf-Erkrankungen, chronische Niereninsuffizienz und für Morbidität und Mortalität (Neuhauser, Tamm & Ellert, 2013). Allerdings ist Bluthochdruck über eine Veränderung des Lebensstils positiv beeinflussbar, d. h. über mehr körperliche Aktivität, eine gesunde Ernährung und eine Reduzierung von Übergewicht und Stress.

Hypertonie Ein erhöhter Blutdruck wird insbesondere für die Entstehung des Schlaganfalls und der ischämischen Herzkrankheit verantwortlich gemacht. Bluthochdruck liegt nach aktuellen Leitlinien vor, wenn eine permanente Erhöhung des Blutdrucks über 140 mmHg systolisch oder 90 mmHg diastolisch vorliegt (Mancia, De Backer und Dominiczak, 2007). Die Zahl der Personen im Alter von 18 bis 79 Jahren, die an Hypertonie leiden, wurde ebenfalls in der Studie zur Gesundheit Erwachsener in Deutschland (DEGS1) erhoben. Die Prozentzahlen für die Altersgruppe der 60- bis 79-Jährigen aus dieser Erhebung finden sich in ▶Tabelle 11.5.

	60–69 Jahre	70–79 Jahre
Frauen	60,7%	74,7%
Männer	58,8%	73,6%
Gesamt	59,8%	74,2%
Sozialstatus		
Frauen		
Niedrig	70,9%	67,3%
Mittel	60,8%	80,3%
Hoch	44,5%	62,4%
Männer		
Niedrig	52,3%	76,0%
Mittel	59,6%	75,9%
Hoch	61,4%	64,2%
Gesamt		
Niedrig	62,3%	70,5%
Mittel	60,3%	78,4%
Hoch	55,2%	63,5%

Tabelle 11.5: Hypertonie nach Alter, Geschlecht und Sozialstatus (Quelle: Gößwald, Schienkiewitz et al., 2013)

Wie die Daten verdeutlichen, liegen die Blutdruckwerte bei den Frauen durchweg höher. Bezieht man den Sozialstatus mit ein, so ergeben sich bei den Frauen zusätzliche Differenzen zwischen weiblichen Personen mit einem niedrigen und einem hohen sozialen Status in beiden Altersgruppen sowie bei Männern der Gruppe der 70- bis 79-Jährigen. Betrachtet man die Gesamtzahlen für die weiblichen und männlichen Teilnehmer der Studie, so ist der Sozialstatus besonders ins Auge fallend.

Kommen zu einem hohen Blutdruck weitere Risikofaktoren parallel hinzu (z. B. Diabetes mellitus und hohe Cholesterinwerte), so kann sich in einer Wechselwirkung deren negativer Einfluss auf das Herz-Kreislauf-System addieren und potenzieren.

11.6.1.2 Ernährungsverhalten und körperliche Aktivität

Auch das Ernährungsverhalten bietet sich für die Prävention und Gesundheitsförderung an. So zeigen die Daten des Robert-Koch-Instituts im Rahmen des *Gesundheitsberichts für Deutschland* (Robert-Koch-Institut, 2011), dass 38,7% aller Frauen über 65 Jahren übergewichtig und 22,1% sogar adipös sind (▶Tabelle 11.6). Mit 50,1% wesentlich stärker von Übergewicht betroffen sind allerdings Männer in dieser Altersgruppe.

Übergewicht und Adipositas

Mit einem Wert von 21,2% liegen die Männer bei Adipositas bei einem annähernd gleichen Ergebnis.

	65 Jahre und älter	
	Übergewicht	Adipositas
Frauen	38,7%	22,1%
Männer	50,1%	21,2%

Tabelle 11.6: Übergewicht und Adipositas im Alter (Quelle: Robert-Koch-Institut, 2011)

Bereits in *Kapitel 9* wurde beim Thema *körperliche Aktivität* die Bedeutung der Bewegung für die Gesundheit des Menschen ausführlich beschrieben. Positive Auswirkungen hat körperliche Aktivität auf das *Herz-Kreislauf-System* (z. B. Blutdruck) und die *Gewichtsregulation*. Vor allem beugt körperliche Aktivität einem funktionalen Abbau im Alter vor. Eine große Zahl von Studien weist auch auf den protektiven Charakter von Bewegung bei Darmkrebs hin. Als Schutzfaktor kann ausreichend Bewegung bei nicht-insulinpflichtigem Diabetes gelten (Typ-2-Diabetes, Behandlung mit Insulin ist nicht zwingend erforderlich). Ausreichend Bewegung schützt vor allem Frauen nach der Menopause vor Knochenabbau (Osteoporose) (vgl. *Abschnitt 9.3.1*). In der Regel schaffen es ältere Menschen nicht, der Empfehlung nachzukommen, sich mindestens eine halbe Stunde pro Tag zu bewegen. Dass jedoch selbst hochbetagte und bisher inaktive Menschen mittels dosierter körperlicher Aktivitäten eine Steigerung ihrer Lebensqualität und körperlichen Funktionen erreichen konnten, zeigt die Studie von Geithner und McKenney (2010).

Wenig körperlich aktive Alte

Wie aus ▶Tabelle 11.7 ersichtlich wird, ist ein Großteil der über 65-Jährigen eher wenig aktiv – dies gilt sowohl für Frauen als auch Männer, wenngleich die Männer einen niedrigeren Wert in der Rubrik „*Weniger als 2,5 Stunden*" aufweisen. Männer sind dieser Statistik zufolge auch etwas aktiver, wenn es um Bewegung von „*Mehr als 2,5 Stunden*" in der Woche geht oder um „*Fünf Mal und mehr in der Woche von mindestens 30 Minuten*".

	Weniger als 2,5 Std.	Mehr als 2,5 Std.	Fünf Mal und mehr in der Woche von mindestens 30 Minuten
Frauen	72,8%	14,3%	12,9%
Männer	65,3%	18,9%	15,8%

Tabelle 11.7: Körperliche Aktivität pro Woche in der Altersgruppe 65 Jahre und älter 2009 (Quelle: Robert-Koch-Institut, 2011)

11.6.1.3 Muskuloskeletale Erkrankungen (MSKE)

Unter dieser Bezeichnung werden *entzündliche und degenerative Erkrankungen des Bewegungsapparats* zusammengefasst. Sie finden sich weltweit am häufigsten bei älteren Menschen und stellen auch die Ursache

11.6 Prävention und Gesundheitsförderung im Alter

Nummer eins für chronischen Schmerz dar. In Deutschland spielen sie eine bedeutende Rolle bei alten und hochaltrigen Menschen. Frauen sind mit zunehmendem Alter von muskuloskeletalen Erkrankungen deutlich stärker betroffen als Männer. Erkrankungen des Bewegungsapparates haben Einschränkungen der funktionalen Gesundheit zur Folge und sind ursächlich für eine mangelnde Lebensqualität. *Arthrose* und *rheumatoide Arthritis* sowie *Osteoporose* stehen bei den muskuloskeletalen Erkrankungen in Deutschland an erster Stelle (Fuchs et al., 2012).

Arthrose

> **Begriffe**
>
> *Arthrose* ist durch die degenerative Zerstörung des Gelenkknorpels gekennzeichnet sowie eine Schädigung benachbarter Strukturen wie Knochen, Kapseln, Bänder und Muskeln.

Arthrose

Der Bericht *Gesundheit in Deutschland aktuell 2010* (Robert-Koch-Institut, 2012) lässt bei der Arthrose mit 37,8% der Prävalenz in den letzten 12 Monaten eine stärkere Betroffenheit der Frauen in der Gesamtgruppe erkennen (vgl. ▶Tabelle 11.8). Vor allem sticht hier der deutliche Anstieg bei den Frauen in der Gruppe 65 Jahre und älter ins Auge.

	Gesamt	45 bis 64 Jahre	65 Jahre und älter
Frauen	37,8%	28,1%	47,5%
Männer	23,5%	18,8%	28,2%

Tabelle 11.8: Häufigkeit von Arthrose bei Frauen und Männer 2010

Rheumatoide Arthritis

> **Begriffe**
>
> Die *rheumatoide Arthritis* ist eine Unterform der chronischen Arthritis und kommt am häufigsten vor. Die Bezeichnung Arthritis steht für entzündliche, in der Regel chronisch verlaufende Gelenkerkrankungen. Auslöser sind Autoimmunprozesse, die jedoch in ihrer Funktion noch nicht vollständig geklärt sind.

Rheumatoide Arthritis

Risikofaktoren für entzündliche Gelenkerkrankungen mit chronischem Verlauf sind zum einen das *Geschlecht* – Frauen sind häufiger betroffen – und ein *höheres Lebensalter*, das Rauchen sowie unterschiedliche genetische Faktoren (Robert-Koch-Institut, 2010). In der Regel verlaufen entzündliche Gelenkserkrankungen in Schüben und sind fortschreitend, was in der Folge zu andauernden Funktionsbeeinträchtigungen, Schmerzen und einem starken Verlust von Lebensqualität führen kann. Auch bei diesen Erkrankungen führen Frauen die Statistik an. So sind sie in der Altersgruppe 45 Jahre und älter mit der Erkrankung fast doppelt so häufig vertreten als Männer (9,6% Frauen; 5,5% Männer). Deutlich wird auch aus der Statistik eine Zunahme der Arthritis mit steigendem Alter. Beide Geschlechter sind ab dem 65sten Lebensjahr wesentlich häufiger von Gelenksentzündungen betroffen als die jüngeren Altersgruppen (siehe ▶Tabelle 11.9).

	Gesamt	45 bis 64 Jahre	65 Jahre und älter
Frauen	9,6%	7%	12,2%
Männer	5,5%	3,7%	7,3%

Tabelle 11.9: Häufigkeit von Arthritis bei Frauen und Männern 2009

Osteoporose

Osteoporose

> **Begriffe**
>
> *Osteoporose* zeichnet sich durch eine mangelnde Bruchfestigkeit der Knochen aus, die durch eine verstärkte Tendenz zu Knochenbrüchen, bereits bei geringfügigen äußeren Anlässen gekennzeichnet ist, die sogenannten *Fragilitätsfrakturen*.

▶Tabelle 11.10 verdeutlicht den Unterschied zwischen Frauen und Männern was die Häufigkeit der Osteoporose angeht. Während insgesamt 17,1% der Frauen davon betroffen sind, tritt der Knochenschwund nur bei 4,4% der Männer auf. Innerhalb der Gruppe der Frauen sind deutlich mehr jenseits des 64sten Lebensjahres davon betroffen. Signifikant ist der Anstieg von 9,4% bei den 50- bis 64-jährigen Frauen auf 23,4% ab 65 Jahren. Eine solch dramatische Steigerung der Erkrankungshäufigkeit findet sich bei den Männern der gleichen Altersgruppe allerdings nicht.

	Gesamt	50 bis 64 Jahre	65 Jahre und älter
Frauen	17,1%	9,4%	23,4%
Männer	4,4%	3,4%	5,6%

Tabelle 11.10: Häufigkeit von Osteoporose bei Frauen und Männern 2010 (Quelle: Robert-Koch-Institut, 2012)

Sehr problematisch ist aufgrund der reduzierten Bruchfestigkeit der Knochen ein sogenannter *osteoporotischer Schenkelhalsbruch*. Die Sterblichkeit bei dieser Form des Schenkelhalsbruchs ist während des Krankenhausaufenthaltes mit 6% schon hoch, steigt aber nach Schätzungen in den folgenden 12 Monaten nach der Operation weiter auf geschätzte 33%. Meist sind es Herz- oder Gefäßerkrankungen und Erkrankungen der Lunge, die für die Mortalität verantwortlich gemacht werden (Saß, Wurm & Ziese, 2009).

Die Ursachen der beschriebenen muskuloskeletalen Erkrankungen sind vielfältig; so werden neben Lebensstilfaktoren, spezifische berufliche Beanspruchungen, erbliche Faktoren sowie hormonelle Veränderungen und das Zusammenwirken einzelner Auslöser genannt. Einzelne Faktoren sind durch eine Verhaltensänderung beeinflussbar, etwa durch Maßnahmen der *Sturzprävention* oder durch *verstärkte körperliche Aktivität*. Stürze werden meist durch einen gestörten Gleichgewichtssinn, Sehschwierigkeiten, die Wirkung bestimmter Medikamente (z. B. Beruhigungsmittel) oder eine gestörte neuromuskuläre Koordination provoziert (Saß, Wurm & Ziese, 2009). Wichtig ist daher auch ein Training des Gleichgewichtssinns, Übungen zur Kräftigung der Muskulatur oder für das Koordinationsverhalten, um Stürze zu vermeiden, sowie das Tragen von sogenannten Hüftprotektoren, die bei einem Sturz Gelenke und Knochen schützen. Aber auch ein maßvoller Konsum von Tabak und Alkohol sowie ein „normales" Körpergewicht haben einen positiven bzw. präventiven Einfluss auf muskuloskeletale Erkrankungen. Speziell bei der Osteoporose wird die Einnahme von Kalzium und Vitamin D, isoliert oder in Kombination, empfohlen (Saß, Wurm & Ziese, 2009).

11.6.2 Psychische Erkrankungen

Mit zunehmendem Alter treten neben körperlichen Erkrankungen und Multimorbidität auch stärker psychische Erkrankungen auf. Es wird geschätzt, dass zirka 25% der über 65-Jährigen unter psychischen Erkrankungen unterschiedlichster Art leiden. Von besonderer Bedeutung sind dabei *demenzielle Erkrankungen* und *Depressionen* (Saß, Wurm & Ziese, 2009).

11.6.2.1 Demenzen

Mit dem Alterungsprozess geht auch eine *Veränderung der kognitiven Leistungsfähigkeiten* einher. Diese Veränderungen sind oft schwer von krankhaften Prozessen zu unterscheiden, die durch einen zunehmendem Gedächtnisverlust und kognitive Defizite gekennzeichnet sind, wie sie auch bei Vorstufen der Demenz der Fall sind. Die Zahl der Altersdemenzfälle liegt bei den 65- bis 69-Jährigen bei ungefähr 2% und bei Personen ab 90 Jahren und älter bei über 30%. Frauen zählen mit über zwei Drittel zu den Hauptbetroffenen der Erkrankung. Ursache dafür ist das höhere Lebensalter der Frauen sowie ein höheres Erkrankungsrisiko (Robert-Koch-Institut, 2005).

Auftreten von Demenz ist altersabhängig

> **Begriffe**
>
> *Demenz* wird als ein Syndrom verstanden, das in Folge einer chronischen oder fortschreitenden Erkrankung des Gehirns entsteht und durch einen Zustand herabgesetzter Fähigkeiten mannigfaltiger höherer kortikaler Leistungen wie Gedächtnisfunktionen, Denken, Orientierung, Lernfähigkeit, Sprache und Urteilsvermögen gekennzeichnet ist. Begleitet wird dieses Syndrom von Veränderungen des zwischenmenschlichen Verhaltens, des Antriebs und der emotionalen Kontrolle (Robert-Koch-Institut, 2005).

Demenz bedeutet nicht nur Gedächtnisverlust

Ursachen von Demenz

Etwa 80% aller Demenzen sind auf Erkrankungen des Gehirns zurückzuführen, die mit der Zeit zu einer Zerstörung vieler Nervenzellen und Verbindungen zwischen Neuronen führen, was als sogenannte *Neurodegeneration* bezeichnet wird. Ursache hierfür ist eine fehlerhafte Verarbeitung normaler Eiweißstoffe, die deformieren, miteinander verkleben und innerhalb oder außerhalb von Nervenzellen Ablagerungen bilden. Die *Alzheimer-Erkrankung* (*degenerative Demenz*) ist die am häufigsten vorkommende Demenzerkrankung, gefolgt von Demenzen, denen Störungen von Blutgefäßen zugrunde liegen, die das Gehirn mit Blut versorgen (*vaskuläre Demenzen*). Eine Mangeldurchblutung des Gehirns wiederum führt zu einem Niedergang von Hirngewebe. Alzheimer-Demenz und eine mangelnde Hirndurchblutung treten oft gemeinsam auf (Kurz, 2013).

> **Kernaussage**
>
> Der Anteil der *Alzheimer-Erkrankung* an den Demenzen beträgt etwa 66%, außerdem sind ca. 15 bis 20% der Demenzen auf Durchblutungsstörungen zurückzuführen. Bei allen anderen vorkommenden Demenzerkrankungen handelt es sich um Mischformen oder eher seltene Ursachen für ihre Entstehung, wie sie etwa bei der AIDS-Demenz, der Alkoholdemenz oder bei einer Schädel-Hirn-Verletzung vorliegen (Robert-Koch-Institut, 2005; Kurz, 2013).

Schwere bis mittelschwere Demenzen führen in der Regel dazu, dass die Betroffenen nicht mehr zu einer selbstständigen Lebensführung in der Lage sind (Saß, Wurm & Ziese, 2009). Demenzerkrankungen sind auch der Hauptgrund für eine Heimunterbringung der betroffenen Personen (Robert-Koch-Institut, 2005).

> **Infobox**
>
> **Symptome die auf eine beginnende Alzheimer-Demenz hinweisen**
> (Quelle: Martin & Kliegel, 2005):
>
> - *Störungen des Gedächtnisses*, wie beispielsweise das Vergessen von Namen, Telefonnummern oder kürzlich erlebten Episoden.
> - *Probleme im Haushalt*, etwa beim Waschen, Kochen, Putzen.
> - *Schwierigkeiten mit der Sprache*, z. B. in Form von Wortfindungsstörungen oder beim Benennen von Objekten.
> - *Mangelnde örtliche und zeitliche Orientierung*, indem sich Betroffene in gewohnter Umgebung verlaufen, Datum, Tag und Monat nicht nennen können oder die Fähigkeiten des Schreibens und Zeichnens verlieren.
> - *Reduziertes Entscheidungsvermögen*, z. B. die Wahl einer unpassenden Kleidung oder die Unfähigkeit Zusammenhänge korrekt einschätzen zu können.

- *Schwierigkeiten beim abstrakten Denken*, beispielsweise beim Erfassen des Sinns von Sprichwörtern oder von abstrakten Begriffen.
- *Verlegen von Dingen* (z. B. Geldbörse) oder das *Ablegen von Sachen an inadäquaten Orten* wie z. B. Schuhe im Kühlschrank.
- *Emotionale Schwankungen*, gekennzeichnet durch Gereiztheit oder Aggressivität.

Gesundheitspsychologische Interventionen, die einer Demenz vorbeugen sollen, beziehen sich auf unspezifische Faktoren, da die Entstehung der Erkrankung noch nicht ausreichend erforscht ist. Solche Interventionen bestehen insbesondere aus Änderungen des Lebensstils: fettarme, vitaminreiche und ballaststoffreiche Ernährung, regelmäßige körperliche Aktivität, Vermeidung von Übergewicht, Rauchen und übermäßigem Alkoholgenuss (Kurz, 2013). Gustafson et al. (2003) konnten in einer über 20-jährigen Langzeitstudie zeigen, dass übergewichtige Frauen im höheren Alter ein größeres Risiko haben, an Demenz, vor allem in Form der Alzheimer-Demenz, zu erkranken (vgl. *Abschnitt 8.2*). Der Einfluss von Übergewicht auf die Entwicklung einer Demenz spielt unter frühpräventiven Aspekten, insbesondere bei jüngeren Menschen, eine wichtige Rolle, da diese immer häufiger übergewichtig sind (Wormstall & Laske, 2006).

Dass Menschen, die regelmäßig körperlich aktiv sind, mit geringerer Wahrscheinlichkeit an Demenz erkranken, belegen die Studien von Laurin et al. (2001). Von diesem schützenden Effekt profitieren besonders Frauen (vgl. *Abschnitt 9.3*). Erklärt wird dieses Phänomen mit der blutdrucksenkenden Wirkung von Bewegung sowie mit einer besseren Regulierung der Blutfettwerte und des Körpergewichts bei regelmäßiger körperlicher Aktivität (Wormstall & Laske, 2006).

Speziell *vaskulären Demenzen* kann durch eine früh im Leben beginnende Reduzierung klassischer Risikofaktoren vorgebeugt werden (z. B. Rauchen, fettes Essen, übermäßiger Alkoholkonsum). Diese Faktoren sind für Arteriosklerose sowie hohen Blutdruck verantwortlich, die für arterielle Verschlusskrankheiten und Schlaganfälle ursächlich sind (vgl. *Abschnitt 3.3.1*).

Mit *kognitiven Trainingsprogrammen* können Senioren außerdem ihre Gedächtnisleistungen trainieren. In der SimA-Studie (SimA = Selbstständig im Alter) konnten Oswald, Hagen und Rupprecht (2001) nachweisen, dass Gedächtnistraining in Kombination mit körperlichem Training für eine Verbesserung des Gedächtnisses am wirkungsvollsten für Demenzprävention ist.

Bei beginnender Demenz hat sich das *verhaltenstherapeutische Kompetenztraining (VKT)* von Ehrhardt und Plattner (1999) bewährt, das kognitive, verhaltensnahe und realitätsbewältigende Maßnahmen beinhaltet. Ziel dieses Trainings ist es, die psychischen und sozialen Kompetenzen sowie die Alltagsfähigkeiten möglichst lange zu erhalten und erste anfängliche Einschränkungen mittels verhaltenstherapeutischer Trainingsmethoden auszugleichen (Hautzinger, 2003).

Soziale Kontakte spielen bezüglich des Ausgleichens von kognitiven Defiziten aufgrund einer Demenz eine bedeutende Rolle. Zum einen bieten sie dem alten Menschen handfeste soziale Unterstützung, zum anderen wirken sie kognitiv und emotional anregend auf ihn und lassen das Demenzrisiko weniger schnell ansteigen als dies im Vergleich der Fall ist bei alten Personen, die kaum oder keinen sozialen Kontakt haben (Wormstall & Laske, 2006).

11.6.2.2 Depressionen

Affektive Störungen

Depressionen gehören zu den *affektiven Störungen*, deren Hauptsymptom eine krankhafte Veränderung der Stimmung ist (Affektive Störungen, F30-F39, ICD 10). Dabei manifestiert sich diese krankhafte Veränderung entweder in Niedergeschlagenheit (*Depression*) oder in einer gehobenen Stimmung (*Manie*). Krankhaft bedeutet in diesem Zusammenhang, dass die Veränderungen der Gemütslage nicht durch äußere Bedingungen ausgelöst werden. Somit haben auch positive Änderungen des Umfeldes, die normalerweise Grund für Freude oder Erleichterung sind, keinen bedeutenden Einfluss auf eine Depression.

Unipolare und bipolare Störungen

Liegt eine Depression vor, bei der die Stimmung nur in Richtung des „Pols" der Niedergeschlagenheit verläuft, so wird von einer *unipolaren Störung* gesprochen. Das gleiche gilt für die Manie, d. h. die Gemütslage ist einseitig zum „Pol" der gehobenen Stimmung verschoben. Wechseln sich depressive mit manischen Phasen ab, so liegt eine *bipolare Störung* vor.

Die Depression ist aus der Gruppe der affektiven Störungen in allen Altersklassen am weitesten verbreitet. Innerhalb dieser Kategorie ist die „Untergruppe" Manie zahlenmäßig gering.

> **Begriffe**
>
> *Depressionen* sind krankhafte Veränderungen der Stimmungslage, die von Freudlosigkeit, Ängsten, Traurigkeit, Niedergeschlagenheit, Hoffnungslosigkeit, Verlust von Interessen sowie einem Mangel an Antrieb und Energie begleitet werden.

Zu diesen Leitsymptomen können psychische, psychomotorische und vegetative Symptome hinzukommen, wie beispielsweise mangelnde Konzentrationsfähigkeit, Unruhe und Appetitlosigkeit.

Sind bei einer Person *mindestens fünf Symptome* einer Depression permanent über zwei Wochen vorhanden und sind keine anderen Erklärungen für den Zustand gegeben, so hat dies Krankheitswert. In diesem Fall wird eine *„Major Depression"* bzw. *„depressive Episode"* diagnostiziert. Treten „nur" zwei oder drei Symptome auf, jedoch über einen längeren Zweitraum, d. h. mindestens über zwei Jahre hinweg, so wird von einer *„Dysthymie"* gesprochen. Als *„rezidivierende Depression"* werden wiederholt auftretende depressive Episoden bezeichnet. Besteht eine depressive Episode trotz Therapie weiter als zwei Jahre fort, so wird der Begriff der *„chronischen Depression"* verwendet (Hautzinger, 2011). Eine „Major Depression"

11.6 Prävention und Gesundheitsförderung im Alter

kann in leichte, mittelgradige und schwere Episoden unterteilt werden. Die Konsequenzen für den Alltag sind vom Ausprägungsgrad einer Depression abhängig, d. h., je schwerer eine Episode, desto größer der Leidensdruck. Dies kann bis zur Aufgabe jeglicher Aktivitäten und zu Selbstmordphantasien führen (Bramesfeld & Stoppe, 2006).

Anzeichen von Depressionen im Alter werden häufig übersehen oder als normales Begleitphänomen des Alterns interpretiert. So ist es nicht verwunderlich, dass das Selbstmordrisiko mit zunehmendem Alter ansteigt, vor allem bei Männern. Die Statistik der Selbsttötungen für das Jahr 2008, herausgegeben vom Statistischen Bundesamt, zeigt diesen Umstand, bezogen auf 100.000 Personen der jeweiligen Altersgruppe (vgl. ▶Abbildung 11.6).

Selbstmordrate steigt im Alter

Suizidraten in Deutschland 2008

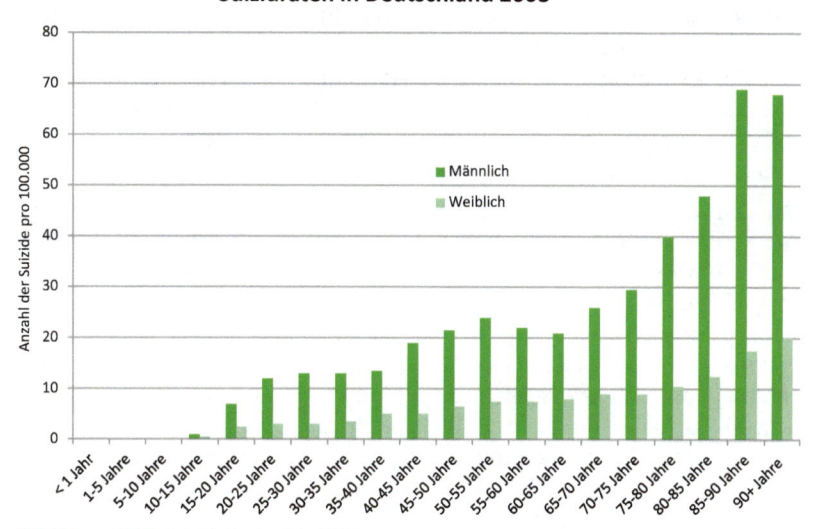

Abbildung 11.6: Suizidraten im Jahr 2008
(Quelle: Bundesamt für Statistik/Gesundheitsberichterstattung des Bundes, 2008)

Während der Anteil von Menschen über 65 Jahren gemessen an der Gesamtbevölkerung bei ungefähr 15% liegt, ist ihr Anteil an der Selbsttötungsrate mit 30% besonders hoch. Das Robert-Koch-Institut (2002) geht davon aus, dass 40% bis 60% der Menschen, die einen Suizid begehen, an Depressionen gelitten haben.

Schwere Depressionen treten bei physisch gesunden Menschen im Alter nicht häufiger auf als in jüngeren Jahren. Allerdings sind Depressionen bei Senioren mit körperlichen Krankheiten und Einschränkungen verbreiteter als bei jüngeren Menschen. Dies trifft besonders auf alte Menschen zu, die in Pflegeheimen leben.

Depressionen bei alten Menschen verbreiteter

Die Entstehungsursache für Depressionen ist wissenschaftlich noch nicht endgültig geklärt, jedoch geht man davon aus, dass unterschiedliche Einflussfaktoren bei der Depressionsentstehung wirksam sind. Dazu zählen unter anderem kritische Lebensereignisse, z. B. ein Umzug in ein Alten- und Pflegeheim, oder auch eine genetische Veranlagung (Bramesfeld & Stoppe, 2006).

11.6.3 Veränderungen des Gesundheitsverhaltens

Etliche gerontologische Befunde zur Plastizität körperlicher und geistiger Entwicklung zeigen eine gewisse aktive Beeinflussbarkeit des Alter(n)sprozesses, insbesondere durch eine Veränderung des individuellen Gesundheitsverhaltens. Wie im zweiten Kapitel dieses Buches deutlich wurde (*Kapitel 2*), gibt es unterschiedliche Theorien, die sich mit der Beeinflussung von Gesundheitsverhalten befassen. Das *sozial-kognitive Prozessmodell gesundheitlichen Handelns* von Schwarzer (2001, 2004), das *HAPA-Modell* (Health Action Process Approach), das in erster Linie von Praktikern wegen der Erkenntnisse zu den stufenspezifischen Interventionen sehr geschätzt wird, bietet sich auch bei der Reflexion von Veränderungen des Gesundheitsverhaltens bei älteren Menschen an. Verhaltensänderungsprozesse finden in diesem Modell über zwei Phasen statt. Welches Verhalten verändert werden soll, wird in der *präintentionalen Motivationsphase* festgelegt, während es in der *postintentionalen Volitionsphase* in erster Linie um Anstrengung und Ausdauer bei der Umsetzung der Ziele geht. Die Volitionsphase besteht aus mindestens drei Stadien: dem *präaktionalen*, dem *aktionalen* und dem *postaktionalen Stadium*.

Verhaltensänderung durch kognitive Defizite gefährdet

Mit Blick auf Änderungen im Gesundheitsverhalten älterer Menschen merken Martin und Kliegel (2005) an, dass vor allem gesunde geistige Fähigkeiten für die im HAPA-Modell angenommenen Prozesse notwendig sind. Diese kognitiven Voraussetzungen sind aus Sicht der Autoren bei der Konzeption gesundheitspsychologischer Maßnahmen für ältere Personen unbedingt zu berücksichtigen. Denn bereits in der *präintentionalen Motivationsphase*, in der die Intentionsbildung stattfindet, kommt es auf kognitive Fähigkeiten an, um z. B. Risiken für die subjektive Anfälligkeit für eine Störung einschätzen und positive Konsequenzerwartungen bilden oder aktivieren zu können. In der Folge muss dann die Einschätzung der eigenen Handlungskompetenz erfolgen, d. h. es muss zu einer Bewertung der eigenen Selbstwirksamkeits- oder Kompetenzerwartung kommen, die die Motivationsphase abschließt und in eine *Intentionsbildung* mündet. Hierzu sind funktionierende geistige Fähigkeiten unerlässlich. Ist die Intention entstanden und werden nun neue Ziele verfolgt, so markiert dies den Übergang in die Volitionsphase. Hier, im sogenannten präaktionalen Stadium, kommt es zu komplexen Vorausplanungen, um das neue Verhalten umsetzen zu können. Gerade diese dafür benötigten kognitiven Fähigkeiten sind jedoch im späteren Erwachsenenalter häufig beeinträchtigt. Phillips, Kliegel und Martin (2006) gehen davon aus, dass kognitive Veränderungen aufgrund des Alters diese wichtigen Planungsprozesse im *präaktionalen Stadium* negativ beeinflussen. Auch bei alten Menschen gibt es grundsätzlich gute und schlechte Planer. Allerdings geben Martin und Kliegel (2005) zu bedenken, dass mit steigendem Lebensalter die Fähigkeit zum Planen abnimmt.

In der *aktionalen Phase* werden schließlich Ziele initiiert und in Handlungen umgesetzt und möglichst beibehalten. Dazu sind bei der Ausführung Kontrollprozesse notwendig, die verhindern sollen, dass Störfaktoren die Umsetzung und Beibehaltung des neuen Verhaltens negativ beeinflussen.

11.6 Prävention und Gesundheitsförderung im Alter

Der Erfolg des Abschottens von Störfaktoren ist aus Sicht der gerontologischen Kognitionsforschung vom Alter abhängig (Martin & Kliegel, 2005). Durchgängige Resultate zum selbstständigen Initiieren von Intentionen im höheren Erwachsenenalter weisen für die Betroffenen zunehmende Schwierigkeiten nach (Kliegel, McDaniel & Einstein, 2000). Im HAPA-Modell sind schließlich im postaktionalen Stadium Bewertungen der Verhaltensausführungen vorzunehmen, die dazu da sind, das neue Verhalten zu bestärken, damit es wiederholt wird und sich etablieren kann. Notwendig sind dazu bewusste Aufmerksamkeitsprozesse, die einer Bewertung vorausgehen müssen, um sich später an die (erfolgreiche) Durchführung wieder zu erinnern und diese erneut ausführen zu können. In der Gerontologie wird dieser Prozess als *„Outputmonitoring"* bezeichnet. Martin und Kliegel (2005) konstatieren, dass es älteren Menschen bedeutend schwerer fällt, sich an eigene Handlungsergebnisse adäquat zu erinnern und diese zu bewerten. Kliegel (2004) hat daher das HAPA-Modell verändert und um den Einfluss verschiedener kognitiver Ressourcen ergänzt (siehe ▶ Abbildung 11.7).

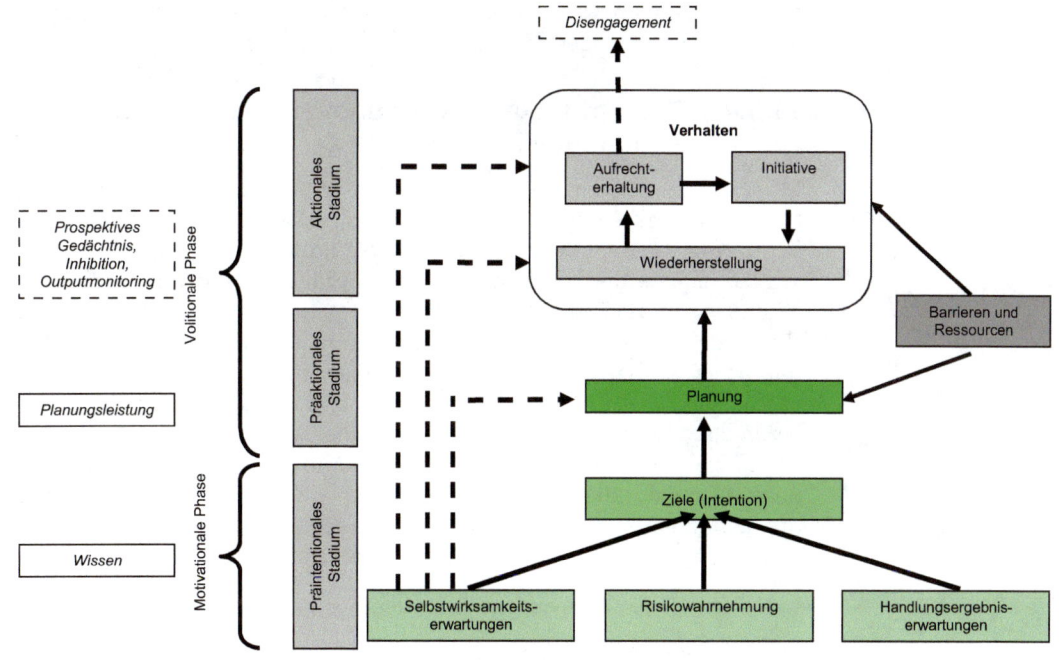

Abbildung 11.7: Verändertes HAPA-Modell für das Gesundheitsverhalten im Alter (Kliegel, 2004)

Für die Verhaltensmodifikation bedeutet dies beispielsweise, dass einfache und konkrete Veränderungspläne für ältere Personen hilfreich sind. Auch Erinnerungshilfen, die dabei unterstützen, bereits verändertes Verhalten aufrecht zu erhalten, machen in diesem Zusammenhang Sinn. Für die Planung könnte den Senioren aber auch ein Partner, z. B. ein Familienangehöriger, zur Seite stehen und Hilfestellung bei der Umsetzung geben. Gemeinsam können nicht nur Handlungspläne entwickelt, sondern auch Bewältigungspläne erstellt werden, um mögliche Hindernisse, beispielsweise funktionale oder gesundheitliche Einschränkungen, in den Griff zu bekommen.

Einfache und konkrete Pläne für Senioren

11.6.4 Verhältnisorientierte Maßnahmen

Umfeld in Präventionsmaßnahmen einbeziehen

Verhaltensorientierte Maßnahmen, die das Gesundheitsverhalten verändern helfen, müssen gleichgewichtig um verhältnisorientierte Vorgehensweisen ergänzt werden, da die Lebensbedingungen alter Menschen deren Gesundheit ebenfalls beeinflussen. Zu diesen Beeinflussungsfaktoren gehören die geeignete Gestaltung des direkten Wohnumfeldes, der Aufbau von sozialen Netzwerken im *„Setting Gemeinwesen"* sowie die Unterstützung von Aktivitäten älterer und hochbetagter Bewohner. Dabei soll den Bewohnern in diesem Setting eine aktive Beteiligung ermöglicht werden, damit Präventions- und Gesundheitsfördermaßnahmen auch ihren Bedürfnissen gerecht werden (Rosenbrock & Gerlinger, 2006). Überschneidungen ergeben sich zwischen Verhaltens- und Verhältnisorientierung dort, wo Verhaltensänderungen bei Senioren nur durch Unterstützung anderer Personen funktionieren können, d. h., wenn bereits gewisse geistige und körperliche Einbußen vorliegen, die für notwendige Planungsschritte Voraussetzung sind (z. B. Ernährungsplan, Einkaufen usw.). Hier kann beispielsweise eine gut funktionierende *Nachbarschaftshilfe* Mobilitätsdefizite kompensieren helfen, etwa in Form eines ehrenamtlichen Fahrdienstes.

11.6.4.1 Prävention und Gesundheitsförderung auf kommunaler Ebene

Gesetz zur Förderung der Prävention

Mit dem *Gesetz zur Förderung der Prävention*, 2013 vom Bundestag beschlossen, allerdings vom Bundesrat zurückgewiesen und derzeit im Vermittlungsausschuss (2014), würden, die Sollausgaben der Krankenkassen für die Gesundheitsförderungs- und Präventionsleistungen ab dem Jahr 2014 auf das Doppelte steigen. Sportvereine, Schulen, Unternehmen, Kitas oder Seniorenheime sollen dann, unterstützt von Krankenkassen und der *Bundeszentrale für gesundheitliche Aufklärung* (*BZgA*), bei Präventionsangeboten stärker gefördert werden. Dass dies notwendig ist, insbesondere was die Prävention und Gesundheitsförderung bei Senioren auf kommunaler Ebene anbelangt, zeigt die Studie von Hollbach-Grömig und Seidel-Schulze (2007). Bei der Befragung von 570 Städten, Gemeinden und Landkreisen im Jahr 2006 ergaben sich beispielsweise folgende seniorenbezogenen Ziele für die Gesundheitsförderung und Prävention:

1. Stärkere Teilhabe älterer Menschen,
2. Stärkung der Selbstständigkeit älterer Menschen und
3. Verbleib der Senioren in der eigener Wohnung.

Bei Fragen zu konkreten Angeboten der Gesundheitsförderung und Prävention, zeigt sich folgende Rangfolge, die je nach Auswertungsmodus auch variiert:

1. Sport und Bewegung,
2. Wohnberatung,
3. Risikogruppenbezogene Maßnahmen,

4 Kurse zu gesunder Ernährung,

 5 Stressbewältigung und

 6 aufsuchende Sozialarbeit, d. h. alte Menschen werden dort besucht wo sie leben.

Nicht erreicht werden von den Angeboten der Kommunen vor allem

 1 Ältere Migrantinnen und Migranten,

 2 nicht mobile ältere Menschen und

 3 bildungsferne ältere Menschen.

Gerade die wichtige Zielgruppe für eine Gesundheitsförderung, nämlich die benachteiligten bzw. bildungsfernen älteren Menschen, fallen der Studie zufolge heraus.

Fast 70% der befragten Städte und Gemeinden halten die „Sport- und Bewegungsförderung" für Ältere für ein „sehr wichtiges" oder „wichtiges" Handlungsfeld. Beim Thema „Sport und Bewegungsförderung" sind vor allem die Sportvereine die wichtigsten Anbieter, aber auch Krankenkassen, Verbände der Wohlfahrtspflege und Familienbildungsstätten machen dazu Angebote (Hollbach-Grömig & Seidel-Schulze, 2007, S. 62). Geht es darum, ältere Menschen zu mehr körperlicher Aktivität zu motivieren, ist es im kommunalen Umfeld besonders wirkungsvoll, wenn Anbieter und Institutionen zusammenarbeiten (z. B. Sportvereine und Krankenkassen).

Naegele (2004) geht davon aus, dass „kommunale, seniorenorientierte Gesundheitsförderung und Prävention" bislang so gut wie nicht stattfindet. Dass die Gesundheitsförderung und Prävention für ältere Menschen im kommunalen Bereich noch in den „Kinderschuhen" steckt, liegt auch an der derzeitigen Fokussierung der Settings Kindergarten, Hort, Schule und Betrieb. Dabei ist stadtteilbezogene Gesundheitsförderung und Prävention für ältere Menschen wegen zunehmender Immobilität besonders wichtig (Hollbach-Grömig & Seidel-Schulze, 2007, S. 64).

Vernachlässigung kommunaler Prävention und Gesundheitsförderung für Ältere

11.7 Anwendungsbeispiele

11.7.1 Das Projekt „Aktiv bis 100" des Deutschen Turner-Bundes

Das Projekt „*Aktiv bis 100 – Aufbau von Netzwerkstrukturen zur Umsetzung von Bewegungsangeboten für Hochaltrige am Wohnort*" wurde vom Deutschen Turner-Bund ins Leben gerufen. Das Projekt lief über zwei Jahre (2009 bis 2011) und wurde vom *Bundesministerium für Familie, Senioren, Frauen und Jugend* finanziell unterstützt. Ziel war es, zusammen mit Netzwerkpartnern hochaltrige Personen (80 Jahre und älter), die noch selbstständig zuhause lebten, zu motivieren, sich einer Gruppe zur regelmäßigen Bewegung in einem Turn- und Sportverein anzuschließen.

Auch sollten sie für den Zeitraum des Projektes das Angebot kontinuierlich wahrnehmen (Deutscher Turner-Bund, 2013). Insbesondere hochaltrige Personen, die noch niemals sportlich aktiv waren, galt es für das Programm zu gewinnen, da sie als besonders gefährdet gelten, zu stürzen, die geistige Fitness zu verlieren und pflegebedürftig zu werden. Speziell erhalten und gefördert werden sollten dabei die Bewältigungskompetenz für den Alltag, die Selbstständigkeit sowie die motorischen Fähigkeiten. Gezielt geübt wurden deshalb die Muskeln, die Beweglichkeit, das Gleichgewichthalten und die Standsicherheit. Parallel dazu wurden erfolgreich zwei Netzwerke aufgebaut, die auch Modellcharakter haben. Ein Netzwerk in einem ländlichen Gebiet (Achern, Baden-Württemberg) sowie ein städtisches in Frankfurt am Main. Auf kommunaler Ebene gab es Kooperationspartner, die aus Gesundheits-, Sozial- und Seniorenverbänden oder -institutionen stammten und halfen, das Projektziel umzusetzen. Es wurden gemeinsame „Ansprachestrategien" entwickelt, um bewegungsinaktive, hochaltrige Senioren zu erreichen. Außerdem wurden Übungsleiter für die Arbeit in den Gruppen qualifiziert und Bewegungsgruppen in den Modellregionen installiert.

Älteren Ängste nehmen

Speziell bei den Strategien zur Ansprache ging es darum, den hochbetagten Menschen Ängste zu nehmen – wie etwa der Belastung nicht gewachsen zu sein oder wegen körperlichen Einschränkungen bzw. Immobilität (z. B. Rollator, Gehstock oder Rollstuhl) nicht teilnehmen zu können. Daher trafen sich die Gruppen in barrierefreien Räumen und ein ehrenamtlicher Fahrdienst wurde eingerichtet. Um die Hemmschwelle für eine Teilnahme besonders niedrig zu halten, verwies man darauf, dass die Bewegungsgruppen für sechs Monate kostenlos seien. Dies geschah vor allem, um finanziell schlechter gestellte Senioren zur Teilnahme zu ermutigen. Begleitende erwachsene Kinder hatten die Möglichkeit bei den Übungen kostenlos mitzumachen.

Das Projekt wurde über Interviews evaluiert, indem Netzwerkpartner und die hochaltrigen Teilnehmer befragt wurden. Die Projektevaluation befasste sich unter anderem auch mit den Schwierigkeiten der Gewinnung von Hochaltrigen für das Angebot.

Zu den Schwierigkeiten, Hochbetagte zu gewinnen, zählten folgende Punkte:

- Die *Immobilität der Angesprochenen* führte diese zu der irrigen Annahme, das Angebot nicht nutzen zu können.
- Die *Schwerhörigkeit* vieler machte das Angebot für sie unattraktiv, da sie durch das eingeschränkte Hören nicht mehr alles verstanden und sich scheuten, nachzufragen.
- Bei etlichen Hochbetagten herrschte die Ansicht vor, das Bewegungsangebot brächte ihnen *keinen Nutzen*.
- Die *Scham der Angesprochenen*, die eigenen funktionalen Einschränkungen und Beeinträchtigen öffentlich zu machen.
- Eine *gewisse Kontaktscheue* der angesprochenen Senioren (Deutscher Turner-Bund, 2013).

Die aus den Antworten stammenden Erkenntnisse wurden verwendet, um eine „ideale" Strategie bezüglich der Ansprache von Hochaltrigen zu entwickeln. Eine solche Strategie kann wie folgt aussehen:

- *Multiplikatoren nutzen*, wie beispielsweise Ärzte, Mitarbeiter von Seniorenclubs oder Personen, die ehrenamtlich Besuche bei alten Menschen durchführen.
- Einsatz bereits gewonnener Senioren zur *Mundpropaganda* für das Bewegungsprogramm.
- Verbreitung von Informationen zum Start des Projekts über möglichst *viele verschiedene Medien* wie z. B. Zeitung, Rundfunk, Internet, Plakate oder Rundschreiben (Deutscher Turner-Bund, 2013).

Gesundheitliche und psycho-soziale „Gewinne" des Angebotes aus Sicht der Teilnehmer:

- Die Übungen halten Körper und Geist fit.
- Verstärktes Wohlbefinden und Bewegungssicherheit.
- Die Bewegung in der Gruppe ist eine Ergänzung zur körperlichen Aktivität zuhause.
- Kontakte zu anderen zu knüpfen, wird als bereichernd und wichtig erlebt.
- Die Gesellschaft anderer in den Bewegungsgruppen wird als sehr positiv empfunden und beugt der Vereinsamung vor.
- Die Gruppe motiviert stärker, die Übungen durchzuführen, weil Gleichaltrige mit gleichen Schwierigkeiten teilnehmen.
- Das Zusammensein mit anderen Hochbetagten wird als positiv erlebt, denn: *„Da sehen alle nicht mehr so toll aus und jeder hat seine Falten."* (Deutscher Turner-Bund, 2013, S. 44).
- Die Teilnehmer wollen sich auch künftig stärker bewegen und weitere Programmangebote nutzen.

Um nach Möglichkeit viele alte Menschen zu mehr Bewegung zu motivieren, damit sie länger gesund, mobil und selbstständig sein können, bedarf es aber nicht nur einer Zusammenarbeit von Anbietern und Institutionen, sondern auch innovativer Programme und Angebote sowie eines speziell auf die Zielgruppe zugeschnittenen ideenreichen Marketings.

11.7.2 „Aktive Gesundheitsförderung im Alter"

Das Programm *„Aktive Gesundheitsförderung im Alter"* ist ein niederschwelliges Angebot für nicht pflegebedürftige Menschen vom sechzigsten Lebensjahr an aufwärts, die keine kognitiven Einschränkungen haben und noch selbstständig zuhause leben (Meier-Baumgartner, Dapp & Anders, 2006). Es versteht sich als ganzheitliches Angebot, das die Themen Ernährung, körperliche Aktivität sowie zwischenmenschliche Beziehungen und gesellschaftliche Teilhabe (soziales Umfeld) miteinander kombiniert. Das Programm wurde im *Albertinen-Haus* in Hamburg, einem Zentrum für Geriatrie und Gerontologie, entwickelt, didaktisch aufbereitet und von einem interdisziplinären Team (Ökotrophologen, Sozialpädagogen, Physiotherapeuten und Ärzte) in Zusammenarbeit mit Hausärzten angeboten. Im Programm finden sich sowohl *Maßnahmen der Gesundheitsförderung* als auch der *primären* und *sekundären Prävention*. Durch das Programm wird ein geriatrisches Netzwerk zwischen der ambulanten und stationären Versorgung alter Menschen aufgebaut. Zielgruppen sind nicht nur Hochbetagte, sondern auch Hausarztpraxen, die in der Regel eine erste Anlaufstelle für alte Menschen sind. Die Programmthemen Ernährung, Bewegung und soziales Umfeld wurden wegen ihrer positiven aber auch negativen Wechselbeziehungen von den Entwicklern ausgewählt (Meier-Baumgartner, Dapp & Anders, 2006). ▶Abbildung 11.8 zeigt die drei Programmbereiche und die Zusammenarbeit des interdisziplinären Teams („Kleeblatt-Team").

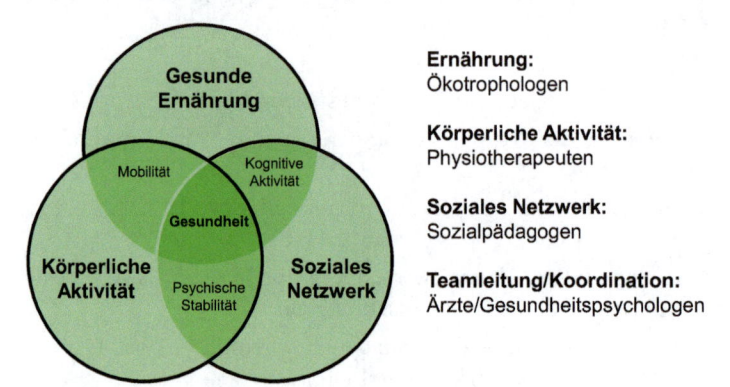

Abbildung 11.8: Interventionsbereiche und Beratungsteam im Programm „Aktive Gesundheitsförderung im Alter" in Anlehnung an Meier-Baumgartner, Dapp & Anders (2006).

Das Programm besteht aus:

- einer *Informationsveranstaltung*,
- einer *Lebensstilberatung* in Kleingruppen mit den Schwerpunkten Ernährung, Bewegung und soziale Teilhabe über einen halben Tag,
- einem als Ergebnis aus der Beratung erstellten *Ernährungs- und Aktivitätenbrief*, der auch adäquate Angebote enthält, sowie
- der Möglichkeit auf freiwilliger Basis, zu einem *Austausch von Erfahrungen* und
- der Teilnahme an einem *Workshop*.

Teil des Programms sind auch die Hausärzte und die Senioren, die den Kurs empfehlen. Den Ärzten wird im Rahmen des Programms ein regelmäßiger Austausch in geriatrischen Qualitätszirkeln als Fortbildung angeboten.

Fünf Vorträge bilden die *Informationsveranstaltung* (Meier-Baumgartner, Dapp & Anders, 2006), sie werden mit einer Gruppenstärke von zirka 12 Personen durchgeführt und sollen einen einheitlichen Wissensstand gewährleisten. Der Vortragsteil dauert ungefähr 90 Minuten und ist wie folgt gegliedert:

Vortrag 1: „Gesundheit und Alter"

Zunächst wird aus medizinischer Sicht das Thema beleuchtet, indem auf die Wichtigkeit von Selbstständigkeit und Würde des Einzelnen im Alter eingegangen wird, um so die präventiven und gesundheitsförderlichen Maßnahmen zu begründen. Vermieden werden dabei abstrakte Begrifflichkeiten (z. B. Lebensqualität) sowie Appelle und Mahnungen. Vielmehr wird versucht, die Teilnehmer zu Eigeninitiative zu ermutigen.

Vortrag 2: „Soziale Vorsorge"

Im Mittelpunkt des zweiten Referats stehen die Vorsorgemöglichkeiten (z. B. Gestaltung des Ruhestandes, altersgerechtes Wohnen, Vorsorgevollmacht und Patientenverfügung). Die Themen sprechen die Zuhörer bewusst emotional an, zeigen ihnen aber auch Wege zur Vorbeugung und Problemlösung der jeweils angesprochenen, altersbedingten Schwierigkeiten auf.

Vortrag 3: Körperliche Aktivität

Beim dritten Vortrag geht es um den durch Bewegungsmangel selbst zu verantwortenden Abbau an „körperlicher Kompetenz". Herausgestellt werden die positiven Effekte von moderater körperlicher Bewegung auf die Leistungsfähigkeit, das Herz-Kreislauf-System, Schmerzen und die Vorbeugung von Stürzen und Depression.

Vortrag 4: Ernährung

Am Beispiel der Ernährungspyramide der *Deutschen Gesellschaft für Ernährung (DGE)* wird verdeutlicht, was und wie viel am Tag von den verschiedenen Nahrungsmitteln verzehrt werden sollte (vgl. *Kapitel 8*). Dabei wird mit Geboten und nicht mit Verboten gearbeitet, damit die Nahrungsaufnahme nach wie vor genossen werden kann. Empfohlen wird eine Mischkost sowie ausreichendes und regelmäßiges Trinken. Eingegangen wird auch auf Befürchtungen von vielen Senioren, durch zu vieles Trinken häufiger auf Toilette gehen zu müssen, indem konkrete Strategien für die Umsetzung einer vermehrten Flüssigkeitszufuhr besprochen werden.

Vortrag 5: Umgang mit Medikamenten

Beim fünften Vortrag geht es darum, sich mit den nicht verschreibungspflichtigen Medikamenten und deren Wirkung kritisch auseinanderzusetzen (z. B. Schlaftabletten, Mittel zur Konzentrationssteigerung, Abführmittel usw.). Neben- und Wechselwirkungen können entstehen, wenn zu wenig getrunken wird oder gleichzeitig zu den ärztlich verordneten Medikamenten die verschreibungsfreien Arzneimittel eingenommen werden. Empfohlen wird die Absprache mit dem Arzt oder Apotheker, deren Empfehlungen auch einzuhalten sind, sowie das Führen eines Medikamentenplans.

In den *Kleingruppen* (maximal sechs Teilnehmer) werden die Vortragsthemen vertieft. Die Gespräche dienen in erster Linie dazu, Motivation aufzubauen, um Gesundheitsverhalten zu verändern. Mit den jeweiligen Gesundheitsberatern (Ökotrophologe, Physiotherapeut, Sozialpädagoge, Pflegekraft) werden individuelle Empfehlungen erarbeitet, die auch zu den Teilnehmern

Alter und Gesundheit

"passen", d. h. ihnen beispielsweise kein Lebensmittel aufzuzwingen, wenn dieses nicht gemocht wird (vgl. *Abschnitt 6.2.1.4*). Um zu Empfehlungen zu kommen, werden standardisierte Protokolle von den Teilnehmern ausgefüllt und es wird eine Selbstreflexion angeregt, die einen nicht gesundheitsförderlichen Lebensstil bewusst machen soll (▶Abbildung 11.9).

Aktivitäts-Profil „Aktive Gesundheitsförderung im Alter"
Vorname, Name: _____ Alter: ____

Sehr geehrte/r Teilnehmer/in, dieses Blatt soll helfen, Ihre Möglichkeiten zu mehr körperlicher Bewegung zu beschreiben und Tipps der Gesundheitsberater dazu festhalten.

Wir würden gerne von Ihnen wissen, welche Aktivitäten Sie wie häufig betreiben:

Spaziergänge?
| nie | 2-3mal pro Woche | 4-5mal pro Woche | täglich |

Garten oder Balkon pflegen? Bitte benennen!

Hausarbeiten und Einkäufe?
| nie | leichte Arbeiten | Kochen | schwere Arbeiten |

Freizeit und Hobbies? Bitte benennen!

Regelmäßig durchgeführte Sportarten? Bitte benennen!

Haben Sie Herz-Kreislauferkrankungen? Bitte benennen

Leiden Sie unter schmerzenden Gelenken? Wenn ja, welche?

Gibt es auch Sportarten oder Aktivitäten, die Sie nicht ausüben können oder möchten?

Wozu hätten Sie Lust, was wollten Sie schon immer mal ausprobieren?

| Nach Ihren Angaben tun Sie viel für Ihre | Ausdauer | Balance | Kraft |
| Zu kurz kommt Ihre | Ausdauer | Balance | Kraft |

Wichtig ist es, Bewegung regelmäßig, am besten täglich, in den Tagesablauf einzuplanen.
Das rät Ihr Experte für Bewegung zum Training Ihrer
1)

Wenn Ihnen das nicht reicht, wäre hier eine zusätzliche Alternative für Ihre
2)

Folgende Ansprechpartner können Ihnen bei der Umsetzung in die Tat helfen:
1)

2)

Danke! In etwa 2 Wochen erhalten Sie Ihr schriftliches Empfehlungsschreiben.

Abbildung 11.9: Aktivitätenprotokoll (Quelle: Meier-Baumgartner, Dapp & Anders, 2006).

11.7 Anwendungsbeispiele

Die Experten analysieren anschließend die Protokolle jedes Einzelnen und geben anhand dieser Protokolle Empfehlungen, z. B. zum Ernährungs- oder Bewegungsverhalten. Hier spielen Fragen eine Rolle wie: *„Welche Art von Sport haben Sie früher ausgeübt?", „Arbeiten Sie im Garten?"* oder *„Gehen Sie regelmäßig zu Fuß zum Einkaufen?"*. Ziel dieser Fragen ist es, die angestrebte Verbesserung von Kraft, Ausdauer und Gleichgewicht möglichst mit dem Alltag zu verknüpfen, weshalb auf Angebote in Wohnortnähe hingewiesen wird. Die Gruppenleiter nutzen auch gruppendynamische Effekte und vergleichbare Interessen der Senioren, um sie zu einer Lebensstiländerung zu motivieren. Dies geschieht durch den Austausch innerhalb der Gruppen und den dabei ablaufenden sozialen Vergleich, ähnlich wie dies auch in *Selbsthilfegruppen* abläuft (Meier-Baumgartner, Dapp & Anders, 2006). Auf diese Weise kommt es dazu, dass sich die Teilnehmer gegenseitig Ratschläge geben und ein wünschenswerter Prozess in Gang gesetzt wird, der den Teilnehmern hilft, zwischen normalen Alterungsprozessen und Krankheit besser zu differenzieren. So können Senioren, die versuchen einen gesunden Lebensstil zu praktizieren, von anderen „lernen". Am Ende der Sitzungen versuchen die Teilnehmer gemeinsam die Erkenntnisse aus dem Austausch für jedes Gruppenmitglied zusammenzufassen und jedem *wenigstens zwei Empfehlungen* mit auf den Weg zu geben (siehe ▶Abbildung 11.10).

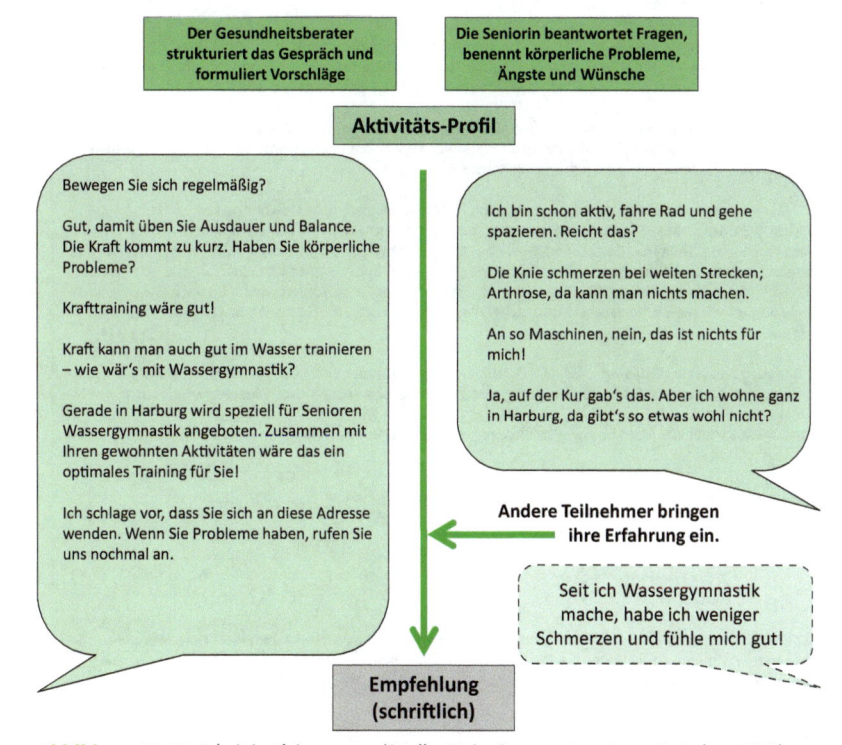

Abbildung 11.10: Arbeit in Kleingruppen (Quelle: Meier-Baumgartner, Dapp & Anders, 2006).

Im von den Gesundheitsberatern verfassten *Ernährungs- und Aktivitätenbrief*, der die Senioren zwei Wochen später erreicht, sind die in der Gruppe bereits ausgesprochen Empfehlungen enthalten, plus weiterer Hinweise (siehe „*Musterbrief Bewegung*" in ▶Abbildung 11.11). Diese Hinweise können sich auf Angebote in Wohnortnähe oder auf Gesundheitsförder- oder Bildungsmaßnahmen für Ältere beziehen. Mit dem Brief wird das bereits Besprochene „aufgefrischt" und ein weiterer „Motivationsschub" gegeben.

**Kleeblatt-Konzept für eine
„Aktive Gesundheitsförderung im Alter"
am Albertinen-Haus Hamburg**

Frau Muster
Musterstraße
22763 Hamburg

Ort, Datum

Empfehlungen für Ihre körperliche Aktivität

Sehr geehrte Frau Muster,

wir freuen uns sehr, dass Sie an unserer Beratungsveranstaltung am XX.XX.XXXX nach dem Konzept der Aktiven Gesundheitsförderung im Alter teilgenommen haben. Die folgenden Empfehlungen sollen Sie unterstützen, weiter aktiv in Ihre Gesundheit zu investieren. Sie basieren auf Ihren Angaben zu Ihren Bewegungsgewohnheiten.

Mäßige, aber regelmäßige körperliche Bewegung hilft Ihnen, bis ins hohe Alter mobil und selbstständig zu bleiben. Dieses Blatt beschreibt Ihre Möglichkeiten zu mehr körperlicher Bewegung und gibt Tipps unserer Gesundheitsberaterin für Senioren (Herr XXX, Physiotherapeut) dazu. Bitte heben Sie es gut auf.

Bevor Sie das Ausmaß ihrer körperlichen Aktivität steigern, halten Sie bitte Rücksprache mit Ihrem behandelnden Arzt oder Kardiologen. Dies gilt besonders, wenn Sie bereits Beschwerden mit Herz und Kreislauf hatten. Auch ihr Blutdruck sollte regelmäßig kontrolliert werden.

Zu Fuß sind Sie mehrmals wöchentlich unterwegs. Behalten Sie diese gute Gewohnheit bei. Spaziergänge sind ein schönes Hobby und bringen Sie an die frische Luft – wichtig für die Aktivierung von Vitamin D in der Haut. Auch in Haushalt und Garten packen Sie mit an. Doch Vorsicht: Obwohl diese Tätigkeiten Ihnen Freude bereiten, belasten sie Rücken und Gelenke. Ein ausgleichender Sport könnte vorteilhaft sein. In Ihrer Freizeit betreiben Sie gerne Ausfahrten mit dem Fahrrad. Damit fördern Sie sowohl Ausdauer als auch Gleichgewicht. Sie leiden unter Knieschmerzen bei athrotischen Veränderungen. Optimal wäre es für Sie, gezielt Ihre Kraft zu fördern.

Ein ausgewogenes Training aller drei Qualitäten (Kraft-Ausdauer-Gleichgewicht) ist wichtig für den Erhalt Ihrer Selbstständigkeit im Alltag und beugt Beschwerden durch einseitige Belastung vor.

Eine für Sie vorteilhafte Trainingsform ist **Wassergymnastik**. Diese bewirkt einen gelenkschonenden Aufbau der Muskulatur.

Ein gesundheitsorientiertes Angebot finden Sie in Ihrer Nähe unter

Aqua-Fit ab 70
Muster-Str. X
XXXXX Hamburg, Harburg
Telefon 040 / XXXXXXXX

Wir hoffen, dass Sie Ihre Vorstellungen verwirklichen können und wünschen ihnen viel Erfolg. Wenn es besondere Probleme oder Hindernisse zu bewältigen gilt, würden wir gerne gemeinsam mit Ihnen nach Lösungen suchen. Für Rückfragen stehen wir gerne unter Telefon 040 / XXXXXXXX zur Verfügung.

Mit freundlichen Grüßen

Abbildung 11.11: Musterbrief für Bewegungsempfehlungen
(Quelle: Meier-Baumgartner, Dapp & Anders, 2006).

Nach der ersten Beratung erhalten die Teilnehmer etwa ein halbes Jahr später einen weiteren Termin für eine zweite freiwillige Gruppenarbeit, die dem Erfahrungsaustausch dient. Auch hier werden wieder die gruppendynamischen Effekte genutzt, wenn es beispielsweise beim Austausch in den Gruppen um die Umsetzung der Empfehlungen aus dem Brief geht. Auch bei diesen Treffen geben die Senioren sich Tipps, um sich gegenseitig zu helfen, Probleme bei der Änderung des Lebensstils zu lösen. Gleichzeitig wird beim zweiten Termin versucht zu ermitteln, ob mindestens zehn Prozent der Senioren im vergangenen Zeitraum wenigstens eine Empfehlung aus dem Aktivitätenbrief einmal umgesetzt haben (z. B. Schwimmen oder Nordic Walking).

Optional haben die Senioren die Möglichkeit, an Workshops teilzunehmen, in denen z. B. ein Einkaufstraining, Rückengymnastik, ein Balancetraining oder Lebensmittelkunde angeboten werden (Meier-Baumgartner, Dapp & Anders, 2006).

Das beschriebene Programm *„Aktive Gesundheitsförderung im Alter"* ist eine praktikable Vorgehensweise, die Senioren dabei unterstützt, Krankheit im Alter als kein unabänderliches Schicksal zu verstehen. Vielmehr soll sich die Erkenntnis etablieren, dass das Ausmaß gesundheitlicher Beeinträchtigungen bis zu einem gewissen Grad bewusst beeinflusst werden kann und damit Lebensqualität aufrechterhalten wird.

Zusammenfassung

- Deutschland ist in Europa eines der Länder, deren *Bevölkerung am ältesten* ist. Übertroffenen wird es auf der Welt nur von Japan. In Deutschland leben mehr über 65-Jährige als junge Menschen im Alter von 15 Jahren und jünger. Gesundheit und Krankheit im Alter sind daher wichtige Themen für die Gesellschaft, den Einzelnen und alle, die im Gesundheitssystem tätig sind.

- Altern ist im Wesentlichen ein *konstanter Veränderungsprozess*, der über die gesamte Lebensspanne stattfindet. Das Alter wird in zwei Abschnitte eingeteilt: zum einen der dritte Lebensabschnitt, der die Altersgruppe der 65- bis 84-Jährigen umfasst (junge Alte) und zum anderen der vierte Lebensabschnitt, der 85-Jährige und ältere einschließt, die als sehr alte, hochaltrige oder betagte Menschen bezeichnet werden.

- Altern bedeutet einerseits Zuwächse an Ressourcen über die Lebensspanne hinweg zu erfahren. D. h., *Gewinne* zu erzielen, etwa in Form finanzieller Mittel durch eine entsprechende Berufstätigkeit, aber auch *Verluste* zu verzeichnen, etwa die Auflösung des Freundeskreises durch einen Wegzug. Im dritten und vierten Lebensalter dominieren die Verluste, z. B. durch Krankheit, zunehmende Einbußen an Funktionalität, psychische Belastungen und Beeinträchtigungen der sozialen Beziehungen und Interaktionen.

- Menschen können sich neuen, verändernden Anforderungen und Umfeldern meist gut anpassen und das auch noch im Alter, wofür der Begriff der *Plastizität* Verwendung findet. Alte Menschen tun dies, indem sie versuchen, aktiv die Passung zwischen sich und ihrer Umwelt zu optimieren. Dies geschieht durch *Anpassung* oder *Adaptation* an Veränderungen.

- Die Anpassung im Sinne eines *psychosozialen Prozesses* wird von verschiedenen Theorien thematisiert: z. B. von der *Aktivitätstheorie*, der *Disengagementtheorie* und der *Kontinuitätstheorie*.

- *Anpassung als Bewältigungsprozess* hängt vor allem mit kognitiven Bewertungen alterstypischer Veränderungen zusammen, die den alten Menschen dabei unterstützen, Emotionen zu regulieren, um so die Lebenszufriedenheit und das Wohlbefinden aufrecht zu erhalten.
Die *sozioemotionale Selektionstheorie* macht dazu die Annahme, dass ältere Menschen, um ihr subjektives Wohlbefinden zu erhalten, ihre limitierte Lebenszeit verstärkt dazu nutzen, emotional befriedigende soziale Interaktionen zu favorisieren.

Aber auch Prozesse der *Assimilation* und *Akkommodation* (primäre und sekundäre Kontrolle) spielen eine wesentliche Rolle bei der Bewältigung spezifischer Lebensveränderungen im Alter.

Das *Modell der Selektiven Optimierung und Kompensation* (SOK-Modell) erklärt, wie eine Bewältigung altersbedingter Einschränkungen und Behinderungen mittels einer Auswahl und Veränderung von Zielen, Erwartungen und Wünschen sowie durch eine Stärkung und Nutzung noch vorhandener Fähigkeiten und Ressourcen möglich ist.

Das *Konzept der „psychologischen Produktivität"* macht deutlich, wie wesentlich die Fähigkeit für das individuelle Wohlbefinden ist, mit Einschränkungen und Behinderungen im Alter produktiv umzugehen.

- Prävention und Gesundheitsförderung im Alter zielen auf eine *Erhöhung der Anzahl gesunder Lebensjahre* und nicht auf eine Vergrößerung der Lebensspanne. Beide Strategien haben das Ziel die objektive wie auch die subjektive Gesundheit zu optimieren.

- Bei älteren Menschen ergeben sich *Präventionspotenziale* vor allem für Herz-Kreislauf-Erkrankungen, kardiovaskuläre und zerebrovaskuläre Krankheiten, Krankheiten des Stütz- und Bewegungsapparates, Diabetes mellitus, Osteoporose sowie für eine Vorbeugung von Stürzen und die Folgen falscher Medikation.

- Zirka 25% der über 65-Jährigen leiden an einer *psychischen Erkrankung*, wobei demenzielle Erkrankungen und Depressionen von besonderer Bedeutung sind.

- Der Alter(n)sprozess kann bis zu einem gewissen Grad beeinflusst werden, vor allem durch eine *Veränderung des individuellen Gesundheitsverhaltens*. Dabei geht es um die Veränderung von Gewohnheiten, Handlungsmustern und gesundheitsriskanten Verhaltensweisen. Zu berücksichtigen ist dabei, dass dazu gewisse kognitive Fähigkeiten notwendig sind, die bei älteren Menschen teilweise beeinträchtig sind, was für die Verhaltensmodifikation bedeutet, dass verstärkt Hilfestellungen in Form von Erinnerungshilfen u. a. nötig sind.

- Neben der *Verhaltensprävention* sind *verhältnispräventive Maßnahmen* als sinnvolle Ergänzung notwendig. Zu diesen Maßnahmen gehören vor allem die Gestaltung des direkten Wohnumfeldes alter Menschen, der Aufbau von sozialen Netzwerken im „Setting Gemeinwesen" sowie die Unterstützung von Aktivitäten älterer und hochbetagter Bewohner.

Fragen zur Wiederholung des Kapitelinhalts

1. Was wird unter „demografischem Wandel" verstanden?
2. In welche zwei Abschnitte wird das Alter von der Gerontologie eingeteilt und wie werden sie inhaltlich voneinander abgegrenzt?
3. Was wird im Zusammenhang mit dem Alter(n)sprozess unter „Plastizität" verstanden?
4. Welche Aspekte versucht die Gesundheitspsychologie beim Alter(n)sprozess zu betonen?
5. Was wird unter „gesundem" oder „normalem Altern" verstanden?
6. Wie lautet die Definition von „gesundheitsbezogener Lebensqualität"?
7. Welches sind die wichtigsten körperlichen und psychischen Einschränkungen im Alter?
8. Was wird unter „funktionaler Gesundheit" verstanden?
9. Was sind die wichtigsten Selbstregulationsprozesse im Alter?
10. Was besagt die „Aktivitätstheorie", was die „Disengagementtheorie"?
11. Welche Annahmen macht die „sozioemotionale Selektionstheorie"?
12. Was versteht man unter „primärer und sekundärer Kontrolle" im Zusammenhang mit älteren Menschen?
13. Was beschreibt das *Modell der selektiven Optimierung und Kompensation*?
14. Was ist „psychologische Produktivität"?
15. Welches sind die wichtigsten Präventionspotenziale bei älteren Menschen?
16. Was sind muskuloskeletale Erkrankungen?
17. Welche Demenzformen gibt es?

Empfohlene Literatur

Bullinger, M. & Kirchberger, I. (1998). *SF-36 Fragebogen zum Gesundheitszustand. Handanweisung.* Göttingen: Hogrefe Verlag.

Deutscher Turner-Bund (2013). Aktiv bis 10. *Ein Projekt des Deutschen Turner-Bundes.* Zugriff: 07.09.2013. Verfügbar unter: *http://www.dtb-online.de/portal/gymwelt/aeltere/publikationen.html.*

Deutsches Zentrum für Altersfragen (2013). *Deutscher Alterssurvey (DEAS). Berlin GeroStat* Zugriff: 27.07.2013. Verfügbar unter: *http://www.dza.de/informationsdienste/gerostat.html.*

Fuchs, J., Busch, M., Lange, C., Scheidt-Nave, C. (2012). Prevalence and patterns of morbidity among adults in Germany. Results of the German telephone health interview survey German Health Update (GEDA) 2009. *Bundesgesundheitsblatt – Gesundheitsforschung – Gesundheitsschutz* 55, 576–586.

Gößwald, A., Schienkiewitz, A. et al. (2013). Prävalenz von Herzinfarkt und koronarer Herzkrankheit bei Erwachsenen im Alter von 40 bis 79 Jahren in Deutschland. Ergebnisse der Studie zur Gesundheit Erwachsener in Deutschland (DEGS1). *Bundesgesundheitsblatt – Gesundheitsforschung – Gesundheitsschutz* 56: 650–655.

Hautzinger, M. (2009). *Depression im Alter. Erkennen, bewältigen, behandeln. Ein kognitiv-verhaltenstherapeutisches Gruppenprogramm.* Weinheim: Beltz – Psychologie Verlags Union.

Hautzinger, M. (2011). Depressive Störungen. In Hautzinger, M. Kognitive Verhaltenstherapie. *Behandlung psychischer Störungen im Erwachsenenalter.* Weinheim: Beltz Verlag.

Hollbach-Grömig, B. & Seidel-Schulze, A. (2007). *Seniorenbezogene Gesundheitsförderung und Prävention auf kommunaler Ebene – eine Bestandsaufnahme.* Köln: Bundeszentrale für gesundheitliche Aufklärung.

Kurz, A. (2013). Das Wichtigste über die Alzheimer-Krankheit und andere Demenzformen. *Schriftenreihe der Deutschen Alzheimer Gesellschaft e. V.,* Berlin.

Lampert, T. (2009). Soziale Ungleichheit und Gesundheit im höheren Lebensalter. In Gesundheit und Krankheit im Alter. *Beiträge zur Gesundheitsberichterstattung.* Statistisches Bundesamt, Deutsches Zentrum für Altersfragen und Robert-Koch-Institut (Hrsg.). Berlin.

Lehr, U. (2007). *Psychologie des Alterns.* Wiebelsheim: Quelle und Meyer.

Martin, M. & Kliegel, M (2005). *Psychologische Grundlagen der Gerontologie. Grundriss Gerontologie.* Band 3. Stuttgart: Kohlhammer.

Meier-Baumgartner, H. P., Dapp, U., Anders, J. (2006). *Aktive Gesundheitsförderung im Alter. Ein neuartiges Präventionsprogramm für Senioren.* Stuttgart: Kohlhammer.

Robert-Koch-Institut (2012). *Daten und Fakten: Ergebnisse der Studie „Gesundheit in Deutschland aktuell 2010".* Reihe Gesundheitsberichterstattung des Bundes.

Saß, A., Wurm, S., Ziese, T. (2009). *Somatische und Gesundheit. Beiträge zur Gesundheitsberichterstattung des Bundes und Krankheit im Alter.* Berlin: Robert-Koch-Institut.

Statistisches Bundesamt (2012). *Gesundheit im Alter.* Wiesbaden: Statistisches Bundesamt.

Staudinger, U. M. (2003). Lebenserfahrung, Lebenssinn und Weisheit. In Filipp, S. H. und Staudinger, U. M. (Hrsg.). *Entwicklungspsychologie des mittleren und höheren Erwachsenenalters (Enzyklopädie der Psychologie).* Göttingen: Hogrefe.

Tesch-Römer, C. & Wurm, S. (2009). Prävention im Alter. In Bengel, J. & Jerusalem, M. (Hg.). *Handbuch der Gesundheitspsychologie und Medizinischen Psychologie.* Göttingen: Hogrefe.

Tesch-Römer, C. & Wurm, S. (2009). Wer sind die Alten? Theoretische Positionen zu Alter und Altern. In *Gesundheit und Krankheit im Alter. Beiträge zur Gesundheitsberichterstattung.* Statistisches Bundesamt, Deutsches Zentrum für Altersfragen und Robert-Koch-Institut (Hrsg.). Berlin.

Wahl, H. W. & Heyl, V. (2004). *Gerontologie Einführung und Geschichte.* Stuttgart: Kohlhammer.

Glossar

Abhängigkeit
Siehe Sucht.

Adaptation
Die Anpassung durch Verhaltensänderung an äußere Bedingungen.

Additive- oder Kompensationsmodelle sozialer Unterstützung
Das additive oder Kompensationsmodell geht davon aus, dass die Wirkung sozialer Unterstützung auf die physische bzw. psychische Gesundheit von der Ausprägung der beiden voneinander unabhängigen (additiven), aber direkt wirkenden Größen Stress und soziale Unterstützung beeinflusst wird.

Adipositas
Von Adipositas wird dann gesprochen, wenn der Fettanteil des Körpers an der Gesamtmasse zu hoch ist.

Affektive Störungen
Psychische Störungen mit einer krankhaften Veränderung der Stimmung als Leitsymptom, wobei diese Änderung der Gemütslage nicht der realen Situation entspricht.

Akkommodation
Siehe sekundäre Kontrolle.

Aids
Acquired Immune Deficiency Syndrome, auch als Acquired Immunodeficiency Syndrome bezeichnet (AIDS), steht für ein erworbenes Immundefektsyndrom. Hervorgerufen wird die Erkrankung durch eine Infektion mit dem Humanen Immundefizienz-Virus (HI-Virus, HIV).

AIDS-Risk-Reduction-Modell (ARRM)
Das Stufenmodell, das kognitive Elemente beinhaltet und sich an das transtheoretische Modell anlehnt, beschreibt speziell die Faktoren, die sexuelles Risikoverhalten im Kontext mit HIV und AIDS verändern helfen.

Allgemeines Adaptationssyndrom
Das Allgemeine Adaptationssyndrom bzw. Anpassungssyndrom (AAS) bezeichnet eine Reaktion bei der es blitzartig zu einer starken Aktivierung und Energiemobilisierung kommt. Ausgelöst wird die körperliche Stressreaktion über die Sympathikus-Nebennierenmark-Achse und die Hypothalamus-Hypophysen-Nebennierenrinden-Achse (HHNA). Das Syndrom setzt sich aus drei Phasen zusammen: der Alarmreaktion, der Widerstandsphase und der Erschöpfungsphase.

Glossar

Allostase
Allostase beschreibt einen selbstregulierenden biologischen Prozess, durch den der Organismus des Menschen befähigt wird, sich den täglichen Belastungen anzupassen und dadurch die Homöostase der unterschiedlichsten Organsysteme aufrecht zu erhalten.

Alkoholkonsum, problematischer
Vier Formen des problematischen Alkoholkonsums werden unterschieden: die Alkoholabhängigkeit, der Alkoholmissbrauch, der riskante Alkoholkonsum und das Rauschtrinken (binge drinking).

Alkoholtoleranz
Unter Alkoholtoleranz wird die durch Gewöhnung verringerte Empfindlichkeit und Reaktion des Körpers auf Alkohol verstanden.

Alte Alte
Menschen im vierten Lebensabschnitt (siehe dort).

Alter
Das Alter wird allgemein definiert als 65 Jahre und älter.

Alter, biologisches
Gekennzeichnet durch anatomisch-physiologische Veränderungen an Muskeln, Sinnesorganen, Haut, Skelett, Nervensystem und Gefäßen.

Alter, chronologisches, kalendarisches
Das chronologische oder kalendarische Alter (Anzahl der gelebten Jahre) hat nur geringe Bedeutung für die Leistungsfähigkeit eines Menschen.

Altern, erfolgreiches
Erfolgreiches Altern ist durch einen subjektiv empfundenen Zustand der Zufriedenheit des alten Menschen, angesichts veränderter Lebensumstände, gekennzeichnet.

Altern, gesundes
Gesundes oder normales Altern beinhaltet durchschnittliche bzw. typische Entwicklungsverläufe.

Altern, pathologisches
Sind beim Alterungsprozess z.B. Herz-Kreislauf-Erkrankungen oder eine Demenz beteiligt, wird auch die Bezeichnung pathologisches Altern verwandt.

Amygdala
Auch Mandelkern genannt, ist eine Struktur des Temporallappens, die mehrere Kerne enthält und zum limbischen System gehört.

Angewandte Gesundheitspsychologie
Die Angewandte Gesundheitspsychologie ist Teil der Gesundheitspsychologie mit dem Schwerpunkt auf dem Praxisbezug. Sie beinhaltet alle gesundheitspsychologischen Anstrengungen, die der nicht-angewandten, also theoretischen und grundlagenforschenden Gesundheitspsychologie zugehörig sind.

Anorexia nervosa
Anorexia nervosa oder Magersucht ist eine psychisch bedingte Essstörung.

Anpassung
Siehe Adaptation.

Arbeitszufriedenheit
Bewertungen ihrer Arbeit als Ganzes durch Arbeitnehmer, d.h. ihre Einstellung zur Arbeit.

Arteriosklerose
Unter Arteriosklerose wird die krankhafte Veränderung von Arterien verstanden, die zu Ablagerungen in den Gefäßen und zu einer Einbuße an Flexibilität der Gefäßwände führt.

Assimilation
Siehe primäre Kontrolle.

Attribution
Attributionen sind „Zuschreibungen", d.h. subjektive Erklärungen für den Erfolg oder Misserfolg des eigenen Verhaltens. Diese Zuschreibungen führen zu unterschiedlichen Erfolgserwartungen für die Zukunft.

AUDIT-C
„Alcohol Use Disorder Identification Test – Consumption" ist ein Verfahren zur Einschätzung gesundheitsschädlichen Alkoholkonsums.

Autonomie
Unabhängigkeit, Selbstbestimmung.

Autonomes Nervensystem
Das Autonome Nervensystem, auch als Vegetatives Nervensystem bezeichnet, kontrolliert das innere Milieu und reguliert die Organfunktionen.

Barebacking
Aus dem Englischen stammender Begriff mit der Bedeutung „reiten ohne Sattel" (wörtlich: „nackter Rücken"). Bezeichnet bei homosexuellen Männern den ungeschützten Analverkehr, der ein erhebliches Infektionsrisiko für sexuell übertragbare Krankheiten mit sich bringt.

Beanspruchung

Individuell unterschiedliche Reaktion auf (von außen) einwirkende Belastungen.

Belastungen

Anforderungen an den Menschen, die sich aus der Durchführung einer Aufgabe sowie durch Einflüsse, z. B. aus der Arbeitsumgebung bzw. -umwelt und/oder der Arbeitsorganisation ergeben.

Belastungs-Beanspruchungs-Modell

Arbeitspsychologisches Konzept, das einen Zusammenhang zwischen einwirkenden Kräften und äußeren Einflüssen (Belastungen) mit den individuellen Reaktionen (Beanspruchungen) von Personen auf diese Belastungen herstellt. Beanspruchungen können zu kurz- bis langfristigen Folgen mit positiven oder negativen Auswirkungen für die betreffende Person führen.

Betriebliche Gesundheitsförderung

Die Betriebliche Gesundheitsförderung umfasst alle Maßnahmen einer Organisation unter Beteiligung der Arbeitnehmer zur Verbesserung ihrer Gesundheitskompetenzen (Verhalten) sowie gesundheitsförderliche Veränderungen von Arbeitsbedingungen (Verhältnisse), um die Gesundheit, das Wohlbefinden und die Leistungsfähigkeit der Mitarbeiterschaft positiv zu beeinflussen.

Betriebliches Gesundheitsmanagement

Das Betriebliche Gesundheitsmanagement (BGM) strebt einen systematischen Aufbau gesundheitsförderlicher Strukturen und entsprechender Prozesse an sowie die Fähigkeit der Mitglieder einer Organisation, sich gesundheitsbewusst in Eigenverantwortung zu verhalten.

Bewältigung

Individuelle kognitive und Verhaltensstrategien, um mit stressreichen Situationen und den dadurch ausgelösten emotionalen Reaktionen umzugehen.

Big Five

Das Big Five- oder Fünf-Faktoren-Modell (FFM) ist ein Persönlichkeitsmodell, welches fünf Hauptdimensionen für die Persönlichkeit annimmt: Neurotizismus, Extraversion, Offenheit für Erfahrung, Verträglichkeit und Gewissenhaftigkeit.

Binge Eating

Essstörung, durch regelmäßige unkontrollierte Heißhungeranfälle gekennzeichnet, bei denen sehr kalorienreiche fette und süße Nahrungsmittel gegessen werden. Im Unterschied zur Bulimie (siehe Bulimie) wird jedoch nicht erbrochen oder übermäßig Sport getrieben.

Biomedizinisches Modell

Modell von Krankheit und Gesundheit, das Krankheit als Störung der Balance normaler Organfunktionen versteht.

Biopsychosoziales Modell

Zentral Annahme des Modells ist ein Wechselspiel zwischen biologischen, psychologischen und sozialen Einflüssen bei der Entstehung von Krankheiten. Es geht davon aus, dass der Mensch eine biopsychosoziale Einheit ist.

Blutalkoholkonzentration (BAK)

Blutalkoholkonzentration (BAK) ist die Alkoholmenge, die im Blut festgestellte wird und in Promille (‰) angegeben wird, was der Alkoholmenge in Gramm pro 1.000 g Blut entspricht.

Blut-Hirn-Schranke

Zellbarriere, die das Gehirn vor dem Eindringen giftiger Substanzen (evtl. auch Pharmaka) schützt, indem es Stoffen das Diffundieren aus den Blutkapillaren in das Hirngewebe erschwert.

Bulimie

Stellt ein Krankheitssyndrom dar, das durch Essattacken, gefolgt von willkürlichem Erbrechen, gekennzeichnet ist, um eine Gewichtszunahme zu verhindern.

Burnout-Syndrom

Der heutige Begriff beinhaltet meistens die Trias von „emotionaler Erschöpfung", „Depersonalisation" und „Leistungsmangel", die als faktorenanalytische Dimensionen aus Fragebogenuntersuchungen gewonnen wurden. Meist wird damit ein Zustand nach chronischer Überlastung mit mangelnder Gratifikation und sozialer Unterstützung durch Vorgesetzte, das „System" und/oder Kollegen, vor allem in sozialen und Gesundheitsberufen, bezeichnet.

Chlamydieninfektion

Infektionen mit Chlamydien lösen vor allem Erkrankungen (Chlamydiose) der Schleimhäute im Augen-, Atemwegs- und Genitalbereich aus.

Cholesterin

Bedeutendstes Steroid im menschlichen Organismus und Basisstoff von Steroidhormonen, wie sie in der Nebennierenrinde gebildet werden.

Cholinerge Synapsen

Synapsen, die Acetylcholin als Transmitter benutzen.

Chromosom

Chromosomen enthalten die Gene und damit die Erbinformationen. Sie kommen in den Kernen der Zellen von Eukaryoten (Lebewesen, die einen Zellkern besitzen) vor.

Coping

Siehe Bewältigung.

Cortisol
Cortisol ist ein Hormon der Gruppe der Glucocorticoide und wird in der Nebennierenrinde gebildet.

Cyberchondrie
Cyberchondrie ist eine Unterform der Hypochondrie und setzt sich aus den beiden Begriffen Cyber (Internet) und Hypochondrie zusammen. Vor allem Menschen mit einer persönlichkeitsbedingten Neigung zur Selbstbeobachtung, suchen im Internet Erklärungen für Symptome, die sie bei sich feststellen.

D

Demenz
Ein erworbener Verlust höherer geistiger Fähigkeiten aufgrund einer Schädigung des Gehirns mit Beeinträchtigungen der Alltagskompetenz.

Depression
Affektive Störung mit Niedergeschlagenheit als Leitsymptom.

Desoxyribonukleinsäure (DNS/DNA)
In Form eines Makromoleküls enthält die Desoxyribonukleinsäure eine bestimmte Reihenfolge von Basen die die Geninformationen aller Lebewesen kodiert (außer bei RNA-Viren).

Diabetes mellitus
Der Diabetes mellitus oder umgangssprachlich Diabetes/Zuckerkrankheit genannt, ist die Bezeichnung für eine Gruppe von Stoffwechselkrankheiten.

Disengagement
Rückzug.

Diskriminativer Reiz
Reiz, der eine bestimmte Reaktion auslöst bzw. zu einer bestimmten Reaktion führt.

Dissonanz, kognitive
Dissonanz ist ein unangenehmer motivationaler Zustand einer Person, die danach strebt, diesen zu reduzieren. Strategien zur Reduzierung der Dissonanz sind Meinungs-, Einstellungs- und Verhaltensänderungen, das Meiden dissonanter oder die Suche nach konsonanten Informationen

Dritter Lebensabschnitt
Umfasst die Altersgruppe der 65- bis unter 84jährigen.

Drogen, illegale
Cannabis, Amphetamine, Ecstasy, LSD, Kokain, Crack und Heroin.

DSM
Diagnostisches und Statistisches Manual psychischer Störungen.

Dyadische Stressbewältigung

Hierunter fallen alle Anstrengungen eines oder beider Partner, vorhandene individuelle Belastungen eines der beiden Partner zu verringern.

Einstellung

Einstellung ist eine Tendenz oder Neigung ein bestimmtes „Einstellungsobjekt" mehr oder weniger positiv oder negativ zu bewerten. Diese Objekte können soziale oder nicht-soziale Inhalte wie z.B. andere Menschen oder Produkte sein.

Emotionszentrierte Bewältigung

Bei der emotionszentrierten oder palliativen Bewältigung wird versucht, die Belastungssymptome sowie negative Gefühle zu regulieren.

Empathie

Einfühlungsvermögen

Empowerment

Empowerment zielt darauf ab, dass Menschen die Fähigkeit entwickeln und verbessern, ihre soziale Lebenswelt und ihr Leben selbst zu gestalten und sich nicht gestalten zu lassen. Kurzformel: „Befähigung zu selbstbestimmtem Handeln".

Endplatte, neuromuskuläre

Die Erregung vom Motoneuron an der Muskelfaser wird an der Synapse der motorischen Nervenfasern auf eine Skelettmuskelfaser weitergegeben.

Epidemiologie

Die Epidemiologie befasst sich mit jenen Einflüssen, die zu Gesundheit und Krankheit in einer Population führen.

Epigenetik

Sie befasst sich mit der Frage, welche Gene vom menschlichen Organismus wirklich genutzt werden.

Epigenom

Die epigenetische Markierung des Gens bezeichnet man als Epigenom und diese unterscheidet es vom Genom.

Essstörung

Eine Essstörung ist eine Verhaltensstörung, die in der Regel mit ernsthaften und langfristigen Schäden für die Gesundheit verbunden sind. Im Mittelpunkt steht die permanente gedankliche und emotionale Beschäftigung mit der Thematik „Essen". Essstörungen betreffen sowohl die Nahrungsaufnahme als auch deren Verweigerung. Zusammenhänge finden sich mit psychosozialen Schwierigkeiten und einer negativen Sicht des eigenen Körpers.

Glossar

Evaluation (siehe auch formative und summative Evaluation)

Evaluation ist die Beschreibung, Bewertung oder Analyse von Prozessen, Projekten, Maßnahmen oder Sachverhalten.

Extraversion

Aufgeschlossenheit gegenüber anderen Menschen (Kontaktfähigkeit) und der Umwelt.

F

Fagerström-Test

Der Test aus sechs nikotinrelevanten Suchtkriterien in Frage- und Antwortform bestehend, deren Resultate einen Wert zwischen 0 und 10 annehmen können. Es können vier Abhängigkeitsstufen ermittelt werden (geringe, mittlere, starke und sehr starke Abhängigkeit).

Familiäre Bindungen

Im Vergleich zu Freundschaften sind familiäre Bindungen längerfristig angelegt und halten einem Hilfebedarf über einem längeren Zeitraum auch eher stand.

Familie

Familien sind biologisch, sozial oder rechtlich miteinander verbundene Einheiten von Personen, die mindestens zwei Generationen umfassen.

Feindseligkeit

Neigung einer Person, anderen Menschen feindselige Absichten zu unterstellen. Beispielsweise bei der Verursachung eines Schadens, bei dem nicht klar ist, ob er aus Versehen oder absichtlich verursacht wurde. Feindseligkeit beinhaltet damit eine argwöhnische Einstellung (Kognitionen) gegenüber anderen.

Formative Evaluation (siehe auch Evaluation)

Die formative Evaluation beschreibt und bewertet die Umsetzung einer Maßnahme oder einer Intervention.

Freundschaftliche Beziehungen

Sie gründen auf Sympathie, Einstellungsähnlichkeiten, Vertrauen, gemeinsamen Interessen und Verständnis füreinander.

Furchtappell

Mit einem Furchtappell wird versucht, Furcht vor möglichen Gesundheitsgefahren zu erzeugen, um gesundheitsschädliches Verhalten bei einer bestimmten Zielgruppe zu verändern. Dabei werden neue, gesundheitsförderliche Verhaltensweisen empfohlen, die helfen, die Krankheitsbedrohung zu verringern oder ganz zu beseitigen.

G

Ganglion

Anhäufung von Nervenzellen in verschiedenen Nervensträngen des peripheren Nervensystems, die die Reizübertragung vermitteln.

Gefährdungsbeurteilung

Gefährdungsbeurteilungen werden zur Gefahrenverhütung, der Risikovermeidung an der Entstehungsquelle und zur menschengerechten Gestaltung der Arbeitsbedingungen eingesetzt (§§ 5 und 6 ArbSchG).

Gender

Das Resultat aus der gesellschaftlichen und kulturellen Formung des Geschlechts wird mit dem englischen Ausdruck „Gender" versehen.

Gender-Datenreport

Vergleicht auf statistischer Datenbasis die Lebenssituation von Frauen und Männern in Deutschland.

Gender Mainstreaming

Gender Mainstreaming bedeutet, bei allen gesellschaftlichen Vorhaben die unterschiedlichen Lebenssituationen und Interessen von Frauen und Männern von vornherein und regelmäßig zu berücksichtigen.

Genom

Gesamtheit aller Gene eines Organismus.

Genotyp

Der Genotyp oder Erbbild repräsentiert die exakte genetische Ausstattung eines Organismus die den Phänotyp bestimmt (siehe Phänotyp)

Gerontologie

Als interdisziplinäre Wissenschaft befasst sich die Gerontologie mit physischen, psychischen und sozialen Erscheinungen des Alters, der Veränderungen, die der Alternsprozess mit sich bringt und deren wechselseitiger Beeinflussung.

Gesamtsterblichkeit

Quote aller Verstorbenen in Bezug auf die Einwohnerzahl.

Geschlechtersensibilität

Geschlechtersensibilität beinhaltet die angemessene Berücksichtigung der Kategorie Geschlecht bzw. der Lebensrealitäten von Frauen und Männern bzw. Mädchen und Jungen.

Gesundheit

Zustand vollständigen physischen, geistigen und sozialen Wohlbefindens und nicht nur die Abwesenheit von Krankheit oder Behinderung.

Gesundheitsaufklärung

Gesundheitsaufklärung möchte eine Verbesserung des Wissens der Bevölkerung hinsichtlich Gesundheit und Krankheit, des Körpers und seiner Funktionen sowie über Prävention und Maßnahmen bei Krankheit erreichen.

Gesundheitsberatung

Gesundheitsberatung hat zum Ziel, die Gesundheit des Ratsuchenden zu fördern, Krankheiten zu verhindern oder bei der Krankheitsbewältigung zu helfen.

Gesundheitsbericht

Der Gesundheitsbericht steht für Arbeitsunfähigkeitsbericht und wird häufig auch AU-Bericht oder Krankheitsartenstatistik genannt. Er wird von den Krankenkassen im Auftrag des Unternehmens erstellt (> 50 Mitarbeiter). Der Gesundheitsbericht gibt in statistischer Form Auskunft über krankheitsbedingte Fehlzeiten im Betrieb, sodass Schwerpunkte für die Intervention und Prävention erkennbar werden.

Gesundheitsbildung

Die Vermittlung von gesundheitsbezogenem Wissen und Fertigkeiten durch qualifizierte Fachkräfte.

Gesundheitschancen

Auf persönlichen Kompetenzen und organisatorischen Gegebenheiten beruhende Fähigkeiten und Möglichkeiten, gesundheitsfördernde Ressourcen nutzbar zu machen.

Gesundheitserziehung

Veralteter Begriff für die Gesundheitsbildung, der inhaltlich insbesondere durch Belehrungen und damit den „erhobenen Zeigefinger" ausgezeichnet war.

Gesundheitsförderung

Gesundheitsförderung orientiert sich am Konzept der Salutogenese (siehe auch Salutogenese) und soll individuelle Ressourcen und Potenziale freisetzen sowie die positiven Änderungen von Lebens- und Arbeitsbedingungen unterstützen und damit vorteilhaften Einfluss auf die Gesundheit nehmen.

Gesundheitsindikatoren

Ausgewählte Parameter, die auf die Gesundheit der Bevölkerung bzw. von Teilpopulationen schließen lassen, wie z.B. die demografische Entwicklungen, der Gesundheitsstatus, das Gesundheitsverhalten, die gesundheitliche Versorgung sowie die verfügbaren Ressourcen (siehe auch Indikatoren).

Gesundheitspsychologie

Gesundheitspsychologie ist die Wissenschaft vom Erleben und Verhalten des Menschen im Zusammenhang mit Gesundheit und Krankheit. Dabei stehen vor allem riskante und präventive Verhaltensweisen, psychische und soziale Einflussgrößen sowie deren Wechselwirkungen auf körperliche Erkrankungen und Behinderungen im Mittelpunkt.

Gesundheitsrisiko

Mögliche Beeinträchtigung der persönlichen Gesundheit durch das individuelle Verhalten und die Einflüsse aus dem jeweiligen Umfeld.

Gesundheitsselbsthilfe

Umfasst alle Handlungen, die helfen, gesundheitliche Probleme und ihre negativen Konsequenzen selbst zu bewältigen. Differenziert wird zwischen individueller und kollektiver sowie gruppenorientierter gesundheitsbezogener Selbsthilfe.

Gesundheitsverhalten

Alles Gesundheitsverhalten ist jenes Verhalten, das der Erhaltung oder Förderung der Gesundheit dient.

Gesundheitswissenschaften

Gesundheitswissenschaften wie Public Health oder die Gesundheitspsychologie, sind als Antwort auf die „Wohlstandserkrankungen" in den westlichen Industrieländern und aufgrund eines verbesserten Verständnisses der Zusammenhänge zwischen biologischen, psychologischen und sozialen Faktoren bei der Entstehung von Krankheit bzw. dem Erhalt von Gesundheit entwickelt worden (siehe auch Public Health und Gesundheitspsychologie).

Gesundheitsziele (nationale)

Nationale Gesundheitsziele schaffen einen gemeinsamen Rahmen für das gesundheitspolitische Handeln in bestimmten Bereichen oder für spezielle Gruppen. Sie werden von den verantwortlichen Akteuren (Politik, Kostenträger, Leistungserbringer, Selbsthilfeorganisationen sowie Wissenschaft) im Gesundheitssystem einvernehmlich festgelegt.

Gesundheitszirkel

Gesundheitszirkel sind kleine Gruppen (max. 15 Personen) von Betriebsangehörigen, die sich freiwillig einmal im Monat zusammenfinden, um gesundheitliche Probleme ihrer Tätigkeit mit Blick auf die drei Komponenten Person, Situation und Organisation zu besprechen und Verbesserungen anzustreben.

Gewohnheiten

Verhaltensweisen die erlernt wurden und automatisierte Reaktionen auf spezifische Hinweisreize darstellen.

HAART

Hochaktive antiretrovirale Therapie (englisch: highly active antiretroviral therapy) ist eine Kombinationstherapie aus mindestens drei verschiedenen antiretroviralen Medikamenten (ARV) zur Behandlung der HIV-Infektion.

Handlungsfeld

Für jedes nationale Gesundheitsziele (siehe Gesundheitsziele), beispielsweise „Gesund aufwachsen", werden Handlungsfelder formuliert. Diese geben den Gesamtinhalt eines Gesundheitsziels wieder (z.B. Lebenskompetenz, Ernährung, Bewegung).

Handlungswirksamkeit

Handlungswirksamkeit ist die subjektive Einschätzung, ob z.B. ein verändertes Gesundheitsverhalten eine Bedrohung durch eine Krankheit reduziert und die negativen Konsequenzen aus einem gesundheitsgefährdenden Verhalten minimiert oder abschwächt.

Hauptstromrauch

Hauptstromrauch entsteht beim „Ziehen" an der Zigarette (Zigarre, Pfeife, Zigarillo).

Health Belief Modell

Siehe Modell der Gesundheitsüberzeugungen.

Health Psychology

Siehe Gesundheitspsychologie.

HEDE-Kontinuum

HEDE ist die Abkürzung für „Health-Ease" und „Dis-Ease". Health-Ease (Gesundheit) und Dis-Ease (Krankheit) werden als Endpunkte eines Kontinuums verstanden. Menschen sind nach diesem Verständnis nicht entweder gesund oder krank, sondern immer mehr oder weniger beides. Gesundheit ist ohne Krankheit nicht denkbar und umgekehrt.

Herzinfarkt

Herzinfarkt oder Myokardinfarkt ist ein akutes und lebensbedrohliches Ereignis infolge des Absterbens (Infarkt) von Bereichen des Herzmuskels (Myokard) aufgrund einer Durchblutungsstörung durch ein Blutgerinnsel an einer Engstelle eines Herzkranzgefäßes.

HIV

Humanes Immundefizienz-Virus (englisch: human immunodeficiency virus).

Homöostase

Im Kontext der Gesundheitspsychologie wird Homöostase als Gleichgewichtszustand zwischen individuellen und seelischen Faktoren sowie zwischen Individuum und Gesellschaft verstanden und damit als die Basis für Gesundheit.

Hormon

Botenstoff, der im Körper von spezialisierten Drüsenzellen gebildet wird und über das Blut an Zielzellen transportiert wird und dort spezifische Reaktionen auslöst.

Hypochondrie

Hypochondrie ist eine psychische Störung, bei der Betroffene unter starken Ängsten leiden, eine ernsthafte Erkrankung zu haben, ohne dass ein objektiver Befund dafür vorliegt.

Hypothalamus

Kerne des Dienzephalons (Zwischenhirn), die unterhalb des Thalamus liegen, Hormone produzieren und vegetative sowie homöostatische Triebe und Funktionen regulieren.

ICD

Internationale statistische Klassifikation der Krankheiten.

Identität

Die Übereinstimmung mit sich selbst.

Immunsystem

Das Immunsystem ist das biologische Abwehrsystem höherer Lebewesen, das Gewebeschädigungen durch Erreger von Krankheiten verhindert und eingedrungene Mikroorganismen sowie fremde Substanzen erkennt und unschädlich macht. Zudem ist es in der Lage, Zellen des eigenen Organismus, die fehlerhaft geworden sind, zu zerstören.

Indikatoren

Ein Indikator ist ein Merkmal, dessen Größe bzw. Ausprägung messbar oder konkret zu überprüfen ist. Indikatoren dienen als Ersatzmaß für die Erhebung von Informationen über bzw. die Messung von Phänomenen, die selbst nicht direkt gemessen werden können.

Indizierte Prävention

Bei der indizierten Prävention werden bestimmte Personen angesprochen, bei denen bereits Vorstufen einer Krankheit aufgetreten sind oder die sich durch ihr gesundheitsriskantes Verhalten gefährden.

Integration

Eingliederung, Miteinbeziehen.

Intention

Absicht, Entschluss oder Entscheidung, ein bestimmtes Handlungsziel anzustreben.

Intentions-Verhaltens-Lücke

Mit Intentions-Verhaltens-Lücke wird das Auseinanderklaffen von Intention und Verhaltensausführung bezeichnet.

Interaktion

Wechselseitig aufeinander bezogenes Verhalten von zwei oder mehreren Personen.

Intervention

Begründete und geplante Maßnahme zur Verbesserung von Gesundheit, Lebens- und Entwicklungsbedingungen.

Inzidenzrate

Neuerkrankungen/(Zeitraum x Anzahl der Individuen).

Item

Als Item wird eine Einzelaufgabe oder Frage in einem psychologischen Test- oder Fragebogenverfahren verstanden.

J

Junge Alte

Menschen im dritten Lebensabschnitt (siehe dort).

K

Katecholamine

Katecholamine wie Adrenalin, Noradrenalin und Dopamin dienen als Transmitter und Hormone.

Klinische Psychologie

Teilgebiet der Psychologie, das sich mit der Erforschung, Diagnostik, Therapie, Rehabilitation und Prävention psychischer Störungen, d.h. dem Erleben und Verhalten eines Individuums, beschäftigt.

Körperliche Aktivität

Körperliche Aktivität umfasst die durch die Skelettmuskulatur generierte Bewegung, die den Energieverbrauch verstärkt ansteigen lässt.

Kognitiv

Das Erkennen und das Bewusstsein im Zusammenhang mit Denk-, Lern- und Wahrnehmungsprozessen.

Kognitive Stressbewältigung

Hier geht es um das Erkennen und Verändern von Bewertungen, Motiven, Einstellungen usw. (z.B. Abbau von Perfektionismus).

Kognitiv-transaktionale Stresstheorie

Stresssituationen werden in diesem Modell als komplexe Wechselwirkungen zwischen situativen Anforderungen und einer Person verstanden. Es wird davon ausgegangen, dass nicht die Art des Reizes oder der Situationen die Stressreaktion auslöst, sondern deren Bewertung durch das Subjekt. Individuen sind für einen spezifischen Stressor ganz unterschiedlich empfänglich und was den einen Stress empfinden lässt, bringt einen anderen nicht aus der Ruhe. Als transaktional wird dieses Modell bezeichnet, da es zwischen Stressor und Reaktion einen Bewertungsprozess zwischengeschaltet ist.

Kohärenzsinn

Antonovsky definiert den Kohärenzsinn wie folgt: „Eine globale Orientierung, die das Ausmaß ausdrückt, in dem jemand ein durchdringendes, überdauerndes und dennoch dynamisches Gefühl des Vertrauens hat, dass erstens die Anforderungen aus der internalen und externalen Umwelt im Verlauf des Lebens strukturiert, vorhersagbar und erklärbar sind, und dass zweitens die Ressourcen verfügbar sind, die nötig sind, um den Anforderungen gerecht zu werden. Und drittens, dass die Anforderungen Herausforderungen sind, die Investitionen und Engagement verdienen" (Antonovsky 1993)

Kohlenhydrate

Kohlehydrate decken den Bedarf an Energie. Sie dienen als Speicher und Baustoffe für den Organismus und bestehen aus organischen Verbindungen (Wasserstoff, Kohlenstoff und Sauerstoff).

Kollegiale Beratung

Siehe Intervision.

Komorbidität

Unter Komorbidität werden eine oder mehrere Begleiterkrankungen verstanden, die zusätzlich zu einer Grunderkrankung bestehen.

Kondensat

Trennt man den Tabak vom Nikotin und den Wasseranteilen, so bezeichnet man die übrig gebliebene Gesamtmenge aller in einer Zigarette vorhandenen Partikel als Kondensat oder Teer.

Kontinuierliche Modelle (siehe auch lineare Modelle)

Diese Modelle gehen davon aus, dass sich Verhalten fortgesetzt, d. h. kontinuierlich, verändert. Eine Veränderung zu gesundheitsbewussterem Verhalten bzw. zur Bildung einer Absicht dazu ist umso wahrscheinlicher, je stärker die Modellkomponenten ausgebildet sind. Derartige Komponenten sind kognitive und affektive Faktoren wie Einstellungen, Bedrohungseinschätzungen, Erwartungen an die Selbstwirksamkeit usw.

Kontrollüberzeugungen

Kontrollüberzeugen beziehen sich auf die Überzeugung eines Menschen, dass das Auftreten eines Ereignisses von seinem eigenen Handeln abhängig ist oder sich der Ort der Kontrolle außerhalb seines Einflusses befindet.

Koronare Herzerkrankung

Bei der Koronaren Herzerkrankung handelt es sich um eine Minderversorgung des Herzens mit Sauerstoff, die durch eine Durchblutungsstörung des Organs bedingt ist. Eine Verengung (Stenose) einzelner oder mehrerer Herzkranzarterien (Koronararterien) durch kalkhaltige Ablagerungen (Arteriosklerose) ist hierfür ursächlich.

Glossar

Kosten-Effektivitäts-Analyse

Mit der Analyseform der Kosten-Effektivitäts-Analyse (cost effectiveness analysis) wird der individuelle Nutzen in realen Einheiten gemessen und auch in Zahlen ausgedrückt.

Kosten-Nutzen-Analysen

Bei Kosten-Nutzen-Analysen (cost benefit analysis) werden die Kosten einer Maßnahme den outcomes bzw. dem Nutzen gegenübergestellt. Gewonnene Lebensjahre oder die Einsparung von Kosten für das Gesundheitssystem werden in Geldeinheiten umgerechnet und direkt miteinander verglichen.

Kosten-Nutzwert-Analysen

Die Kosten-Nutzwert-Analysen (cost utility analysis) berücksichtigen gleichzeitig mehrere Effekte. Die Kenngrößen (outcomes), die die Effekte ausdrücken, werden in Nutzeneinheiten umgewandelt.

Kritische Lebensereignisse

Befristete oder andauernde Ereignisse im Leben eines Menschen, die sein gesamtes Leben verändern können und grundsätzlich als bedrohlich empfunden werden.

L

Laiengesundheitssystem

Das System, welches abseits von Fachkräften des Gesundheitssystems (z.B. Ärzte usw.) Patienten und Interessierte über Krankheiten und deren Behandlung und Heilungsmöglichkeiten informiert. Dazu werden meist Netzwerke gegründet, in denen sich Betroffene austauschen, unterstützen und gegenseitig informieren.

Lebenskompetenzen

Lebenskompetenzen oder „Life Skills" sind grundlegende allgemeine Kompetenzen, die es Individuen ermöglichen, tägliche Anforderungen erfolgreich zu bewältigen und ihr Leben ihren Vorstellungen entsprechend zu gestalten.

Lebensqualität, gesundheitsbezogene

Gesundheitsbezogene Lebensqualität wird als subjektive Beurteilung der Normalität des jeweiligen Lebensabschnittes verstanden (z.B. keine Einschränkungen durch eine Behinderung oder Krankheit im Alter).

Lebensstil

Lebensstil bezeichnet die Art und Weise der Lebensführung.

Lebensstilaktivitäten

Lebensstilaktivitäten (life-style physical activities) sind moderat ausgeprägte Freizeitaktivitäten, wie z. B. bewusster Verzicht auf den Aufzug, Spazierengehen oder Gartenarbeiten.

Lebenszufriedenheit

Subjektive Einschätzung der allgemeinen Lebenslage einer Person.

Leistungsfähigkeit

Die Leistungsfähigkeit wird in der Regel mit der Fähigkeit gleichgesetzt, Aufgaben in der Gesellschaft zu erfüllen, beispielsweise in Schule, Beruf oder Familie. Gesund ist demnach jemand, der in der Lage ist, seine Fähigkeiten und Fertigkeiten in diesen Bereichen einzusetzen.

Life-Event-Forschung

Forschung zu kritischen Lebensereignissen.

Life Skills

Siehe Lebenskompetenzen.

Lineare Modelle (siehe auch Kontinuierliche Modelle)

Lineare Modelle gehen davon aus, dass sich Verhalten fortgesetzt, d. h. kontinuierlich, verändert. Eine Veränderung zu gesundheitsbewussterem Verhalten bzw. zur Bildung einer Absicht dazu, ist umso wahrscheinlicher, je stärker die Modellkomponenten ausgebildet sind. Derartige Komponenten sind kognitive und affektive Faktoren wie Einstellungen, Bedrohungseinschätzungen, Erwartungen an die Selbstwirksamkeit usw.

Lymphozyten

Weiße Blutkörperchen deren Aufgabe es ist, Erreger und abnormale Zellen zu vernichten.

Manie

Affektive Störung mit unangemessener gehobener Stimmung als Leitsymptom sowie Selbstüberschätzung und Antriebssteigerung.

Maßnahmen

Als Maßnahmen bezeichnet man einzelne konkrete Handlungen mit festgelegten Zielen, Terminen und Verantwortlichkeiten.

Medizinische Psychologie

Ein eigenständiges Gebiet innerhalb der Medizin, das sich vor allem mit psychologischen Fragestellungen und Interventionen innerhalb der Medizin beschäftigt.

Menschengerechte Gestaltung der Arbeit

Auf der Grundlage der Resultate betrieblicher Gefährdungsbeurteilungen werden Veränderungsprozesse bei der Arbeitsorganisation, den Arbeitsinhalten, den sozialen Beziehungen oder den Arbeitsumgebungsbedingungen vorgenommen mit dem Ziel des Erhalts und der Förderung von Sicherheit und Gesundheit der Arbeitnehmer.

Metaanalyse

Eine Metaanalyse umfasst verschiedene statistische Verfahren, um Resultate unterschiedlicher und voneinander unabhängiger Studien zu einem bestimmten Thema statistisch hinsichtlich eines Gesamtergebnisses auszuwerten. Damit soll aus unterschiedlichen Forschungsbefunden ein verlässiges Muster extrahiert werden.

Mobbing

Mobbing ist eine konflikthafte Kommunikation, gepaart mit aggressivem Verhalten gegen andere, die weniger Macht haben und sich nicht wirksam verteidigen können. Typischerweise am Arbeitsplatz unter Kollegen oder zwischen Vorgesetzten und Mitarbeitern. Mindestkriterien für das Vorliegen von Mobbing: geplant, mindestens einmal pro Woche und über wenigstens sechs Monate.

Modell der Gesundheitsüberzeugungen (Health Belief Modell)

Das Modell der Gesundheitsüberzeugungen versucht vorauszusagen, ob ein Mensch ein bestimmtes Gesundheitsverhalten zeigen wird. Es geht davon aus, dass Menschen sich rational verhalten, wenn sie sich durch eine Krankheit persönlich bedroht oder für sie anfällig fühlen und daher negative Folgen für sich zu erwarten haben. Hat die Bedrohung durch die Krankheit einen gewissen Grad erreicht und ist die betroffene Person aufgrund ihrer Gesundheitsmeinungen bzw. -überzeugungen zuversichtlich, durch präventives Verhalten negative Konsequenzen zu vermeiden, wird sie entsprechend gesundheitsförderlich handeln. Allerdings darf der Aufwand zur Minimierung der negativen Folgen einer Krankheit nicht zu groß sein.

Modell des Rückfallprozesses nach Marlatt

Das Modell von Marlatt ist ein kognitiv-behaviorales Rückfallpräventionsmodell, das auf der sozial-kognitiven Theorie von Bandura basiert und in dem die wahrgenommene Kontrolle sowie die Selbstwirksamkeitserwartungen eine besondere Rolle spielen. Es betont mehrere kognitive und verhaltenstheoretische Faktoren und Konzepte wie das soziale Lernen, die Dissonanztheorie und Attributionsansätze.

Modelllernen

Lernen durch Nachahmung, indem beobachtet wird, wie ein Modell für sein Verhalten belohnt oder bestraft wird.

Mortalität

Siehe Sterberate

Motivation

Alle Beweggründe, die zu einer Entscheidung oder bestimmten Verhalten veranlassen.

Mobilisierungsmodelle sozialer Unterstützung
Diese Modelle gehen davon aus, dass erst die Existenz eines Stressors ein vorhandenes Potenzial an sozialer Unterstützung mobilisiert und aktiviert, sodass Stress in diesen Modellen als Ausgangspunkt für eine Ursache-Wirkungs-Kette verstanden wird.

Myokardinfarkt
Siehe Herzinfarkt.

Nebennierenmark
Drüsenzellen, die sympathisch innerviert sind und bei ihrer Aktivierung eine Mischung aus Adrenalin (80%) und Noradrenalin (20%) ins Blut freisetzen.

Nebennierenrinde
Die Nebennierenrinde, das Äußere der Nebenniere, wird in drei Bereiche aufgeteilt, in denen, von außen nach innen, Mineralkortikoide, Glucocorticoide und Androgene produziert werden.

Nebenstromrauch
Nebenstromrauch entsteht zwischen den Zügen beim Glimmen einer Zigarette, Zigarre, Pfeife oder eines Zigarillo.

Neurodegenerativ
Auf dem Untergang von Nervenzellen beruhend.

Neuron
Besteht aus Nervenzellkörper (Soma) und deren Fortsätzen (Axon und Dendriten).

Neurotizismus
Tendenz zu emotionaler Labilität, Besorgtheit und Ängstlichkeit.

Neurotransmitter
Biochemischer Botenstoff, der die Erregung einer Nervenzelle auf andere Zellen an chemische Synapsen übertragen.

Nikotin
Nikotin aktiviert die Ausschüttung des Hormons Adrenalin sowie der Neurotransmitter Serotonin und Dopamin und regt die nikotischen Acetylcholinrezeptoren der motorischen Endplatten an, was zum subjektiven Gefühl der Entspannung führt.

Normativ-regulatorische Verfahren
Mit normativ-regulatorischen Maßnahmen wird versucht, präventive Ziele über Gesetze und Vorschriften zu erreichen.

Normen

Normen sind Überzeugungssysteme wie man sich z. B. in der Gesellschaft, bestimmten Gruppen oder Rollen zu verhalten bzw. nicht verhalten hat. Sie basieren in der Regel auf Konsens und steuern menschliches Verhalten.

O Oxytocin

Oxytocin wird in Kerngebieten des Hypothalamus, des Nucleus paraventricularis und im Nucleus supraopticus produziert und gelangt von dort in die Neurohypophyse (Hinterlappen), wo es gespeichert und bei Bedarf freigesetzt wird. Im Gehirn wirkt es als Neurotransmitter und begünstigt das Partner-Bindungsverhalten.

Ökonomische Anreiz- bzw. Bestrafungssysteme

Beispiel hierfür ist die Tabaksteuer, die bei Rauchern einen „Strafreiz" setzen und sie über den höheren Preis für Zigaretten zu Verhaltensänderungen bewegen soll.

Optimismus, dispositionaler

Dispositionaler Optimismus ist durch positive Ergebniserwartungen gekennzeichnet, die generalisiert sind und die zu der Einstellung führen, dass schwierige Aufgaben oder Situationen problemlos gemeistert werden können oder sich positiv entwickeln.

Ottawa-Charta

1986 von der Weltgesundheitsorganisation (WHO) auf der internationalen Konferenz der Weltgesundheitsorganisation im kanadischen Ottawa verabschiedet, stellt die Charta den Gedanken der Gesundheitsförderung in den Mittelpunkt.

P Parasympathikus

Der Parasympathikus ist Teil des Autonomen Nervensystems mit dem Transmitter Acetylcholin an allen Synapsen.

Passivrauchen

Unter Passivrauchen wird das Einatmen von Tabakrauch aus der Raumluft verstanden.

Peripheres Nervensystem

Alle Nerven, außerhalb von Gehirn und Rückenmark.

Persönlichkeit

Die Persönlichkeit eines Menschen besteht aus spezifischen Merkmalen wie z. B. seinem Wertesystem, seinen Einstellungen, Motiven, Eigenschaften und Fähigkeiten sowie aus zeitlich überdauernden und recht stabilen Charakteristiken, die nicht direkt beobachtbar sind, sondern über das Verhalten indirekt erschlossen werden müssen.

Phänotyp
Der Phänotyp oder das Erscheinungsbild ist die Gesamtheit aller Merkmale eines Organismus (morphologisch, physiologisch und psychologisch).

Plastizität
Formbarkeit, Veränderbarkeit.

Posttraumatische Belastungsstörung
Psychische Verletzungen mit langfristigen Folgen wie Depression oder Angststörungen aufgrund extrem belastender Ereignisse wie Unfälle, Katastrophen oder krimineller Gewalt.

Prävalenzrate
Zahl der Infizierten/Anzahl der Gesamtpopulation.

Prävention
Der Begriff Prävention (Krankheitsvorbeugung) steht für vorbeugende Maßnahmen, um ein nicht erwünschtes Ereignis zu vermeiden oder eine ungewollte Entwicklung zu verhindern.

Präventionsmodelle sozialer Unterstützung
Soziale Hilfestellungen wirken bei den Präventionsmodellen weitgehend ohne Vorhandensein einer Stresssituation und deren Ausmaß.

Primäre Kontrolle
Unter primärer Kontrolle wird die Veränderung äußerer Bedingungen mithilfe aktiver Einflussnahme im Sinne der eigenen Handlungs- und Lebensziele verstanden.

Primärprävention
Die primäre Prävention fokussiert sich auf die Krankheitsursachen und hat zum Ziel, Krankheit und deren Häufigkeit zu vermeiden.

Problemfokussiertes Coping
Instrumentelles Bewältigungsverhalten mit dem Ziel, negative Konsequenzen stressreicher Ereignisse zu verringern oder zu beseitigen.

Protection Motivation Theory (PMT)
Siehe Schutzmotivationstheorie.

Psychiatrie
Die Psychiatrie beschäftigt sich mit psychischen Störungen, jedoch nicht nur mittels psycho- und sozialtherapeutischer Interventionen, sondern auch mit dem Einsatz von Medikamenten.

Psychopharmaka
Arzneimittel, die psychische Vorgänge beeinflussen, beispielsweise die Stimmung aufhellen, den Antrieb steigern oder beruhigen.

Psychosomatisch

Wechselseitige Beeinflussung psychischer und geistiger sowie körperlicher Prozesse, die physische Symptome auslösen, die jedoch nicht körperlich-organischer Ursache sind, sondern ihre Gründe in Konflikten oder psychischen Problemen haben.

Psychosozial

Betrifft die Wechselwirkung zwischen Verhalten und Erleben mit sozialen Bedingungen und Beziehungen.

Psychische Belastungen

Gesamtheit aller erfassbaren Einflüsse, die von außen auf den Menschen zukommen und psychisch auf ihn einwirken (DIN EN ISO 10075-1).

Psychische Fehlbeanspruchung

Eine psychische Fehlbeanspruchung entsteht, wenn die Leistungsvoraussetzungen von Beschäftigten bei ihrer Arbeit quantitativ und/oder qualitativ über- oder unterfordert werden.

Psychische Fehlbelastung

Mit psychischen Fehlbelastungen sind Anforderungen und Belastungen gemeint, die in ihrer Ausprägung bei Beschäftigten zu gesundheitlichen Beeinträchtigungen führen können.

Psychoedukation

Verfahren der Psychoedukation versuchen, Menschen für eine Verhaltensänderung zu bewegen, indem sie sie zu Einsichten führen, Kompetenzen aufbauen und ihre Motivation stärken.

Psychosozialer Stress

Stress, der aus dem zwischenmenschlichen Umgang entsteht, z.B. in Form von Konflikten oder Mobbing.

Psychotrope Substanz

Ein Stoff, der die Psyche des Menschen beeinflusst, auch psychoaktive Substanz oder Psychotropikum genannt.

Public Health

Als Gesundheitswissenschaft arbeitet Public Health (Öffentliche Gesundheit) problembezogen und interdisziplinär. Public Health steht für die Gesamtheit aller sozialen, politischen und organisatorischen Bemühungen, mit dem Ziel, die Gesundheit von Gruppen oder ganzen Bevölkerungen zu verbessern.

Puffereffekt-Modell

Das Puffereffekt-Modell erklärt die stressreduzierende Wirkung von sozialer Hilfestellung bei Vorhandensein eines Stressors.

Reaktionsdisposition

Bereitschaft, im Zusammenhang mit einer Einstellung in einer bestimmten Weise auf das Einstellungsobjekt zu reagieren, je nachdem, ob das Einstellungsobjekt negativ oder positiv bewertet wird.

Reaktionsorientierte Stresstheorien

Reaktionsorientierte Stresstheorien nehmen die psychophysiologische oder biologische Perspektive ein und stellen die Psychophysiologie in den Mittelpunkt ihrer Konzepte, d.h. Symptome wie Schlaflosigkeit, Spannungskopfschmerz, Angst, Unkonzentriertheit oder körperliche Anspannung. Stresstheorien dieser Art stammen aus der Medizin, der Physiologie oder der Biologie.

Reiz

Siehe Stimulus.

Reiz- oder situationsorientierte Stresskonzepte

In reiz- oder situationsorientierten Stresskonzepten steht nicht die Stressreaktion im Mittelpunkt des Interesses, sondern die Stressoren, im Sinne von Stress auslösenden Umweltereignissen.

Relationale Stresskonzepte

In relationalen Stresskonzepten werden die Anforderungen der Situation mit den Handlungsmöglichkeiten einer Person verglichen. Das Erleben von Stress kommt durch das empfundene Missverhältnis zwischen den wahrgenommenen Anforderungen und den subjektiven Bewältigungsmöglichkeiten zustande (Bewertungsprozesse). Dies bedeutet, je geringer eine Person ihre Bewältigungsmöglichkeiten einschätzt, umso eher wird sie eine schwierige Anforderung als bedrohlich, gefährlich oder schädigend einstufen und umgekehrt.

Resilienz

Die Fähigkeit eines Menschen, widrigen Lebensumständen und Elend zu trotzen und sich rasch von kritischen oder einschneidenden Erlebnissen bzw. Ereignissen zu erholen.

Ressource

Unter Ressourcen werden allgemein „generalisierte Widerstandsquellen" verstanden, die es dem Menschen erleichtern, sich an Situationen anzupassen (Antonovsky, 1979).

Rezeptor

Ein Rezeptor in der Biologie ist eine spezialisierte Zelle, die bestimmte äußere und innere chemische oder physikalische Reize in die „Sprache" des Nervensystems umsetzt.

Risikofaktor

Unter einem Risikofaktor wird eine Variable verstanden, die die Wahrscheinlichkeit (das Risiko) für eine bestimmte Erkrankung erhöht.

Riskantes Sexualverhalten

Sexuelles Risikoverhalten umfasst alle sexuellen Verhaltensweisen, die sich negativ auf die Gesundheit oder soziale Interaktionen auswirken.

Risikofaktorenmodelle

Risikofaktorenmodelle stellen eine Erweiterung des biomedizinischen Modells dar und gehen von der Annahme aus, dass Krankheiten nicht zwangsläufig nur eine Ursache haben, sondern durch verschiedene Risiken beeinflusst bzw. hervorgerufen werden.

Rolle

Erwartungen an eine Position in einer Gruppe oder der Gesellschaft.

Rollenerfüllung

Eine soziale Rolle zu erfüllen bedeutet, den an diese Rolle (z. B. Vorgesetzter, Vater, Lehrer usw.) gestellten Erwartungen seitens anderer, hinsichtlich Verhalten, Auftreten und Person gerecht zu werden.

Rubikonmodell

Ist ein motivationspsychologisches Konzept der Handlungsphasen.

S

Safer Sex

Unter Safer Sex oder „geschütztem Sex" wird das Verhalten bei Sexualkontakten verstanden, das verhindert, dass Körperflüssigkeiten in den Körper des Sexualpartners oder der Sexualpartnerin gelangen bzw. der eigene Körper davor geschützt wird.

Salutogenese

Das Salutogenese-Modell ist eine Konzeption, die das Entstehen und Aufrechterhalten des Gesundseins beschreibt. Gemeint ist damit nicht ein absoluter Zustand von Gesundheit, sondern ein wechselhafter Zustand von mehr oder weniger gesund und mehr oder weniger krank.

Schutzmotivationstheorie

Die Theorie geht davon aus, dass die Motivation einer Person, sich vor einer Bedrohung zu schützen, aus vier Überzeugungen gespeist wird: (1) die drohende Gefahr, z.B. durch eine Krankheit, sei groß; (2) die Person empfindet sich persönlich als gefährdet; (3) sie besitzt jedoch die Fähigkeiten, diese Gefährdung zu bewältigen und (4) die Bewältigungsreaktion sei dazu geeignet. Durch einen belohnenden Effekt eines gesundheitsgefährdenden Verhaltens oder einen zu großen Aufwand (Kosten) für einen Schutz, wird die Schutzmotivation jedoch stark gemindert.

Sekundäre Kontrolle

Sekundäre Kontrolle beinhaltet die geistige Umstrukturierung oder Restrukturierungen des bisherigen Selbst- und Lebenskonzeptes mit der Absicht der Anpassung der Person an die jeweils gegebenen Bedingungen.

Sekundärprävention

Die sekundäre Prävention befasst sich mit der Vermeidung der Krankheitsentstehung, wie beispielsweise mittels Früherkennung von Krankheiten, um den Ausbruch einer Krankheit zu vermeiden oder diese rechtzeitig behandeln zu können.

Selbstbeobachtung

Selbstbeobachtung ist die Betrachtung, Beschreibung und Analyse eigenen Verhaltens oder Erlebens.

Selbsthilfegruppe

Selbsthilfegruppen sind freiwillige und meist lockere Zusammenschlüsse von Menschen, die ein Interesse an sozialer Unterstützung und Information durch andere bei der Bewältigung von Krankheiten oder psychosozialen bzw. sozialen Problemen haben, von denen sie selbst oder Angehörige betroffen sind.

Selbstkonzept

Unter Selbstkonzept wird die Repräsentation des Selbst, beinhaltend Erfahrungen mit Kohärenz und Sinn sowie mit sozialen Beziehungen zu anderen Menschen, verstanden. Das Selbstkonzept unterstützt dabei, bedeutende Reize der sozialen Umwelt wahrzunehmen und zu interpretieren.

Selbstregulation

Bezeichnet eine auf Selbstreflexion basierende Fähigkeit, eigene Gedanken, Gefühle, Motive und Handlungen zielgerichtet zu beeinflussen.

Selbstüberwachung (self-monitoring)

Ein Konstrukt zu interindividuellen Unterschieden im Hinblick darauf, wie das Verhalten von Menschen über soziale Situationen hinweg variiert.

Selbstwertgefühl

Die Selbstbewertung eines Individuums im Sinne einer positiven der negativen Einstellung zur eigenen Person.

Selektive Prävention

Präventivmaßnahmen, die eine ausgewählte Gruppe, die von bestimmten Risikofaktoren überdurchschnittlich bedroht ist, betrifft.

Selbstwirksamkeitserwartung (self-efficacy)

Optimistische zukunftsorientierte Überzeugung, aus eigener Kraft Probleme bewältigen oder Aufgaben lösen zu können.

Sensation Seeking

Tendenz nach Abwechslung und neuen Erlebnissen zu suchen, um wiederholt Spannung zu erleben. Als Ursache wird ein suboptimales Erregungsniveau gesehen, das durch das Aufsuchen von stimulierenden Reizen optimiert wird.

Set-Point-Theorie

Die Set-Point-Theorie nimmt an, dass das Körpergewicht nicht nach Belieben beeinflusst werden kann. Vielmehr wird es durch das Zusammenspiel von genetischen und ernährungsspezifischen Variablen bestimmt. Der „Set-Point" ist der „Sollwert", um den herum, analog zur Regulationstheorie der Kybernetik, das individuelle Körpergewicht schwankt.

Settingansatz

Der Ansatz, Gesundheitsförderung unter verschiedenen Rahmenbedingungen, in unterschiedlichen Lebenswelten und an vielerlei Orten anzubieten, in denen Menschen leben und arbeiten, wird als Settingansatz bezeichnet.

Sexuell übertragbare Krankheiten

Sexuell übertragbare Krankheiten sind Infektionskrankheiten, deren Übertragung in erster Linie durch den Austausch von Körperflüssigkeiten und Schleimhautkontakt geschieht und durch Viren, Bakterien, Pilze, Parasiten oder Protozoen ausgelöst werden.

Sich selbst erfüllende Prophezeiung (self-fulfilling prophecy)

Menschen verhalten sich so, dass das Ergebnis ihrer Handlungen wiederum die der Handlung zugrundeliegende Überzeugung bestätigt.

SOK-Modell (Selektion, Optimierung und Kompensation)

Das SOK-Modell liefert einen theoretischen Rahmen für das Verständnis von Entwicklungsprozessen in verschiedenen Lebensphasen und ist in seiner handlungstheoretischen Version ein allgemeines Konzept für das Setzen von Zielen und deren Verfolgung.

Sozial

Das Zusammenleben des Menschen in einer Gesellschaft oder Gemeinschaft betreffend.

Sozial erwünschte Fragenbeantwortung

Der Versuch einer Person, mit Absicht Antworten so zu beantworten, dass sie sich selbst positiv darstellt.

Soziale Diskriminierung

Abwertendes und negatives Verhalten gegenüber einzelnen Mitgliedern einer sozialen Gruppe oder der Gruppe insgesamt.

Soziale Integration

Der Grad der Einbettung eines Menschen in ein soziales Netzwerk.

Soziale Unterstützung (social support)

Soziale Unterstützung ist die Interaktion zweier oder mehrerer Personen, um das Leid einer Person, das durch einen Problemzustand hervorgerufen wird, zu beenden, zu mildern oder erträglicher zu gestalten. Soziale Unterstützung geschieht auf vier Wegen; als (1) emotionale Unterstützung, (2) Einschätzungsunterstützung, (3) informationale Unterstützung und (5) instrumentelle Unterstützung.

Sozial-kognitive Theorie

Nach der sozial-kognitiven Theorie hängt es vor allem von der Ausprägung der Selbstwirksamkeitserwartungen und Handlungsergebniserwartungen einer Person ab, ob sie Änderungen in ihrem Gesundheitsverhalten zeigen wird oder nicht.

Sozialmedizin

Sozialmedizin verbindet als eigenständiges Fachgebiet die sozialwissenschaftliche Perspektive mit dem medizinischen Blickwinkel von Krankheit und deren Folgen. Als interdisziplinäres theoretisches und praktisches medizinisches Fach umfasst es mehrere wissenschaftliche Sichtweisen und beschreibt und analysiert, welche Interaktionen zwischen gesellschaftlichen Bedingungen und Risikofaktoren für die Gesundheit, Krankheiten, Krankheitsbewältigung und Krankheitsfolgen existieren.

Sozialpsychologie

Als Teilgebiet der Psychologie erforscht die Sozialpsychologie das Erleben und Verhalten des Menschen in der Interaktion mit anderen Menschen.

Soziologie

Wissenschaft, die sich mit den gesellschaftlichen Entwicklungen und Systemen sowie dem Menschen und seinem Verhalten als Teil der Gesellschaft und als Gruppenmitglied befasst.

State

Ein kurzfristiger Zustand, z.B. der Angst, wird in der Persönlichkeitspsychologie als state bezeichnet.

Statistik

Statistik ist die Wissenschaft des Sammelns, Aufbereitens, Darstellens und Interpretierens von quantifizierten Informationen.

Sterberate

Die Sterberate bezeichnet die Anzahl der Sterbefälle relativ zur Bevölkerungszahl.

Stimulus

Über die Sinnesorgane wahrnehmbare Information aus der Umwelt oder dem Organismus.

Stress

Unter Stress wird eine durch bestimmte äußere Reize (Stressoren) ausgelöste psychische und physische Reaktion von Lebewesen verstanden, die sie in die Lage versetzt, bestimmte Anforderungen und die damit verbundene körperliche und geistige Belastung zu bewältigen.

Stressbewältigung

Bewältigung von Stress ist der Vorgang des Handhabens von externen und internen Anforderungen durch ein Individuum, das die Anforderungen mit Blick auf die eigenen Ressourcen als beanspruchend oder übersteigend einstuft.

Stressor

Bei einem Stressor handelt es sich um einen Reiz auf den Organismus, der Teil des gesamten Stressprozesses ist (siehe Stress) und den Stress auslösen kann. Im Kontext des Arbeitsschutzes kann aus praktikablen Erwägungen von einer gleichen Bedeutung der Begriffe Belastung und Stressor ausgegangen werden.

Stressreaktion

Die Reaktion, die aufgrund der Wirkung eines Stressors in Abhängigkeit von der individuellen Bewertung bzw. Bewältigung entsteht.

Stressreaktivität

Stressreaktivität ist eine Disposition, d.h. eine individuelle Bereitschaft, in spezifischer Weise auf Stress zu „antworten".

Stresstheorien

Stresstheorien versuchen den Zusammenhang zwischen Stressoren und Stressreaktion zu erklären.

Stressverarbeitungsfragebogen (SVF)

Erfasst positive und negative Strategien im Umgang mit Stress.

Striatum

Das Striatum ist ein Teil der Basalganglien des Großhirns und Bestandteil wichtiger neuronaler Regelkreise, welche das Zusammenspiel von Motivation, Emotion, Kognition und dem Bewegungsverhalten auf neuronaler Ebene verwirklichen.

Stufen- oder Stadienmodelle

Stufen- bzw. Stadienmodelle, auch dynamische Stadienmodelle genannt, haben den Prozess der Verhaltensänderung über die Zeit im Blick. Sie differenzieren in verschiedene Stufen oder Stadien, die ein Individuum auf dem Weg zur Änderung des bisherigen Verhaltens durchläuft.

Sucht
Umgangssprachlich für unterschiedliche psychologisch-medizinische Krankheitsbilder, die als Abhängigkeitssyndrom für substanzgebundene und -ungebundene Abhängigkeiten bezeichnet werden.

Suizid
Selbsttötung.

Summative Evaluation (siehe auch Evaluation)
Die summative Evaluation prüft, ob eine Maßnahme oder Intervention ihr anvisiertes Ziel auch erreicht hat.

Sympathikus
Gemeinsam mit dem Parasympathikus und dem Enterischen Nervensystem (Darmnervensystem) bildet der Sympathikus das Autonome Nervensystem.

Synapse
Verbindung zwischen dem Axon eines Neurons und einer Nerven-, Muskel- oder Drüsenzelle; die Übertragung erfolgt meist chemisch, seltener elektrisch.

Syphilis
Die Syphilis wird durch das Bakterium Treponema pallidum ausgelöst. Es wird durch den Kontakt der Schleimhäute bei sexuellen Handlungen von Mensch zu Mensch übertragen. Ein typisches Merkmal für eine Ansteckung ist ein schmerzloses Geschwür mit einem harten Rand (harter Schanker) an der Stelle der Schleimhaut, an der die Infektion stattgefunden hat.

Tend-and-befriend-Konzept
Im Tend-and-befriend-Konzept spielt das Hormon Oxytocin eine zentrale Rolle. Frauen reagieren dem Konzept nach nicht nur im „Kampf-Flucht-Modus" auf Stress, sondern schaffen Alternativen, indem sie beispielsweise beschützendes Verhalten (tend = sich kümmern) zeigen oder einer Person Freundschaft anbieten und damit soziale Netzwerke schaffen.

Tertiärprävention
Die Zielgruppe der tertiären Prävention sind die sich bereits in Behandlung befindlichen erkrankten Personen. Ziel aller Maßnahmen der tertiären Prävention ist es zu verhindern, dass sich ein Leiden oder eine Erkrankung verschlimmert, chronisch wird, zu Folgeerkrankungen oder gar zu einer Behinderung führt.

Theorie
System logischer, wissenschaftlich begründeter Aussagen zur Erklärung von Fakten und Beobachtungen.

Theorie der gelernten Hilflosigkeit

Depressionen (siehe Depressionen) entstehen dieser Hypothese folgend dadurch, dass Personen lernen, dass die Resultate ihres Verhaltens nicht mit ihren eigenen Handlungen in Verbindung stehen.

Theorie der Ressourcenerhaltung

Bei der Theorie der Ressourcenerhaltung stehen die Stressbewältigung und deren Gründe im Fokus. Der Ansatz geht davon aus, dass Menschen dazu tendieren, ihre Ressourcen zur erfolgreichen Bewältigung von Stress zu schützen, zu stärken sowie zusätzliche Ressourcen zu erwerben. Die Theorie ist eine Weiterentwicklung der kognitiv-transaktionalen Stresstheorie, bei der vor allem die kognitive Bewertung im Mittelpunkt steht.

Theorie des geplanten Verhaltens

Zentral ist in der Theorie des geplanten Verhaltens die Verhaltensintention, d. h. die bewusste individuelle Entscheidung, ein bestimmtes Verhalten auszuführen. Die Theorie geht davon aus, dass Verhalten eine Funktion der Intention ist, die von der individuellen Einstellung sowie der subjektiven Norm beeinflusst ist.

Theory of Planned Behavior

Siehe Theorie des geplanten Verhaltens.

Trait

Relativ konstante Eigenschaft eines Menschen im Sinne eines Persönlichkeitszugs.

Transtheoretical Model

Siehe Transtheoretisches Modell.

Transtheoretisches Modell

Das Transtheoretische Modell (TTM) dient der Beschreibung, Erklärung, Vorhersage sowie Beeinflussung von Verhaltensänderungen. Entwickelt wurde es von James O. Prochaska und Kollegen. Es gründet auf der Annahme, dass Verhaltensänderungen mehrere qualitativ unterschiedliche, hintereinander ablaufende und aufeinander aufbauende Stufen durchlaufen (Stufenmodell der Verhaltensänderung).

Trierer Inventar zur Erfassung von chronischem Stress (TICS)

Standardisierter Fragebogen mit 57 Items zur Erfassung der unterschiedlichen Facetten von chronischem Stress.

Typ-A-Verhaltensmuster

Dieses Verhaltensmuster ist gekennzeichnet durch ein ausgeprägtes Konkurrenzverhalten und Ehrgeiz, dauernde Leistungsüberforderung, permanenten Zeitdruck, mangelnde Geduld sowie die Benutzung aggressiver und feindseliger Verhaltens- und Sprachformen.

Typ-C-Verhaltensmuster

Dem Konzept zufolge sind Typ-C-Personen freundlich, hilfsbereit, gesellig, neigen zur Perfektion, Duldsamkeit, Anspruchslosigkeit, sind wenig durchsetzungsfähig, besitzen rigide Abwehrmechanismen und sind gegenüber Autoritäten nachgiebig. Sie können Gefühle schwer ausdrücken und unterdrücken Ärger, um eine harmonische Atmosphäre in ihrer Umgebung herzustellen.

Typ-D-Verhaltensmuster

Kennzeichnend für Menschen mit Typ-D-Verhalten ist, dass diese bei sozialen Interaktionen versuchen, Ablehnung zu vermeiden, weshalb sie tendenziell stärkere negative Affektivität (angespannt oder verärgert) bei gleichzeitig bewusster Emotionsunterdrückung zeigen.

Übergewicht

Übergewicht liegt bei einem Body-Mass-Index (BMI) vor, der die Marke von 25kg/m2 überschreitet.

Übersterblichkeit

Übersterblichkeit bezeichnet eine über dem Durchschnitt liegende Sterberate einer bestimmten Bevölkerungsgruppe

Umfeld

Im Zusammenhang mit Settings bezeichnet das Umfeld die vielfältigen Einflüsse, die die Lebenswelt prägen (z.B. Gemeinde, Arbeitsplatz, Nachbarschaft, Familie).

Universelle Prävention

Sie richtet sich an die Gesamtbevölkerung und an keine spezifische Personengruppe.

Unwirksamkeitserfahrungen

Unwirksamkeitserfahrungen entwickeln sich häufig dann, wenn aufgrund einer geringen Kompetenzeinschätzung auch keine herausfordernden Ziele gewählt oder wenig Anstrengung investiert werden. Dies führt zu geringeren Leistungen und damit zu Versagenserlebnissen, die die Überzeugung bestätigen, wenig selbstwirksam zu sein.

Vegetatives Nervensystem

Das Vegetative Nervensystem (VNS), auch Viszerales Nervensystem, Autonomes Nervensystem (ANS) oder Vegetativum genannt, macht zusammen mit dem somatischen Nervensystem das gesamte periphere und zentrale Nervensystem aus.

Verhaltensmedizin

Die Verhaltensmedizin ist aus der Verhaltenstherapie entstanden und befasst sich mit der Anwendung verhaltenstherapeutischer Erkenntnisse auf allgemeine medizinische Sachverhalte. So werden beispielsweise beim Spannungskopfschmerz psychologische Techniken wie Entspannungsverfahren eingesetzt.

Verhaltenstherapie

Unter Verhaltenstherapie (VT) werden unterschiedliche Formen der Psychotherapie zusammengefasst. Gemeinsam ist ihnen, dass sie Klienten Hilfe zur Selbsthilfe geben, ihnen nach Einsicht in Ursachen und Entstehungsgeschichte ihrer Schwierigkeiten Techniken vermitteln, mit denen sie künftig besser zurechtkommen.

Verhältnisprävention

Zu den Zielen der Verhältnisprävention gehören Kontrolle, Verminderung oder Beseitigung von Risiken für die Gesundheit, die im Lebens- und Arbeitsumfeld von Menschen liegen.

Verhaltensprävention

Verhaltensprävention stellt das individuelle (Risiko-) Verhalten in den Mittelpunkt aller krankheitsvermeidenden Bemühungen.

Vierter Lebensabschnitt

Schließt die 85-jährigen und älteren Menschen ein.

Vitamine

Für das Leben wichtige organische Substanzen, die der Organismus nicht oder nicht in genügender Menge synthetisieren kann und die nur in der Nahrung vorkommen.

Volition

Unter Volition wird der Vorgang der Bildung, Aufrechterhaltung und Verwirklichung von Absichten verstanden. Im Zentrum steht die Frage, wie die Umsetzung von Motiven und Zielen in Ergebnisse erfolgt. Vor allem geht es um die willentliche Überwindung von Hindernissen bei der Handlungsausführung.

Vulnerabilität

Anfälligkeit für bestimmte Erkrankungen, bedingt durch z. B. genetische oder psychosoziale Faktoren sowie Schadstoffe oder Rauchen.

W

Weltgesundheitsorganisation (WHO)

Die Weltgesundheitsorganisation ist eine Sonderorganisation der Vereinten Nationen mit Sitz in Genf (Schweiz). Gegründet 1948 als Koordinationsbehörde für das internationale öffentliche Gesundheitswesen gehören ihr 194 Staaten an.

Wohlbefinden

Mit „Wohlbefinden" wird der subjektive Teil von Gesundheit bezeichnet.

Z

Zentrales Nervensystem (ZNS)

Wird aus Gehirn und Rückenmark gebildet.

Literaturverzeichnis

Ader, R. & N. Cohen (1975). Behaviorally conditioned immunosuppression. *Psychosomatic Medicine 37*(4): 333–40.

Ader, R. (2007). *Psychoneuroimmunology.* San Diego, Academic Press 4th edition.

Abraham, S. C. S., Sheeran, P., Abrams, D. & Spears, R. (1994). Exploring teenagers' adaptive and maladaptive thinking in relation to the threat of HIV infection. *Psychology and Health*, 9, 253–272.

Ah, D. V., Kang, D. H. & Carpenter, J. S. (2007). Stress, optimism, and social support: Impact on immune responses in breast cancer. *Research in Nursing and Health,* 30, 72–83.

Ajzen, I. & Fishbein, M. (1977). Attitude-behavior relations: A theoretical Analysis and review of empirical research. *Psychological Bulletin*, 84, 888–918.

Ajzen, I. (1985). From Intentions to actions: A theory of planned behavior. In Kuhl, J., Beckmann J., (Eds.): *Action control: From cognition to behavior.* Springer, Berlin, 11–39.

Ajzen, I. Timko, C. (1986). Correspondence between health attitudes and behavior. *Journal of basic and Applied Psychology*, 42, 426–435.

Ajzen, I. (1991). The Theory of Planned Behavior. In Organizational Behavior and *Human Decision Processes,* 50 (2), 179–211.

Ajzen, I. (2002). Perceived behavioral control, self-efficacy, locus of control, and the theory of planned behavior. *Journal of Applied Social Psychology* 32, 665–683.

Allport, G. W. & Odbert, H. S. (1936). Trait-names: A psycho-lexical study. *Psychological Monographs,* 47, (Nr. 211).

Altieri, A., Garavello, W., Bosetti, C., Gallus, S. & La Vecchia, C. (2005). Alcohol consumption and risk of laryngeal cancer. *Oral Oncology,* 41, 956–965.

Amelang, M. & Schmidt-Rathjens, C. (2003). Persönlichkeit, Krebs und koronare Herzerkrankungen. Fiktionen und Fakten in der Ätiologieforschung. *Psychologische Rundschau,* 54, 12–23.

Antonovsky, A. (1979). *Health, stress, and coping: New perspectives on mental and physical well-being.* San Francisco: Jossey-Bass.

Antonovsky, A. (1997). *Salutogenese: Zur Entmystifizierung der Gesundheit.* Dt. erweiterte Herausgabe von Alexa Franke. Tübingen: DGVT.

AOK-Studie (2011). *Falsches Joggen gefährdet die Gesundheit*, Zugriff: 27.04.2012. Verfügbar unter: *http://www.1a.net/news/gesundheit/aok-studie-falsches-joggen-gefaehrdet-die-gesundheit-11414.*

Aronson, E., Wilson, T. D. & Akert, R. M. (2002). *Social Psychology.* Upper Saddle River, NJ: Prentice Hall.

Auhagen, A. E. & Bierhoff, H.-W. (Hrsg.) (2003). *Angewandte Sozialpsychologie.* Weinheim: Beltz Verlag.

Literaturverzeichnis

Auth, A., Preiser, S. & Buttkewitz, S. (2003). Viele Wege führen aus der Sackgasse Lebensenttäuschungen durch Nicht-Ereignisse – Eine Chance zur persönlichen Entwicklung? *Report Psychologie*, 28, S 584–593.

Bagozzi, R. P., Baumgartner, H. & Pieters, R. (1998). Goal-directed emotions. *Cognition and Emotion*, 12(1), 1–26.

Bals, T., Hanses, A., Melzer, W. (Hrsg.) (2008). *Gesundheitsförderung in pädagogischen Settings*. Ein Überblick über Präventionsansätze in zielgruppenorientierten Lebenswelten. Juventa Weinheim.

Baltes, P.B. (1997). Die unvollendete Architektur der Menschlichen Ontogenese: Implikationen für die Zukunft des vierten Lebensalters. *Psychologische Rundschau*, 48 (4), 191–210.

Baltes, P. B., & Baltes, M. M. (1990). Psychological perspectives on successful aging: The model of selective optimization with compensation. In P. B. Baltes & M. M. Baltes (Eds.), *Successful aging: Perspectives from the behavioral sciences* (pp. 1–34). New York: Cambridge University Press.

Bamberg, E. & Busch, C. (2006). Stressbezogene Interventionen in der Arbeitswelt. *Zeitschrift für Arbeits- und Organisationspsychologie*, 50, 215–226.

Bandura, A. (1977). Self-efficacy: Toward a unifying theory of behavioral change. *Psychological Review*, 84, 191–215.

Bandura, A. (1986). *Social Foundations of Thought and Action*: A Social Cognitive Theory. Englewood Cliffs: Prentice-Hall.

Bandura, A. (1997). *Self-efficacy: The exercise of control*. New York: Freeman.

Bandura, A. (2000). Health promotion from the perspective of social cognitive theory. In P. Norman, C. Abraham, & M. Conner (Eds.), *Understanding and changing health behaviour* (pp. 299–339). Reading, UK: Harwood.

Bandura, A. (2001). Social cognitive theory: An agentic perspective *Annual Review of Psychology*, 52,1–26.

Bandura, A. (2004). Health promotion by social cognitive means. *Health Education & Behavior*, 31, 143–164.

Barkholz, U., Gabriel, R., Jahn, H., Paulus, P. (2001). *Offenes Partizipationsnetz und Schulgesundheit. Gesundheitsförderung durch vernetztes Lernen*. Bundesministerium für Bildung und Forschung.

Barmer-GEK (2013). „Deutschland bewegt sich". Zugriff: 12.04.2013. Verfügbar unter: http://www.barmer-gek.de.

Bartz, J.A., & Hollander, E., (2006). The neuroscience of affiliation: Forging links between basic and clinical research on neuropeptides and social behavior. *Hormones and Behavior*, 50, 518–528.

Baumann, U.; Pfingstmann, G. (1986). Soziales Netzwerk und soziale Unterstützung. Ein kritischer Überblick. *Nervenarzt*, 57. Jg., S. 686–691.

Becker, M. H. (1974). *The Health Belief Model and Personel Health Behavior*. Thorofare: Slack.

Becker, C. M., Glascoff, M. A. & Felts, M. W. (2010). Salutogenesis 30 Years later: Where do we go from here? In *International Electronic Journal of Health Education*, 13, S. 25–32.

Becker, M. H. & Rosenstock, I. M. (1987). Comparing social learning theory and the health belief model. In W. B. Ward (Ed.). *Advances in health education and promotion* (Vol. 2, pp. 245–249). Greenwich, CT: JAI.

Beierlein, C., Kovaleva, A., Kemper, C. J. & Rammstedt, B. (2012). Ein *Messinstrument zur Erfassung subjektiver Kompetenzerwartungen, Allgemeine Selbstwirksamkeit Kurzskala (ASKU)*. Working Papers 2012/17. Gesis. Leibniz-Institut für Sozialwissenschaften.

Bengel, J., Strittmacher, R., Willmann, H. (2001). Was erhält Menschen gesund? Antonovskys Modell der Salutogenese – Diskussionsstand und Stellenwert. Erweiterte Neuauflage. *Forschung und Praxis der Gesundheitsförderung*, Band 6. Köln: Bundeszentrale für gesundheitliche Aufklärung (BZgA).

Benhammou, K., Lee, M., Strook, M., Sullivan, B., Logel, J., Raschen, K., Gotti, C., Leonard, S. (2000). [(3)] HNicotine binding in peripheral blood cells of smokers is correlated with the number of cigarettes smoked per day. *Neuropharmacology* 39; 13: 2818–2829.

Berkman, L., Glass, T. (2000). Social integration, social networks, social support, and health. In Berkman, L., Kawachi, I., (Eds.). *Social epidemiology*. Oxford: University Press, p. 137–173.

Berkman, L., Kawachi, I. (2000). *Social epidemiology*. Oxford: Oxford University Press.

Beyer, A. & Lohaus, A. (2005). Stressbewältigung im Jugendalter: Entwicklung und Evaluation eines Präventionsprogramms. *Psychologie in Erziehung und Unterricht*, 52, 33–50.

Biondi, M. & Picardi, A. (1999). Psychological stress and neuroendocrine function in humans: the last two decades of research. *Psychotherapy and Psychosomatics* 68 (3): 114–150.

Blättner, B. (2010). *Gesundheitsbildung*. BzgA. Zugriff: 02.04.2013. Verfügbar unter: *http://www.leitbegriffe.bzga.de*.

Blaxter, M. (1990). *Health and lifestyles*. London: Routledge.

Blech, J. (2003). *Die Krankheitserfinder*. Frankfurt: S. Fischer.

Blech, J. (2010). *Gene sind kein Schicksal*. Frankfurt: S. Fischer.

Blower, S.M., Bodine, E.N., Grovit-Ferbas, K. (2005). Predicting the potential public health impact of disease-modifying HIV vaccines in South Africa: the problem of subtypes. *Current Drug Targets – Infectious Disorders* 5: 179–92.

Bodenmann, G. (2000). *Stress und Coping bei Paaren*. Göttingen: Hogrefe.

Bodenmann, G. (2000b). *Kompetenzen für die Partnerschaft. Das Freiburger Stresspräventionstraining für Paare*. Weinheim: Juventa.

Böhmer, F. (2003). Medizinische Besonderheiten beim älteren Patienten. In R. Neck (Hrsg.), *Altern und Alterssicherung aus wissenschaftlicher Sicht* (S. 47–57). Frankfurt am Main: Peter Lang.

Bös, K., Brehm, W., Neß, W. & Tittlbach, S. (2007). „Deutschland bewegt sich" – Evaluationen zum Einsatz des Test- und Beratungskonzeptes im Rahmen der Städtetour 2006. *Bayreuther Beiträge zur Sportwissenschaft* (11). Universität Bayreuth.

Bollati, V. et al. (2007). Changes in DNA methylation patterns in subjects exposed to low-dose benzene. *Cancer Research* 67.3, 876–80.

Bonanno, G. A. (2004). Loss, Trauma, and Human Resilience, Have We Underestimated the Human Capacity to Thrive After Extremely Aversive Events? *American Psychologist*, 59 (1), 20–28.

Bolger, N., Zuckerman, A. & Kessler, R. C. (2000). Invisible support and adjustment to stress. *Journal of Personality and Social Psychology*, 79, 953–961.

Borgetto, B. (2004). *Selbsthilfe und Gesundheit*. Bern: Huber Verlag.

Born, J., Lange, T., Kern, W., McGregor, G.P., Bickel, U., Fehm, H.L. (2002). Sniffing neuropeptides: a transnasal approach to the human braIn *Nature Neuroscience*, 5, 514–516.

Bortz, J. & Döring, N. (2006). *Forschungsmethoden und Evaluation für Human- und Sozialwissenschaftler* (4. Auflage). Berlin: Springer.

Brähler, E. & Merbach, M. (2002). Geschlechterunterschiede im Gesundheitsverhalten. In R. Schwarzer, M. Jerusalem & H. Weber (Hrsg.), *Gesundheitspsychologie von A-Z*, 135–139. Göttingen: Hogrefe.

Bramesfeld, A. & Stoppe, G. (2006). Einführung. In G. Stoppe, A. Bramesfeld, A. & FW. Schwartz (Hrsg), *Volkskrankheit Depression? Bestandsaufnahme und Perspektiven*. Heidelberg: Springer Verlag.

Brandtstädter, J. (2007). Entwicklungspsychologie der Lebensspanne. Leitvorstellungen und paradigmatische Orientierungen. In J. Brandtstädter & U. Lindenberger (Hrsg.). *Entwicklungspsychologie der Lebensspanne*. Stuttgart: Kohlhammer.

Brandtstädter, J. & Rothermund, K. (2002). The life course dynamics of goal pursuit and goal adjustment: A two-process framework. *Developmental Review*, 22, 117–150.

Brand, R. & Schlicht, W. (2008). Sportpsychologische Interventionen in der Therapie und Rehabilitation. In Kellmann & Beckmann, J. (Hrsg.). *Anwendungen der Sportpsychologie (Enzyklopädie der Psychologie, Serie Sportpsychologie)*, Band 2, S. 609–659. Göttingen:, Hogrefe.

Brandes, S. & Stark, W. (2011). Empowerment/Befähigung. In *Leitbegriffe der Gesundheitsförderung, Glossar zu Konzepten, Strategien und Methoden*. Köln: Bundeszentrale für gesundheitliche Aufklärung. Verlag Günther Conrad.

Brehm, Walter (2013). *„Deutschland bewegt sich – Die Städtetour"*. Zugriff: 12.04.2013. Verfügbar unter: http://www.sport.uni-bayreuth.de.

Brinkmann, R. (1993). *Personalpflege – Gesundheit, Wohlbefinden und Arbeitszufriedenheit als strategische Größen im Personalmanagement*. Heidelberg: I.H. Sauer-Verlag.

Brinkmann, R. (1992) *Personalpflege – ein neuer Ansatz in der betrieblichen Gesndheitsförderung*. Prävention, 3/92, Zeitschrift für Gesundheitsförderung.

Brinkmann, R. (2009): *Berufsbezogene Leistungsmotivation älterer Arbeitnehmer*. Reihe Wirtschaftspsychologie. Band 1. Berlin: Logos Verlag.

Brinkmann, R. (2010). *Akkreditierungsantrag Studiengang Gesundheitspsychologie*, Bachelor of Arts. Heidelberg: SRH Hochschule.

Brinkmann, R. (2011): *Techniken der Personalentwicklung. Trainings- und Seminarmethoden*. 3. Auflage. Hamburg: Windmühle Verlag.

Brinkmann, R. (2013): *Intervision – Ein Trainingsbuch der kollegialen Beratung für die betriebliche Praxis*, 2. Aufl. Hamburg: Windmühle Verlag.

Brinkmann, R. & Stapf, K. (2005*). Innere Kündigung. Wenn der Job zur Fassade wird*. München: C.H. Beck Verlag.

Brown, S. L., Nesse, R. M., Vinokur, A. D., & Smith, D. M. (2003). Providing Social Support May Be More Beneficial Than Receiving It. *Psychological Science*, 14(4), 320–327.

Buchwald, P. (2002). *Dyadisches Coping in mündlichen Prüfungen*. Göttingen: Hogrefe.

Buchwald, P. & Hobfoll, S. E. (2004). Burnout aus ressourcentheoretischer Perspektive. In *Psychologie in Erziehung und Unterricht*, 51, 247–257.

Bucksch, J. (2005). Physical activity of moderate intensity in leisure time and the risk of all cause mortality. *British Journal of Sports Medicine*, 39, 632–638.

Bullinger, M. & Kirchberger, I. (1998). *SF-36 Fragebogen zum Gesundheitszustand*. Handanweisung. Göttingen: Hogrefe Verlag.

Bundeszentrale für gesundheitliche Aufklärung (2011). *Verhütungsverhalten Erwachsener. Ergebnisse der Repräsentativbefragung 2011*. Köln: BzgA.

Bundeszentrale für gesundheitliche Aufklärung (2012). *AIDS im öffentlichen Bewusstsein der Bundesrepublik Deutschland 2011*. Köln: Kurzbericht BzgA.

Burman, B., & Margolin, G. (1992). Analysis of the association between marital relationship and health problems: An interactional perspective. *Psychological Bulletin*, 112, 113–117.

Caplan, G. (1964). *Principles of preventive psychiatry*. New York: Basic books.

Cardon & Balagué (2004). Low back pain prevention's effects in schoolchildren. What is the evidence? *European Spine Journal* 13(8), 663–679.

Carmody, T. P. (1997). Health-related behaviours: Common factors. In A. Baum, S. Newman, J. Weinman, R. West & C. McManus (Eds.), *Cambridge Handbook of Psychology, Health and Medicine*, 117–121. Cambridge: Cambridge University Press.

Carstensen, L. L. (1992). Social and emotional patterns in adulthood: Support for socioemotional selectivity theory. *Psychology and Aging*, 7, 331–338.

Catania, J.A., Kegeles, S.D. & Coates, T.S. (1990). Toward an understanding of risk behavior: an AIDS risk reduction model (ARRM). *Health Education Quarterly*, 17: 53–72.

Cattell, R. B. (1946). *The description and measurement of personality*. New York: World Book.

Centers for Disease Control and Prevention (1992). 1993 revised classification system for HIV infection and expanded surveillance case definition for AIDS among adolescents and adults. *Morbidity and Mortality Weekly Report*, 41, RR-17. Zugriff: 10.03.2012. Verfügbar unter: *http://www.cdc.gov/mmwr/preview/mmwrhtml/00018871.htm*.

Cismaru, M.; Lavack, A (2007). Interaction Effects and Combinatorial Rules Governing Protection Motivation Theory Variables: A New Model. In *Marketing Theory*, 7 (3), 249–270.

Cohen, S. & Hobermann, H. M. (1983). Positive events and social support as buffers of life change Stress. *Journal of Applied Social Psychology*, 13 (2), 99–125.

Condiotte, M. M. & Lichtenstein, E. (1981). Self-efficacy and relaps in smoking cessation programs. *Journal of Consulting and Clinical Psychology*, 49, 648–658.

Connor, M., Sparks, P. (2005). The Theory of Planned Behavior and Health Behavior. In Conner, M.; Normann, P. (Eds.). *Predicting Health Behavior*, 2nd Edition, Berkshire: Open University Press, 170–222.

Conner, M., Lawton, R., Parker, D., Chorlton, K., Manstead, A.S.R. & Stradling, S.G. (2007). Application of the theory of planned behaviour to the prediction of objectively assessed breaking of posted speed limits. *British Journal of Psychology*, 98, 429–453.

Cooper, K. H. (1982). *The aerobics program for total well-beeing*. New York: Evans.

Costa, P. T., Jr. & McCrae, R. R. (1980). Still stable after all these years: Personality as a key to some issues in adulthood and old age. In P. B. Baltes & O. G. Brim (Eds.), *Life span development and behavior* (Vol. 3, pp. 65–102). New York: Academic Press.

Courneya, K. S., Bobick, T. M., Schinke, R. J. (1999). Does the Theory of Planned Behavior Mediate the Relation Between Personality and Exercise Behavior? In *Basic and Applied Social Psychology*, 21 (4), 317–324.

Courneya, K. S., Plotnikoff, R. C., Hotz, S. B., & Birkett, N. J. (2000). Social support and the theory of planned behavior in the exercise domain. *American Journal of Health Behavior*, 24, 300–308.

Cox, T. & Mackay, C. (1981). A transactional model to occupational stress. In E. N. Corlett & J. Richardson (Eds.), *Stress, work design, and productivity* (pp. 91–113). New York: Wiley.

Crosnoe, R. & Muller, C. (2004). Body mass index, academic achievement, and school context: examining the educational experiences of adolescents at risk of obesity. *Journal Health and Social Behavior*, 45, 393–407.

Crosnoe, R. (2007). Gender, obesity, and education. *Sociology of Education*, 80, 241–727.

Cumming, E., & Henry, W. E. (1961). *Growing old: The process of disengagement*. New York: Basic Books.

Dadaczynski, K. (2012). Stand der Forschung zum Zusammenhang von Gesundheit und Bildung. Überblick und Implikationen für die schulische Gesundheitsförderung. *Zeitschrift für Gesundheitspsychologie*, 20 (3), 141–153. Göttingen: Hogrefe.

Dannecker, M. (2002). Erosion der HIV-Prävention? *Zeitschrift für Sexualforschung*, 15, 58–64.

Davis, M. H., Morris, M. M. & Kraus, L. (1998). Relationship specific and global perceptions of social support: Associations with well-being and attachment. *Journal of Personality and Social Psychology*, 74, 468–481.

Dawans, B., Kirschbaum, C. & Heinrichs, M. (2009). Körperliche Prozesse und Gesundheit. In Bengel, J. & Jerusalem, M. (Hrsg.). *Handbuch der Gesundheitspsychologie und Medizinischen Psychologie.* Göttingen: Hogrefe.

DeBoer, M.F., Ryckman, R.M. & Pruyn, J.F.A. (1999). Psychological correlates of cancer relapse and survival: A literature review. *Patient Education and Counseling* 37, 215–230.

DeGEval – Gesellschaft für Evaluation e.V. (2011). *Standards für Evaluation.* 4. Auflage der Standards. Zugriff: 03.04.2013. Verfügbar unter: *http://www.degeval.de/degeval-standards/standards.*

DeLongis, A., Folkman, S. & Lazarus, R. S. (1988). The impact of daily stress on health and mood: Psychological and social resources as mediators. *Journal of Personality and Social Psychology,* 54, 486–495.

Dembrowski, T.M., Schmidt, T.H. & Blümchen, G. (Eds.,1983). *Biobehavioral bases of coronary heart disease.* Basel: Karger.

Denollet, J. (2000). Type D personality. A potential risk factor refined. *Journal of Psychosomatic Research,* 49, 255–266.

Department of Health and Human Services (1990). *The Health Benefits of Smoking Cessation. A Report of the Surgeon General.* Atlanta: U.S. Department of Health and Human Services, Public Health Service, Centers for Disease Control, National Center for Chronic Disease Prevention and Health Promotion, Office on Smoking and Health. DHHS Publication No. (CDC) 90–8416.

Deutsche STI-Gesellschaft (2013). *Männergesundheit und sexuell übertragbare Infektionen.* Zugriff am 14.02.2013. Verfügbar unter: *http://www.dstig.de/sexuelle-gesundheit/maennergesundheit.html.*

Deutscher Turner-Bund (2013). *Aktiv bis 10. Ein Projekt des Deutschen Turner-Bundes.* Zugriff: 07.09.2013. Verfügbar unter: *http://www.dtb-online.de/portal/gymwelt/aeltere/publikationen.html.*

Deutsches Zentrum für Altersfragen (2013*). Deutscher Alterssurvey (DEAS).* Berlin GeroStat Zugriff: 27.07.2013. Verfügbar unter: *http://www.dza.de/informationsdienste/gerostat.html.*

De Vries & Brug (1999). Computer – tailored interventions motivating people to adopt health promoting behaviours: Introduction to a new approach. *Patient Education and Counseling,* 36, 99–105.

Diewald, M. (1991). Soziale Beziehungen: *Verlust oder Liberalisierung? Soziale Unterstützung in informellen Netzwerken.* Berlin: Rainer Bohn Verlag.

Dijkstra, A. & Brosschot, J. (2003). Worry about health in smoking behaviour change. *Behaviour Research and Therapy* 41, 1081–1092.

DiIorio, C., Dudley, W.N., Kelly, M., Soet, J.E., Mbwara, J.& Sharpe Potter, J. (2001). Social cognitive correlates of sexual experience and condom use among 13- through 15-year-old adolescents. *Journal of Adolescent Health,* 29(3), 208–16.

Dishman, R. K. (1990). Determinants of participation in physical activity. In Bouchard, C.; Shepard, R., Stephens, T., Sutton, J.R. & McPherson, B. D. (Eds.). *Exercise, fitness, and health* (pp. 75–102). Champaign, IL: Human kinetics Books.

Dishman, R. K., Washburn, R. A. & Heath, G. W. (2004). *Physical activity epidemiology.* Champaign, IL: Human Kinetics.

Ditzen, B. & Heinrichs, M. (2007). Psychobiologische Mechanismen sozialer Unterstützung. In *Zeitschrift für Gesundheitspsychologie*, 15 (4), 143–157.

Ditzen, B., Neumann, I. D., Bodenmann, G., Dawans, B. von, Turner, R., Ehlert, U. & Heinrichs, M. (2007). Effects of different kinds of marital interaction on cortisol and heart rate responses to stress in women. *Psychoneuroendocrinology*, 32, 565–574.

Dörner K. (2003). *Die Gesundheitsfalle.* München: Econ.

Domes, G., Heinrichs, M., Michel, A., Berger, C. & Herpertz, S. C. (2007). Oxytocin improves „mind-reading" in humans. *Biological Psychiatry*, 61, 731–733.

Doll, R. (2000). Fifty years of research on tobacco. *Journal of Epidemiology and Biostatistics,* 5, 321–329.

Dordel, S. (2003). *Bewegungsförderung in der Schule – Handbuch des Sportförderunterrichts,* 4. erweiterte Auflage. Dortmund: Verlag Modernes Lernen.

Drieschner, K. H., Lammers, S. M. & van der Staak, C. P. (2004). Treatment motivation. An attempt for clarification of an ambiuous concept. *Clinical Psychology Review*, 23, 1115–1137.

Dür, W. (2009). *Gesundheitsförderung in der Schule. Empowerment als systemtheoretisches Konzept und seine empirische Umsetzung.* Bern: Hans Huber.

Durkheim, Émile (1897). *Le suicide: Étude de sociologie.* Paris: Félix Alcan.

Eagly, A.; Chaiken, S. (1993). *The Psychology of Attitudes*, Orlando, Harcourt Brace Jovanovich College Publishers.

Edens, J. L., Larkin, K. T. & Abel, J. L. (1992). The effect of social support and physical touch on cardiovascular reactions to mental stress. *Journal of Psychosomatic Research,* 36, 371–381.

Eller, M. (2006). *Soziale Netzwerke und der Gesundheitszustand von Typ 2 Diabetikern und Nicht-Diabetikern unter Längsschnitt-Betrachtung – Ergebnisse einer bevölkerungsbezogenen Fall-Kontroll-Studie.* Dissertation Medizinische Fakultät der LMU München.

Engel, G. L. (1977). The need for a new medical model: A challenge for biomedicine. *Science*, 196, 129–136.

Epstein, S. (1979). The stability of behavior. On predicting most of the people much of the time. *Journal of Personality and Social Psychology.* 37.

Ehrhardt, T, Plattner, A. (1999). *Verhaltenstherapie bei Morbus Alzheimer.* Göttingen: Hogrefe.

Eysenck, H. J. (1947). *Dimensions of personality.* New York: Praeger.

Fagerström, K. (2002). The epidemiology of smoking: health consequences and benefits of cessation. *Drugs 62 Suppl* 2, 1–9.

Faltermaier, T. (2005). *Gesundheitspsychologie.* Stuttgart: Kohlhammer.

Faltermaier, T. & Kühnlein, I. (2000). Subjektive Gesundheitskonzepte im Kontext: Dynamische Konstruktionen von Gesundheit in einer qualitativen Untersuchung von Berufstätigen. *Zeitschrift für Gesundheitspsychologie*, 8 (4), 137–154.

Farin, E., Belz-Merk, M., & Bengel, J. (1996). Sozialkognitive Modelle und Erklärungsansätze zum HIV-Risikoverhalten. In J. Bengel (Ed.), *Risikoverhalten und Schutz vor Aids – Ergebnisse sozialwissenschaftlicher Aids-Forschung* (pp. 29–88).

Faselt, F. & Hoffmann, S. (2010). Schutzmotivationstheorie. In S. Hoffmann. & S. Müller (Hrsg.). *Gesundheitsmarketing: Gesundheitspsychologie und Prävention.* Bern: Hans Huber, Hogrefe AG, S. 45–54.

Faselt, F. & Hoffmann, S. (2010). Transtheoretisches Modell. In S. Hoffmann & S. Müller (Hrsg.). *Gesundheitsmarketing: Gesundheitspsychologie und Prävention.* Bern: Hans Huber, Hogrefe AG, S. 77–87.

Faselt, F. & Hoffmann, S. (2010). Sozial-Kognitive Theorie. In S. Hoffmann. & S. Müller (Hrsg.). *Gesundheitsmarketing: Gesundheitspsychologie und Prävention.* Bern: Hans Huber, Hogrefe AG, S. 55–64.

Faselt, F. & Hoffmann, S. (2010). Theorie des geplanten Verhaltens. In S. Hoffmann. & S. Müller (Hrsg.). *Gesundheitsmarketing: Gesundheitspsychologie und Prävention.* Bern: Hans Huber, Hogrefe AG, S. 65–73.

Feinberg, A. P. (2007). Phenotypic plasticity and the epigenetics of human disease. *Nature.* 447.7143, 433–40.

Festinger, L. (1957). *A theory of cognitive dissonance.* Stanford University Press.

Ferraro, K. F. (1989). Widowhood and health. In K. S. Markides & C. L. Cooper (Eds.), *Aging, stress and health* (pp. 69–90). New York: Wiley.

Filipp, S.-H. (1995). Ein allgemeines Modell für die Analyse kritischer Lebensereignisse. In S.-H. Filipp (Ed.), *Kritische Lebensereignisse* (3. Aufl., S. 3–52). Weinheim: PVU.

Filipp, S.-H. (2007). Kritische Lebensereignisse. In J. Brandtstädter & U. Lindenberger (Hrsg.), *Entwicklungspsychologie der Lebensspanne* (S. 337–366). Stuttgart: Kohlhammer.

Filipp, S.-H. & Aymanns, P. (2009). *Kritische Lebensereignisse und Lebenskrisen. Vom Umgang mit den Schattenseiten des Lebens.* Stuttgart: Kohlhammer.

Fiore, M. C. (2000). US public health service clinical practice guideline: treating tobacco use and dependence. *Respiratory Care* 45, 1200–1262.

Fishbein, M. & Ajzen, I. (1975*). Belief, Attitude, Intention, and Behavior.* New York: Wiley.

Fishbein, M. (1993). Introduction. In Terry, T. J., Gallois, C., McCamish, M. (Eds.), *The Theory of Reasoned Action: Its Application to AIDS-preventive Behavior.* Oxford: Pergamon, 15–25.

Fiske, D. W. (1949). Consistency of the factorial structures of personality ratings from different sources. *Journal of Abnormal and Social Psychology, 44,* 329–344.

Floyd, D. L., Prentice-Dunn, S. & Rogers, R. W. (2000). A meta-analysis of research on protection motivation theory. *Journal of Applied Social Psychology,* 30(2), 407–429.

Folkman, S. & Lazarus, R. S. (1988). *Manual for Ways of Coping Questionnaire.* Paolo Alto, CA: Consulting Psychologists Press.

Folkman, S. & Moskowitz, J.T. (2004). Coping: Pitfalls and promise. *Annual Review of Psychology*, 55, 745–774.

Franklin, T. B. et al. (2011). Influence of early stress on social abilities and serotonergic functions across generations in mice. *PLoS One* 6.

Franzkowiak, P. (2003). Salutogenetische Perspektive. In Bundeszentrale für gesundheitliche Aufklärung (Hrsg.). *Leitbegriffe der Gesundheitsförderung* (S. 198–200). Schwabenheim: Fachverlag Peter Sabo.

Freund, A. M. & Baltes, P. B. (1998). Selection, optimization, and compensation as strategies of lifemanagement: Correlations with subjective indicators of successful aging. *Psychology & Aging*, 13, 531–543.

Freund, A. M. & Baltes, P. B. (1999). Selection, optimization, and compensation as strategies of life management: Correction to Freund and Baltes. *Psychology and Aging*, 14, 700–702.

Freund, A. M. & Baltes, P. B. (2005). Entwicklungsaufgaben als Organisationsstrukturen von Entwicklung und Entwicklungsoptimierung. In S.-H. Filipp & U. M. Staudinger (Hrsg.*), Enzyklopädie der Psychologie: Bd. C/V/6. Entwicklungspsychologie* (S. 35–78). Göttingen: Hogrefe.

Friedman, H. S. (2000). Long-Term Relations of Personality and Health. Dynamisms, Mechanisms, Tropism. *Journal for Personality*, 68 (6), 1089–1107.

Friedmann, H. S. & Schustack, M. W. (2004). *Persönlichkeitspsychologie und Differentielle Psychologie*. 2., aktualisierte Auflage, Pearson Studium.

Forcehimes, A.; Tonigan, J. (2008). Self-Efficacy as a Factor in Abstinence from Alcoholl/Other Drug Abuse: A Meta-Analysis. In *Alcoholism Treatment Quarterly*, 26 (4), 480–489.

Framingham Heart Study. Zugriff am 18.08.2012. Verfügbar unter: *http://www.framinghamheartstudy.org/participants/original.html*.

Franke, A. (1993). Die Unschärfe des Begriffs „Gesundheit" und seine gesundheitspolitischen Auswirkungen. In A. Franke & M. Broda (Hrsg.), *Psychosomatische Gesundheit. Versuch einer Abkehr vom Pathogenese-Konzept* (S. 15–34). Tübingen: Deutsche Gesellschaft für Verhaltenstherapie.

Franke, A. (2010). *Modelle von Gesundheit und Krankheit*. Bern: Hans Huber.

Freyer-Adam, J. & John, U. (2009). Alkoholkonsum. In Bengel, J. & Jerusalem, M. (Hrsg.). *Handbuch der Gesundheitspsychologie und Medizinischen Psychologie*. Band 12. S. 193. Göttingen: Hogrefe.

Fuchs, R. (2002). Körperliche Aktivität. In R. Schwarzer, M. Jerusalem & H., Weber (Hrsg.), *Gesundheitspsychologie von A bis Z*, S. 296–297. Göttingen: Hogrefe.

Fuchs, R. (2003). *Sport, Gesundheit und Public Health*. Göttingen: Hogrefe.

Gaab, J., Nelli, B., Stoyer, S., Menzi, T., Pabst, B., Ehlert, U. (2003). Randomized controlled evaluation of the effects of cognitive-behavioral stress management on cortisol responses to acute stress in healthy subjects. *Psychoneuroendocrinology*, 28, 767–779.

Garmezy, N. (1991). Resilience in childrens adaption to negative life events and stressed environments. *Pediatric Annals* 2, S. 459–466.

Geithner, Ch. & McKenney, D.R. (2010). Strategies for aging well. *Strength and Conditioning Journal*, 32 (5), 36– 52.

Gerhards, J. & Rössel, J. (2003). *Das Ernährungsverhalten Jugendlicher im Kontext ihrer Lebensstile.* Forschung und Praxis der Gesundheitsförderung. Köln: Bundeszentrale für gesundheitliche Aufklärung.

Gesundheit in Deutschland (2009). *Körperliche Aktivität. Beiträge zur Gesundheits-berichterstattung.* Berlin: Robert-Koch-Institut (Hrsg.).

Gignac, M. A. M., Cott, C. & Badley, E. M. (2002). Adaptation to disability: Applying selective optimization with compensation to the behaviors of older adults with osteoarthritis. *Psychology and Aging*, 17, 520–524.

Gmelch, S. & Bodenmann, G. (2007). Dynamisches Coping in Selbst- und Fremdwahrnehmung als Prädiktor für Partnerschaftsqualität und Befinden. *Zeitschrift für Gesundheitspsychologie,* 15, 177–186.

Gochman, D. S. (1997). Health Behavior Research. In D. S. Gochman (Ed.), *Handbook of health behavior research, Vol. 1: Personal and social determinants* (pp. 3–20). New York, NY: Plenum Press.

Godfrey, C. (2001). Economic evaluation of health promotion. In Rootman, I. & Burgher, M. S. (Hg.): *Evaluation in health promotion. Principles and Perspectives.* Copenhagen: WHO Regional Office for Europe (WHO regional publications European series, 92), S. 149–170.

Göhner, W. & Fuchs, R. (2007). *Änderung des Gesundheitsverhaltens.* Göttingen: Hogrefe.

Gößwald, A., Schienkiewitz, A. et al. (2013). Prävalenz von Herzinfarkt und koronarer Herzkrankheit bei Erwachsenen im Alter von 40 bis 79 Jahren in Deutschland. Ergebnisse der Studie zur Gesundheit Erwachsener in Deutschland (DEGS1). *Bundesgesundheitsblatt – Gesundheitsforschung – Gesundheitsschutz* 5/6, S.650–655.

Goldstein, D. S., & Kopin, I. J. (2007). Evolution of concepts of stress. *Stress,* 10 (2), 109120.

Gollwitzer, P. M. (1993). Goal achievement: The role of intentions. *European Review of Social Psychology,* 4, 141–185.

Gollwitzer, P. M. (1999). Implementation intentions: Strong effects of simple plans. *American Psychologist,* 54, 493–503.

Gollwitzer, P. M., & Brandstaetter, V. (1997). Implementation intentions and effective goal pursuit. *Journal of Personality and Social Psychology,* 73, 186–199.

Gollwitzer, P. M. & Schmitt, M. (2006). *Sozialpsychologie.* Workbook. Weinheim: Beltz Verlag.

Gollwitzer, P. M., & Sheeran, P. (2006). Implementation intentions and goal achievement: A meta-analysis of effects and processes. *Advances in Experimental Social Psychology,* 38, 69–119.

Gordon, R. S. (1983). An operational classification of disease prevention. *Public Health Reports,* 98 (2), 107–109.

Green, J. & Tones, K. (2010). *Health promotion. Planning and strategies.* 2. Aufl. London: Sage.

Grewen, K.M., Girdler, S.S., Amico, J., & Light, K.C. (2005). Effects of partner support on resting oxytocin, cortisol, norepinephrine, and blood pressure before and after warm partner contact. *Psychosomatic Medicine*, 67, 531–538.

Grimley, D., Prochaska, J. O., Velicer, W. F., Blais, L. M., & DiClemente, C. C. (1994). The transtheoretical model of change. In T. M. Brinthaupt & R. P. Lipka (Hrsg.). *Changing the self: Philosophies, techniques, and experiences. SUNY series, studying the self* (S. 201–227). Albany, New York, State University of New York Press.

Groll, C., Heine-Goldammer, B. & Zalpour, C. (2009). Evaluation eines Präventionskonzepts im Setting Grundschule. *Prävention und Gesundheitsförderung*. Heidelberg: Springer.

Grüsser, S., Thalemann, C. (2006). *Verhaltenssucht, Diagnostik, Therapie, Forschung*. Bern: Hans Huber.

Gunnar, M., & Quevedo, K. (2007). The neurobiology of stress and development. *Annual Review of Psychology*, 58, 145173.

Gustafson, D., Rothenberg, E., Blennow, K., Stehen, B. & Skoog, I. (2003). An 18-year follow-up of overweight and risk of Alzheimer disease. *Archives of Internal Medicine* 163 (13), 1524–1528.

Hänggi, Y. (2011). *Familienstress – so bleibe ich gelassen! Strategien zur Bewältigung von Stress in der Familie*. Norderstedt: BoD.

Hammelstein, P. (2006). Sexuelles Kontaktverhalten. In Renneberg, B., Hammelstein, P. *Gesundheitspsychologie*. Berlin: Springer.

Hampel, Petermann & Dickow (2001). *SVF-KJ, Stressverarbeitungsfragebogen von Janke und Erdmann angepasst für Kinder und Jugendliche*. Göttingen: Hogrefe.

Hank, P. & Mittag, O. (2003). Zur Bedeutung von Ärger und Ärgerausdruck für die Entstehung und Prognose der koronaren Herzkrankheit. In J. Jordan, B. Barde, A. M. Zeiher, (Hrsg.). *Statuskonferenz Psychokardiologie* 12, 7–14 u. 47–51. Frankfurt (Main): VAS.

Hasford, J. (1991). Kriterium Lebensqualität. In Tüchler, H., Lutz, D.: *Lebensqualität und Krankheit, Auf dem Weg zu einem medizinischen Kriterium Lebensqualität*. Köln: Deutscher Ärzte Verlag, S. 25–32.

Haß, W. (2002). *Soziale Unterstützungsnetzwerke von Menschen mit chronischer Polyarthritis. Eine explorative, netzwerkanalytische Studie*. Inauguraldissertation, Universität Köln.

Haustein, K.O. (2001). *Tabakabhängigkeit: gesundheitliche Schäden durch das Rauchen; Ursachen Folgen Behandlungsmöglichkeiten Konsequenzen für Politik und Gesellschaft*. Köln: Deutscher Ärzteverlag.

Hautzinger, M. (2003). Verhaltenstherapie. In Förstl, H. (Hrsg.). *Lehrbuch der Gerontopsychiatrie und -psychotherapie*. Stuttgart-New York: Thieme Verlag, S. 166–178.

Hautzinger, M. (2009). *Depression im Alter. Erkennen, bewältigen, behandeln. Ein kognitiv-verhaltenstherapeutisches Gruppenprogramm*. Weinheim: Beltz – Psychologie Verlags Union.

Hautzinger, M. (2011). Depressive Störungen. In Hautzinger, M. *Kognitive Verhaltenstherapie. Behandlung psychischer Störungen im Erwachsenenalter.* Weinheim: Beltz Verlag.

Havighurst, R. J., Neugarten, B. L., & Tobin, S. S. (1963). Disengagement, personality and life satisfaction in the late years. In P. E. Hansen (Ed.), *Age with a future (*pp. 419–425). Copenhagen: Munksgaard.

Haynes, S. G., Feinleib, M. & Kannel, W.B. (1980). The relationship of psychosocial factors to coronary heart disease in the Framingham Study. III. Eight-year incidence of coronary heart disease. *American journal of epidemiology*, 111(1), 37–58.

Heart Failure Society of America (2013). *NYHA Classification – The Stages of Heart Failure.* Zugriff: 07.07.2013. Verfügbar unter: *http://www.abouthf.org/ questions_stages.htm*

Heckhausen, J. & Schulz, R. (1995). A life-span theory of control. *Developmental Psychology*, 25, 109–212.

Heckhausen, J., Schulz, R., & Wrosch, C. (1998). *Developmental regulation in adulthood: Optimization in primary and secondary control.* Berlin: Max Planck Institute for Human Development.

Heinrichs, M., Baumgartner, T., Kirschbaum, C., & Ehlert, U. (2003). Social support and oxytocin interact to suppress cortisol and subjective responses to psychological stress. *Biological Psychiatry,* 54, 1389–1398.

Heinrichs, M., & Domes, G. (2008). Neuropeptides and social behaviour: effects of oxytocin and vasopressin in humans. In I. D. Neumann & R. Landgraf (Eds.), *Progress in Brain Research* (Chapter 28), Vol. 170. Elsevier B. V.

Hendriksen, J. (2000). *Intervision.* Weinheim: Beltz.

Hepburn, C. G., Loughlin, C. A. & Barling, J. (1997). Coping with chronic work stress. In B. H. Gottlieb (Ed.), *Coping with chronic stress*, 343–366. New York: Plenum.

Höge, T. (2005). Salutogenese in der ambulanten Pflege. *Zeitschrift für Gesundheitspsychologie,* 13 (1), 3–11. Göttingen: Hogrefe.

Hobfoll, S. E. (1988). *The ecology of stress.* New York: Hemisphere Publishing Corporation.

Hobfoll, S. E. (1989). Conversation of resources: A new attempt at conceptualizing stress. *American Psychologist*, 44, 513–524.

Hobfoll, S. E. (1998). *Stress, culture, and community: The psychology and philosophy of stress.* New York: Plenum.

Hobfoll, S. E. (2001). The influence of culture, community, and the nested-self in the stress process: Advancing Conversation of Resources Theory. *Applied Psychology: An International Review,* 50, 337–370.

Hollbach-Grömig, B. & Seidel-Schulze, A. (2007). *Seniorenbezogene Gesundheitsförderung und Prävention auf kommunaler Ebene – eine Bestandsaufnahme.* Köln: Bundeszentrale für gesundheitliche Aufklärung.

Holmes, T.H. & Rahe, R.H. (1967). The social readjustment rating scale. *Journal of Psychosomatic Research,* 11, 213–218.

House, J. S., Landis, K. R. & Umberson, D. (1988). Social relationships and health. *Science*, 241, 540–545.

Hurrelmann, K, Klotz, T., Haisch, J. (Hrsg.) (2007). *Lehrbuch Prävention und Gesundheitsförderung*. 2. überarbeitete Auflage. Bern: Huber.

Ironson, G., Balbin, E., Stuetzle, R., Fletcher, M. A., O`Cleirigh, C., Laurenceau, J. P., Schneiderman, N., Solomon, G. (2005). Dispositional Optimism and the Mechanisms by which it Predits Slower Disease Progression in HIV. Proactive Behavior, Avoidant Coping, and Depression. *International Journal of Behavioral Medicine,* 12 (2), 86–97.

Irvin, J. E., Bowers, C. A., Dunn, M.E., Wang, M.C. (1999). Efficacy of relapse prevention: A meta-analytic review. *Journal of Consulting and Clinical Psychology* 67, 563–570.

Jacelon, C.S. (1997). The trait and process of resilience. *Journal of Advanced Nursing,* 25 (1), 123–129.

Jacobson, E. (1993). *Entspannung als Therapie. Progressive Relaxation in Theorie und Praxis*. München: Pfeiffer.

Jacobsen, L. K., Krystal, J. H., Mencl, W. E., Westerveld, M., Frost, S. J., Pugh, K.R., (2005). Effects of smoking and smoking abstinence on cognition in adolescent tobacco smokers. *Biological Psychiatry,* 57 (1): 56–66.

Jakicic, J. M. & Otto, A. M. (2005). Physical activity considerations for the treatment and prevention of obesity. *American Society for Clinical Nutrition*, 82, 226–229.

Janke, W., Erdmann, G. & Kallus, W. (Hrsg.) (1985). *Stressverarbeitungsfragebogen (SVF). Handanweisung*. Göttingen: Hogrefe.

Janz, N. K. & Becker, M. H. (1984). The health belief model: A decade later. *Health Education Quarterly*, II, 1–47.

Jellinek, E.M. (1969). *The disease concept in alcoholism*. Hill House, New Brunswick, NJ.

Jerusalem, M. (2002a). Präventionsprogramme. In R. Schwarzer, M. Jerusalem & H. Weber (Hrsg.), *Gesundheitspsychologie von A-Z*, 400–403. Göttingen: Hogrefe.

Jerusalem, M. (2002b). Gesundheitsförderung in Schule und Elternhaus. In R. Schwarzer, M. Jerusalem & H. Weber (Hrsg.), *Gesundheitspsychologie von A-Z*, 171–179. Göttingen: Hogrefe.

John, O.P. & Gross, J.J. (2007). Individual differences in emotion regulation. In J.J. Gross (Ed.), *Handbook of emotion regulation* (pp. 351–372). New York: Guilford Press.

Jonas, K., Stroebe, W. & Hewstone, M.R.C. (2007). *Sozialpsychologie: Eine Einführung*. Heidelberg: Springer Verlag.

Jungbauer-Gans, M. (2002). *Ungleichheit, soziale Beziehungen und Gesundheit*. Wiesbaden: Westdeutscher Verlag.

Junge, B. & Thamm, M. (2003). Tabak – Zahlen und Fakten zum Konsum. *Deutsche Hauptstelle für Suchtfragen, Jahrbuch Sucht 2003*. Geesthacht: Neuland.

Kähnert, H. & Hurrelmann, K. (2003). Das Lions-Quest Programm „Erwachsen werden". *Prävention2*, 26. Jg., 49–52.

Känel, R., Paul M.D., Mills, P.J., Fainman, C. Dimsdale, J.E. (2001). Effects of psychological stress and psychiatric disorders on blood coagulation and fibrinolysis. A biobehavioral pathway to coronary artery disease? *Psychosomatic Medicine*, 63, 531–544.

Kaluza, G. (1998). Effekte eines kognitiv-behavioralen Stressbewältigungstrainings auf Belastungen, Bewältigung und (Wohl-) Befinden – eine randomisierte, kontrollierte prospektive Interventionsstudie in der primären Prävention. *Zeitschrift für Klinische Psychologie*, 27 (4), 234–243.

Kaluza, G. (2004). *Stressbewältigung: Trainingsmanual zur psychologischen Gesundheitsförderung*. Berlin: Springer.

Kaluza, G. & Renneberg, B. (2009): Stressbewältigung. In Bengel, J. & Jerusalem, M. (Hrsg.). *Handbuch der Gesundheitspsychologie und Medizinischen Psychologie*. Göttingen: Hogrefe.

Kaluza, G. & Vögele, C. (1999). Stress und Stressbewältigung. In H. Flor, N. Birbaumer & K. Hahlweg (Hrsg.), *Enzyklopädie der Psychologie, Themenbereich D Praxisgebiete, Serie II Klinische Psychologie, Band 3 Grundlagen und Verhaltensmedizin* (331–388). Göttingen: Hogrefe.

Kanner, A. D., Coyne, J. C., Schaefer, C. & Lazarus, R. S. (1981). Comparison of two modes of stress measurement: Daily hassles and uplifts versus major life events. *Journal of Behavioral Medicine*, 4, 1–39.

Kaptein, A. A. & Weinmann, J. (2004). *Health psychology: an introduction*. Malden, MA: Blackwell.

Karnehed N, Rasmussen F, Hemmingsson T, Tynelius P. (2006). Obesity and attained education: cohort study of more than 700,000 Swedish men, *Obesity*, 14(8), 1421–8.

Karoly, P. (1993). Mechanisms of Self-Regulation: A Systems View. *Annual Review of Psychology*, 44, pp. 23–52.

Katschnig, H. (1980). *Sozialer Stress und psychische Erkrankung*. München: Urban & Schwarzenberg.

Kegel, B. (2009). *Epigenetik. Wie Erfahrungen vererbt werden*. Köln: DuMont.

Keller, Stefan (2002). Rückfall und Rückfallmanagement. In *Gesundheitspsychologie von A-Z. Ein Handwörterbuch*. Schwarzer, R; Jerusalem, M.; Weber H. (Hrsg.), S. 479–482. Göttingen: Hogrefe.

Keller, Stefan (2002). Transtheoretisches Modell. In *Gesundheitspsychologie von A-Z. Ein Handwörterbuch*. Schwarzer, R; Jerusalem, M.; Weber H. (Hrsg), S. 606. Göttingen: Hogrefe.

Kessler, A. & Gallen, M. (1995). *Der erfolgreiche Umgang mit täglichen Belastungen – ein Programm zum Stressmanagement*. Materialien für den Kursleiter, 5. Auflage. Baltmannsweiler: Röttger-Schneider.

Keupp, H. (1985). Psychisches Leiden und alltäglicher Lebenszusammenhang aus der Perspektive sozialer Netzwerke. In Röhrle, B.; Stark, W. (Hrsg.). *Soziale Netzwerke und Stützsysteme: Perspektiven für die klinisch-psychologische und gemeindepsychologische Praxis*, S. 18–28. Tübingen: DGVT.

Kickbusch, I. (2003). Gesundheitsförderung. In F. W. Schwartz (Hrsg.), *Das Public Health Buch. Gesundheit und Gesundheitswesen*. München: Urban & Fischer.

Kielholz, Paul & Ladewig, Dieter (1973). *Die Abhängigkeit von Drogen*. München: DTV.

Kirschbaum, C., Klauer, T., Filipp, S. H. & Hellhammer, D. H. (1995). Sex-specific effects of social support on cortisol and subjective responses to acute psychological stress. *Psychosomatic Medicine*, 57, 23–31.

Kirschbaum, C. (2001). Das Stresshormon Cortisol – Ein Bindeglied zwischen Psyche und Soma? In *Jahrbuch der Heinrich-Heine-Universität Düsseldorf*, S. 150–156.

Kirschbaum, C., Pirke, K.-M., & Hellhammer, D.H. (1993). The "Trier Social Stress Test" – a tool for investigating psychobiological stress responses in laboratory setting. *Neuropsychobiology*, 28, 76–81.

Kleine, W. (2003). *Tausend gelebte Kindertage – Sport und Bewegung im Alltag der Kinder*. Weinheim München: Juventa.

Klein-Heßling, J. & Lohaus, A. (2000). *Streßpräventionstraining für Kinder im Grundschulalter* (2. erweiterte und aktualisierte Auflage des Trainingsmanuals zu 'Bleib locker'). Göttingen: Hogrefe.

Kliegel, M., McDaniel, M. A. & Einstein, G.O. (2000). Plan formation, retention, and execution in prospective memory: A new approach and agerelated effects. *Memory & Cognition,* 28(6), 1041–1049.

Klotz, T., Haisch, J., Hurrelmann, K. (2006). Prävention und Gesundheitsförderung. Ziel ist anhaltend hohe Lebensqualität. In *Deutsches Ärzteblatt*, 103 (10), 606–609.

Knoll, N., Scholz, U., Rieckmann, N. (2005). *Einführung in die Gesundheitspsychologie*. Stuttgart: UTB.

Koestner, R., Lekes, N., Powers, T.A. & Chicoine, E. 2002. Attaining personal goals: Self-concordance plus implementation intentions equals success. *Journal of Personality and Social Psychology,* 83, 231–244.

Körkel, J. & Schindler, C. (2003). *Rückfallprävention mit Alkoholabhängigen*. Heidelberg: Springer.

Kobasa, S.C. (1982). The hardy personality: Toward a social psychology of stress and health. In Sanders G.S., Suls J. (Eds). *Social psychology of health and illness*. Lawrence Erlbaum, Hillsdale, N.J., 1st, S. 3–32.

Kohlmann, C.W. (2003). Gesundheitsrelevante Persönlichkeitsmerkmale. In M. Jerusalem & H. Weber (Hrsg.). *Psychologische Gesundheitsförderung. Diagnostik und Prävention* (S. 39–55). Göttingen. Hogrefe.

Kolip, P. & Müller, V. E. (Hg.) (2009). *Qualität von Gesundheitsförderung und Prävention*. Bern: Huber.

Koppelin, F. & Müller, R. (2004). Macht Arbeit Männer krank? Arbeitsbelastungen und arbeitsbedingte Erkrankungen bei Männern und Frauen, In Altgeld, T. (Hrsg.): *Männergesundheit*, S. 121–134. Weinheim, München: Juventa.

Krämer. L. & Fuchs, R.(2010). Barrieren und Barrieremanagement im Prozess der Sportteilnahme. *Zeitschrift für Gesundheitspsychologie*, 18(4), 170–182. Göttingen: Hogrefe.

Krane, E. (2010). Gesundheitsberatung. BzgA. Zugriff: 02.04.2013. Verfügbar unter: *http://www.leitbegriffe.bzga.de*.

Kraus, L., Pfeiffer-Gerschel, T., Pabst, A. (2008). Cannabis und andere illegale Drogen: Prävalenz, Konsummuster und Trends. Ergebnisse des Epidemiologischen Suchtsurveys 2006. In *Sucht*, 54 (Sonderheft 1), S.16–25.

Krause, N. (1987). Satisfaction with social support and self-rated health in older adults. Gerontologist, 27(3), pp 301–308.

Krauth, C., John, J. & Suhrcke, M. (2011). Gesundheitsökonomische Methoden in der Prävention. In *Prävention und Gesundheitsförderung*, 6, 85–93. Heidelberg: Springer.

Krohne, H. W. (2003). Individual differences in emotional reactions and coping. In R. J. Davidson, H. H. Goldsmith & K. R. Scherer (Eds.), *Handbook of affective sciences* (pp. 698–725). New York: Oxford University Press.

Kruse, A. (2007). Prävention und Gesundheitsförderung im Alter. In Hurrelmann, K., Klotz, Th. & Haisch, J. (Hrsg.). *Prävention und Gesundheitsförderung* (S.81–91). Bern: Huber.

Kuhl, J. (1983). *Motivation, Konflikt und Handlungskontrolle*. Berlin: Springer.

Kuhn, J. & Bolte, G. (2010). *Epidemiologie und Sozialepidemiologie*. BzgA. Zugriff: 12.05.2013. Verfügbar unter: *http://www.leitbegriffe.bzga.de*.

Kulik, J. A., & Mahler, H. I. M. (1993). Emotional support as a moderator of adjustment and compliance after coronary bypass surgery: A longitudinal study. *Journal of Behavioral Medicine*, 16, 45–63.

Kurth, B. M. & Schaffrath Rosario, A. (2007). Die Verbreitung von Übergewicht und Adipositas bei Kindern und Jugendlichen Deutschland. *Bundesgesundheitsblatt*, 50, 736–743.

Kurz, A. (2013). *Das Wichtigste über die Alzheimer-Krankheit und andere Demenzformen*. Schriftenreihe der Deutschen Alzheimer Gesellschaft e. V., Berlin.

Laireiter, A. (Hrsg.) (1993). *Soziales Netzwerk und soziale Unterstützung. Konzepte, Methoden und Befunde*. Bern: Huber.

Laireiter, A., Fuchs, M. & Pichler, M. E. (2007). Negative Soziale Unterstützung bei der Bewältigung von Lebensbelastungen. *Zeitschrift für Gesundheitspsychologie*, 15, 43–56.

Laitinen, J., Power, C., Ek, E, Sovio, U., Järvelin, M.R. (2002).Unemployment and obesity among young adults in a northern Finland 1966 birth cohort., *International Journal of Obesity,* 26(10), 1329–1338.

Lampert, T. (2009). Soziale Ungleichheit und Gesundheit im höheren Lebensalter. In *Gesundheit und Krankheit im Alter*. Beiträge zur Gesundheitsberichterstattung. Statistisches Bundesamtes, Deutsches Zentrum für Altersfragen & Robert-Koch-Institut (Hrsg.). Berlin.

Lampert, T., Mensink, G. B. M., & Ziese, T. (2005). Sport und Gesundheit bei Erwachsenen in Deutschland. *Bundesgesundheitsblatt*, 48, 1357–1364.

Lang, F. R., Rieckmann, N. & Baltes, M. M. (2002). Adapting to aging losses: Do resources facilitate strategies of selection, compensation, and optimization in everyday functioning? *Journal of Gerontology Series B-Psychological Sciences and Social Science,* 57, 501–509.

Lansford, J. E., Sherman, A. M., & Antonucci, T. C. (1998). Satisfaction with social networks: An examination of socioemotional selectivity theory across cohorts. *Psychology and Aging,* 13, 544–552.

Laurin, D., Verreault, R., Lindsay, J., MacPherson, K. & Rockwood K (2001). Physical activity and risk of cognitive impairment and dementia in elderly persons. *Archives of Neurology* 58 (3): 498–504.

Lazarus, R. S. (1966). *Psychological Stress and the coping process.* New York: McGraw.

Lazarus, R. S. (1993). From psychological stress to the emotions: A history of changing outlooks. *Annual Review of Psychology,* 44, 1–21.

Lazarus, R. S. (1995). Streß und Streßbewältigung – ein Paradigma. In Filipp, S.-H. (Hrsg.): *Kritische Lebensereignisse.* 3. Aufl., S. 198–232. Weinheim: Beltz.

Lazarus, R. S. (1998). *The Life and Work of an Eminent Psychologist: Autobiography of Richard. S. Lazarus.* New York: Springer.

Lazarus, R. S. & DeLongis, A. (1983). Psychological stress and coping in aging. *American Psychologist,* 38, 245–254.

Lazarus, R. S. & Folkman, S. (1984). *Stress, appraisal, and coping.* New York: Springer.

Lazarus, R. S. & Launier, R. (1978). Stress-related transactions between person and environment. In L. A. Pervin & M. Lewis (Eds.), *Perspectives in interactional psychology* (pp. 287–327). New York: Plenum.

Leigh, B. (2002). Alcohol and condom use: a meta analysis of event-level studies. *Sexually Transmitted Diseases.* 29 (8), 476–482.

Lehr, U. (2007). *Psychologie des Alterns.* Wiebelsheim: Quelle & Meyer.

Lehr, U. & Thomae, H. (1987). *Formen seelischen Alterns.* Stuttgart: Enke Verlag.

Lenz, A. & Stark, W. (Hrsg.) (2002). *Empowerment. Neue Perspektiven für psychosoziale Praxis und Organisation.* Tübingen: DGVT.

Leppert, K. (2003). RS-Resilienzskala. In Brähler E., Schumacher J., Strauß B. (Hg.). *Diagnostische Verfahren in der Psychotherapie,* S. 295–298. Göttingen: Hogrefe.

Leppert, K., Gunzelmann, T., Schumacher, J., Strauß, B. & Brähler, E. (2005). Resilienz als protektives Persönlichkeitsmerkmal im Alter. *Psychotherapie, Psychosomatik, Medizinische Psychologie,* 55, 365–369.

Leppin, A. & Schwarzer, R. (1997). Sozialer Rückhalt, Krankheit und Gesundheitsverhalten. In R. Schwarzer (Ed.), *Gesundheitspsychologie.* Ein Lehrbuch. 2. Aufl., S. 349–373. Göttingen: Hogrefe.

Leppin, A. (2007). Konzepte und Strategien der Krankheitsprävention. In K. Hurrelmann, T. Klotz, J. Haisch (Hrsg.): *Lehrbuch Prävention und Gesundheitsförderung.* 2. überab. Aufl. S. 31–40. Bern: Huber.

Lesmos-Giraldez, S., Fidalgo-Aliste, A. M. (1997). Personality Disposition and Health-Related Habits and Attitides. A Cross-secitional Study. *European Journal of Personality*, 11(3), 197–209.

Light, K.C., Grewen, K.M., & Amico, J.A. (2005). More frequent partner hugs and higher oxytocin levels are linked to lower blood pressure and heart rate in premenopausal women. *Biological Psychology*, 69 (1), 5–21.

Lions-Quest (2007). *Was ist Lions-Quest „Erwachsen werden"?* Zugriff: 16.04.2013. Verfügbar unter: *www.lions-quest.de*.

Lippke, S., Ernsting, A., Richert, J., Parschau, L., Koring, M., & Schwarzer, R. (2012). Nicht-lineare Zusammenhänge zwischen Intention und Verhalten: Eine Längsschnittstudie zu körperlicher Aktivität und sozial-kognitiven Prädiktoren. *Zeitschrift für Gesundheitspsychologie*, 20(3), 105–114.

Lippke, S. & Renneberg, B. (2006). Theorien und Modelle des Gesundheitsverhaltens. In Renneberg, B. & Hammelstein, P. (Hrsg.). *Gesundheitspsychologie*. Springer: Heidelberg.

Lippke, S., Ziegelmann, J. P., & Schwarzer, R. (2004). Behavioral intentions and action plans promote physical exercise: A longitudinal study with orthopedic rehabilitation patients. *Journal of Sport & Exercise Psychology*, 26, 470–483.

Lippke, S., Ziegelmann, J. P., Schwarzer, R., Velicer, W. F. & Wayne F. (2009). Validity of stage assessment in the adoption and maintenance of physical activity and fruit and vegetable consumption. *Health Psychology*, 28(2), 183–193.

Lloyd, M. (2006). Resilience promotion-its role in clinical medicine. *Australian Family Physician* 35(1–2), 63–64.

Lötzerich, H., Uhlenbruck, G. (1995). Präventive Wirkung von Sport im Hinblick auf die Entstehung maligner Tumore? *Deutsche Zeitschrift für Sportmedizin*, 46, 86–94.

Lohmann-Haislah, A. (2012). *Stressreport Deutschland 2012*. Psychische Anforderungen, Ressourcen und Befinden. Bundesanstalt für Arbeitsschutz und Arbeitsmedizin.

London, R.A. & Castrechini, S. (2011). A longitudinal examination of the link between youth physical fitness and academic achievement. *Journal of School Health*, 81, 400–408.

Lujik, C., Reuter, M., Netter, P. (2005). Psychobiological theories of smoking and smoking motivation. *European Psychologist* 10; 1: 1–24.

Luszczynska, A., & Schwarzer, R. (2003). Planning and self-efficacy in the adoption and maintenance of breast self-examination: A longitudinal study on self-regulatory cognitions. *Psychology & Health*, 18, 93–108.

Luszczynska, A.;Tryburcy, M.; Schwarzer, R. (2007). Improving Fruit and Vegetable Consumpton: A Self-Efficacy Intervention Compared to a Combined Self-Efficacy and Planning Intervention. In *Health Education Research*, 22, pp 630–638.

Lutgendorf, S. K., Sood, A. K., Anderson, B., McGinn, S., Maiseri, H., Dao, M., Sorosky, J. I., De Geest, K., Ritchie, J. & Lubaroff, D. M. (2005). Social support, psychological distress, and natural killer cell activity in ovarian cancer. *Journal of Clinical Oncology*, 23, 7105–7113.

Maddox, G. L. (1965). Fact and artifact. Evidence bearing on disengagement theory from the Duke Geriatrics Project. *Human Development*, 8, 117–130.

Mancia, G., De Backer, G., Dominiczak, A. et al (2007). 2007 Guidelines for the management of arterial hypertension: the task force for the management of arterial hypertension of the European Society of Hypertension (ESH) and of the European Society of Cardiology (ESC). *European Heart Journal* 28:1462–1536.

Manz, R. (2002). Prävention. In R. Schwarzer, M. Jerusalem & H. Weber (Hrsg.), *Gesundheitspsychologie von A-Z*, 397–399. Göttingen: Hogrefe.

Marlatt, G. A. (1985). Cognitive factors in the relapse process. In G.A. Marlatt & J. R. Gordon (Eds.), *Relapse prevention*, pp. 128–200. New York: Guilford.

Marlatt, G. A. (1996). Taxonomy of high-risk situations for alcohol relapse: Evolution and development of a cognitive-behavioral model of relapse. *Addiction* 91 (Suppl), 37–550.

Marlatt, G. A., Gordon, J. R. (Eds) (1985). *Relapse Prevention*. The Guilford Press, New York.

Marti, B. (1992). Körperliche Bewegung und Krebs. *Schweizerische medizinische Wochenschrift* 27/28, 1048–1056.

Martin, M. & Kliegel, M (2005). *Psychologische Grundlagen der Gerontologie. Grundriss Gerontologie*. Band 3. Stuttgart: Kohlhammer.

Masten A.S., Hubbard J.J., Gest S.D., Tellegen A., Garmezy N., Ramirez M. (1999). Competence in the context of adversity: pathways to resilience and maladaptation from childhood to late adolescence. *Developement and Psychopathology* 11 (1), 143–169.

Mayfield, D., McLeod, G & Hall, P. (1974). The CAGE questionnaire: validation of a new alcoholism screening instrument. *American Journal of psychiatry*, 131, 1121–3.

McCrae, R. R. & John, O. P. (1992). An introduction to the five-factor model and its applications. *Journal of Personality*, 60, 175–215.

McEwen, B. S. (1998). Stress, adaptation, and disease. Allostasis and allostatic load. *Annals of the New York Academy of Sciences*, 840, 33–44.

McEwen, B. S. (2003). Interacting mediators of allostasis, allostatic load: towards an understanding of resilience in aging. *Metabolism*, 52, 10–16.

McEwen, B. S. (2007). Physiology and neurobiology of stress and adaptation: Central role of the brain In *Physiological Reviews* 87, 873–904.

McEwen, B. S. & Wingfield, J. C. (2003). The concept of allostasis in biology and biomedicine. *Hormones and Behavior*, 43, 2–15.

McGowan, P.O. et al. (2009). Epigenetic regulation of the glucocorticoid receptor in human brain associates with childhood abuse. *Nature Neuroscience*. 12, 342–348.

Meichenbaum, D. (1985). *Stress inoculation training*. New York: Pergamon Press.

Meichenbaum, D. (2012). *Intervention bei Stress: Anwendung und Wirkung des Stressimpfungstrainings*. Bern: Huber.

Meier-Baumgartner, HP., Dapp, U., Anders, J. (2006). *Aktive Gesundheitsförderung im Alter. Ein neuartiges Präventionsprogramm für Senioren*. Stuttgart: Kohlhammer.

Meltzer, H. (2003). Development of a common instrument for mental health. In Nosikov, A., Gudex, C., (Hrsg) EUROHIS: *Developing Common Instruments for Health Surveys*. Amsterdam: IOS Press.

Mensink, G. B. M (2003). Bundes-Gesundheitssurvey: Körperliche Aktivität – Aktive Freizeitgestaltung in Deutschland. In Robert-Koch-Institut (Hrsg.). *Beiträge zur Gesundheitsberichterstattung des Bundes* (S. 1–12). Berlin: Robert-Koch Institut.

Miller, W., Rollnick, S., (2004). *Motivierende Gesprächsführung*. Lambertus.

Miller, W.R., Wilbourne, P.L. (2002). A methodological analysis of clinical trials of treatments for alcohol use disorder. *Addiction* 97, pp 265–277.

Milne, S., Sheeran, P., Orbell, S. (2000). Prediction and Intervention in Health-Related Behavior: A Meta-Analytic Review of Protection Motivation Theory. In *Journal of Applied Social Psychology*, 30 (1), 106–143.

Miyazaki, T., Ishikawa, S. Natata, A. (2005). *Association between perceived social support and Th1 dominance. Biological Psychology*, 70, S. 30–37.

Mons, U. (2011). Tabakattributable Mortalität in Deutschland und in den deutschen Bundesländern – Berechnungen mit Daten des Mikrozensus und der Todesursachenstatistik. *Gesundheitswesen* (73), 238–246.

Murgatroyd, C., et al. (2009). Dynamic DNA methylation programs persistent adverse effects of early-life stress. *Nature Neuroscience* 12, 1559–1566.

Myrtek, M. (1998). *Gesunde Kranke – kranke Gesunde*. Bern: Huber.

Myrtek M (2000). Das Typ-A-Verhaltensmuster und Hostility als eigenständige Risikofaktoren der koronaren Herzkrankheit. In J. Jordan, B. Barde, A. M. Zeiher (Hrsg.), *Statuskonferenz Psychokardiologie* 2, 72–74. Frankfurt (Main): VAS.

Naegele, G. (2004). *Präventionspotenziale stärken – Aspekte einer altersbezogenen Gesellschaftspolitik*. Vortrag am 30.4.2004 1. Kongress des Deutschen Forums Prävention und Gesundheitsförderung „Gesellschaft mit Zukunft – Altern als Herausforderung für Prävention und Gesundheitsförderung. Zugriff: 03.08.2013. Verfügbar unter: *http://www.forum-seniorenarbeit.de/*

Naidoo, J. & Wills, J. (Hrsg.) (2003). *Lehrbuch der Gesundheitsförderung*. Umfassend und anschaulich mit vielen Beispielen und Projekten aus der Praxis der Gesundheitsförderung. Werbach: Conrad Günter.

Nakaya, M., Oshio, A. & Kaneko, H. (2006). Correlations For Adolescent Resilience Scale With Big Five Personality Traits, *Psychological Reports*, 98, 927–930.

Nestmann, F. (1988). *Die alltäglichen Helfer. Theorien sozialer Unterstützung und eine Untersuchung alltäglicher Helfer aus vier Dienstleistungsberufen.* Berlin.

Nestmann, F. (2000). Gesundheitsförderung durch informelle Hilfe und Unterstützung in sozialen Netzwerken. Die Bedeutung informeller Hilfe und Unterstützung im Alltag von Gesundheitssicherung und Gesundheitsförderung. In Sting, S. & Zurhorst, G. (Hrsg.). *Gesundheit und Soziale Arbeit*, S. 128–146. Weinheim, München: Juventa.

Neubauer S, Welte R, Beiche A et al. (2006). Mortality, morbidity and costs attributable to smoking in Germany: update and a 10-year comparison. *Tobacco Control* 15, 464–471.

Neuhauser, H., M. Thamm, M. & Ellert, U. (2013). Blutdruck in Deutschland 2008–2011. Ergebnisse der Studie zur Gesundheit Erwachsener in Deutschland (DEGS1). *Bundesgesundheitsblatt*, 56:795–801.

Nisell, M., Nomikos, G.G., Svensson, T.H. (1995). Nicotine dependence, midbrain dopamine system and psychiatric disorders. *Pharmacology and Toxycology* 76: 157–162.

Nöcker, G. (2010). *Gesundheitserziehung*. BzgA. Zugriff: 02.04.2013. Verfügbar unter: *http://www.leitbegriffe.bzga.de*.

O'Loughlin et al (2009). Milestones in the Process of Cessation Among Novice Adolescent Smokers. *American Journal of Public Health*, 99, 499 – 504.

Orbell & Sheeran (1998). „Inclined abstainers": A problem for predicting health-related behavior. *British Journal of Social Psychology*, 37, 151–165.

Oswald, WD., Hagen, B. & Rupprecht, R. (2001). Die SimA-Studie: Training des Gedächtnisses und der Psychomotorik im Alter. In KJ. Klauer (Hrsg). *Handbuch kognitives Training*. S. 467– 490. Göttingen: Hogrefe.

Ouwehand, C., de Ridder, D. T. D. & Bensing, J. M. (2007). A review of successful aging models. *Clinical Psychology Review*, 27, 873–884.

Owen, C. M. & Segars, J. H. Jr. (2009). Imprinting disorders and assisted reproductive technology. *Seminars in Reproductive Medicine*, 27.5, 417–28.

Paffenbarger, R., Hyde, R., Wing, A., Lee, I. Jung, D. & Kampert, J. (1993). The association of changes in physical activity level and other lifestyle characteristics with mortality among men. *New England Journal of Medicine*, 328, 538–545.

Pant, A. (2000). HIV-bezogene Risikofaktoren bei IV-Drogenkonsumenten: Eine Metaanalyse. In Brockmeyer, N. H., Brodt, R., Hoffmann, K., Reimann, G., Stücker, M. & Altmeyer, P. (Hrsg.). *HIV-Infekt*, S. 627–634. Berlin: Springer.

Pant, A. (2002). HIV- Risiko und Interventionsansätze. In Schwarzer, R., Jerusalem, M. & Weber, H., *Gesundheitspsychologie von A bis Z*. S. 245–248. Göttingen: Hogrefe.

Pant, A (2009). Sexualverhalten. In Bengel, J. & Jerusalem, M. (Hrsg.). *Handbuch der Gesundheitspsychologie und Medizinischen Psychologie*. Göttingen: Hogrefe.

Park, K., Wilson, M. G. & Lee, M. S. (2004). Effects of social support at work on depression and organizational productivity. *American Journal of Health Behavior,* 28, 444–455.

Perrez, M. & Gebert, S. (1994). Veränderung gesundheitsbezogenen Risikoverhaltens: Primäre und sekundäre Prävention. In Peter Schwenkmezger und Lothar R. Schmid (Hg.): *Lehrbuch der Gesundheitspsychologie*. Stuttgart: Enke.

Petermann, S. (2005). Persönliche Netzwerke: Spezialisierte Unterstützungsbeziehungen oder hilft jeder jedem? In Otto, U., Bauer, P. (Hrsg.). Mit Netzwerken professionell zusammenarbeiten. *Band I: Soziale Netzwerke in Lebenslauf- und Lebenslagenperspektive*. Tübingen: DGVT.

Petermann, F. & Schaeffer, D. (2010). *Patientenberatung/Patientenedukation.* BzgA. Zugriff: 02.04.2013. Verfügbar unter: *http://www.leitbegriffe.bzga.de.*

Piferi, R. L. & Lawler, K. A. (2006). Social support and ambulatory blood pressure: An examination of both receiving and giving. *International Journal of Psychophysiology,* 62, 328–336.

Phillips, L.H., Kliegel, M. & Martin, M. (2006). Age and planning tasks: The influence of ecological validity. *International Journal of Aging and Human Development,* 62, 175–184.

Picardi, A., Battisti, F., Tarsitani, L., Baldassari, M., Copertaro, A., Mocchegiani, E. & Biondi, M. (2007). Attachment security and immunity in healthy women. *Psychosomatic Medicine,*69, 40–46.

Picciotto, M.R. & Corrigall, W.A. (2000). Neuronal Systems Underlying Behaviors Related to Nicotine Addiction: Neural Circuits and Molecular Genetics. *The Journal of Neuroscience,* May 1, 2002, 22(9):3338–3341.

Plagemann, A. (2008). A matter of insulin: developmental programming of body weight regulation. *Journal of Maternal-Fetal and Neonatal Medicine* 21, 143–148.

Prochaska, J. O. & DiClemente C. C. (1982). Transtheoretical therapy: Toward a more integrative model of change. *Psychotherapy: Theory, Research and Practice* 19 (3), pp 276–288.

Prochaska, J. O. & DiClemente, C.C. (1983). Stages and processes of self-change of smoking. Toward an integrative model of change. *Journal of Consulting and Clinical Psychology,* 51, 390–395.

Prochaska, J. O., DiClemente, C. C., & Norcross, J. C. (1992b). In search of how people change: Applications to addictive behaviors. *American Psychologist,* 47, 1102–1114.

Prochaska, J.O., DiClemente, C.C., Velicer, W.F., & Rossi, J.S. (1992a). Criticisms and Concerns of the Transtheoretical Model in Light of Recent Research. *British Journal of Addiction.* 87 (6), 825–828.

Prochaska, J. & Norcross, J. (2002). *Stages of Change. Psychotherapy Relationships That Work: Therapist Contributions and Responsivness to Patients.* New York, Oxford: University Press, 303–313.

Prochaska, J. O., Johnson, S., Lee, P. (1998). The transtheoretical model of behavior change. In Shumaker, S. A., Schron, E. B. (Eds.): *The handbook of health behavior change.* New York: Springer, 59–84.

Prochaska, J. O. & Prochaska, J. M. (1999). Why don´t continents move? Why don´t people change? *Journal of Psychotherapy Integration,* 9, 83–102.

Prochaska, J. O., Velicer, W. F., Guadagnoli, E., Rossi, J. S., & DiClemente, C. C. (1991). Patterns of change: Dynamic typology applied to smoking cessation. *Multivariate Behavioral Research,* 26, 83–107.

Rasmussen, H. N., Scheier, M. F. & Greenhouse, J. B. (2009). Optimism and physical health. A meta-analytic review. *Annals of Behavioral Medicine,* 37, 239–256.

Renneberg, B. & Hammelstein, P. Hrsg. (2006). *Gesundheitspsychologie.* Heidelberg: Springer.

Reschke, K. & Schröder, H. (2000). *Optimistisch den Stress meistern.* Tübingen: DGVT.

Rhodes, R. E., & Courneya, K. S. (2003). Investigating multiple components of attitude, subjective norm, and perceived control: An examination of the theory of planned behaviour in the exercise domaIn *British Journal of Social Psychology*, 42, 129–146.

Richter, A.& Wächter, M. (2009). Der Zusammenhang von Nachbarschaft und Gesundheit. Bundeszentrale für gesundheitliche Aufklärung. *Forschung und Praxis der Gesundheitsförderung,* Band 36. Köln.

Rimmele, U., Hediger, K., Heinrichs, M., Klaver, P. (2009). Oxytocin makes a face in memory familiar. *The Journal of Neuroscience,* 29, 38–42.

Rippetoe, P. A. and Rogers, R. W. (1987). Effects of components of protection-motivation theory on adaptive and maladaptive coping with health threat. *Journal of Personality and Social Psychology,* 52, 596–64.

Rivis, A., & Sheeran, P. (2003). Descriptive norms as an additional predictor in the theory of planned behaviour: A meta-analysis. *Current Psychology: Developmental, Learning, Personality, Social,* 22, 218–233.

Robert-Koch-Institut (2002). Gesundheit im Alter. *Gesundheitsberichterstattung des Bundes.* Heft 10. Berlin: Robert-Koch-Institut.

Robert-Koch-Institut (2005). Altersdemenz. *Gesundheitsberichterstattung des Bundes,* Heft 28. Berlin: Robert-Koch-Institut.

Robert-Koch-Institut (2006). *Erste Ergebnisse der KiGGS-Studie zur Gesundheit von Kindern und Jugendlichen in Deutschland.* Berlin: Robert-Koch-Institut.

Robert-Koch-Institut (2010). *Beitrage zur Gesundheitsberichterstattung des Bundes Daten und Fakten: Ergebnisse der Studie „Gesundheit in Deutschland aktuell 2010".* Berlin: Robert-Koch-Institut.

Robert-Koch-Institut (2012). HIV-Infektionen und AIDS-Erkrankungen in Deutschland. Jahresbericht zur Entwicklung im Jahr 2011 aus dem Robert Koch-Institut. *Epidemiologisches Bulletin*, 28, Berlin.

Robert-Koch-Institut (2011). Aktuelle Daten und Informationen zu Infektionskrankheiten und Public Health. *Epidemiologisches Bulletin*, 46. Berlin: Robert-Koch-Institut.

Robert Koch-Institut (2011). Beitrage zur Gesundheitsberichterstattung des Bundes Daten und Fakten: Ergebnisse der Studie „Gesundheit in Deutschland aktuell 2009". *Reihe Gesundheitsberichterstattung des Bundes.* Berlin: Robert-Koch-Institut.

Robert-Koch-Institut (2012). Daten und Fakten: Ergebnisse der Studie „Gesundheit in Deutschland aktuell 2010". *Reihe Gesundheitsbericht-erstattung des Bundes.* Berlin: Robert-Koch-Institut.

Roberts, B. W., Bogg, T. (2004). A Longitudinal Study of the Relationship Between Conscientiousness and the Social-Evironmental Factors and Substance-Use Behaviors That Influence Health. *Journal of Personality,* 72 (2), 325–354.

Roberts, B. W., Walton, K. E. & Bogg, T. (2005). Conscientiousness and health across the life course. *Review of General Psychology,* 9, 156–168.

Robertson, J.A. & Plant, M.A. (1988). Alcohol, sex and risks of HIV. *Drug, Alcohol, Dependence, 22*, 75–78.

Röhrle, B. (1994). *Soziale Netzwerke und soziale Unterstützung.* Weinheim: Psychologie Verlag Union.

Röhrle, B. & Laireiter, A.-R. (2009). Soziale Unterstützung und Psychotherapie: Zwei eng vernetzte Forschungsfelder. In B. Röhrle & A.-R. Laireiter (Hrsg.). *Soziale Unterstützung und Psychotherapie*, 11-46. Tübingen: DGVT.

Rogers, R. W. (1975). A Protection Motivation Theory of Fear Appeals and Attitude Change. In *Journal of Psychology, 47* (4).

Rogers, R. W. and Mewborn, C. R. (1976). Fear appeals and attitude change: Effects of noxiousness, probability of currence, and the efficacy of coping responses. *Journal of Personality and Social Psychology, 34*, 54–61.

Rohan, T.E., Jain, M., Howe, G.R. & Miller, A.B. (2000). Alcohol consumption and risk of breast cancer: a cohort study. *Cancer Causes Control.* 11(3), 239–47.

Rohleder, N., Wolf, J. M., Kirschbaum, M. (2005). Psychoneuroimmunologie. In R. *Gesundheitspsychologie.* Band 1 der Enzyklopädie der Psychologie. Hogrefe.

Rosen, C. (2000). Is the Sequencing of Change Processes by Stages Consistent Across Health Problems? A Meta-Analysis. *Health Psychology*, 19 (6), 593–604.

Rosenbrock, R. (2007). AIDS prevention in Germany – a successful model in crisis. *Bundesgesundheitsblatt – Gesundheitsforschung – Gesundheitsschutz*, 50, 432–441.

Rosenbrock, R. & Gerlinger, T. (2004). *Gesundheitspolitik Eine systematische Einführung.* Verlag Hans Huber, Göttingen.

Rossi, S. R. & Rossi, J. S. (1996). Concepts and theoretical models applicable to risk reduction. In Jairath, N. (Hrsg.), *Coronary heart disease & risk factor management: A nursing perspective.* W.B. Saunders.

Rovniak L. S., Anderson, E.S., Winett, R.A., Stephens, R.S. (2002). Social-cognitive determinants of physical activity in young adults: A prospective structural equation analysis. *Annals of Behavioral Medicine*, 24 (2), 149–156.

Rütten, A., Lengerke, T. von, Abel, T., Kannas, L., Lüschen, G., Diaz, J. (2000). Policy, competence and participation: Empirical evidence for a multilevel-health promotion model. *Health Promotion International*, 15 (1), pp 35–47.

Rutter, M, Champion, L., Quinton, D., Maughan, B., Pickles, A. (1995). Understanding individual differences in enviromental-risk exposure. In Moen, P., Elder, G.H., Lüscher, K. (Eds.). *Examining lives in context: perspectives on the ecology of human developement.* American Psychological Association, Washington, DC, 61–97.

Sapolsky, R. M., Romero, L. M. & Munck, A. U. (2000). How do glucocorticoids influence stress responses? Integrating permissive, suppressive, stimulatory, and preparative actions. *Endocrine Reviews*, 21, 55–89.

Sarason, B. R., Pierce, G. R. & Sarason, I. G. (1990b). Socialsupport: The sense of acceptance and the role of relationships In B. R. Sarason, I. G. Sarson & G. R. Pierce (Eds.), *Social support: An interactional view* (pp. 97–128). New York: Wiley & Sons.

Sarason, B. R., Sarason, I.G., Pierce, G.R. (1990a). *Social support: An interactional view*. Oxford: John Wiley and Sons.

Saß, A., Wurm, S., Ziese, T. (2009). Somatische und Gesundheit. *Beiträge zur Gesundheitsberichterstattung des Bundes und Krankheit im Alter*. Berlin: Robert-Koch-Institut.

Schaefer, H. (1980). Die Utopie des vollkommenen Wohlbefindens. Kritische und kritisierte Medizin in den Wirren der Zeit. *Psychosozial*, 3 (1), S. 83–93.

Schandry, R. (2006). *Biologische Psychologie* (2nd Ed.) Weinheim: Beltz.

Schifter, D. E.; Ajzen, I. (1985). Intention, perceived control, and weight loss: An application of the theory of planned behavior. *Journal of Personality and Social Psychology*, 49, 843–851.

Schmidt, M. H., Petermann, F. & Schipper, M. (2012). Epigenetik – Revolution der Entwicklungspsychopathologie? *Kindheit und Entwicklung*, 21 (4), 245–253. Göttingen: Hogrefe.

Schröder, H. (2002). Als ein Vorwort: Beim Stress nichts Neues? In J. Schumacher, K., Reschke & H. Schröder (Hrsg.), *Mensch unter Belastung. Erkenntnisfortschritte und Anwendungsperspektiven der Stressforschung* (S. 3–9). Frankfurt: Verlag für akademische Schriften.

Schüz, B., Sniehotta, F. F., Mallach, N., Wiedemann, A. U., & Schwarzer, R. (2009). Predicting transitions from preintentional, intentional and actional stages of change: Adherence to oral self-care recommendations. *Health Education Research*, 24, 64–75.

Schulz, P. (2005). Stress- und Copingtheorien. In *Gesundheitspsychologie*. Band 1 der Enzyklopädie der Psychologie. Göttingen: Hogrefe.

Schulz, P., Schlotz, W. & Becker, P. (2004). *TICS-Trierer Inventar zum chronischen Stress. Manual*. Göttingen: Hogrefe.

Schwarzer, R. (1992). Self-efficacy in the adoption and maintance of heath behaviors: Theoretical approcahes and a new model. In R. Schwarzer (Ed.). Self efficacy: *Thought control of action* (pp. 217–243). Washington, DC: Hemisphere.

Schwarzer, R. (1996). *Psychologie des Gesundheitsverhaltens* (2. Auflage). Göttingen: Hogrefe.

Schwarzer, R. & Jerusalem, M. (1999). *Skalen zur Erfassung von Lehrer- und Schülermerkmalen*. Berlin: Institut für Psychologie, Freie Universität.

Schwarzer, R. (2001). Stress, resources, and proactive coping. *Applied Psychology: An International Review*, 50, 400–407.

Schwarzer, R. (2004). *Psychologie des Gesundheitsverhaltens: Einführung in die Gesundheitspsychologie*, 3. Auflage. Göttingen: Hogrefe.

Schwarzer, R. (2005). Überblick über die Gesundheitspsychologie. In *Gesundheitspsychologie*. Band 1 der Enzyklopädie der Psychologie. Göttingen: Hogrefe.

Schwarzer, R. (2008). Modeling Health Behavior Change: How to Predict and Modify the Adoption and Maintenance of Health Behaviors. In *Applied Psychology: An International Review*, 57, S. 1–29.

Schwarzer, R., & Luszczynska, A. (2007). Self-Efficacy. In M. Gerrard & K.D. McCaul (Eds.) *Health Behavior Constructs: Theory, Measurement, and Research*. National Cancer Institute. Zugriff 23.08.2012. Verfügbar unter: *http://cancercontrol.cancer.gov/constructs*.

Schwarzer, R., Taubert, S. & Schulz, U (2002). *Soziale Integration, Gesundheit und Lebenserwartung*. Berichte aus den Sitzungen der Joachim Jungius-Gesellschaft der Wissenschaften e.V., Hamburg/Jahrgang 20 (2002)/Soziale Integration, Gesundheit ... gehalten am 20. Mai 2002: HEFT 3. Berlin: Freie Universität.

Schwenkmezger, P. (1994). Gesundheitspsychologie. Die persönlichkeitspsychologische Perspektive. In P. Schwenkmezger & L. Schmidt (Hrsg.), *Lehrbuch der Gesundheitspsychologie*, S. 47–64. Stuttgart: Enke.

Seeman, T. E. & Berkman, L. (1988). Structural characteristics of social networks and their relationship with social support in the elderly: Who provides support. *Social Science & Medicine, 26* (7), pp737–749.

Segan, C.J., Borland, R., Greenwood, K. M. (2002). Do transtheoretical model measures predict the transition from preparation to action in smoking cessation? *Psychology and Health* 17, 417–435.

Selye, H. (1953). *Einführung in die Lehre vom Adaptationssyndrom*. Stuttgart.

Seydel, E., Taal, E. & Wiegmann, O. (1990). Risk-Appraisal, Outcome and Self-Efficacy Expectancies: Cognitive Factors in Preventive Behaviour Related to Cancer. *Psychology and Health*, 4 (2), 99–109.

Sheeran, P. (2002). Intention-behavior relations: A conceptuel and empirical review. In Hewstone, M., Stroebe, W. (Eds.). *European review of social psychology*. Chichester: Wiley, 1–36.

Sheeran, P., Orbell, S., & Trafimow, D. (1999). Does the temporal stability of behavioral intentions moderate intention-behavior and past behavior-future behavior relations? *Personality and Social Psychology Bulletin*, 25, 721–730.

Shepperd, B. H., Hartwick, J. & Warshaw, P. R. (1988). The Theory of reasoned action: A meta-analysis of past research with recommendations for modifications an future research. *Journal of Consumer Research* 15, 325–343.

Shrout, P. E., Herman, C. M. & Bolger, N. (2006). The costs and benefits of practical and emotional support on adjustment: A daily diary study of couples experiencing acute stress. *Personal Relationships*, 13, 115–134.

Shuper, P., Joharchi, N., Irving, H. & Rehm, J. (2009). Alcohol as a correlate of unprotected sexual behavior among people living with HIV/AIDS: Review and metaanalysis. *AIDS and Behavior*,13 (6), 1021–1036.

Siegrist, Johannes (1996). *Soziale Krisen und Gesundheit*. Eine Theorie der Gesundheitsförderung am Beispiel von Herz-Kreislauf-Risiken im Erwerbsleben. Göttingen: Hogrefe.

Sieverding, M. (2005). Geschlecht und Gesundheit. In *Gesundheitspsychologie*. Band 1 der Enzyklopädie der Psychologie. Göttingen: Hogrefe.

Sieverding, M & Scheiter, F. (2012). Aktueller und erwünschter Obst- und Gemüsekonsum bei Studierenden: Wie motivierend ist die „5 am Tag"-Empfehlung? *Zeitschrift für Gesundheitspsychologie*, 20 (4), 178–181. Göttingen: Hogrefe.

Smith, T. & Gallo, L. C. (2001). Personality Traits as risk Factors for Physical Illness. In T. R. Baum & J. Singer (Eds.). *Handbook of Health Psychology*, Hillsdale. Lawrence Erlbaum, 139– 172.

Sniehotta, F.F., Scholz, U., Schwarzer, R. (2006). Action plans and coping plans for physical exercises: A longitudinal intervention study in cardiac rehabilitation. British *Journal of Health Psychology*, 11 (1), 23–37.

Soyka, M. & Küfner, H. (2008). *Alkoholismus, Missbrauch und Abhängigkeit: Entstehung, Folgen, Therapie.* Stuttgart: Thieme Verlag.

Soyka, M., Queri, S., Küfner, H., Rösner, S. (2005). Wo verstecken sich 1,9 Millionen Medikamentenabhängige? *Nervenarzt* 76 (1), 72–77.

Spielberger, C. D., Jacobs, G., Russel, S. & Crane, R.S. (1983). Assessment of anger. The State-Trait Anger Scale. In J. N. Butcher & C. D. Spielberger (Eds.). *Advances in personality assessment.* Volume 2 (p. 161–189). Hillsdale: Erlbaum.

Spork, P. (2009). *Der zweite Code*. Reinbek: Rowohlt.

Spork, P. (2013). *Epigenetik. Der zweite Code im Buch des Lebens.* Zugriff: 29.04.2013. http://www.pharmazeutische-zeitung.de.

Starzinski-Powitz, (2009). Die Gene sind nicht alleine schuld. Wie wir durch unser Lebensumfeld die Gene prägen können. *Forschung Frankfurt – das Wissenschaftsmagazin* 1/2009, 12 –16.

Statistisches Bundesamt (2010). *Mikrozensus – Fragen zur Gesundheit.* Wiesbaden Statistisches Bundesamt.

Statistisches Bundesamt (2011). *Im Blickpunkt: Ältere Menschen in Deutschland und der EU.* Wiesbaden Statistisches Bundesamt.

Statistisches Bundesamt (2012). *Gesundheit im Alter.* Wiesbaden: Statistisches Bundesamt.

Statistisches Bundesamt (2013). *Absatz von Tabakwaren 2012.* Wiesbaden: Statistisches Bundesamt.

Statistisches Bundesamt (2013). *Diagnosedaten der Patienten und Patientinnen in Krankenhäusern.* Wiesbaden: Statistisches Bundesamt.

Statistisches Bundesamt (2013). *Gesundheitsrelevantes Verhalten.* Rauchgewohnheiten nach Altersgruppen. Ergebnisse des Mikrozensus 2009. Zugriff: 03.08.2013. Verfügbar unter: *https://www.destatis.de/DE/ZahlenFakten/GesellschaftStaat/Gesundheit/GesundheitszustandRelevantesVerhalten/Tabellen/ Rauchverhalten.html.*

Staudinger, U.M. (1996). Psychologische Produktivität und Selbstentfaltung im Alter. In Baltes, M. & Montada, L. (Hrsg.). (1996). *Produktives Leben im Alter.* Frankfurt a. M.: Campus.

Staudinger, U.M. (2000). Viele Gründe sprechen dagegen und trotzdem fühlen viele Menschen sich wohl: Das Paradox des subjektiven Wohl-befindens. *Psychologische Rundschau,* Bd. 51.

Staudinger, U. M. & Greve, W. (2001). Resilienz im Alter. In Deutsches Zentrum für Altersfragen (Hrsg.). *Personale, gesundheitliche und Umweltressourcen im Alter. Expertisen zum Dritten Altenbericht der Bundesregierung,* S. 94–144. Opladen: Leske & Buddrich.

Staudinger, U.M. (2003). Lebenserfahrung, Lebenssinn und Weisheit. In Filipp, S.H. & Staudinger, U.M. (Hrsg.). *Entwicklungspsychologie des mittleren und höheren Erwachsenenalters (Enzyklopädie der Psychologie)*. Göttingen: Hogrefe.

Stemmler, G. (1992). *Differential psychophysiology. Persons in situations*. Berlin: Springer.

Stöckel, S. (2007). Geschichte der Prävention und Gesundheitsförderung. In Hurrelmann, K., Klotz, T., Haisch, J. (Hrsg.): *Lehrbuch Prävention und Gesundheitsförderung*. 2. überab. Aufl., S. 21–29. Bern: Huber.

Stroebe, W. & Stroebe, M. (1998). *Lehrbuch Gesundheitspsychologie*. Eschborn: Verlag Dietmar Klotz.

Stroebe, M., Stroebe, W. & Hansson, R. O. (Eds.). (2000). *Handbook of bereavement: Consequences, coping, and care*. New York: Cambridge University Press.

Stück, M. (2003). Integrative Belastungsbewältigung in der Schule. Das IBiS-Konzept. *Prävention. Zeitschrift für Gesundheitsförderung*. 26, 115–118.

Stürmer, S. (2009). *Sozialpsychologie*. UTB basics. München: Ernst Reinhardt.

Suls, J. & Bunde, J. (2005). Anger, anxiety, and depression as risk factors of cardiovascular disease. The problems and implications of overlapping affective dispositions. *Psychological Bulletin*, 131, 260–300.

Sutton, S. (2001). Back to the drawing board? A review of applications of the transtheoretical model to substance use. *Addiction*, 96, 175–186.

Sutton, S. (2005). Stage theories of health behaviour. In M. Conner & P. Norman (Eds.), *Predicting health behaviour: Research and practice with social cognition models* (2nd ed., pp. 223–275). Maidenhead, England: Open University Press.

Talamini, R., Bosetti, C., La Vecchia, C., Dal Maso, L., Levi, F., Bidoli, E. et al. (2002). Combined effect of tobacco and alcohol on laryngeal cancer risk: A case-control study. *Cancer Causes and Control*, 13, 957–964.

Taylor, S.E., Dickerson, S.S. & Klein, L.C. (2002). Toward a biology of social support. In C.R. Snyder & S.J. Lopez (Eds.), *Handbook of Positive Psychology*. London: Oxford University Press.

Taylor, S.E., Klein, L.C., Lewis, B.P., Gruenewald, T.L., Gurung, R.A.R., & Updegraff, J.A. (2000). Biobehavioral responses to stress in females: Tend-and-befriend, not fight-or-flight. *Psychological Review*, 107, 411–429.

Tesch-Römer, C. (2002). Alter und Gesundheit. In *Gesundheitspsychologie von A bis Z*. Schwarzer, R., Jerusalem, M., Weber, H. (Hrsg.), S. 19–22. Göttingen: Hogrefe.

Tesch-Römer, C. & Wurm, S. (2009). Prävention im Alter. In Bengel, J. & Jerusalem, M. (Hg.). *Handbuch der Gesundheitspsychologie und Medizinischen Psychologie*. Göttingen: Hogrefe.

Tesch-Römer, C. & Wurm, S. (2009). Wer sind die Alten? Theoretische Positionen zu Alter und Altern. In *Gesundheit und Krankheit im Alter*. Beiträge zur Gesundheitsberichterstattung. Statistisches Bundesamtes, Deutsches Zentrum für Altersfragen & Robert-Koch-Institut (Hrsg.). Berlin.

Thayer, R. E., Newman, J. R. & McClain, T. (1994). Self regulation of mood: Strategies for changing a bad mood, raising energy, and reducing tenson. *Journal of Personality and Social Psychology*, 67, 910–925.

Thietz, J. & Hartmann, T. (2012). *Das Spannungsfeld von Gesundheitszielen im Föderalismus in Deutschland*. Prävention und Gesundheitsförderung. Heidelberg: Springer.

Thomae, H. (1971). Die Bedeutung einer kognitiven Persönlichkeitstheorie für die Theorie des Alterns. *Zeitschrift für Gerontologie*, 4, 8–18.

Thomae, H. (1979). The concept of development and life span developmental psychology. In P.B. Baltes & O.G. Brim (Eds.). *Life span developmental psychology* (pp. 281–312). New York: Academic Press.

Thomae, H. (1983). *Alternsstile und Alternsschicksale*. Bern: Huber.

Thomae, H. (1987). Alternsformen: Wege zu ihrer methodischen und begrifflichen Erfassung. In U. Lehr & H. Thomae (Hrsg.), *Formen seelischen Alterns. Ergebnisse der Bonner Gerontologischen Längsschnittstudie (BOLSA)* (S. 173–195). Stuttgart: Enke.

Tretter, F. (2000). *Suchtmedizin kompakt: Suchtkrankheiten in Klinik und Praxis*. Stuttgart: Schattauer.

Trobst, K.; Herbst, J.H., Masters. H.L. & Costa, P.T. Jr. (2002). *Personality Pathways to Unsafe Sex: Personality, Condom Use, and HIV Risk Behaviors*.

Ulrich-Lai, Y.M & Herman, J.P (2009): Neural regulation of endocrine and autonomic stress responses. *Nature Reviews Neuroscience 10*, 397–409 (2009)

Uchino, B. N., Cacioppo, J. T., Kiecolt-Glaser, J. K. (1996). The relationship between social support and physiological processes: A review with emphasis on underlying mechanism and implications fpr health. *Psychological Bulletin*, 119, 488–531.

Uexküll, T. von (1996). *Psychosomatische Medizin* (5. neubearb. u. erw. Auflage). München: Urban & Schwarzenberg.

Uhl, A. (2000). Evaluation versus Evalopathy: Support for Practical Improvement versus Irrational Nuisance. In *Abstracts of the 3rd Nordic Health Promotion Research Conference, Tampere, 6–9 September 2000*. Tampere: University of Tampere.

Uhl, A. (2012). Methodenprobleme bei der Evaluation komplexerer Sachverhalte: Das Beispiel Suchtprävention In *Evaluation komplexer Interventionsprogramme in der Prävention: Lernende Systeme, lehrreiche Systeme?* Beiträge zur Gesundheitsberichterstattung des Bundes. Berlin: Robert Koch-Institut.

Uhle, T. & Treier, M. (2010). *Betriebliches Gesundheitsmanagement*. Heidelberg: Springer.

United Nations (2009). *World population prospects. The 2009 revision*. Zugriff: 07.07.2013. Verfügbar unter: http://www.un.org/esa/population/ publications/ WPA2009/WPA2009-report.pdf [24.03.2012].

Uno, D., Uchino, B. N. & Smith, T. W. (2002). Relationship quality moderates the effect of social support given by close friends on cardiovascular reactivity in women. *International Journal of Behavioral Medicine*, 9, 243–262.

Van Duyn, M.S., Kristal, A.R., Dodd, K., Campbell, M.K., Subar, A.F., Stables, G., Nebeling, L. & Glanz, K. (2001). Association of awareness, intrapersonal and interpersonal factors, and stage of dietary change with fruit and vegetable consumption: A national survey. *American Journal of Health Promotion*, 16, 69–78.

Van Uden-Kraan, Drossaert, Taal, Shaw, Seydel & van de Laar (2008). Empowering processes and outcomes of participation in online support groups for patients with breast cancer, arthritis, or fibromyalgia. *Qualitative Health Research 2008* Mar;18 (3):405–17.

Veenhoven, R. (2000). The four qualities of life. Ordering concepts and measures of the good life. *Journal of Happiness Studies*, 1, 1–39.

Voelcker-Rehage, C., Godde, B. & Staudinger, U. (2011). Cardiovascular and coordination training differentially improve cognitive performance and neural processing in older adults. *Frontiers in Human Neuroscience*. 5, 26, 1–12.

Vollmann, M. & Weber, H. (2011). Gesundheitspsychologie. In A. Schütz, H. Selg & S. Lauterbacher (Hrsg.), *Psychologie. Eine Einführung in ihre Grundlagen und Anwendungsfelder*, 4., vollst. überarb. und erw. Aufl. Stuttgart: Kohlhammer, 2011.

Waddington, C. H. (1942). The epigenotype. *Endeavour*, 1, 18–20.

Wagnild, Gail M. & Young, Heather M. (1993). Development and Psychometric Evaluation of the Resilience Scale, *Journal of nursing measurement*, 1 (2), 165–178.

Wahl, H.W. & Heyl, V. (2004). *Gerontologie Einführung und Geschichte*. Stuttgart: Kohlhammer.

Walden K., Kröger, C., Krimes, J., Reese, A. & Kutza, R. (2000). *ALF Allgemeine Lebenskompetenzen und Fertigkeiten. Programm für Schüler und Schülerinnen der 6. Klasse mit Unterrichtseinheiten zu Nikotin und Alkohol*. Hohengehren: Schneider.

Waldron, I. (1997). Changing gender roles and gender differences in health behavior. In D. S. Gochman (Ed.), *Handbook of health behavior research 1: Personal and social determinants*, 303–328. New York, NY: Plenum Press.

Waller, H. (2006). *Gesundheitswissenschaft. Eine Einführung in Grundlagen und Praxis von Public Health*. 4. überarbeitete und erweiterte Auflage. Stuttgart: Kohlhammer.

Walter, U., Schneider, N., Bisson, S. (2006). Krankheitslast und Gesundheit im Alter. Herausforderungen für die Prävention und gesundheitliche Versorgung. *Bundesgesundheitsblatt – Gesundheitsforschung – Gesundheitsschutz* 49: 537–546.

Waltz, E. M. (1981). Soziale Faktoren bei der Entstehung und Bewältigung von Krankheit – ein Überblick über die empirische Literatur. In Badura, B. (Hrsg.). *Soziale Unterstützung und chronische Krankheit. Zum Stand sozialepidemiologischer Forschung*. S. 40–119. Frankfurt a. M.: Suhrkamp.

Wareham, N. J., van Sluijs, E. M. F. & Ekelund, U. (2005). Symposium on „Prevention of obesity". Physical activity and ovesity prevention: A review of the current evidence. *Proceedings of the Nutrition Society*, 64, 229–247.

Watson, D. & Tellegen, A. (1985). Toward a consensual structure of mood. *Psychological Bulletin*, 98, 219–235.

Webb, T.; Sheeran, P. (2006). Does Changing Behavioral Intentions Engender Behavior Change? A Meta-Analysis of the Experimental Evidence. In *Psychological Bulletin,* 132 (2), 249–268.

Weichhold, K., Silbereisen, R.K. & Wenzel, V. (2006). *Evaluation des Suchtpräventiven Lebenskompetenzprogramms IPSY: Projekt-Zwischenbericht.* Jena: CADS Center of Applied Developmental Science.

Weinman, J.; Johnston, M. & Molloy, G. (2006). *Health Psychology Volume I: Theoretical Models and Frameworks.* London: Sage.

Weinstein N. D. (1982). Unrealistic optimism about susceptibility to health problems. *Journal of Behavioral Medicine,* 5, 441–460.

Weinstein, N. D. (1993). Testing four competing theories of health-protective behavior. *Health Psychology* 12, 324–333.

Weinstein, N. D., Rothman, A. J., & Sutton, S. R. (1998). Stage theories of health behavior: Conceptual and methodological issues. *Health Psychology,* 17, 290–299.

Weltgesundheitsorganisation (WHO) (1986). Ottawa Charta for Health Promotion. Deutsche Übersetzung. In P. Franzkowiak & P. Sabo (Hrsg.), *Dokumente der Gesundheitsförderung.* Mainz: Peter Sabo.

Weltgesundheitsorganisation (WHO) (1994). Regionalbüro für Europa. Regionalprogramm über Gesundheitserziehung und Lebensweise. In Franzkowiak, P. & Sabo, P. (Hg.), *Dokumente der Gesundheitsförderung.* Mainz.

Weltgesundheitsorganisation (WHO) (2003). *WHO definition of health.* Zugriff 08.04.2012. Verfügbar unter: *http://www.who.int/trade/glossary/ story046/en/ index.html.*

Weltgesundheitsorganisation (WHO) (2008). *Die Charta von Tallinn: Gesundheitssysteme für Gesundheit und Wohlstand. Regionalbüro für Europa.* Zugriff: 01.04.2013. Verfügbar unter:*http://www.euro.who.int/_data/assets/ pdf_file/0004/88609/E91438G.pdf.*

Werth, L. (2004). *Psychologie in der Wirtschaft.* München: Spektrum.

Whiteman, M. C., Fowkes, F. G. R., Deary, I. J. & Lee, A. J. (1997). Hostility, cigarette smoking and alcohol consumption in the general population. *Social Science & Medicine,* 44, 1089–1096.

WHO (2005). *Internationale Klassifikation psychischer Störungen ICD-10 Kapitel V (F). Klinisch-diagnostische Leitlinien.* 5., durchgesehene und ergänzte Auflage. Bern: Hans Huber.

WHO (2006). Defining sexual health. *Report of a technical consultation on sexual health, 28–31 January 2002.* Genf. Aus dem Englischen übersetzt von WHO-Regionalbüro für Europa und BZgA: Standards für die Sexualaufklärung in Europa 2011.

WHO (2006). Obesity and overweight. *Fact sheet* Nr. 311. Genf: WHO.

Wiegard, U., Tauscher, N., Inhester, M.-L., Puls, W. & Wienold, H. (2000). „Gelassen bei der Arbeit". Ein Trainingskurs zur Bewältigung von Stress am Arbeitsplatz. Nr. 1, *Aktuelle Beiträge zur Soziologie,* Institut für Soziologie, Westfälische Wilhelms-Universität.

Wittchen et al. (2008). What are the high risk periods for incident substance use and transitions to abuse and dependance? Implications for early intervention and prevention. *International Journal of Methods in Psychiatric Research*, 17 (S1), S16 – S29.

Witte, K. & Allen, M. (2000). A meta-analysis of fear appeals: implications for effective public health campaigns. *Health Education & Behavior*, 27(5), 591–615.

Wormstall, H. & Laske, C. (2006). Möglichkeiten der Prävention von Demenzerkrankungen. *Neurologie 2*.

Wrosch, C., Heckhausen, J., & Lachman, M. E.(2000). Primary and secondary control strategies for managing health and financial stress across adulthood. *Psychology and Aging*, 15, 387–399.

Wurm, S., Schöllgen, I. & Tesch-Römer, C. (2010). Gesundheit. In Motel-Klingebiel, A., Wurm, S. & Tesch-Römer, C. (Hrsg.), *Alter im Wandel. Befunde des deutschen Alterssurveys (DEAS)* (S. 15–33). Stuttgart: Kohlhammer.

Yzer, M. C., Fisher, J. D., Bakker, A. B., Siero, F. W. & Misovich, S.J. (1998). The effects of information about AIDS risk an self-efficacy on women´s intentions to engage in AIDS preventive behavior. *Journal of Applied Social Psychology*, 28, 1837–1852.

Ziegelmann, J. P. (2002). Gesundheits- und Risikoverhalten. In *Gesundheitspsychologie von A-Z. Ein Handwörterbuch*. Schwarzer, R; Jerusalem, M. & Weber H. (Hrsg.). S. 152–155. Göttingen: Hogrefe.

Ziegelmann, J. P. (2012). *Das Nationale Gesundheitsziel Gesund älter werden. Gesundheitsförderung und Prävention in einer älter werdenden Gesellschaft.* Deutsches Zentrum für Altersfragen (DZA): Informationsdienst Altersfragen 39 (6).

Zimber, A. & Ullrich, A. (2011). Wie wirkt sich die Teilnahme an kollegialer Beratung auf die Gesundheit aus? *Zeitschrift für Gesundheitspsychologie*, 19 (4). Göttingen: Hogrefe.

Zuckermann, M. (1994). *Behavioral Expressions and Biosocial Bases of Sensation Seeking.* Cambridge, England: Cambridge University Press.

Abbildungsverzeichnis

Kapitel 1: S. 34: Karl Holzhauser/MEV; S. 36: Susanne Kracke/MEV; S. 38 (oben): Susanne Kracke/MEV; S. 38 (unten): © ferdiperdozniy/fotolia; S. 41: Bernd Müller/MEV.

Kapitel 3: S. 125: Franz Riedl/MEV; S. 126: Sven Lüders/MEV; S. 128: © nebari/fotolia; S. 131: GEWA Fotostudio/MEV; S. 132: © lassedesignen/fotolia.

Kapitel 4: S. 145: © DragonImages/fotolia; S. 153: Seidl Eckart/MEV; S. 156: Jens Schmidt/MEV; S. 157: Susanne Kracke/MEV; S. 168: Christian Albert/MEV; S. 169: Witschel Mike/MEV; S. 171: GW20 Foto/MEV.

Kapitel 5: S. 180: Thomas Meyer/MEV; S. 191: Jens Schmidt/MEV.

Kapitel 6: S. 239: Kitz Mark/MEV; S. 250: © thongsee/fotolia; S. 261: Karl Holzhauser/MEV; S. 272: © Denis Junker/fotolia.

Kapitel 7: S. 301: GEWA Fotostudio/MEV; S. 305: © Kitty/fotolia; S. 320: Nicholson Graeme/MEV; S. 334: Bundeszentrale für gesundheitliche Aufklärung, Köln.

Kapitel 8: S. 346: © moodboard/fotolia; S. 349: © Bernd Leitner/forolia; S. 360: © Grischa Georgiew/fotolia; S. 365: M.O.B.I.L.I.S. e.V., Freiburg.

Kapitel 10: S. 412: Bundeszentrale für gesundheitliche Aufklärung, Köln.

Kapitel 11: S. 440: independent light/MEV; S. 454: Eckart Seidl/MEV; S. 456: Eckart Seidl/MEV; S. 457: independent light/MEV.

Register

A

Abstinenz-Verletzungs-Effekt 114
Additive Modelle 166
Adipositas 346
Adipositas im Kindesalter 349
Affektivität
  negative 127
AIDS 406
AIDS Risk Reduction Model 411
Akkommodation 209, 438
Aktivität im Alter 435
Aktivitätstheorie 435
Alameda-County-Studie 153
Alkohol 314
Alkoholabhängigkeit 23, 316, 321
Alkoholkonsum 409
Allostase 198
Allostase-Konzept 202
Alltagsstress 195
Altern 428
Altern und Alter 425
Alzheimer-Demenz 452
Angewandte Gesundheitspsychologie 54
Angewandte Psychologie 21
Anonyme Alkoholiker 113
Anpassung 437
Anpassungssyndrom 199
Antonovsky 35
Ärgerregulation 135
Arteriosklerose 131
Arthrose 449
Assimilation 209, 438
Attribution 87
Aufrechterhaltung 99

B

Barebacking 408
Bedeutsamkeit 36
Bedrohungseinschätzung 65
Belastungs-Beanspruchungs-Modell 195
Betriebliches Gesundheits-
  management 287
Bewältigungsmöglichkeiten 65
Bewältigungspläne 93
Bewältigungsstrategien 217

Bewältigungsstrategien
  expressive 219
Bewältigungsverhalten 152
Bewertung 208
Bewertungsprozesse 67
Bewusstwerdung 98
Binge-Eating-Störung 364
biopsychosoziales Modell 30, 31, 32, 94
Bulimie 362

C

CAGE-Interview 319
Chlamydieninfektion 403
Chromosomen 260
Coping 207, 209
  dyadisches 158
Copingstrategien 218
Cortisol 205
Cyberchondrie 131

D

Demenzen 451
Depressionen 454
Disengagementtheorie 436
Diskontinuitätsannahme 56
Disstress 190
Drogen 327
Drogenkonsum 409
dyadische Stressbewältigung 158

E

Ehe 157
Einflussvariablen
  distale 58
Einschätzung 46
Einstellung 45, 47, 72, 73
Einstellungskonzept 45
Emotionen 69
Empowerment 267
Entscheidungsbalance 100
Epigenetik 258, 261
Erfahrung 393
Erfolg 81

Ergebniserwartungen 83
Ernährungsberatung 359
Ernährungsempfehlungen 354
Ernährungsverhalten 447
Erwartungs-mal-Wert-Theorien 57
Essstörungen 360
Essverhalten 350
Eustress 190
Evaluation 270
    formative 271
    ökonomische 273
    summative 271

F

Fagerström-Test 313
familiäre Bindungen 160
Flexibilität 28
Flussmetapher 35
Framingham-Studie 38
Freundschaft 160
funktionale Hilflosigkeit 91
Furchtappel-Theorien 63

G

Gemeinschaft 265
Gene 259
generelles Adaptations-Syndrom 186
Genitalherpes 404
Geschlechtskrankheiten 403
Gesundheit 26
    Bedingungen 16
    funktionale 434
    inhaltliche Bestimmung 29
    subjektive 430
Gesundheitsaufklärung 256
Gesundheitsberatung 254
Gesundheitsbildung 256
Gesundheitserziehung 255
Gesundheitsförderung 242, 263
    betriebliche 276
Gesundheitskriterien 27
Gesundheitsmotivation 60
Gesundheitspsychologie
    Angewandte 21
    Praxis 20
    Praxisfelder 24
    theoretische 22

Gesundheitsselbsthilfe 257
Gesundheitsstatus 160
Gesundheitssystem 265
Gesundheitsüberzeugungen 56
Gesundheitsverhalten 40, 42, 54
    geschlechtsspezifisches 42
Gesundheitswissenschaften 24
Gesundheitszirkel 285
Gewichtsreduktion 365
gewohnheitsmäßiges Verhalten 41
Gleichgewichtszustand 28
Gonorrhoe 404

H

Handhabbarkeit 36
Handlungsebenen der Gesundheits-
    förderung 264
Handlungsergebniserwartungen 79
Handlungskontrolltheorie 61
Handlungsorientierung 61
Handlungsphasenmodell von
    Heckhausen 91
Handlungspläne 93
Handlungssignale 59
Handlungswirksamkeit 66
Health Belief Model 56
Health Ease/DisEase-Kontinuum 35
Herzinsuffizienz 432
Herz-Kreislauf-Erkrankungen 445
Herz-Kreislauf-System 170
HIV 406
Hochrisikosituation 116
Homöostase 28, 198, 202

I

Immunsystem 212, 215
Intention 67, 75
Intentions-Verhaltens-Lücke 76, 86,
    89, 389
Internet 175
Interventionsmaßnahmen 23
Interventionsplanung 103
Intervision 174
Invulnerabilitätskonzept 138
Inzidenz 244

K

Kausalattribution 87
KIDS-Schulungsprogramm 371
Klinische Psychologie 25
kognitive Dissonanz 440
Kognitiv-transaktionales Stressmodell 187
Kohärenzsinn 36
kollegiale Beratung 174
Kompensation 441
Kompensationsmodell 166
Kompetenzen 265
Kompetenzerwartung 61
kontinuierliche Modelle 55
Kontinuitätstheorie 437
Kontrolle 73
    primäre und sekundäre 440
Kontrollüberzeugungen 438
Konzept der Veränderungsstrategien 99
koronare Herzkrankheit 131
körperliche Aktivität 380, 447
körperliches Training 383
Kosten-Effektivitäts-Analyse 274
Kosten-Nutzen-Analysen 274
Kosten-Nutzen-Überlegung 57
Kosten-Nutzwert-Analysen 274
Kraftfeldanalyse 94
Krankheit 26
Krankheitsmodell 113

L

Lageorientierung 61
Lebensereignisse 192
Lebensqualität 429, 430
Lebensstilaktivitäten 383
Lebenswelt 264
Lebenszufriedenheit 430
Leistungsfähigkeit 27
Life-Event-Forschung 191

M

M.O.B.I.L.I.S. 368
Magersucht 360
Matched-mismatched-Studien 102
Medikamentenabhängigkeit 324
Medizinische Psychologie 25
Metaanalyse 59

Mobilisierungsmodelle 167
Modell der Bewältigungsmodi 126
Moderatoreffekt 163
Mortalitätsrate 244
Motivations-Volitions-Konzept 389
Multimorbidität 424
Münchner-Alkoholismus-Test 319
Muskuloskeletale Erkrankungen 448

N

Nachbarschaft 161
Nervensystem 133
Nikotin 304

O

Optimierung
    selektive 441
Optimismus 433
    dispositionaler 127
    unrealistischer 128
Osteoporose 450
Ottawa-Charta 263
Oxytocin 172

P

Partnerschaften 157
Passivrauchen 309
Pathogenese 34
Personale Ressourcen 126
Persönlichkeit 124
Persönlichkeitsfaktoren 129
Persönlichkeitsmerkmale 129
Persönlichkeitszug 125
Pfundskur 366
Plastizität 427
Postexpositionsprophylaxe 407
Posttraumatische Belastungsstörung 193
Prävalenz 244
Prävention 39, 242, 246
    indizierte 252
    selektive 252
    universelle 252
Präventionsinstrumente 254
Präventionsmaßnahmen 23
Präventionsmodell 166

Praxis 21
Primärprävention 247
Produktivität
    psychologische 442
Protection Motivation Theory 64
Prozesse
    emotionale und kognitive 128
Prozessmodell 104
Pseudostadienmodell 103
Psychiatrie 25
psychologische Produktivität 442
Psychoneuroimmunologie 213
Psychopharmaka 325
Psychosomatik 25, 126
psychosoziale Ressourcen 147
Psychotechnik 21
Public Health 24
Puffereffekt-Modell 164

R

Rauchen 303
Rauschtrinken 318
Reaktionsdisposition 45
Represser 127
Resilienz 137, 139, 433
Ressourcen 20
Ressourcenerhaltung 211
rheumatoide Arthritis 449
Risikofaktoren 30, 39
Risikofaktorenmodelle 37
Risikokonstellation 39
Rollenerfüllung 27
Roseto-Studie 152
RP-Modell 114
Rubikonmodell 92
Rückfall 99, 111, 112, 117
Rückfallmodell von Marlatt 23
Rückfallprävention 111

S

Safer Sex 413
Salutogenese 34
Schule 288
Schutzfaktoren 35
Schutzmotivation 65, 67, 70
Schutzmotivationstheorie 64
Sekundärprävention 247

Selbstbeobachtung 396
Selbsthilfegruppen 175, 258
Selbstkontrollmodell 115
Selbstregulationsprozesse im Alter 435
Selbstwirksamkeit 61, 65, 66
Selbstwirksamkeitserwartung 78, 79, 101
selektive Optimierung 441
Sensation Seeking 129
Sensitizer 127
Set-Point-Theorie 353
Settingansatz 265
sexuelles Risikoverhalten 402
Sinnhaftigkeit 36
situative Versuchung 101
Social Readjustment Rating Scale 193
SOK-Modell 441
Solidarität 160
soziale Integration 147
soziale Kontrolle 148
soziale Lerntheorie 79
soziale Netzwerke 157
soziale Unterstützung 77, 148, 220
sozial-kognitive Theorie 23
Sozialpsychologie 17
Sozioemotionale Selektionstheorie 438
Stabilisierung 99
Stadienmodelle 55
state 124
Sterberate 244
Störungsfreiheit 27
Stress 184
Stressbewältigung 169, 215
    dyadische 158
Stressbewältigungsprogramme 226
Stressbewältigungstraining von
    Kaluza 232
Stressformen 190
Stressimpfungstraining von Meichenbaum 229
Stressoren 165, 211
Stressreaktivität 200
Stresssituation 170
Stressverarbeitungsfragebogen 222
Stufen der Veränderung 97
Stufenmodelle 55
subjektive Norm 73
substanzbedingte Störungen 300
Sucht 302
Suizid 154

Supportverringerungsmodell 168
Sympathikus-Nebennierenmark-
   Achse 204
Syphilis 404

T

Tabakabhängigkeit 311
Taille-Hüft-Quotient 348
Tend-and-befriend-Konzept 173
Tertiärprävention 248
Theorie 21
Theorie des geplanten Verhaltens 72
Theorie des überlegten Handelns 74
trait 124
transtheoretisches Modell 95
Trier Social Stress Test 173
Trinkertypen nach Jellinek 113
Tripper 404
Typ-A-Verhalten 134
Typ-C-Modell 136
Typ-D-Verhalten 135

U

Übergewicht 347
Umsetzungserfolge 108
Umstände 90
Unterstützung 149, 150
Unwirksamkeitserfahrungen 82

V

Veränderungsstrategien 100
Verhalten 41, 47, 129
   gesundheitsbezogenes 41
   gewohnheitsmäßiges 41
Verhaltensintention 72
Verhaltenskontrolle 74, 86
Verhaltensmedizin 25
Verhaltensprävention 249
Verhältnisprävention 250
Verstehbarkeit 36
Vorbereitung 98

W

Wahrnehmungsfilter 209
Weltgesundheitsorganisation 17
Wohlbefinden 28

Z

Zuversicht 101